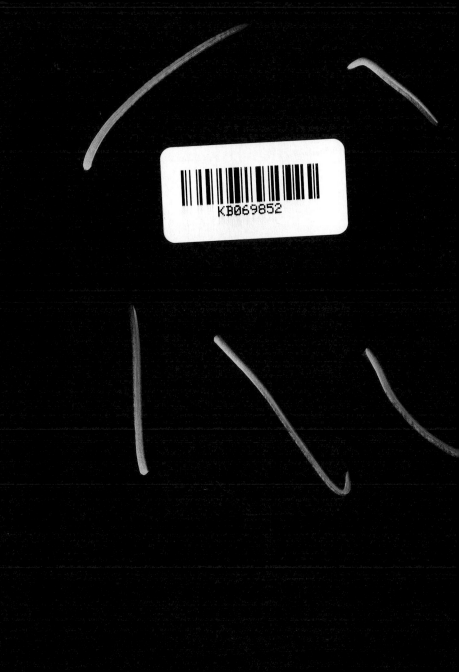

사유의 악보

이론의 교배와 창궐을 위한 불협화음의 비평들

하이브리드 총서 1

사유의 악보

이론의 교배와 창궐을 위한 불협화음의 비평들

1판 1쇄 발행일. 2011년 2월 28일
1판 2쇄 발행일. 2011년 4월 27일
2판 1쇄 발행일. 2021년 2월 10일

지은이. 최정우
펴낸이. 정은영

펴낸곳. (주)자음과모음
출판등록. 2001년 11월 28일 제2001-000259호
주소. 04047 서울시 마포구 양화로6길 49
전화. 편집부 02.324.2347 / 경영지원부 02.325.6047
팩스. 편집부 02.324.2348 / 경영지원부 02.2648.1311
이메일. munhak@jamobook.com

ISBN 978-89-544-4583-2 (04300)

하이브리드 총서 1

사유의 악보

이론의 교배와 창궐을 위한 불협화음의 비평들

최정우

자음과모음

서곡　사유의 악보

기형과 잡종의 글쓰기를 위한 하나의 서문

우리의 시대는 우울하다. 물론 우리는 어쩌면 지난 20세기 전체를 말 그대로 '우울증의 세기'라고 부를 수도 있겠지만, 우리 시대가 앓고 있는 우울증이 지난 세기의 우울증과 유달리 다른 점은, 아마도 우리의 시대는 이미 그 자신이 우울증을 앓는지도 알 수 없을 정도의 심각한 무감각함으로 접어들었다는 사실, 바로 그것일 것이다(그리고 그 무감각은 일종의 '삶'의 한 방식, 그리고 더 나아가 삶이 취할 수 있는 하나의 '멋진cool' 스타일, 곧 무엇보다 하나의 'lifestyle'이 되었다). 그러므로 다시 저 첫 문장을 보다 적확하게 옮기자면, 옮겨 제한하자면, 우리의 시대는 주어진 쾌락 속에서 우울하며, 강요된 안정 속에서 불안하다. 그리고 나는 바로 이 사실이 우리 시대만이 지닌 독특한 우울증의 한 사태Sache이자 증례Fall라고 생각한다. 이미지들이 범람한다는 경고가 닳아빠진 수사법이 될 정도로 그러한 범람은 이미 '범람'이라는 부정적인 술어로 이해되지 않으며 많은 이들이 이미 장사 지냈다고 공언했던 언어는 오히려 그러한 이미지들과 함께 더더욱 넘쳐나는 세상에서, '역설적'이게도 사유를 소환할 수 있고 또 소환해야만 하는 지점은 이론적으로나 정치적으로 나날이 줄어들고 있다. 어쩌면 그러한 입지의 축소와 국지화의 지점이야말로 우리 시대의 가장 근본적인 이론적 대상 혹은 그 이론이 힘주어 싸워야 할 쟁점이자 전장戰場이 되고 있는 것인지도 모른다. 바로 이로부터 새삼 이론과 사유가 다시 촉발되고 가동되어야만 하는 필요성이 절박해진다.

하지만 이러한 절박한 요청의 그 '절박성'이 '〔인간으로서〕 사유해야 한다'는 어떤 진부한 인간학적 당위의 과잉, 오도된 진화론적 해석과 윤리적 오해의 과부하로부터 오는 것은 아니다. 소위 '인문학자'들이 잔뜩 겁을 주며 '철학의 빈곤'을 한탄하며 경고하지만, 우리에겐 반드시 사유해야 할 당위성 같은 것은 애초부터 없다. '사유해야 한다'라는 저 지극히 자연스럽고 정당하게 보이는 인간학적 당위가 중요한 것이 아니라, 그 당위의 이유와 목적, 원인과 지향, 곧 '왜 사유해야 하는가'라는 어떤 회의와 결단의 물음이 중요한 것이기 때문이다. 이를 다시 옮기자면, 옮겨서 제한하고 소거하자면, '왜 사유해야 하는가'라는 저 질문에 대한 대답은, 결코 도덕적이고 당위적인 인간학적 정상正常/情狀/頂上의 '정답'을 통해서가 아니라, 그 질문이 누구에 의해 제기되고 누구에 의해 대답되기를 기다리는가라고 하는 또 다른 질문, 곧 미적이고 정치적이며 따라서 치명적이고 돌출적인 비정상의 '오답'과 '오문誤聞'을 통해 대답되어야 하기 때문이다. 사유와 이론에 대한 글을 쓰기에 앞서서 나에게는 이 문제가 가장 근본적인 물음이자 믿음이었으며, 이 모든 글들은 어쩌면 오히려 소위 '인문학적 사유'나 '철학적 깊이'의 저 진부하고도 암묵적인 강요에 대한 강한 의문, 곧 우리에게 사유해야 한다고 강요하는—그러나 어떤 방식으로? 누군가가 우리에게 원하는 방식으로?—자들의 저 역겨운 교훈과 무의식적 이데올로기 그 자체를 어떻게 사유하고 전복해야 하는가 하는 극단적이고 실천적인 질문으로부터 탄생한 기형과 잡종의 것들이다.

말하자면, 우리의 시대에는 어떤 '새로운 사유의 프로그램'이 필요하며 그 새로운 프로그램은 '새로운 사유의 가동'으로부터 출발된다는, 일견 신선한 듯 보이지만 또한 지극히 오래된 어떤 믿음, 내가 나의 글쓰기로써 도전하고 도발하고 싶었던 믿음은 바로 이것이었다. 인간의 사유와 그 도덕적인 당위의 무조건성에 대한 저 굳센 믿음과 헛된 약속의 말들 속에는 끔찍한 두 개의 상투어cliché가 숨어 있다. 이 '우리의 시대'라고 하는, 저 근거가 희박한 시대 의식 또는 세대 의식, 그리고 이 '새로운' 사유라고 하는, 저 '오래된' 환상이 바로 그것이다. 이 진부한 새로움의 〔사망〕선언, 이 고리타분한 시대정신의 확인〔사살〕, 이 판에 박힌 미륵불彌勒佛〔未來佛〕 또는 메시아의 예언을 여기서 다시금 되뇌는 것에는 어떤 의미가 있을까? 이렇게 묻는 것은 여기에 함께 묶인 글들이 이와는 다른 어떤 새로운 사유를 건설하거나 제시하고 있다고 말하기 위함이 전혀 아니다. 오히려 이 글들은 어쩌면 그 '새로움'이라는 자신만만하고 희망찬 환상에 도전하기 위해, 혹은 저 '시대' 또는 '세대'라고 하는 어떤 구성된 집단적 주체와 인위적 시공간에 대해 오히려 어떤 도발적 도박과 내재적 내기를 걸기 위해, 반대로 어떤 낡음으로부터, 어떤 폐허로부터, 어떤 잔해와 잔재로부터 출발한다. 이 글들은 탈근대로의 여정을 위해 근대성의 유적과 지층을 파헤치고, 이론 이후로의 이행을 위해 이론의 잔여와 여백으로 돌아간다. 이것이 바로 내가 이 글들을 **사유의** 조각들이 아니라 사유의 **조각들**로 명명하는 이유이다. 이 글들은 기형과 잡종의 조각난 육체들이다.

여기 내가 몇 개의 악보들처럼 기보하는 이러한 '사유의 조각들'은, 그것들을 서로 맞추고 조율하여 새롭게 연주하고자 하는 사람들을 위해 펼쳐져 있고 흩뿌려져 있다(그리고 이러한 '펼쳐져 있음'과 '흩뿌려져 있음'이란 이 책이 스플래터 영화들과 유일하게, 그리고 자랑스럽게 공유하고 있는 특성일 것). 그리고 이 악보들은 그 자체로서는 절대 '음악'이 아니며(물론 '절대 음악'도 아니다), 언제나 어떤 또 다른 연주와 해석들을 기다리고 있는 하나의 기보된 형태들, 문자들일 뿐이다. 따라서 내가 의미하는바 '사유의 악보'란, 이론과 예술, 철학과 음악, 글쓰기와 연주하기 사이의 어떤 어설픈 외과 수술과도 같은—프랑켄슈타인으로부터 면면이 이어져 내려온 저 미친 외과 의사들의 계보를 기억하라—직접적이고 단순하며 표면적인 접합이나 봉합을 의미하지 않는다(이러한 외과 수술을 통해 탄생하게 되는 것은 또 다른 기형일 텐데, 나의 기형은 이러한 기형과는 전혀 다른 형태의 탈脫형태일 것). 반복하자면, 악보란 그 자체로서는 결코 음악이 아니며 단지 표기의 한 형식이자 약속일 뿐이기에. 말하자면 '사유의 악보'라는 것은 하나의 비유, 그것도 이론을 지극히 '예술화'한 하나의 비유일 뿐이겠지만, 문제는 이것이 단순히 '비유'라는 사실에 있는 것이 아니라, 이론과 예술, 철학과 음악이 서로를 오직 비유로서만, 그리고 또한 오직 비유로써만 차용함으로써, 그렇게 서로 접속하고 흘레붙을 수 있다는 근본적/극단적radical 사실에 있다. 이 비유는 어떤 하나로써 다른 하나를 '지시'하거나 '의미'하지 않는 것, 그 기표들에 근원적인 기의들은 없다. 하나로써 다른 하나를 직유하거나 은유하지 않고, 이 불가해하고 환원 불가능한 '사유-악보'의 연쇄체/연속체continuum 혹은 클러스터cluster를 그 자체로서 감각하고 탐구하는 일, 그것이 내게는 개인적으로 가장 중요한 이론적 작업이다.

이데올로기가 바로 그 이데올로기에 대한 해명과 폭로로써만은 결코 사라지지 않는 것과 마찬가지로, 우리 시대 혹은 우리 세대가 지닌—나는 '우리'라고 말하지만, 어쩌면 내가 속해 있을 이 '우리'들은 오히려 우리를 '그들'이라고 말할지도 모를 터—불안과 우울증에 대한 저 깊은 무감각은, 그것의 직접적 원인으로 생각되는 것들을 파악하고 제시한다고 해서 절대 깨지거나 사라지지 않는다. 그렇다면 우리는 저 불안과 우울증을 극단으로 가져갈 필요가 있다. 그것을 치유하지 않고 오히려 확장하며 그 환부를 더욱 증폭시킴으로써 우리는 이러한 사태의 시작과 끝을 확인하고 조망하며 그 극단에 달할 수 있다.[1] 여기 모인 글들은 모두 그러한 증폭과 심화, 때로는 어떤 '악화'를 위해서, 심지어 어떤 '폭발'을 위해서 작성된 것들이다. 따라서 나는 개인적으로 이 책이 여타의 '이론서' 혹은 '인문학 서적'들과 나란히 서가의 한 코너에 꽂혀 있을 수 없는 종류의 책이라고 감히 단언한다(그러나 아마도 분명히 '그렇게' 꽂혀 있게 되겠지만, 혹은 어쩌면 '사유의 악보'라는 제목 덕분에 음악서적 코너의 한 귀퉁이를 차지하고 있

1 어떤 '위험한' 힌트. 조르주 바타유Georges Bataille는 한 인터뷰에서 이렇게 말했던 적이 있다: "나는 오히려 불안으로부터 벗어나기 위해 불안을 찾았습니다. 나는 불안으로부터 빠져나가는 유일한 길이 바로 불안의 넘침 속에 있음을 보았습니다Je cherchais l'angoisse, mais plutôt pour m'en libérer, je voyais dans l'excès d'angoisse la seule issue à l'angoisse." Madeleine Chapsal, "Georges Bataille", *Quinze écrivains*, Paris: Julliard, 1963, 14쪽. 이 하나의 힌트 밑에 '절대 따라하지 마세요'라는 자막을 붙이든, 아니면 제 나름의 방식으로 이러한 힌트를 실험하고 모색하든, 그것은 자유의지다. 그러나 이 '자유의지'란, '자유롭게' 주어진 선택지들 사이의 '자유로운' 선택이 결코 아님을, 지극히 '선택적'으로 지적해둔다.

을지도 모르지만,[2] 우리는 한 책의 운명을 알 수 없기에 그 운명에 또 다른 '운명적' 내기를 걸 수밖에). 이 책은 그런 구태의연한 '전시展示'를 거부하며 오히려 어떤 새로운 '전시戰時'가 임박했음을 알린다. 이 책은 철학이론이나 문학평론에 대한 것도, 음악비평이나 예술철학에 대한 것도, 단순히 미학이나 정치학에 대한 것도 아니다. 그러나 동시에 그 모든 것들을 함유하고 포괄하는 책은 더더욱 아니다. 잠시나마 이러한 부정신학적인 어법을 버리고 말한다면, 이 책은 바로 그러한 분과와 경계들을 나누거나 통합하는 분류법의 분절들과 종합의 지점들을 문제 삼는 책이다. 이 책은 하나의 서곡overture과 하나의 종곡finale, 그리고 13개의 악장들movements과 8개의 변주곡들variations로 이루어진 하나의 악보이다. 그러나 이 악보는 굳이 순차적인 질서로 연주될 필요도 없고 하나의 주제 악구로 통합될 필요도 없다. 그러나 동시에 이 산개되어 있는 주제들과 음표들 사이에서 독자讀者/毒者들은 하나의 길을 발견하고 또한 그 하나의 길을 여러 갈래로 해석할 수 있으리라 생각한다. 그리고 이 악보들을 통해서 하나의 '음악'이, 또는 몇 개의 서로 다른 '변주'들이 탄생할 수 있다면, 작곡가에게 그만한 기쁨은 또 없을 것이다. 그러나 그 기쁨에 앞서, 우선은, 작곡가인 나를 배반하고 위반하는 해석을 감행하기를 종용한다, 강권한다. 그것이 이 악보의 의미이자 의의, 혹은 이 악보에 대한 해석의 의미이자 의의일 것이므로.

그런 의미에서 이 책은 역설적으로 오히려 **유일한** 책이며 또한, 오직 이 책을 그렇게 '유일한' 것으로 파악할 이들을 위한 하나의 유일한 '매뉴얼'이라는 의미에서, 바로 그 의미에서만 유일한 책이다. 부디 이 매뉴얼이 많은 이들이 스스로 이론을 '사용'하고 사유를 '구동'하는 데 도움을 주는 문자들과 음표들이 되었으면 하는 바람이지만, 그러나 또한, 더욱 근본적으로는, 도대체 사유하는 것이 무슨 의미를 가질 수 있는지를 묻고 그 사유 자체의 '사유 가능성'을 제시하고 실험하는 하나의 방편方便, 하나의 허주虛舟가 되었으면 하는 바람이 차라리 더 크다. 『차라투스트라는 이렇게 말했다*Also sprach Zarathustra*』를 두고 "모두를 위한, 어느 누구를 위한 것도 아닌 하나의 책ein Buch für Alle und Keinen"이라는 부제를 달았던 프리드리히 니체Friedrich Nietzsche의 행위를 차용하고 변용하자면, 이 책은 바로 그런 유일한 이들을 위한, 그런 복수複數의 단수單數[3]들을 위한 책, 그러나 동시에 아무도 위하지 않는, 어쩌면 그 단수들의 어떤 복수復讐를 위한 책이며, 또한 그러한 의미에서, 오직 그러한 의미에서만, 유일한 책이다. 그러나 동시에 저 니체의 말을 다시 변형시키고 심지어 탈구시켜 말하자면, 혹은 저 니체의 말이 의미했던 바를 좀 더 적확히 제한하고 규정하여 다시금 이 책에 적용해 말하자면, 따라서 이 책은 결코 '모두'를 위한 책은 될 수 없을 것이다. 하지만 하나의 책이 항상 모두를 위한 책은 될 수 없다는 점, 언제나 단 한 번도 그렇게 될 수는 없었다는 점을 돌이켜 떠올려본다면, 나는 이 책이 소수의 단수들을 위한 책이 되는 것에 만족할 뿐만 아니라 오히려 그렇게 되기를 극적으로 의도하고 적극적으로 조장하기까지 한다고 말할 수도 있을 텐데, 하나의 책, '유일한' 책은, 궁극적으로는, 모두를 바꿀 저 소수의 단수들을 위한, 그런 한 줌의 것일 수밖에는 없기 때문이다(그리고 또한 이것이 내가 의미하는 바의 '전위前衛'이다). 이는 또한 단순한 표기법의 일종인 악보가 어떻게 확정적이고 확장된 의미를 가질 수 있는가 하는 물음에 대한 하나의, 어쩌면 유일한 대답일 것이다. 나는 나의 이 책이 하나의 **전염병**이 되기를, 역병처럼 창궐하기를 소망한다. 나는 그렇게 믿으며, 또한 그렇게 믿는 대로 쓴다.

이에 2000년부터 2010년까지 내가 다양한 지면을 통해 썼던 글들(혹은 발표되지 않았던 글들)을 여기에 함께 묶어낸다. 그런데 이렇게 한 책으로 묶고 보니, 우연찮게도 내가 스물셋의 나이부터 서른셋의 나이까지 '최

2 이러한 분류법의 어떤 '혼란'과 '불안'에 대해서는 본서 4악장 "문학적 분류법을 위한 야구 이야기"에서 더 자세히 다루고자 한다.

3 Jean-Luc Nancy, *Être singulier pluriel*, Paris: Galilée, 1996 참조. 그러나 내가 저 '복수의 단수'들을 위한 어떤 '복수復讐'를 염두에 두고 있다는 점에서, 그리고, 앞으로 보게 되겠지만, 내가 또한 그 복수의 조건과 풍경들을 둘러싼 어떤 '절멸'의 문제를 염두에 두고 있다는 점에서, 나는 장 뤽 낭시와 가깝고도 먼 위치에 있다.

정우崔晸宇' 혹은 '람혼爁魂'이라는 이름으로 썼던 지난 10년 동안의 글들이 함께 고스란히 한곳에 담기게 되었다. 나는 이 책이 내 지난 10년의 '전부'가 되기를 원했으나 결과적으로 결코 그렇게 되지는 못했는데, 이는 전부 혹은 전체를 구성하려는 어떤 유사-체계적 노력이 결국에는 좌초하고 마는 하나의 운명적이고 보편적인 현상을 예시하는 것이기도 하지만, 무엇보다 내 기질적 부족함과 고질적 과작寡作의 성향에 힘입은 바가 크다. 이 책은 1990년대 소위 '포스트모더니즘'의 철학이 풍미하고 그 이식의 행위들이 횡행했던 남한의 이론적이고 실제적인 풍경의 정중앙을 관통한 이가 쓴 글들의 모음이며(그러므로 이 책은 그 머리를 20세기의 끝에 담그고 있다), 또한 그 '포스트모더니즘'의 유령을 항상 의심하고 그것을 폐기하거나 망각하거나 수정하거나 전복해야만 했던—때로는 그 때문에 전복되기도 해야만 했던—이가 그 이론적이고 실천적인 이식과 단절의 풍경 주변부를 배회하면서 쓴 글들이기도 하다(그러므로 또한 이 책은 그 꼬리를 21세기의 처음에 담그고 있다).[4] 말하자면 이것이 바로 이 책이 속한 '시대', 곧 이 책의 '공시태'이자 '통시태'를 말해주는 하나의 증거일 것. 버려야만 할 글들도 있었고, 대폭 수정해야 할 글들도 있었다. 허나 버릴 것은 버렸고 바꿀 것은 바꿨지만 크게 고친 곳은 없다. 현장적인 글들이 지닐 수 있었고 또 지녀야 할 미덕들이 시간이 흘러서 심지어 하나의 거대한 악덕으로 변한다 할지라도, 나는 그 각각의 글이 작성될 당시에 지니고 있었던 짧은 목적과 넓은 분위기를 그대로 유지하고 있어야 한다고 생각하는 쪽이며(그러나 어쩌면 내가 나의 글쓰기를 통해 상상하고 구현했던 현장성이란 당신이 생각하는 현장성의 개념과 충돌할지도 모른다), 아마도 그것만이 그 글들이 지니고 있고 또 지녀야 할 '유한한 무한성'을 보장할 수 있는 하나의, 아마도 유일한 방법일 것이다. 나는 그렇게 믿고 있고, 또 그렇게 썼다.

일찍이 알베르 카뮈Albert Camus는 『시시포스의 신화*Le mythe de Sisyphe*』의 첫 장에서 진정한 철학적 문제는 '자살'밖에는 없다고 썼지만,[5] 그는 어떤 의미에서는 '너무나' 실존주의적이었다. 카뮈의 어법을 도용하고 차용하여 내게 가장 근본적인 철학적 문제가 무엇이냐고 묻는다면, 그것은 '절멸'의 문제라고 말하고 싶다(바꿔 말해, 카뮈의 문제가 지극히 개인적으로 실존주의적이었다면, 나의 문제는 집단적으로 〔탈〕구조주의적이다). 왜 그런가? 나는 설득의 어법을 믿지 않기 때문이다. 따라서 나는 하나의 이론이 그 이론의 반대편에 있는 자들을 어떤 말과 논리로 설득할 수 있다고는 전혀 믿지 않는다(친구와 적에 관한, 서로 너무나 상반된, 그러나 동시에 또한 서로 공명하고 있는, 저 니체와 카를 슈미트Carl Schmitt의 말들을 상기하라). 인간은 그럴 수 있기에는 너무 복잡한 생명체이며 또한 그럴 수 있기에는 너무나 단순한 동물이다. 그렇다면 이 모든 글자들이 도대체 무슨 소용일까? 이 글들은 결코 어떤 설득이나 해명을 위해 작성되지 않았다. 이 글들은 확신을 가진 이들만을 위한 것이며, 그렇지 못한 자들에게는 한낱 불가해한 종이 뭉치처럼 보일 것이다(하지만 저 '확신'이란 언제나 어떤 '불가능성'과 함께할 것이며, 또한 저 '불가해'란 언제나 어떤 '불확정성'과 함께할 것이다). 그러나 바로 이것이야말로 작가적 의도라는 허명으로 포착될 수 없는 나의 가장 진정한 의도, 따라서 나의 가장 불순한 의도이다. 하나의 책은 준비된 자에게만 허락되며, 그렇게 '준비'되기 전에 하나의 책은 단순히 휴지 조각들일 뿐이다. 그러므로 이 문제는 '설득(해명과 설명)'에 대한 믿음과 '절멸(선언과 잠언)'에 대한 의지를 양극단에 대립항으로 위치시키는 하나의 근본적인 이분법, 곧 철학적이고 실천적인 어떤 극단의 선택이라는 문제를 제출한다(윤리인가 불가능성인가, 미학인가 정치학인가, 자기인가 타자인가, 번역인가 오역인가, 유물론인가 유신론인가, 동

4 이러한 비유를 사용하면서 내가 이쯤에서 다시 오랜만에 회고해보고자 하는 글은 최인훈이 그의 소설 『화두』의 앞머리에 썼던 「독자에게」(『화두』 제1부, 민음사, 1994, 5~6쪽 참조)인데, 이에 관한 나의 단상은 본서의 일곱 번째 변주인 "문학적 철학의 두 가지 유형: 푸코의 문학론과 마슈레의 문학론"에서 확인할 수 있다.

5 Albert Camus, *Le mythe de Sisyphe*, Paris: Gallimard(coll. "Folio essais"), 1985, 17쪽: "진정으로 진지한 철학적 문제가 단 하나 있는데, 그것은 자살이다Il n'y a qu'un problème philosophique vraiment sérieux: c'est le suicide."

지(우정)인가 적(불화)인가, 시인가 소설인가, 정주인가 횡단인가, 합의인가 파국인가, 그것도 아니면, 쇠렌 키르케고르Søren Kierkegaard의 어법을 차용해, 이것인가 저것인가). 이러한 선택의 문제란 오히려 어떤 '선택 불가능성'에 대한 이론의 '가능성'을, 또한 이러한 절멸의 문제란 차라리 어떤 '절멸 가능성'에 대한 사유의 '불가능성'을 열어젖히는 무엇이다. 그리고 카뮈가 자살을 이야기할 때 가졌던 똑같은 철학적 절실함과 절박함을 갖고 나는 이 '절멸'의 문제를 발음하고 발설한다(그리고 물론 나의 이 '절실함과 절박함'이란, 인문학의 위기를 설파하며 사유의 인간학적 당위성 따위를 요청하는 저 형식주의적 절실/절박함과는 아무런 관계도 없다).

이 절멸의 문제를 마주할 자신이 있는가? 그렇다면 당신은 '혁명'을 사유할 준비가 되었다고 볼 수 있다. 그러나 동시에, 모든 혁명이 그러하듯, 우리는 그 절멸의 가능성 혹은 불가능성을, 혹은 그보다 더, 절멸의 이전과 이후를, 사유해야 한다. 이것은 이론 이후를 사유하는 것, 그리고 또한 사유 이후를 실천화하는 것, 따라서 실천 이후를 이론화하는 것이기도 하다. 그러므로 이는 곧 이론의 '불가능성'을 사유한다는 것, 아마도 이것이 오늘날 혁명을 사유하는, 그리고 심지어 그 혁명의 극단까지도 사유하는, 이론적 실험이자 동시에 이론적 난점일 것이다(그런 의미에서 이는 하나의 근본적 아포리아이며, 나는 바로 이 아포리아를 나의 알파이자 오메가로 삼는다). 나는 그렇게 믿고 있으며, 또한 이 실험과 이 난점을, 그렇게 쓰고 있다. 그러나 다시 한 번 반복하자면, 이 책은 결코 철학에 대한 책이 아니며, 또한 현재 인구에 회자되고 있는, 많은 이들이 위기에 봉착했다고 말하는, 그러나 또한 거기에 어떤 희망은 여전히 존재한다고 말하는, 저 인문학에 대한 책도 아닐 것이다. 이 책은 물론 혁명에 대한 책도 아니다. 그러나 그것은 아무래도 상관없다. 혁명을 불러오는 것은 책도 아니고 음악도 아니므로. 그리하여 다시 한 번 저 부정신학적인 언설들의 구름을 걷어내고 이야기하자면, 이 책은 하나의 글쓰기를 위한 책이며 그 글쓰기를 통해 기형적 잡종 한 마리를 산출하고자 하는 일종의 뒤틀린 제의를 위한 책일 것이다(그러나 바로 이러한 제의에는, '제의'라는 단어에 으레 따라붙기 마련인 어떤 '신비주의'가 거세되어 있으며, 또한 거세되어 있어야만 한다). 나는 무엇보다 이 점이 이해되기를 바라며 또한 이해되기를 기다린다. 그리고 나는 얼마든지 기다릴 수 있다, 이렇게 쓰면서, 그렇게 기다릴 수 있다.

이와 관련하여 마지막으로 문체文體, style에 대해서 한마디 첨언하고자 한다. 악보라는 것이 그것을 공유하는 사람들 사이에서 미리 약속된 하나의 공통된 기보법이긴 하지만, 작곡가마다 악보를 적고 사용하는 방식은 서로 각기 다르다(이는 사람마다 각기 다른 필적과는 전혀 다른 문제이다). 때로는—그리고 대부분의 경우—그러한 상이한 방식들은 작곡가의 음악적 스타일과 내밀하게 연동되고 있는 것. 따라서 반복하자면, 악보란 그 자체로는 음악이 아니며, 일종의 표기법, 문자/글쓰기écriture의 한 형태이다. 내 글의 문체는 말하자면 나의 작곡 어법이며, 작곡된 하나의 악보가 그 음악 어법과 분리될 수 없듯이, 이러한 어법이 나의 언어 혹은 사유와 분리될 수 없다는 것은 분명한 사실이다. 고백하자면, 나는 한 명의 작곡가로서 언제나 소리와 음표들을 일종의 텍스트로 다뤄왔고(따라서 음악은 내게 감각적 예술이 취할 수 있는 한 청각적 형태의 결과물이라기보다는 차라리 어떤 시간적 구조이자 구조적 시간이었다), 반면에—또는 똑같이—한 명의 비평가로서 언제나 언어와 문자들을 일종의 소리와 리듬, 선율과 템포, 호흡과 박자로서 다뤄왔다(따라서 텍스트는 내게 의미를 전달하는 매체가 아니라 차라리 감각을 마비시키는 동시에 발기시키는 어떤 마취제이자 흥분제였다). 이것은 내게 전혀 의식적인 행위가 아니었고 또 그렇게 의식적인 행위가 될 수도 없었는데, 말하자면 나의 총체적 작업 안에서 작용하고 있는 이러한 착종된 전이와 이행의 과정 자체가 내 글쓰기의 동력이자 결과였다. 이러한 의미에서, 그리고 바로 이러한 의미에서만, 나의 문체는 내 사유의 일부 혹은 전체이다. 말하자면 나는 나의 문체로서/써 사유한다고 말해도 좋으며, 그것을 넓게는 '문학적 철학'의 한 형태—다만 이러한 '문학적 철학'이 철학을 단순히 문학청년 취향의 수필로 만드는 것도, 문학을 한갓 이론의 사상누각 위에 세우는 것도 아닌 한에서—라고도 말할 수 있을 것이고, 또한 기형적이고 잡종적인 글쓰기라는 '음악적 철학' 혹은 '미학적 철학'의 한 형태라고도 말할 수 있을 것이다. 그러나 내가 나의 글쓰기를 통해 원하는 것은 단순한 '문학'이나 '음악'도 아니고 순수한 '미학'도 아니다(나는 무엇보다 이 점이 이해되기를 바라며, 분명 이 점은 언젠가 이해될 것이라고 확신한다). 내가 이론의 대위법을 통해 접붙이고자 하는 것은 이러한 기형의 맹아이며, 내가 사유의 불협화음을 통해 산출하고자 하는 것은 이러한 잡종의 자식이다. 그 난잡한 씨앗들이 여기저기로 흩뿌려져 산개하고 만개하기를 기원한다.

사족蛇足: 감사의 말을 붙이는 일은 무엇보다 먼저 어떤 회상의 형식일 수밖에 없을 텐데, 이 '회상'이란 그것이 지극히 개인적인 성격의 것일 수밖에 없다는 점에서 일차적으로는 하나의 '사족'이다. 그러나 그 '지극히 개인적인' 것들이 나의 과거와 현재를 이루고 있음을 돌이켜볼 때, 이러한 사족이란 동시에 저 '사족'이라는 말의 뜻과 목적에 부합하지 않는 또 다른 소여이자 축복일 것이다. 그러므로 저 '사족'이란, 뱀띠인 나에게는 특히나, 어쩌면 '필요악'을 가장한 어떤 필수 불가결한 것, 또는 나의 현재와 미래를 말하기 위해 다시금 고백하고 발설할 수밖에 없는 돌아올 과거의 어떤 소명 같은 것일 터. 나에게는 두 명의 학문적 스승이 있다. 형식적으로는 내게 각각 미학과 불문학을 가르쳐주셨으나 당신이 가르쳐주신 것은 그러한 분과의 학문적 경계를 훌쩍 뛰어넘고도 오히려 남음이 있는 오병남 선생님과 오생근 선생님이 바로 그 분들인데, 이 두 분께는 그 어떤 감사의 말씀을 올려도 모자랄 것이다. 이 두 분은 공히 내 어설픈 사유의 단초들과 선부른 예술의 행위들을 그 자체로 인정하고 보듬어주시고 키워주신 분들이며, 또한 나의 끝 간 데 없는 저 기형과 잡종에의 욕망을 다그치지 않으시고 그 자체로 지켜봐주시며 오히려 종용해주신 분들이다. 이 '작은' 책이 두 분의 큰 은혜와 가르침에 누가 되지 않기를 바랄 뿐이다. 또한 내게는 두 명의 음악적 스승이 있다. 열두 살 때부터 내게 가야금을 가르쳐주시고 음악이라는 언어에 눈뜨게 해주셨던 오경자 선생님, 그리고 열네 살 때 내게 음악을 만들고 사랑하는 방법을 가르쳐주셨던 이기숙 선생님, 두 분께 또한 감사한다. 이 두 스승 덕분에 나는 지금까지 음악과 함께할 수 있었고 또 여전히 음악을 할 수 있는 힘을 얻고 있다고 생각한다. 현재까지 50년이 넘는 시간 동안 소중한 자리를 굳건하게 지키고 계신 소피아 서점의 백환규 선생님께 깊이 감사드린다. 백 선생님 덕분에 나는 많은 독일 철학자들과 '나만의 즐거운 대화'를 나눌 수 있었다. 오랜 시간 동안 수많은 대화를 함께 나눴던 '평생지기' 안소현에게도 사랑과 감사의 인사를 전하고자 한다. 그와 나눈 그 많은 대화들을 통해 얻을 수 있었던 사유의 소중하고도 흥미로운 몇 가지 단초들이 이 책 안에서 여전히 숨 쉬고 있음을 그 역시 알아볼 수 있을 것이다. 또한 20년이 넘는 시간 동안 항상 존재하는 듯 부재하는 듯 내 옆에 있어준 '죽마고우' 고산메 한진호에게도 사랑과 감사의 인사를 전하고 싶다. 우리는 만나기만 하면 언제나 세상을 걱정하는 척하면서 반대로 세상을 저주하곤 했지만, 그 '저주'의 힘은, 저 원한의 감정ressentiment과는 전혀 다른 방향에서, 내게 '버틸' 수 있는 어떤 힘을 주었다. 문학과 예술과 삶의 방식에서 많은 부분을 공유하고 분유했던 위수정에게도 사랑과 감사의 인사를 전한다. '드물고 고귀함'으로 귀착되는 나의 어떤 '현상학'은 그를 통해 완성된 것이다. 또한 현재까지 10년 가까운 시간 동안 흔들림 없이 함께 음악 집단 '레나타 수이사이드Renata Suicide'를 이끌어오고 있는 파랑 이용창과 반시 유가영에게도 사랑과 감사의 인사를 전한다. 이 두 사람 덕분에 나는 내가 생각하는 음악을 펼치고 실현할 수 있었으며, 여전히 우리는 아름답고 강력하다. 그리고 나의 음악을 보다 풍요롭게 만들어주고 내 음악 안에서 보다 소중한 것들을 가능하게 해준 강은아에게 사랑과 감사의 인사를 전한다. 그가 없었다면 많은 것들이 아예 가능하지조차 못했을 것이며, 그런 의미에서 나는 내 음악의 많은 부분들을 그에게 빚지고 있다. 나와 함께 작업했던 존경하는 연극 연출가들, 김광보, 박정희, 임영웅 선생님, 그리고 소중한 안무가들, 장은정 선생님, 정영두, 이윤정, 이소영 선배에게도 사랑과 감사의 인사를 전한다. 이 분들과의 협업은 그 자체로 내게 음악을 만들어낼 수 있는 가장 중요한 원동력을 선사해주었다. 스물셋, 약관의 나이에 내 공식적인 첫 번째 글을 가능케 해주셨던 박성창 선생님께 감사한다. 그리고 그 글에 많은 관심을 보여주시고, 예전이나 지금이나 내게 많은 힘을 주시는 이인성 선생님께 감사한다. 또한 2000년 이후 대략 8년의 시간 동안 공식적으로 아무런 글도 쓰지 않았던 내게—그 시간은 내게 일종의 부패와 발효의 시간이었다—소중한 지면들을 제안하고 가능케 해주신 이재원 선생님과 복도훈 선생님께도 감사한다. 이분들 덕분에 나는 '다시' 글을 쓸 수 있는 소중한 힘을 얻었다. 이 책 자체를 가능케 해주신 자음과모음 출판사의 강병철 사장님과 정은영 주간님, 그리고 황광수, 심진경, 손정수, 정여울 선생님 등 편집위원들께도 감사의 인사를 올린다. 편집부의 김지혜, 이신지 선생님이 아니었다면 이 책은 지금과 같은 모습을 갖지 못했을 것이다. 녹록지 않은, 겸양의 표현이 아니라 지극히 현상적인 의미에서 말 그대로 결코 녹록지 않은 이 글들을 다듬느라 고생하신 두 분께 감사의 마음을 전한다. 또한 아름다운 디자인을 선사해주신 김형진 선생님께도 감사의 인사를 올린다. 책의 표지는 그 책에 관해 많은 것을 말하며 또한 많은 것을 말할 수 있는 공간일 텐데, 덕분에 나는 소중한 '변호인'을 얻을 수 있었다. 그리고 소중한 이미지들을 수록할 수 있도록 허락해주신 과학자 최재천 선생님, (존경하는) 만화가 오세영 선생님, 미술가 정진용 선생님, 『오마이뉴스』의 백유선 기자님께도 감사한다. 이 책의 끝 부분인 「종곡」에서 좀 더 확실해질 사실이지만, 돌아가신 할머니께서 이 책을 보셨다면 매우 기뻐하셨을 것이다. 나는 물론 지독한 유물론자이지만, 할머니의 영전靈前에 이 책을 꼭 놓아드리고 싶은 마음이다. 그러나 그 무엇보다, 그 누구보다, 나의 가장 든든한 두 분의 응원군, 어머니와 아버지, 부모님께 이 책을 바치고 싶다. 두 분은 이 책에 대해 머리로는 의문과 회의를 품으시겠지만, 가슴으로는 이 책을 가장 먼저 인정하고 받아들여주실 분들이다(그리고 나는 그 점이 언제나 가장 소중하고 감사하다). 이 '작은' 책이 두 분께 나의 미안한 마음을, 그러나 무엇보다 그 미안함과는 비교 자체가 불가능한 커다란 사랑의 마음을 전해드릴 수 있으면 하는 바람이다. 물론 그 사랑의 마음이란 이 작은 책의 이 작은 사족으로는 도저히 다 말할 수 없는 것이겠지만, 나는 그것을 말하려는 이 헛된 시도의 그 헛됨 자체로 오히려 내 사랑과 감사의 가늠할 수 없는 크기를 증거하고 싶다. 하여, 이 모든 감사의 말들은, 앞서 말했던바, 어쩔 수 없는 '사족'들이겠지만, 그러나, 만약 뱀의 몸에 지네처럼 많은 발들이 돋아난다면, 그 또한 얼마나 멋지겠는가, 마치 또 하나의 '화룡점정畵龍點睛'처럼. 반복하자면, 너무나 길어진 이 뱀의 발들처럼, 그렇게 모두들, 산개하고 만개하기를, 넘쳐나고 창궐하기를.

2011년 2월, 야마모토山本,[6]
람혼재襤魂齋에서, 최정우,
合掌/合葬하여 올림

6 내가 '산본山本'이라고 하는 저 '한국어' 지명을 굳이 '야마모토'라고 일본어식으로 발음하고 새기는 이유는, 짧게는 이 이름 자체가 결코 '한국적'이지 않다는 사실을 확인하기 위함, 곧 더 나아가서는 저 '한국적' 혹은 '한국어'라는 의미와 의의의 환상적이고 구성적인 성격을 지적하기 위함이다. 이것은 단순한 하나의 사례일 뿐이겠지만, 이렇듯 '우리의' 언어 안에는 소위 '우리의' 것이 아닌 것들이 수시로, 이미, 언제나, '침입'하고 있다. 저 '山本'이라는 한 수도권 위성 도시의 이름 안에는, '근대'라는 시간을 압축적壓縮的으로 통과한, 혹은 그 '근대'라는 공간 안에서 압사壓死하듯 길을 잃은, 저 '우리'의 한 초상이, 하나의 '산山'처럼, 그리고 하나의 근본적인(本) 사태처럼, 그렇게 칼을 품고 도사리고 있다. 그 점을, 그 칼끝을, 항상 예민하게 감각하고 있어야 한다.

1악장 폭력의 이데올로기 비판을 위하여[1]

윤리인가 불가능성인가: 폭력의 아포리아와 유토피아

1. 폭력에 대한 글쓰기: 아포리아를 사유한다는 것

폭력에 대해 말하고 쓴다, 아니, 말하지 않고, 쓰기만 한다, 쓰디쓰기만 하다. 이 글은 폭력의 한 역사, 더 정확하게는, 폭력에 관한 개념과 담론들의 한 역사를 다루려고 작정한다, 약속한다. 그러나 이러한 '역사'는 개념과 담론들의 일반적 약사略史라는 '폭력적' 요약의 형태와는 거리를 둘 것이다(말하자면, 그와는 다른 '폭력'의 방식을 취할 것이다). 나는 개인적으로 이제까지 수많은 이들에 의해 수많은 방식으로 이루어진 폭력에 관한 이 말들의 잔치—그러므로 이 '잔치'란 풍성한 동시에 그 자체로 얼마나 '폭력적'인가—에 다시금 폭력에 관한 다른 말을 따로 덧붙이고 싶지는 않다, 적어도 일반적 역사 서술의 형태로는(그러나 필시 우리는 또한 종국에 가서 같은 말들을 다른 말로, 또한 같은 요소들을 다른 조합의 방식으로 이야기해야 할 텐데, 아마도 이것이 '덧붙이지 않으면서도 또한 다시 덧붙이고자 하는' 나만의 접합 방식, 곧 폭력에 대한 나만의 환대법歡待法이 될 것이며, 이로써 나는 나 자신의 약속을 배반하면서 동시에 이행할 것이다). 폭력은 말이 아니며 말로써 이루어질 수도 없는 것이겠지만, 또한 이와 완전히 '상동적'인 의미에서, 무엇보다 말은 언제나 하나의 '폭력'이 되기 때문이다(이러한 말과 폭력의 관계에서 '언어폭력' 같은 차원은 하나의 하위개념에 '불

1 이 글은 「윤리인가 불가능성인가: 폭력의 아포리아와 유토피아—폭력의 이데올로기 비판을 위하여」라는 제목으로 『문학동네』 2009년 여름호에 수록되었다.

과'하다). 말과 폭력의 상동성이란, "우리의 말이 우리의 무기입니다Our word is our weapon"라고 말하는 사파티스타 부사령관 마르코스Marcos의 말이 대항폭력의 '정치적' 정당성과 '도덕적' 우월성을 증언하고 있는 바로 그 지점에서, 또한 역설적으로 가장 오롯이 드러난다. 그러므로 여기서 말과 폭력의 관계란 은유이자 환유이며 동시에 하나의 '실재'이기도 한 것.

하지만, 불행인지 다행인지, 이 글은 일단은 당연하게도 그런 '말'들로 시작해서 그런 '말'들로 이루어질 운명에 처해 있다. 그것은 다른 모든 글의 형식에 공통되는, 혹은 더 나아가, 폭력에 대한 글쓰기라는 하나의 형식 안에서 유독 도드라지는, 글쓰기의 역설적 가능 조건 그 자체일 것이다. 따라서 나는, 어쩔 수 없이, 폭력의 역사에 대한 기존의 언설들에 다시금 폭력에 관한 말을 하나 더 더할 수밖에 없을 것이다(그리고 폭력에 관해 내뱉는 나의 이러한 말은, 어쩌면 또 하나의 '상징폭력'이 되는 수순을 밟을지도 모른다). 이는 일종의 '순환', 혹은 가치 판단의 어법을 조금 더 적극적으로 가미해보자면, 하나의 '악순환'이다. 그런데 이러한 순환의 구조가 실은 언제나 저 개념적이고 철학적인 아포리아가 지닌 일종의 '숙명'이자 '보편성'이기도 했다는 사실에 바로 이 순환의 '폭력적' 핵심이 놓여 있다. 'predicament'라는 단어가 뜻하는 이중의 의미대로, 이러한 보편성으로서의 아포리아는 '곤궁'이기도 하며 또한 그 이전에 이미 하나의 '빈사賓辭'이기도 한 것. 그러므로 또한 이 아포리아는 일종의 '빈사瀕死' 상태, 곧 산 것도 죽은 것도 아닌 어떤 결정적 곤궁의 모습으로, 어떤 '반죽음'의 형태로서 먼저 제시될 것이다. 마치 알바니아의 관습법 '카눈'이 그러한 것처럼.

2. 폭력 개념의 역설과 양가성: '카눈'이란 무엇인가

따라서 나는 폭력에 관한 나의 말을 하나의 소설로부터 시작해 하나의 소설로 관통해나갈 것이다.[2] 이스마일 카다레Ismail Kadare는 소설 『부서진 사월』에서 '카눈', 그 끝없이 이어지는 숙명적 복수와 폭력의 역사에 관해 쓰고 있다. 주인공 그조르그는 형의 원수를 갚음으로써, 곧—'카눈'의 언어로 말하자면—형이 흘린 피를 회수함으로써, 이번엔 오히려 그 자신이 복수의 대상이 된다. 이것이 바로 피할 수 없는 '카눈'의 경제다. 여기서 폭력의 순환은 지연되거나 연기될 수는 있지만 결코 그 '지불' 자체가 불이행되는 일은 없는, 그런 면책 없는 하나의 '경제적' 순환이다. '카눈' 안에서는, 누군가가 흘린 피란 반드시 다른 누군가에 의해 회수되고 상환되어야 하는 것이기에. 이러한 복수는 대물림되며 일종의 '폭력의 역사'를 구성한다. 한 복수의 피가 또 다른 복수의 피를 부를 뿐만 아니라, 그러한 복수의 피가 가문의 피 안에 새겨져 있다는 이중의 의미(혈흔)에서, 그러한 폭력의 역사는 또한 피의 역사, 핏줄로서의 가족사이기도 하다. "그러다 그는 아버지가 그에게 했던 말을 떠올렸다. 네가 네 형의 피를 회수하지 않는 한, 너는 다른 어떤 것을 위해서도 살 수 없다./ 그는 하마터면 웃을 뻔했다. 사람을 죽이기 전에는 살 권리가 없다니! 오직 사람을 죽인 연후에야, 그리하여 이번에는 그 자신이 죽음의 위협을 받을 때에라야 그의 삶이 이어질 거라니!"[3] 따라서 그조르그의 삶은 그의 복수 이후에, 정확히 '반죽음'의 삶, 죽은 것도 산 것도 아닌 삶, 역설적으로 오직 죽음의 표식으로서만 살아 있는, 그런 빈사 상태의 삶으로 바뀐다. 그에게 남은 시간은, 상대방의 복수가 수행되기까지 유한/무한으로 유예된 시간, 매순간 죽음을 기다리고 경계하며 살아갈 수밖에 없는, 죽은 자의 시간이라는 역설적 성격을 갖게 되는 것이다. 삶은 죽음으로 형용되고 수식되며 오로지 죽음이라는 술어를

2 이는 폭력의 개념에 대한 역사적 서술을 문학을 통해 '돌파'하려는 소급적 몸짓, 곧 하나의 실제적 역사를 하나의 문학적 허구로 '치환'하려는 환원적 몸짓처럼 여겨질 수도 있겠지만, 오히려 내가 여기서 시론試論의 형태로 시도하려는 것은 사실 폭력 개념의 어떤 일직선적인 '역사'가 아니라 폭력 개념의 '구조' 분석임을 이참에 더욱 분명히 해야 할 것이다. 내가 역사의 해설이 아닌 구조의 분석을 통해 무엇보다 반대하고 문제 삼고자 하는 것은 바로 저러한 '문학적 치환'의 몸짓이기도 하기 때문이다. 따라서 여기서 문학은 이론을 위해 사용되거나 예시되는 것이 아니라 오히려 이론 그 자체의 구조적 뼈대를 이룬다는 점에서 일반적 역사 서술의 대척점에 있다.

3 이스마일 카다레, 유정희 옮김, 『부서진 사월』, 문학동네, 1999, 32~33쪽.

갖는 한에서만 '삶'이 된다.

그러므로 이러한 삶과 죽음의 부조리한 연결과 상호 의존은 그 자체로 빈사prédicat가 지닌 '기원적' 폭력성을 가리키고 있는 것. 자크 데리다Jacques Derrida가 「폭력과 형이상학」에서 지적하고 있듯이 "빈사/술어 기능prédication은 최초의 폭력"[4]이기도 하므로. 그런데 돌이켜보자면, '죽음'을 술어로 갖지 않는 '삶'은 한시라도 가능했던가, 혹은 바꿔 말하자면, '빈사瀕死'를 빈사賓辭로 갖지 않는 언어는 과연 한순간이라도 가능했던가. 폭력이라는 개념은, 그것이 언제나 검은 리본이라는 죽음의 표식을 단 채 진행되는 삶의 문제, 곧 되갚을 수도 되찾을 수도 없는 죽음(삶)을 삶(죽음)으로 회수하고 상환하려는 역설적 문제와 항상 결부된 것이기에, 바로 그 이유에서 항상 '문제적'이다. 빈사賓辭 안에는 이미 이러한 빈사瀕死의 상태가 하나의 필연처럼 포함되어 있다는 의미에서, 곧 삶을 수식하고 설명하는 술어 속에는 언제나 죽음이 함유되어 있다는 의미에서, 삶의 빈사가 되는 죽음의 술어는 그 자체로 삶에 대해 하나의 '근원적' 폭력을 구성한다. 그러므로 '카눈'의 법칙은 그 자체로 이미 폭력의 양가적 역설을 가리키고 있다. 이러한 폭력은 제거하거나 벗어날 수 있는 성질의 것이 아니며, 존재와 언어 안에, 존재자를 '존재'하게끔 하는 언어의 분절 속에, 하나의 상징처럼 각인되어 있다. 폭력과 반대되는 비폭력이 따로 있다기보다, 죽음과 구별되는 삶이 따로 존재한다기보다, 폭력은 그 자체로 내재적 양가성을 띠고 있는 이중의 개념인 것이다. 에로티즘이 "죽음 안에서까지 삶을 예찬하는 것"[5]이라는 조르주 바타유Georges Bataille의 말은, 그래서 삶의 '치명적' 아름다움에 대한 (후기)낭만주의적 데카당스의 상찬이 아니라, 바로 삶에 깃든 죽음의 '폭력성', 그 양가적 성격에 대한 일종의 '뒤틀린' 직시가 되고 있다.

설명과 수식 속에 명쾌한 해석보다 오히려 수수께끼 같은 양가적 아포리아를 담는 것이 바로 술어이자 빈사라면, 언어 속에서 이러한 폭력은 계사copule로서 완성되고 다시 계사로써 이탈한다. 제임스 조이스James Joyce는 『율리시스』에서 다음과 같이 쓰고 있다. "유대희랍은 희랍유대아Jew-greek is greekjew. 극단은 서로 통하거든. 죽음은 삶의 최고 형식이지."[6] 데리다가 반문하는 것처럼, 여기서 "계사의 의미는 무엇"이며 또한 "계사의 정당성은 무엇"[7]인가? 죽음이 삶의 최고 형식이 되듯이, 또한 비폭력 혹은 대항폭력이야말로 어떤 의미에서 폭력의 최고 형식이 되고 있는 역설적 장면을 목격할 때, 나는 다시 한 번 폭력에 대한 글쓰기가 지닌 어떤 '불가능성'을, 말 안에 이미 포함되어 있지만 동시에 그 말을 넘어서 있는 폭력의 양가적이고 역설적인 어떤 '내재적 초월성'을, 다시 한 번 쓰디쓰게 확인하게 된다. 조이스의 저 문장을 다시 곱씹어보자면, 폭력의 개념 안에서 '유대적인 것'과 '희랍적인 것'이란 어떤 특정한 민족이나 국적만의 문제는 아니다. 흘린 피는 반드시 그에 합당한 피의 값을 치러야 한다고 말하는 냉혹한 경제적 '상호주의 이론'과, 문을 두드리는 손님은 주인에게 무조건적 환대를 받아야 할 반신적半神的 존재가 된다고 말하는 호의의 종교적 '타자 이론'은, 어떻게 하나의 폭력, 곧 하나의 '카논' 안에서 양립할 수 있는가? 혹은, 이 '이국적인' 관습법은 동시에 그 자체로 유대적인 것과 희랍적인 것 사이의 어떤 교통과 불화를 증거하고 있지 않은가? 다시 말하자면, 발터 벤야민Walter Benjamin이 말하는 신화적 폭력과 신적 폭력 사이의 극명한 동요와 모호한 경계는 사실 바로 이러한 '양립할 수 없는 것들의 양립' 속에 있지 않은가? 이후 우리는 민족적 개념이 아닌 것을 민족적 언어로 말하는 이 폭력의 한 분류법으로, 저 '폭력적' 계사 "is"가 이어주고 있는 어떤 아포리아적인 동어 반복tautology으로, 헤브라이즘과 헬레니즘 사이의 교통 혹은 불화, 서로에게 흘레붙고 서로를 겁탈하고 있는 이 두 거대한 정신성 사이의 '폭력적' 에로티즘으로, 그렇게 다시 돌아오게 될 것이다. 말하자면, 극단은 서로 통通하고 있기에, 그리고 '계사copule'가 지닌 다른 의미는 또한 '성교'

4 Jacques Derrida, "Violence et métaphysique", *L'écriture et la différence*, Paris: Seuil, 1967, 218쪽.
5 Georges Bataille, *L'érotisme. Œuvres complètes, tome X*, Paris: Gallimard, 1987, 17쪽.
6 James Joyce, *Ulysses*, Oxford/New York: Oxford University Press, 1993, 474쪽.
7 Jacques Derrida, "Violence et métaphysique", *L'écriture et la différence*, 228쪽.

이기도 하기에.

3. 폭력의 '근대성'과 '전근대성' 사이: 폭력과 대항폭력의 은유와 조건들

우선 우리에겐 '미개한' 폭력과 '계몽된' 폭력이라는, 혹은 '불법적' 폭력과 '적법한' 폭력이라는 두 개의 대립항으로 구성된 하나의 분류법이 존재한다. 『부서진 사월』 안에서 일견 그조르그와 베시안은 각각 이 두 개의 폭력, 이 두 개의 체계를 상징하고 대변하고 있는 것으로 보인다. 그러나 이러한 폭력의 분류법은 그 자체로 결코 '중립적'인 것이 되지 못한다. 두 가지 원인으로 인해서 이 두 대립항 사이의 균형은 깨지게 되는데, 첫째, 일견 미개한 '전근대적' 관습으로만 여겨지는 가시적 폭력에 대해 '적법하고 근대적인' 방식으로 추상화된 비가시적 폭력이 지니게 되는 어떤 합리적 '우월성', 그리고 둘째, 반대로 일견 합리적이고 적법한 것으로 보이는 '근대적' 폭력의 체계에 대해 피와 죽음의 '전근대적' 폭력이 지니게 되는 어떤 치명적 '침투성'이 바로 그 원인들이다. 이러한 두 개의 불균형 속에서 폭력의 개념은 동요한다. 따라서 비극은 두 개의 방향에서 시작하여 다시 두 개의 방향으로 진행된다. 오래된 복수의 사슬이 낳은 폭력의 순환, 그 원환과 원한의 고리 안에 위치한 한 개인의 삶 아닌 삶이 지니게 되는 어떤 '비지non-savoir'의 비극성(그조르그의 경우), 그리고 신화적 폭력에 대한 섣부른 '모더니즘적' 열광과 추상적 포착이 오히려 그 폭력의 세계에 마치 조공처럼 바쳐지고 희생될 수밖에 없었던 어떤 '무지한' 상처의 비극성(베시안의 경우). 그조르그의 비극과 베시안의 비극은, 말하자면 사물의 연장성extensity이 적용되지 않는 반신화적半神話的 세계 안에서, 서로 중첩되면서 또한 평행한다. 이 두 개의 선은, 서로를 좇으면서도 동시에 서로를 비껴가는, 두 개의 길과 겹쳐진다. 그렇다면 이 '특수하면서도 보편적인' 알바니아라는 땅, 그 땅 속 깊이 뿌리내린 '카눈' 안에서, 그만큼이나 특수하고도 동시에 보편적인 '희랍적인 것'과 '유대적인 것' 사이의 공존과 불화란 과연 무엇인가?

베시안은 카눈의 법칙이 지배하는 세계에 관념적으로 매료된 채 자신의 아름다운 신부 디안과 함께 알바니아의 고원 지대로 신혼 여행을 온다. 따라서, 첫 번째 계열: 디안에 대해 지적이고 관념적인 우월성을 품고 있던 베시안이 종국에 맛보는 어떤 지성의 패착이 있다. 반면 그조르그는 '피의 세금'을 지불하러 떠난 여행길에서 이 부부와 순간적으로, 하지만 숙명적으로 맞닥뜨린다. 고로, 두 번째 계열: 유예된 죽음으로서의 삶, 그 삶이 펼쳐놓은 길 위에서 우연히 마주친 디안에 대해 그조르그가 품게 되는, 파국이 예정된 어떤 삶/죽음의 열정과 충동이 있다. 그조르그의 길과 베시안의 길, 이 두 개의 계열과 방향은 그 자체로 서로에 대한 대결과 갈등을 내포한다(그리고 그 둘 사이에, 폭력에 오염된 '희생자'이자 그 폭력을 다시 전염시키는 '매개체'로서, 디안이, 일종의 '사이-존재'로서, 존재한다). 근대적 법체계는 '미개하며 미신적인' 것으로 치부되는 '카눈'적 복수의 원환/원한을 그 자체로 중지할 것을 '정당하고 적법하게' 요구한다. 따라서 이는 폭력에 대한 '합법적' 중지의 명령이라는 외양을 갖춘다. 그러한 체계의 공인된 폭력 앞에서 기존의 관습법적이고 개인적인 폭력의 순환은 일견 무력하고 낡은 듯이 보인다(그러나 이 폭력에 관한 관습적 규범인 '카눈'은 그 자체로 전혀 '개인적'이지도 않고 '비합리적'이지도 않다). 하지만 외려 근대적 법체계에 상처를 입히는 것은 바로 그 자신이 제거하고자 했던 폭력의 거부할 수 없는 힘이라는 사실에 이러한 폭력의 '폭력적' 분류법이 지닌 역설이 있다. 마치 박물관에 박제된 폭력의 '사체'를 견학하는 마음으로, 온전히 안전한 거리를 유지할 수 있을 것으로 생각한 폭력의 전근대적 '풍경'을 단지 감상하고 음미하는 마음으로 길을 떠났던 베시안은, 그 자신도 이해할 수 없는 어떤 '전염성'에 의해, 곧 죽음과 폭력의 어떤 치명적 마력에 의해 아내인 디안이 '전염'되었음을 무력하게 바라봐야만 할 뿐, 달리 할 수 있는 일이 없다. 베시안은 속으로 읊조린다. "반半장님인 폴리페모스들이 자신을 어떻게 하기라도 했단 말인가? 라고 그는 자문했다. 그리고 인간 존재 전부를 채울 수 있는 문제가 바로 이것이라고 그는 생각했다."[8] 특정한 국적이 아니라 하나의 보편적 정신성을 가리키는 이름이라는 의미에서, 이 '희랍'으로부터 온 철학자는 그러한 폭력에 대해 일종의 무력감을 경험한다. 그런데 이 무력감과 불능의 감정은 어디에서 연유하는가?

가장 일차적인 문제는 근대적 법체계가 '합법'과 '불법'이라는 폭력의 분류법을 시도하며 또 그것에 나름 '성공'한 것처럼 보인다는 사실이다. 마치 '카눈'이 오래된 저주처럼 걸려 있는 알바니아 북부 고원 지대의 비극성 자체에 관념적으로 매료되었던 베시안처럼, 우리는 그 폭력의 모든 항목들을 나열할 수 있고 그 모든 힘들을 측정할 수 있으며 그것을 마치 관객처럼 바라보며 평가할 수 있다고 생각한다. 그는 산악 지방 사람들의 손목에 매달려 있는 검은 띠, 그 죽음의 표식을 보고 공포심을 갖거나 연민을 품기는커녕 자신의 관념적 지식과 체계를 재차 확인하고 확신하면서 오히려 열광하고 흥분한다. 우리는 대부분의 경우 그렇게 '순수한' 관찰자의 입장에서 '신화적' 세계에 한 발을 내딛고 있는 것이다. 그러한 베시안에게 의사는 격분하여 따끔한 일침을 놓는다. "당신의 책들, 당신의 예술에서는 범죄의 냄새가 나오. 이 불행한 산악 지방 주민들을 위해 무엇을 하기는커녕, 당신은 관객이 되어 그들의 죽음을 구경하고, 재미있는 소재나 찾고 있소. 당신은 당신의 예술을 살찌우기 위해, 미美를 찾기 위해 이곳에 왔소. 십중팔구 당신이 좋아하지 않을 어떤 젊은 작가가 지적했듯이, 당신은 그것이 살인의 미학이라는 것을 보지 못하오. 당신은 내게 러시아 위선자들의 궁전에서 상연되던 연극을 연상시키오. 그곳의 무대는 수백 명의 연기자들이 공연을 할 수 있을 만큼 넓은 반면, 객석은 오직 왕가만을 수용할 수 있는 크기요. 당신이 나에게 연상시키는 것은 바로 그 위선자들이란 말이오. 한 민족 전체를 피비린내 나는 연극을 공연하도록 몰아넣고는, 당신은 귀부인들과 함께 박스 좌석에서 그 연극을 관람하는 거요!"[9] '카눈'적 폭력을 하나의 풍광과 경치와 유물로서 대하는 베시안의 이 '고고학자적'이며 '심미적'인 열광은 그 자체로 '근대적'인 것인데, 여기서 중요한 것은 그가 이러한 자신만의 관념과 감정 안에 빠져서 보게 되는 것이 '환상'이며 보지 못하는 것이 '실재'라는 사실이다. 폭력의 순환이라는 '카눈'의 '전근대성'에 대한 베시안의 '근대적' 시각과 포착은 종국에 가서 그 '근대성' 자체의 내재적 이유로 인해 힘없이 붕괴하고 내파한다. 이것이 바로 그가 느끼는 무력감과 불능의 정체이자 효과인 것. 보다 진보하고 우월한 것으로 상정된 '근대적' 법체계의 테두리 안에서 일견 '전근대적'으로 보이는 '카눈'의 폭력을 방관자적으로 바라보았던 그 시선은, 바로 그 근대적 법체계가 결코 폭력의 '외부'에 있지도 않고 폭력의 '미래'도 될 수 없다는 사실을 깨달으면서 눈이 먼다. 다른 의미에서, 곧 그 자신도 알 수 없는 어떤 체념적 열정에 사로잡혀 있다는 의미에서 역시나 눈이 먼 그조르그의 정확히 반대편에, 또 한 명의 맹인 베시안이 존재한다. 이 '외눈박이' 맹인들에게 진정 '개안開眼'은 요원한 것일까? 폴리페모스Polyphemos와 오클로스Ochlos로서의 개인과 집단은 공히 하나의 눈을, 그것도 멀어버린 하나의 눈을 갖는다. 그러나 송과선으로부터 자라나 정수리를 뚫고 나타날 제3의 눈은, 태양과 죽음을 정면으로 마주보게 될[10] 새로운 하나의 눈은, 언제 개안하는가?

데이비드 크로넨버그David Cronenberg 감독의 영화 〈폭력의 역사A History of Violence〉의 주인공을 통해서 우리는 그조르그와 베시안 사이의 어떤 '공생'을, 하나의 눈이 열리고 닫히는 두 가지의 양태를 본다. 그 외눈의 깜빡거림은 먼저 하나의 '이름'으로 온다. 그 이름은 우선 가명과 가면의 형식을 빌려 스스로를 감추고 있지만, 그 이름이 상환하고 그 이름으로부터 회수해야 할 피의 값은 청구서의 형태로 끈질기게 다시 돌아오기를 반복한다. 이름을 바꾼다고 해도, 과거를 지운 채 평범하고 단란한 가정을 이룬다고 해도, 청산하고 지불해야 할 피의 청구서는, 그 편지는, 언제나 목적

8 이스마일 카다레, 유정희 옮김, 『부서진 사월』, 240쪽.

9 이스마일 카다레, 유정희 옮김, 『부서진 사월』, 231~232쪽.

10 여기서 우리는 라로슈푸코La Rochefoucauld의 잠언을 상기해볼 필요가 있다. 곧 "태양과 죽음은 똑바로 바라볼 수 없다"라는 명제는, 하나의 '사실'을 제시하면서 동시에 하나의 '전복'을 종용한다. La Rochefoucauld, *Maximes*, Paris: Garnier-Flammarion, 1977, 47쪽. 이에 관해서는 이 책 6악장 "나르시시스트를 위한 자기진단법"의 6절 "바타유는 어떻게 '맹인'이 되었나"를 다시 참조할 수 있다.

데이비드 크로넨버그 감독의 '폭력 2부작': 〈폭력의 역사〉와 〈이스턴 프라미스〉의 장면들. 언제나 수신자에게 도착하는 피의 청구서, 혹은 손님이자 주인, 그리고 폭력의 결정 불가능성

지에, 수신자에게, 정확히 도착한다. 이는 '카눈'이라는 규범 안에서 어떤 '윤리성'을 찾아볼 수 있는 한 이유이기도 하다. 이것은 왜 하나의 윤리가 되는가? '카눈'은, 또한 그 어원처럼, 일종의 '카논canon'이기도 한 것. '카눈'은 복수의 법칙이면서 동시에 또한 환대의 법칙이기도 하다는 점에서 그 자체로 이중적이다. 그렇다면 이러한 '카눈'이야말로 데리다가 말하는 '환대hospitalité'의 역설적이고 양가적인 어원에 가장 부합하고 근접하고 있지 않은가? '카눈' 안에서 손님은 주인에 대해 '반신적半神的' 위치를 갖는 무조건적 호의의 대상이면서, 동시에 피의 순환이라는 폭력적 재앙을 불러오는 적대의 대상이기도 하다. 주인/손님hôte의 양가적 성격은 이러한 의미의 고리 안에서 완성되고 노출된다. 여기서 〈폭력의 역사〉의 주인공이 선택/은폐한 '개과천선'의 직업이 식당 주인이라는 사실은 특별히 흥미롭다. 그는 경제적/직업적 질서에서든 도덕적/주체적 위치에서든 어쨌든 손님을 무조건적으로 환대해야만 하는 주인의 입장에 서 있는 것이다(손님은 '왕'이자 '신'이다). 비록 그 손님이 자신의 과거를 상환하고 피 값을 회수하러 온 죽음의 표식이라고 할지라도 말이다. '가족'을 지키려는 주인공의 폭력은 그래서 일단은 하나의 대항폭력이겠지만, 역설적으로 그러한 대항폭력은 오히려 폭력의 기원에 대해, 폭력의 역사적 시발점에 대해, 일종의 '근원적' 책임이 있는 그런 폭력이기도 한 것이다. 따라서 이러한 대항폭력은 그 자체로 이미 '카눈'의 경제 안에 포함되어 있는 핵심적 요소인 것(이러한 폭력과 대항폭력 사이의 어떤 '혼혈'과 '잡종'과 '결정 불가능성'이라는 주제는, 크로넨버그의 다음 영화 〈이스턴 프라미스Eastern Promises〉에서 더욱 확장된 형태로 나타나게 된다[11]).

2009년 잭 스나이더Zack Snyder 감독의 영화로도 만들어진 바 있는 앨런 무어Alan Moore와 데이브 기번스Dave Gibbons의 그래픽 노블 『왓치맨*Watchman*』에서는 또 다른 대항폭력의 형태가 드러나고 있는데, 말하자면 이는 대항폭력이 지닐 수 있는 가장 극단적인 형태, 최고로 전도된 형태를 보여준다(또는 대항폭력이 지닐 수 있는 가장 양가적이고 역설적인 형태를 가장 극명하게 형상화하고 있다고 말해도 좋다). 도구적이고 수단적인 폭력이긴 하지만 '폭력' 그 자체의 종식을 가져다줄 것으로 예상되고 기대된다는 의미에서, 그 대항폭력은 일종의 '폭력-파괴적'이며 동시에 '법-정초적'인 폭력이 되고 있다(혹은 그렇게 기대되고 있다). 이는 어쩌면, 그 스스로 '신적' 폭력이 되고자 했으나 결국 정초와 보존의 법적 '악순환'에 다시금 빠지고 만 하나의 거대한 '신화적' 폭력이라 할 것인가? 오즈맨디아스는 목적의 정당성이—이러한 목적이란 어쩌면 칸트적인 '영구평화'일 것인가?—수단의 폭력성을 정당화한다는 자연법적 신념을 그 극단과 한계에 이르기까지 밀고 나간다. '감시자들을 누가 감시할 것인가Who watches the watchmen?'라는 질문은, '폭력을 어떻게 제거할 것인가(혹은, 고양이 목에 누가 방울을 달 것인가)'라는 질문과 동일한 구조를 가지면서, 그 질문에 대해 정확히 거꾸로 선 거울상의 모습으로 제기되는 물음, 동시에 대항폭력이 지닌 아포리아를 가장 극명하게 드러내는 물음이 된다(그러나 감시자를 만든 것은, 고양이를 창조한 것은 누구인가, 혹은, 고양이보다는 쥐의 목에 방울을 달기가 오히려 더 어려워진 세상 아닌가). 『왓치맨』에서 오즈맨디아스가 계획하고 실행하는 이 '궁극적 해결책'은 기본적으로 냉전 시대의 정치적 아포리아가 일종의 '이상적' 반대급부로 낳은 극단적 상상의 산물이지만, 그 절정의 대항폭력은 기묘하게도 그보다 훨씬 후에 실제로 있게 될 9·11 테러의 이미지와 역설적인 형태로 겹쳐진다(바로 이러한 점에서도 이 하나의 거대하며 역사적인 '대항폭력'에 대한 미국의 반응과 대응은 그 자체로 부조리한 것이었지만, '우리'는 그것이 잘못된 것인 줄 '알면서도' 그렇게 했고 또 그렇게 한다[12]). 그러나 또한 『왓치맨』의 마지막 장면이 강하게 암시하고 있듯, 이 '궁극적' 대항폭력이 가져다준 일시적 평화와 화해의 기류는 그리 오래가지 못하고 곧 그 '기원적' 폭력성을 노출하게 될 운명에 처할 것이다. '감시자를 누가 감시할 것인가'라는 물음처럼, 이러한 폭력은 일종의 이중 구속, 하나의 악순환을 이룬다. 이러한 순환에서 어떻게 탈출할 것인가, 혹은 이러한 순환을 어떻게 탈구시킬 것인가?

클린트 이스트우드Clint Eastwood 감독의 영화 〈그랜 토리노Gran Torino〉는 이러한 탈출과 탈구의 주제와 관련하여 하나의 흥미로운 물음을 던진다. 이 영화가 가장 기본적으로 제기하는 것은 먼저 폭력에 '어떻게' 대항할 것인가 하는 물음이 되고 있다. 주인공의 선택은 비폭력도 아니고 일반적인 의미에서의 대항폭력도 아니다. 그는 가장 극명하고 단순한 폭력을 '단지' 유발하기만 함으로써 그 자신의 죽음을 무릅쓰고 불러낸 이 '불의의' 폭력을 합법적 폭력과 적법한 형벌의 지배 아래로 돌려놓는다. 〈그랜 토리노〉의 주인공이 어떤 '건강한' 보수성을 대표한다고 한다면, 그것은 바로 이러한 독특한 '희생'의 논리와 그에 기초한 '법치'에 대한 믿음으로부터 기인하는 것이다(이러한 지극히 '기본적인' 믿음이 죽음과 희생을 통해 가장 '순수하고 직접적으로' 드러나고 증명된다는 이 영화적 사실은 그 자체로 지극히 역설적이지 않은가, 합법적 폭력의 이상성은 그 자체로 '피'를 요구하고 있는 것이므로). 이스트우드 감독 자신이 분扮한 〈그랜 토리노〉의 주인공은 동일한 감독의 과거 페르소나인 '더티 해리'와 정확히 반대되는 하

11 그렇다면 먼저 지적하고 상상해 볼 수 있는 것은, 이 두 영화가 비고 모텐슨Viggo Mortensen이라는 '동일 인물'을 중심축으로 삼는 두 개의 스핀오프spin-off 드라마가 아닌가 하는 점이다. 이런 관점에서 우리는 크로넨버그가 숨기듯 던지고 있는 한 '영화적' 질문에 주목해야 한다: '일반인'이라면 과연 저렇게 총을 잘 쏠 수 있을까? '일반적'인 액션영화의 문법 안에서 우리는 다음과 같이 묻지는 않는다: '왜 주인공은 수백 발의 총알을 남김없이 피하는데 악당들은 맞지도 않은 총알 한 발에 온몸을 날리며 죽는 거지?', '왜 주인공은 팔이나 다리에 가벼운(?) 총상을 입었을 때도 저렇게 아무렇지도 않게 계속 서사를 진행시킬 수 있는 거지?' 사실 〈폭력의 역사〉의 초입에서 보이는 주인공 '톰'의 영웅적인 행동에서 관객이 처음으로 놓치게 되는—혹은 '놓쳐야만 하는'—지점은, 이러한 '당연한' 질문들의 '자연스러운' 부재, 곧 한 영화가 '영화'가 될 수 있는 그 지극히 당연한 '부재'의 조건들에 대한 물음이다. 우리가 간과하고 지나가게 되는 그 '가능조건'에 대한 물음들 속에 이미 저 '톰'의 정체가 숨겨져 있는 것이므로. 따라서 크로넨버그는 영화적 장르의 '문법' 그 자체로 이미 하나의 '트릭'을 실행하고 있는 것.

12 이러한 부인disavowal의 심리적 기제에 관해서는 Slavoj Žižek, *Violence*, New York: Picador, 2008, 특히 52쪽을 참조할 수 있다. 그러나 우리는 여기서 물신Fetisch을 설명하는 마르크스Karl Marx의 저 유명한 '심리적 기제' 또한 함께 상기해야 한다. "그들은 그것을 알지 못하면서 그것을 행한다." Karl Marx, *Das Kapital, Band 1, Mark/Engels Werke(MEW) Band 23*, Berlin: Dietz, 1962, 88쪽. 그렇다면 폭력은 '아는' 것인가, '알지 못하는' 것인가?

보호하는 백인 수호자와 보호받는 유색인종 피해자라는 '관습적 이분법'을 넘어, 이 영화는 법치와 그 합법성의 가장 징후적인 지점을 드러낸다. 합법적 폭력과 불법적 폭력 사이에서: 클린트 이스트우드 감독의 〈그랜 토리노〉

나의 거울상으로 기능하고 등장한다. 미키 스필레인Mickey Spillane의 페르소나였던 '마이크 해머'와도 같은 신념으로, 곧 (법이 아니라) '내가 심판한다'는 원칙 위에서 말하고 행동하던 그 '더티 해리'는, 이제 〈그랜 토리노〉에서 맞이한 노년에 이르러 적법하고 합법적인 폭력의 체계에 마치 늙은 현자처럼 순응하는 듯이 보인다. 이러한 '적법성'의 복수, '합법성'의 눈먼 틈새를 적극 차용하고 활용하는 피의 복수가 일견 감동적이고 통쾌하면서도 그 희생의 '영속성'과 그 윤리의 '정치성'에 대해서는 의문의 여지가 남는 이유다. 그러면서도 또한 이 영화는 은연중에 가장 확실하게 말하고 있는 건지도 모른다, 법치라는 것이 '언제' 그리고 '어떻게' 작동하게 되는지를. 왜 모든 영화에서 경찰은 언제나 그렇게 뒤늦게, 언제나 그렇게 모든 상황이 정리되고 난 후 가장 나중에 등장하게 되는가? 이러한 등장의 지연에는 어떤 특정한 '기호학'이, 어떤 특수한 '미학-정치학'이 있지 않은가? 그러므로 이러한 지연은 단순히 주인공의 모든 '영웅적' 행동들의 효과와 결과가 드러나고 실현되기를 '친절히' 기다려주는 영화미학적인 배려의 장치인 것만은 아니다. 폭력의 경제 안에서 '법치' 혹은 '치안'이 갖는 징후적 성격은 이러한 '늑장 출동' 혹은 '지연된 최종적 마무리' 안에서 가장 극명하게 드러나고 진단되고 있기도 한 것이다(이러한 영화적 상투성cliché을 가장한 법치에 대한 '무의식적' 믿음과 문법은 또한 우리들이 법치 일반에 대해 가장 '나이브하게' 품고 있는 뿌리 깊은 불만과 불안을 역시나 가장 '나이브하게' 드러내주고 있지 않은가). 〈그랜 토리노〉의 '복수'가 성공할 수 있었던 것은 역설적이게도 바로 이러한 지연과 그에 대한 자연스러운 불안의 감정, 곧 법치에 대한 일종의 '뒤틀린' 믿음 그 자체 때문이었던 것.[13]

4. '법치'라는 환상의 기제: 폭력의 독점과 배제의 '야만성'과 '도착성'

그렇다면 '법치'란, 먼저 무엇보다 '당신들의' 환상이자 '우리들의' 환멸을 부르는 하나의 이름으로 나타나지 않는가? 폭력의 전근대성에 대한 법의 근대적 해결은, 바로 정당한 법 집행으로서의 폭력의 독점과 정당하지 못한 수단으로서의 폭력의 배제라는 '근대적' 분류법으로 제시되고 있다. 가장 근본적인 층위에서, 국가의 존재 목적과 정당성은 바로 이러한 폭력의 독점과 배제, 곧 가장 큰 폭력의 '국유화'를 통해 다른 '불법적' 폭력을 막는다는, 일종의 합법화된 '소유 형태'에 기초하며 또한 그러한 '소유 형태'로서 출현한다. 폭력의 문제에 대한 토머스 홉스Thomas Hobbes적 해결은 극명하다. 먼저 'nature'가 지닌 두 가지 의미에서 '자연' 혹은 '본성'에 호소하는 방법이 있을 수 있다(하지만 '자연스럽고 당연하게도' 이것만으로 폭력에 '대처'하기에는 턱없이 부족하다). 그다음으로 여타의 폭력들을 제압할 수 있는 더 큰 폭력을 행사하는 방식이 있게 된다. 이 '가장 큰 폭력'의 정당한 행사는 바로 '법치'의 개념 안에서 구현된다. 그러나 이러한 분류법 자체는, 그 스스로 존재하기 위해서, 당연하게도 그 자신의 존재 조건 자체에 눈멀어 있고 또 눈멀어 있어야 한다. 이러한 폭력의 독점이라는 문제는 필히 그 정당성의 문제와 결부되어 있지만, 동시에 그 정당성의 '신비한 토대'는 망각되고 은폐되어야 한다는 어떤 '무의식적 당위' 자체가 역설적으로 이러한 독점적 체제의 근본적 기제를 이루고 있는 것이다. 최근 우리는 국가폭력, 곧 이러한 '국유화'된 폭력의 형태가 과연 '정당한' 것인가 하는 근본적인 질문을 던져야 하는 상황에 그 어느 때보다도 더욱 자주 노출되고 있다(촛불집회가 그랬고, 용산참사가 그랬으며, 미네르바의 구속이 그러했고, 또한 이길준 의경의 재판이 그러했다). 정당성에 대한 결정은 무엇보다 사후적으로nachträglich 온다. 하지만 이러한 사후성 자체를 거세하는 것, 사후적인 것을 오직 사전적인 것으로 치환하고 규정짓는 행위 속에 바로 독점적 폭력의 '심리적 기제'가 존재한다(그러므로 현실의 치안과 경찰은, 영화의 그것과는 정확히 반대되는 의미와 모습으로, 너무나 빨리, 너무나 신속하게, 그리고 너무나 잔혹하게 출현한다). 법치를 '사전적事前的'이다 못해 '사전적辭典的'으로까지 만드는 것은 이러한 '폭력적' 법치의 절대화다. 여기서 법은 지극히 '도착적'인 방식으로 스스로를 일종의 정언적 체계로 만든다. 사전辭典과 정전正典, canon으로서의 법치는 '종파업'과 '가두시위'라는 정치적인 전복의 요소들을 사전에 '불법화'함으로써 이를 철저히, 곧 '원천적'이고 '기원적'으로 차단한다.[14] 곧 '총파업grève générale'이 지닌 '일반성généralité'과 '가두시위street demonstration'가 지닌 '논증demonstration'의 힘은, 바로 이러한 '법치' 안에서 상실되고 박제된다. 그렇다면 이렇게 '분에 넘치게' 정언명법으로 화한 법치라는 개념이 누구를 위해 봉사하고 있는가에 대한 대답은 지극히 자명해지지 않는가. 법치라고 하는 이 지극히 '근대적인' 도착성이 바로 그 법치와 치안의 폭력에 의해 희생된 이들의 장례라고 하는 '전근대적' 관습법의 실행을 가로막고 있는, 아직 끝나지 않은[15] 용산참사의 이 '폭력적' 풍경 앞에서, 우리는 저 '근대적' 법치 체제의 가장 '야만적'인 성격을 목격한다. "카눈의 규정에 따르면, 두 남자가 총구를 들이대고 서로 상대방을 쏘았는데 한 명만 죽고 다른 한 명은 부상만 입었을 경우, 부상을 당한 측이 차액을 지불하지요. 일종의 피의 잉여금이라고나 할까요? 제가 처음에 지적했듯이, 반半신화적인 장치 아래에서 경제적인 측면을 찾아보아야 할 때가 왕왕 있습니다. 선생은 아마도 나를 추잡하다고 비난하실 테지

13 〈그랜 토리노〉에서 폭력의 가장 극명한 이미지는, 폭력의 행위와 동선이 아니라 폭력이 남긴 어떤 결과를 통해, 곧 흐몽Hmong 소녀—그러나 이 '흐몽' 소녀는 또한 분명 한 명의 '미국인'이기도 한데—의 멍들고 피 흘리는 얼굴을 통해, 가장 강력하게 드러난다(여기서 '희생자'가 아시아계이고 '구원자'가 백인-코카시아인종이라는 지극히 '민족지적'인 사실은 잠시 접어두기로 하지만, 이 '접어둠'을 언급하는 시점에서부터 오히려 이는 결코 '접어둘' 수 없는 문제가 된다는 역설이 있다). 카메라가 이 소녀의 얼굴을 화면 가득 잡는 시퀀스 전후로, 곧 '극단적 폭력'의 이미지를 하나의 얼굴 안에 담는 '결정적' 장면을 전후로 하여, 이 영화는 두 개의 부분으로 갈린다. 단순한 '사회적'인 의미에서든, 아니면 복잡한 '민족지적'인 의미에서든, 이 완벽한 '타자'와 '상처'의 얼굴이 일종의 윤리로서(그러므로 또한 하나의 '폭력'으로서) '대항폭력'을 유발하고 요청하고 있는 이 지극히 '레비나스적'인—혹은, 같은 의미에서, '반反레비스나스적'인—장면이 결국 법치에 대한 뒤틀린 믿음에 의지하고 호소할 수밖에 없게 되는 영화적 해결을 바라보면서, 우리는 또한 유대적인 것과 희랍적인 것 사이의 어떤 '교착적'이고 '도착적'인 만남을 목격하게 된다.

14 2011년에 첨가하는 주석 1: 이집트의 시민혁명을 묘사하는 대부분의 국내 언론들의 술어는 '소요', '무질서', '무정부 상태'였음을 떠올려본다.

15 2011년에 첨가하는 주석 2: 2009년 말, 정부는 용산참사에 대해 소위 '대타협'을 이끌어냈다고 자축하며 이 사건을 '없는 일'로 기정사실화했다.

요. 그러나 오늘날 피는 다른 모든 것들처럼 상품으로 변질됐습니다."[16] 그렇다면 "피의 잉여금"을 지불하기는커녕—지극히 '역설적으로' 말하자면—피가 '정치적' 상품으로 '변질'되는 것조차 막고 있는 우리의 정부는, 그 스스로가 그렇게 목청 높여 외치는 '경제주의'에 얼마나 충실한가? 불에 타고 옥상에서 떨어져 죽은 시신들의 피는 누가 '보상'하고 누가 '회수'해주는가? 고로, 우리의 법치와 경찰은 저 '카눈'의 폭력에 비할 때 얼마나 더 '근대적'이며 얼마나 더 '선진화'되어 있는 것인가?

그러나 무엇보다 법은 정언적 명령이 아니고 정언적 명령이 될 수도 없다(그러나 그것은 그렇게 되었고 또 그렇게 되고 있다!). 당연하게도, 그것은 조건적 명령의 체계, 상대적인 차이들의 구성물이다(하지만 그것은 또한 무조건적 당위의 체계, 절대적인 법치의 구성 요소가 되었고 또 그렇게 되고 있다!). 사회적 관계 안에서 '합의'가 필요하게 되는 것이 이 때문이라기보다는, 오히려 반대로, 이를 넘어 '관계' 자체가 전제하는 것, '합의' 이전에 그 존재 조건으로서 '불화'가 있을 수밖에 없는 것은 근본적으로 바로 이러한 법의 성격 때문이다. 하지만 법이 '정언적' 명령이 된다면, 정언명법의 자리에 '법' 그 자체가 위치하게 된다면 어떻게 될까? 우리는 이 시대에 창궐하고 있는 '법치주의의 유령' 안에서 그 효과와 결과의 일단을 발견할 수 있다. 법의 '정언적' 명령이 가능하다면, 그것은 '법의 지배'라는 이상적 상태가 아니라 끔찍한 법치의 '창궐'이 된다. 이런 맥락에서 폭력이냐 비폭력이냐 하는 문제는 오히려 이차적인 것인데, 이러한 법치 자체가 일종의 '가장 큰' 폭력이 되기 때문이다. 법치라는 개념이 '목적의 왕국'을 위해 봉사하는 것이 아니라 일종의 '전가의 보도'처럼 쓰이고 휘둘릴 때, 그 법치를 보장하는 법은 바로 그 자신의 '목적성'이 지닌 '맹목적' 폭력의 성격을 드러내고 있는 것이다. 합리주의자 임마누엘 칸트Immanuel Kant는 다른 의미에서 마찬가지의 강도로 '합리적인' 사드 후작Marquis de Sade이 될 수 있는 것, 아니 오히려 슬라보예 지젝Slavoj Žižek이 말하는 것처럼, 칸트와 '함께' 사드를 읽어내는 라캉적 행위의 핵심은 칸트의 '진실'이 사드라는 것이 아니라 오히려 반대로 바로 사드 자신이 지극히 '칸트적'이라는 사실에 있을 것이다.[17] 법치는 이 도착적 진실에 눈을 감고 눈이 멀어 있다는 바로 그 지점에서 오히려 그 자신의 가장 도착적인 성격을 노출하지만, 또한 그러한 도착성이야말로 법치의 외면적 합목적성을 구성하는 필수적 존재 조건이자 가능 조건이기도 하다. 우리가 주목하고 천착해야 하는 것은 바로 이러한 법치의 병리적 '합목적성', 그것의 야만성과 도착성이다.

법치 스스로가 자신의 '객관성'을 강변하면 할수록, 법치에 대한 이러한 광신적이고 절대적인 형식주의야말로 선진화를 부르짖는 이들의 가장 '후진' 조급함과 저급함임은 오히려 더욱 분명해진다. '법대로 하자'고 말하는 법치주의의 가장 극명하고도 단순한 어구 속에는 이미 폭력의 가장 '순수한' 원석이 들어 있는 것. 이 말이 지닌 수행성遂行性이 즉각적으로 불러일으키는 것은, 그 자신이 기대하고 예상한 법의 엄정한 객관성이 아니라, 오히려 반대로 '주먹이 더 가깝다'고 말하는 약육강식의 폭력적 '관습법'이라는 이 역설적 효과를, 소위 저 '법치주의자'들은 제대로 이해하고 있을까? 물론이다, 그것도 아주 완벽하게. 그러기에 그들은 법대로 하자는 '당신들의 법치주의'를 마치 주먹 들이대듯 주먹구구식으로 들이대며 '법치'를 공포스럽게 공포하고 있는 것이 아니겠는가? 그런 의미에서 이러한 '법치주의자'들은 법의 폭력성을 바로 법 그 자체의 이름으로 '치환'할 줄 아는 데에 도가 통한 '법적 문학'의 정초자들이자 동시에 실행자들이기도 하다. 여기서 법치는 『부서진 사월』의 저 베시안이 맞닥뜨렸던 패착을 반복한다. 가장 근대적이고 현대적으로 '무장'한 법치의 개념이 가장 직접적이고 물질적으로 드러내는 것이 바로 그 자체의 기원적 '전근대성'이라는 이 역설적 사실을 어떻게 이해해야 하는가, 아니 어떻게 이해시켜야 하는가. 게다가 그것도, 알지 못하는 자들이 아니라 '알면서도 그렇게 행하는' 자들에게, 어떻게, 그리고 무엇을? 그러므로 아마도 이러한 걱정은 기우에 그칠 공산

16 이스마일 카다레, 유정희 옮김, 『부서진 사월』, 229쪽.

17 Slavoj Žižek, *Violence*, 195쪽 참조.

이 크며, 또한 바로 그것이 '기우'로 그칠 수밖에 없다는 사실에 더 큰 문제가 도사리고 있다. 따라서 다시 한 번 묻자면, 폭력은 '아는' 것인가, '알지 못하는' 것인가?

법치라는 폭력이 지닌 정당성과 객관성은, 또한 그것이 지닌 임의성과 우연성을 통해서 가장 '적극적으로', 그리고 가장 '해체적으로' 파악되어야 한다. 특정한 결과의 '출력'이 나올 수 있도록 '입력'을 특별하게 조종하는 일이 대법관이 하는/할 수 있는 '주요한' 업무라면, 과연 그 스스로가 주장하는 법치의 '객관성'이란 무엇이며 또 무엇이 되어야 하는가? 어쩌면 우리는 질문을 바꿔 달리 물어야 할지도 모른다. 왜냐하면 한 대법관의 지극히 '폭력적'인 사건 배당은 한 개인의 '도덕적 무능함'을 드러낸다기보다는, 오히려 법치라는 개념이 얼마나 임의적이고 우연적이며 자의적인가를 징후적으로 알려주는 하나의 임상적 증례이기 때문이다(그러므로 우리의 '대법관'은 또한 우리의 '환자', 우리 법치주의의 '슈레버'이기도 하다[18]). 그렇다면 이때에 우리는 우리 시대의 '오적五賊'이라도 다시 지어 노래 부르고 흥얼거리기라도 해야 한단 말인가. 절대적 법치를 주장하는, 거의 '신화적'이기까지 한 이 '범법론자汎法論者'란, 비슷한 발음으로 다르게 말해서, 혹여 '범법자犯法者'의 다른 초상은 아니겠는가. 또는, '법 없이도 살 사람'이란 말은 이미 그 말 자체로 언제나 법의 '기원적' 폭력성을 가리키고 있는 것은 아닌가. 곧, 법을 집행하는 사법부와, 그 스스로 일종의 사법부이자 입법부의 위치에 오르고자 애쓰는 경찰이, '법 없이도 살 사람들'에게—더 정확히는, 그런 사람들에게만—언제나 법을 강요하고 강매까지 하고 있다는 의미에서. 따라서 법치가 가리키고 있는 어떤 '세련된 현대성'은 그 자체로 '원시적'이다. 세부적인 법 조항들과 그에 대한 지식의 총체로 표상되고 재현되는 일종의 '지적 권력'은 그 자신의 '신비한 토대'에 관해서만은 기묘하리만치 어이없는 '무지'의 극치를 보여준다. 법의 전문성이라는 이름으로 대변되는 일종의 법적 '전문가주의expertism'란, 그 자체로 모든 이의 공적 논의의 대상이 되어야 할 법과 폭력과 정치의 문제를 원천적이고 기원적으로 차단하고 있는 하나의 배타적 카르텔이 아닌가. 그렇게 이해되고 실행되고 있는 법이란, '당신들의' 무기와 방패가 될지언정 '우리들의' 우산과 그늘이 되어주지는 못한다. 그렇다면 그러한 법의 통치가 오히려 가장 '적법하고 합법적으로' 유발하고 있는 것은, 바로 그 법 자신이 '불법적'인 것이라 규정하는 하나의 폭력이 아니겠는가. 곧 법 자체가 가장 유력한 '폭력 유발자'가 된다는 이 가장 역설적인 의미에서〔예를 들자면, 스스로 '폭력 유발자'임을 적극적으로 의식하고 인정하지 않고서야 어떻게 지극히 '예비적이고 예방적일' 뿐인 산성山城 하나를 하룻밤 사이에 그렇게 뚝딱 쌓을 수 있었겠는가, 그러므로 이 경찰국가가 두려워하는 것은 오히려 바로 그 자신의 '야만적' 폭력성이 아니겠는가〕.

바로 이러한 법 자체의 정당성, '법치'라는 말로 상징되는 법 자체의 어떤 불가침성을 문제 삼는 두 개의 사유가 있다. 이 두 사유는 폭력을 가장 먼 곳으로 밀고 나가 사유하고 또한 동시에 가장 가깝게 끌어안아 사유하려고 한다. 폭력을 하나의 '숭고'처럼, 하나의 '축복 같은 저주'처럼 가깝게 껴안는 폭력에 대한 예찬의 사유가 그 하나, 그리고 법 그 자체를 뛰어넘는, 법치라는 관념 자체에 하나의 계기이자 계시로서 충격을 주는 신적 폭력에 대한 머나먼 사유가 그 다른 하나다. 우리는 아마도 폭력에 관한 이 두 사유의 '평행'하는 '대위법'을—하지만 동시에 서로 '병행'하고 있기도 한 이 두 사유의 '화성법'을—뛰어넘어서는 결코 폭력에 관한 사유의 가장 강력한 진폭을 경험할 수 없을 것이다. 폭력에 대한 '원근법적' 접근의 두 극단으로 나타나면서 동시에 극단적인 친근성 또한 드러내고 있는 이 두 사유는 폭력의 개념이 지닌 양가적 아포리아를 가장 적극적으로 끌어안고 표출하는 형식이기도 한데, 그 한쪽에는 바타유의 사유가, 다른 한쪽에는 벤야민의 사유가 있다. 반복하자면, 극단은 서로 통하고 있는 것. 종

18 2011년에 첨가하는 주석 3: 촛불집회에 대한 재판에서 저 '폭력적인' 사건 배당과 '속도전'을 종용했던 신영철 대법관은 2011년 2월 현재에도 여전히 대한민국 사법부 대법관의 자리를 무사히 지키고 있다, 아직도 우리의 저 법치주의가 지닌 어떤 항상적 증상과 명징한 징후를 몸소 증명하면서.

© André Bonin

도서관의 조르주 바타유: 국립도서관의 사서라는 직업과 탕자라는
(脫)정체성 사이를 오가기

교적이면서 또한 정치적인, 희랍적이면서 또한 유대적인 이 양가성의 폭력에 대한 두 사유를 점검해야 하는 이유다.

5. 폭력에 매혹되다: 폭력에 의한 소통과 성스러움이 의미하는 것

"오늘날 하나의 철학이 만들어지고 있다고 나는 단언한다. 이 철학은 폭력의 옹호와 밀접하게 연결되어 있다."[19] 이러한 조르주 소렐Georges Sorel의 '예언'과 어쩌면 동일한 지형에서, 그러나 또한 어쩌면 전혀 반대되는 맥락에서, 폭력에 관한 하나의 '절대적' 철학(들)이 등장한다. 우리가 먼저 살펴볼 것은 '근본적' 폭력에 대한 예찬의 형식들이다. 폭력은 어떤 관점에서 '이상화'되고 '추앙'될 수 있는가? 이 물음은, 많은 이들이 관념적으로 혹은 관습적으로 폭력 일반에 대해 갖고 있는 부정적 통념에 대해 의문을 제기하며 폭력의 개념을 '이상성'의 관점에서 재정립한다는 의미에서, 폭력에 대해 말하고 쓰는 행위가 지닌 가장 중요한 논점들 중 하나다.

바타유에게서 폭력이란 먼저 '부당한 물리력의 행사'라기보다는 일종의 '원초적 힘'에 가까운 개념으로 등장하고 있다. 바타유는 『니체에 대하여*Sur Nietzsche*』에서 이렇게 쓰고 있다. "만약 그들〔신과 인간들〕이 각자 그 자신들만의 완전성을 지켰다면, 곧 인간들이 죄를 저지르지 않았다면, 한쪽에는 신이, 또 다른 한쪽에는 인간들이, 그렇게 각각 끈질기게 자신들만의 고립을 유지하고 있었을 것이다. 창조주와 피조물들이 함께 피 흘리고 서로를 찢어발기며—수치심의 극단적 한계에 이르기까지—모든 부분을 서로 문제 삼았던 어느 죽음의 밤은 그들 사이의 합치communion에 있어서 필수적인 것이었다."[20] 곧, 바타유가 말하는 '소통communication'이란 근본적으로 이러한 폭력과 상처, 또는 죄와 악을 그 필요조건으로 하여 가능해

19 조르주 소렐, 이용재 옮김, 『폭력에 대한 성찰』, 나남출판, 2007, 386쪽.
20 Georges Bataille, *Sur Nietzsche. Œuvres complètes, tome VI*, Paris: Gallimard, 1973, 43쪽.

지는 어떤 인간적이고도 종교적인 합치communion의 경험이다. 이러한 소통이란 이성 또는 지성의 동질성에 기초한 어떤 안이한 '합의'의 과정과는 거리를 둔다. 바타유가 말하는 소통과 폭력이란 오히려 그러한 합의의 허구가 폭로되는 지점에서 발생하는 무엇이다. 외부적이고 이질적인 존재로서의 타자가 가능하게 해주는 죽음과 연속성의 경험이 바로 이러한 소통을 구성하는 핵심적인 요소로 등장한다. 이 소통은 동질적 선善에 의한 합의가 아니라 이질적 악惡에 의한 균열과 불일치에 기초하는 관계 방식이라는 점에서 근본적으로 양가적인 경험이다. 따라서 이러한 폭력의 '소통'은 또한 역설적으로 일종의 '사랑'에 가닿는다. 그런데 이 사랑은 어떤 '더럽힘'을 통해서만 가능하게 되는 소통의 형식이기도 하다. 이어서 바타유는 다음과 같이 쓰고 있다. "이렇게 해서 '소통'은 죄에 의해 보장받게 되는 것인데, 그러한 소통이 없다면 우리에게 그 어떤 것도 존재하지 않을 것이다. '소통'은 사랑이며, 이 사랑은 바로 그 사랑에 의해 하나로 결합되는 자들을 더럽힌다."[21]

왜 '사랑'과 '합치'는 오직 이러한 폭력적 '훼손'을 통해서만 가능해지는가? 『문학과 악*La littérature et le mal*』에서 바타유는 이에 대해 자세히 설명하고 있다. "인간의 삶의 과정에서 우리는 다음과 같은 안이한 견해에 얽매이게 된다. 우리는 우리 스스로를 분명하게 규정된 하나의 실체처럼 표상한다는 것. 우리에게는 사유의 기초가 되는 이 '나'라고 하는 것보다 더 확고한 것은 없어 보인다는 것. 그리고 이러한 '내'가 대상들을 포착한다는 것은 곧 그 대상들을 나의 용도에 맞게 변형시키기 위함이라는 것. 나는 내가 아닌 것과는 결코 같아질 수 없으므로. 유한한 존재인 우리들에 대해 외부적인 것은, 때로는 우리를 종속시키는 투과할 수 없는 무한이며, 때로는 우리가 조종하며 우리에게 종속되는 대상이다. 어떤 관점에서는 개인이, 이렇게 조종되는 사물에 동일시되면서, 그 개인을 광대함의 내부에 예속시키는 어떤 유한한 질서에 여전히 종속될 수 있다는 점을 덧붙여두자. 만약 그 개인이 이러한 상황으로부터 출발하여 이 광대함을 〔세계와 유한한 사물들 사이에 등호等號라는 기호를 집어넣는〕 과학 법칙들 안에 예속시키고자 시도한다면, 그는 대상을 부수는 질서(대상을 부정하는, 즉 그 대상 안에서 유한하고 종속적인 사물과는 다른 성격의 것을 부정하는 질서) 안에 스스로 예속될 때에만 그 대상과 같아질 수 있다. 그의 능력 범위 안에서 이러한 다양한 한계들을 벗어나는 방법은 단 하나밖에 없다. 그것은 우리와 비슷한 존재를 파괴하는 것이다. (이러한 파괴 안에서 우리와 비슷한 것의 한계는 부정된다. 우리는 사실 생기 없는 대상을 파괴할 수는 없는데, 왜냐하면 그러한 대상은 변화하긴 하지만 사라지지는 않기 때문이다. 오직 우리와 비슷한 어떤 존재만이 죽음 속으로 사라지는 것이다.) 우리와 비슷한 존재가 입은 폭력은 유한한, 경우에 따라서는 유용한 사물들의 질서를 벗어난다. 폭력은 이러한 질서를 광대함으로 되돌린다."[22] 그러므로 여기서는 두 가지의 폭력이, 곧 폭력이라는 개념의 두 가지 다른 용법이, 다시 말해 두 종류의 폭력을 구분하는 하나의 분류법이 있게 된다. 우리는 "투과할 수 없는 무한"인 어떤 대상을 마치 "종속 가능한 대상"인 것처럼 여기면서 그 대상을 주체에 동일화할 수 있다고 생각한다. 이러한 착각과 자기기만의 기저를 이루고 있는 것이 바로 "과학 법칙들"이겠지만 〔왜 이는 또한 과학의 '법칙'들로, 곧 하나의 '법loi'으로 불리는가〕, 흔히 객관적이라고 여겨지는 이러한 법칙들은 대상을 포착하고 주체와 동일화했다고 생각하는 바로 그 순간 이미 오히려 "대상을 부수는" 법칙이 되고 만다(이것이 바로 폭력의 첫 번째 용법이다). 그러나 이러한 방식으로는 결코 주체와 대상은 서로 '같아질' 수 없다. 그렇다면 합치는 어떻게 가능해지는가? 근본적인 문제는 유한성과 논리성의 세계관이 그러한 세계관을 벗어나는 무한성과 광대함의 질서에 속한 사물과 현상들까지 자신의 문법 안으로 포착하려는 '폭력적' 시도에 있다. 바타유가 말하는 소통과 합치의 폭력이란 이러한 유한성과 유용성의 폭력과 거리를 두는 개념이다(이것이 바

21 Georges Bataille, *Sur Nietzsche. Œuvres complètes, tome VI*, 43쪽.
22 Georges Bataille, *La littérature et le mal. Œuvres complètes, tome IX*, Paris: Gallimard, 1979, 255쪽.

타유가 강조하며 천착하고 있는 폭력의 두 번째 용법이다).

바타유는 형이상학적 폭력에 대하여 이질학적hétérologique 폭력이라는 또 다른 극極을 대립시키고, 또한 이성과 생산과 유용성이 지배하는 '유한한' 폭력의 질서에 대해 비지와 소비와 무용성이 넘치는 '무한한' 폭력의 질서를 대립시킨다. 그러므로 바타유에게서 주체(동일자)와 대상(타자) 사이의 통일과 합일이란, 다시 말해 그들 사이의 어떤 '소통'이란, 결국 유한성과 유용성의 제한적인 질서를 벗어나 무한성과 무용성의 광대한 '일반적'(무)질서를 경험하는 체험 속에서밖에 이루어질 수 없는 성질의 것이다. 따라서 바로 이 지점에서 이러한 소통의 체험은 또한 기본적으로는 죽음이라는 폭력적 상황 속에서밖에 성립될 수 없는 것이라는 하나의 역설이 중요하게 부각된다. 그렇다면 죽음에 이르러서야 얻을 수 있을 이러한 '연속성'의 체험을 어떻게 삶 속에서 경험할 수 있을 것인가, 바로 이것이 바타유적 '폭력'이 가리키는 핵심적 물음이 된다. 또한 바로 이 지점에서 우리는, 인간의 대상 포착 혹은 타자 인식이 지닌 한계를 벗어나는 유일한 방법이 "우리와 비슷한 존재를 파괴destruction"하는 행위 안에 있다고 썼던 바타유의 단언을 다시금 되새기게 된다(이러한 '파괴'란 또한 "대상을 부수는écrase" 형이상학적 폭력의 정확히 반대편에 있는 '소통'의 폭력, '이질학적' 폭력을 의미한다). 이러한 '연속성'의 경험은 역설적으로 단지 '순간'으로서만, 곧 타자의 죽음을 목격하고 그 희생 제의에 참여하는 바로 그 한 '찰나'로서만 이루어질 수 있다. 이러한 죽음과 폭력이 가능하게 하는 연속성의 순간은 에로티즘 안에서 핵심적인 개념의 지위를 차지한다. "희생물은 죽고, 그럼으로써 희생 제의의 참가자들은 그 제물의 죽음이 계시해주는 하나의 요소를 공유하게 된다. 이 요소는 종교역사가들을 따라서 **성스러움**이라고 부를 수 있는 어떤 것이다. 이 성스러움이 바로 엄숙한 제의 안에서 한 불연속적 존재의 죽음에 주의를 집중하고 있는 사람들에게 계시되는 존재의 연속성이다."[23] 이러한 연속성이 그것을 경험하는 자와 비슷한 한 불연속적인 개체의 죽음을 통해 계시된다는 것은 또 하나의 역설이다. 불연속적 개체로서의 존재는 또 다른 불연속적 존재의 희생과 죽음 속에서 비로소, 그것도 순간적으로, 연속성을 경험한다. 바타유가 의미하는바 소통은 바로 이러한 폭력과 상처와 죽음을 통해 불연속적 존재들 사이에서 경험되는 연속성의 순간 속에서 비로소 가능해진다. 역설적이게도 인간은 이러한 일종의 '눈멂' 속에서 비로소 신, 타자, 성스러움의 질서와 '소통'이라는 방법에 '눈'을 뜨게 되는 것이다.[24] 비지의 밤이 선사하는 '맹목적/눈먼aveugle' 어둠 속에서 오히려 일종의 '개안'을 겪게 되는 경험이 바로 바타유가 말하는 폭력적 체험의 핵을 이룬다. 희생 제의 안에서 우리와 비슷한 존재의 한계는 부정되며, 바로 그 희생 제의 안에서 작용하는 폭력을 통해 불연속적인 존재는 순간적인 연속성을 체험한다. 우리는 언제나 타자와의 연속성을 희구하지만, 엄밀하게 말해서 존재의 완전한 연속성이란 오직 죽음에서밖에 발견될 수 없는 것이다. 그러나 우리의 문제는 죽음을 통해서

23 Georges Bataille, *L'érotisme. Œuvres complètes, tome X*, 27쪽.

24 여기서 우리는 또한 성스러움과 폭력의 역설적 관계, 혹은 성스러움의 개념 안에서 폭력이 지니는 양가적인 의미를 한번 확인할 수 있다. 르네 지라르René Girard는 프랑스어 'sacré'의 어원인 라틴어 'sacer'가 "때로는 '성스러운sacré'의 뜻으로 때로는 '저주받은maudit'의 뜻으로" 새길 수 있는 양가적인 단어였음을 설명하고 있다. René Girard, *La violence et le sacré*, Paris: Grasset, 1972, 356쪽 이하 참조. 이와 관련해 '속죄양'을 의미하는 '파르마콘pharmakon'이라는 개념 역시 이러한 양가적 의미를 갖고 있음을 언급해야 할 텐데, 내면과 동일성의 철학이 기반하고 있는 가능 조건이 실제로는 '독'이면서 또한 동시에 '약'이 되는 '파르마콘'의 양가성에 있음을 밝히는 데리다의 논증이 이를 수행하고 있다. Jacques Derrida, *La dissémination*, Paris: Seuil, 1972, 143~144쪽 참조. 또한 데리다는 '파르마콘'이 사람들의 마음을 "불안하게 하면서 동시에 달래주는angoissant et apaisant" 것, 혹은 "성스러우면서도 저주받은sacré et maudit" 것이라는 이중적 성격을 띠게 됨을 밝히고 있다. Jacques Derrida, *La dissémination*, 153쪽 참조. 속죄양이 기피의 대상이 됨과 동시에 숭배의 대상이 되는 역설적 이유가 바로 이러한 이중성 또는 양가성에 있는 것. 앞서 우리는 '빈사/술어 기능의 폭력성'과 관련하여 데리다의 이러한 이중적 성격의 논의를 폭력과 형이상학의 관계 안에서 이미 목격한 바 있다. 따라서 여기에는 폭력에 관한 하나의 철학적 '계보', 하나의 사상적 '핏줄'이 있지 않은가? 양가성의 아포리아를 파고들고 물고 늘어지는, 혹은 바로 그 아포리아의 내부에서 오히려 가장 전복적인 사유의 자리를 발견하는, 곧 폭력의 바깥이 아니라 오히려 폭력의 내부에서 그 폭력을 사유하고 비판하는 하나의 계보, 하나의 핏줄이.

만 도달할 수 있는 그런 '궁극적' 연속성이 아닌, 삶 속에서 체험할 수 있는 연속성, 곧 삶을 서술하는 술어 안에 이미 포함되어 있는 빈사로서의 죽음이다. 바타유에게서 이러한 연속성은, 속俗의 세계에서 성聖의 세계로의 이행, 동물적일 뿐인 단순한 생식 행위에서 지극히 '인간적인' 성 행위인 에로티즘으로의 이행 안에 위치한다. 이러한 이행은 비가역적이며, 전도되거나 역전될 수 없는 성질의 것이다. 폭력은 존재를 송두리째 파괴할 수 있는 무시무시한 것이지만, 반대로 동시에 죽음만이 줄 수 있는 존재의 연속성을 삶 속에서 만나게 해주는 유일한 역설적 수단이기도 하다(그러므로 이러한 폭력은 '존재'의 차원에 있다기보다는 '사건'의 차원에 있는 것이 아닌가). 폭력의 희생 제의가 과잉의 행위가 될 수 있는 이유는, 그것이 생산과 삶에의 욕구와는 다른 방향에서 일어나는 '순수한' 소진이자 탕진이기 때문인데, 이러한 '순수 소비'의 영역이 바로 바타유가 의미하는바 '저주의 몫part maudite'이자 '이질성hétérogénéité'의 영역이 되고 있다.

폭력은 희생 제의 안에서 불연속적인 존재에게 존재의 연속성을 드러내주는 하나의 '필요악'이기도 하다. 여기서 필요악이란 차선과도 같은 차악을 말하는 것이 아니라 말 그대로 '필수 불가결한 악'을 지칭하고 있다. "하지만 '소통'은 존재들에게 상처를 내거나 존재들을 더럽히지 않고서는 일어날 수 없기 때문에 그것은 그 자체로 죄악이다."[25] 따라서 예수의 희생은 악의 또 다른 표현이며, 신과의 소통 또한 그러한 악의 존재 없이는 이루어질 수 없는 역설적인 성질의 것이다. 바로 이러한 희생에 의해서 인간은 그 자신이 불연속적인 존재로서 지니고 품을 수밖에 없는 어떤 심연을 순간적으로 벗어나서 연속성을 체험할 수 있게 된다. 폭력과 상처라는 '악'에 의해 비로소 우리는 타자와 조우하고 소통할 수 있다는 이 역설은 바타유가 말하는 '내적 체험'의 핵심을 이룬다. 따라서 다음과 같은 단언이 가능해지는 것이다. "예수의 희생만이 독특한 것이 아니라 희생은 일반적으로 말해 죄의 감정을 부여했던 것으로 보인다. 희생은 악의 편에 있는데, 그것은 선에 있어서 필수적인 악이다."[26] 이러한 선과 악의 양가적이고도 역설적인 관계는, 일반경제의 관점에서는 생산의 영역과 그에 대비되는 소비의 영역 사이에서 반복되고 있으며, 또한 에로티즘의 관점에서는 개체와 사회를 보존하는 금기의 영역과 그러한 금기를 통과하여 완성시키는 위반의 영역 사이에서 공명하고 있다. 이로부터 바타유적 '주권souveraineté'의 주제가 출현한다. "유용성 너머가 주권의 영역이다."[27] 이러한 주권이란 곧 바타유가 말하는 '초도덕hypermorale'의 다른 이름이기도 하다. 곧 그것이 단순한 선과 악의 이분법을 넘어서 있다는 의미에서, 혹은 목적과 수단 관계하의 적법성과 정당성을 벗어나 있다는 의미에서, 그것은 일종의 '초-도덕'이며 그러한 상태를 지칭하는 "주권은 권력의 행사가 아니라 반란révolte"[28]인 것이다. "예외상태를 결정할 수 있는 자가 주권적이다"[29]라고 말하는 카를 슈미트의 주권과 바타유의 주권은 바로 이 지점에서 서로 공명하며 또한 충돌한다. 바타유는 자신의 주권 개념이 국제법상의 국가적 주권 등의 개념과는 아무런 상관이 없으며 오히려 인간의 삶과 관련해 노예적이고 종속적인 상태에 반대되는 측면을 뜻하는 것이라고 밝히고 있는데,[30] 그렇다면 여기서 다시 한 번 폭력의 문제는 적법한 국가 권력의 '폭력적' 독점을 벗어나고 이탈한다. 우리는 이러한 '주권'의 개념을 품은 채로 벤야민으로 넘어가야 한다. 기능주의적 법치를 벗어나는, 그리고 노예적 예속 상태를 벗어나는 이러한 '주권적' 사유와 행위는 그 자체로 '통치하는' 폭력과 양가적인 대립 관계에 있지 않은가. 이는 우리가 벤야민이 말하는 법정초적/법보존적 폭력의 어떤 양가성을, 그리고 신화적 폭력과 신적 폭력 사이에서 드러나고 있는 어떤 아포리아를 살펴봐야 하는 이유가 된다.

25 Georges Bataille, *Sur Nietzsche. Œuvres complètes, tome VI*, 43쪽.
26 Georges Bataille, *Sur Nietzsche. Œuvres complètes, tome VI*, 44쪽.
27 Georges Bataille, *La souveraineté. Œuvres complètes, tome VIII*, Paris: Gallimard, 1976, 248쪽.
28 Georges Bataille, *Méthode de méditation. Œuvres complètes, tome V*, Paris: Gallimard, 1973, 221쪽.
29 Carl Schmitt, *Politische Theologie*, Berlin: Duncker & Humblot, 1922, 13쪽.
30 Georges Bataille, *La souveraineté. Œuvres complètes, tome VIII*, 247쪽 참조.

© Gisèle Freund

6. 폭력을 비판하다: 신화적 폭력과 신적 폭력이 의미하는 것

폭력에 대한 벤야민의 비판은 언제나 폭력과 법의 관계 혹은 폭력과 국가와의 관계를 엇걸고 있다. 우리는 여기서 '비판'이라는 용어를 폭력에 대한 어떤 '단죄'나 '비난'의 의미가 아니라 무엇보다 칸트적 의미에서의 '비판Kritik'의 뜻으로 새겨야 한다(그리고 당연하게도 독일어 'Gewalt'가 지닌 양가적 의미에도 또한 주목해야 함은 물론이다). 이러한 의도와 기획 아래에서 벤야민은 폭력의 종류들을 구분하고 그러한 폭력들이 법 혹은 국가와 맺고 있는 어떤 '문제적' 관계를 규명하고자 한다. 따라서 폭력을 사유하고 비판하기 위해 우리는 언제나 이 벤야민의 텍스트로부터 출발하고 다시 그로 되돌아갈 수밖에 없다. 주지하다시피 벤야민은 두 가지 맥락에서 각각 두 가지의 폭력을 구분하고 있다. 법정초적 폭력과 법보존적 폭력을, 그리고 더 나아가 신화적 폭력과 신적 폭력을. 우리는 여기서 벤야민의 텍스트를 데리다의 텍스트와 '교차'시키고 '병치'시키면서 폭력과 법의 관계를 살펴봐야 할 텐데, 데리다의 텍스트가 벤야민이 제시하고 있는 동시에 그 스스로가 처해 있기도 한 폭력의 아포리아를 가장 '문제적'인 방식으로 드러내고 있기 때문이다.

이러한 폭력의 아포리아란 무엇인가? 먼저 법정초적 폭력과 법보존적 폭력이 일종의 순환적 '표리 관계'를 이루고 있다는 인식이 이 아포리아의 첫 번째 얼굴을 이룬다. 그리고 이보다 더 '순수하고 극단적인' 아포리아, 곧 두 번째 아포리아의 얼굴은, 법정초적/법보존적 폭력으로서의 신화적 폭력에 '순수한' 신적 폭력을 대립시킴으로써 드러나게 되는 더욱 '극단적인' 것이다. 먼저 법정초적 폭력과 법보존적 폭력의 분류법이 그 자체로 양가적임을 지적해야 할 텐데, 여기서 폭력은 법을 정립하는 동시에 보존하기를 반복하는 하나의 기원, 하나의 가능 조건이기 때문이다. 폭력은 이미 법의 기원 안에, 하나의 '유전자'처럼, 하나의 '카논'으로, 각인되어 있다. "법을 위협하는 것은 이미 법에, 법의 법에, 법의 기원에 속해 있다."[31] 이는 곧 법의 역설과 그 안에 깃든 폭력의 양가성을 설명하는 데리다적 해체의 첫 번째 정식이 된다. 법을 정립하고 정초하는 폭력이 바로 그 정립과 정초에 뒤이어 바로 그 법 자체를 보호하고 보존하고자 하는 폭력이 된다는 것은 그 자체로 법/폭력의 내재적 가능 조건이자 동시에 가동 조건이 되고 있는 것. 데리다는 이어 이렇게 쓰고 있다. "정립은 이미 되풀이 (불)가능성itéralité이며, 자기-보존적인 반복에 대한 요구이다. 자신이 정초한다고 주장하는 것을 보존할 수 있기 위해서 보존은 역으로 재再-정초적인 것이어야 한다. 따라서 정립과 보존 사이에는 어떤 엄격한 대립도 존재하지 않으며, 오직 내가 이 둘 사이의 **차이差移적 오염**contamination différantielle이라 부르려는 것(벤야민은 이름 붙이지 않았지만)만이, 그것이 유발할 수 있는 모든 역설들과 함께 존재할 뿐이다. (……) 해체는 또한 이러한 차이적 오염의/에 대한 사유이며, 이러한 오염의 필연성 안에서 착상된 사유이다."[32] 벤야민이 이름 붙이지 않았던 어떤 것에 데리다는 "차이적 오염"이라는 이름을 붙인다. 그것은 또한 벤야민이 그 스스로는 '이름 붙일 수 없었던' 것에 하나의 이름을 주는 방식이기도 하다. 왜 그런가? 법을 'Destruktion' 혹은 'Zerstörung'하는 폭력에 대한 어떤 '종교적'이고 '정치적'인 요청이 예고되는 지점에서 데리다가 벤야민의 이러한 '이름 붙여지지 않은' 경향에 '해체déconstruction'라는 이름을 찾아주고 부여하고 있는 것은 이미 그 자체로 하나의 '해체'가 되는데, 왜냐하면 그러한 명명의 행위가 환기하는 것이 바로 벤야민이 직접적으로 언급하는 아포리아(법정초적/법보존적 폭력의 양가성)와 암시적/수행적으로 드러내는 아포리아(신화적 폭력과 신적 폭력의 구분이라는 아포리아) 사이의 어떤 양가성, 곧 벤야민이 빠져나오고자 했으나 그 스스로 그러지 못했거나 혹은 그러지 않았던 어떤 양가성이기 때문이다. 이러한 양가성은 그 자체로 폭력의 어떤 역설적 '문법 체계'를 이루지만, 그리고 또한 벤야민이 문제 삼고자 했던 것은 바로 이러한 법과 폭력의 양가적 관계였지만, 벤야민의 텍스트 안에서 이러한 폭력의 양가성은 모종의 '종교성'과 '역사성'과 섞이면서 동요하고 요동친다. 유대희랍은 희랍유대인가? 법정초적 폭력과 법보존적 폭력사이의 반복적 순환으로서의 신화적 폭력이 '거부'되어야 하는 것이라면, 신적 폭력은 언제, 어디로부터, 어떤 형태로 '도래'하게 되는가? 여기서 '신적' 폭력이란, 무엇보다 하나의

'불가능성'으로서 먼저 드러나지 않는가?

하지만 우리는 차근차근 짚어가야 한다. 그리고 또한 우리는 이 물음에 앞서, 우선 저 첫 번째 아포리아에 대한 분석 안에서, 근대적 법체계와 폭력의 어떤 '형식적' 정점인 경찰에 대해 먼저 말해야 한다. 데리다는 경찰에 대한 벤야민의 분석을 논하며 이렇게 쓰고 있다. "경찰은 법의 힘이며, 법의 힘을 갖고 있다. 경찰은 치욕스러운 것인데, 왜냐하면 경찰의 권위 안에서 '정초적 폭력과 보존적 폭력의 분리가 중지되기[또는 지양되기 aufgehoben]' 때문이다. 경찰 자체를 의미하는 이러한 지양Aufhebung 안에서, 법이 경찰에게 어떤 가능성을 허용할 정도로 불확정적일 때마다, 경찰은 법을 발명하고 스스로를 입법적인 것으로 만들며 법을 강탈한다[권리를 가로챈다]. 비록 경찰이 법을 공포하지는 않지만, 경찰은 근대의 입법자를 자처하지 않으면서도 마치 근대 안의 입법자인 것처럼 행동한다. 경찰이 존재하는 곳에서, 곧 도처에서, 심지어 이곳에서도, 우리는 보존적 폭력과 정초적 폭력이라는 두 가지 폭력을 구분할 수 없으며, 바로 여기에 치욕스럽고 추잡하며 불쾌하기 짝이 없는 애매성이 있다. 근대 경찰의 가능성, 곧 또한 근대 경찰의 불가피한 필연성은, 요컨대, 벤야민이 폭력의 새로운 비판이라 부르는 담론을 구조 짓는 두 가지 폭력 사이의 구별을 소멸시키고, 아마도 해체시킨다고까지 말할 수 있을 것이다./ 이러한 담론을 정초하거나 보존하려고 했겠지만, 그는 완전히 순수하게 이를 정초할 수도 보존할 수도 없다. 기껏해야 그는 이를 하나의 유령적 사건un événement spectral으로 서명할 수 있을 뿐이다. 텍스트와 서명은 유령들이다."[33] 폭력의 문제는 하

31 Jacques Derrida, *Force de loi*, Paris: Galilée, 1994, 87쪽; 국역본은 진태원 옮김, 『법의 힘』, 문학과지성사, 2004, 83쪽.

32 Jacques Derrida, *Force de loi*, 94쪽; 진태원 옮김, 『법의 힘』, 90쪽. 번역은 일부 수정했다.

33 Jacques Derrida, *Force de loi*, 103~104쪽; 진태원 옮김, 『법의 힘』, 97~98쪽. 번역은 대폭 수정했다.

나의 유령적 사건으로, 곧 그것이 '유령적'인 '사건'이라는 바로 그 '두 가지' 이유에서, 하나의 '결정적'인 결정 불가능성의 이름으로 등장한다. 왜 그런가? 첫째, 그것이 바로 '유령적'이라는 의미에서. 곧 정초와 보존이라는 일차적 대립을 넘어 법의 그 양가성 자체가 하나의 '불가능성'을 가리키고 있다는 의미에서, 다시 말해, 법의 '존재론ontologie'을 구성하는 것은 다름 아닌 폭력의 '유령학hantologie'이라는 의미에서(벤야민은 또한 이러한 법정초적 폭력과 법보존적 폭력이 근대국가의 경찰 안에서 "마치 어떤 유령적인 혼합의 형태로in einer gleichsam gespenstischen Vermischung"[34] 존재하고 있음을 본다). 둘째, 그것이 하나의 '사건'이라는 의미에서. 곧 '존재'의 차원에서 논의되는 법과 폭력에 대한 모든 담론들—법정초적 폭력과 법보존적 폭력, 그리고 이 둘을 아우르는 신화적 폭력에 대한 담론들—의 반대편에, 그것을 넘어, 일종의 '사건'의 차원에서[35] 제기되고 드러나는 신적 폭력을 벤야민이 기대하며 요청하고 있다는 의미에서. 그조르그에게도 '카눈'적 폭력의 시작과 기원은 일종의 '유령적 사건'으로 각인되어 있다. "누군가 대문 앞에서 문을 두드렸다는 말을 처음 들었을 때, 어린 그조르그는 그게 누구였어요? 라고 물었다. 그것은 그의 집안에서, 당시에, 그리고 그 이후로도, 수만 번도 더 묻고 또 되묻던 물음이었지만 아무도 그에 대해 대답할 수 없었다. 아무도 그 남자가 누구인지 알 수 없었다. 과거지사를 더듬고 있는 지금, 그조르그는 실제로 누군가 그의 집 대문을 두드리기는 한 건가 하고 의아해할 정도였다. 그에게 있어서 그 소리는 신원을 알 수 없는 무명의 길손이 냈다기보다는 차라리 유령이나 운명 자체가 낸 소리였다고 생각하는 편이 훨씬 수월했다."[36]

바로 이 지점에서 우리는 폭력의 두 번째 아포리아, 아마도 가장 결정적이며 가장 문제적일 하나의 아포리아 앞에 비로소 당도하게 된다. 따라서 왜 우리가 폭력의 이 두 번째 아포리아를 이야기하기 전에 저 첫 번째 아포리아의 대표적인 표상인 '경찰'의 문제로 우회해서 돌아와야 했는가 하는 이유가 여기에서 비로소 분명해지지 않는가? 그 이유는 벤야민의 텍스트가, 역설적이게도, 그 자신의 아포리아가 지닌 양가성의 문제를, 은

연중에, 부지불식간에, 그 스스로 수행적으로 드러내고 있기 때문이다. 따라서 벤야민에게는 두 개의 폭력 사이의 결정적 구별이 가장 결정적인 문제가 된다. 데리다는 이를 이렇게 정리한다. "도식화하자면, 두 개의 폭력, 두 개의 경쟁적인 Gewalt가 존재한다. 한편에는 (정당하고 역사적이고 정치적인 등의) 결정이, 곧 법과 국가를 넘어서지만 **결정 가능한 인식이 없는** 정의가 존재한다. 다른 한편에는 **구조적으로 결정 불가능한 것**으로 남아 있는 영역, 곧 신화적 법과 국가의 영역 안에서 결정 가능한 인식과 확실성이 존재한다. 한편에는 결정 가능한 확실성이 없는 결정이 존재하며, 다른 한편에는 결정이 없는 결정 불가능한 것의 확실성이 존재한다. 어쨌거나 양쪽 모두의 형식에서 각각 결정 불가능한 것이 존재하는 것인데, 이는 곧 인식이나 행위의 폭력적인 조건이다. 그러나 인식과 행위는 언제나 분리되어 있다."[37] 이러한 결정적 구분이 종국에 드러내는 것이 일종의 '결정적 결정 불가능성'이라는 이유에서, 또한 데리다는 그 '해체'의 종국에 이르러 '해체의 해체 불가능성'을 선언하듯 고백하게 되는 것은 아닌가? '하나의' 해체가, 그 '최종심급'에서, 이 근대성의 한계와 경계 위에서, '해체의 해체 불가능성'에 가닿게 되는 것은, 말하자면 최종의, 최고의 역설이다(그러므로 여기에서, 오히려 '해체'란 동시에 저 '역사의 종언'이라는 악명 높은 테제에 대한 가장 '열렬한' 적대와 환대의 주체이자 형식으로서 등장하고 있지 않은가). 데리다는 이러한 하나의 '곤궁'으로부터 어디로 나아가는가? '벤야민의 이름'을 향해, '고유하지 않은' 하나의 '고유명'을 향해, 곧 '주권적인

34 Walter Benjamin, "Zur Kritik der Gewalt", *Gesammelte Schriften, Band II-1*, Frankfurt am Main: Suhrkamp, 1991, 189쪽.

35 신화적 폭력을 '존재'의 질서에 속한 폭력으로, 신적 폭력을 '사건'의 질서에 속한 폭력으로 각각 파악하는 것은, 말하자면 알랭 바디우Alain Badiou의 방식을 차용한 폭력의 분류법이 될 텐데, 이에 관해서는 Slavoj Žižek, *Violence*, 200쪽 참조.

36 이스마일 카다레, 유정희 옮김, 『부서진 사월』, 34쪽.

37 Jacques Derrida, *Force de loi*, 131쪽; 진태원 옮김, 『법의 힘』, 121~122쪽. 번역은 일부 수정했다.

것'의 양가성을 드러내는 'Walter'라는 이름과 'walten'이라는 동사를 향해. 이는 결국 수수께끼와도 같은 벤야민의 마지막 문장들을 어떻게 이해해야 할 것인가 하는 물음과도 직결된다. "신적 폭력은 범죄자에 대해 군중이 행하는 신의 재판에서와 꼭 마찬가지로 진정한 전쟁에서im wahren Kriege 나타날 수 있다. 그러나 우리는 모든 신화적 폭력, 곧 통치하는schaltende 폭력이라고 부를 수 있을 법정초적rechtsetzende 폭력을 거부해야 한다. 우리는 또한 법보존적rechtserhaltende 폭력, 곧 통치하는 폭력에 봉사하는 관리적verwaltete 폭력을 거부해야 한다. 신성한 집행의 징표이자 봉인이지만 결코 그러한 집행의 수단은 아닌 신적 폭력은, 주권적waltende 폭력이라고 불릴 수 있을 것이다."[38] 여기서 우리는 몇 가지 질문들을 던질 수 있다. "진정한 전쟁"이란 무엇인가? 그리고 그 '진정한 전쟁' 안에서 나타날 수 있는 "신적 폭력"이란 무엇인가? 여기서 전쟁이란, 신적 폭력이란, 바타유나 로제 카유아Roger Caillois가 말했던 저 '일반경제적' 소진과 탕진, 곧 이질성의 어떤 '폭력적' 출현의 형식은 아닌가? 다시 말해서, 이들은 모두, 폭력의 '일반경제'라는 관점과 자장 안에서, 서로 공명하고 진동하고 있는 것은 아닌가? 우리는 신의 이름으로 자행되었고 자행되고 있는 우리 세계의 저 무수한 폭력과 전쟁들 앞에서, 이러한 '순수한' 신적 폭력을, 피 흘리지 않고 법을 무력화하고 무효화하는 이 신성하고 성스러운 폭력을, 그 자체로 어떻게 이해해야 하는가? 또한, 신적 폭력의 어떤 '주권적' 성격을 담보하는 것은 무엇인가? 신화적 폭력과 신적 폭력은 또한, '마음대로 행동하는 것'을 의미하는 독일어 어구 'schalten und walten'의 대비적/보완적 문법 안에서, 지극히 언어적이지만 또한 지극히 수행적으로, 이러한 '주권적인 것'의 동요, 이러한 '폭력'의 진동, 이러한 '아포리아'의 양가성을 표현하고 있지 않은가?

바로 이러한 양가성 안에서 출현하고 제출되는 일종의 '해체-정치적' 범주인 '메시아적인 것le messianique'이란, 유대적인 것이 희랍적인 것 안에서 출현하는 하나의 폭력적 현현을, 희랍적인 것이 유대적인 것 안에서 머금는 하나의 양가적 존재 방식을, 그 자체로 가리키고 있는 것은 아닌가? 예를 들어 '메시아주의 없는 메시아적인 것'이란, 바타유 식으로 말하자면 '신성이 없는 성스러움'과 '무신론적 신학'의 어떤 형태와, 혹은 모리스 블랑쇼Maurice Blanchot나 에마뉘엘 레비나스Emmanuel Levinas식으로 말하자면 '관계가 없는 관계성'의 어떤 형태와, 서로 '공명'하고 '공모'하듯 호흡하고 있지 않은가(다시 묻자면, 유대희랍은, 정말 희랍유대인가)? 데리다가 "이러한 최초의 명명이 지닌 폭력적인 힘이 곧 주권적이다"[39]라고 말하며 벤야민의 이름을 향해 나아갈 때, 또한 「후기」에서 '궁극적 해결책solution finale'과 벤야민의 신적 폭력 사이에서 상상할 수 있는 어떤 '끔찍한' 친근성에 대해 언급할 때, 그리고 마지막으로 벤야민의 글이 '여전히 너무' 일종의 "메시아주의적-마르크스주의적messianiste-marxiste"인 텍스트이며 동시에 "시원-종말론적archéo-eschatologique"[40]인 텍스트임을 지적할 때, 그가 염두에 두고 있는 것은 아마도 마르틴 하이데거Martin Heidegger가 제시했고 동시에 그가 처하게 될 하나의 철학적이고 정치적인 맥락일 것이다. 따라서 바로 이러한 맥락에서 우리는 'Gewalt'의 문제에 대한 하이데거의 다음과 같은 문장들에 주목할 필요가 있다. 1935년 프라이부르크 대학의 여름 학기에 행한 강연 기록인 『형이상학 입문*Einführung in die Metaphysik*』에서 하이데거는 '압도적인 것das Überwaltigende'과 '폭력-행위적인 것das Gewalt-tätige'을 구분한 후, 곧 '디케δίκη로서의 데이논'과 '테크네τέχνη로서의 데이논'을 구분한 후, 폭력을 행하는 자와 그의 심연에 관해 이렇게 말하고 있다(그런데 하이데거는 그 스스로 이 희랍어 '데이논δεινόν'을 독일어 'unheimlich'로, 곧 '낯설고 두려운 것'으로 옮기고 있다). "**폭력을 행하는** 자, 곧 창조하는 자, 말해지지 않은 것 안에서

38 Walter Benjamin, "Zur Kritik der Gewalt", *Gesammelte Schriften, Band II-1*, 203쪽.

39 Jacques Derrida, *Force de loi*, 135쪽; 진태원 옮김, 『법의 힘』, 125쪽. 번역은 수정했다. 원문은 "Souveraine est la puissance violente de cette appellation originaire"인데, 여기서 데리다는 주권을 정의하는 카를 슈미트의 저 유명한 문장, 곧 "Souverän ist, wer über den Ausnahmezustand entscheidet"라는 문장을 그 구조에서부터 '완벽하게' 패러디하여 차용하고 있다. Carl Schmitt, *Politische Theologie*, 13쪽 참조.

40 Jacques Derrida, *Force de loi*, 146쪽; 진태원 옮김, 『법의 힘』, 135쪽.

새로운 행을 시작하는 자, 생각되지 않은 것 안으로 깨고 들어오는 자, 아직 일어나지 않은 사건을 일어나도록 강제하고 아직 드러나지 않은 것을 나타나게 만드는 자, 이러한 폭력을 행하는 자는 언제나 모험/위험Wagnis 속에 놓여 있다. 이와 같이 그가 존재를 극복Bewältigung하고자 감행하는 모험/위험 속에서, 그는 존재하지 않는 것, 조각나 부서지는 것, 불안정성, 어울리지 않는 것das Un-gefüge, 무질서der Unfug 등을 감내해야만 하는 것이다. 역사적 현존재의 산봉우리가 높게 솟아 있을수록, 심연이 더 크게 아가리를 벌리게 되는데, 이 심연은 다만 출구도 없고 처소도 없는 혼란으로 몰고 갈 뿐인 비역사적인 것das Ungeschichtliche, 그것으로의 돌연한 추락을 향해 아가리를 벌리고 있다."[41] 하이데거가 말하는 이러한 '비역사적인 것'의 심연과 벤야민이 말하는 저 신적 폭력이 지닌 어떤 '초월적 역사성' 사이에서, 폭력에 대한 하나의 '궁극적이고도 최종적인' 아포리아가, 말 그대로, 크게 자신의 아가리를 벌리고 있지 않은가? 우리는 하이데거가 1935년에 행한 이 강연 이후에 일어날, 그리고 공식적으로는 그 10년 후인 1945년에 끝나게 될, 하이데거와 그의 '조국'이 겪은 어떤 '모험'과 '위험'과 '운명'을 알고 있다(그리고 우리는, 벤야민이 그 시간 사이에서, 그 심연의 커다란 아가리 안에서, 어떻게 살았고 어떻게 죽었는가를, 또한 알고 있다). 데리다가 벤야민의 이름을 경유해 『법의 힘*Force de loi*』의 「후기」에서 말하고자 하는 신적 폭력의 저 '끔찍하리만치 치명적인' 매혹과 위험은, 또한 저 하이데거의 '폭력적인' 심연과 모험에 대한 일종의 전도된 거울상으로서 '제안'되며 동시에 '제한'되고 있지 않은가? 그렇다면, 벤야민의 이름 'Walter'와 '주권적인 폭력die waltende Gewalt'을 연결시켰던 저 데리다의 방식을 따라, 만약 내가, 하이데거의 저 문장들에서 드러나고 있는 어떤 '위험Wagnis' 속에서, 또는 폭력을 행하는 자가 감행하게 되는 어떤 '모험Wagnis' 속에서, 또한 '바그너Wagner'의 이름을 발견한다면 어쩔 것인가? '진정한' 전쟁과 '극단적' 폭력, 그 심연과도 같은 모험/위험의 공간 위를 날아 크게 울려 퍼지는, 저 발퀴레Walküre의 기행騎行/奇行을 상상하고 또한 환기해본다면 어쩔 것인가? 이러한 '특수한' 고유명들 안에서, 혹은 그 고유명들과 일반명사들을 서로 잇고 있는 이러한 '특별한' 연쇄와 연상들 속에서, 폭력의 어떤 '보편적' 구조를 발견해내는 일은, 그래서 그 자체로 이미, 또 하나의 아포리아를 가리키고 있는 것은 아닌가?[42] 그조르그는 자신의 이름이 지니고 있는 이 '신비한 토대'를, 어쩌면 어렴풋하게나마 느끼고 있었는지도 모른다. "인간의 소리가 아닌 것만 같은 그 목소리는 순간 그를 무력감에서 빠져나오게 했다. 그는 자신의 이름이 자신의 몸으로부터, 가슴으로부터, 그리고 살갗으로부터 빠져나와 외부로 잔인하게 퍼져나가는 것 같은 인상을 받았다. 그런 느낌을 받기는 생전 처음이었다."[43]

41 Martin Heidegger, *Einführung in die Metaphysik*, Tübingen: Max Niemeyer, 1953, 123쪽.

42 덧붙이자면, 우리는 이러한 '궁극적' 아포리아와 관련하여 마지막으로 에티엔 발리바르Étienne Balibar의 텍스트에 주목해야 할 것이다. 내가 특히 주목하고자 하는 발리바르의 글은 「폭력: 이상성과 잔혹성」인데, 그가 여기서 '폭력'과 '이상성'의 문제에 덧붙여 '잔혹성cruauté'이라는 제3항을 개입시키고 있기에 더욱 그렇다. 물론 발리바르는 당연하게도 이미 벤야민과 데리다의 논의를 염두에 두고 있지만, 이러한 '잔혹성'과 '반폭력'에 관한 그의 담론을 가장 직접적으로 추동하며 동시에 동요시키고 있는 '은밀한' 핵은 바로 바타유의 폭력론이다. 발리바르의 논의 안에서 이 문제가 실로 '문제적'이 되는 이유는, 기본적으로는 그가 폭력의 개념이 처할 수밖에 없는 이론적이고 실천적인 아포리아를 그 자체로 제기하면서 바로 그로부터 직접적으로 폭력에 대한 사유를 작동시키고 있기 때문이지만, 더욱 특수하게는 그가 '어떤' 폭력에 대한 예찬의 형식들과 '어떤' 폭력에 대한 반대의 형식들 사이에서 가장 '근본적인' 아포리아를 발견하고 있기 때문이기도 하다. 발리바르는 '잔혹성' 개념의 도입과 관련하여 다음과 같이 쓰고 있다. "다시금 여기서 우리는, 폭력과 이상성으로 이루어진 Gewalt의 변증법 안에서, 잔혹성으로 변모할 수 있는 것이 무엇인지, 그리고 우리가 파악한 심연이든 간과한 심연이든, 그 잔혹성의 심연들 위에 항상 매달려 있는 것이 무엇인지, 우리 스스로에게 질문을 제기해야 한다." Étienne Balibar, "Violence: idéalité et cruauté", *La crainte des masses*, Paris: Galilée, 1997, 412쪽. 최원·서관모 옮김, 『대중들의 공포』, 도서출판 b, 2007, 498쪽, 번역은 일부 수정했다.

43 이스마일 카다레, 유정희 옮김, 『부서진 사월』, 11쪽.

'바그너Wagner'의 이름으로: 발퀴레Walküre의 모험/위험Wagnis, 그 감행과 기행

7. 다시 폭력을 생각하다: 폭력의 이데올로기 비판을 위하여

이 아포리아 안에서, 오히려 이 모든 아포리아들을 적극적으로 끌어안으며, 다시 폭력을 생각한다. 사실 우리의 상황은 그렇게 낙관적이지 못하다. 김진석의 표현을 적극 차용하자면, 우리는 "폭력과 싸우고 근본주의와도 싸우기"[44]에도 모자라 "우충좌돌"이라는 "기우뚱한 균형"[45]까지 잡아야 할 판이다. 이 지극히 어려운 난투극 안에서, 극도의 현기증을 몰고 오는 이 아슬아슬한 줄타기 안에서, 폭력의 자리는 과연 어디인가? 얼마 전 촛불이 만개했던 시기에도 '어떠한 경우에라도 폭력은 안 된다'는 식의 비폭력이 일종의 암묵적 원칙처럼 작용했다("비폭력! 비폭력!"이라는 '힘찬' 당위의 '무력한' 외침을 우리는 기억한다). 거기서 어떤 이들은 새로운 시대정신의 세련미를 목격했을 수도 있겠고(각목과 화염병이 난무했던 '과거의 시대' 대신, '우리의 시대'는 세련되게 촛불을 들어 비폭력을 외쳤다는 일종의 자긍심 내지는 자화자찬?), 또 어떤 이들은 어쩌면 국가의 폭력에 반대하는 대항폭력이 그러한 국가의 폭력이 지닌 성격을 답습하거나 모방하지 않고 바로 그 규칙 자체를 깨는 통쾌함을 느꼈을 수도 있을 것이다(동일한 순환 구조의 폭력적 문법에 빠지지 않고 오히려 그러한 문법을 비웃고 그로부터 벗어났다는 어떤 새로운 운동의 양상에서 느껴지는 일종의 '희망' 혹은 '낙관'?). 그러나 이러한 비폭력의 원칙에 대한 예찬은, 아쉽게도, 안타깝게도, 여전히, 근본적으로는 국가의 폭력과 동일한 순환 구조 속에 놓여 있다(혹은 최소한, 여전히 그러한 순환 구조 안으로 포섭될 위험이 다분하다). '순수하던' 촛불이 '불법 폭력 시위'라는 '정치적' 형태로 '오염'되었다고 훈계했던 정부의 협박 섞인 우려 속에도 역시나 비폭력에 대한 거의 광신적인 믿음이 똑같이 존재하는 것이다. 비폭력이라는 '순수한' 의도는 폭력적인 이들의 손과 입에 의해 쉽게 더럽혀진다는 어떤 손쉬운 믿음과 순

44 김진석, 『폭력과 싸우고 근본주의와도 싸우기』, 나남출판, 2003.
45 김진석, 『기우뚱한 균형』, 개마고원, 2008.

진한 신념. 그러나 이러한 '불순한' 조작을 타파한다고 해서 비폭력의 요구 자체가 순수해지는 것은 아니다. 여기서 문제는 보다 구조적인 것이다.

국가와 공권력의 문장 속에는, 최소한 두 개의 이데올로기적 문법이 숨겨져 있다. 국가의 공권력이라는 공인된 폭력을 제외한 모든 시민 불복종의 '폭력'을 '불법'과 동등한 것으로 치환하는 어떤 동일화의 문법('불법 시위'와 '폭력 시위'의 서로 다른 이미지들을 한곳에 중첩시키고 병치시키는 이데올로기적 조합), 그리고 '정치적'이라는 말을 '불순한' 또는 '순수하지 못한' 등의 수식어와 동등한 것으로 치환하는 어떤 세속화의 문법('정치적으로 변질되었다'는 일견 중립적인 진단이 내포하고 있는 극도의 '정치적' 편향성)이 바로 그것이다. 그러므로 여기서도 또한 국가와 정부는 이러한 기만적 치환의 대가大家이자 대가代價가 되고 있는 것. 이러한 문법들은 그 자체로 일종의 증상들을 이루는데, 첫째, '불법'과 '폭력'을 동일시함으로써 국가는 바로 그 시민들의 원리인 비폭력을 일종의 'predicament' 혹은 아포리아로 만들어버리기 때문이며, 둘째, '정치'를 '불순한 것'으로 세속화함으로써 정부는 시민들의 '정치적' 행위를 더도 덜도 말고 딱 자신들이 이해하는 만큼의 '정치'로, 곧 그만큼 불순하고 더럽고 역겨운 수준의 정치로 '하향 평준화'하기 때문이다. 이러한 문법적 치환의 기술은 그 자체로 이중의 구속을 이루는데, 시민들의 '폭력'을 '불법'과 동일시함으로써 한쪽(시민)의 폭력을 세속화함과 동시에 다른 쪽(국가)의 폭력을 신성화하는 효과를 낳게 되고, 또한 '정치'를 '불순한 것'으로 세속화함으로써 '정치'를 모종의 '불능성'과 동일시하면서 정치 그 자체를 기원적이고 원천적으로 차단시키는 결과를 가져오기 때문이다(이러한 기술보다 더 교묘하게 '폭력적'인 것이 또 있을까). 이는 또한 저항이 폭력에 대한 비폭력 혹은 대항폭력이라는 틀을 벗어나 반폭력이라고 하는 문제를 설정해야 하는 이유가 되고 있다. 대항폭력 자체가 폭력에 대해 어떤 '적대적 공범'의 성격을 띠게 됨은 말할 것도 없지만, 비폭력 또한 궁극적으로 폭력을 종식시키지 못한다는 사실 역시 자명하다. 비폭력에 대한 강박에 가까운 강조, 불복종하는 시민과 그에 대해 공권력의 행사를 남발하는 정부 모두 공히 지니고 있는 비폭력에 대한 이러한 광신에 가까운 믿음은, '폭력이 없는 평화의 시대' 같은 모종의 '이상성'을 예견하지도 못하고 개방하지도 못하기 때문이다(그러므로 '정치'를 그 스스로 '불순한 것'으로 퇴색시키는 정치가들의 세속화와 정확히 반대되는 지점에서, 비폭력에 대한 맹목적 순수화 역시나 정치 자체를 '불순한' 것으로 만들며 차단하고 있다). 그러므로 불순한 것을 창출하고 배제시키는 이 '창조적' 행위의 순수함은 그 자체로 가장 큰 폭력의 순환을 이루며 또한 예고하고 있지 않은가. 폭력의 문제가 구조적인 것은 바로 이러한 이유에서다.

이 순진하고 순수한 비폭력의 '유토피아적' 상상 앞에서 우리는 어떤 '폭력'을 사유하고 행사하며 또한 제한/제안해야 할 것인가. 비폭력의 '미학'보다는 반폭력의 '정치'를, 비폭력의 '윤리'보다는 반폭력의 '불가능성'을 우리가 더 깊이 사유해야 하는 이유가 바로 이 물음 안에 존재하고 있다. '정의 사회 구현'이 지상 명제였던 그리 멀지 않은 과거의 시간, 그러나 그 자체로서 '정의롭지' 못했던 저 지난날의 '폭력의 시대'를 우리가 현재 다시 떠올리게 되는 이유는, 바로 지금 여기라는 상황 속에서 우리가 느낄 수밖에 없는 어떤 '기시감既視感' 때문일 것이다. 왜 이 시대는 저 시대에 대한 일종의 기시감으로, 곧 하나의 반복되는 거울로서 경험되고 작용하게 되는 것인가(이 '수치스러운' 질문을 제기할 수 있는 것은 우리지만, 그 대답에 대한 일차적이고 법적인 '수치'의 책임 또한 과연 우리의 것일까). '법치'라는 이름으로 행해지는 폭력에 대해 비폭력이라는 무응답 혹은 동문서답이 아니라 반폭력이라는 일종의 응답성/책임성respons-abilité으로 답하는 일, 아마도 이 가장 시급하고 결정적인 과제 안에 우리가 폭력에 관해 쓰고 또 쓰게 되는 이유와 동기가 있을 것이다. 환대의 주제를 '국민 화합'이라는 역겨운 언어로 포장된 무차별적 화해나 용서로 이해하지 않는 것, 윤리라는 문제의식을 도덕적 편견들을 확인(사살)하는 차원이 아니라 하나의 정치를 잉태하고 탄생시키는 과정으로 인식하는 것이 중요해지는 이유이다. 바로 이러한 폭력의 문제 안에서 가장 중요한 것은 혁명과 해방이 다시금 어떻게 가능할 것인가 하는 물음, 곧 혁명과 해방은 어떤 '가능한' 형태로 다시금 도래할 수 있는가 하는 '불가능성'의 물음이 된다. 일견 지극히 '진부하게' 들리는 이 물음을 어떤 '진부하지 않은' 방식으로 되물을 것인가. 바로 이 질문 안에서 우리는 저 '환대'의 주제를 다시 상기해야 한다.

이 환대는 또한 어떤 '용서'에 연결된다. 용서의 주제에 익숙할 것으로 생각되는 기독교도들의 어떤 착각을 피하려는 '선의'의 마음에서, 다소 과장된 문법을 차용해 실로 '기독교적으로' 말해보자. 법치와 기독교의 수호자들이여, 이 용서를 오해하지 말지어다, 그것도 두 가지 의미에서. 이 용서란 그대들이 베풀 수도 없고 베풀 수 있는 자격도 없는 것이라는 의미에서. 그리고 그 용서란 그대들이 말하는 '국민적 화합'이나 '사회적 통합' 또는 '경제 발전의 동력'을 위하는 그 거국적 충정의 형태로써는 결코 이루어지지도 않고 이루어질 수도 없다는 의미에서. 데리다의 말처럼, "용서할 수 없는 것을 어떻게 용서하는가? 그러나 그것 외에 다른 무엇을 용서할 것인가?"[46] 내가 이 글을 통해 지극히 수행적遂行的으로 수행하고자 하는 어떤 '폭력'의 형태 혹은 '환대법'의 형태란 아마도 바로 이러한 '용서'일 것이다. 그러므로 말하건대, 나는 용서할 수 없는 당신들을 '용서'한다(그렇다면 이러한 용서란 실로 '웃음'과 '눈물'이 함께 하는 한 편의 '휴먼 드라마'일 것인가). 이 용서가 '반폭력'의 한 형태일 수 있을까, 아니, 일종의 '신적 폭력'이 될 수 있을까? 피를 보지 않고, 법을 파괴하는, 어쩌면 누군가에게는 이 자체가 '신화적' 폭력의 또 다른 형태라고 느껴질 수도 있을, 그런 반폭력과 신적 폭력. 언어의 차원에서, 마치 삶이 죽음이라는 술어와 빈사를 갖듯이, 유대적인 것과 희랍적인 것이 모종의 '폭력적' 계사로 연결되고 있듯이, 그렇게 행할 수 있는 하나의 '폭력'을 나는 내 나름으로, 어쩌면 지극히 '부정신학적'으로 정식화해보고자 하는 것이다. 내가 저들에게 '돌려주고자' 하는 말은 바로 이것이다. "Christ **is** anti-christ."[47] 그러나, '저들'이라니? '기독교도-보수주의자-경제제일주의자'로서의 일종의 '군산복합체'? 또는, 하나의 '경찰국가'? 그러므로 또다시 당연하게도, 하나의 '법치국가'? 그러므로 다시 묻자면, 윤리인가 불가능성인가? 이는 곧, 타자에 대한 다원주의적이고 상대주의적이며 호혜주의적인 상투적 윤리성과 정치적 올바름으로 '전락'하지 않을 어떤 책임과 응답의 윤리성에 대해, 그리고 '용서할 수 없는 것을 용서'하고 '양립할 수 없는 것을 양립'하게 하는 폭력의 양가적 아포리아를 집요하게 물고 늘어지는 어떤 사유의 불가능성에 대해, 하나의 물음을 던지고 있지 않은가? '환대'라는 말로 대변되는 어떤 '윤리'는, 그것이 단순한 '차이의 철학' 내지는 순진한 '다자간의 관용tolérance'을 상찬할 뿐인 지극히 속류 정치학적으로 이해된 '우정의 정치학'이 되어서는 안 된다는 의미에서, 다시 말해 그것이 폭력의 문제가 제기하는 이론적/실천적 아포리아를 온전히 껴안고 그 역설의 내부에 거주하면서 동시에 그 역설의 바깥을 사유해야 한다는 의미에서, 언제나 모종의 '불가능성'을 수반하고 동반하는 윤리가 되어야 한다.[48] 칸트의 말을 비틀어 차용하자면, 윤리 없는 불가능성은 공허하지만, 반대로 불가능성 없는 윤리는 맹목적이다. 근본적인, 따라서 어쩌면 비관적이기까지 할 하나의 문제는, 폭력의 이 최종적 아포리아를 해결하거나 해소할 가능성이 과연 있는가 하는 물음일 뿐만 아니라, 그러한 아포리아를 제거하는 것이 과연 하나의 '유토피아'를 열어줄 수 있을 것인가 하는 물음이 되기도 하는 것이다. 이는 '기원적'이고 '원천적'으로, 일종의 '불가능'에 대한 물음이다. 따라서 우리가 우회해왔던 이 모든 폭력에 대한 아포리아들은, 사실 '실천'에 대한 아포리아를 넘어서, 동시에 이러한 아포리아들에 '대한' 모종의 실천을 종용하고 요청하고 있지 않은가? 이 아포리아에 대한 사유 속에서, 하나의 대답이 아니라 우선

46 Jacques Derrida · Anne Dufourmantelle, *De l'hospitalité*, Paris: Calmann-Lévy, 1997, 41쪽.

47 그러나 우리는 또한 여기서 이러한 '동어 반복'의 가장 '극명한' 사례인 데리다의 한 문장, 곧 "Tout autre est tout autre"를 함께 떠올려야 할 것이다. Jacques Derrida, *Donner la mort*, Paris: Galilée, 1999, 114~157쪽 참조.

48 그러나 여기서 또한, 일종의 '병리학적' 노파심으로 첨언하자면, 이러한 해체적 윤리 혹은 불가능성의 정치는, 그 자체로 근대적/탈근대적인 하나의 '당위'가 되고 있지는 않은가? 따라서 윤리인가 불가능성인가 하는 어떤 '선택'의 외양을 갖는 물음은, 특정한 아포리아를 개방하고 열어젖힘과 동시에, 반대로, 또한 특정한 아포리아를 은폐하며 닫고 있기도 하지 않은가?

하나의 질문으로 주어지는 것이, 또한 저 '반폭력'의 의제 설정이 되고 있지 않은가?

내가 여기서 다시금 불러내고자 하는 '유령'은 어쩌면 또 하나의 '소렐'일지도 모른다. 단, 그 이름이 지닌 이론적/역사적/실천적 한계를 넘어서, 단지 그 고유명의 유령으로서만.[49] 여기서 문제는 다시금 하나의 이름, 폭력의 이름이 된다. 하여, 소렐의 똑같은 말을, 전혀 다른 시간에, 전혀 다른 맥락과 형태로, 전혀 다른 힘으로, 다시금 반복해보자. "오늘날 하나의 철학이 만들어지고 있다고 나는 단언한다. 이 철학은 폭력의 옹호와 밀접하게 연결되어 있다." 그렇다면 폭력에 대한 말을 하나 더 더하기 위해 펼쳐졌던 이 모든 이론적이고 문학적인 '여담'들이 가리키고 있는 것은, 새로운 폭력의 이론이라기보다는 폭력의 새로운 실천이지 않겠는가.[50] 『부서진 사월』의 마지막 장들은 그조르그를 쫓아다녔던 복수의 총알이 결국에 그의 목숨을 회수하고야마는 장면을 묘사하고 있다. 자신의 가족을 위한 복수로 그조르그를 살해하는 사람에게는 이름이 없다(그는 아마도 그조르그가 형의 복수를 위해 살해했던 자의 가족 중 누군가일 테지만, 그의 이름은 등장하지 않은 채로 남아 있다). 하지만 그는 그조르그를 죽임으로써 하나의 고유명을, 곧 자신의 이름이자 동시에 자신의 이름이 아닌 하나의 고유한 이름을 부여받을 것이다. 그의 이름 없던 삶은 죽음의 표식을 달게 된 그 즉시 하나의 '이름'을 얻게 될 것이다. 그 이름을 다시, '그조르그'라고 하자. 마치 "나를 이스마엘이라고 불러다오Call me Ismael"[51]라고 말하며 시작하는 저 '유명한', 하지만 동시에 '이름 없는' 어느 선원의 이야기처럼. 그리고 다시 '이스마일' 카다레의 소설이 처음 시작되었던 곳으로 되돌아가보자. 그렇게 되돌아간 그 첫 장에서, '카눈'의 경제는, 그 복수의 폭력적 순환은, 말하자면, '영원회귀'하고 있지 않은가. 임박한 죽음의 시간을 앞둔 채로, 그조르그는 생각한다. "그는 다시 한 번 하늘을 향해 고개를 들었다. 아직 시간이 조금 남아 있었다. 베사가 끝나면, 그는 카눈의 시간을 벗어날 것이었다. 시간을 벗어난다, 라고 그는 되뇌었다. 사람이 그처럼 자신의 시간으로부터 휴가를 받을 수 있다는 사실이 그로서는 낯설게 느껴졌다. 아직은 조금 남았군, 하늘을 향해 고개를 쳐들고서 그는 다시 되뇌었다. 구름층의 으깨어진 장미들은 이제 약간 어두워져 있었다. 그조르그는 쓴 미소를 지었다. 그는 마치 이렇게 말하려는 듯했다. 어쩔 것인가, 하는 수 없지!"[52] 아마도 우리는 폭력에 관한 이러한 일종의 체념, 혹은 폭력에 대한 이러한 일종의 허무주의로부터 출발해야 할 것인가? 하지만 또한 우리는 저 '카눈'의 시간을 벗어날 것이었다. 시간을 벗어난다, 라고 나는 되뇌어본다. '탈구된 시간'이라는 이 근대적/전근대적/탈근대적 중첩의 시간성 속에서, 우리는 이 시간성을, 이 폭력성을, 우리 쪽에서 먼저, 탈구시킬 수 있을까? 하지만 또다시, 어떤 '폭력'으로? 폭력의 '불가능성'을 가리키는 이 물음은, 폭력의 계속되는 '카눈'적 순환 속에서, 폭력과 비폭력과 대항

49 '유령'과 '유령학'에 관한 기존의 모든 철학과 수사학이 '무의식적으로' 간과하고 있는 것은 사실, 역설적이게도, 어쩌면 그 '유령' 자체의 가장 근본적인 내용과 가장 기본적인 용법일지 모른다. 『공산당 선언』 안에서 부르주아지에게 '공산주의'가 하나의 '유령'이었고 '유령'일 수 있었던 이유와 '상동적'인 의미에서, 우리의 맥락과 시간 안에서는, 무엇보다도 먼저 '폭력'이 더도 덜도 아닌 그러한 '유령'의 모습으로 나타나고 규정되며 비난받고 불법화되어 사라지고 있지 않은가. 마치 하나의 유령처럼. '민주주의'가 그 기원에서 하나의 '욕설'이었듯이, 여기서는 '폭력'이 그러한 '욕설'과 '비하'와 '저주'의 대상이 되고 있다는 바로 그런 의미에서 '폭력'은 하나의 '유령'이 되는 것이다. 법치국가와 경찰국가 안에서 하나의 유령이 배회하고 있으며, 그 유령은 이제 '폭력'이라는 일반명사를 일종의 고유명처럼 갖게 되는 것. 그러므로 또한 폭력에 대한 어떤 사유와 실천은, 바로 이러한 폭력의 '본래적' 유령성을 직시하는 데서부터 시작될 수 있지 않을까?

50 여기서 나는 루이 알튀세르Louis Althusser가 「레닌과 철학」에서 제시했던 저 유명한 정식을, 곧 "마르크스주의는 실천에 대한 어떤 (새로운) 철학이 아니라, 철학에 대한 어떤 (새로운) 실천이다"라는 문장을, 두 번 비튼다. 먼저 '철학'이라는 단어를 '폭력'이라는 단어로, 그리고 '실천'이라는 공통어를 '이론'과 '실천'이라는 대조군과 실험군으로. Louis Althusser, "Lénine et la philosophie", *Solitude de Machiavel*, Paris: PUF, 1998, 136쪽 참조. 또한 나는 이 문장을 알튀세르의 예술론을 (탈)구성하는 핵심적인 '잠언'으로 해석한다. 본서의 3악장 "미학으로 (재)생산되지 않는 미학"의 각주 8번을 참조.

51 Herman Melville, *Moby-Dick*, Ware(Hertfordshire): Wordsworth, 2002, 3쪽.

52 이스마일 카다레, 유정희 옮김, 『부서진 사월』, 245쪽.

폭력의 투쟁들 사이에서, 그리고 이어 어렵게나마 어렴풋이 더듬어가게 된 어떤 반폭력의 길 위에서, 우리의 대답을 요구한다. 이 요구에 응답할 수 있을 것인가. 이 또 하나의 물음은 아마도 폭력의 문제가 촉발시키는 환대와 응답성과 책임성에 대한 직접적인 질문이 될 것이다. 살의와 호의를 동시에 포함하는, 적대와 환대가 동시에 공존하는, 하나의 양가적이고 역설적인 예감이 인다. 폭력의 예감, 그것은 도미야마 이치로富山一郎가 말하는 것처럼 기본적으로 '겁쟁이들'의 지각이자 예감이겠지만,[53] 또한, 바로 그렇기에, 바로 그러한 이유 때문에, 이러한 절체절명의 예감 속에서, 도래할à venir 폭력의 미래avenir는, 법의 안과 밖으로, 번뜩인다, 명멸한다.

53 도미야마 이치로, 손지연·김우자·송석원 옮김, 『폭력의 예감』, 그린비, 2009 참조.

2악장 페티시즘과 불가능성의 윤리[1]

유물론적 윤리학의 한 서론을 위하여

1. 윤리와 페티시즘: 칸트의 어떤 '혁명론'

칸트는 『학부들의 논쟁*Der Streit der Fakultäten*』(1798)에서 프랑스 혁명에 대해 이렇게 쓴 적이 있었다. "말하자면, 이러한 혁명은 (그들 스스로는 이 운동과 연루되어 있지 않은) 모든 구경꾼들의 감정 속에서 소망에 따르는 가담eine Theilnehmung dem Wunsche nach을 불러일으키는데, 이러한 가담이란 열광Enthusiasm에 근접해 있으며, 그 표현 자체가 위험Gefahr과 결합되어 있기에 인류가 지닌 도덕적 기질 외에 다른 것을 원인으로 갖지 않는다."[2] 아마도 실제의 혁명이 드러내는 구체적 풍경이란 지극히 소란스럽고 피비린내 날 뿐인 어떤 파국의 현실일 것이며 그래서 또한 그 자체로 하나의 혼돈을 가리키고 있을 것이다. 그러므로 칸트가 말하는 저 '가담("소망에 따르는 가담")'이란, 구체적인 육체들과 그 육체의 실제적인 냄새들을 지닌—그것이 서로 부대끼는 살의 냄새든 거리에 낭자하는 피의 냄새든—현실적 혁명의 구체성은 사상捨象한 채 혁명의 이상적인 형태라는 추상만을 인정하고 추구하는 어떤 '보편적인' 가담, 따라서 곧 그들 자신의 어떤 '소망'에만 따르고 있는 '참여'일 것이다. 그러나 문제는 이러한 가담 혹은 참여가 추상적이라는 의미에서 부정적이라거나 부정적인 의미에서 추상적이라고 말하는 '진부한' 비난에 있지 않다. 저 '구경꾼'들은 혁명의 구체적 풍경에 대

1 이 글은 2010년 『ACT』 1호의 발간을 위해 처음 작성되었다.

2 Immanuel Kant, *Der Streit der Fakultäten. Kants Werke: Akademie Textausgabe, Band VII*, Berlin: Walter de Gruyter, 1968, 85쪽.

해 알지 못한다기보다는 그저 충실하고 절실하게 자신들의 '소망'에 따라 혁명을 이해하고 추상하기 때문이다. 그들은 혁명이 무엇보다 피비린내 나는 실제적 현실임을 물론 잘 '알고' 있지만, 그들이 가담하기를 '원하고 바라는' 혁명은 그런 것이 아니기에, 그들은 또한 혁명의 이러한 현실을 '부인'한다(여기서 나는 '그들'이라는 주어를 '우리'라는 대명사로 슬쩍 치환한다). 여기서 혁명의 현실과 혁명의 윤리는 서로 다른 것이 되고 있다. 혁명의 윤리란 일종의 "열광"에 근접하는 것이지만, 혁명의 현실이란 어쩌면 '환멸'만을 불러올 수도 있는 것이기에, 혹은 그렇게 되지 않을까 끊임없이 염려되는 것이기에. 그런데 그러한 윤리, 그러한 참여가 오직 인류의 "도덕적 기질"이라는 원인만을 갖고 있다는 말은 무슨 뜻인가? 지젝은 이에 대해 다음과 같이 반문하고 있다. "모든 윤리학은 이러한 페티시즘적인 부인 fetishist disavowal의 몸짓에 기댈 수밖에 없는가? (……) 이러한 망각은 곧 '난 알고 있어, 하지만 난 내가 안다는 사실을 알고 싶지 않아, 그러니까 나는 모르는 거야'라는 페티시즘적인 부인의 몸짓을 수반한다."[3] 그런데 이것은 왜 '페티시즘적인 몸짓'이 되고 있는가? 먼저 페티시즘이란 무언가를 망각하고 부인하는 것이기 때문이다. 그렇다면 왜 그러한 페티시즘을 이야기할 때 우리는 윤리를 '함께' 이야기해야 하는가? 일단은, 윤리가 사상捨象이라고 하는 일종의 망각과 부인의 과정을 거치지 않고서는 탄생할 수 없는 것이기 때문이다. 그러나 또한 동시에, 윤리란 저 사상에 의해 완전히 사상될 수는 없는 어떤 잔여물과 침전물을 고려함으로써만 탄생할 수 있는 무엇이기도 하기 때문이다. 따라서 윤리란 그 자체로 일종의 페티시즘적인 '선택'이며 또한 그렇게 페티시즘을 '통과'할 때에만 성립될 수 있는 무엇이다. 그러므로 여기에는 어떤 이중의 운동이 있다. 그리고 아마도 우리는 혁명의 (불)가능성을 이야기할 때 이러한 윤리의 문제를 그렇게 '이중적으로' 통과할 수밖에 없을 것이다.[4]

2. 직립 보행과 페티시즘: 프로이트의 어떤 '인류학'

이러한 관점에서 나는 지그문트 프로이트Sigmund Freud의 「페티시즘」을 다시 읽는다. 먼저 그가 내리고 있는 페티시즘에 대한 정의는 물론 이미 우리에게도 익히 친숙한 것이다. 페티시는 거세 위협과 관련하여 '있는' 것으로 상정된, 곧 '없어서는 안 될' 것으로 설정된 어머니의 남근을 대체하는 사물 혹은 신체라는 것. 프로이트는 이렇게 쓰고 있다. "페티시는 단순한 음경Penis의 대체물이 아니라 페티시즘 환자의 어린 시절에 극히 중요한 역할을 수행했다가 나중에 상실되어버린 아주 특별하고 구체적인 음경의 대체물이라는 것이다. (……) 페티시는 남자아이가 한때 그 존재를 믿었던 여성의 남근Phallus, 혹은 어머니의 남근의 대체물이다."[5] 그러나 이러한 사전적 정의보다 더욱 중요한 것은 페티시즘만의 독특한 심리적 기제일 텐데, 페티시즘이란 결코 이러한 하나의 '믿음', 하나의 '상상', 하나의 '허구'에만 머무르지도, 침몰되지도 않는다. 페티시즘은 그 자체로 서로 모순되는 두 개의 운동, 이중의 방향성을 내포하고 있는 것. 페티시즘은 한편으론 어머니가 '소유하고 있을' 남근의 존재에 대한 믿음을 유지하는 것처럼, 그러나 동시에 또 한편으론 그러한 믿음을 '없는 것으로' 폐기하는 것처럼, 그렇게 이중적으로 움직인다. 프로이트는 페티시즘의 이러한 이중성에 대해 다음과 같이 정리한다. "정확히 말하면 그는 그런 믿음을 계속 보유하기도 하면서, 한편으로는 포기하기도 한다."[6] 따라서 일견 가장 먼저 하나의 '도착증'으로 파악될 페티시즘의 이러한 이중적 특징은 정신병Psychose보다는 신경증Neurose의 어떤 형태와 경향에 더욱 근접하는 것인데, 페티시즘이 현실

3 Slavoj Žižek, *Violence*, New York: Picador, 2008, 53쪽.

4 그리고 나는 이러한 '윤리'와 '불가능성'의 문제(혹은 둘 사이의 대립이라는 문제)를 '폭력'이라는 관점에서 본서의 1악장을 통해 이미 다루었다.

5 Sigmund Freud, "Fetischismus", *Gesammelte Werke*, *Band XIV*, Frankfurt am Main: Fischer, 1948, 312쪽. 번역은 『프로이트 전집』 7권(신판), 열린책들, 2003, 320쪽을 일부 수정했다.

의 '상실'보다는 현실의 '대체'를 목표로 하고 있기 때문이다. 페티시즘의 심리적 기제에서 가장 중요한 것은 바로 이러한 '대체'의 환유적métonymique 작용이다. 물론 '환자'는 어머니에게 남근이 없다는 사실을 이미 잘 '알고' 있지만 때론 마치 그것이 '있는' 것처럼 그렇게 이중적으로 행동하는 것이다.[7] 혁명에 대한 '윤리'가 페티시즘적인 부인의 이중성을 띠게 된다고 말할 수 있는 것은 바로 이러한 페티시즘의 특성 때문이다.

그런데 페티시즘에 관한 프로이트의 논의를 언급할 때 일반적으로 자주 간과되는 사실이 하나 있다(그러므로 이 사실은 또한 다시금 '발견'되어야 한다). 페티시즘의 논의가 '직립 보행'이라고 하는 진화론적 논의와 직간접적으로 연계되어 있다는 사실이 바로 그것이다. 인류 진화의 한 '단계'로 파악되는 직립 보행의 문제와 성적인 '특이성'을 개별적으로 지칭하는 페티시즘의 문제는 일견 서로 아무런 밀접한 관련이 없는 것처럼 보인다. 그러나 우리는 어쩌면 이렇게 말할 수도 있을 것이다, 인간의 직립 보행과 함께 하나의 '윤리'가 시작되었다고. 첫째, 가장 일차적이고 표면적인 층위에서, 본능에 대한 어떤 포기는 양심으로 대표되는 모종의 '윤리의식'을 창출해왔기에. 둘째, 보다 부차적이지만 또한 역설적인 층위에서, 이러한 윤리는 단순한 도덕의식이 아니라 천상의 것과 지상의 것이라는 이분법에 기초한 뒤틀린 유물론적 심급을 담보하며 예고하고 있는 것이기에.[8] 호모 에렉투스homo erectus는 호모 섹수알리스homo sexualis로, 그리고 다시 호모 에티쿠스homo ethicus로 나 있는 어떤 길을 연다. 인간은 네 발이 아니라 두 발로 걷게 되었던 것(곧 두 개의 손을 얻게 되었던 것). 호모 파베르homo faber이자 호모 사피엔스homo sapiens로서의 인간은 그리하여 하나의 페티시즘적 이중성을 띠게 되었다, 천상과 지상의 대립, 현실과 추상의 간극이 발생시킨 어떤 이중성을. 그러나 육체의 냄새('여인의 향기'가 아니라!)는, 마치 '억압된 것의 회귀'처럼, 지하로부터 천상으로, 발아래에서부터 머리 꼭대기로, 끊임없이 기어올라 온다, 기어올라서는 넘어선다, 김진석의 표현을 빌리자면, '초월超越'하지 않고 '포월匍越'한다. 프로이트는 「성 이론에 관한 세 편의 논문」의 한 각주에서 다음과 같이 쓰고 있다. "성적인 감정을 불러일으키는 물건의 선택과 관련하여, 냄새를 맡는 데서 억압으로 인해 소멸된 분변기호증적 즐거움의 중요성을 보여준 것이다. 발과 머리카락은 모두 후각적인 느낌이 불쾌해져서 버려진 뒤, 성적인 감정을 불러일으키는 것들로 승화된 강한 냄새를 지닌 물건들이다. 따라서 발에 대한 페티시즘에 부합하는 성도착에서 성 대상이 되는 것은 더럽고 고약한 냄새가 나는 발일 뿐이다. (……) 발에 대한 페티시즘의 여러 사례들에서 분변기호증적 본능은 아래쪽에서부터 그 대상(원래는 생식기)에 도달할 방법을 찾다가 금지와 억압으로 인해 중도에서 멈춘 것임을 알 수 있었다."[9]

6 Sigmund Freud, "Fetischismus", *Gesammelte Werke*, *Band XIV*, 313쪽. 번역은 『프로이트 전집』 7권의 322쪽을 따랐다. 프로이트는 「정신분석 개요」 8장에서도 이와 유사한 논지로 페티시즘에 대해 특히 자아분열Ichspaltung과 관련하여 상술하고 있다. Sigmund Freud, "Abriss der Psychoanalyse", *Gesammelte Werke*, *Band XVII*, Frankfurt am Main: Fischer, 1941, 133~135쪽 참조.

7 장 라플랑슈Jean Laplanche와 장 베르트랑 퐁탈리스Jean-Bertrand Pontalis의 『정신분석 용어집*Vocabulaire de la psychanalyse*』에는 페티시즘에 관한 독립된 항목이 따로 존재하지 않으며, 단지 부인Verleugnung/disavowal/déni의 개념을 설명하는 항목에서 페티시즘이 다소 부차적이고 우회적으로만 설명되고 있다. 물론 여기서도 문제가 되는 것은 "여성의 거세에 대한 부인과 인정이라는 두 개의 양립할 수 없는 입장을 공존"하게 하는 페티시즘의 특성이다. Jean Laplanche·Jean-Bertrand Pontalis, *Vocabulaire de la psychanalyse*, Paris: PUF, 1967, 115쪽. 지나가는 길에 하나 지적할 것은 이 책의 국역본 『정신분석 사전』(열린책들, 2005) 144쪽에 수록된 '물품 음란증' 곧 페티시즘에 관한 항목이다. 이 항목은 책의 편제라는 측면에 있어서 라플랑슈와 퐁탈리스가 직접 쓴 다른 항목들과 차이점 없이 함께 수록되어 있는데, 그것이 일단 원전의 항목이 아니라 번역자가 추가한 내용이며 또한 내용상 주로 '절편 음란증'이라는 기존의 번역어를 '물품 음란증'으로 대체하는 이유를 논하고 있으므로, 본문보다는 오히려 역자 주석이라는 형태로 처리되는 것이 더 바람직했을 것이다.

8 이러한 맥락에서 우리는 기존 유물론에 대한 바타유의 '유물론적' 비판을 참조할 수 있는데, 이에 관해서는 이 악장의 4절 "유혹과 페티시즘: 바타유의 어떤 '유물론'", 그중에서도, 특히 각주 17번과 18번을 보라.

9 Sigmund Freud, "Drei Abhandlungen zur Sexualtheorie", *Gesammelte Werke*, *Band V*, Frankfurt am Main: Fischer, 1942, 54쪽의 각주 3번. 번역은 『프로이트 전집』 7권의 45쪽을 따랐다.

그렇다면 발은 왜 더럽고 고약한 냄새가 나는가? 무엇보다 발을 땅에 딛고 있기 때문에, 곧 그 발로 땅 위를 걸어 다니기 때문이다. 발이 '아래의' 것 혹은 '저속한' 것, 곧 천상의 정신에 대비되는 지상의 '냄새 나는' 육체를 가장 잘 대표하는 하나의 '페티시'로 기능하게 되는 이유는 바로 직립 보행이라는 인간의 물리적/사상적 '입장立場' 때문인 것이다. 따라서 바로 이러한 의미에서 '인류학적' 직립 보행의 문제는 또한 하나의 '유물론'과 연결되고 있기도 하다(나는 이후 바타유의 「엄지발가락Le gros orteil」을 통해 이 '유물론'을 다른 방향에서 다시 점검해볼 것이다). 그렇다면 여기서도 역시나 페티시즘은 신경증적 문제 일반과 맞닿아 있게 되는데, 그것은 말하자면, 직립 보행하게 된 인간이 그 반대급부로 얻게 된 '병증'이자 '유혹'에 다름 아니다. 정신분석은 자신의 한 발을 '근대〔문명〕인의 인류학' 속에 깊숙이 담그고 있는 것. 프로이트는 「강박신경증의 한 사례에 대한 고찰」(일명 '쥐인간'의 증례)에서 다음과 같이 쓰고 있다. "여기서 나는 일반론적인 질문을 하나 하겠다. 즉 사람이 직립하게 됨에 따라 필연적으로 냄새를 맡는 기능이 퇴화했는데, 그 결과 냄새를 맡는 즐거움이 신체적으로 억압되고, 그렇게 된 것이 사람이 신경증에 쉽게 걸리는 이유 중 상당한 부분을 차지하게 된 것이 아닐까 하는 것이다. 이렇게 보면 문명이 발달하면서 왜 하필이면 성생활이 억압의 대상이 되는가 하는 문제를 설명할 수 있을 것이다. 동물은 성 본능과 냄새 맡는 기능이 밀접하게 연관되어 있다는 것을 우리는 오래전부터 알고 있기 때문이다."[10] 따라서 이러한 억압, 이러한 신경증은 무엇보다 '진화'의 어떤 특정한 방향과 같은 궤도를 공유하고 있을 것이다. 이 궤도상에 있는 감각의 지도에서 후각은 시각에게 자신의 영토를 내어주고 '낮고 저속한' 곳으로 내려간다. 이러한 후각의 '전락'과 시각의 '등극'은 단순히 동물적 감각 능력들 사이의 물리적인 전도 그 이상의 것을 의미하고 있는데, '수치심'이라고 하는 윤리의식의 층위가 그러한 이행의 궤도 속에서 탄생하고 있기 때문이다. 어떤 본능에 대한 '포기'와 '망각'은 이러한 윤리의식(양심 혹은 수치심)의 성립을 위한 하나의 가능 조건이 된다. 또한 프로이트는 「문명 속의 불편함」의 한 각주에서 다음과 같이 덧붙이고 있다. “후각적 자극이 쇠퇴한 현상 자체는 인간이 대지에서 몸을 일으켜 직립 보행한 결과인 것 같다. 이렇게 되자 전에는 감추어져 있던 생식기가 눈에 띄게 되어 보호할 필요가 생겼으며, 그것은 인간에게 수치심을 불러일으켰다. 따라서 문명의 결정적인 변화는 인간이 직립 보행 자세를 채택한 것과 함께 시작되었다. 그때부터 후각적 자극의 가치가 떨어지고 생리 중인 여자를 격리하는 시대를 거쳐 시각적 자극이 우세해지고 생식기가 눈에 띄게 되는 시대까지, 거기서 다시 성적 흥분이 지속되고 가족이 형성되는 시대를 거쳐 인간 문명의 문지방에 도달할 때까지 일련의 사건들이 진행되었을 것이다. 이것은 이론상의 가설에 불과하지만, 인간과 가까운 동물들의 생활 조건과 관련하여 주의 깊게 검토해볼 가치가 있을 만큼 중요하다.”[11] 이러한 시각의 우세에 대해 후각은, 마치 하나의 죄의식처럼, 하나의 수치심처럼, 억압된 것의 회귀처럼, 다시 돌아온다. 어쩌면 눈이 그 냄새를 맡지 못하고 오직 그것을 징후적으로만 ‘목격目擊’할 수밖에 없다는 사실에 바로 저 시각의 ‘증상’과 후각의 ‘매혹’이 있을 것이다. 프로이트의 ‘직립 보행’ 가설처럼, 아마 우리에게도 이는 일단 하나의 ‘이론적 가설’에 불과할 것이다. 이것은 실천적 증명의 문제가 아니라 구조적 사고의 문제이기 때문이다. 그런데 또한 이는 직립과 시각의 관념론이 아니라 냄새와 후각의 유물론을 요청하고 있지 않은가? 하지만 이 요청을 너무 손

10 Sigmund Freud, “Bemerkungen über einen Fall von Zwangsneurose”, *Gesammelte Werke, Band VII*, Frankfurt am Main: Fischer, 1941, 462쪽. 번역은 『프로이트 전집』 9권〔(신판), 열린책들, 2003〕의 100~101쪽을 따랐다.

11 Sigmund Freud, “Das Unbehagen in der Kultur”, *Gesammelte Werke, Band XIV*, 459쪽. 번역은 『프로이트 전집』 12권〔(신판), 열린책들, 2003〕의 275~276쪽을 따랐다. 더불어 직립 보행의 문제와 관련된 이러한 프로이트의 논의들이 거의 모두 ‘각주’의 형식으로만 다뤄지고 있다는 점 또한 부차적인(하지만 동시에 특별한) 주목을 요한다 하겠다. 말하자면 이는 우선 곁가지의 ‘주변적’인 문제를 다루는 듯한 인상을 주지만, 또한 비유적으로 말하자면 ‘각주’라는 형식은 그 자체로 하나의 글이 지닌 ‘무의식’이기도 할 것이므로. 그리고 나는 이 책의 “종곡”에 이르러 각주가 지닌 이 무의식의 노래를 부를 것이다.

쉽게 재단하지는 말자. 그 이전에 먼저 나는 이 '후각의 귀환'에 대해 하나의 대척점을 이루는 어떤 '시각적 초월'의 한 방식을 점검해볼 것이다. 말하자면 앙드레 브르통André Breton의 초현실주의surréalisme에는 말 그대로 리얼리즘의 '위로sur' 넘어가고자 하는 어떤 '초월'의 몸짓이 있다. 그 초월의 성격을 진단해보고 또 그 진단을 우회하여 나는 다시 저 냄새 나는 발로, 그 시큼한 후각에 놀란 듯 반응하는 시각의 저 커다래진 동공으로 돌아올 것이다. 시각적 주체는 어떻게 결정되는가? 부인함과 동시에 인정하는, 또 다른 페티시즘의 이중성으로써?

3. 유토피아와 페티시즘: 브르통의 어떤 '초월론'

초현실주의자들이 취했던 '정치적'인 선택은 광인의 복권復權, 정신병자의 권리장전이었다. 여기서 문제가 되는 것은 하나의 병증을 단순히 '병리적'이기만 한 현상으로 보지 않고 대신 그것을 하나의 온전한 주체 혹은 여러 가능한 주체들 중의 하나로 파악하는 것이다. 브르통이 프로이트를 '발견'한 이후 초현실주의는 리얼리즘으로 대표되는 어떤 '합리성' 중심의 예술에 대한 일종의 '안티테제' 내지 '해독제'로 등장했다. 이러한 주체의 '선택', 그 주체화 과정의 '상대화'는 그것이 정상의 기준을 다시 생각하게 하고 감성과 상상력의 힘을 복권시키는 정치적 감행이었던 만큼, 딱 그만큼 '윤리적'인 시도이기도 했다. 여기에는 광증에 대한 일종의 '낭만화'라고 부를 수 있을 어떤 사상思想/捨象이 존재한다. 초현실주의자들에게 정신병의 현실과 이상, 광증의 실제와 윤리는 서로 달랐던 것. 그래서였을까? 초현실주의자들은 프로이트보다 더 멀리, 더 '극단'으로 나아갈 필요가 있었다. 그들은 자신들의 예술 운동에 진보적이고 혁명적인 정당성을 확보해줄 새로운 주체의 자리에 광인을 등극시킨다. 브르통은 「초현실주의 1차 선언문」에서 이렇게 쓰고 있다. "정도야 어떠하든 광인이란 상상력의 희생자라는 사실을 나는 인정하는 바인데, 그 이유는 다음과 같다. 즉, 상상력은 광인을 어떤 규칙 위반으로 몰고 가는데, 규칙 밖에서는 양식이 목표 대상이 된다는 것을 모든 사람이 쓰라린 경험을 통하여 알고 있기 때문이다. 그러나 우리들이 광인에게 가하는 비판과 또 그들에게 가해지는 여러 가지 교정에 대해서 그들 스스로가 표시하는 깊은 초탈détachement은 그들이 상상력으로부터 커다란 위안을 얻고, 또 망상이 그들에게 유효하다는 것을 알기 때문에 그 망상을 충분히 음미한다는 것을 알 수 있다. 그리고 사실 환상·환각 같은 것은 하찮은 즐거움의 원천만이 아니다. 가장 잘 조직된 관능성은 이 원천에서 자기 몫을 발견하게 된다. (……) 광인의 비밀, 나는 이 비밀을 캐내는 데 일생을 바치겠다. 광인이야말로 지나치도록 양심적이고 정직한 사람이다."[12] 광인을 치료와 격리의 대상으로만 파악하지 않고 이성적 주체와 대등한, 어쩌면 그러한 이성적 주체를 초월하는 또 다른 주체로 평가하는 이러한 시각이야말로 초현실주의를 위시한 아방가르드 운동의 가장 기본적인 대의cause에 해당한다 할 수 있을 것이다. 여기서 광인은 오히려 '가장 윤리적인' 주체로 등장하고 있는 것. 이는 피해자의 복권이자 죽었던 자의 귀환이며, 반면 동시에 피해자의 피해의식을 '발명'하면서 가해자의 가해의식을 '전도'시키는 작업이기도 하다. 왜 그것은 발명이며 또한 전도인가? 문제는 초현실주의자들 자신은 그들이 찬양해마지않는 그런 '광인'이 아니라는 것, 어쩌면 광인에 대한 그들의 이런 공감과 예찬은 단순히 그들만의 '짝사랑'에 불과할 수도 있다는 것이다. 이러한 관점에서 우리는 저 선언문을 징후적으로 다시 읽어야 한다. 그러므로 나는 그렇게 이 브르통의 '선언'을 다시 읽으면서 저 칸트의 어떤 '혁명론'을 통해 살펴봤던 윤리의 페티시즘적인 몸짓이 여기서도 반복되고 있음을 어렴풋이 느끼게 된다. 초현실주의자들은 아마도 광증의 '현실'을 알고 있었겠지만, 그들은 자신이 그러한 사실을 알고 있기를 '원치' 않았기에 그들에게 중요한 것은 저 광증의 이상이자 광증의 윤리가 되고 있다. 말하자면 초현실주의자에게

12 트리스탕 차라·앙드레 브르통, 송재영 옮김, 『다다/쉬르레알리슴 선언』, 문학과지성사, 1987, 113쪽.

광인이란 일종의 역설적 '페티시'가 되고 있는 것. 그러므로 문제는 다시 저 '낭만화'다. 여기서 우리는 저 칸트의 '혁명론'과는 별도로 초현실주의 안에서 반복/변형되고 있는 칸트의 다른 친숙한 두 주제, 곧 '천재'와 '무관심성'이라는 주제들을 따라가야 한다.

첫째, 사실 초현실주의의 '광인 예찬'은 칸트가 『판단력 비판*Kritik der Urteilskraft*』으로 열어놓은 여러 방향성들 가운데 하나의 방향성, 곧 '낭만주의 미학'이라는 줄기의 연장선상에 위치하고 있다. 주지하다시피, 칸트에게서 천재란 기존의 규칙과 질서에 입각하여 예술을 제작하는 능력이 아니라 오히려 "예술에 〔새로운〕 규칙을 부여하는 재능"[13]을 의미하는 것이다. 곧 초현실주의의 어떤 '낭만주의' 안에서 어쩌면 칸트의 저 '천재'는 브르통의 '광인'으로 옷을 갈아입고 있는 것. 기존 예술의 규칙을 위반하며 새로운 규칙의 예술을 창조하지만 그 자신은 그 과정을 인식하지 못하는 칸트적 천재의 모습이 브르통의 광인 위로 낮게(혹은 높이) 그림자를 드리운다. 따라서 초현실주의 문학의 '자동기술법automatisme'은 이러한 '낭만주의적' 예술주체의 가장 중요한 방법론으로 자리 잡게 되는 것인데, 왜냐하면 그것이 규칙의 창출 과정을 '의식'하지 않으면서 규칙을 '발명'하는 천재의 작업 방식에 가장 성공적인 형태로 부합하는, 그리고 이성의 논리와 질서로 통제될 수 없는 꿈의 힘에 대한 초현실주의의 '낭만적 낙관주의'를 가장 만족스럽게 충족시켜주는 글쓰기의 형태이기 때문이다.[14] 이는 또한 아방가르드 일반이 지닌 파괴적이고 비전통적인 기조의 '반反-미학적'인 성격이 어떤 계보 위에서 가능했는지를 보여준다. 어쩌면 우리는, 현재 우리의 '시점'에서, 이 '계보'에 관해 이렇게 평가할 수도 있을 것이다, 미학을 파괴하는 미학이라고 하는 저 반-미학의 이상은 규칙에 대한 위반으로써 새로운 규칙을 제시하는 예술의 이상, 곧 칸트의 천재를 통해 이미 예고되었으나—칸트 '미학'의 본령과는 다소 다르게—'위반'에 관한 가장 일반적이고 일차적인 규정에 머무르고만 예술의 방향성이었다고. 여기서 이 낭만주의적 예술의 '천재'는 '광인'으로 너무나 '낭만적'으로 변신했던 것이며 또한 그가 바로 저 반미학의 예술가가 되기도 했던 것.

둘째, 우리는 초현실주의 안에서 광인이라는 새로운 예술주체가 부르주아적인 예술주체와 대비되고 있음에 또한 주목해볼 수 있다. 이러한 대립에서 근본적인 문제는, 초현실주의가 겨냥하고 있는 부르주아 자본주의 경제 체제의 예술 제도에 대한 하나의 '영웅적' 대립항으로 설정된 광인이라는 이 '주체 아닌 주체'가 그러한 체제와 제도와 '무관한' 것으로 그려지고 있다는 점이다. 초현실주의자와 공산주의자들 사이의 저 짧고도 황홀했던 '동침'의 순간과 그 파국은 어쩌면 이러한 '무관심성' 혹은 '초탈'의 변형된 개념에서 기인한 것인지도 모른다. 사실 초현실주의가 기본적으로 근거하고 있는 무관심성의 자율주의 미학을 떠올려볼 때 이는 지극히 당연한 논리적 귀결이라고도 할 수 있을 것이다. 부르주아적 질서와 그 예술에 대한 안티 테제이자 해독제로서 등장하고 제시된 광인-주체는 '더러운' 것으로 상정된 시장의 논리와 계산적 체계로부터 초탈해 있는 어떤 '순수

13 Immanuel Kant, *Kritik der Urteilskraft*(hrsg. von Karl Vorländer), Hamburg: Felix Meiner, 1990(7. Auflage), 160쪽(§46).

14 그러나 지극히 '프로이트적인' 의미에서 이러한 초현실주의의 '광인 예찬'에 힘을 실어줄 수 있는 요소도 분명히 있다. 프로이트는 「신경증과 정신병에서 현실의 상실」에서 신경증과 정신병의 구분에 대해 이렇게 쓰고 있다. "신경증은 현실을 부정하지 않고 다만 무시하는 반면, 정신병은 현실을 부정하고 그것을 바꾸려 한다." Sigmund Freud, "Der Realitätsverlust bei Neurose und Psychose", *Gesammelte Werke, Band XIII*, Frankfurt am Main: Fischer, 1940, 365쪽. 번역은 『프로이트 전집』 10권〔(신판), 열린책들, 2003〕의 200쪽을 따랐다. 그런데 만약 혁명의 윤리가 신경증적인 것이 아니라 정신병적인 어떤 것이라면? 이것은 일단은 하나의 가능성이겠지만, 그리고 이는 또한 질 들뢰즈Gilles Deleuze/펠릭스 가타리Félix Guattari 식의 정치철학에서 이른바 '분열주체'라는 이름과 정식으로 '긍정적으로' 시도되기도 했던 하나의 가능성이겠지만, 무엇보다 여기서는 이 가능성이 '불가능성'의 다른 이름이 되고 있지 않나 하는 의문을 던지는 것으로 족하리라. 곧, 가로지르는 횡단 혹은 유목의 정체성과 긍정의 힘을 '불가능성의 윤리'와 페티시즘이라는 문제 틀 안에 놓아보자는 것, 혹은 이러한 두 경향들 사이에서 발생하는 대립의 효과들을 고찰해 보자는 것. 그렇다면 이는 또한—프로이트의 분류법을 차용해서 말하자면—어떤 역학적dynamisch, 지형학적topisch, 경제학적ökonomisch 관점들을 발생시킬 수 있을 것인가?

한' 외부로 상정된다. 그러므로 여기서는 '천재'의 개념에 이어 칸트의 '무관심성' 개념이 변형/왜곡되고 있다. 곧, 앞서 브르통이 선언 속에서 언급했던 저 '초탈/무관심détachement'이란 자본주의적 경제 질서에 초연한 어떤 '무관심성', 곧 새로운 낭만주의로서 초현실주의가 표방하는 저항성의 기표이자 도덕성의 증거로서 등장하게 되는 것. 그러므로 여기서 광인이라는 주체는 예술적 주체이기 이전에 이미—혹은 '사후적으로'—하나의 '윤리적' 주체로서 등장하고 있다. 이러한 사실은 또한 역으로 초현실주의자들이 어떻게 공산주의자들과 '그토록 쉽게' 연대할 수 있었던가 하는 의문을 잘 해명해주고 있다. 그들은 서로 구체적인 지향이나 이상에서는 차이를 보였지만 자본주의 경제 질서와 부르주아적 예술 제도라는 공동의 적敵을 갖고 있었던 것. 곧 '윤리적 사상捨象'은 여기서도 다시 행해지고 있는바, 그들에게 문제가 되는 것은 자본주의의 '실상'이라기보다는 역설적으로 자본주의의 어떤 '이상'이자 '윤리'였던 것이다. 말하자면 자본주의와 그 예술 제도에 대한 초현실주의자의 시각은 그 자체로 페티시즘적이다. 초현실주의는 그 '윤리' 안에서 광인으로 대표되는 새로운 예술주체와 그 주체가 불러올 상상력의 유토피아를 꿈꾼다. 초현실주의란 그러므로 새로운 낭만주의임과 동시에 어쩌면 새로운 유토피아주의이기도 했던 것.

그러나 사실 예술가와 그 예술 작품의 '자율성'이라는 개념은 그 자체로 근대 부르주아 사회 체제의 산물이며 역사상 가장 특수한 형태의 한 경제체제에 기반하고 있는 것이다. 예술의 '제한경제', 바로 여기에 또 다른 모습의 물신숭배, 초현실주의자와 공산주의자가 공히 '혐오할' 만한 보다 심층적인 의미에서의 물신이 은폐되어 있다면? 이러한 물신숭배를 통해 초시간적이고 초역사적인 절대성을 띠게 되는 것은 다름 아닌 저 예술가와 예술 작품의 자율성이라고 하는 상대적이고 역사적인 개념이다. 이러한 체제 안에서 예술가는 '광인'처럼 세속의 질서에 대해 초연할 수 있었고 예술 작품은 시장의 논리를 '초탈'하여 영원한 것으로 남을 수 있었다. 여기에는 하나의 역설이 있다, 아방가르드의 유토피아주의가 오히려 그 자신이 가장 혐오해마지않는 자본주의 상품경제의 물신성에 더욱 가깝게 밀착되고 있는 것은 아닌가 하는 하나의 역설이. 초현실주의는 그 예술적 행위로써 자본주의를 벗어나고자 한다. 말하자면 초현실주의는 예술이 상품이 되어버리는 부르주아적 예술 제도를 거부하려고 했던 것이다. 그러나 초현실주의자들이 예술의 시장성을 회의하고 거부하는 만큼, 딱 그만큼 거꾸로 다시 그들의 예술은 지극히 부르주아적인 예술 관념인 '예술가'와 '예술 작품'으로 회귀하는 모순을 노출한다. 어떤 것이 '예술'임을 말할 때부터 그러한 발화와 명명의 행위 자체가 이미 자본주의적 예술 제도를 전제하고 있는 것, 그러므로 예술가와 예술 작품이라는 개념의 존재와 진위 여부를 끊임없이 의심하고 부인하면서도 동시에 그것들을 전제하고 인정하고 있다는 점에서 초현실주의적 예술관은 그 자체로 또한 일종의 페티시즘적인 형태를 띠게 되는 것이다.

4. 유혹과 페티시즘: 바타유의 어떤 '유물론'

초현실주의를 위시한 아방가르드 예술이 지니고 있는 이러한 페티시즘적 성격을 가장 근본적인 방식으로 드러내주는 것은 아마도 마르크스적인 의미에서의 페티시즘 분석일 것이다.[15] 페티시즘에 관한 카를 마르크스Karl

15 독일어 'Fetischismus'의 번역에 관련된 나의 일관되고 기본적인 문제의식은 크게 두 가지이다. 첫째, 정신분석과 관련해서 국내에서 통용되고 있는 번역어 '절편 음란증' 혹은 '물품 음란증'은 이 단어에 대한 과도한 '병리학적 편견'을 드러내는 것이기에 교체되어야 할 필요가 있다. 이러한 번역에서 '절편'이냐 '물품'이냐 하는 용어의 선택이라는 문제는 오히려 부차적인 것인데, 우리는 그보다 일단 '음란증'이라는 번역어가 유효하며 정당한지 먼저 물어야 하기 때문이다. 둘째, 똑같은 단어가 마르크스의 정치경제학 안에서는 '물신주의' 혹은 '물신숭배'로 번역된다는 점을 감안한다면, 정신분석과 정치경제학이라는 두 영역에서 각각 다르게 번역되고 있는(그러나 그 통합적 '외연'을 적극적으로 사고해볼 수 있고 또 그럴 필요가 있는) 이 단어에 대해 일종의 '통일된' 번역어를 위한 논의가 요청되고 있는 게 아닌가 하는 생각이 든다. 그러나/그러므로 여기서 나는 일단 저 'Fetischismus'를 단순히 '페티시즘'으로 부르고〔불렀고〕 또 '옮길〔옮겼던〕' 것이다.

Marx의 논의는 초현실주의가 쉽게 잊어버렸던, 그러나 그것이 '예술'이라면 또한 결코 벗어날 수 없을, 사회적인 장으로서의 교환경제라는 심급을 다시금 새삼 상기시킨다. "상품 형태의 신비성은 다만 상품 형태가 인간 자신의 노동의 사회적 성격을 노동생산물 자체의 물적 성격으로, 그 물건들이 자연적으로 가지고 있는 사회적 속성으로 보이게 하며, 따라서 사회적 총 노동에 대한 생산자들의 사회적 관계도 그들의 외부에 존재하는 물건의 사회적 관계로 보이게 하는 데에 있다. 이러한 전환Quidproquo에 의하여 노동생산물은 상품으로, 감각적인 동시에 초감각적인 물건, 즉 사회적인 물건이 된다. (……) 이것을 나는 물신숭배Fetischismus라고 부르는데, 이것은 노동생산물이 상품으로서 생산되자마자 거기에 붙으며, 따라서 상품생산과 분리시킬 수 없는 것이다."[16] 사회적이고 제도적인 심급, 곧 예술의 제한경제를 전혀 고려하지 않는 '초연한' 예술가와 예술 작품의 개념은 그러므로 또한 마르크스적인 의미에서도 '물신Fetisch'이 된다. 비유하자면, 사회주의 리얼리즘보다 더 '건강한' 사회주의 예술의 '전위'가 될 수도 있었을 초현실주의 예술은 그것이 광인과 꿈의 개념 등을 통해 자본주의 경제와 부르주아 예술 제도로부터 '초연'하려고 하면서부터 오히려 이러한 '물신성'을 띠게 된다. 초연한 척 눈을 가리는 것과 실제로 초월하는 것은 전혀 다른 문제일 터, 아마도 실제와 윤리의 균열은 여기서도 반복되고 있을 것이다. 초현실주의가 자신의 '순수한' 저항성과 파괴력을 통해 드러낼 수밖에 없었던 일종의 치부는 이러한 종류의 물신성의 개입, 기존의 부르주아적 예술계를 탈피하고자 하면서도 다시금 그 울타리 안으로 포섭되고 포획되며 편입될 수밖에 없었던 한계가 되고 있다.

사실 이러한 종류의 물신숭배의 기저에는 어떤 '신학적' 착각이 깔려 있는데, 이는 본질적으로 '자연적'인 사물을 마치 '신적'인 것으로 치환하고 오인하는 과정이기도 하다. 바타유는 이러한 물신숭배의 기원에 대한 거부의 형식으로 '신성모독'의 방법을 차용한다. 이러한 신성모독 혹은 '무신론적 신학'의 역설적 방식을 통해 바타유는 기존의 유물론과는 다른 기이한 형태의 유물론에 가닿는다. 바타유가 기존의 유물론을 비판하는 이유는 단순하고 극명하다. 기존의 유물론은 정신과 물질의 이분법이라는 구도하에서 정신에 부여되었던 우월한 위치를 다시금 물질에 부여하는 우를 범하면서 구조적으로 재차 관념론적 도식을 반복하고 있기 때문이다. "대부분의 유물론자들은, 그들이 비록 모든 정신적인 실체toute entité sprituelle의 제거를 원했다 하더라도, 결국 특히나 관념론적인 위계 관계들rapports hiérarchiques로 특징지어지는 사물들의 질서를 서술하는 데 그치고 말았다."[17] 이러한 유물론은 관념론의 반복이자 재판일 뿐 결코 '진정한' 의미에서의 유물론이 되지 못한다. 바타유가 「낮은 유물론과 영적 인식」에서 일견 아무런 관계가 없는 것처럼 보이는 유물론과 '영적 인식gnose'을 서로 연결시키는 이유는, 그노시스주의에서 말하는 이러한 '영적 인식'이야말로 분리와 구분의 이항대립이라고 하는 '진정한' 유물론의 정신을 잘 표현하고 있기 때문이다. "낮은 물질la matière basse은 인간의 이상적 열망에 있어 외부적인 것이고 낯선 것이며, 그러한 열망에서 기인하는 거대한 존재론적 기계들grandes machines ontologiques로 환원되기를 거부하는 것이다."[18] 물질은 정신에 대해 외부적인 것이며 이질적인 것이다. 바타유는 이 '낮음' 자체가 지닌 고유한 성격과 지위를 강조함으로써 '낮음'과 '높음' 사이에 이미 하나의 위계를 전제하고 있는 관념론적 체계와 결별한다. 곧 그는 관념론적 존재론과 형이상학의 도식을 벗어난 곳에서 '낮은(저속한)' 물질에게 그 자신의 독특성singularité을 되돌려줌으로써, 관념론의 영역으로 환원이 불가능한 유물론의 진정한 자리에 대해 다시금 새롭게 사유하고자 하는 것이다.

그렇다면 나는 이러한 유물론의 맥락에서, 그리고 동시에 프로이트

16 Karl Marx, *Das Kapital, Band 1, Marx/Engels Werke(MEW), Band 23*, Berlin: Dietz, 1962, 86~87쪽; 김수행 옮김, 『자본론 1(上)』, 비봉출판사, 1991, 91~92쪽. 번역은 일부 수정했다.

17 Georges Bataille, "Matérialisme", *Œuvres complètes, tome I*, Paris: Gallimard, 1970, 179쪽.

18 Georges Bataille, "Le bas matérialisme et la gnose", *Œuvres complètes, tome I*, 225쪽.

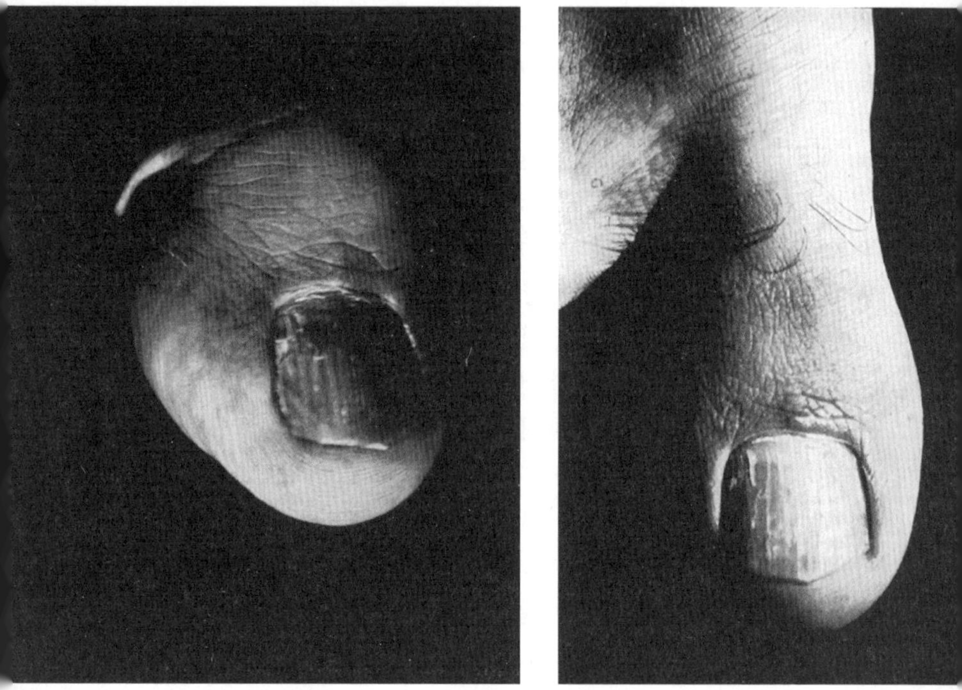

자크 앙드레 부아파르Jacques-André Boiffard의 사진, 〈엄지발가락Gros orteil〉

의 '발 페티시즘' 혹은 '낮음의 페티시즘'에 대한 저 다양한 언급들을 기억하면서, 바타유의 「엄지발가락」을 다시 읽을 것이다. 이 글은 유물론의 문제를 가장 '페티시즘적으로' 제기하고 있으며, 또한 그 발과 발가락의 냄새와 그림자 속에는 직립 보행에 관한 프로이트의 저 조심스러운 의문과 과감한 예감이 다른 형태로 숨어 있는 것. 그 발가락 안에서 페티시즘은 어떤 유물론과 조우한다. 바타유는 이렇게 쓰고 있다. "육체의 내부에 위에서 아래로 그리고 아래에서 위로 똑같은 양의 피가 흐른다고 해도, 고양되는 것에 대한 편애가 존재하며 인간의 삶은 그러한 고양élévation으로 오도되는 경향이 있다. 세상을 지하의 지옥과 완벽한 순수의 천국으로 나누는 것은 뿌리 깊은 개념화인데, 이러한 개념화 속에서 진창과 어둠은 악의 원리가 되며 빛과 천상은 선의 원리가 된다."[19] 그러므로 이러한 고양의 위계적 이분법을 넘어 발생하는 유물론은 그 자체로 페티시즘적인데, 왜냐하면 이는 단순히 낮음과 높음의 위치를 서로 치환하거나 전도시키는 것이 아니라, 그러한 두 극의 위계와 한계를 수용하고 인정하는 동시에 위반하고 부인하고 있기 때문이다. 바타유는 이러한 페티시즘의 운동에 관해 이렇게 잇는다. "잡념과 공포의 유희, 인간적 필요와 일탈의 유희란 사실 능숙한 행동이나 확정적 성격을 의미하는 손가락과 몽롱함이나 저속한 우매함을 의미하는 발가락 사이의 유희이다."[20] 유용성과 생산성의 상징인 손가락과, 소비와 탕진의 페티시인 발가락 사이에서, 하나의 현기증이 인다. 발가락이 드러내는 것은, 저 손가락이 대표하고 있는 생산과 축적의 세계에 대한 부단한 인정과 부인의 이중적 운동, 곧 한계와 위반 사이의 현기증 나는 왕복 운동이다. 여기서 발가락은 '저주의 몫'이 된다. "엄지발가락의 경우, 발가락을 핥는 데 이르는 발에 대한 고전적 페티시즘에서는 분명 저속한 유혹basse séduction이 문제가 되는데, 이는 순수하고 피상적인 정신을

19 Georges Bataille, "Le gros orteil", *Œuvres complètes, tome I*, 200쪽.
20 Georges Bataille, "Le gros orteil", *Œuvres complètes, tome I*, 202쪽.

지닌 사람들의 쾌락이 부인하는 쾌락에 항상 결부되어 있는 어떤 우스꽝스러운 가치를 설명해준다. (……) 현실로의 복귀는 현실에 대한 새로운 수용을 뜻하는 것이 아니라 다만 우리가 저속하게 유혹당하고séduit bassement 있음을 의미할 뿐이다, 전치 없이, 그리고 어떤 외침에 이르기까지, 두 눈을 크게 뜨고서, 그렇게 엄지발가락 앞에서 눈을 크게 뜨고서."[21] 그러므로 아내의 맨발을 직접 보는 것을 금기시하는, 여자의 발을 〔눈으로〕 바라보는 일 자체를 일반적으로 부도덕하게 생각하는 중국의 풍습 안에는, 페티시즘적인 사물에 대한 어떤 공포와 유혹이, 그리고 그에 대한 거부와 수용의 이중성이 있지 않은가?[22] 이를 좀 더 '은유적'으로 바꿔 묻자면, 빨간 구두에 담긴 발은 도끼에 의해 잘려나간 후에도 왜 그 춤을 결코 멈추지 않는가?

바타유가 제시하는 '이질학hétérologie'의 개념 역시 이러한 춤과 이러한 발걸음에, 곧 이러한 '유물론'에 근거하고 있는 것이다. 이질학은 동질적인 것과 이질적인 것 사이에서 우열을 구분하거나 위계적 구조 또는 동일자적 체계를 수립하지 않는다. 이러한 맥락에서 바타유는 인간 행동 전반을 전유appropriation와 배설excrétion이라는 두 가지 상반되는 충동의 대립 구도를 통해 설명하고 있다. "무엇보다도 이질학은 세계에 대한 어떤 동질적인 재현représentation homogène과도, 다시 말해서 어떤 철학적인 체계와도 대립되는 것이다. (……) 이를 통해 이질학은 전유의 도구였던 것을 배설 작용에 봉사하는 것으로 이행시키고 사회적 존재가 내포하고 있는 격렬한 만족에의 요구를 드러내는 것이다."[23] 따라서 전유와 배설은 인간 충동의 가장 근본적인 두 극을 이루는 것이며, 이러한 극성極性의 이원론은 바타유가 일생 동안 추구했던 다른 주제들, 곧 성과 속의 관계, 신성한 것과 더러운 것 사이의 근접성, 동질적인 것과 이질적인 것 사이의 지양 없는 변증법 등에 대응하는 또 다른 도식에 다름 아니다. 여기서 우리가 특별히 주목해야 할 점은, 바타유가 '위반transgression'이라는 이름으로 부르고 있는 운동이 인간의 한계와 금기를 파괴하는 것이라기보다는 오히려 그것들을 '확인'하고 '완성'시키는 행위라는 사실이다. 위반의 진정한 의미와 의의는 이러한 금기와 한계에 대한 확인의 과정, 금기의 '존재 증명', 불가능의 경계를 그리고 구획하는 일종의 '작도법' 또는 '지도 제작법'에 있는 것이다. "위반은 금기의 부정이 아니라 금기를 통과하여 그것을 완성시키는 것이다"[24]라는 바타유의 유명한 정식은 바로 이 점을 설명하고 있다. 이러한 관점에서 또한 바타유가 주목하고 있는 것이 바로 '비천함'의 개념이다. "인간 존재의 비천함abjection이란 그 단어의 형태적 의미에서도 부정적인 것이라 할 수 있는데, 왜냐하면 그것은 부재absence를 기원으로 삼기 때문이다."[25] 비천함의 유물론은 무엇보다 존재나 현존이 아닌 부재에 기반하고 있는 것이다. '낮음(저속함)'과 '비천함'을 논하는 유물론이 부재의 형식을 띠게 되는 이유는 그것이 동질성의 사회가 배제하려고 하는 이질성에 대한 이론, 곧 그렇게 배제된 이질성에 대한 복권을 시도하는 이론이기 때문이다. 이러한 부재로서의 이질성은 동질성을 초과하며 오히려 그러한 동질성의 조건을 규정한다. 부재가 존재의 조건을 구성하는 것이며, 이질성이 동질성 자체의 가능 조건이 되는 것이다.[26] 이질성은 동질성을 구성하는 조건이 됨과 동시에 동질성 자체를 언제나 초과하고 위반한다. 동질성이 생산적이고 건설적인 리비도라면 이질성은 소비적이고 파괴적인 타나토스다. 동질성은 전유하고 한계 짓지만, 이질성은 배설하고 넘쳐흐른다. 이러한 의미에서 바타유가 말하는 이질성의 '불가능l'impossible'은 자크 라캉Jacques Lacan이 말하는 '실재계le réel'와 접점을 갖게 된다. 실재계는 상징계le symbolique가 배제

21 Georges Bataille, "Le gros orteil", *Œuvres complètes, tome I*, 204쪽.

22 프로이트도 「페티시즘」의 마지막 부분에서 중국의 '전족' 풍습에 관해 잠시 언급하고 있다.

23 Georges Bataille, "La valeur d'usage de D. A. F. de Sade (1)", *Œuvres complètes, tome II*, Paris: Gallimard, 1970, 62~63쪽.

24 Georges Bataille, *L'érotisme. Œuvres complètes, tome X*, Paris: Gallimard, 1987, 66쪽.

25 Georges Bataille, *Essais de sociologie. Œuvres complètes, tome II*, 219쪽.

26 이와 동일한 맥락에서 줄리아 크리스테바Julia Kristeva 역시 이러한 '비천함'을 바타유의 핵심 개념으로 분석하고 있기도 하다. Julia Kristeva, *Pouvoirs de l'horreur*, Paris: Seuil(coll. "Points essais"), 1983(1980[1]) 참조.

시키려고 하는 잉여와 과잉의 영역이지만, 동시에 상징계의 역설적 존재 조건이자 가능 조건, 곧 상징계의 또 다른 '진리'이기도 하다.[27]

그러므로 바타유가 말하는 '불가능한 것'의 개념은 단순한 저항성의 상징이나 진보에 대한 순진하고 낙관적인 믿음을 넘어선다. 진보라는 것은 존재하지 않거나, 있다고 해도 한계와 불가능의 확인과 완성 과정의 진전 외에 그 어떤 것도 아니라는 것. 직선적인 역사관은 순환적인 것으로, 금기와 위반의 반복이 그려내는 나선형의 운동으로 변용된다. 따라서 바타유가 위반이라는 개념을 통해 겨냥했던 것은 단순히 무조건적인 전복이나 낙관적인 진보가 아니라 '불가능'이라는 이름으로 표현되는 인간과 사회의 한계에 대한 인식과 직시에 다름 아니다. 이성과 그에 따른 철학의 전 체계에 대항할 수 있는 방식, 즉 이른바 '코기토Cogito' 철학과 상품 형태의 물신에 대해 위반의 '불경'을 저지를 수 있을 신성모독의 방식은, 그러므로 그러한 체제에 대해 단순히 반대의 대립항을 설정하는 즉물적인 저항의 방식이 아니라, 그것들이 그 자체로 지니고 있는 한계, 그것들이 결코 자신 안에 포착할 수 없는 불가능의 영역을 드러내는 방식, 재현의 철학이 결코 동질화할 수 없는 이질성의 존재를 드러내는 방식일 수밖에 없다. 바로 이 지점에서 바타유는 초현실주의자의 낭만주의와 유토피아주의를 경멸하고, 저주하며, 넘어섰다가, 돌아온다. 바타유는 『내적 체험L'expérience intérieure』에서 이렇게 쓰고 있다. "지성 속에는 하나의 맹점tache aveugle이 존재한다. 그것은 눈의 구조를 연상시킨다. 눈 안에서처럼 지성 안에서도 우리는 그 맹점을 어렵사리 찾아낼 수밖에 없다. 그러나 눈의 맹점이 보잘것없는 것임에 반해 지성은 본성상 자신의 맹점이 그 안에 지성 자체보다 더 많은 의미를 담고 있기를 원한다."[28] 지성이 더 많은 의미를 갖고 있는 것으로 상정하는 바로 이 "맹점"은 곧 불가능의 다른 이름이다. 인간의 지성은 그 맹점에 도달하고 '싶어' 하지만, 오히려 지성의 한계를 표시하고 언제나 지성의 표상 작용으로부터 벗어나며 불가능이 차지하고 있는 영역의 지도를 그리는 것이 바로 이 맹점인 것이다. 그런데 이러한 시각의 '맹점'은 어쩌면 저 후각의 '불가능성'을 소환하고 귀환시키고 있지는 않은가? 이러한 맥락에서도 또한 상징적인 것을 이끌어가는 환상과 이데올로기의 작용에 불현듯 상처와 균열을 내어 존재의 심연을 드러내주는 라캉의 실재 개념은 저 바타유적인 불가능성의 개념과 많이 닮아 있다. 그러므로 실재라고 하는 것은 상징계의 제도적이며 코드화된 질서로는 포착될 수 없는 어떤 '바깥'의 경험, 현실의 전부라고 여겨지던 언어적 구조로서의 상징계가 맞닥뜨리게 되는 일종의 "기묘한 현실l'étrange réalité"[29]을 의미한다. 따라서 실재라고 하는 전혀 다르고 낯선 이 '현실'은 우리가 살고 있는 상징적인 세계가 조화와 질서와 언어에 의해서 약호화되어 있는 것이 아니라 근본적으로 불완전한 모순으로 가득 차 있는 혼돈의 장소라는 사실을 깨닫게 해준다. 그러므로 바타유의 불가능성과 마찬가지로 라캉의 실재 개념은 상징적인 질서가 지배하는 세계가 결코 현실의 '전체'가 아님을, 우리의 이성적인 언어와 의식이 미처 다 포착할 수 없는 어떤 이질적인 '외부'가 항상 존재하고 있음을, 따라서 표면적으로 드러나 있는 세계가 은폐하고 있던 한계를 끈질기게 재확인시켜주는 어떤 트라우마와도 같은 것이 우리 존재의 〔근원 아닌〕 '근원'일 수밖에 없음을 보여주고 있는 것. 라캉이 '전체가-아님pas-tout'이라는 말로 표현하고자 하는 것은 이러한 부정과 결여의 형태로밖에는 규정될 수 없는 어떤 '상처Trauma'로서의 존재사태이다(그러나 여기서 우리는 이 '존재사태'를 하이데거의 용어와 어조로 이해해서는 안 될 것이다).

일견 이러한 불가능성과 실재의 개념은 단순한 허무주의 또는 패배

27 실제로 라캉은 여러 곳에서 이러한 실재계의 특징을 '불가능성impossibilité'이라는 말로 규정하면서 동질적인 상징계와 이질적인 실재계 사이의 관계를 설명하고 있다. 예를 들어 Jacques Lacan, *Le séminaire, livre XI. Les quatre concepts fondamentaux de la psychanalyse*, Paris: Seuil, 1973, 152쪽; *Le séminaire, livre I. Les écrits techniques de Freud*, Paris: Seuil, 1975, 80쪽 참조. 이러한 불가능성과 실재계의 특성은 다시 각각 바타유적 의미에서의 '신성divinité' 개념과 라캉적 의미에서의 '여성성feminité' 개념에 공통적으로 적용될 수 있다.

28 Georges Bataille, *L'expérience intérieure. Œuvres complètes, tome V*, Paris: Gallimard, 1973, 129쪽.

29 Jacques Lacan, *Le séminaire, livre XI*, 57쪽.

주의적 순응성의 산물로 보일 수 있다. 직선적인 진보를 상정하는 역사관에 입각할 때 이러한 트라우마적이고 무질서한 규정될 수 없는 심연에 대한 '절대적인' 인식은 분명 '보수적'이고 '무기력'하며 '반동적'으로까지 여겨질 수 있을 것이다. 하지만 사실 바로 이러한 생각을 통해서 바타유와 라캉의 사유는 초현실주의자들을 비롯한 아방가르드 예술가들의 '진보'에 대한 신념과 대립하고 결별한다. 바타유의 불가능성과 라캉의 실재 개념이 공히 머금고 있는 의의는, 불가능 또는 실재에 대한 환상적이고 이데올로기적인 은폐 작용이 결코 완벽하게는 이루어질 수 없음을 보여줬다는 데 있다고 할 수 있다. 무의식은 의식을 초과하며 그 틈을 비집고 들어온다. 실재는 끊임없이 의식의 장으로 넘어오면서 상징계라는 질서의 공간에 흠집을 낸다. 이러한 '불가능'의 세계, 멈추지 않는 실재의 침입으로 파악되는 세계는 분명 유토피아가 아닌 디스토피아일 것이다. 그러나 적어도 불가능성과 실재의 개념은 이상주의와 진보에 대한 순진한 신념을 상정하지 않으며 초현실주의자들보다 존재사태의 '실상'과 '현실'에 더 가깝게 접근하고 있다. 게다가 비록 그것이 우리가 처해 있는 세계의 '잔혹성'을 보다 적나라하게 드러내는 사유라 할지라도, 그리고 또한 그것이 진보적인 아방가르드 운동의 '혁명적' 성격 뒤에 감추어진 순진성과 물신성을 들추어냄으로써 향후 모든 '급진적인' 이론과 운동의 진정성을 '상대화'시킬 위험을 내포하고 있다 할지라도, 모든 이데올로기와 환상의 효과가 종국에는 맞닥뜨리게 될 수밖에 없는 심층적이고 불가해한 존재의 심연을 우리 앞에 드러내준다는 점에서, 바타유와 라캉의 사유는 어쩌면 가장 '급진적인' 극단에 서 있는 것인지도 모른다. 특히나 이러한 종류의 뒤틀린 '진보주의' 혹은 기괴한 유물론은 초현실주의와 아방가르드 예술의 '순진한' 신념에 대해 반反유토피아적인 '정치철학'이 갖게 되는 어떤 변별점을 잘 보여주고 있다고 할 수 있다. 예를 들어 지젝은 이데올로기를 단순히 현실을 왜곡하는 환상과 은폐의 장치로서만 파악하는 평면적인 마르크스주의의 대척점에 라캉을 위치시킨다. 우리가 특정한 이데올로기와 임의적인 환상을 고정적인 것으로 보고 그것에 근거하여 현실을 현재의 상태로 구성하고 있는 것은, 우리가 실재를 '모르기' 때문에, 아니 더 정확히 말하자면, 실재를 '모르고자' 하기 때문이라는 것. 그러므로 마르크스가 "현실적 차이들을 사상함으로써만, 즉 모든 노동을 인간 노동력의 지출이라는 공통적인 성격으로 환원시킴으로써만"[30] 물신숭배의 기저에 숨어 있는 폭력적이고 임의적인 동질화 과정이 가능해진다고 말했을 때, 동등한 것으로 교환될 수도 없고 동질적인 것으로 환원될 수도 없는 노동이 바로 상품 물신성의 배후에 존재하는 '실재', 곧 우리가 그러한 교환 과정 안에서 '알고자 하지 않는' 실재가 되는 것이다. 따라서 이에 바로 이어 마르크스가 또한 "그들은 이것〔본질적으로 차이가 나는 생산물들을 교환을 위해 가치로서 동질화하는 것〕을 의식하지 못하면서 그렇게 하고 있는 것이다Sie wissen das nicht, aber sie tun es"[31]라고 말했던 것은, 곧 '알고는 있지만 그럼에도 불구하고 감행하게 되는 어떤 행동'을 가리키고 있는 것이며, 이는 행위/실천praxis의 층위에서 작용하는 이데올로기의 문제와 직접적으로 연결되고 있다. 다시 말하자면, 우리는 실재를 '알고' 있지만 마치 그것을 전혀 알지 못하는 양 "여전히 그렇게 하고 있다"[32]는 것. 그러므로 이데올로기는 어떤 배후가 아니라 행위 그 자체이다. 실재를 알면서도 그것을 직시하거나 인식하고자 하지 않는 이러한 이데올로기의 작용과 심리는 또한 앞서 살펴보았던 프로이트적인 의미에서의 페티시즘과도 맞닿아 있는데, 그 작용의 메커니즘이 상징적 세계가 결코 전체가 아니며 불완전할 수밖에 없다는 사실을 '알고' 있으면서도(즉 '실재'를 알고 있으면서도) 그 사실을 '부인'하게 된다는 의미에서 페티시즘의 가장 '전형적인' 양태에 부합하고 있기 때문이다. 부르주아 이데올로기에 저항하는 대립항으로서의 초현실주의와 아방가르드는, 그것이 부르주아 예술관을 '대체'하는 듯이 보이는 바로 그 지점으로부터 다시금

30 Karl Marx, *Das Kapital, Band 1*, 87~88쪽; 『자본론 1(上)』, 93쪽.
31 Karl Marx, *Das Kapital, Band 1*, 88쪽; 『자본론 1(上)』, 93~94쪽.
32 Slavoj Žižek, *The Sublime Object of Ideology*, London/New York: Verso, 1989, 33쪽.

'무관심성'의 근대적 낭만주의 미학으로 회귀하고 있다는 점에서, 그리고 더욱 근본적으로는, 그것이 실재를 은폐하려는 낙관적이고 유토피아적인 전망을 여전히 유지하고 있다는 점에서, 여전히 부르주아 이데올로기 안에 속해 있는 것인지도 모른다. 그렇다면 이러한 페티시즘을 넘어서, 이러한 페티시즘을 통과하여, 다시금 페티시즘으로 '어떻게' 돌아와야 하는가, 어쩌면 이것이 가장 근본적인 '윤리적' 물음일지 모른다. 바타유의 불가능성 개념과 라캉의 실재 개념이 아방가르드 예술 운동과 궁극적으로 '교감'할 수 있는 부분이 있다면, 그 지점은 바로 '혁명'이라는 것이 결국에는 바타유적 의미에서 개인의 '내적인' 혁명이 될 수밖에 없고 또 그래야만 한다는 생각일 텐데(그러나 이 '내적인' 혁명은 결코 개인적인 '내면'만을 상정하는 어떤 '영적'이고 '심리적'인 혁명 같은 것으로 환원될 수 없는 것이다), 직선적인 진보에 대한 순진하고 낙관주의적인 믿음과 불가능성과 실재에 대한 비선형적이고 반유토피아주의적인 사유 사이에서 드러나는 양자의 차이점이 그러한 '혁명'의 가능 조건들을 전혀 상이한 것으로 만든다는 사실에 주목할 필요가 있다. 그러므로 여기에는 단순히 페티시즘의 이중성이 아니라 두 개의 서로 다른 페티시즘이 마치 쌍생아처럼 존재하는 것인지도 모른다. 이 페티시즘(들)의 자리는 어디인가?

5. 비-장소/비-인간과 페티시즘: 말라르메의 어떤 '위상학'과 장용학의 어떤 '진화론'

스테판 말라르메Stéphane Mallarmé는 「주사위들 던지기」에서 이렇게 쓰고 있다. "Rien n'aura eu lieu que le lieu." 아마도 우리는 이 시구를 영어로 이렇게 번역할 수 있을 것이다. "Nothing will have taken place but the place." 또한 한국어로는 이렇게 번역해볼 수도 있을 것이다. "자리 외에 그 어떤 것도 자리 잡지〔발생하지〕 않을 것이다." 이러한 일종의 무한판단의 '불가능성' 안에서 어떤 '윤리'의 자리를 찾아낸다는 것은 그 자체로 매우 불가해하고 '불가능한' 작업처럼 보인다. 그러나 윤리의 자리가, 곧 윤리의 어떤 최종심급이 이러한 '비非장소의 장소'에 위치할 수밖에 없다는 점, 더 적확하게 말하자면, 윤리란 바로 그러한 비장소의 장소라는 아포리아의 자리에서부터 가장 절박하고 절실하게 작동되기 시작한다는 점, 그것이 바로 어쩌면 저 '정신분석의 윤리'가 우리에게 말하고 있는 것, 곧 저 부정의 긍정을 통해 가장 긍정적/부정적으로 말하고 있는 것일지도 모른다. 이 윤리의 자리는 페티시즘적이며 환상의 논리를 인정하면서 동시에 부인한다. 윤리가 언제나 어떤 선택과 결부될 수밖에 없는 것이라면, 윤리적 행위란 바로 그 선택의 가장 근본적인 심급, 곧 공포의 중핵이라는 최종심급에 가장 근접한 것일 수밖에 없기 때문이다. 곧, 공포란 우선적으로 최대한 피해야 하는 무엇일 테지만, 동시에 바로 그러한 공포를 통해서만 윤리가 가능해진다면? 마치 죽음충동에 대한 '대항마'가 리비도적인 것이나 에로스적인 것이 아니라 '죽음' 그 자체이듯.

장용학은 소설 「비인탄생非人誕生」에서 이렇게 쓴 바 있다(앞서 저 '존재사태'의 경우와 마찬가지로, 여기서도 또한 우리는 이 소설을 절대 '실존주의적'으로만 읽어서는 안 될 것이다). "'구대륙'에서는 자유라는 집시가 왕 노릇을 했지만, 이제 올 신세계에서는 반드시 그것이 명사여야 하는 법은 없다. 부사인지도 모르고 접속사인지도 모른다. 팔품사 이외의 어떤 품사인지도 모른다. 모르는 것은 모른다. 전지전능인 하나님의 주머니 속에는 여덟 개의 품사만 있는 것이 아니다./ 사람의 미골은 꼬리가 있었던 기념이 아니라 이제부터 거기서 꼬리가 생겨날 징조인지도 모른다. 파리가 이렇게 번식하는 공기 속에서 그렇게 딴딴하게 달려 있었던 꼬리가 없어졌을 리 없다. 그렇게 미학적인 인간이 그렇게 미학적인 꼬리를 없애버렸을 리 없다. 그렇게 고적보존회 회원이 되기를 무상의 영광으로 생각하는 그들이 '고적'이 인멸되어가는 것을 그대로 내버려두었을 리 만무다./ 이제 거기에 꼬리가 나봐라. 인생이 얼마나 부드러워지고, 세계가 얼마나 밝아질 것이겠는가. 사람들은 우선 자기가 땅의 아들이었다는 것을 깨치게 될 것이고, 하늘이 높다는 것을 알게 될 것이다. 서 있는 것이 어쩐지 무엇을 잃어버리고 있는 것처럼 설레어질 것이고, 마침내 두 손으로 땅을 짚을 것이다. 마음에는 지동설의 현기증이 비쳐들 것이다./ 그렇게 되면 손은 물건을 만들어내는 것을 그만둘 것이다. 만들어내어도 소용이 없다는 것을 알게 될 것이다. 그러면 모든 물건은 필요 없게 될 것이다. 모든 물건이 없어질 것이다. 이름이 없어진다. 이름이 죽는다……./ "아 꼬리야, 얼른 나아라……."/ 무심결에 그는 한쪽으로 엉덩이를 들면서 손을 그리로 가져가서 만져보는 것이었다. 어쩐지 근질근질해진 것 같았던 것이다."[33]

직립 보행에 대한 이러한 전도와 전복에는 실재와 조우하게 되는 어떤 사건이, 그 사건의 사건성과 대면하려는 어떤 시도가 있다. 실재와 마주하기, 그러나 환상을 통과하여, 그러한 통과 속에서만, 결국 어떤 충동과 마주하기. 어쩌면 그것은 "인간이 죽고 비인이 탄생하는 새벽"[34]의 낯선 풍경일지 모른다. 이 풍경은 바타유가 "태양의 항문anus solaire"[35]이라는 이름으로 묘사했던 어떤 풍경과 정확히 상동적이다. 어쩌면 이를 '불가능성의 윤리'라고 부를 수 있지 않을까? 한편으로 망각과 부인을 통한 어떤 사상捨象에 의해 구축되는 것이 윤리라면, 또 한편으론, 바로 그러한 윤리의 불가능성 위에서 비로소 가동되기 시작하는 것, 그 불가능성의 사건성 이후에 비로소 출현하는 어떤 것이야말로 또한 하나의 윤리가 아닐까? 윤리인가 불가능성인가 하는 선택적인 물음, 그 물음의 '선택성'은 어쩌면 '또는'과 '그리고' 모두를 요청하고 있는 건지도 모른다.[36] 다시 말하자면 이는 말 그대로 지극히 '윤리적'인 요청이며, 바로 이 요청은 페티시즘적 부인의 기제를 통과해 페티시즘 그 자체의 중핵에 가닿아야 한다. 마치 인간이라는 개념을 구동시켰던 저 직립 보행이 다시금 '역-진화逆-進化'되었을 때 비로소 직립 보행의 윤리와 의미가 '사후적으로' 형성되는 것처럼, 그리하여 역설적이게도 '비인'의 저 역전된 탄생으로부터 다시금 새롭게 '인간'의 문제가 그리 '새삼스러울 것도 없이' 재탄생하고 있는 것처럼. 사상捨象의 윤리란 지극히 페티시즘적인 것일지 모르겠지만, 또한 사건의 윤리란 어쩌면 저 신경증과 정신병 사이, 현실의 대체와 현실의 상실 사이에서 발생하는 무엇, 그 간극에서 비로소 발생하는 위험이자 매혹인지도 모른다. 그러므로 윤리를 가장 물질적인 심급에서 문제 삼을 것, 곧 유물론적인 관점에서 윤리를 이해할 것. 그러나 이러한 유물론을 단순한 '형이상학적' 전도를 의미하는 것으로 만들지 말 것. 페티시의 물질성은 극성의 유물론을 예고하며, 페티시즘적 윤리의 이중성 안에서 그 두 개의 극은 동요하고 공명하며 충돌하고 불화한다. 따라서 윤리란, 오히려 윤리의 가능 조건이 되고 있는 저 페티시즘적 부인의 기제를 직시할 때, 바로 그때서야 비로소 가동되고 시작되는 무엇일지 모른다. 곧 윤리란 스스로 그 불가능성을 직시할 때, 그 실재와 사건적으로 조우하고 대면할 때 발생하는 어떤 가능성이다. 이 윤리는 페티시즘에 고집스럽게 매달리기를, 그리고 페티시즘을 통과하기를, 그래서 환상을 횡단하고 욕망을 통과하기를, 그리하여 어떤 충동과 행동에 도달하기를 종용한다(아마도 그렇기에 이 '행동'에는 능동적 '주체'가 없을 것이다). 그리고 이것이 바로 윤리의 공포이자 또한 유혹일 것이다. 결여 없이는 그 어떠한 현실도 없으며, 따라서 역설적으로 그러한 '결여' 자체를 '박탈'할 때에야 비로소 우리는 그 현실의 어떤 전복과 붕괴를 입에 담을 수 있을지도 모르겠다. 그런데 그렇게 입 안에 무언가가 담길 때, 그 입이 무언가로 채워질 때, 과연 어떤 일이 일어날 것인가?

33 장용학, 「비인탄생非人誕生」, 『장용학 대표작품선집』, 책세상, 1995, 122~123쪽.

34 장용학, 「비인탄생非人誕生」, 『장용학 대표작품선집』, 165쪽.

35 Georges Bataille, "L'anus solaire", *Œuvres complètes, tome I* 참조.

36 따라서 이 2악장은 "윤리인가 불가능성인가"라는 질문을 던졌던 저 1악장에 대한 또 다른 '선택적' 변주가 되고 있는 것.

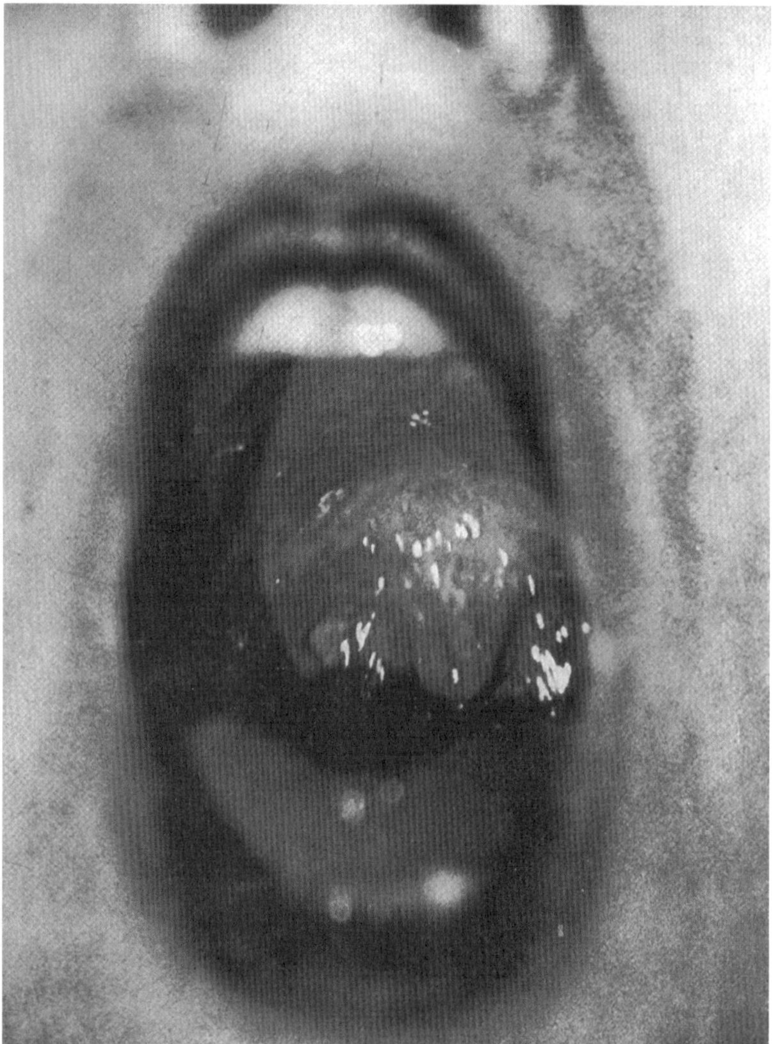

© Jacques-André Boiffard

자크 앙드레 부아파르의 사진, 〈입Bouche〉

3악장 미학으로 (재)생산되지 않는 미학[1]

알튀세르 예술론의 어떤 (불)가능성

1. 똑같은 질문을 다시 묻지 않는 방법: 이데올로기를 어떻게 '그릴' 것인가

루이 알튀세르Louis Althusser에게 예술론은 가능한가?—이 하나의 의문문은 그 자체로 이중적일 수밖에 없는데, 왜냐하면 이 질문은 알튀세르의 사유 체계 안에서 예술론의 형식과 장소가 과연 가능했던 것인가를 의심 가득한 목소리로 묻고 있음과 동시에('그에게 예술론이 존재했던 적이 있었나?'라는 물음), 반면 그의 체계 안에서 어떠한 방식으로든 마르크스주의적 예술론의 한 새로운 형태가 존재해야만 한다는 어떤 근대적이고 분과적인 강박과 희망을 내포하고 있기도 하기 때문이다('그의 예술론은 간과되어 오지 않았나?'라는 물음). 그러므로 '알튀세르의 예술론'이라는 어구는 그 자체로 문제적일 수밖에 없는 어떤 (불)가능성의 주제가 된다. 다시 한 번 묻자면, 알튀세르의 예술론은 가능한가, 가능하다면 그것은 어떤 식으로 존재하는가? 이 질문은 여기서 무엇보다 하나의 문제 설정problématique으로서, '문제적' 문제로서 먼저 주어진다. 따라서 어쩌면 나는 이 질문에 대답하기 위해 또 하나의 다른 질문으로부터, 알튀세르가 1977년에 한 도록에 수록한 글에서 마치 지나치듯 던졌던 하나의 '사소한' 질문으로부터, 그렇

1 이 글은 그린비 출판사가 2010년 8월 25일에 주최한 '알튀세르 효과: 사망 20주년, 알튀세르를 다시 생각한다'라는 주제의 학술 심포지엄에서 「미학으로 생산되지 않는 미학: 알튀세르 예술론의 어떤 (불)가능성」이라는 제목으로 처음 발표되었으며, 같은 제목으로 『자음과모음』 2010년 가을호에 다시 수록되었다. 이 글은 또한 『알튀세르 효과』(그린비, 2011)에도 다소 수정된 형태로 재차 수록될 예정이다.

게 어렵게 시작해야 하는지도 모른다(이것이 '어려운' 시작일 수밖에 없는 이유는, 내가 그 질문을 계속 반복하여, 하지만 또한 매번 다른 형식으로, 그렇게 재차 삼차 다시 물을 수밖에 없을 것이기 때문이다). 그 질문은 다음과 같다. "그렇다면 하나의 이데올로기를 그리기 위해서는 어떻게 해야 할까mais comment donc faire pour *peindre une idéologie*?"[2] 알튀세르의 '예술론'이 가능하다면, 아마도 우리는 그 예술론의 모습을 바로 이 가장 단순하면서도 다소 기이한 질문으로부터, 이 지극히 '회화적'이면서 동시에 지극히 '정치적'인 질문으로부터, 역으로 끌어내야 하는 것인지도 모른다.

하지만, 아직은 아니다. 우리는 이데올로기가 '그릴' 수 없는 것임을 벌써 '알고' 있다고, 이데올로기란 그러한 회화적이고 반영적인 '비유'로써는 그리 손쉽게 드러날 수 없는 것임을 이미 잘 '알고' 있다고, 그렇게 생각한다. 우리는 저 '상상계적 거울 관계'로서의 이데올로기에 대해 이미 '충분히' 잘 알고 있다고, 그렇게 우리 자신을 '스스로 인지'하고se reconnaître 있는 것. 그러나 나는 이데올로기라는 것을 그릴 수 있는가 없는가 하는 이 선택적이고 심지어 유아적으로까지 보이는 문제로부터—그리고 이 '그리다'라는 동사의 비유적인 사용을 또 다른 비유를 통해 다시금 '상쇄' 또는 '무화'시키자면—, 곧 '이데올로기와 회화'라는 지극히 추상적이고 일반적인 정치-미학적 주제로부터 바로 논의를 시작하지는 않을 것이다. 나는 좀 더 에둘러 가는 길을 선택할 것이다. 하지만 또한 이렇게 에두르고 우회하는 길이 오히려 알튀세르의 '예술론'이 지닌 어떤 가능성(혹은 불가능성)에 이르는 하나의 지름길임이 곧 드러나게 된다면? (하지만 어떤 지점에서? 말하자면, '최종심급'에서?) 그렇다면 그렇게 우회해 가는 길에 대한 나의 이 '선택'이란 그 자체로 전혀 '선택적'이지 못한 하나의 선택, 하나의 커다란 역설을 포함하는 기이한 선택이 될 것이다.

물론 에둘러 가는 이 선택의 길이 (불)가능했던 것은 가장 일차적으로는 현실적 조건의 제약들 때문이기도 하다. 『철학 정치 문집*Écrits philosophiques et politiques*』 2권의 후반부(533~599쪽)는 알튀세르가 예술에 대해 '직접적으로' 썼던 글들을 '예술에 관한 글들Écrits sur l'art'이라는 제목 아래 함께 모아 묶어내고 있는데, 그 전체적인 양이 매우 적은 편이기 때문이다. 편집자 프랑수아 마트롱François Matheron은 알튀세르가 정리되지 않은 형태로나마 '문학사의 개념'을 거론했던 한 텍스트의 존재를 언급하고 있지만(EPP II, 27쪽) 그 텍스트는 몇 가지 오류와 결핍들 때문에 이 책에 수록될 수 없었다. 따라서 전체적으로 보자면(그리고 장르적으로 말하자면) 예술에 관해 직접적으로 논한 알튀세르의 글은 오직 연극과 미술의 영역에만 집중되어 있다고 말할 수 있을 것이다. 그러나 단순히 편의적인 맥락을 떠난다면, 이러한 글들이 '철학 정치 문집'이라는 제목의 책 안에 포함된 것은 단순히 그 적은 양 때문만이 아니며 그러한 포함 관계 자체가 내게는 매우 징후적인 것으로 보인다. 따라서 내가 이하에서 전개할 작업은 아마도 이러한 징후의 의미를 '해체적으로' 확인하고 확대하는 과정이 될 것이다. 그러나 존재하지 않았던 것(이라고 의심되는 것)을 해체한다는 것, 구성된 적이 없었던 것(이라고 기억되는 것)을 해체한다는 것은 무슨 의미인가? 하지만 동시에 바로 이러한 것이 해체가 아니라면, 데리다적으로 말해, 그것이 과연 '해체déconstruction'라는 이름에 부합할 수 있겠는가? 그러므로 저 우회라는 선택의 길은 곧 해체라는 작업 그 자체의 다른 이름이기도 하다.

그런데 한 번 더 역설적이게도, 나는 동시에 이 우발적인 선택이 어쩌면 필연적이기까지 했다고 말할 것이다. 알튀세르의 예술론은 그 사상의 '구조적 인과성'을 통해 드러나게 되는 어떤 효과effet 혹은 그러한 효과에 대한 천착이지 그 자체로 하나의 사상적 체계 안에 당연하고 자연스럽게 존재〔해야〕하는 하나의 분과discipline일 수는 없다고, 그리고/그러나 또한 알튀세르 예술론의 요체란—만약 그런 것이 있다고 한다면—그 예술론의 존재 가능성 자체가 바로 이러한 어떤 부재absence 위에 놓여 있다는 역설과 불가능성 바로 그것일 수밖에 없다고, 그래서 다시 한 번 역설적이게도,

2 Louis Althusser, "Sur Lucio Fanti", *Écrits philosophiques et politiques, tome II*, Paris: Stock/IMEC, 1995, 592쪽. 이하 이 책의 인용은 'EPP II'로 약칭하고 해당 쪽수를 표기한다.

이러한 역설과 불가능성이 어쩌면 하나의 '유물론적 미학'을 구성해줄 수 있을지도 모른다고, 그 역설과 불가능성이 각각 어떤 논리와 어떤 가능성을 하나의 문제로서 던져줄지도 모른다고, 그렇게 '우발적으로' 말할 것이다. 그러므로 이 글은 일차적으로 알튀세르의 '어떤' 예술론을 탐색하는 글인 동시에, 더 근본적으로는 그러한 '유물론적 미학'의 가능성을 타진하는 불가능성과 부재의 시론試論이기도 한 것이다.

2. 멜로드라마를 보지 않는 방법: 어떻게 '평론가'들에게 혹평을 돌려줄 것인가

그러나 나는 그렇게 '말'하기 전에, 그러니까 그렇게 무언가를 '재현'하거나 '표상'하기 전에, 그에 앞서 무엇보다 먼저 한 편의 '멜로드라마'를 '상연'해야만 할 것이다. 곧 나는, 일반적인 의미에서 우리가 말하는 '미학'의 층위가 알튀세르에게서는 전혀 발견될 수 없음을 보여주는 하나의 '비극'을, 그러나 동시에 이 발견할 수 없음을 발견하게 해주는, 이 부재의 존재를 드러내주는 하나의 '부조리극'을 무엇보다 먼저 상연해야 한다. 알튀세르는 왜 문학도 아니고 음악도 아닌 연극에 대해서 말하는가? 이것은 그 자체로 하나의 '멜로드라마적인' 질문임과 동시에 하나의 '사상사적인' 질문인데, 왜냐하면 알튀세르에게서 발견되는 연극에 대한 이러한 사랑 혹은 편애가 어떤 원인에서 '가능'했던 것인가를 묻는 물음은 그의 (불)가능한 예술론 전체를 관통하는 하나의 수수께끼 같은 질문이기 때문이다. 이러한 맥락에서 나는 알튀세르가 1962년에 발표했던 「피콜로 극단, 베르톨라치, 그리고 브레히트: 한 유물론적 연극에 관한 노트」[3]를 다시 읽을 것이다. 프롤레타리아의 밤과 낮을 오가는 카를로 베르톨라치Carlo Bertolazzi의 연극 〈우리들의 밀라노El nost Milan〉에서 알튀세르가 보았던 것은 무엇이었나? 이 물음에 정확히 대답하는 것은 사실 어쩌면 반대로 전혀 정확하게 대답하지 않는 것일 수도 있다. 말하자면, 알튀세르는 보이는 것을 보지 않았으며, 그가 본 것은 보이지 않는 것이었다. 다시 말하자면, 그는 하나의 연극이 어떻게 보이지 않는 것을 보이게 하는가를 보았다. 하여, 앞의 저 질문을 다시 한 번 묻자면, 하나의 이데올로기를 그리기 위해서는 어떻게 해야 할까? 그 '그림'의 방식은 표상Vorstellung이나 재현Repräsentation이 아니라 무엇보다 하나의 상연Darstellung이 되어야 할 것이다. 그러므로 사실 알튀세르가 연극 안에서 본 것은 희곡이라는 문자적 텍스트의 재현이 아니라 그것을 무대 위에 올려놓은 조르조 스트렐레르Giorgio Strehler의 연출과 구성, 곧 '상연' 그 자체였다. 그리고 연극 안에서는 바로 이 상연이라는 행위야말로 그 무엇보다 가장 '유물론적'인 것이다. 왜 그런가? 알튀세르가 뒤틀린 불평을 섞어 인용했던 저 모든 혹평의 말들을 그대로 옮겨오자면, 대부분의 평론가들이 "서사적 멜로드라마", "저열한 대중극", "가장 혐오스러운 감상벽"(PBB, 131쪽) 등의 말로 평가절하 했던 〈우리들의 밀라노〉는 사실 오히려 그러한 멜로드라마의 대중적 감상주의에 대한 가장 강력한 구조적 비판이자 미학적 전복이기 때문이다. 곧 이 연극이 주목받아야 하는 이유는 그것이 멜로드라마라는 이유 때문이 아니라 바로 그러한 멜로드라마적인 환영을 '상연'하는, 곧 보이지 않는 것들을 보이게 만드는 그 연출의 방식 때문인 것이다.

이를 다시 바꿔 말하자면, 알튀세르는 이 연극에서 평론가들이 본 것이 아니라 자신이 보고 싶어 하는 것을 본다고도 이야기할 수 있을 것이다. 그러나 여기서 '자신이 보고 싶어 하는 것'을 본다는 이유로 그를 지극히 주관적일 뿐인 '자기중심적 평론가'로 비난하기에는 아직 이르다(다른 평론가들은 심지어 자신들이 보고 싶어 하는 것을 보고 있다고도 생각하지 못하며, 바로 이러한 이유에서 미학적 이데올로기에 대한 가장 일차

3 Louis Althusser, "Le 'Piccolo', Bertolazzi et Brecht(Notes sur un théâtre matérialiste)", *Pour Marx*, Paris: La Découverte, 1986(Maspero, 1965[1]). 이 글은 EPP II에 수록된 글들 외에 알튀세르가 예술에 관해 쓴 거의 유일한 글이다. 이하 이 글의 인용은 본문의 괄호 안에서 'PBB'로 약칭하고 해당 쪽수만을 표기한다. 고길환·이화숙 옮김, 『마르크스를 위하여』, 백의, 1990, 149~174쪽 참조. 이하 인용들에서는 이 번역의 일부 혹은 전부를 수정하여 옮겼다.

적인 비판이 가능해지는데, 그러나 무엇보다도 '자신이 보고 싶어 하는 것만을 보는' 것이야말로 사랑의 본질이자 효과가 아니던가). 따라서 아직은, 아니다. 아직은, 그리고 우선은, 멜로드라마 안에서 멜로드라마를 '보지 않는' 한 역설의 방법에 대해서 이야기해야 한다. 그런데 알튀세르의 이러한 우발적 자의성, 외견상 인상주의적으로만 보이는 이러한 평가에는 어떤 구조적 필연성이 있다. 흥미로운 것은, 알튀세르가 〈우리들의 밀라노〉 안에서 자신이 보고 싶어 했던 것을 보고 있다는 사실을 그 스스로 '인지' 하고 있었다는 점, 바로 그것이다. 그는 이러한 인지reconnaissance가 하나의 오인méconnaissance이며 또한 그런 오인일 수밖에 없음을 부정하지 않는다. 혹은, 흥미롭다기보다 더 중요한 것은, 알튀세르가 보고자 했던 것이 보이지 않는 것, 곧 극적 전개의 시간성과는 다른 시간성을 갖는 어떤 비가시적 구조 그 자체라는 사실이다. 그러므로 〈우리들의 밀라노〉에 대한 알튀세르의 분석은 그 연극에 가해진 혹평들에 반대하고 그 '예술적' 관점들을 교정하려는 단순히 대항적이기만 한 호평이 아니라 그 혹평들을 혹평이게끔 만들었던 어떤 이데올로기적 조건들(예를 들어 대표적으로 '멜로드라마적인 의식'), 곧 그러한 혹평들이 스스로 지니고 있지만 그 자신들은 그것을 지니고 있는 줄 모르고 있는 예술의 어떤 이데올로기적 토대에 대한 구조적 해명이자 이론적 반박으로 기능한다(그리고 역설적이게도 〈우리들의 밀라노〉라는 하나의 역사적이고 구체적인 연극이 내게 하나의 '예술 작품'으로서 결정적인 의미를 갖지 못하는 것은 바로 이러한 이유 때문인데, 그러나 여기서 중요한 것은 알튀세르의 이 글이 지닌 이론적 추상성은 바로 저 연극의 예술적 혹은 유물론적 구체성으로부터 직접 도출되고 있다는 점이다). 그러므로 알튀세르의 이 글은 단지 하나의 특정한 연극 작품에 상응하여 작성된 단편적인 연극평론에 그치는 것이 아니라 그 가장 강하고 정확한 의미에서 하나의 이론적 '비판' 혹은 하나의 보편적 '비평'으로 독해되어야 한다. 이 글이 비판하고 있는 것은 어떤 특정한 미학의 체제, 그리고 그 체제가 기반하고 있는 미학적 이데올로기 자체이기 때문이다.

먼저 알튀세르에게 일차적으로 이 연극은 멜로드라마 자체로 멜로드라마적인 구조를 극복하는 형식을 취한다는 의미에서 하나의 "의식화prise de conscience"를 수행한다. 그는 이렇게 쓰고 있다. "따라서 아버지는 멜로드라마의 형상 그 자체, 스스로 '세계의 법칙'이라고 착각하는 '마음의 법칙'이다. 니나Nina가 거부하는 것은 바로 이 확고한 무의식성이다. 그녀는 그 스스로 세계에 대한 실제적인 체험을 한다. 광대의 죽음과 함께 그녀가 갖고 있던 청춘의 꿈들도 죽어버린다. 토가소Togasso가 유년의 신화들과 아버지의 신화들을 모두 쓸어버리면서 그녀의 눈을 뜨게 한 것이다. (……) 그녀는 결국 이 벌거벗은 잔혹한 세계를 보았으며, 그 세계에서 도덕이란 단지 거짓말에 지나지 않았다. (……) 그것은 '마음'의 비참한 환영들 외에 다른 환영들이 없는 세계에 대한 해명이고, 멜로드라마적인 세계를 통한 실제 세계에 대한 해명이며, 멜로드라마적인 신화들을 무無로 돌리는 극적 의식화인데, 〔오히려〕 사람들은 베르톨라치와 스트렐레르의 작품이 바로 그러한 멜로드라마적인 신화들이라고 비난했던 것이다."(PBB, 134쪽) 결국 평론가들의 저 혹평들은 연극을 연극적 서사 안에서만 사고하는 특정한 미학적 이데올로기의 산물로서, 그들은 자신들이 평가하는 연극의 구조적 성격과 자신들이 속해 있는 이데올로기 자체의 성격 둘 다를 보지 못하고 있는 것이며, 따라서 알튀세르는 여기서 그들의 혹평을 오히려 다시 그들에게 돌려주고 있는 셈이다.

3. 제자리에 앉지 않는 방법: 두 개의 변증법을 어떻게 '구분'할 것인가

그러나 알튀세르는 이 연극 안에 이보다 더 핵심적인 층위가 있다고 생각한다. 그가 보고 있는, 이 보이지 않는 '구조'와 '층위'란 무엇인가? 이 연극이 지니고 있는 어떤 "내부적 분열dissociation interne"이 바로 그것이다(PBB, 134쪽). 그것은 무엇보다 먼저 무대 위의 시간들과 공간들 사이의 분열이며, 또한 그것은 관계들의 부재에 기반하고 있다는 의미에서 보이지 않는 것을 보게 만드는 분열이다. 알튀세르는 다음과 같이 쓴다. "그런데 여기에 이런 결정적인 질문이 있다. 그 분열은 어떻게 그렇게까지 표현적일 수 있으며, 또 그것은 무엇을 표현하는가? 그렇다면 그러한 분열을 정초하고 정당화하며 어떤 잠재적 관계를 암시하는 이 관계들의 부재absence란 무엇인가? 일견 서로 이질적이지만 어떤 경험적 관계에 의해 결합된 이 두 시간성의 형식들은 어떻게 공존할 수 있는가?/ 진정한 관계를 구성하는 것은 바로 관계들의 부재라는 역설에 그 대답이 있다. 이러한 관계들의 부재를 형상화하고 살아 움직이게 함으로써 연극은 자신의 독창적인 의미를 획득하게 된다."(PBB, 135쪽) 알튀세르의 문제의식들이 지닌 개념적 틀에 익숙한 독자라면 아마도 이 문장들 속에서 울리고 있는 저 '구조적 인과성causalité structurale'과 '과잉 결정surdétermination' 개념들의 반향을 들을 수 있을 것이다. 여기서 다시 한 번 묻자면, 우리는 하나의 이데올로기를 어떻게 그릴 수 있는가? 기존하는 가시적 관계가 아니라 바로 저 관계들의 부재를 그림으로써, 곧 보이지 않는 것을 보이도록 만듦으로써, 그 보이지 않는 틈, 그 비가시적 분열 자체를 '그림'으로써. 그러나 이것은 어떻게 가능해지는가? 이것이 또 하나의 물음이다.

그렇다면 여기서 우리는 알튀세르가 말하는 저러한 시간성의 주제와 관련하여 새삼 변증법의 문제와 다시금/새롭게 맞닥뜨리게 되지 않는가? 그것도 두 개의 시간, 두 개의 변증법과. 곧 한쪽에는 드라마적 시간이, 다른 한쪽에는 그러한 드라마를 벗어나는 시간이 있으며, 또한 한쪽에는 '잘못된' 변증법이, 다른 한쪽에는 '진정한' 변증법이 있게 되는 것. 알튀세르가 가장 먼저 주목하고 있는 것은 바로 이러한 대립의 지점이다. "베르톨라치의 작품에 심오함을 부여하는 것은 정확히 이러한 대립이다. 한편에는 아무것도 일어나지 않으며 행동이나 전개를 유발하는 그 어떤 내부적 필연성도 없는 한 비변증법적 시간이, 그리고 다른 한편에는 내부적 모순에 의해 그 생성과 결과를 산출하게 되는 한 변증법적 시간(갈등의 시간)이."(PBB, 138쪽) 여기서 일견 비변증법적으로 보이는 어떤 시간성은, 단순히 연극 내적인 서사를 규정짓고 좁은 의미의 미학적 효과만을 산출하는 갈등의 구조로서의 시간성과 대립된다. 후자의 시간성이 대변하는 변증법은 바로 '의식의 변증법'이며, 이는 또한 알튀세르에게 '잘못된' 변증법을 의미한다. 그는 이어 다음과 같이 쓰고 있다. "만약 〈우리들의 밀라노〉의 변증법이 막 뒤편 무대의 한쪽 구석에서 작동한다면, 그것은 그 변증법이 한 의식의 변증법 이외의 다른 것이 아니기 때문이다. 곧 그것은 아버지의 변증법이며 멜로드라마의 변증법인 것이다. 그리고 바로 이 때문에 그러한 변증법을 파괴하는 일은 모든 현실적 변증법의 선결 조건이다."(PBB, 138쪽) 따라서 일견 '변증법적'으로 보이는 연극의 내적 갈등들은 '잘못된' 변증법의 연극적 사례들이며, 이를 타파하는 것이 바로 '진정한' 현실적 변증법으로 가는 길이 되고 있는 것. 알튀세르가 말하는 안과 밖은 먼저 이러한 대립으로서 규정된다.

그러나 아직은, 아니다. 이것은 아마도 지극히 일차적인 층위의 비판일 것이며 어쩌면 가장 손쉬운 이분법일 것이다. 지극히 '개인적인' 입장에서 보다 '근본적인' 질문이 허용된다면, 그것은, 왜 사람들은 멜로드라마에 열광하는가, 혹은 (반대로) 더 적확하게는, 사람들은 왜 멜로드라마에 열광하지 않는 척하는가 하는 물음(들)일 것이다. 이 (두) 질문에 대한 (두 개의) 대답은 (모두) 그것이 부르주아 이데올로기이기 때문이라는 것.[4] 멜로드라마가 부르주아 이데올로기인 한에서, 그러나 또한 그것이 이데올로기로서 드러나지 않는 한에서, 곧 이 (두) 조건이 (모두) 기능하고 충족되는 한에서, 사람들은 멜로드라마에 열광하는 동시에 그것을 또한 경멸할 수 있는 것이다. 여기에는 어떤 분열이, 어떤 구획이, 어떤 배치와 배분이 있다. 나는 알튀세르가 한 각주를 통해 이에 관한 어떤 힌트를 던지고 있다고 생각하는데, 그래서 바로 이 지나가듯 남겨진 하나의 힌트에 나는 특히 주목하고 싶다. "대부분의 기존 비평들이 멜로드라마 앞에서 혐오감을

4 알튀세르는 「자기비판의 요소들」(1972)에서도 마르크스적 '단절rupture'이 무엇보다 부르주아 이데올로기와의 단절이었음을 (여전히) 강조하며 재확인하고 있다. Louis Althusser, "Éléments d'autocritique", *Solitude de Machiavel*, Paris: PUF, 1998, 174쪽 참조.

느끼는 것처럼 행동하는 걸 보면 그래도 참 흥미롭다! 그러한 비평들 안에서 부르주아지는 마치 자신이 멜로드라마를 창안했다는 사실을 잊은 것처럼 말이다! 그러나, 아주 솔직하게, 우리는 이러한 창안물이 시대에 뒤떨어졌다고 말해야 한다. '민중'에게 분배된 신화와 자선은 오늘날 그와는 다르게, 그것도 더욱 정교하게, 조직된 것이다. 우리는 그래서 또한 그것이 근본적으로 다른 이들을 위해 창안된 것이라고 말해야 하며, 당신의 훌륭한 작품들이 당신의 오른쪽에서 온갖 환대를 받으며 꼿꼿이 앉아 있는 걸 보거나 당신만의 무대 위에서 아무런 거리낌도 없이 으스대는 걸 본다는 건 확실히 매우 부적절한déplacé 일이라고 말해야 한다. 예를 들자면 오늘날 (현대의 대중적 '신화'인) 황색지가 지배 관념들의 영적인 연주회에 초대받는 일을 상상할 수 있겠는가? 위계들ordres을 혼동해서는 안 된다."(PBB, 139쪽) 여기서 알튀세르가 한껏 풍자적인 문체로 말하고 있는 이러한 '위계들'이란 무엇인가? 그리고 왜 이 위계들은 '혼동'되어서는 안 되는가? 바로 이 질문들 자체가 하나의 힌트일 수 있는 이유는, 그것이 바로 'déplacement(전위/이동/거리두기/자리바꿈)'이라는 어떤 이중의 운동을 사유할 수 있는 단초를 던져주고 있기 때문이다(나는 여기서 의도적으로 저 다양한 번역어들의 배치 혹은 병치를 나열하듯 보여주고 있는 것인데, 우리는 후에 이 'déplacement'의 주제로 다시 돌아오게 될 것이다). 멜로드라마는 '민중'의 미학, 프롤레타리아의 예술이 아니라 바로 부르주아 미학의 창안물이라는 점, 곧 그것은 "다른 이들을 위해 창안된 것"이라는 사실은 현실에서 쉽게 희석되고 망각된다. 그것은 카타르시스를 주는 하나의 여흥이자 오락으로서, 생산을 위한 재충전의 여가로서, 하나의 필수 불가결한 경제적 부가물의 문화적 위치와 분과적인 예술의 사회적 위치를 차지한다. 다시 말하자면 하나의 체제 안에서 연극의 자리place란 그렇게 규정되어 있는 것. 그러나 이것은 어쩌면 '자리를 잘못 잡은déplacé' 것, 따라서 '부적절한' 것이며, 이러한 위계들의 혼동은 그 자체로 이미 예술의 미학적인 이데올로기가 하나의 훌륭한 배치/장치dispositif로서 작동하고 있는 기제인 것이다. 그리고 바로 이 지점에서 우리는 베르톨트 브레히트Bertolt Brecht

에 주목하는 알튀세르, 브레히트의 역할을 연기하는 배우 알튀세르를 만나야 한다. "브레히트가 고전극의 문제 틀/문제 설정problématique을 전복했던 것은 바로 정확히 이러한 의미에서였는데, 그는 한 연극의 의미와 함의들을 자기의식conscience de soi이라는 형식하에 주제화하기를 그만두었던 것이다. 이는 곧 브레히트의 〔연극적〕세계가 관객 안에서 어떤 새로운 의식, 진정하고 능동적인 의식을 생산하기 위해 자기의식이라는 형식하에 스스로를 철저히 재정립하고 형상화하려는 모든 요구들을 필연적으로 배제해야 한다는 의미로 이해할 수 있다."(PBB, 144쪽) 곧 여기서도 또한 저 의식의 변증법을 배제하는 일은 유물론적 미학이 필수적으로 수행해야 할 하나의 과제로서 제시되고 강조되고 있다. 멜로드라마적인 의식이란 곧 부르주아의 자기의식이 노정하는 미학적 이데올로기에 다름 아닌 것. 따라서 이 멜로드라마적인 의식, 연극의 미학적 이데올로기 안에는 하나의 분열이 있으며, 이러한 분열이란 환원 불가능한 어떤 것, 곧 미학과 정치, 철학과 실천을 단순히 구분할 수 없게 만드는 하나의 중핵으로서의 절단이다. 브레히트 혹은 알튀세르가 목표로 하는 것은 다른 종류의 변증법, 이러한 절단을 기초로 하는 다른 종류의 단절인 것. 부르주아적 자기의식의 변증법은 바로 이러한 단절을 '보이지 않는 것'으로 치부한다. 거기에 '모순'의 자리란 없는 것이다. "멜로드라마적인 의식은 그 자신의 조건들과 모순되지 않는다. 그것은 외부로부터 어떤 정해진 조건에 부과된, 그러나 그러한 조건과의 변증법적 관계는 결여한, 그런 전혀 다른 의식이다. 그렇기 때문에 멜로드라마적인 의식은 오직 그 자신의 실제적 조건들을 무시하고 그 자신의 신화 속에 틀어박힌다는 조건 아래에서만 변증법적일 수 있다. (……) 거기서 변증법은 공허로 변하는데, 왜냐하면 그것은 단지 실제 세계와 영영 단절된 공허의 변증법일 뿐이기 때문이다. 자신의 조건들과 모순되지 않는 이러한 무관한 의식은 그 자신에 의해서는, 자신의 '변증법'을 통해서는 자신 밖으로 나갈 수 없다. 그러한 의식에는 하나의 단절이, 그리고 이 무無에 대한 인지가 필요하다. 이러한 변증법의 비변증법적 성격에 대한 발견이 필요한 것이다."(PBB, 140쪽)

그러므로 우리는 이러한 멜로드라마적인 의식과 결단코 단절해야 한다. 하지만 어떻게? (두 개의) 변증법의 발견을 통해서, 일견 변증법적으로 보이는 것의 비변증법적 성격과 일견 비변증법적으로 보이는 것의 변증법적 성격에 대한 하나의 발견을 통해서. 따라서 여기에는, 다시 한 번, 잘못된 변증법과 진정한 변증법 사이의 구분이, 그러므로 변증법에 대한 어떤 단절적인 분류법이 존재한다. 이러한 이분법은 그 '순진함'을 넘어서 일찍이 알튀세르가 구분했던 하나의 분류법, 곧 소위 '헤겔적' 변증법과 '마르크스적' 변증법 사이의 어떤 구분과 단절을 연상시키지 않는가(그러나 또한 묻자면, '변증법'이라는 단어와 개념 앞에 '헤겔적'이라는 수식어를 붙이는 일은, 곧 '변증법'이라는 단어를 개념적으로든 역사적으로든 '다의적'이거나 '상대적'인 것으로 만드는 일은, 그 자체로 그 개념의 '과잉 결정'된 상태 혹은 '과소 결정'된 상태를 가리키고 있지 않은가)? 아마도 이러한 변증법의 구분 안에, 그리고 이러한 구분이 제기하는 철학적 정당성과 유효성의 문제 안에, 아니, 어쩌면 그러한 구분 자체가 담고 있는 하나의 불가능성 안에, 바로 알튀세르의 '미학'을 (탈)구성해줄 어떤 역설적 단초가 있을 것이다. 헤겔G. W. F. Hegel의 '자기의식적인' 변증법과 마르크스의 '과학적인' 변증법 사이에 어떤 단절의 대립각을 목격하고 또한 정립하려고 했던 알튀세르의 저 이론적 시도들은 연극 '내부'의 변증법(멜로드라마적인 의식)과 연극 '외부'의 변증법(거리두기의 비-관계) 사이에서 반복되고 재생되며 동시에 부유하듯 동요하고 있다. 그러므로 이러한 내부와 외부란 알튀세르 미학의 어떤 '징후'이자 '증상(혹은 심지어 그 증상이 자신의 뒷면에 지닌 어떤 '물신')'일 수 있다. 이 내부와 외부를 어떻게 사유할 것인가, 이는 변증법과 이데올로기의 물음임과 동시에 그 자체로서 하나의 '미학적' 사유의 물음이 되고 있는데, 그 이유는 단순히 그것이 예술에 대한 사유가 아니라 예술 그 자체를 가능하게 하는 어떤 조건과 예술 그 자체를 어떻게 실천해야 하는가 하는 당위에 대한 사유이기 때문이다.

4. 밖에서 안을 구하지 않는 방법:
미학을 어떻게 '미학'으로 (재)생산하지 않을 것인가

그러나 이 '당위'란 단순히 예술적인 규제나 법칙들이 아니다. 만약 그러한 '당위'가 단지 예술의 내부적 약호이자 어떤 확정적 규칙들을 뜻한다면 그것은 결코 알튀세르가 의미하는 방식으로는 '실천'될 수 없을 것이다. 바로 이 지점에서 알튀세르의 '비평적' 방법론은 또한 당연하게도 인상주의와 의도주의를 모두 넘어선다. "연극의 대사와 인물, 행위를 넘어 중요한 것은 그 연극의 구조가 지닌 근본적 요소들 사이의 내부적 관계다. 좀 더 나아가보자. 이러한 구조를 베르톨라치가 의식적으로 원했든 또는 무의식적으로 산출했든, 그것은 별로 중요하지 않다. 그 구조가 작품의 본질을 구성하며, 그 구조만이 스트렐레르의 해석과 관중의 반응을 이해하게끔 해주는 것이다."(PBB, 141쪽) 그러므로 다시 한 번 말하자면, 알튀세르가 이 글을 통해 다루고 있는 것은—비록 그가 이 글의 전반부에서 연극의 구체적 내용과 정황들에 대해 쓰고 있지만—연극이라는 '예술'이 아니라 연극이라는 (미학적) '효과'이자 '구조'이며, 이러한 논의 대상의 '최적화'는 그 자체로 알튀세르의 예술론에 있어 매우 중요한 하나의 논점을 부각시킨다.[5] 알튀세르에게 예술론 혹은 미학이 있다면, 그것은 구획된 제도로서의 '예술'이나 본원적인 '미' 같은 것을 대상으로 삼지 않는다. '미적인 것'이란 효과

5 알튀세르는 특히나 예술이 하나의 '창조création'라는 일반적인 미학적 통념에 대해 비판적인 입장을 취하고 있다. 「예술의 인식에 관한 편지」에서 알튀세르는 이렇게 쓰고 있다. "'미학적 **창조**, 과학적 **창조**'라는 표현들이 만연해 있지만 나의 의미에서 볼 때 그러한 표현은, 예술의 인식la connaissance de l'art이라는 문제를 합당하게 제기할 수 있기 위해서, 다른 표현을 통해 **폐기되고** 대체되어야*abandonnée* et remplacée 하는 것입니다." Louis Althusser, "Lettre sur la connaissance de l'art", EPP II, 564쪽. 예술을 단순히 이데올로기적 영역과 동일시하는 것에 반대하여 예술이 세계에 대한 어떤 특정한 인식을 가져다준다고 주장하는 앙드레 다스프르André Daspre의 이의 제기에 대한 답변으로 작성된 이 편지에서, 알튀세르는 기본적으로 예술이란 인식하는connaître 형식이 아니라 보고voir 느끼고sentir 지각하는percevoir 형식이라는 입장을 취한다.

이자 구조다. 그것은 자연적으로 주어진 독립적인 성격의 것이 아니라 언제나 구조의 효과로서 출현하는 무엇이며, 이러한 정식하에서 어떤 예술론 또는 미학이 가능하다면, 그 미학과 예술론은 바로 이러한 이데올로기적 효과를 자신의 대상으로 삼아야 한다. 따라서 만약 알튀세르의 이 글이 '비판'의 가장 적확하고 철학적인 의미에서 말 그대로 하나의 '비판'이라고 한다면, 그가 이러한 비판의 형상과 방법론을 발견하는 것은 다름 아닌 연극 안에서다. 연극은 그 자체로 그러한 예술론의 '미학적 실천'이다. "(스스로를 변증법적이라 생각하고 또 믿는) 의식의 환영들에 대한 진정한 비판의 가능성을, 그리고 (갈등, 드라마 등의) 잘못된 변증법에 대한 진정한 비판의 가능성을, 바로 그것들의 기반이며 인지되기를 기다리고 있는 뒤틀린 현실을 통해 정초하는 것이 이 특수한 잠재적 구조의 역학이며 특히나 아무런 명시적 관계를 가지지 않는 변증법적 시간성과 비변증법적 시간성 사이의 공존이다."(PBB, 143쪽) 알튀세르는 어쩌면 이러한 비-관계의 관계, 무관계의 관계성 속에서 이후 그가 더 깊이 천착할 마주침과 우발성의 유물론이 지닌 개념적 열개를 이미 보고 있었는지도 모른다. 왜냐하면, 이러한 두 시간성 사이의 공존은 연극적으로나 이론적으로 지극히 우연적이며 우발적인 것이지만, 바로 그러한 우연성과 우발성이 연극적 사건(여기서 '사건'이란 연극 내적인 행동의 총체나 서사 구조 내의 전개적인 요소들로 이해되어서는 안 되는데)의 어떤 필연성(들)을, 곧 연극적 효과의 필연성과 연극적 실천의 필연성을 모두 가리키고 있기 때문이다. 말하자면 이것이 알튀세르 예술론에 고유한 어떤 '미학적' 핵심이며 그 '우발적 필연성'인 것. 이러한 맥락에서 연극은 바로 그러한 하나의 '사건événement' 혹은 하나의 '돌발surgissement'로서 상연된다.

그런데 이러한 '사건'은 외부적인 것인가? 그렇다면 알튀세르가 말하는 저 "잠재적 구조"란, 그리고 거기서 말하는 저 '잠재성'이란 무엇인가? 그것은 저 외부적인 것과는 반대로 오히려 어떤 내부를 가리키고 있는 말일까? 이 '내부적 관계'를 알튀세르는 여전히 의심하고 있는 것처럼 보인다. 사실 이 모든 것은 내부적인 것이 아니라, 그 자신과는 다른, 곧 그 자신의 외부에서 오는 것이 아닌가? 그렇다면 이러한 내부와 외부의 관계는 어떻게 구성되는가? 이러한 맥락에서 "연극의 잠재적 구조가 지닌 역학la dynamique de la structure latente de la pièce"(PBB, 146쪽)이라는 말에 우리는 특별히 주의해야 한다. 이러한 내부와 외부 사이의 구분은 알튀세르의 미학이 (불)가능해지는 하나의 기점이며, 또한 그것이 (불)가능성이라는 하나의 아포리아로 제시될 수밖에 없는 어떤 형식을 구성해주기 때문이다. 여기서 '잠재적latent'이라는 단어는, 알튀세르 그 자신이 그렇게 생각했든 그렇지 않았든, 라이프니츠적인 의미에서의 '가능태' 같은 것으로 해석되어서는 안 되며, 또한 발현되거나 현실화되기 이전의 어떤 '가상적 잠재le virtuel' 같은 것으로 이해되어서도 안 된다. 그것은, 이미, 항상, 거기에 있었고, 있었으며, 있었던 것이 될 것이다. 따라서 이때 '잠재적'이라는 말은 시간적이거나 발전적인 선을 상정한다기보다는 다분히 구조적인 것이며, 바로 이러한 시간성 아닌 시간성이 '구조' 그 자체의 성격을 규정한다. 따라서 이 구조는 하나의 '관계rapport'이며, 또한 무엇보다 비시각적이고 비가시적인, 그리고 결정적으로 비관계적인 관계라는 의미에서, 그리고 바로 오직 그런 의미에서만, '잠재적'이다. 연극은 배우들에게는 '보이지 않지만' 관객들에게는 '보이는' 어떤 구조, 어떤 관계를 드러낸다. 이러한 하나의 시차, 곧 배우와 관객 사이, 무대와 객석 사이의 상이한 시간성들이 보이지 않는 것을 보이는 것으로 만든다. 이러한 시차는 하나의 균열이자 분열이며, 이 '틈'으로서의 단절은 거울 관계로서의 동일화에 의문을 제기하는 것이다. 그래서 알튀세르는 다음과 같이 쓸 수 있었다. "이러한 관계는, 그것이 비판적 기획 전체를 망치지 않고서는 어떤 '인물'에 의해서도 철저히 주제화될 수 없다는 점에서, 필연적으로 잠재적인 관계다. (……) 따라서 〔이러한 관계는〕 관객에게는 보이고 배우들에게는 보이지 않는 것이며, 따라서 주어지지는 않았지만 판별되고 획득되어야 하는 지각의 양태로, 곧 그 자신을 감싸고 있지만 동시에 그 자신을 산출하기도 하는 최초의 그림자에서 벗어나 있는 지각의 양태로, 그렇게 관객에게 보이는 것이다."(PBB, 146쪽)

이러한 비-관계의 관계성은 특히나 변증법에 대한 알튀세르의 사유와 깊은 연관성을 갖는 것이기에 이에 관한 그의 언급을 다소 길지만 자세히 인용해보자. 여기서도 또한 두 개의 변증법 앞에서의 어떤 망설임, 내부와 외부 사이를 왕복하는 어떤 주저함은 계속되고 있다. "최종심급에서en dernier ressort 이러한 비판을 실행하는 것은 말이 아니라 연극 구조의 요소들 사이에 있는 힘의 내부적인 관계와 비-관계들이다. 오직 내재적이어야만, 의식적이기 이전에 실제적이고 물질적이어야만, 진정한 비판일 수 있기 때문이다. 〔그런데 반면〕 나는 또한 우리가 이러한 비대칭적이고 탈중심적인 구조를 과연 유물론적 성격을 지니는 모든 연극적 시도에 본질적인 것이라고 간주할 수 있을지 망설여진다. 만약 우리가 이러한 조건에 대한 분석을 조금 더 앞으로 밀고 나간다면, 우리는 마르크스에게 근본적이었던 한 원리를 쉽게 다시 발견하게 되는데, 그 원리란 어떠한 형식의 이데올로기적 의식도 그만의 내부적 변증법을 통해 그 자신으로부터 빠져나갈 수 있는 무언가를 그 자신 안에 포함하고 있기란 불가능하다는 것, 곧 **엄밀한 의미에서 의식의 변증법은 없다는** 것*qu'il n'y a pas, au sens strict, de dialectique de la conscience*, 다시 말해 그 자신의 모순들에 의거해 현실 자체에 도달하는 의식의 변증법은 없다는 것이다. 요컨대 이는 헤겔적인 의미에서 말하는 모든 '현상학'이 불가능하다는 것을 뜻하는데, 왜냐하면 의식은 그 자신의 내부적인 전개를 통해서가 아니라 **그 자신과는 다른 것**에 대한 근본적 발견la découverte radicale de *l'autre que soi*을 통해서 현실적인 것에 접근하기 때문이다."(PBB, 143~144쪽) 따라서 이로부터 알튀세르 미학의 (불)가능성을 구성하는 몇 개의 직접적인 질문들이 도출된다. 말하자면, 이는 (내부성이 아닌) 외부성에 대한 완전하고도 전면적인 하나의 긍정인가? "그 자신과는 다른 것에 대한 근본적 발견"은 어떻게 가능해지는가? 일단 답하자면, 그것은 브레히트를 통해서, 자기의식의 변증법, 정신의 현상학에 대한 거부를 통해서, 그리하여 내부가 아닌 외부를 통해서, 그렇게 가능해진다. 그러나 여기서 무엇보다 중요한 것은, 그 외부란 오직 내부의 효과들을 통해서만 자신의 원인적 성격을 드러내는, 그런 내적 효과들인 한에서의 외부라는 점이다. 그리고 바로 이 점이 가장 결정적이다.[6] 알튀세르는 다시 이렇게 쓰고 있다. "그〔브레히트〕가 특히 생산하고자 하는 것은 자발적 이데올로기에 대한 비판인데, 사람들은 바로 이러한 이데올로기 안에서 살고 있다. 이 때문에 그는 필연적으로 자기의식(과 그 고전적 부산물인 통일성의 규칙들)이라고 하는 이데올로기 미학의 이러한 형식적 조건들을 연극으로부터 배제할 수밖에 없는 것이다. (……) 이러한 의미에서 그의 연극들은 바로 탈중심적décentré인데, 왜냐하면 그 연극들은 중심을 가질 수 없기 때문이며, 환영들로 가득 찬 순진한 의식에서 출발하면서도 브레히트가 그러한 의식이 지향하는 세계의 중심을 만들기를 거부하기 때문이다. 그렇기에 거기서 중심은, 이렇게 말하는 게 가능하다면, 언제나 어긋나à côté 있으며, 또한 그 중심은, 자기의식의 탈신비화라는 측면에서 볼 때, 환영을 넘어 현실적인 것으로 가는 운동 안에서 언제나 지연된différé 채로, 언제나 저 너머에 있다. 이러한 근본적 이유 때문에 진정한 생산인 비판적 관계는 그 자체로서 주제화될 수 없으며, 또한 이 때문에 어떤 인물도 그 자체로 '역사의 교훈la morale de l'histoire'일 수는 없는 것이다."(PBB, 145쪽) 그렇다면 여기서 우리는 하나의 '자연적'이고도 '고정적'인 예술론으로 성립될지도 모르는 어떤 사태(혹은 이를 차라리 하나의 '위험'이라고 하자) 앞에서 알튀세르 '미학'이 취하는 저 끝없는 지연과 머뭇거림의 몸짓들을 비로소 이해하고 인지할 수 (또한 오해하고 오인할 수) 있지 않은가? 내부를 내부로서만 해석하는 제도적이고 체제적이며 또한 체계적이고도 교조적인 어떤 '미학'이 아닌, 그리고 동시에 외부를 외부로서만 도입하는 어떤 (경제)결정론적인 '예술학'도 아닌, 곧 비변증법적으로 이해되는 어떤 구조에 대해 '진정한' 변증법을 불러올 어떤 지연된 미학, 끊임없이 유보되고 지연되며 또한 그러한 유보와 지연의 발걸음으로써만 (탈)구성되고 (비)성립될 수

6 나는 알튀세르의 연극론에 나타나는 이러한 내부와 외부의 관계 문제를 연극과 연극음악의 관계라는 관점에서 개략적으로나마 이미 다뤘던 바 있다. 최정우, 「음악의 바깥, 바깥의 연극—알튀세르의 '유물론적' 연극론과 연극음악의 '소격효과'」, 『한국연극』 2009년 4월호 참조.

있는 어떤 '예술론'의 저 주저하는 몸짓 말이다. 나는 바로 이 몸짓을 '미학으로 (재)생산되지 않는 미학'이라고 부를 것이며, 또한 이러한 미학의 성격을 알튀세르 예술론이 지닌 가장 핵심적인 '징후'로서 부여할 것이다. 이 '탈중심화'되는 지연과 유보의 몸짓, 그리고 그를 통해 비로소 생산되[지 않]는 미학이란, 곧 저 '자리바꿈déplacement'이라는 개념이 지닌 소산적이고도 능산적인 이중적 의미에 대한 어떤 역설적인 이론의 (탈)정립을 향해, 다시 말해 소위 '이론적 실천'을 향해, 그렇게 나아갈 것이다, 아마도 그럴 것이[었]다.

5. 더 이상 세계를 해석하지 않는 방법: '자리바꿈'과 '거리두기'를 어떻게 당파적으로 실천할 것인가

그러나 다시 한 번, 아직은, 아니다. 따라서 우리의 저 물음을 다시 한 번 더 묻자면, 하나의 이데올로기를 그리는 것은 어떻게 가능한가? 무대가 아니라 객석을 통해서, 배우가 아니라 관객을 통해서, 카타르시스가 아니라 소격 효과를 통해서, 예술적 환영이 아니라 현실적인 것에 근접하는 삶을 통해서. "요컨대 그[브레히트]는 관객을 미완의 연극을 완성시킬 배우로, 그것도 현실적 삶 속에서 그렇게 완성시킬 배우로 만들고자 했다."(PBB, 146쪽) 그러나 이 배우의 '사명'과 연극의 '완성'에 관해 되묻자면, 그리고 오직 도발하기 위해 그렇게 되묻자면, 이는 오히려 낭만주의적이고도 주의주의적인 미학의 전통적 판본에 근접하고 있는 것은 아닌가? 말하자면, 연극이 완성되는 곳은 무대라는 공간이 아니며 연극이 끝나는 시간 역시 무대의 시간이 아니라는 것, 무대 위에서 상연되는 연극은 그 자체로는 보이지도 않고 완성되지도 않았지만 실제적 삶이 그 완성을 가능케 하리라는 것, 곧 무대에서 보이지 않는 것을 보고 또 보이게 하는 것은 전적으로 배우가 아니라 관객의 몫이라는 것, 이 모든 '미사여구'들은 예술이 삶이 되고 삶이 예술이 되는 저 낭만주의적 예술관에 근접하고 있는 것은 아닌가? 고로 알튀세르를 통해서 브레히트는 또 다른 낭만주의자가 되고 있는 것은 아닌가? 그러나 이러한 도발 앞에서 또한 이렇게 답해야 할 것이다. 관객은 그 연극을 스스로 '상연'해야 하는 것이며, 이러한 상연의 의미는 어떤 프로파간다에 도취되어 예술의 '교훈'들을 삶에 적용하는 도덕주의적 미학이 결코 아니며 또 그렇게 되어서도 안 된다고.

그렇기에, 앞서 나는 알튀세르가 브레히트를 연기演技하는 배우라고 말했지만, 이제는 그것을 다시 뒤틀어, 차라리 알튀세르는 브레히트를 '연기延期'하는 한 '관객'이라고, 보다 더 적확하게, 적확한 만큼 역설적으로, 그렇게 말해야 한다. 그리고 여기서 그러한 연기演技/延期가 뜻하는 것이 바로 브레히트적 의미에서의 '거리'이자 '소격 효과'가 되고 있는 것. 알튀세르는 이렇게 쓴다. "달리 말해, 관객과 연극 사이에 어떤 거리가 생기도록 하기 위해서는, 단지 연극의 (기술적) 처리나 인물들의 심리적 양상 안에서뿐만 아니라 그 연극 자체의 내부에서 그러한 거리를 생산할 수 있는 어떤 특정한 방식이 필요하다. (……) 의식의 환영들을 비판하면서 동시에 그 현실적 조건들을 끌어내는 이러한 거리가 생산되고 형상화되는 것은 바로 그 연극의 내부 자체, 그 내부적 구조의 역학 안에서이다."(PBB, 147쪽) 그리하여 우리는 알튀세르와 함께 저 내부와 외부 사이의 경계선 위에, 그 분열 앞에 다시 서게 된다. 여기서 가장 역설적이면서 동시에 가장 핵심적인 것은, 무엇보다 이러한 관객의 '상연'과 그 연극의 '완성'이 바로 그 연극의 내부 구조 안에서 이루어지며 또 이루어져야 한다는 사실이다(그리고 바로 이런 의미에서만 알튀세르-브레히트의 연극론은 저 '낭만주의적' 혐의로부터 벗어난다). 거리는 연극의 내부에서 발생하는 무엇이다. 그러나 동시에 그러한 거리는 외부의 개념을 그 내부로 끌어들인다. 자, 그렇다면, 다시 한 번, 저 (내부적) 효과들은 오직 (외부적) 원인들을 그 자신 안에 포함하는 그런 효과들로서만 드러난다는 의미에서, 이는 진정 '구조적 인과성'의 개념이 바로 연극 안에서 상연되고 표현되는 '과잉 결정'의 한 방식이 아닌가? 그리고 바로 이것이 가장 결정적이다. 연극은 연극 안에서 완성되지 않지만, 그리고 그것은 오히려 연극의 바깥을 통해서 완성되어야 할 것이겠지만, 또한 역설적이게도, 그것이 완성되는 것은 연극의 내부적 구조를 통해서인 것. 그리고 이러한 거리두기를 생산하는 연극의 내부적 구조야말로, 드디어 브레히트의 배우가 아닌 한 명의 새로운 관객으로서 우리 앞에 선 알튀세르의 본령이며 동시에 그의 예술론이 지닌 아포리아이다. 말하자면 이러한 거리두기의 미학은 미학을 미학으로서 (재)생산하지 않으며 미학 그 자체와 거리를 두는 어떤 미학인 것. 여기서 미학의 자리는 전위되어야 하고 이동해야 하며, 따라서 지연과 유보를 통해 그 자신의 자리를 바꿔야 한다. 따라서 바로 이러한 거리두기décalage와 이러한 전위/이동/자리바꿈déplacement이 곧 알튀세르 예술론의 어떤 핵심적 징후, 징후적인 핵심이자 그 (불)가능성의 정체가 되고 있는 것. 이러한 미학이란 완성될 수 없는 '미완'의 것, 그 자체로 완성되어서는 안 되는 '비판적'인 것, 미래avenir로 오래 지속되며 계속 도래해야 할à venir 하나의 예술론으로 등장한다.

우리는 이러한 맥락의 연장선상에서 알튀세르가 1968년에 썼던 「브레히트와 마르크스에 대하여」[7]라는 글로 나아가야 하는데, 이 글은 「피콜로 극단, 베르톨라치, 그리고 브레히트」가 제시했던 주제들을 철학과 연극 사이의 비교, 마르크스와 브레히트 사이의 비교를 통해 더욱 심화시키며 가장 극명하게 정식화하고 있는 글로서, 미학에 대한 알튀세르의 사유를 이해하기 위한 결정적인 단초들을 제공하고 있다는 점에서 반드시 일독을 요하는 글이라고 하겠다. 우선 특징적으로 눈에 들어오는 것은 이 글이 철학과 연극 사이의 유비를 끈질기게 추적하고 있다는 점이다. 먼저 철학과 연극은 어떤 '수치스러움'을 공유하고 있다. "따라서 수치스러운 연극이 존재하는 것처럼 수치스러운 철학 또한 존재한다. 수치스러운 철학이란 사변spéculation으로 병들어 있는 철학이다. 수치스러운 연극이란 미학주의esthétisme로 병들어 있는, 연극성théâtralité으로 병들어 있는 연극이다. (……) 철학은 사변적 소비와 향유의 대상이 되며 연극은 미학적 소비와 향유의 대상이 되는 것이다. (……) 마르크스가 세계에 대한 사변-해석을 비판한 것, 브레히트가 〔단지〕 미식가적일culinaire 뿐인 연극이나 오페라를 비판한 것은 모두 하나의 동일한 비판이다."(EPP II, 548쪽) 충분히 예상할 수 있듯이, 여기서 알튀세르가 가장 민감하게 의식하고 반응하고 있는 것은 마르크스의 저 포이어바흐Ludwig Feuerbach에 관한 테제들 중 열한 번째 테제이다. 곧 철학은 세계에 대한 해석이기를 그치고 세계의 변혁을 위해야 한다는 것. 그러나 또한 여기서 가장 징후적인 것은 알튀세르가 말하는 '인식론적 절단coupure épistémologique'이 작동하고 기록되는 지점이 정확히 어디인가 하는 물음과 연동되어 있다. 우리는 이 익숙한 물음을 다시 새롭고 낯설게 물어야 하는데, 왜냐하면 그것이 일견 보이는 것과는 다르게, 어떤 새로운 철학의 등장을 기대하는 요구가 아니라, 곧 '해석'이었던 철학을 '변혁'을 위한 철학으로 바꾸기를 종용하는 권고가 아니라, 하나의 새로운 '실천'을 요구하고 있는 전혀 다른 층위의 정식이기 때문이다. "철학이 세계에 대한 해석이자 신비화이기를 그치고 세계의 변화에 이바지하기 위해서는 철학의 내부에서 어떤 새로운 실천을 개시하는 것이 중요하다. 〔마찬가지로〕 연극이 신비화이자 미식가적인 여흥이기를 그치고 세계의 변화에 이바지하기 위해서는 연극 안에서 어떤 새로운 실천을 개시하는 것이 중요하다."(EPP II, 548쪽) 이러한 (새로운 연극의 실천이 아닌) 연극의 새로운 실천에 대한 정식화는, 「레닌과 철학」에서 알튀세르가 제기했던 저 (새로운 철학의 실천이 아닌) 철학의 새로운 실천에 대한 문장에 정확히 상동적인 방식으로 호응하고 있지 않은가?[8] 기존의 것과는 다른 새로운 철학과 새로운 연극을 제시하는 것이 문제가 아니라(곧 또 다른 하나의 '해석'을 제출하는 것이 문제가 아니라), 철학과 연극 자체의 새로운 실천을 감행하는 것이 문

7 Louis Althusser, "Sur Brecht et Marx", EPP II, 541~558쪽.

8 알튀세르는 「레닌과 철학」을 다음과 같은 문장으로 마무리하고 있다. "마르크스주의가 철학에 새롭게 도입한 것은 철학의 새로운 실천이다. 마르크스주의는 실천에 대한 어떤 (새로운) 철학이 아니라, 철학에 대한 어떤 (새로운) 실천이다." Louis Althusser, "Lénine et la philosophie", *Solitude de Machiavel*, 136쪽. 번역은 진태원 옮김, 「레닌과 철학」, 『레닌과 미래의 혁명』, 그린비, 2008, 326쪽 참조(번역은 일부 수정). (새로운 '철학'의 실천이 아닌) 철학의 새로운 '실천'에 대한 이 문장은, 그러므로 (새로운 '연극'의 실천이 아닌) 연극의 새로운 '실천'에 대한 저 문장과 완벽히 공명하고 있지 않은가?

제이다. 그리고 바로 이것이야말로 알튀세르가 파악한 마르크스의 저 포이어바흐에 관한 열한 번째 테제의 결정적 요체인 것.

그렇다면 이러한 실천의 '정위치'는 어떻게 가능한가? 바로 '제자리를 벗어나 제자리를 찾는' 하나의 역설적 과정, 곧 '자리바꿈'과 '거리두기'의 과정을 통해서. 알튀세르는 이를 다음과 같이 선언한다. "철학과 연극이 그 자신의 진정한 자리place를 잡기 위해서는 철학과 연극의 내부에서 하나의 **전위/이동/자리바꿈**déplacement, spostamento을 실행하는 일이 필요하다."(EPP II, 549) 흥미로운 점은 여기서 알튀세르가 브레히트의 저 유명한 '소격 효과Verfremdungseffekt'의 번역어로서 이 'déplacement'〔혹은 '거리두기décalage'〕이라는 용어를 채택하고 있다는 사실이다. 이러한 전위/이동/자리바꿈/거리두기란 단지 연극의 부분적인 작은 요소들 안에서가 아니라 연극의 조건 전체에 대해서 이루어져야 하는 것이며 이것이 바로 알튀세르가 말하는 새로운 실천의 본질이 되고 있다.[9] 따라서 이러한 철학적이고 예술적인 실천은 하나의 '정치'를 지향하게 되는 것. "다른 자리place를 점하기 위해서, 곧 대체적으로 말해 **정치**politique의 자리를 점하기 위해서는, 세계에 대한 사변적 해석의 관점(철학)과 미학적이고 미식가적인 향유의 관점(연극)을 버리고 전위/이동하는 것이 필요하다. (……) 연극 안에서 당파적 입장position de parti을 점해야 하는 것이다."(EPP II, 549~550쪽) 그러나 이 당파적 입장이란 철학이나 연극 또는 예술이 곧바로 정치가 되어야 함을 의미하는 것이 아니며, 반대로, 오직 철학과 예술이 그렇게 정치와 동일시되지 않는 한에서만, 그것은 당파적 입장을 가질 수 있다.[10] 철학과 연극은 과학이나 정치와 동일시될 수 없으며[11] 바로 그러한 한에서만 정치를 '상연'할 수 있게 된다. "철학은 과학과도 다른 것이고 정치와도 다른 것이다. 연극도 과학과 정치와는 다른 것이다. 따라서 철학과 과학을, 철학과 정치를, 연극과 과학을, 연극과 정치를 동일화하는 게 문제가 아니다. 연극 안에서와 마찬가지로 철학 안에서도 **정치를 상연하는 자리**la place qui *représente la politique*를 점하는 일이 필요한 것이다. 그리고 그러한 자리를 점하기 위해서는, 당연하게도, 그 자리를 발견해야 한다."(EPP II, 550쪽) 그러므로 철학과 연극 사이의 유비는 단순히 비약적이기만 한 비유 그 이상의 어떤 평행론적인 연대를 포함하고 있는 것. 그러나 우리는 또한 이러한 강력한 정식화의 이면에 위치하고 있는 하나의 징후를 읽어야 한다. 예술과 정치에 대한 이 강렬한 정식화 후에, 그만큼이나 강렬한, 또 하나의 의심이 뒤따라 나오게 되는데, 그것은, 앞서도 언급했던바, 철학과 연극 사이의 이러한 강력한 유비가 과연 정당하며 유효한 것인가 하는 의문과 직접적으로 결부되어 있다. 알튀세르 역시 이 부분을 놓치지 않는다. "그렇지만 〔철학과 연극 사이에

9 그러나 반드시 이러한 '자리바꿈'이 연극에서만 제한적으로 목격되고 또 오직 연극에만 한정적으로 적용될 수 있는 예술적 실천의 원리이지는 않다. 알튀세르가 지나치듯 언급했던 또 하나의 다른 표현에 주목해보자면, 그는 알바레스 리오스Alvarez-Rios의 미술작품에 대해 쓴 글의 한 부분에서 이렇게 말하고 있기도 하다. "그렇게 모든 것은 **전위/이동된다**déplacé." Louis Althusser, "Devant le surréalisme: Alvarez-Rios", EPP II, 571쪽.

10 뒤에서 상술하겠지만, 바로 이러한 맥락에서 알튀세르의 개념들은 자크 랑시에르Jacques Rancière의 '자리바꿈déplacement'과 '감각적인 것의 분배le partage du sensible'라는 미학-정치의 개념들과 가장 직접적으로 공명하고 있으며 또한 그 개념들을 예고하고 있다 하겠다.

11 「예술의 인식에 관한 편지」에서도 이러한 '차이'의 주제는 강조되고 있다. 그러나 앞서도 밝혔듯이 무엇보다 알튀세르에게 예술은 인식의 대상이 아니라는 '차이점'에 주목해야 한다. 알튀세르는 이렇게 쓰고 있다. "예술은 우리에게 실제적으로 과학과는 **다른 것**을 가져다주는데, 그 둘 사이에는 대립opposition이 있는 것이 아니라 차이différence가 있는 것입니다. 반면에 만약 예술을 **인식하는** 것이 문제가 된다면 우리는 필연적으로 '**마르크스주의의 근본적 개념들에 대한 엄격한 성찰**'에서부터 시작해야 합니다. 그 외에 다른 길은 없습니다. (……) 내가 생각하기에 예술에 대한 어떤 현실적 인식에 이르는 것, 예술 작품의 특수성을 심화시키는 것, '미학적 효과'를 생산하는 기제들을 인식하는 것이 가능하기를 기대하는 유일한 방식은, 바로 '**마르크스주의의 근본적 원리들**' 위에 주의 깊게 오랫동안 머무는 것이지 성급히 '다른 것으로 이동하는' 게 아닙니다. 왜냐하면 우리가 너무 빨리 다른 것으로 이동한다면 우리는 예술의 **인식**이 아니라 예술의 **이데올로기**에 빠지게 되기 때문입니다."(EPP II, 565쪽) 따라서 예술에 의한 인식을 부정하는 알튀세르의 입장은, 예술에 고유한 '사유'와 '정치' 그 자체를 부정하는 것이라기보다는, '예술의 인식'이라는 미명 아래 다시금 저 미학적 이데올로기 속으로 빠지고 마는 어떤 사유와 정치의 경향들에 대한 가장 적극적인 경계와 거부로서 독해되어야 한다.

는) 어떤 중요한 차이가 남아 있다. 이 모든 유사점들에도 불구하고 연극은 철학이 아니라는 사실, 연극의 재료는 철학의 재료가 아니라는 사실이 바로 그것이다. 연극은 예술이며 철학은 이론이다."(EPP II, 552쪽)

그렇다면 알튀세르는 왜 이토록 당연한 이야기를 이토록 힘주어 이야기하고 있는 걸까? 여기서 우리는 그에게서 발견되는 어떤 단절적 분류의 욕망을 봐야 한다. 그 욕망은 단절적인 것들이 공유하고 있는 어떤 단절적이지 않은 것, 어떤 환원될 수 없는 것 위에서 부유하고 동요한다. 알튀세르가 브레히트의 '한계'라고 말하고 있는 지점은 브레히트가 연극이 무언가를 드러내주는 작업(서사극)임과 동시에 또한 누군가를 즐겁게 해주는 작업(대중극)임을 인정하고 있는 부분이다. 브레히트는 무엇보다 먼저 연극 작업에 종사하는 한 명의 예술가이기에, 일단은 그 연극을 예술로서 사고(해야)했지만, 동시에 그러한 '예술'로서 연극이 지니게 되는 미학적 이데올로기의 그림자로부터 탈피(해야)했다. 그런데 이는, 예를 들어 미학을 하나의 '미학적 이론'의 완결된 형태로 제시하지 않는, 하지만 동시에 어떤 '유물론적 미학'에의 욕망과 필요를 느끼고 있는 알튀세르의 어떤 '한계'와 정확히 상동적인 형태를 띠지 않는가? 따라서, 연극의 재료가 "이데올로기적인 것*idéologique*"(EPP II, 554쪽)임을 밝힌 이후부터, 곧 인식이 아닌 인지를 기능으로 하는 이데올로기와 연극의 성격, 실제로는 존재하지 않고 무대 위에서만 존재하는 위험일지라도 그러한 위험이 없이는 성립될 수 없는 연극의 성격을 밝힌 이후부터, 이 글이 하나의 미완성으로 남게 되고 또 그러한 미완성을 향해 치닫게 되는 것은 어쩌면 단순한 우연이 아닐 것이다. 그러나 동시에, 가장 역설적으로 말하자면, 그리고 시간을 거꾸로 거슬러 올라가 말하자면, 이러한 '미완성'은 「피콜로 극단, 베르톨라치, 그리고 브레히트」에서 이미 그 '완성된' 미완성의 형태를 드러냈던 바 있다. '새로운 관객'에 대한 알튀세르의 말이 바로 그것이다. 이 '한 유물론적 연극에 관한 노트'를 알튀세르는 다음과 같은 말로 마무리하고 있는(아니, 시작하고 있는) 것이다. "연극 작품은 실로 새로운 관객의 생산인데, 이 새로운 관객이란 극이 끝날 때 시작하는 배우, 그 극을 완성하기 위해서만 오직 시작하는, 그것도 삶 속에서 그렇게 시작하는 배우이다."(PBB, 151쪽) 연극이 끝날 때야 비로소 그 연극을 시작하는, 무대 위 연극의 완성 이후에야 비로소 무대 밖 삶의 미완성을 시작하는 배우로서의 저 새로운 관객은 무엇을 사유하고 무엇을 실천하는가? 그러므로 연극은, 예술은 '어디에' 있는가? 그 자리란 어떤 곳이며 그 시간이란 어떤 때인가? '알튀세르'라는 이론적 기표의 사상사적이고 분과적인 맥락에서, 철학이 과학과 정치 사이에 있는 어떤 것이라면, 예술은 정확히 철학과 정치 사이에 놓여 있지 않나? 예술은 무엇보다 이 사이의 위치를 재전유하고 그 사이의 틈을 사유해야 한다.

6. 기형을 추한 것으로 보지 않는 방법:
예술을 어떻게 '반인간주의적'이고 '유물론적'으로 실천할 것인가

그러나 다시금 도발하자면, 예술이 꼭 '사유'해야 하는가? 혹은, 예술은 과연 사유'할 수' 있는가? 알튀세르는 예술이 인식하는 것이 아니라고 말하지만, 사실 그는 '예술의 사유'라는 테제에, 그것도 예술의 '유물론적' 사유라는 테제에, 그 스스로 누구보다도 더 단단한 가교를 놓고 있지 않은가? 이러한 물음은 알튀세르가 화가 레오나르도 크레모니니Leonardo Cremonini의 작품들에 관해 쓴 「크레모니니, 추상적인 것의 화가」[12]라는 글을 우리가 여기서 검토해봐야 하는 이유가 된다. 이 글에서 그는 또한 '추상'과 '화가'에 관한 가장 역설적인 테제를 제시하고 있는데, 그것은 곧 '추상화가'가 아닌, '추상적인 것의 화가'란 무슨 의미인가라는 하나의 질문으로 요약될 수 있다. "크레모니니는 사물과 장소와 시간이 그 속에서 포착되는 **관계들**을 '그린다'. 크레모니니는 **추상의 화가***peintre de l'abstraction*이다. 그는 새로운 형식이나 재료 안에서 부재하는 순수 가능성을 '그리는' 추상화가peintre abstrait

12 Louis Althusser, "Cremonini, peintre de l'abstrait", EPP II, 573~589쪽.

가 아니라, 보다 정확한 의미에서, '인간들'과 그 '사물들' 사이의, 혹은 오히려 이 단어에 가장 강력한 의미를 부여한다면, '사물들'과 그 '인간들' 사이의 (필연적으로 추상적일 수밖에 없는 관계로서) 현실적 관계들을 '그리는' **추상적인** 것의 화가*peintre de l'abstrait*이다."(EPP II, 575쪽) 크레모니니는 물질이나 사물과 무관한 순수 형상을 그리는 '추상화가'가 아니며, 만약 그러한 전통적 미술의 분류법과 그 대상적 관점에서 말한다면 오히려 차라리 '구상화가'에 속할 것이다. 크레모니니가 "추상의 화가"이자 "추상적인 것의 화가"일 수 있는 이유는 알튀세르가 그를 사물과 그 인간의 관계, 곧 보이지 않으나 현실적인 관계, 이 부재와 비-관계의 관계를 그리는 화가로 생각하고 있기 때문이다. 따라서 이 '추상적인 것'의 그림은 '추상'이라는 말이 일차적이고 직접적으로 주는 관념성의 느낌과는 반대로 오히려 가장 유물론적인 것이 된다. "따라서 크레모니니는 (……) 그 장소와 그 공간과 그 대상들을 **추상화***abstraction*함으로써, 다시 말해 '**최종심급에서** *en dernière instance*'에서, 〔또한〕 이러한 최초의 추상화들을 결정짓고 요약하는 **현실적 추상화***abstraction réelle*를 통해서, 곧 그 **삶의 조건들**을 구성하는 관계들을 통해서 '그린다'."(EPP II, 580~581쪽) 그렇다면 이러한 "현실적 추상화" 혹은 '유물론적 추상화'란 어떻게 가능해지는가? 그래서 우리의 저 반복적인 질문을 여기서 다시 묻자면, 이데올로기를 '그리기' 위해서 우리는 어떻게 해야 하는가? "그러나 우리는 그 대상들을 통해서, 그리고 그런 대상들이 형성하는 가시적 관계들을 통해서, 그것들의 배열/배치agencement를 통해서, 그것들을 지배하는 결정적 부재absence déterminée를 통해서 '그릴' 수 있다."(EPP II, 581쪽) 그러므로 여기서는 또한 저 부재의 존재, 비-관계의 관계라는 주제가, 그러한 부재의 관계를 가시화하는 "배열/배치"라는 주제로, 그 얼굴을 바꿔 다시 등장하고 있다. 그러나 이때 얼굴을 바꾸는 것은 이러한 주제만이 아니다. 여기서 우리는 알튀세르의 사상이 일반적으로 지니고 있는 또 하나의 핵심적 쟁점, 곧 인간주의에 대한 반대로서의 '이론적 반인간주의anti-humanisme théorique'라는 쟁점[13]이 그의 미학적 논의 안에서 바로 그 '얼굴'이라는 주제를 둘러싸고 다른 '얼굴'로 반복되고 재생되고 있음에 주목해야 한다. "인간의 얼굴이 갖는 인간주의적이고 종교적인 이데올로기적 기능은 '영혼'과 주체성의 소재지가 되는 것, 따라서 **주체**라는 개념의 이데올로기적 영향력 전체 안에서, 인간 **주체**의 실존에 대한 가시적인 증거가 되는 것이다(주체라는 중심으로부터 '세계'가 조직되는데, 왜냐하면 인간 주체는 지각하는 주체로서, '창조하는' 능동적 주체로서, 그리고 자유로운 주체로서, 따라서 그의 대상들과 그런 대상들의 의미에 책임이 있는 주체로서, 그 세계의 중심이기 때문이다)."(EPP II, 582쪽) 이러한 형이상학적 중심으로서의 '인간의 얼굴'은 어떻게 '탈중심화'될 수 있으며 또한 어떻게 그 '자리를 바꿀' 수 있는가? 하나의 규정적 이데올로기에 안에서 '미적인 것'에 대해 단순히 '추한 것'을 대비시키는 '반反미학'이 아니라, 그러한 미학적 이데올로기와 그것이 포함하고 있는 분류법 자체에 대한 의문을 통해서, 곧 '기형'을 비정상으로 이해하지 않고 하나의 '변형'으로 이해하는 하나의 전도를 통해서. "기형의〔추醜의〕 미학은 그 원리상 이러한 인간주의적 이데올로기 범주들에 대한 비판도 아니고 그러한 범주들에 대한 폐지도 아니며, 〔단지〕 그것의 단순한 변주들 중 하나일 뿐이다. 이런 이유로 크레모니니 작품에 나오는 인간의 얼굴들은 표현주의적인 것이 아닌데, 왜냐하면 그것들은 기형difformes이 아니라 **변형/탈형태**déformés이기 때문이다. 그 변형/탈형태는 형태의 결정적 부재이자 그 익명성의 '형상화'일 뿐이며, 인간주의적 이데올로기의 범주들에 대한 실제적인 폐지를 구성하는 것은 바로 이러한 익명성인 것이다."(EPP II, 582쪽) 여기서 '기형성'과 '탈형태' 사이에는—동일한 것을 바라보는 이데올로기적 시각의 차이라는 의미에서—하나의 근본적인 차이와 단절이 놓여 있는데, 이러한 차이와 단절은 알튀세르적인 미학의 문제 설정 안에서 가장 중요한 기준들 중 하

13 이에 관해서는 알튀세르의 「마르크스주의와 인간주의」, 「인간주의 논쟁」, 이 두 편의 글을 가장 먼저 참고할 수 있을 텐데, 특히 Louis Althusser, "Marxisme et humanisme", *Pour Marx*, 236~238쪽, 그리고 Louis Althusser, "La querelle de l'humanisme", EPP II, 517 참조.

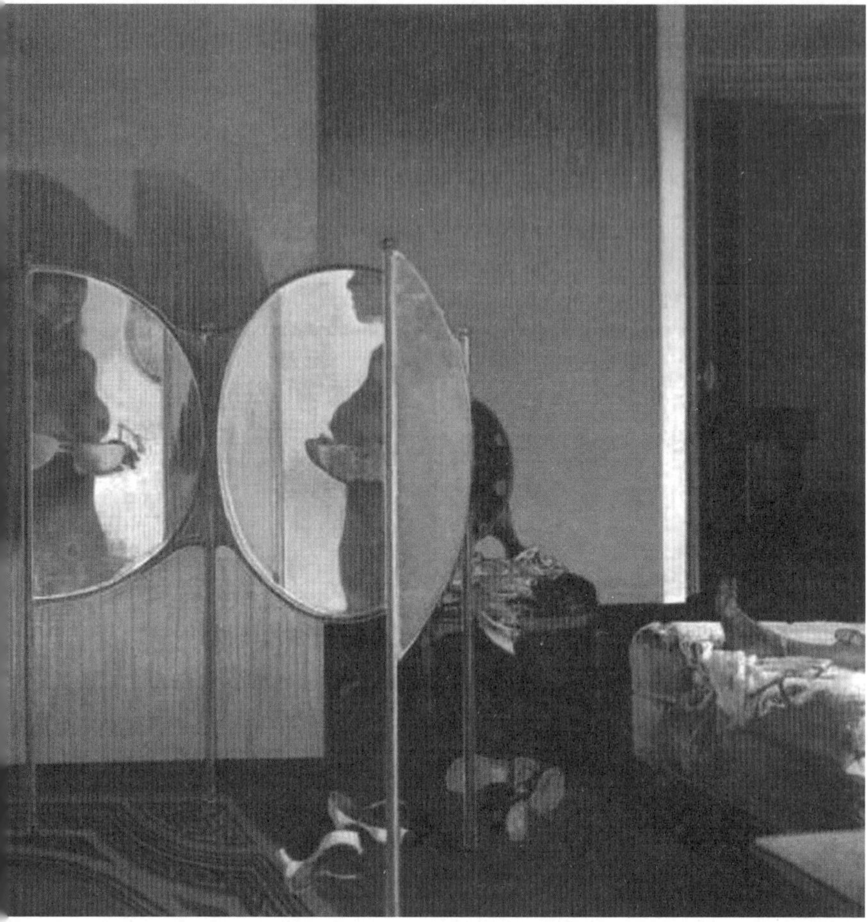

부재의 관계들, 반인간주의적이며 유물론적인 미술의 한 사례로서의
레오나르도 크레모니니

나로 작동하고 있다. '정상적' 상태를 '자연스럽고 당연한' 것으로 전제하고 있는 단순한 기형성의 개념은 저 익명성의 얼굴을 제대로 이해할 수 없는데, 왜냐하면 그러한 익명성이란 '기형'이 아니라 '탈형태'로 규정되어야 하는 유물론적 예술론의 시도이기 때문이다. 결국 여기서 가장 근본적인 문제는 예술이 지닌 인간주의적이고 미학적인 이데올로기이며, 이에 대해 알튀세르는 반인간주의의 예술론이라는 입장을 정립하고 있는 것. 알튀세르는 이에 관해 가장 결정적으로 다음과 같이 쓰고 있다. "모든 '인간'은 크레모니니의 작품 안에서 현존한다. 하지만 바로 **그가 거기에 없다**는 이유에서, (부정적인, 긍정적인) 그 이중의 부재가 그 인간의 실존 자체라는 이유에서, 그렇게 현존한다. 이런 이유로 크레모니니의 그림은 지극히 반인간주의적이며 유물론적이다."(EPP II, 583쪽)

이러한 반인간주의적이고 유물론적인 미학 안에서 우리가 이해해야 할 것은, 그리고 그렇게 이해함으로써 대항해 싸워야 할 것은, 어떤 특정한 형태나 장르의 예술이 아니라, 그러한 예술이 분류되고 유통되고 소비되고 있는 어떤 특정한 기준의 분류법, 곧 미학적 이데올로기 그 자체이다. 그러므로 비평이 하나의 비판으로서 수행해야 할 것은 기존하는 예술의 제도적 배경을 모두 인정하고 들어가는 어떤 미에 대한 품평이나 가치에 대한 감정鑑定이 아니라 그 예술을 예술이게끔 만드는 인간주의적 미학과 그 이데올로기 자체이다. 인간주의와 경제주의, 이 등이 붙은 샴쌍둥이 같은 하나의 짝패가 생산하고 갱신하는 미학적 이데올로기에 대한 어떤 하나의 근본적이고 급진적인radical 반대, 이 반대가 지닌 '부정성'이야말로 아마도 알튀세르가 양도했던 어떤 예술론의 유산, 그 이후 어떤 철학자라도 상속받지 않을 수 없었던 하나의 아포리아일 것이다. 인간주의와 경제주의는 계속 예술의 주위를 맴돌며 여전히 예술을 인간주의적이고 경제주의적으로 규정하고 있으므로, 그리고 또한 우리는 그것을 아직도 '미학'이라는 용어로, '예술'이라는 이름으로, 그렇게 지극히 결정적으로 고착되어 버린 하나의 착종되고 고정적인 심급으로, 그렇게 명명하고 사용하며 소비하고 있으므로. 그러므로 알튀세르의 저 '미학으로 (재)생산되지 않는 미학'의 유산은, 그 가장 논쟁적이고 문제적이며 실천적인 의미에서, 또한 그 가장 긍정적이면서도 부정적인 의미에서, 그리고 오직 그러한 의미에서만 여전히 유효하다고 하겠는데, 그렇다면 알튀세르의 이 유산은 누구로부터 상속되어 다시 누구에게로 상속되는가? 우리는 이러한 부재와 역설과 아포리아의 예술론을 어떤 하나의 사상사로서, 하나의 철학적 계보로서 재구성할 수 있을까?

7. 알튀세르의 유산을 상속하지 않는 방법: 같은 '실패'를 어떻게 다르게 '반복'할 것인가

그런데 역설적이게도, 이러한 부재의 예술론은, 그렇게 부재함으로써 존재하는 것이며, 또한 이러한 유물론적 예술론은, 하나의 보이지 않는 계보로, 알튀세르 자신의 말을 빌리자면 "철학사 안에서 **거의 완전히 오인된 한 유물론적 전통**"[14]의 계보로, 그렇게 이어져 오지 않았나? 알튀세르가 말년에 주목하고 정식화했던 저 마주침 혹은 우발성의 유물론적 계보를 상기해보자. 그리고 거기에 덧붙여 우리의 물음을 던져보자. 그들에게 예술론은 과연 (예술론의 형태로서) 존재한 적이 있었던가? 예를 들자면, 우리는 다음과 같은 예술론(들)을 상상하고 추측해볼 수 있는가? 니콜로 마키아벨리Niccolò Machiavelli의 예술론? 바루흐 스피노자Baruch Spinoza의 예술론? 혹은 더 나아가, 에피쿠로스Επίκουρος의 예술론을? 그러한 '예술론(들)'을 어떠한 방식으로든 그들로부터 추출하는 일은 어쩌면 '가능'할 것이다. 하지만, 알튀세르가 이들의 계보 안에서 '마주침의 유물론' 혹은 '우발성의 유물론'이 지닌 어떤 역사적이고 사상적인 선을 발견하고 발명했듯이, 나는 이러한 하나의 특정한 계보를 또한 '미학을 미학으로서 (재)생산하지 않았던 철학자(들)'의 계보로 이해한다. 그리고 우리가 알튀세르의 이론 안에서 어떤 '미학'을(혹은 심지어 어떤 '미학사'까지도) 발견할 수 있다고 한다면, 그러한 미학(사)에서는 바로 이러한 계보가 가장 핵심적이다. 그러므로 이는 일차적으로는 사상가 개인의 이론적 지형에 관한 문제, 이차적으로는 사상사라는 하나의 역사에 대한 분류법과 계통법의 문제겠지만, 궁극적이고 근본적으로는 사상(들)의 '징후' 혹은 철학(들)의 '경향성'이라는 주제와 관련된 문제이다. 왜 그런가? 이들은 미학을 미학으로서 (재)생산하지 않으면서도 하나[이상]의 미학을 제시하고 있기 때문이다. 그리고 또한 미학으로서 제시되거나 (재)생산되지 않는 미학의 실천이야말로 바로 이러한 '미학'에서 가장 핵심적인 쟁점이자 강점이 된다. 다소 역설적으로 말하자면, 하지만 또한 가장 논쟁적으로 말하자면, 미학적 문제들은 그것이 '최종심급에서' 미학적 문제가 아닌 경우에, 그리고 바로 그 경우에만, 가장 '미학적'인 문제들이 된다.[15] 알튀세르의 예술론이 가능하다면, 그리고 그의 예술론이 저 우발성 혹은 마주침의 유물론 속에서 어떤 좌표를 갖는다면, 그것은 다름 아닌 바로 이러한 역설 안에서이다. 알튀세르의 미학은, 그 자신의 미학을 미학으로서 (재)생산하지 않는 한에서, 그리고 그러한 미학적 문제가 미학적 문제 외부의 관점에서 제기되는 한에서, 그러나 동시에 그것이 그 미학적 효과의 내적 구조 안에서 이해되는 한에서, 하나의 '미학'일 수 있다. 복잡성 그 자체는 단일한 것이며 또한 우연성 그 자체가 필연적인 것

14 Louis Althusser, "Le courant souterrain du matérialisme de la rencontre", *Écrits philosophiques et politiques, tome I*, Paris: Stock/IMEC, 1994, 539쪽.

15 이러한 맥락에서 알튀세르가 철학적(혹은 미학적) 문제들의 이 가장 부정적이고도 가장 긍정적인 아포리아와 관련해 다음과 같이 썼음을 우리는 상기해야 한다. Louis Althusser, "Lénine et la philosophie", *Solitude de Machiavel*, 113쪽. "아주 도식적으로 말하자면 고전적인 정식들은 이러한 난점을 오직 **철학적 질문들**의 관점에서만, 따라서 우리가 철학적 되새김질la rumination philosophique이라고 불렀던 것 내부에서만 해석했다. 반면 이러한 난점들을 철학적 질문들을 가로질러 (……) 전혀 다른 관점에서, 곧 **문제**의 관점, 다시 말해 객관적(따라서 과학적) 인식의 관점에서 사고해야 한다. 의심할 여지없이 오직 이러한 조건 아래에서만, 철학에 대한 마르크스주의의 본질적인 이론적 기여를 조급하게 철학적 질문들의 관점에서 사고하게 만든 혼동을 이해하는 것이 가능해진다. 이러한 이론적 기여는 어떤 **문제**의 완강한 되풀이로서, 이는 분명 철학적 효과를 낳을 수 있지만 그것은 이러한 문제가 최종심급에서 철학적 **질문**이 아닌 한에서만 그렇다." 번역은 진태원이 옮긴 「레닌과 철학」, 『레닌과 미래의 혁명』, 287~288쪽을 따랐다.

이듯, 혹은, 마르크스의 정치경제학 비판이 또 하나의 다른 '정치경제학'이 아니듯, 곧 그 비판이 그 자신의 합치된 이름('정치경제학')과는 정반대로 오히려 정치와 경제를 분리시키고 있는 정치경제학 그 자체에 대한 '비판'이듯, 알튀세르의 미학은 '미학적인 것'을 정치 혹은 실천과 분리시키는 미학 바로 그 자체의 이름과 효과에 대한 비판을 의미하며 또한 예비한다. 따라서 알튀세르 미학의 가능성과 불가능성은 바로 이러한 비판, 바로 이러한 역설의 의미와 그 예고 안에서 (불)가능해지는 무엇이다.

따라서 이러한 미학 아닌 미학, 미학으로 (재)생산되지 않는 미학은 오히려 '미학의 미학적 이데올로기'에 대응하고 대항하는 가장 '미학적'인 입장이 된다. 그런데 여기서 우리가 알튀세르 '이후'로 시선을 돌려본다면, 이러한 가장 역설적이고도 급진적인 입장을 발전시켰던 두 가지 대표적인 논의의 줄기는 (오히려) 바로 자크 랑시에르Jacques Rancière와 알랭 바디우Alain Badiou에게서, 곧 각각 그들의 핵심적인 개념인 '감각적인 것의 분배le partage du sensible'와 '비미학inesthétique' 속에서, 그렇게 가장 '발전적으로' 재발견되고 있지 않나? '미학으로서 (재)생산되지 않는 미학'의 어떤 정당성이란, 랑시에르에게서는 단지 철학의 분과나 예술학(과학)으로서 이해되고 유통되는 '미학esthétique'이 아니라 정치 그 자체를 대표하고 대신하는 하나의 '감성학esthétique'으로서, 곧 기존의 사회적이며 감각적인 (따라서 정치적인) 분류의 체제 자체를 의문시하는 '감각적인 것의 분배'라는 정치적 개념의 어떤 필연성으로서, 또한 바디우에게서는 미학적 이데올로기에 즉물적으로 반대하는 '反미학anti-esthétique'이 아니라 그 구조적 진리 자체를 문제 삼는 '非미학in-esthétique' 개념의 어떤 시급성으로서, 곧 미학적 '효과'들을 통해 미학의 자폐적 내부와 그 외부적 원인들을 '(비)미학적'으로 비판하는 어떤 엄밀성으로서, 그렇게 연결되고 계승되며 확장되고 있지 않은가? 이러한 의미에서 나는 알튀세르에게서 그 단초를 찾을 수 있는 이러한 '미학 아닌 미학', '미학으로 (재)생산되지 않는 미학'의 발전된 형태로 랑시에르의 연극론(『해방된 관객』[16])과 바디우의 연극론(「연극에 관한 테제들」[17])에 주목해야 한다고(그러므로 우리는 다시 연극의 층위에 있게 되며, 왜 이 층위가 연극인가 하는 것은 여전히 하나의 질문으로 남게 되는데, 하나의 '유물론적' 미학은 이러한 연극의 구조성으로부터 직접적으로 촉발되고 출발하는 무엇인지도 모른다), 랑시에르와 바디우의 그러한 '미학적' 논의들에 주목해야 한다고 생각한다. 한편으로, 좁게는 랑시에르가 말하고 있는 저 '해방된 관객'과 그 실천적 의미, 그리고 보다 넓게는 그가 제기하고 있는 '미학/감성학'의 정치성이라는 문제 설정은, 정확히 알튀세르가 말했던 저 '새로운 관객'으로부터, 그리고 예술과 정치에 관한 알튀세르의 저 아포리아들과 대화하고 대결하는 가운데서, 그렇게 탄생하고 있지 않은가?[18] 그리고 다른 한편으로, 바디우의 저 '비미학'은 그 자체로서, 내가 '미학으로 (재)생산되지 않는 미학'이라는 개념으로 정식화한 알튀세르의 미학적 아포리아에—그러나 여기서 '아포리아'란 그 가장 강렬한 의미를 통해서, 곧 알튀세르 자신이 예술에 부여하기를 저어했던 저 '창조적인créateur'이라는 가장 적극적인 술어를 통해서 이해되어야 하는데—, 다시 말해 이데올로기적 효과들의 구조적 인과성을 사유하는 '미학 안팎의 미학'이라는 하나의 실천적 아포리아(와 그 해소)에 정확히 부합하며 상응하고 있지 않은가?[19] 따라서 우리는 이 두 명의 철학자들, 이 두 명의 상속받지 않은 상속자들을 통해서 알튀세르가 남긴 어떤 (불)가능한 예술론의 유산과 조우하

16 Jacques Rancière, *Le spectateur émancipé*, Paris: La Fabrique, 2008. 나는 랑시에르의 이러한 연극론에 관해 다른 글을 통해서 개략적으로 논한 바 있다. 최정우, 「죽은 교실이 가르쳐주는 삶, 무지한 스승이 가르쳐주는 앎—'무지한' 연극과 '해방된' 관객 사이, 연극음악의 미학과 정치」, 『한국연극』 2009년 3월호 참조.

17 Alain Badiou, "Thèses sur le théâtre", *Petit manuel d'inesthétique*, Paris: Seuil, 1998. 번역은 장태순 옮김, 『비미학』, 이학사, 2010 참조. 여기서 바디우가 제시하고 있는 저 "연극-관념idée-théâtre"이라는 개념의 '유물론적' 성격을 나는 다른 글을 통해서 연극음악과 관련해 논한 바 있다. 최정우, 「연주하는 배우, 연기하는 악사—'사건'과 '관념'으로서의 연극, '잔향'과 '이명'으로서의 음악」, 『한국연극』 2009년 8월호 참조. 또한 바디우는 연극이라는 예술을 구성 요소들 사이의 어떤 "배열/배치agencement"로 파악하고 있다는 점에서도 역시나 알튀세르의 연극론과 공명하고 있다.

게 된다. 그리하여 다시 한 번 더 묻자면, 이데올로기를 '그리기' 위해서, 그리고 미학을 미학으로 (재)생산하지 않기 위해서, 어떻게 해야 하는가? 이 질문이 계속 유효한 형태로 반복될 수밖에 없는 것은 바로 그 질문 자체가 담고 있는 아포리아의 저 실천적 성격 때문인 것. 그런데 이 아포리아의 사유는, 이 아포리아의 실천은, 오늘날, '충분할' 정도로, 그렇게 사유되고, 그렇게 실천되고 있는가?

그러므로 여전히, 아직은, 아니다. 알튀세르 자신의 말을 차용하자면, 어쩌면 나의 이 글은 보다 "더 잘 제기된 문제"(PBB, 151쪽)를 다시금 묻기 위해 작성된 것일 뿐, 따라서 나는 여기서 저 지루하리만치 끈질기게 반복되는, 그러나 동시에 매번 새롭게 물어야 할 질문을 다시 던져야 한다. 어떻게 이데올로기를 그릴 수 있을 것인가? 어떻게 보이지 않는 것을 보이게 만들 것인가? 이것은 여전히 하나의 문제이며, 우리는 이 물음에 '미학으로 (재)생산되지 않는 미학'으로, 일견 전혀 '미학적이지 않은 하나의 미학'으로, 그렇게 답해야 한다. 그러므로 이것은 또한, 아직은, 하나의 답이 아니다. 우리는 무엇보다 알튀세르를 통해 도달한 이러한 역설과 부재의 관점에서, 그리고 그 역설과 부재가 마주치게 한 불가능성과 아포리아의 입장에서, 실로 진단하고 도전하며 대결하듯, 그를 다시 읽어야 하지 않나? 그런데 미학으로서 (재)생산되지 않는 미학이 바로 그러한 역설의 논리와 부재의 관계에 대한 하나의 형식이자 이론이 아니라면, 그것은 다른 무엇일 수 있을까? 마지막으로 한 번 더—그러나 나는 이번이 정말 '마지막'이 될 것이라 장담할 수도 없고 또 그래서도 안 될 것이다—저 지치지 않고 반복되었던 질문을 또한 되묻자면, 이렇듯 보이지 않는 역설과 부재를 어떻게 보이는 것으로 '그릴' 것인가? 그러므로 우리는, 알튀세르가 크레모니니에 대해 말했던 저 어법처럼, 단순히 '추상화가'가 아니라 '추상적인 것의 화가', 곧 추상적인 것을 그리는 화가, 그 추상적인 것을 추상적인 것으로 보이게 만드는 화가, 효과들을 통해 구조 자체를 드러내는 화가가 되어야 하는 것인지도 모른다. 그런데—지극히 '연극적으로' 말하자면—이 '화가'란 또한 새로운 '관객'의 이름이기도 하다. 이 '새로운 관객의 생산'이라는 주제는 여전히 문제적이며, 바로 이렇게 문제적이라는 의미에서, 그리고 오직 바로 그런 의미에서만, 또한 여전히 유효하다. 알튀세르 예술론의 이러한 '부재'(혹은 심지어 어떤 '실패')와 '불가능성'은, 그것을 존재하게 하거나 성공시키고 완성하려는 어떤 체계적인 행위로부터 구성되는 것이 아니라, 그러한 체계로서의 완성을 지연시킴으로써, 그것을 계속 부재하게 함으로써, 그러나 그 부재를 존재하는 것으로 드러나게 함으로써, 보이지 않는 것을 보이는 것으로 상연함으로써, 그리고 그것을 여전히 미완성인 상태에 놓음으로써, 그러나 또한 그 미완성을 완성으로 연기延期/演技하고 열어놓음으로써, 그렇게 그 불가능성을 인지하고 오인함으로써, 그러한 '구성적이지 않은 방식으로써만 구성될' 수 있는 무엇이다. 알튀세르에게 어떤 예술론이 있다면, 그 예술론이 묻고 제기하는 물음과 과제는 바로 이러한 아포리아들에 다름 아닌 것. 그러한 미학은 어떻게 (불)가능해지는

18 그러나 알튀세르와 랑시에르 사이의 어떤 접점과 차이점에 대해 말하는 것은 이 글의 논의 밖의 또 다른 우회로(들)을 따라가야 할 것이다. 다만 내가 여기서 우선 주목해보고 싶은 부분은 랑시에르가 『『자본』 읽기』에 수록했던 글 「비판의 개념」의 한 구절이다. 랑시에르는 이렇게 쓴 바 있다. "그것〔고전 정치경제학〕이 **볼 수 없는** 어떤 것이 있으며, 그것이 볼 수 없는 어떤 것이란 또한 그것이 **봐서는 안 되는** 것이기도 하다." Jacques Rancière, "Le concept de critique", *Lire le Capital*, Paris: PUF, 1996(La Découverte, 1965[1]), 195~196쪽. '보이지 않는 것' 또는 '볼 수 없는 것'(또한 그것이 '보이는 것'으로 전화되는 과정)이라는 이러한 이데올로기적 주제는 향후 랑시에르가 말하게 될 '감각적인 것의 분배'와 '해방émancipation'의 논의에서 역시나 중요한 술어들로 기능하고 있는 것인데, 이는 또한 알튀세르의 저 '미학적 효과'들에 대한 논의와도 묘하게 공명하고 있지 않은가? 따라서 나는 앞으로 우리가 알튀세르의 이데올로기론과 랑시에르의 이데올로기론 사이의 비교라는 이론적 작업을 수행함에 있어 그 작업이 바로 거기서 사용되고 있는 이러한 '미학적' 술어들의 분석과 대조에 근거해야 할 것이라고 추측하며 또한 예고하는 것이다.

19 바디우는 『비미학』의 도입부에서 이렇게 쓰고 있다. "미학적인 사변에 반대하여 비미학은 몇몇 예술 작품들의 독립적인 실존에 의해 생산되는 엄밀히 철학 내적인 효과들을 기술한다." Alain Badiou, *Petit manuel d'inesthétique*, 7쪽. 국역본의 번역을 수정하여 옮겼다. 이러한 의미에서도 바디우는 '미학으로 (재)생산되지 않는 미학'의 상속자라고 할 수 있을 것이다.

가? 미학으로 구성되지도 않고 미학으로 (재)생산되지도 않는 미학, 그러므로 이것은 하나의 결론이라기보다는 또 하나의 출발점일 것이며, 완결된 대답이라기보다는 또 다른 미완의 질문일 것이다. 따라서 마지막으로 한 번 더 묻자면—나는 이 '마지막으로'라는 부사 어구에 대해, 곧 이 질문이 지닌 '최종심급'의 복잡성과 그 과잉 결정의 형태에 대해 바로 앞에서 이미 경고한 바 있다[20]—하나의 이데올로기를 그리기 위해서는 어떻게 해야 하는가? 이것은 알튀세르가 미학으로 (재)생산되지 않는 미학을 통해 생산하고 있는 가장 '미학적'인 질문, 그에게는 존재하지 않는(않았던) 예술론의 층위를 통해 던져진 가장 '예술적'인 질문, 그러나 아직도 여전히 계속해서 실패할 수밖에 없는, 그러한 실패를 반복할 수밖에 없는, 그런 질문이다. 그러나 어쩌면 우리는 알튀세르를 따라 이 실패를 그렇게 반복하게 될 것이고, 또한 그렇게 반복해야만 할 것이다. 마치 알튀세르의 자서전『미래는 오래 지속된다*L'avenir dure longtemps*』가 '자서전으로 (재)생산되지 않는 자서전', 곧 (불)가능성으로서의 자서전[21]이라는 개념과 구조를 통해 예시하고 상연했던 것과 평행적이고 상동적인 방식으로, 아마도 우리는 '미학으로 (재)생산되지 않는 미학'이라는 이 또 하나의 (불)가능성을 계속 반복하여 사유해야 할 것이고, 또 그렇게 어떤 실패가 예정되어 있는 반복 속에서, 다시 저 물음을 계속해서 물어야 할 것이다. 알튀세르에게 예술론이 있다면, 그것은 아마도 바로 이 가능한 물음 속에서, 바로 그 가능한 물음의 가장 불가능한 형식 속에서, 그렇게 오래 지속되는 미학일 것이다.

20 따라서 어쩌면 우리는 알튀세르가 「모순과 과잉 결정」에서 썼던 저 유명한 선언을, 곧 "처음 순간에도, 마지막 순간에도, '최종심급'이라는 고독한 시간을 알리는 종소리는 결코 울리지 않는다"라는 문장을, 우리만의 이 '미학적' 맥락에서, 다시 읽어야 하는 건지도 모른다. Louis Althusser, "Contradiction et surdétermination", *Pour Marx*, 113쪽.

21 『미래는 오래 지속된다』가 지니는 이러한 '자서전으로 (재)생산되지 않는 자서전' 혹은 '(불)가능한 자서전'으로서의 역설적 성격에 관해서 나는 이전에 다른 글들을 통해 이미 자세히 밝힌 바 있다. 최정우, 「『미래는 오래 지속된다』 재출간을 반기며—자서전을 위반하는 자서전: 알튀세르의 서명과 자서전의 (불)가능성」, 『텍스트』 2009년 5월호. 그리고 본서의 6악장 "나르시시스트를 위한 자기진단법"의 4절 "알튀세르는 어떻게 '금치산자'가 되었나", 이 두 글을 참조할 것.

4악장 문학적 분류법을 위한 야구 이야기[1]

이사만루二死滿壘와 무타무주無打無走, 근대와 리셋reset의 욕망

15년 전의 이야기 한 자락: 때는 1996년 여름, 나는 서울의 한 서점에서 당시 신간으로 출간되었던 사이토 지로齋藤次郎의 책 『아톰의 철학』을 찾고 있었다(이 책은 데즈카 오사무手塚治虫의 생애와 그의 만화 세계를 다룬 책이었다). 다만 그때 내가 범했던 '결정적인' 패착이란 이 책을 만화 코너에서만 열심히 찾고 있었다는 것. 지금과 같은 우수한 성능의 검색용 컴퓨터를 서점에서 찾을 수 없었던 시기, 나는 나만의 서툴고 원시적인 검색 방법에만 의존하는 데에 스스로 조금씩 지쳐갔고, 결국에는 서적의 분류법에 있어서 나와는 비교가 안 되는 '전문가'인 서점 직원에게 책이 있는 장소를 문의하기에 이르렀다. 그때 내가 알아낸 놀라운 사실은, 그 책이 '당당하게도' 철학 코너에 분류되어 있었다는 것. 그러니까 다시 말해서, 플라톤과 아리스토텔레스 사이에, 서광사와 민음사의 책들 가운데에, 문학과지성사와 창작과비평사의 책들과 어깨를 나란히 한 채로, '얄미운' 곳에 그렇게 '얄밉게' 꽂혀 있었다는 것. 미셸 푸코Michel Foucault가 호르헤 루이스 보르헤스Jorge Luis Borges의 중국식 동물 분류법을 보면서 느꼈던 어떤 인식론적인 '충격'은 사실 그리 멀리 있는 일이 아니었다. 윤대녕의 소설집 『은어낚시통신』이 처음에는 '레저' 코너에 분류되어 있었다는 사실을 알게 된 건 훨씬 더 나중의 일이다.[2]

1 이 글은 2007년에 초고가 작성되었고, 이후 수정되고 확장된 형태로 『자음과모음』 2009년 봄호에 수록되었다. 이 글에 대한 한 생산적인 비판의 독해는 박가분, 「삐리리 불어봐 해체주의: 이웃 블로거 '람혼' 독서후기」(『부르주아를 위한 인문학은 없다』, 인간사랑, 2010, 313~339쪽)에서 읽을 수 있다.

다시 16년 전의 이야기 한 자락: 내가 『아톰의 철학』을 찾으면서 느꼈던 이 실소를 동반한 기묘한 감정을 다카하시 겐이치로高橋源一郎 또한 비슷하게, 하지만 나보다는 가볍게, 아마도 조소를 띠며, 어쩌면 약간은 자조 섞인 감정을 느끼면서, 그렇게 느꼈던 적이 있었던 것 같다. 1988년 일본에서 출간되었고 1995년에 처음 국역본이 나온 『우아하고 감상적인 일본야구』의 한국어판 서문에서 그는 다음과 같이 쓰고 있었다: "필자는 이 작품에서 일본이라고 하는 나라의 한 시대의 정신 풍경을 그려보려고 했다. 그 때문에 '야구'라고 하는 도구를 필요로 한 것이다. 그 때문인지, 많은 책방에서 이 작품이 스포츠 코너에 있는 것을 볼 수 있었다. 그렇다고, 불평을 하고 싶은 생각은 없다. 한 번 쓰인 작품은, 자신의 힘으로 운명을 개척해 나가지 않으면 안 되는 것이니까."[3]

이 짧은 문장들 속에서 다카하시는 실로 많은 말들을 풀어놓고 있다고 생각한다. 여기에는, 문학평론가는 물론이거니와 야구해설자조차도 실소하게끔 만들 귀찮고 성가신 '문학적' 아포리아aporia가, 그것도 아무리 줄여봤자 최소한 세 개의 아포리아가, 너끈히 포함되어 있다는 생각 때문이다. 첫째, 여기에는 분류법의 문제가 있다. '아톰의 철학'이라고 하면 철학 코너로, '우아하고 감상적인 일본야구'라고 하면 스포츠 코너로 분류되는 저 '웃지 못할 몰상식'에 대한 불편한 심기가 이 문제의 기저에 깔려 있는 것이다. 그러나 내가 여기서 이 '당연하게' 보이는 비웃음의 근거를 그 자체로 고착시키거나 심화시키는 방향으로 나아가려는 것은 물론 아니다(아마도 다카하시 또한 그럴 마음이 없었을 것이다). 여기서 문제는 이러한 분류법이 정정되어야 한다는 '당위'가 아니라 이미 그렇게 분류되고 있다는 하나의 '현상'인 것. 그러므로 이를 비웃거나 탓하기보다는—그 어느 누구도 그럴 수 있는 '자격'은 없을 것이다—마치 다카하시의 소설 속 주전 투수가 고트프리트 라이프니츠Gottfried Leibniz를 흉내 내는 것을 다시 한 번 흉내 내듯 "칸트 할아범"(『우아하고 감상적인 일본야구』, 59쪽)을 흉내 내면서, 우선 이 글은 이러한 비웃음의 담론 체계를 형성시켰던 가능 조건들을 물어야 할 것이다(그러므로 오히려 여기서 물어야 할 것은 나의 비웃음을 가능하게 하는 조건 자체, 저러한 분류법 앞에서 그것의 부당함을 주장하는, '정치적으로 올바른' 분류의 정신이 지닌 어떤 '에피스테메'일 것). 둘째로, 문학이 한 "나라의", "한 시대의 정신 풍경을" 그려낸다는 것은 과연 무슨 의미인가 하는 문제가 있다. 이것은, 저 오래된 사회적 반영론의 테제를 굳이 새삼스레 끌어들이지 않더라도, 혹은 헤겔의 저 시대정신Zeitgeist을 어렵사리 기억해내지 않더라도, 어쩌면 그 자체로 역시 이미 '지당한' 명제일지 모른다. 누군가는 이에 대해 순진한 의심을 품기도 했겠고, 또 누군가는 이에 대해 두 번 이상으로 중첩된 긍정과 부정의 회로를 거쳐 정당함과 부당함도 아닌 어중간한 입장 어디쯤에 이미 당도했을 수도 있겠지만, 어쨌든 불행히도 우리에게 이러한 문제는 아직도 여전히 '살아 있는' 문제 중의 하나임은 분명하다. 그러므로 이 글은 또한 '문학은 무엇을 그려내는 것인가'라고 하는, 케케묵은 문학적 대상에 관한 물음을 다시 다루어야 할 것이다. 셋째로, 과연 "한 번 쓰인 작품은, 자신의 힘으로 운명을 개척해 나가지 않으면" 안 되는 것인가 하는 문제가 있다. 『우아하고 감상적인 일본야구』의 국역본이 출간되었던 1995년이라면, 내 기억으로는 이 땅에 '저자auteur의 죽음'이라든가 '텍스트texte의 독립적이고 구조적이며 비인격적인 성격' 등등의 이론들이 맹위를 떨치며 한바탕 장안을 풍성하게 풍미하던 시기였다. 나는 이 시대를 '포스트모더니즘의 시대'라고 부르기보다는—'그렇다면 그 이후 현재에 이르는 시기는 무슨 시기란 말인가'라는 물음은 차치하고라도—오히려 '포스트모더니즘적 이식 문학론의 시기'라고 부르고 싶은 마음인데, 어쨌든 우리는 여기서 저 유명한 '이식 문학'의 테제와 그 주창자 임화林和를 조금은 다른 방식으로 다시 만나게 된다. 하지만 그것

2 2011년에 첨가하는 주석: 이 책의 "서곡"에서도 잠시 언급했던바, 오늘날 나는 이 책 자체가 '음악' 코너에 분류되어 있지 않을까 하는 강력한 '불안'(따라서 또한, 강력한 '욕망')에 사로잡혀 있다.

3 다카하시 겐이치로, 박혜성 옮김, 『우아하고 감상적인 일본야구』, 웅진출판, 1995, 3쪽. 이하 이 책을 인용할 경우 책 제목과 해당 쪽수만을 표기한다.

은, 아는 사람은 다 알다시피, 단지 그대로 지나가버리기만 했던 유행은 아니었다. 그러므로 이 글은 또한 작가와 작품 사이에서 벌어졌던 저 오래된 숙명적 역전과 재역전의 전적에 관해 재차 삼차 이야기해야 할 것이다. 아마도 이처럼 이 글은 적어도 저 세 가지의 골치 아픈 난제들 모두를 정확하고 적확하게 분석해가는 글이 되어야 할 것이다. 아니, 그렇게 되어야만 했을 것이다.

그러나 또 하나의 문제가 있다. 이 '네 번째' 문제는 언뜻 지극히 사소하고 개인적인 것으로 보일지도 모르겠지만, 이는 어쩌면 '문화' 일반, 혹은 더 정확히 말하자면 '문법' 일반에 관한 것인지도 모른다. 왜냐하면 이 문제는 일견 인과 관계를 나타내는 일종의 접속사에 관한 문제라는 외양을 띠게 되기 때문이다. 다카하시의 저 한국어판 서문 속에서 내가 시급하게—비록 16년이라는 시간차가 있지만, 그래서 오히려 더욱 시급하게, 곧 니체적인 의미에서 가장 '반시대적으로unzeitgemäß'—주목하고 싶은 부분은 사실 따로 있는데, 그가 사용한 두 개의 '그 때문에'가 바로 그것. 첫 번째 '그 때문에': 일본이라고 하는 나라의 "정신 풍경"을 그리려 한다는 이유 때문에 야구라는 도구가 필요했던 것은 무엇 때문이었나? 두 번째 '그 때문에': 이 문제는 사실 앞의 세 가지 물음들 중 첫 번째 물음, 곧 '자연스러운' 분류법의 문제와 직접적으로 연관되어 있기는 하지만 보다 미묘한 것이다. 이 문제는, '야구'라는 단어가 책 제목에 들어가기 때문에, 그것도 '우아하고 감상적인 일본야구'라는 긴 어구를 이루고 있는 저 모든 수식어들이, 곧 성질quality과 양태mode와 국적nationality에 관한 저 모든 꾸밈말들이, '야구'라는 한 단어만을 집중적으로 꾸며주고 있기 때문에, 바로 그러한 이유로 해서 이 책이 스포츠 코너로 분류되었다는 사실은, 어쩌면 어쩔 수 없는 일이 아니겠냐는, 그런 일도 가끔은 있을 수 있는 일이 아니겠냐는, 분류 체계의 성립과 인정과 수용에 관한 투덜거림의 외양을 취하기 때문이다. 덧붙이자면, 이것이 일종의 '투덜거림'이라는 바로 그 이유 때문에, 아마도 이 두 번째 '그 때문에'는 다카하시의 서문 속에서 "그 때문인지"라고 하는 한 발짝 물러선 어법으로 변용/번역되었을 가능성이 높다. 이는 곧 분류법의 기원, 보다 정확히는 하나의 분류법이 가능하게 되는 어떤 '환경milieu'을 문제삼는다. 따라서 우리의 중점은 분류 체계 일반의 구성 요소와 그 법적 정당성이 아니라, 오히려 하나의 분류법을 두르고 있는 테두리가 만들어내는 여백, 어쩌면 이미 그 자체가 특정한 하나의 분류법을 미리 지시하고 구획하고 있는 '유일한' 잣대라고 해야 할 바로 그 여백이다. 그리고 아마도 이러한 '여백' 또는 '바깥'은 문학이 품고 있을 저 스트라이크 존strike zone의 비가시성非可視性과 비인과성非因果性, 그 보이지 않는 공간을 보이게 만드는, 그 원인 없는 시간에 원인을 부여하는, 가시성과 인과성의 다른 이름일 것이다.

2003년 혹은 1982년의 야구 이야기 한 자락: 이러한 '그 때문에'에 대한 하나의 대답을 시도하고 있는 또 다른 '야구 소설' 하나(하지만 이 '닮아빠진' 두 소설들을 '야구 소설'로 분류하고 명명하는 것은 과연 정당한 분류법일까). 분명히 1982년에 출간되었다면 당연하게도 서점의 야구 코너에 가장 먼저 가서 꽂혀 있었을 박민규의 소설 『삼미 슈퍼스타즈의 마지막 팬클럽』의 화자는 야구 경기를 "인생의 축소판"[4]으로 언급한다. 왜 야구는 인생의 축소판인가? 어째서 80년대에 소년기를 보낸 화자의 시공간은 한 개의 야구장으로, 한 개의 야구공으로, 그렇게 '축소'되어만 가는가(그러므로 여기서 다시 물어보아야 하는 물음 하나는, 이 2003년의 야구 이야기가 1982년의 야구 이야기의 압축된 '후일담 문학'은 아닐 것인가 하는 물음)? 소설의 화자는 청소년기의 어느 3루 끝자락에서 그만 덜컥, 그것도 야구를 통해서, 마르크스'주의'의 가장 기초적인 현실 인식을 스스로 깨우치게 된다(혹은, 그러한 현실 인식에 '걸려 넘어지게' 되었다고도 말할 수 있겠지만, 그보다 여기서 독자는 왜 '마르크스'가 아니라 '주의'에 작은따옴표가 붙어야 했는지를 잠깐 동안이나마 음미해보아야 한다고, 나는 권고한

4 박민규, 『삼미 슈퍼스타즈의 마지막 팬클럽』, 한겨레신문사, 2003, 86쪽. 이하 이 책을 인용할 경우 책 제목과 해당 쪽수만을 표기한다.

다): "그날 밤 나는, 낡고 먼지 낀 내 방의 창문을 통해—저 캄캄한 어둠 속에 융기해 있는 새로운 세 개의 지층을 볼 수 있었다. 그것은 부유층과 중산층, 그리고 서민층이라는 이름의 거대한 지층들이었고, 각자가 묻힌 지층 속에서 오늘도 화석처럼 잠들어 있을 수많은 사람들의 얼굴을 떠올릴 수 있었다. 나는 보았다. 꽤 노력도 하고, 평범하게 살면서도 수치와 치욕을 겪으며 서민층에 묻혀 있는 수많은 얼굴들을. 무진장, 혹은 눈코 뜰 새 없이 노력하면서도 그저 그런 인간으로 취급받으며 중산층에 파묻혀 있는 수많은 얼굴들을. 그리고 도무지 그 안부를 알 길이 없는—이 프로의 세계에서 방출되거나 철거되어—저 수십 km 아래의 현무암층이나 석회암층에 파묻혀 있을 수많은 얼굴들을, 나는 보았다."(『삼미 슈퍼스타즈의 마지막 팬클럽』, 129쪽)

프로야구에서 이루어졌던 이러한 계급의 구분은 정확히 일상의 삶 속에서도, 어쩌면 그 속에서 더욱 확연하게, 그대로 유지되고 있었다는 것, 그것이 이 소년의 깨달음이라면 깨달음이다. 역설적으로, 하지만 지극히 합리적으로, 이러한 '냉철하며 진부한 현실 인식'이 소년의 삶에 강하고 독한 추동력을 부여한다. 여기까지는 저 유명한 근대화의 저돌적인 추동력에 관한 이야기와 정확히 짝을 이루는 어느(혹은 '여느') 소년의 흔하디흔한 성장통成長痛에 관한 이야기일 뿐이다. 〔뒤도 말고, 앞만 보고〕 달려라 메로스, 혹은, 소년이여, 〔'프로가 아니면 죽음을'이라는〕 야망을 가져라 등등의 뒤틀린 캐치프레이즈와 함께, 소년에게 기이한 생존의 욕망과 기형적인 삶의 의지가 마치 일종의 약물처럼 투여되는 것이다. '삼미 슈퍼스타즈'라는 만년 꼴찌 팀에 오체투지하듯 온몸을 감정이입시켰던 이 소년에게는, 그러므로 야구가 인생의 축소판이라기보다는 오히려 인생이 야구의 확대판이자 실측 지도였던 것. 삶이 야구 같은 것임을 깨닫고 삶을 야구처럼 살지 않겠다고 바득바득 우기며 살던 소년은 인생의 중간계투 시기에 일견 매우 맥 빠지는 결론에 도달한다: "세계는 구성되어 있는 것이 아니라, 자신이 구성해 나가는 것이었다."(『삼미 슈퍼스타즈의 마지막 팬클럽』, 242쪽)

기껏해야 이 가장 기초적인 근대 인식론의 명제 따위에 도달하기 위해서, 이 현대의 원효元曉는 해골에 담긴 썩은 물을 그렇게나 많이 그리고 그렇게나 오래도록 퍼마셔야 했던가? 세계는 주체가 구성하는 바로 그러한 한에서만 '세계'일 수 있다는, 이 근대 인식론의 '아메리칸 드림'이라고 할 순진무구한 모토의 재탕 혹은 중탕을 위해서? 하지만 나는 저 명제 자체의 진부함에 질려 등을 돌리기 전에 먼저 이렇게 소년 스스로 구성한 세계의 '실체'는 무엇이며 그러한 구성 작용의 '대상'은 무엇인가 물어보아야 할 것 같다(말하자면, 나는 이 성장소설의 '노에마noema'와 '노에시스noesis'를 다시금 되묻고 싶은 것). 일견 진부해 보이는 이러한 인식론이 장년이 된 소년의 비관적이고 진부했던 또 다른 인식론, 곧 "나는 생각한다. 고로 존재해야겠지만, 고로 존재하지 않았으면, 하는 생각이 간절할 따름"(『삼미 슈퍼스타즈의 마지막 팬클럽』, 212쪽)이었던 과거의 인식론과는 정반대의 대척점에 서 있는 것이기에. 또한 그것이 르네 데카르트René Descartes의 명제를 한번 뒤집는 척만 한 후 다시금 진부하고 특정한 버전의 칸트에게로 나아가버린 듯, 일견 맥이 풀려버린 인상을 주는 전회轉回이기에, 나는 오히려 더욱더 그렇게 묻고 싶은 것이다. 이러한 대척점을 가르는 기준은 무엇인가. 오히려 가장 먼저 깨달았어야 했고 또 가장 먼저 깨달을 수밖에 없었던 이 '근대적인 너무나 근대적인' 인식론의 도식은 왜 이 소년에게 이리도 뒤늦게, 지각遲刻/知覺하여 도착했던가? 이러한 지각과 지연을 설명해 주는 것은 바로 삶을 새롭게 분류하는, 지금까지와는 다른 또 하나의 분류법, 그것의 '가능성'이다. 그리고 이러한 가능성은 인생의 축소판이었던 야구에 관한 새로운 분류법의 탄생으로부터 직접적으로 기인하고 있다: "애당초 승부의 판가름이 무의미한 경기였다. 아니, 같은 룰이 적용될 수 없는 서로 다른 야구를 통해—두 팀은 격돌했던 것이다. 7회 초의 공격은 끝이 나지 않았다. 오른쪽 잡초 덤불 쪽으로 빠진—2루성 타구를 잡으러 간 〈프로토스〉는 공을 던지지 않았고, 그 이유는 공을 찾다가 발견한 노란 들꽃이 너무 아름다워서였고, 또 모두가 그런 식이었다. 워낙 힘을 들이지 않았기 때문에, 괴소년은 그렇게 많은 포볼을 던지고도 도무지 지치지 않았고, 또 같은 이유로 아무도 데미지를 입지 않았다. 수비들은 계속 체력을 축적하고, 오히려 전력을 다해 공격하는 타자들이 지쳐만 가는 이상한 경기가 계속 이어졌다. 길고 긴 7회의 공격이 언제 끝날지가 요원했던—아직 원아웃인가 그랬고 스코어는 20 대 1인 상황에서, 결국 타임을 외친 올스타즈의 주장이 웃으며 걸어 나왔다./ "그만 하죠.""(『삼미 슈퍼스타즈의 마지막 팬클럽』, 292쪽)

서로 규칙을 공유하지 않는 두 개의 축 사이에서 어떤 비트겐슈타인적인 짜릿함이 인다. "노란 꽃들이 너무 아름다워서" 아예 공을 던지지 않는 방만한 야구와 "오히려 전력을 다해 공격하는 타자들이 지쳐만 가는" 치열한 야구는 규칙과 분류의 체계를 서로 달리 하는 이질적인hétérogène 것일 수밖에 없다. 후자의 야구는 우리에게 익히 친숙한 '프로'의 야구이며, 전자의 야구는 우리가 한번쯤은 상상해봤을지 모를, 하지만 또한 상상하자마자 머리를 흔들어 머리 밖으로 몰아냈을지도 모를, 그런 기이한 야구이다. 무슨 이유에서인지 열심히 할수록 쇠약해져만 가고 시간이 지날수록 정체 모를 괴물에게 살과 피를 빼앗기는 듯이 느껴지는 '프로'의 야구는 '이사만루二死滿壘'라는 절체절명의 상황과 규칙을 따르는 야구이다. 하지만 이러한 이사만루의 절박하고 강제적인 질서를 따르는 야구가 아닌, '프로'라고 하는 인간 이상(또는 이하)의 것을 강요하는 야구에 대항하여 자진해서 '노히트노런'을 기록하는 야구, 나는 이러한 야구를—어쩌면 하나의 대구對句를 만들어주고 싶은 '순수한' 형식적 '악취미'에서—'무타무주無打無走, no hit no run'의 야구라 부르려고 한다.

1988년, 또는 1995년, 혹은 어쩌면 어떤 먼 미래의 야구 이야기 한 자락: 야구가 사라진 시대에 출간되었더라면 아예 서점의 야구 코너를 통째로 창시했을 법한, 야구에 관한 도서 목록 작성의 초고가 되었을 법한 다카하시의 소설 속에서 우리는 이러한 '무타무주'의 야구라는 새로운 '분류법'의 한 사례를 만난다. 소설의 내러티브는, 사전 속의 야구에 관한 정의도 불확실함으로 가득 차 있을 정도로 야구가 완전히 자취를 감춘 세상에서 벌어지는 야구에 관한 이야기라는 외형을 띤다: "야구〔사어死語〕—아주 옛날에 죽었기 때문에 잘 모른다. 긴 것으로 둥근 것을 치는 게임이라고도 말하여지고 있다. 지면에 네모난 것을 놓고 악귀를 쫓았다."(『우아하고 감상적인 일본야구』, 72쪽) 나는 여기서, 어떤 이는 당연하다고 생각했을, 그러나 또 어떤 이는 몰지각하다고 생각했을, 하나의 '자연스러운' 분류법, 곧 15년 전에 내가 만났던 저 '아톰의 철학'에 대한 분류법과 다시금 조우한다. 그래서, 당연하게도, 나는 의심해본다, 생각해본다, 상상해본다, 혹여, 『아톰의 철학』을 만화 코너가 아니라 철학 코너로 분류했던 것은, 어느 이름 모를 열성 삼미 슈퍼스타즈 팬클럽 회원의 교묘하고도 지능적인 '작전'이 아니었던가 하고, 아니면, 그때 내가 철학 코너라고 생각/착각했던 그 서가가 실은, 다카하시의 인물들이 때때로 야구에 대한 명언과 탁견과 열정이 담긴 책들을 꺼내보고 그 문구들을 공책에 옮겨 적곤 하던 야구 관련 코너의 서가가 아니었던가 하고. 그래서 또 나는 의심한다, 생각한다, 고로 존재해야겠지만, 실은, 이제껏, 이사만루가 안겨다주는 '숨 막힘'으로만 존재해왔던 것은 아닌가 하고, 혹은, 야구에는, 존재에는, 오로지 이사만루라는 분류법 외에 다른 분류법이 없다는 듯이, 그렇게 살고 존재해왔던 것은 아닌가 하고. 그리고 이어 나는, 어렴풋이, 알아챈다, 다카하시 소설 속의 등장인물 랜디 바스가 인류의 모든 책들을 야구에 관한 잠언과 해설로 인식하고 해석하는 것처럼, 아톰과 철학에 대한 혼란스러운 분류 체계가 사실은 또 하나의 '야구 이야기'에 다름 아니었음을, 그것은 또한 삶의 축소판과 확대판을 아우르는 울타리와 여백에 관한 또 다른 하나의 이야기에 다름 아니었음을(그런데 동시에 나는 '체질적으로' 이러한 감상적이고 낭만적인 결론에 대해 반발하고 있는 것).[5] 그리하여 다카하시가 새

5 새로운 규칙과 분류의 체계를 한 벌 짓는 일과, 규칙과 분류 자체가 어떻게 이루어지는가 하는 물음을 묻는 일은, 분명 서로 다르다. 우리는 바로 이러한 후자의 입장에서 루트비히 비트겐슈타인Ludwig Wittgenstein의 『철학적 탐구*Philosophische Untersuchungen*』를 읽을 수 있을 것이며, 또한 이 책을 하나의 '야구 이야기'로 읽어낼 수도 있을 것이다. 그렇게 본다면, 어쩌면 비트겐슈타인은 '진짜' 야구를 알았던 몇 안 되는 사람들 중 하나일지도 모른다.

롭게 작성하는 실제 세계의 분류법은 다음과 같은 모습을 띠게 되는 것이다: "자, 야구사상 가장 위대한 타자 중 한 사람인 다카기 유타카는, 우리들이 살고 있는 이 세계, 리얼 월드를 다음의 두 개로 분류하고 있다./ (1) 홈 베이스 위에 있는, 타자의 어깨로부터 무릎까지의 공간—즉, 스트라이크 존./ (2) 그 이외의 모든 것."(『삼미 슈퍼스타즈의 마지막 팬클럽』, 76쪽)

푸코가 잘 보여주었듯, 새로운 분류법으로 인해 탄생하는 것은 곧 새로운 인식론이며 새로운 담론의 체계일 터. 그렇다면 이사만루와 무타무주 사이의 골이 가리키는 새로운 담론의 체계란 어떤 것일까(그런데, 그것은 과연 '존재'하는가)? 그것은, 기존했던 과거 시제로서의 이사만루의 야구가 제한적인 경계가 지닌 협소한 윤리학적 체계를 가리킨다고 한다면, 도래할 미래 시제로서의 무타무주의 야구는 이사만루의 야구가 '멸종'해버린 세상에서 만나게 될 하나의 새로운 삶의 미학 또는 미학적 윤리학의 모습을 가리키고 있다는, 하나의 '허무맹랑한' 가설일 것인가? 그러니까 말하자면, 이러한 윤리와 존재의 '미학화美學化'가 하나의 문학적 '유토피아utopia'로서 기능할 수 있을까? 그렇다고 한다 해도, 이사만루의 야구가 사라진 무타무주의 야구 세상 속에서 다카하시의 소설이 짙은 '디스토피아dystopia'의 냄새를 풍기는 건 무슨 이유에서일까? 그러므로 이러한 물음은, 혹여, 무타무주라는 새로운 분류법의 문학적/스포츠적 체계가, 여전히 유토피아'주의적'이라고 하는 하나의 특정 담론 체계 안에, 그래서 결국 아직은 변증법적 이분법이라는 오래된 늪 안에 있는 것은 아닐까, 하고 묻는, 유독 우리 시대에 특히 더욱 진부해져버린 저 의심과 회의의 물음으로, 다시금 귀착된다. 다시금, 반복되는, 저 문학적 '아포리아'로서의 '유토피아', 두 개의 부정적 접두사('a-', 'u-')가 만들었던, 이 '오래된' 신조어들. 그리하여 나에게는, 이제 '다섯 번째'가 되어야 할 질문 하나가 오롯이 떠오른다. '근대' 문학을 바라보는 가장 '근대적인' 시선이란 어떤 것인가?

물론 이사만루의 문학적(혹은 '시대적') 상황이 무타무주의 문학(어쩌면 '시대정신'?)으로써 타파되고 위반될 수 있다고 믿는다면 그것은 너무나 순진한 일일 것이다(게다가 이러한 '순진한' 생각은 저 바타유적 '위반'

이라는 작용의 의미와 효과에 대한 몰이해를 포함하고 있다). 무엇보다 무타무주의 문학이란 기존하는 게임의 법칙을 준수하는 것이 아니기에, 또한 당연하게도 어떤 '점수'도 낼 수 없는 문학이기 때문이다. 아마도 이러한 '노히트노런'의 경쾌함은 언젠가 또 하나의 훌륭한 '물신Fetisch' 같은 유행이 될지도 모른다. 마치 우승 후에 연고지를 인천에서 서울로 옮기는 프로야구단처럼: "우승을 했으니까요. 그럼 서울로 가는 것이 이 세계의 룰입니다."(『삼미 슈퍼스타즈의 마지막 팬클럽』, 281쪽) 그래서, 근대문학이란, 곧 근대적 상황 속에서 잉태되었고 소비되고 있는 근대 소설이란, 본래부터 겉으로는 '무타무주'의 가면을 쓰고 실제로는 '무사득점無死得點'의 만루홈런 기회나 대량 학살과도 같은 '삼중병살三重併殺'의 기회만을 노리는 기민하고 약삭빠른 심복이 아니었나 하는 생각에 이르게 되면, 그래서—실은 더 이상 놀랄 것도 없이—문학의 전장戰場 또한 결국은 피 튀는 연장전에 돌입한 헤게모니 투쟁의 속편이었음을 새삼스럽게 반추하게 되면, 가라타니 고진柄谷行人이 말했던바 '사회적 실천'의 책무를 떠맡은 중심적 예술행위라는 의미에서의 근대문학은 이미 종언을 고한 것으로 보인다(하기야 근대의 종언뿐만 아니라 문학의 종언을 발음하고 발언했던 이가 어디 이 '일본인' 비평가 하나뿐이었겠느냐마는). 위반하고는, 다시 되돌아오게 되는 한계limite의 공간. 이 무한한 '영원회귀'의 운동 속에서—누구나 이 원환의 운동 속에서는, 소승적이 되기는 쉬워도 대승적이 되기는 어려울 터—누군가는 '역사의 종언'을 목격했을 테고 또 다른 누군가는 '복음의 창궐'을 목도했을 것이다.

90년대 이후 이와 같은 상황을 체감한 푸념과 투덜거림이 내뱉었던 하나의 '문학적이고도 세속적인' 물음이 하나 있다(이것은 어쩌면, 누구에게나 익숙한, 하지만 이제는 그 어느 누구도 애써 발설하려고 하지 않는, 여섯 번째 질문이다): 왜 한국의 작가들은 더 이상 민족의 분단 상황을 문제 삼지 않고 더 이상 가장 '낮은' 곳으로도 임하려 하지 않는가? 누군가는 당신이 관심을 가지지 못할 뿐이지 그렇지 않은 작가들이 여전히 얼마든지 많이 존재한다고 말할 것이〔었〕고, 또 누군가는 그런 현상이 있다고 한다면 그것은 미국식 신자유주의의 전 지구화가 가져다준 영향이자 폐해라고 말할 것이〔었〕다. 혹은, 좀 더 에둘러 말하자면, '태백산맥' 사이로 외제 자동차들이 질주하는 시대가 되었지만, 그래도 '빛의 제국'은 여전히 건재하지 않느냐고 안도하면서 말할 수도 있〔었〕고—이는 다시 말하자면, 조정래 식으로 쌓아가며 '삭히던' 것을 이제는 김영하 식으로 '돌파할' 수 있게 된 시대가 되었다는 말이기도 한데—, 또 한편으로는, 그렇다고 한다면 도대체 '난장이가 쏘아 올렸다던 그 작은 공'은 지금쯤 어느 궤도를 돌고 있는 위성이 되었느냐고 분을 삭이지 못한 채로 반문할 수도 있〔었〕다(30년 전 저 난쟁이 가장의 모습과 현재의 용산은 얼마나 같고 또 얼마나 다른가). 하지만 저 물음이 물음으로서 유효하다면, 그 유효성은 이 문제에 대한 당장의 해답을 내리려고 하는 결단의 조급증에서 오는 것이 아니다. 우리는 먼저 저 물음이 물음일 수 있는 가능 조건들을 탐색해야 한다. 저 물음 안에서 무엇보다 먼저 물어져야 할 것은, 과연 '한국의' 작가란 도대체 누구인가, 작가라는 '직업' 앞에 '국적'을 표시하는 수식어가 첨가될 수 있다면, 그리고 거기에 다시 그 국적의 '소유'를 표시하는 조사 '~의'가 흘레붙을 수 있다면, 그것은 지금 과연 무슨 의미를 지닐 것인가 등등의 물음이다. 이 물음들은, 그러므로, 역사와 문학의 종언에 대한 물음들, 그리고 그러한 종언 이후에 비로소 겨우 다시 시작되는, '역사 없는' 시대의 문학에 대한 물음들일 것이다. 그리고 덧붙여 '이사만루'라는 절박한 상황 인식이 유효할 수 있다고 한다면, 그것은 오직 '둘'이라는 이분법이 죽고〔二死〕 그와는 다른 다종다양한 분류법들이 만개할 수 있는〔滿壘〕 조건을 갖추게 되었다는 지극히 '은유적인' 상황 인식하에서만 그러하다(그러나 은유의 힘은 무엇보다 무섭고도 위대하다). 그러므로 이러한 인식은 또한 '복음의 창궐'을 '복음'으로만 받아들일 것인지 아니면 '창궐'로만 받아들일 것인지를 선택하고 결정하기 위한 또 하나의 은유적이고 문학적인 전제 조건의 한 형태일 것이다. 아마도 이 새로운 물음과 인식의 소재들은, 마치 민족국가들 사이에 가로놓여 있는 국경선들처럼 엄연히 이 세계 안에 존재하는 하나의 확고한 분류법 그 자체에 대한 이의 제기일 것이고, 또한 하나의 물음이 또 다른 물음들을 촉발시키는 위반의 풍경을 보여주는, 그래서는 그렇게 꼬리에 꼬리를 무는 물음들을 통해 지금까지와는 전혀 다른 분류법 하나쯤은 잉태시킬지 모르는 하나의 작은 반례反例일지도 모른다. 그렇다면 우리는 앞의 저 물음을 다시 물어야 한다: 이사만루라는 절대적인 순간에 과연 무타무주는 '가능할' 것인가? 칠 수 있을까 칠 수 없을까 하는 선택적 물음에 직면하여 이 물음이 강요하는 대답을 찾는 것은 어쩌면 그리 중요하지 않다. 오히려 숫제 이 물음의 틀과 영역을 바꿔버리는 일, 동문서답을 하거나 전혀 다른 것을 되물어보는 일이 더 중요할지 모른다. 어쩌면 이 역전된 물음이 우리가 수치스러울 정도로 새삼스럽게 되물어야 할 오늘날 '우리' 문학의 물음일 것이며, 또한 이는 어쩌면 '한국의'—혹은 '일본의', '그 어딘가의'—문학이 특별히 지금 이 순간 다시 되물어야 할 '방치된' 물음인지도 모른다. 치지 못하고 달리지 못하는 것이 아니라, 치지도 않고 달리지도 않는 것, 그것은 어떻게 가능한가, 라는 물음(따라서 이 지극히 '문학적인' 질문은 실은 가장 '구조적인' 물음, 곧 체계 자체에 대한 물음이 되고 있는 것). 그러므로 오늘 다시 물어야 할 이 물음은, 이러한 '불가능성'을 어떻게 사유할 것인가 하는 물음, 이러한 '불가능성'이 어떻게 도래하는가를 묻는 어떤 '가능성'에 대한 물음인 것.

이 시점에서 나는 두 개의 '야구 영화'를 떠올려본다(다시 반복하지만, 이번에는 이 두 영화를 '야구 영화'로 분류하는 분류법은 과연 정당할까). 영화 〈슈퍼스타 감사용〉에서 삼미 슈퍼스타즈의 '패전 처리 전문 투수' 감사용은 승리를 위해 공을 던진다. 거기에는 약자와 패자의 설움이 있고 패배와 좌절에도 굴하지 않는 풀뿌리 같은 희망이 있지만, 반면 거기에는 '저들'—그들의 실체가 실제든 가상이든—이 만들어놓은 승리와 패배의 판 자체를 흐트러뜨리고 뒤집어버리려는 '문학적' 위반의 물음이 부재한다('영화' 속에서 '문학적' 위반의 어떤 단초를 찾아보려는 것은 정당한 분류법적 욕망의 발로일까, 아니면 단지 당연시될 뿐인 크로스오버적 욕망의 발로일까, 하고 다시 한 번 자문해보게 되지만, 어쨌든 소설 속의 삼미 슈퍼스타즈와 영화 속의 삼미 슈퍼스타즈는 바로 이 지점에서 서로 갈라지

'이사만루', 절체절명의 야구: 김종현 감독, 영화 〈슈퍼스타 감사용〉과
'무타무주', 이종 규칙의 야구: 장진 감독, 영화 〈아는 여자〉

고 있다). 반면 영화 〈아는 여자〉의 주인공은 이길 것이냐 질 것이냐는 절체절명의 순간에 타자 쪽으로 신중하게 투구해도 모자랄 공을 엉뚱하게도 뒤로 돌아 경기장 바깥으로 길게 내던져버린다. 그 공은 야구장을 가득 메운 모든 이들의 황당한 시선을 한 몸에 받으면서 멀리 멀리 날아간다, 달아난다, 뒤집어버리고, 순간적으로, 위반한다. 이제까지 '당연한 듯' 존재했던 경기의 규칙들은 바로 그 한순간에 증발해버리고, 그 자리에 대신 기이한 분류법의 일단이 반짝하며 출몰한다. 이 분류법은 투수가 마운드에 서서 상대편 타자를 향해 공을 던지면서도 몸소 '노히트노런'을 기록할 수도 있다는 '신기한' 사실을 목격했을 때 새롭게 열리게 되는 하나의 분류법이다. "기록의 경기"(『삼미 슈퍼스타즈의 마지막 팬클럽』, 50쪽)인 야구에서 아예 기존의 기록 체계를 통째로 무시하는 또 다른 체계 하나가 찰나적으로 새로 생겨난 것이다. 그것은 수비 실책도 아니고, 더구나 고의 사구는 더더욱 아니므로(담장 밖으로 날려버린 그 공에 어떤 이름을 붙일 수 있겠는가, '투지의 데드볼', 어쩌면 그 말 그대로 하나의 '데드볼'?). 다카하시와 박민규의 인물들이 이 후자의 투수만을 '진정한 야구 선수'라 여길 것이라는 사실은, 확실하다 못해 쑥스러울 정도로 새삼스럽다. 그렇다면 우리를 망설이게 하고 두렵게 만드는 것은, 저 확실성일 것인가 아니면 저 수치심일 것인가.

이러한 의미에서 다시 한 번 더 눈길을 주게 되는 것은 박민규의 또 다른 소설 『핑퐁』이다. 상상해보자면, 어쩌면 박민규의 『핑퐁』 이후에 도래할 시간은—그러한 '시간'이 있다고 한다면—, 거꾸로 다카하시의 『우아하고 감상적인 일본야구』가 보여주고 있는 시간일지도 모른다(그러므로 나의 또 다른 상상 한 자락은 박민규가 『핑퐁』을 통해 저 다카하시적 세계의 전사前史를 보여주고 있는 것은 아닐까 하는 물음이 되고 있는데). 이는 어쩌면 절망적이라고 말할 수 있을 정도로 하나의 강박적이며 잔인한 상상이 될 것이 분명한데, 왜냐하면 이러한 상상은, 삭제되고 말소된 시간 이후에 도래한 '시간'에서, 곧 시간성 그 자체가 말소되고 삭제되어버린 시간(어쩌면 '역사의 종말')에서, 시간이 다시금 새롭게—혹은 똑같이—시작되고 있음을 가정하고 있기 때문이다. 이는 그 자체로—문학과 근대에 종언을 고하는 가장 '탈근대적인' 몸짓 이후 여전히 저 '근대'의 시간은 끈질기게 지속되며 우리의 '발목'을 잡고 있다는 의미에서—우리의 이 '포스트모던 시대'에 대한 하나의 완벽한 비유가 아닌가? 그러므로 『핑퐁』이 보여주는 문제 설정과 해결의 방식을 '편리한' 방식으로 비판하는 것은 지극히 '정당'하지만 그러한 '정당함' 자체가 이미 근대문학적인 시선 안에서 파악된 것임은 피할 수 없는 사실이다. 예를 들어 한 평론가는 이렇게 쓰고 있다: "못과 모아이의 '언인스톨'은 그래서 의외로 슬프지도 착잡하지도 않다. 이는 달리 말하면 이 소설이 제시하는 '해결의 현실성'이 만족스럽지 않다는 뜻이기도 하다. 다시 말하거니와, 우리가 '해결의 현실성'을 말할 때 그것은 실현 가능하냐 아니냐를 문제 삼는 것이 아니다(SF든 신약이든 다 괜찮다). 이 선택이 과연 우리 시대의 정치적 지평에서 래디컬한 상상력으로 작동할 수 있는가를 묻는 것이다. (……) 그러나 『핑퐁』과 같은 식의 파국적 해결은 어딘가 편리한 방식이라고 하지 않을 수 없다."[6] '수비 실책'을 문제 삼는 감독의 시선은, 말하자면 여전히 '이사만루의 야구'라는 지평 위에 있는 것, 이는 탈근대를 근대라는 잣대로 파악하는, 그리고 그렇게 파악할 수밖에 없는 몸짓이다. 그런데 보다 근본적인 문제는, 이렇듯 비평이라고 하는 하나의 문학적 행위가 저 야구 감독의 훈수, 저 가장 근대적인 문제 설정의 틀에서 결코 자유로울 수 없다는 바로 그 사실에 있다(그러므로 나는 이들 '근대문학의 종언'이 아니라 '근대비평의 종언'이라는 이름으로 부를 수 있을 것). 나는 『핑퐁』이 보여주는 결말을 '리셋reset에의 욕망'이라 부르고자 한다. 그리고 이러한 리셋에의 욕망은, 특히나 탈근대를 고민하는 '근대적인' 비평의 시선에게는 참으로 불편한 것들 중의 하나이다. 그러나 우리가 이러한 비평의 시선만을 '근대적'이라 비판할 수는 없는데, 왜냐하면 사실 '리셋에의 욕망'이라는 것 자체가, 저 근대의 '종말' 혹은 문학의 '종언'이라는 테제와 마찬가지로, 탈근대에 대한 가장 근대적인 시선과 해결의 시도로부터 도출되고 있는 것이기 때문이다. 리셋의 개념은 근대문학의 종언이라는 테제에 대한 다종다양한 '근대주의적' 반응들과 마찬가지로 그 자체가 '근대주의'를 여닫는 하나의 문학적 실체이다. 이 실체의 모습은 내게 유달리 징후적으로 보인다. "아침에는 전근대이고 오후에는 근대이며 저녁에는 탈근대인 것은 무엇인가? 정답은 한국이다."[7] 이 말이 가장 먼저, 그리고 가장 효과적으로 적용될 수 있는 곳은 바로 한국 근대문학의 자리, 그리고 그에 대한 가장 '근대적인' 비평의 자리에 다름 아닌 것. 그렇다면 무엇보다 우리는 우리의 물음들을 이러한 '불가능성'으로부터 시작해야 할 것이다. 비평 그 자신이 지니고 있는 어떤 근대성을 바로 그 글쓰기의 가장 수행적인performative 행위를 통해 문제 삼지 않는다면, 이러한 '불가능성'을 사유할 수 있는 자리란 과연 어디인가. 따라서 새롭게 혹은 새삼스럽게 다시 묻자면, 우리는 이러한 리셋의 (불)가능성을 물을, 아니 어쩌면 저 '절멸'의 (불)가능성을 사유할 준비가 되어 있는가. 내가 묻는 마지막 질문, 아니 차라리 최초의 질문은 바로 이것이다

6 신형철, 『몰락의 에티카』, 문학동네, 2008, 41쪽.
7 신형철, 『몰락의 에티카』, 43쪽.

변주 1.

세계문학의 이름으로: 낯선 '세계'와 낯익은 '문학'[1]

오래된 책장을 넘기며: '세계문학'은 무엇이었나?

누렇게 빛이 바랜 책장을 열어 20년 전의 글을 다시 읽어본다. 1990년—그러니까 이제 1990년대도 어느새 20년 전의 시간이 되었다는 이야기인데—금성출판사에서 간행되었던 『세계문학대전집世界文學大全集』(전120권)의 발간사에서 편집위원들은 이 전집의 출간을 위한 변을 다음과 같이 다소 거창하고 고색창연한 어투로 밝히고 있었다. "말이 있어 생각이 표현되니, 비로소 노래가 있고 사상이 있고 문명이 발달할 수 있는 것이다. 국가와 역사, 종교와 사유의 기원을 말에서 찾는 것도, 말 속에 인간의 본향이 있기 때문이리라. '세계문학'은 그 말의 바다요, 생각의 하늘과 땅이요, 역사의 형상이요, 미래의 비전이다. (……) '세계문학'은 말의 편린이 아닌 총합이며, 집대성인 까닭에 인간의 전 영역이다. 인간이 지향하는 사랑과 평화와 구원의 기원이 담긴 또 하나의 바이블이다." 다 읽고 나니 실로 숨이 턱까지 차오를 정도로 가슴이 부풀어 오른다. 이보다 더 원대하고 더 이상적인 인류의 기획이 또 있을까? 이 발간사 속에서 '세계문학'은 창해와 천지의 규모를 가뿐히 뛰어넘어 인간적 사유와 실천의 모든 영역을 아우르는 엄청난 개념이 되고 있다. 따라서 여기서 문학은, 그리고 세계문학은, 마치 한 권의 바이블을 짓는 것과 같은, 한 벌의 세계를 짓는 일과도 같은, 일종의 '창조'와 맞먹는 중량감을 지닌 무엇이 되고 있는 것.

그런데 이러한 거대한 개념의 '세계문학'은 우리에게 두 가지 종류의 거대한 착각을 불러일으키기에 충분하다. 먼저 역사적이고 분류법적인 관점에서의 착각이 있다. 인류 문명의 작은 일부분에 불과한 '문학'이라는 영역 혹은 장르가 과거와 현재와 미래에서 인류의 행보를 전체적으로 규정짓는 문화사적 보편 개념이라고 침소봉대해 생각하게끔 할 수 있는 사상적 폭력의 위험이 바로 그것이다. 다음으로, 첫 번째 착각의 당연한 귀결로서, 상업적인 혹은 경제적인 관점에서의 착각이 있다. 이 전집들만 완벽히 독파한다면 전 인류의 보편적 사유를 곧바로 체득하리라 믿게끔 만들 수 있는 과장된 광고의 폐해가 바로 그것이다(그리고 이것이야말로 '세계문학전집'이라는 근대적 편제가 지닌 가장 '보편적'인 믿음이자 소망일 것이다). '세계문학'의 거대하고도 보편적인 중요성을 강변하고 강권하고 있는 저 발간사는 말 그대로 지극히 상업적인 의미에서 하나의 광고 문구임과 동시에 지극히 상징적인 의미에서도 일종의 '경제적인' 프로파간다가 되고 있는 것인데, 이는 바로 여기서 '세계문학'이라는 개념이 지닌 가장 지독한 근대성의 징후가 드러나고 있기 때문이다. 인간이 보편적이고 예술적으로 조탁해낸 언어적 구성물의 '최고 정점'이 세상을 포착하고 재현하며 지배한다는, 그리고 세계는 문학으로서/써 주어지고 해석되며 다시금 갱신된다는, 저 유서 깊은 근대〔문학〕성의 거대 서사. 요한 볼프강 폰 괴테Johann Wolfgang von Goethe가 이른바 국민문학의 특수성과 인류적 보편성의 이상적 합일로서 일반적 '세계문학'의 개념을 제시한 이래, 우리에게 '세계문학전집'은 우리 가정의 가장 '내밀한' 정신적 영토인 책장의 안 보이는 저 구석 끝까지 파견된 근대성의 특파원, 우리 삶의 근대성이 지닌 알리바이의 적극적 옹호자이자 변호자의 역할을 톡톡히 해왔다. '세계문학전집' 한 질帙은 곧 그러한 근대적 담론과 생활의 풍경을 잉태하고 재현하며 애도하기 위한 하나의 질膣이기도 했으니.

우리의 몇몇 '세계문학전집'들:
'세계문학'이란 무엇인가?

그러나 '불과' 20년 전인 1990년대까지도 '잔존'했던 저 고색창연한 근대〔문학〕성의 거대 서사는 포스트모던이라는 사상적 광풍을 거친 우리 시대에 과연 완전

1 이 글은 같은 제목으로 『텍스트』 2010년 3월호에 수록되었다.

히 사라지기만 했던 것일까? 오히려 세계문학은 '여전히' 하나의 유령으로 남아 있는 것이 아닐까? 그 유령은 단지 유령으로서 그치는 것이 아니라 우리 시대에 다시 새로운 옷을 걸치고 익숙한 몸을 입고 있지 않은가? 우리가 '세계문학'이라는 이 유령을 기억하고 다시 바라봐야 하는 이유는, 그것이 죽지 않았기 때문에, 다시 말해 그것이 '유령'이기 때문에, 곧 그 유령이 부활하여 다시금 우리 주변에 출몰하고 있기 때문일 것이다. 최근 몇 년 동안 국내의 여러 굵직굵직한 출판사들이 경쟁적으로 '세계문학전집'을 다시 내놓고 있는 현상이 바로 그러한 출몰의 풍경일 터. 물론 이 세계문학전집들은 기존 전집들의 관행과 타성을 타파하려는 적극적인 의지를 갖고 있으며 그러한 의지는 몇몇 참신한 목록들을 통해서도 강조되고 있는 바이다.[2] 하지만 여기서 내가 문제 삼고자 하는 것은 바로 그러한 전집들이 권두나 권말에서 제시하고 있는 출간의 변이다. 왜냐하면 그러한 '출사표'야말로 그 전집의 출간이 기반하고 있는 문학적 이데올로기가 무엇인지를 가장 잘 읽을 수 있는 직접적이면서도 은밀한 징후이기 때문이다.

먼저 민음사 세계문학전집이 밝히고 있는 출간의 변을 읽어보자. "세대마다 문학의 고전은 새로 번역되어야 한다. (……) 오늘에는 오늘의 젊은 독자들에게 호소하는 오늘의 번역이 필요하다. 「두시언해」가 단순한 번역 문학이 아니고 당당한 우리의 문학 고전이듯이 우리말로 옮겨놓은 모든 번역 문학은 사실상 우리 문학이다. 우리는 여기에 우리 문학을 자임하며 오늘의 독자들을 향하여 엄선하여 번역한 문학 고전을 선보인다. 어엿한 우리 문학으로 읽히리라 자부하면서 새로운 감동과 전율을 고대하는 젊은 독자들에게 떳떳이 이 책들을 추천한다." 먼저 이 발간사가 힘주어 이야기하고 있는 번역의 문제와 세대의 문제는 여기서는 잠시 건너뛰도록 하자(그러나 이렇게 건너뛴 번역과 세대의 문제는 바로 뒤에 이어지는 의문 속에 녹아들어가 있다). 이 문장들 속에서 나의 주목을 가장 강렬하게 끄는 것은, 일견 너무나 당연하게 보이는, 그래서 오히려 일부러 눈여겨보지 않는다면 결코 '보이지 않을' 그런 사소한 단어들이다. 그것은 곧 "당당한", "어엿한", "떳떳이" 등, 일견 부차적으로 보이지만 단연 이 발간사의 핵심적인 어조를 담고 있는 단어들인 것. 이 말들은 '세계문학'과

'우리 문학' 사이에 놓인 어떤 시차時差/視差, 어떤 알리바이를 드러내면서도 또한 동시에 감추고 있다. 왜 그러한가? '세계문학'에 동참하지 않는 한 '우리 문학'은 한없이 초라하고 피폐하며 수치스러울 수밖에 없기 때문이다. 따라서 이 발간사가 전제하고 있는 것은 '세계'와 '문학'의 개념에 관한 하나의 특정한 이데올로기에 복속되어 있는 어떤 '희망 사항'에 다름 아니다. 그 '소박한' 희망에 따르자면 '우리 문학'은 어엿하게 '세계문학'과 당당하고 떳떳하게 어깨를 겨루어야 하는 것이며, 이러한 대의를 위해 '세계문학'은 '우리 문학'의 바깥에 있는 어떤 거대한 타자가 되어야 함과 동시에 그로 회귀하고 귀속되어야 할 하나의 절대적 동일자로서 등장하고 있는 것. 이번에는 문학동네 세계문학전집이 밝히고 있는 출간의 변을 읽어보자(이는 '세계문학'에 대한 일종의 '확인사살'이 되고 있는데). "한국문학이 세계문학의 변방에서 누리던 고요한 평화는 곧 아득한 과거의 추억이 될 것입니다. 한국문학이 세계문학의 중심부로 진입할수록 세계문학은 우리와 멀리 떨어진 이방의 산물이 아니라 우리 내부에 있는 타자로서 반성적 거울의 역할을 하게 될 것입니다. (……) 세계문학전집은 한국문학에 새로운 기운을 불어넣고 문학의 보편성과 특수성에 대한 새로운 시야를 열어젖힐 것입니다." 자, 이 문장들 속에서 '세계문학'의 개념을 둘러싸고 가장 첨예한 문제가 되는 것은 이른바 '중심부로의 진입'이냐 '변방에의 낙오'냐 하는,

2 여기서 잠시 '세계문학전집'에 대한 개인적인 취향을 밝히자면, 민음사 전집에서는 비톨트 곰브로비치Witold Gmbrowicz의 『페르디두르케』와 『포르노그라피아』, 베르나르 마리 콜테스Bernard-Marie Koltès의 『목화밭의 고독 속에서』, 토머스 핀천Thomas Pynchon의 『제49호 품목의 경매』, 잭 케루악Jack Kerouac의 『길 위에서』 등이(왜 이 전집의 42권이 안토니오 그람시Antonio Gramsci의 『감옥에서 보낸 편지』에서 라이너 마리아 릴케Rainer Maria Rilke의 『말테의 수기』로 바뀌게 되었는지 나는 아직 알지 못한다), 문학동네 전집에서는 필립 로스Philip Roth의 『휴먼 스테인』이, 대산 전집에서는 로렌스 스턴Laurence Sterne의 『트리스트럼 섄디』와 나쓰메 소세키夏目漱石의 『행인』 등이, 창비 전집에서는 폴란드 편 『신사 숙녀 여러분, 가스실로』가, 펭귄 전집에서는 페데리코 가르시아 로르카Federico García Lorca의 『인상과 풍경』, 윌리엄 버로스William Burroughs의 『퀴어』와 『정키』 등이 특히 반가운 목록들이다.

문학적이고 역사적으로 지극히 실존적이면서도 생존적인, 선택적이면서도 결코 선택적일 수 없는 하나의 '선택적' 물음이다(그리고 이러한 생존과 선택의 물음은 또한 우리가 왜 해마다 노벨문학상 수여 소식에 관심을 기울이는가라는 의문에 대한 하나의 '정치적' 답변이 되기도 한다). 곧 여기서 세계문학의 문제는 '문학'이라는 이름으로 수행되는 세계 체제의 대리전, 정치-문화적 헤게모니 투쟁의 장이 되고 있는 것이다(그러므로 발간사의 이러한 문법대로라면, 오히려 발간사의 저 문장들이 이야기하고 있는 것과는 정반대로, 사실 '세계문학'의 변방에 머물러 있던 〔것으로 생각되는〕 '우리 문학'은 결코 한 번도 "고요한 평화"와 "아득한 추억"의 아련하고 느긋한 느낌을 가질 수 없었던 것이 되어야 한다). 이 발간사가 말하고 있는 "보편성과 특수성에 대한 새로운 시야"란, 그것이 이미 그 자체로 세계문학의 보편성과 특수성이라는 특정한 패러다임을 전제하고 있는 한에서, 결코 새로운 것이 될 수 없다. 중심부와 변방의 대립/해소란 곧 보편성과 특수성의 대립/해소라는 전제로부터 바로 도출될 수밖에 없는 지극히 '근대적인' 문제의식이기 때문이다. 창비 세계문학전집의 경우는 이러한 도식의 보다 직접적인 사례를 보여주고 있다 하겠는데, 아예 문학의 국가별 분류법을 당연하게 전제하고 있는 듯한 편제(영국 편, 미국 편, 독일 편, 스페인/라틴아메리카 편, 프랑스 편, 중국 편, 일본 편, 폴란드 편, 러시아 편)가 그러하다. 바로 여기서 이 세계문학전집이 전제하고 있는 '세계'와 '문학'의 의미나 범위가 드러나고 있는 것(그렇다면 아마도 이것이 바로 창비의 저 '민족문학론'이 '세계-문학적'으로 발산되고 있는 하나의 징후가 아니겠는가). 대산 세계문학총서의 경우 국내에 잘 소개되지 않은 '고전'의 초역을 목표로 한다는 변별점이 있지만, 그렇다고 이 총서가 앞서 내가 문제 삼았던 '세계', '문학', '세계문학'의 개념을 새롭게 사유하고 있는 것은 아니다(소위 '정전正典'으로서의 고전이라는 기준은 여전히 유효하며 권장되고 발굴되기까지 하는 것이다). 곧 현재 우리에게 주어지고 있는 '세계문학'의 이데올로기란 어쩌면 언제부터인가 계속 동일하게 유지되어온 하나의 유서 깊은 '편견'일지 모른다. 그러한 '세계문학'이란 '우리 문학'이 민첩하게 포착하고 근원적으로 귀속되어야 할 어떤 "본향本鄕"으로 상정된 영역, 특수성을 기반으로 하지만 그러한 특수성을 넘어서 도달해야 할 하나의 보편성으로 설정된 지점에 다름 아니다. 따라서 현재의 '세계문학전집'들이 담고 있는 담론의 기본적 내용은 20년 전의 문법에서 크게 달라지지 않았으며(오히려 '문학적'이라기보다는 더욱 '정치적'이고 '경제적'이 되었다고 할 수 있을 텐데), 더 넓게는 그 20년 전의 문법 또한 보다 광범위한 '근대문학'의 규범과 분류법으로부터 그리 멀리 떨어져 있지 않은 것이다.

그러므로 '세계문학전집'을 구성하는 '진정한 고전'의 형식은 더도 말고 덜도 말고 바로 그 전집의 발간사 속에서 발견되는 무엇이다. 그래서 그 '고전'들은 국가의 역사와 민족의 문학이 어떤 특수성에서 출발하여 하나의 세계적 보편성으로 나아가는 근대적이고 변증법적인 길에 대해 실로 주옥같은 '명대사'들을 남기고 있는 것이다. 우리가 동시대의 역사에 과거와 현재와 미래로서 동참하고 있다는 거대한 역사적 환상을 불러일으키는 저 명대사들에, 우리는 아마도 거의 모두 깜빡 속아 넘어갈 것이다. 우리는 지금 '세계문학'을 읽고 있다는, 그래서 우리는 변방이 아니라 중심에 있다는, 또한 그래서 우리는 저 '세계'와 '문학' 앞에서 비굴하지 않고 떳떳하고 당당할 수 있다는 하나의 거대한 환상. 내가 '세계문학전집'에서 목격하고 체감하는 것은 바로 이 거대한 환상의 거스를 수 없는 매력과 위험이다. 따라서 지금 나에겐, 가장 오래되었지만 또한 가장 절실한 하나의 질문을 다시 묻는 일이, 더욱 시급해질 수밖에 없는 것이다.

근대, 국민, 국가, 문학을 둘러싼 물음들: '세계문학'이란 무엇이 되어야 하는가?

따라서 '세계문학'이란 무엇인가라는 질문은 그 자체로 근대적인, 너무나 근대적인 물음이다. 그러나 그 질문은, 그것이 '세계'의 개념과 '문학'의 개념을 동시에 다루고 있는 것이기에, 또한 그 자체로 근대를 넘어서는 물음이 되고자 한다. 따라서 결국 '세계문학'이란 무엇인가라는 질문은 그 자체로 근대적이면서도 탈근대적인 지극히 '문제적'인 물음이 되는 것이다. 여기서 나는 이 하나의 질문을 구성하는 세 가지 부속적 질문들을 다시금 지극히 '새삼스럽게' 던져보고자 한다. 첫째, '세계'의 개념이란 무엇인가? 이는 외견상 '세계'의 정의를 직접적으로 묻고 있는 물음이지만, 그렇기에 동시에 또한 국가, 민족, 국적의 의미를 그 배음으로 깔고 있는 물음이기도 하다. 세계의 개념과 정의는 현재의 국민국가 체제와 세계화라는 패러다임의 문제를 건드리지 않을 수 없는 것이다. 둘째, '문학'의 개념이란 무엇인가? 예를 들어 왜 '세계문학전집'의 주요 성분을 이루는 것은 시나 희곡이 아니라 소설인가? 이 문제는 근대의 문학적 형식과 세계문학의 개념이 탄생하게 된 문화사적이고 경제사적인 문제와 그 궤도를 같이하는 것이다. 셋째, 따라서 '세계문학'이란 무엇인가? 이 세 번째 물음은 다시 세 개의 물음으로 나뉠 수 있다. 첫째, 우리는 국가, 민족(국민), 국경, 국적의 개념을 넘어서는 비非-장소(비-국가), 난민(비-국민), 경계(사이), 무국적의 문학을 설정하고 상상하고 실행할 수 있는가? 둘째, 소설이라고 하는 지극히 '근대적'인 장르를 넘어서는 또 다른 장르, 또 다른 형식, 또 다른 문학적 지형을 우리는 '세계문학'이라는 이름으로 창출할 수 있는가? 셋째, 세계문학의 '진정한' 형태는 과연 존재하는가? 곧, 우리는 '문학'을 통해 어떻게 '세계'와 만날 수 있는가, 혹은, 우리는 '세계'라는 개념을 어떻게 '문학'을 통해 변혁하고 쇄신하며 따라서 새롭게 창안할 수 있는가? 그렇다면, '세계문학'이라는 개념과 '세계문학전집'이라는 편제는, 우리에게 이러한 근대성의 물음들을 첨예하게 제기하고 있다는 점에서, 그리고 바로 그 점에서만, '보편적' 문제의 형식일 수 있다. '우리'는 '세계'를, 그리고 '우리 문학'은 '세계문학'을, 어떤 정치 아래에서 어떤 미학으로 정의하고 재현하며 추구하고 있는가? 곧 이러한 '문학적' 물음은 그 자체로 이미 하나의 '정치적' 물음을 포함하고 있지 않은가?

따라서 우리의 '세계문학전집'이란 그 자체로 '제3세계적'인 형식의 대표적 편제라고 할 수 있다. 이른바 구미歐美에서는 우리가 현재 알고 있는 '세계문학전집'의 체제가 등장하지 않는다. 이는 구조의 문제이며 더 적확하게는 세계 체제와 헤게모니의 문제이기 때문이다. 비유적으로 그리고 극단적으로 말해, 구미에서 '세계문학'이 문학적 보편성의 알리바이를 완성시키고자 하는 '인류학적' 사례들의 어떤 수집벽蒐集癖을 의미한다면, 한국에서 '세계문학'이란 그러한 보편적 알리바이에 조급히 동참하고 동일화되고자 하는 '식민지적' 사후 약방문의 어떤 도벽盜癖을 의미하는 것이다. 그러므로 '세계문학'이란 그 자체로 보편적인 것이 아니라 오히려 국민국가별로 특수하며 차별적인 체계를 갖는 것이며, 우리의 '세계문학전집'은 그 자체로 '세계문학'인 것이 아니라 '우리 문학'의 특수성과 그 특수성에 대한 어떤 근대적 열등감이 드러나고 있는 징후인 것이다(그리고 바로 오직 이 점에서만 저 '세계문학전집'들의 발간사들은 어떤 '진실'을 말하고 있을 것이다). 세계문학은 만국 공통의 언어도 아니고 국제 표준의 분류 체계도 아닌 것. '우리의' 세계문학 개념이 하나의 '징후'이며 또 그런 '징후'로 읽힐 수 있는 이유는, 첫째, 그러한 세계문학이 '세계적으로' 국민국가들 사이의 위계와 서열과 헤게모니 관계가 어떤 순서로 어떻게 정렬되어 있는지를 보여주는 하나의 '국가적' 투시도이기 때문이며, 둘째, 또한 그러한 세계문학은 '국내적으로' 그러한 투시도가 특정한 '민족적' 방식으로 왜곡되고 곡해되어 변형/전유된 하나의 '이식 문학'이기 때문이다. 따라서 우리의 '세계문학전집'이란, 말 그대로의 '세계'를 대상으로 하는 광범위한 대외용/국제용이 아니라, 우리 문학의 '보편적 알리바이'를 위한 편협한 대내용/국내용[3]의 '세계문학'일 뿐이다('세계문학전집'이 지닌 이러한 '국내성'의 문제는 바로 그러한 '고전'들이 '학생들의 논술 시험에도 좋다'는 식으로 선전되는 '교육적' 광고 문구에서 가장 천박한 형태로 드러난다). 우리가 궁극적으로 그리고 결정적으로 물어야 할 질문은, 이러한 '세계문학전집'이 과연 지금 여기에서 무엇을 재생산하고 있는가 하는 물음이다.

이를 위해 먼저 서로 성격이 전혀 다른 몇 가지 질문들을 두서없이 던져

3 2008년 홀베르그 국제기념상 수상 강연에서 프레드릭 제임슨Fredric Jameson은 이러한 '세계문학'의 대외성과 국내성 혹은 보편성과 특수성의 문제를 "세계문학은 외무부를 두고 있는가Does world literature have a foreign office?"라는 다소 도발적인 물음으로 정식화한 바 있다. 문강형준 옮김, 「세계문학은 외무부를 두고 있는가?」, 『자음과모음』, 2009년 가을, 1109~1124쪽 참조.

보도록 하자(그런데 이 질문들의 '성격'들이 서로 어떻게 다른지를 포착할 수 있다면, 그래서 이 질문들이 그렇게 '두서없는' 것만은 아니라는 점을 간파할 수 있다면, 당신은 이미 저 '세계문학'이라는 거대한 근대성의 문제가 지닌 '문제적' 지평 위에 서 있는 것이다). 박경리의 『토지』와 조정래의 『태백산맥』은 '세계명작소설'인가 아니면 '한국대표문학'인가? 박상륭의 문학은 '세계문학'인가 아닌가, 혹은 그의 문학은 그 자체로 '세계적'인가 아니면 '한국적'인가? 바로 어제 갓 등단한 한국 작가의 소설은 '세계문학'의 범주에 속할 수 있는가? 박지원의 『열하일기』와 사드 후작의 『소돔 120일*Les cent vingt Journées de Sodome*』은 동일한 위계에 놓일 수 있는 '세계문학(들)'인가? 바로 이러한 질문들이 곧 세계문학이 지닌 보편성과 특수성, 세계 전체와 국민국가, 국제 언어와 민족 언어, 고전의 정의와 시대의 성격 등 모든 '세계-문학적' 물음들의 부분-전체인 질문들인 것이다. 그러나 우리의 '세계문학전집'들은 이러한 물음들을 묻고 있는가? 아니, 그러한 물음들을 물을 수 있는 체제와 편제를 그 자체로 갖고 있는가? '세계문학'이 무엇인지 묻기 위해서 우리는 먼저 이 질문들에 대답해야 한다. 하지만 또 다른 질문들이 있다.

차이와 불일치들의 '전집'을 위하여:
어떠한 '세계문학'을 요청해야 하는가?

그리하여 묻자면, 우리의 '세계문학'은 신자유주의적 질서에 격렬히 반대했던 시애틀 시위와 함께 행동할 수 있는가? 우리의 '세계문학'은 아이티의 비극을 함께 아파할 수 있는가? 우리의 '세계문학'은 아프가니스탄에서의 전쟁과 코펜하겐 기후협약의 문제에 대해 무엇을 말할 수 있는가? 그런데 만약 우리의 '세계문학'이 이러한 문제들에 답할 수 없다면, 아니 이러한 문제들을 물을 수조차 없다면, 우리에게 그러한 '세계문학'이란, 아니 그저 '문학'이란, 도대체 어떤 보편적 의미를 띨 수 있는가? 나는 여기서 저 '근대문학의 종언'이라는 테제에 관한 논쟁을 새삼 반복하고 싶은 마음은 없다. 그러나 이러한 문제들이 세계문학이라는 거대 서사가 지닌 어떤 '보편성'을 건드리는 것이라면, 동시에 우리는 그 세계문학의 '특수성'에 대해서도 이야기하고 되물을 수 있어야 하지 않을까? 우리의 저 '당당하고 떳떳하며 어엿하기까지 한' 세계문학은, 용산참사에서 죽어간 영혼들을 함께 애도할 수 있는가? '법치法治'라는 이름을 참칭하여 외려 '법치法癡'와 '법치法恥'의 나라를 만들고 있는 현재 우리의 '국민국가'에 대해, 우리는 '세계문학'의 이름으로 묻고 또 답할 수 있는가?

물론 누군가는 이 지점에서 내가 세계문학이 지녀야 할 어떤 '현재성'을 너무 즉물적으로 사고하고 있는 것은 아닌가 하고 반박할지도 모른다. 그러나 나는 여기서 사회 반영적 문학이나 현실 참여적 문학의 중요성 또는 필요성을 이야기하고 있는 것이 아니다. 당연하게도 문학은 단순한 물리적 실천이나 프로파간다가 아니며 또 그렇게 될 수도 없기에. 다만 내가 바라는 '세계문학'이란, 내가 소장하고픈 '세계문학전집'이란, 이러한 물음들에 답할 수 있어야 하는 것이지 않을까, 혹은 최소한 이러한 물음들을 물을 수 있어야 하는 것이지 않을까, 그런 생각을 해보게 되는 것이다. 따라서 세계문학이란 어쩌면 일종의 비교문학이 되어야 하는지도 모른다. 그러나 여기서 '비교문학'이란 일반적 학제에서 말하는 다국적 문학들 사이의 비교연구를 뜻하는 것이 아니다. 그 '비교'란 허구적 보편성의 완성을 위한 것이 아니라 오히려 잡다하고 불편한 차이들의 확인을 위해 필요한 무엇이다. 그리고 만약 세계문학이 존재할 수 있고 또 존재해야 한다면, 그 이유는 바로 이 불편한 차이들과 불일치들의 존재가 되어야 할 것이다. 그러므로 지금 여기서 요청될 수 있고 또 요청되어야 하는 이 차이와 불일치의 '세계문학전집'이란 어쩌면 그 자체로 불가능의 기획을 가리키고 있는지도 모른다. 그러나 나는 여기서 '세계문학은 없다' 따위의 부정적이고 확정적인 언사를 내뱉으며 어설픈 포스트모던의 몸짓을 취하지는 않을 것이다. 세계문학은 존재하며, 그러나 동시에 지금 존재하는 방식이 아닌 어떤 다른 형태로 존재하기를 요청받고 있다. 문제는 그 '세계'가 어떤 세계이며 또한 그 '문학'이 어떤 문학이냐 하는 것이다. 우리가 이 '세계적'이고도 '문학적'인 요청으로부터 한 순간이라도 자유로울 수 있을까? '세계문학'이 우리에게 불편하게 묻고 있는 물음은 바로 이것이다.

5악장 테제들의 역사를 위한 현악사중주[1]

바르토크의 조바꿈과 사티의 도돌이표 사이에서

나의 처음에 나의 끝이 있다In my beginning is my end.
/ T. S. 엘리엇, 「네 개의 사중주Four Quartets」

1. 역전된 침입, 혹은 현악사중주의 처음과 끝: 바르토크를 위하여

하나의 악보에서 시작해보자. 이 글이 '시작'으로 삼고자 하는 악보는, 다소 역설적일지도 모르지만, 한 음악의 '말미'에 해당한다. 벨라 바르토크Béla Bartók의 〈현악사중주 5번Streichquartett V〉의 마지막 악장인 5악장Finale에서부터 시작해보자. 여기서 문제는, 699번째 마디부터 시작되고 있는 어떤 역전된 '침입', 곧 무조無調로 일관되던 곡의 마지막 부분에 이르러서야 비로소 등장하고 있는, 그리고 그 갑작스러웠던 등장만큼이나 불현듯 퇴장하고 있는, 어떤 조성調性의 개입이다(여기서 내가 이러한 침입을 '역전된' 것이라고 말하는 것은, 그것이 조성에 대한 무조성의 구조적이고 전반적인 침입과는 정반대의 방향에서 이루어지는, 무조성에 대한 조성의 '순간적'이고 '낯선' 침입이기 때문이다). 말하자면 이는 A장조의 '역습'이랄까, 혹은 조표의 변환도 없이, 그것도 '무심하게con indifferenza'라는 지극히 무심하기 그지없는 하나의 지시문만을 수반한 채, 그렇게 얄미우리만치 스리슬쩍 이루어지는, 무조성에 대한 조성의 어떤 '복수'랄까(그러므로 여기서 'con

1 이 글은 처음에 「테제들의 역사를 위한 현악사중주」라는 제목으로 『자음과모음』 2009년 여름호에 수록되었다.

벨라 바르토크, 〈현악사중주 5번〉, 피날레: 무조성 안으로 침입하는 조성의 낯선 익숙함, 그 역설적 시간성과 인과성

indifferenza'라는 지시문은 A장조라는 조성을 하나의 '특정한' 조성으로 파악하지 않기를 당부하는 하나의 기호학적 표현, 혹은, 따로 특정한 조표를 바꿔 달지 않음으로써 그 A장조라는 조성을 심지어 하나의 '조성'으로도 파악하지 말기를 당부하고 부연하는 하나의 '형식적' 술어가 되고 있지 않은가). 이렇듯 급작스럽게 등장한 하나의 조성 아닌 조성(A장조)은, 이후 716번째 마디에서 '점점 느리게rallentando'라는 지시문과 함께, 언제 무엇이 있었던가 하는 찰나의 느낌만을 간직한 채(혹은 상실한 채), 다시금 무조의 음표들 속으로 파묻혀 사라진다. 마치 초대받지 못한 자리에 잠시 얼굴을 내밀었다 멋쩍게 사라지는 수줍은 불청객의 모습처럼, 혹은 심각한 연극의 중간에 자신의 차례도 인물도 찾지 못하고 커튼 뒤로 고개를 불쑥 들이미는 서툰 광대의 얼굴처럼.

그러므로 무조에 대한 이러한 조성의 '침입'은 여기서 두 가지 문제를 제기하고 있지 않은가. 첫째(이 자체가 또 하나의 물음을 예비하고 예고할 텐데), 왜 조성에 대한 무조성의 침입이 아니라, 반대로, 그 역逆이 문제가 되는가 하는 물음, 곧 왜 무조성에 대한 조성의 침입이 문제가 되는가 하는 물음이 있다. 둘째(이는 보다 '구조적'이고 '근원적'인 문제일 텐데), 한 음악의 예술적 통일성과 형식적 일관성은 어떻게 '구성'되는가, 혹은 어떻게 '감지'되고 '분할'되는가 하는 물음이 있다. 좀 더 자세히 말해보자. 첫 번째 물음의 정체는 이렇다: '안온한' 조성들의 해체와 재구축으로서의 '불온한' 무조가 문제인 것이 아니라, 오히려 여기서는 그 반대로 '편안한' 무조 사이를 갑자기 침입해 들어오는 '불편한' 조성이 문제라는 것, 곧 익숙하던 어떤 것이 갑자기 낯을 바꿔 낯선/날 선 모습으로 등장하고 다가오게 되는 '두려운/낯선 것das Unheimliche'의 경험이 문제라는 것. 이러한 경험은 '시간적' 선후 관계와 '구조적' 발전 관계로서 조성과 무조성이 맺고 있는 '역사성'과 '인과성'의 관계 방식을 뒤집는다. 얄궂지 않은가, 무조성이 조성을 해체하고 침입하는 것이 아니라 오히려 조성이 무조성을 흔들고 혼란케 한다니. 두 번째 물음의 정체는 이렇다: 통일성과 일관성을 깨는 듯이 보이는—아니, 그렇게 '들리는'이라고 해야 할 것인가—이러한 조성의 침입은 다시금 보다 큰 통일성과 일관성의 문법으로 포섭되고 있지 않은가 하는 문제. 여기서 더 적확한 문제의 형식은, '통일성'을 어떻게 이해할 것인가, 또는 '일관성'을 어떤 개념으로〔까지〕 이해할 것인가 하는 일종의 투정과도 같은 의문문이 된다. 그렇다면 이러한 개입 또는 침입은 하나의 '장난'일까, 아니면 하나의 '징후'일까. 그것이 '장난'과도 같은 놀이라고 한다면, 그 놀이란 확고한 조성의 질서를 깨는 무조성의 '참신함'을 문제 삼는 것이 아니라, 반대로 '안온하게' 이어져온 무조성의 선율에 일침을 가하는 조성의 '익숙한 불편함' 그 자체를 문제 삼고 있는 것이기에, 그 갑작스러운 선율들의 재구성과 해체는 우리에게 '익숙함'이란 과연 무엇인가라는 '징후적' 질문들을 던지는 놀이이기도 하다. 신비하지 않은가, 때로는 가장 익숙한 것이 또한 가장 낯설게 날을 세우며 다가올 수도 있다는 사실이. 그래서 이 질문(들)은 아마도 '형식주의'에 대한 물음의 형태가 아니라, 더 적확하게는, 물음에 대한 '형식' 그 자체가 될 것이다.

이 악보의 '형식'에 힘입어, 그리고 또한 이 형식적 '악보'에 힘입어, 여기서 나는 테제들의 역사에 관한 '음악적' 가설들의 한 묶음을 제시하고자 할 것이다. 왜 여기서는 '역사적' 테제들이, 그리고 그러한 테제들의 어떤 '역사'가 문제가 되는 것인가? 테제란 무엇보다 가장 단순하고 극명한 형태의 철학적/정치적 '정식'임과 동시에 일종의 '구멍 뚫린 텍스트'[2]이기에, 그리고 그러한 텍스트의 '지시문'에 따르는/반反하는 어떤 연기와 연주를 기다리고 기대하고 있는 일종의 '희곡'이자 '악보'이기도 하기에. 따라서 나는 한 명의 '배우'이자 '연주자'로서, 이 '희곡'이 지닌 구멍을, 이 '악보'가 지닌 어떤 간극을, 메우거나 비우면서, 또한 가장 '표현적으로/표정을 풍부하게 espressivo' 연기하고 연주할 것이다. 그러므로 여기서 이 '음악적' 가설들은 '명제'의 형식이 아니라 오히려 '형식'이라는 명제로 제시될 것이다. 이 글의 흐름 안에서는 오직 이 점만이, 곧 명제라는 형식과 형식이라는 명제 사이의 이 차이만이, 가장 중요할 것이다, 라고 먼저 밝혀둬야 할 텐데, 그러나 하나의 글 안에서 그 글의 중요성이 어디에 있음을 손가락을 들어 가리키고 있는 이 지극히 '수행적'인 행위란, 오히려 바로 그 가리킴 안에서 자신의 일차적이고 직접적인 '수행성'을 상실하고 있지 않은가, 하는 물음이, 또한 나의 세 번째 문제가 될 것이다. 아마도 이 글은 바로 이러한 글 자체의 어떤 '불가능성'에 바쳐질 것이다. 그리고 또한, 아마도 바로 이러한 '불가능성'〔만〕이 중요할 것이다, 라고, 나는 다시 한 번 개입하고, 다른 자리에서 침입하며, 반복하듯 읊조린다. 따라서 바르토크의 어떤 '끝'으로부터 시작한 나의 이 '처음'은 무엇보다도 하나의 알레고리가 될 텐데, 나는 이 악보가 담고 있는 몇 개의 주제악구들을 밑천 삼아 몇 개의 현악사중주를 연주하고 변주할 것이다. 이 곡의 제목은 '테제들의 한 역사'이다.

2. 제1바이올린, 혹은 첫 번째 사중주: 18세기의 테제, 칸트를 위하여

제1주제는 18세기의 테제, 곧 칸트의 「세계시민적 관점에서 본 보편사의 이념」이 불러일으키는 '세계시민'과 '보편사'라는 악상樂想으로부터 시작할 것이다.[3] '목적론으로서의 자연'이 투영된 보편사, 그리고 이에 기반하고 있는 어떤 '인류애'의 집단〔으로 상정된〕 UN의 무력함과 불능을 가장 징후적으로 드러내는 것이 바로 북한임을 상기할 때, 우리는, 마치 북한의 로켓 발사에 대해 뒤틀린 역설의 탄성을 내뱉는 어떤 이들처럼, 북한이라는 국가가 제기하는 세계시민의 '불가능성'이라는 문제적 지형에 대해 일종의 '민족적 자긍심'이라도 가져야 하는 것은 아닐까? 아마도 '민족적 자긍심'을 가질 수 있는 가장 '세계시민적'이고 '보편사적'인 상황이 있다고 한다면,

2 여기서 나는 안 위베르스펠드Anne Ubersfeld가 연극을 '정식화'하는 표현인 "구멍 뚫린 텍스트le texte troué"를 테제라는 '역사적' 형식에 적용하고자 한다. 이 표현에 대해서는 Anne Ubersfeld, *L'école du spectateur*, Paris: Éditions sociales, 1981 참조.

3 Immanuel Kant, "Idee zu einer allgemeinen Geschichte in weltbürgerlicher Absicht", *Kants Werke: Akademie Textausgabe, Band VIII*, Berlin: Walter de Gruyter, 1968 참조. 국역본은 이한구 편역, 『칸트의 역사 철학』(개정판), 서광사, 2009.

역설적이지만, 그것은 바로 우리의 '분단 상황' 그 자체가 아니겠는가? 이 말이 지닌 '법적' 의미를 오해하여 나를 국가보안법으로 고발할지도 모르는 난독증 환자들의 어떤 충정 어린 '공명심'을 피하기 위해 다시 한 번 강조하자면, 이는 하나의 반문, 그러나 언제나 부정의 답만을 예상하게 되지는 않는, 그런 역설적인 반문이라는 사실을 밝혀두는바, 문제는 이러한 반문이 그에 답변하지 '못하는' 어떤 불능을 사전에 전제하는 물음이 아니라 오히려 질문과 대답의 구조 그 자체를 '가능케' 하고 촉발시키는 어떤 '불가능성'의 물음이라는 사실이다.

현실의 생활 양식과 사고방식은 아직 민족주의와 국가주의라는 제도적/개념적 존재의 자장과 효과를 거부하고 그로부터 탈피할 수 있을 만큼 충분히 발전하지 못했다는 하나의 '가설'이 있다. 이는 언뜻 민족주의/국가주의를 하나의 현실로서 인정하는 지극히 '현실주의적'인 사고로 보이지만, 사실 이는 궁극적으로는 '선한' 민족주의/국가주의의 완성이 바로 그 민족주의/국가주의의 폐해와 부작용들을 지양하고 해소할 수 있다고 생각하는 일종의 '초극주의적' 사고이다. 그러나 무엇보다 극복과 지양의 변증법이 지닌 가장 '현실적'인 판본으로서의 이러한 '초극'은 칸트적인 의미에서의 '초월'이 결코 아니다. 세계시민적 관점에서 바라본 보편사, 바로 그 보편사적인 의미에서 우리에게 통일의 의미는 무엇인가. 돌이켜보자면, 각각 상대방으로부터 '민족편향주의'와 '계급환원주의'라는 편협한 규정어로 명명되었던 사회정치적 사조의 양대 산맥이 존재했고 또 여전히 존재하고 있다. 누군가는 이 흐름들을 각각 'NL'과 'PD'라는 약칭의 이름으로, 혹은 '해방적 내셔널리즘'과 '보편적 세계시민주의'라는 긍정적 이름으로 부르기도 했겠지만, 무엇보다 내게 이 두 개의 흐름은 두 곡의 노래로 각각 대변되고 상징되는 지극히 '음악적'인 것이기도 하다. 송창식 작곡, 김민기 작사의 〈내 나라 내 겨레〉와 사회주의 운동의 송가인 〈인터내셔널 가歌〉가 바로 그것. 내가 이 두 개의 노래 사이에서 느끼게 되는 어떤 '불편함' 혹은 어떤 '위화감'의 정체란, 바로 민족주의와 국가주의의 완성과 초월이라는 저 오래된 '근대적' 의제 설정으로부터 직접적으로 기인하는 것이다. 하나의

‘분단 상황’, 세계에서 오직 유일하게 ‘근대민족국가’로서의 통일을 이루지 못한 하나의 ‘이중 국가’, 말하자면 이것이야말로 바로 ‘우리(내 나라 내 겨레?)’가 처한 특수한 역사적/정치적 상황을 설명하는 가장 ‘적확한’ 술어겠지만, 나는 ‘우리’의 이 특수한 상황 자체가 오히려 민족/국민국가nation-state라고 하는 저 ‘역사적 보편성’의 가장 극명한 징후를 드러내는 독/약pharma-kon으로서의 어떤 ‘특수한 보편성’이 아닐까 하고 생각해보는 것이다. 아마도 바로 이 때문에 국민국가 체제의 집단화 혹은 중앙화로 대표되는 우리의 ‘세계’는 그 자신의 징후를 ‘봉합’하고 ‘은폐’하기 위해 북한 문제 혹은 한반도 문제에 그렇게 큰 촉각을 곤두세우고 있는 것은 아닌가.

바로 이러한 의미에서, ‘우리’의 특수한 상황, 특수한 갈등이 한반도에서 살아가는 사람들의 생활 양식과 사고방식에 지대한 영향을 미치고 있다는 현상은 그 자체로 하나의 ‘사실’이 아니라 하나의 ‘징후’로 파악되어야 한다. 민족주의/국가주의라는 하나의 ‘역사적 특수성’ 안에서 사고된 ‘통일’의 주제를 하나의 ‘사실’로서 받아들인다는 것은, 그것이 외형적으로 추구하고 갈구하는 듯이 보이는 어떤 ‘소원’과 ‘소망’을 오히려 배반하면서 소위 ‘비정상적’인 분단 체제를 의도치 않게—혹은 ‘의도적으로’—고착시키고 악용하게 되는 측면이 있기 때문이다. 따라서 문제는, 현실적으로 작동하고 활동하고 있는 민족과 국가의 개념에 대한 천착과 그 극복에의 의지에 덧붙여, 동시에 이 ‘징후적’ 개념들을 그 바닥과 한계에 이르기까지 ‘소진’시키고 그 ‘불가능한’ 가능성의 실체와 마주하기를 병행하는 작업이 되어야 하지 않을까. 이러한 병행이 소위 ‘국가 및 민족의 소멸’이라는 지극히 ‘이상적’인 대안과 거리를 두는 것은, 하나의 ‘불가능성’ 혹은 하나의 ‘아포리아’를 증거로 들면서 민족과 국가의 개념이 징후적인 것이기에 ‘폐기’되어야 한다고 주장하는 것이 결코 아니라는 점 때문이다. 특히나 ‘탈근대’를 고민하는 입장에서라면, 근대와 탈근대 사이의 어떤 ‘명시적’이고 ‘환상적’인 대립에 대한 강조와 그 지양이 아니라, 바로 이러한 ‘극소의’ 차이에 대한 섬세한 구분이 오히려 더욱 절실히 필요해지고 중요해지는 것. 이러한 병행이란 어쩌면, 가장 ‘현실적으로’, 하나의 현상과 하나의 이상 사이에서 지속적으로 '기우뚱한 균형'을 잡아가려는 이론적/실천적 노력의 형태일지도 모른다. '기우뚱한 균형'에 이어 역시나 김진석의 개념을 차용하자면, '초월'의 자리란 어쩌면 바로 이러한 '포월匍越'의 자리에서 출발하고 완성되고 다시금 시도되는 것일 터.

그러므로 '선한/건강한' 민족/국가주의가 따로 있고 '악한/건강하지 못한' 민족/국가주의가 따로 있는 것은 아니다. 민족/국가주의는 그 자체가 역설적이게도 항상 어떤 '불건강성' 위에 기반하고 기초할 수밖에 없는 지극히 징후적인 '건강성'의 담론이다. 지연되고 미완된 근대적 과제로서의 통일이라는 개념은, 말하자면 '단계적〔으로 이루어져야 할 것으로 상정된〕 혁명론'이나 '부르주아 사회 이후에 도래할 〔것으로 상정된〕 공산주의의 역사적 운동 법칙' 따위의 논의를 떠올리게 하는, 일종의 '목적론적' 측면을 담보하고 있는 것이다. "우리가 간직함이 옳지 않겠나"라고 반문하는 〈내 나라 내 겨레〉의 문법과 어조 안에서, 내가 불끈하고 울컥하는 '민족적' 감상을 느끼면서도—마치 하나의 핏줄처럼 '도도히' 흐르는 민족과 국가의 저 이데올로기적 강수江水가 '체질적으로' 불러일으키는 이 감정적 반응 속에서, 과연 누가 그러지 않을 수 있겠느냐만—동시에 그것이 정말 말 그대로 '옳은가' 하는 또 다른 반문을 품게 되는 것은, 아마도 저 민족/국가라는 개념이 은연중에 하나의 이상성으로 상정하는 어떤 '건강성' 그 자체가 하나의 근원적 '불건강성' 위에, 곧 어떤 도착과 패착 위에 기초한다는 사실 때문일 것이다. 그렇다면 '건강한' 민족주의 혹은 '건전한' 국가주의의 조건들을 생각하는 방식은 일종의 '부정의 부정'을 통과할 수밖에 없을 텐데, '내 나라 내 겨레'로서의 '우리'가 보편사적 세계사에 '기여'하고 '공헌'할 수 있는 부분이 있다고 한다면, 그것은, 단지 한국인 출신 UN 사무총장을 배출하는 따위의 '민족적 자긍심 넘치는' 일이 아니다(소위 '노동자/민중의 전 세계적 단결과 통합'의 여정이 거쳐 온 역사적 패착의 길 위로, 또한 소위 '세계 평화를 위한 국가들의 연합'이라는 명목을 내세우는 UN 자체가 바로 그 '평화'에 대해 극도의 무력함을 노출했던 저 모든 실패의 여정들이, 지극히 '상동적'으로 겹쳐지고 있지 않은가). 그러한 것이 있다고 한다면, 그것은 오히려 한반도의 '역사적'이고 '지정학적'인 상황 그 자체가 역으로, '불건강성'을 '건강성'으로 덮고 있는 저 민족/국민국가 체제의 상징적이고 폭력적인 '일반성'에 대해, 일종의 파열하는 '실재'로 작용할 수 있다는 점, 바로 그 점이 아닐까. 그리고 바로 세계사 속의 이러한 '실재'로 이해된 한국사야말로, 역설적으로, 가장 적극적인 '세계사적 기여'가 아니겠는가. 바로 이런 의미에서 나는 한반도와 통일이라는 주제를 '세계'라는 하나의 상징체계에 대한 일종의 '치명적 실재'로 이해한다. 내가 민족/국민국가 안에서 모종의 '건강성'을 발견할 수 있다면, 그것은 바로 이러한 실재가 지니는 '수행적 불건강성'일 것이며, 내가 '조국'이라는 단어로 생각하고 품게 되는 나만의 '민족적 감수성'이 있다고 한다면, 그것의 대상은 또한 한반도가 지닌 세계사적 '실재'로서의 역사적/국제〔정치〕적 파국의 지위일 것이다. 그러므로 여기서 소위 '민족 해방'의 길과 '민중 민주'의 길은 감각적인 것의 분배 방식에 대한 일종의 전복과 이종 교배의 작업 위에서 겹쳐지고 있지 않은가. 또한 여기서 이러한 '이종 접합'이 하나의 정치적 과제로, 아니 숫제 그 자체로 하나의 '정치'로서 제출되고 있지 않은가. 근대 민족/국민국가의 '완전한' 완성을 위한 하나의 전제 조건이자 선결 조건으로 이해되고 추구되는 통일이란, '선진국화'에 대한 저 모든 도착적인 담론들의 기초와 크게 다르지 않다. 오히려 우리는 그러한 통일의 담론으로부터 이탈한 지점에서 비로소 통일을 생각해야 하지 않을까. 그런 의미에서 우리에게 '분단'이란—이 '분단'이라는 단어로부터, 그 단어를 '신비화'하고 '신격화'할 수 있는 모든 수식과 형용의 요소들을 과감히 차단하고 생각하건대—어떤 의미에서 우리에게는 하나의 '저주'이자 '축복'이 아닌가. 따라서 우리에게 '통일'이란 근대적 상식의 복원과 복기라기보다는, 바로 그러한 상식의 가능 조건들을 비판하고 파열하는 데까지 나가는 어떤 것이 되어야 하지 않나. 이러한 의미에서 우리의 역사적/현실적 상황은 어쩌면 '통일'이라는 근대적/민족적 개념을 통해 일종의 '사고 실험'을 수행할 수 있는 지극히 관념적인 여건이 되기도 하는 것이다(그런데 이것은 '관념의 약점'이라기보다는 '현실의 강점'이 아닌가, 혹은, 이러한 관념의 '사고 실험'은 현실의 '핵 실험'만큼이나 위험하고도 모험적인 줄타기인 것은 아닌가). 소위 '영구 평화'와 '평화 공존'의 기틀을 마련하는 것은 일개 민족/국민국가의 힘으로는 불가능하다(그렇다고 그러한 국가들의 '연합'으로 상정된 UN이 그렇게 할 수 있는 것도 아니다). 우리의 '상황'은 어쩌면 그러한 근대적 국민국가들 사이의 '평화'라는 상식의 체계 그 자체 속에 포함되어 있는 균열의 양가성을 더욱 노출시킬 수 있는 '역사적 소여' 그 자체는 아니겠는가. 이러한 역사적 소여로부터 도출되는 하나의 '목적론적'이고 '역사주의적'이며 '지정학적'이고 '세계사적'인 한반도의 '소명'이 있다고 한다면, 그것은 흔해빠진 정치가들이 지극히 유토피아적으로 제시하는 '동북아 정치/경제의 허브' 또는 '세계가 놀란 G20 개최국' 따위의 식민주의적이고 신자유주의적인 모토로 요약될 수 없다(이러한 '힘의 균형점'으로서의 정치적 위치 부여는 칸트적인 의미에서 '현상적'이기 때문이 아니라 라캉적인 의미에서 '환상적'이기 때문에 문제가 되는 것). 한반도의 근대와 한민족의 통일이라는 도착적이고 착종된 근대적 '병리성' 자체를 백안시하는 저 '균형점'의 담론은 그 자체로 가장 '병적'인 자화자찬이기 때문이다. 그러므로 또한 이러한 시작은, 하나의 끝을 내포하고 있지 않은가. 또는, 이 난국/파국으로서의 끝은, 여전히 어떤 사유의 시작을, 아직 시작되지 않은 하나의 시작을, 이미 포함하고 있지 않은가. 통일을 하나의 '끝'이 아니라 하나의 '시작'으로 보자는 가장 '통속적'이고도 가장 '민족적'인 자기다짐 내지 자기암시는 바로 이러한 근대적이고 병리적인 '불건강성' 속에서 파악될 때 오히려 그 자신의 '통속성'과 '민족성'의 굴레를 털어낼 수 있는 것은 아니겠는가. 이러한 물음은 또한, 가장 민족적인 노래인 〈내 나라 내 겨레〉도 아니고 가장 국제적인 노래인 〈인터내셔널 가〉도 아닌, 지극히 '중립적'이고 '자연적'인 것으로 상정된 또 하나의 익숙한 노래 〈우리의 소원은 통일〉의 어떤 '악보'를, 그리고 그 악보가 담고 있는 가장 끔찍한 징후를 다시금 눈을 씻고 들여다보게 되는 이유가 된다.

3. 제2바이올린, 혹은 두 번째 사중주: 19세기의 테제, 마르크스를 위하여

제2주제는 19세기의 테제, 곧 마르크스의 「포이어바흐에 관한 테제들」이 불러일으키는 '유물론적 이름'에 관한 악상으로부터 시작한다.[4] 마르크스가 포이어바흐의 이름을 문제 삼았다면, 곧 포이어바흐의 이름을 통해 기존의 유물론에 대해 다시금 문제를 제기하고 있다면, 여기서 나는 바로 마르크스의 이름으로, 마르크스라는 이름에 대해, 하나의 문제를 제기하고자 한다. 그의 이름은 어떻게 오는가. 내가 주목하고자 하는 것은 마르크스의 이름이 한국어 안에서 갖는 표기의 차이와 그 파장이다. 말하자면, '마르크스'와 '맑스'의 차이에 대하여. 외국어 표기의 표준적 규정에 의거해 대부분의 경우 우리는 'Marx'를 '마르크스'로 쓰고 있지만, 우리에게는 또한 '맑스'라는 표기 역시나 결코 낯설지 않다. '마르크스'라는 표준적 표기 규정에 대해 '맑스'를 고집하는 것, 나는 거기서—이 두 종류의 표기법 사이에 있을 수 있는 그 어떤 가치 판단적인 규정도 배제하고 말하건대—일종의 '순수함'에 대한 무의식적 열정을 본다. 하여 나는 상상하고, 공상해본다, 어쩌면 이는 곧, '맑고자' 하는 어떤 구별 짓기에의 열망, '마르크스'라고 탁하게 말하지 않고 '맑스'라고 맑게 말하려는 욕망, 혹은 '그들'의 입으로 저주하듯 부르는 '마르크스'의 이름과 '우리'의 입으로 힘차게 불러보는 '맑스'의 이름을 구별하고자 하는 어떤 '순수한' 구획과 대립의 열정은 아닐 것인가, 하고. 어찌하여 소위 '주류 담론'의 매체들에서는 표준적 외국어 표기법이라는 '미명'하에 '마르크스'라는 표기를 고집하고, 그에 비해 상대적으로 '비제도적'이며 '비표준적'인 매체로 분류되는 어떤 책들에서는 '맑스'라는 표기를 고집하고 있는가(혹은 '주류적'인 매체라고 하더라도, 예를 들어 '창비' 같은 곳에서는 왜 굳이 '맑스'라는 표기를 고집하고 있는가)를 한

4 Karl Marx, "Thesen über Feuerbach", *Marx/Engels Werke(MEW)*, *Band 3*, Berlin: Dietz, 1958 참조. 국역본은 『칼 맑스/프리드리히 엥겔스 저작선집』 1권, 박종철출판사, 1991.

번 생각해보자. 이는 외국어 발음에 관한 한국어 표기의 확정을 둘러싼 투쟁이라는 심급, 곧 단순히 언어학적인 이론에만 국한된 지극히 '중립적'인 심급에서만 결정되는 문제가 결코 아니다. 'Marx'의 이름을 어느 쪽에서 어떻게 (한국어로) 전유하고 소유할 것인가 하는 '선택'과 '독점'의 문제는, 단순한 표기법의 문제가 아니라, 일종의 '정치적' 명명법의 투쟁이 되고 있는 것(덧붙여, 하나의 계급을 '근로자'로 부를 것인가 아니면 '노동자'로 부를 것인가 하는 명명법의 문제 역시 이러한 '마르크스/맑스'의 표기법이라는 투쟁의 연장선상에 있는 것임을 첨언해두자[5]).

이 이름의 문제를 잠시 에둘러 가보자. 2005년에 소설가 김영하는 천명관의 소설 『고래』에 대한 단평[6]에서 이렇게 쓴 바 있다: "어쨌든 이런 결과로 '정통 문학 수업'을 받고 작가가 되면 '문학이 될 수 있는 것'과 '문학이 될 수 없는 것'에 정통하게 되겠고, 미지의 영역을 찾아 모험을 떠나기보다는 자기 속으로 파고들며 이른바 '내면'과 '문체'에 집중하게 되지 않을까 하는 생각을 해본 적이 있다. 반면에 소설에 비해 훨씬 제약이 강한 장르에서 훈련을 받았던 사람이 소설판으로 넘어오면 어떤 일이 벌어질까. 이를테면 영화판에서 시나리오를 쓰던 사람이라면? 시나리오는 이야기를 적는다는 점에서는 소설과 같으나 그 제약의 강도에서는 오직 희곡만이 그와 견줄 수 있을 뿐이다. (……) 지난해 문학동네 소설상을 수상한 천명관의 『고래』는 영화판에서 잔뼈가 굵은 작가가 소설을 쓸 때 어떤 일이 벌어지는가에 대한 흥미로운 힌트를 준다. (……) 그러나 쇼가 끝난 후, 독자들의 마음속에서 이런 의문이 피어오르는 것을 막을 수는 없을 것이다. 인물의 내면, 묘사의 밀도를 생략하고 '순수한 이야기'만으로 가득 채운 이 작품이 과연 현대 소설의 나아갈 바일까? 만약 그렇다면 대저 소설이란 무엇인가. 정말 이야기의 버라이어티쇼, 그것뿐이란 말인가." 이 단평을 읽고 난 후 나는, 김영하의 저 마지막 문장과 똑같이, 근대문학의 질문들 가운데 가장 진부하다고 할 수 있을 다음과 같은 물음을 다시금 던지지 않을 수 없었다: 〔그렇다면 도대체〕 소설이란 무엇인가. 김영하의 글에서는 이상하게도 하나의 표리表裏가 공존한다. 다르게 말하자면, 이는 '표'와 '리'를 동시에 드러내고 있는 글, 하나의 딜레마를 그 자체로 보여주고 있는 글이라는 것. 오직 바로 이러한 점에서만 이 글은 '매력적'이며 또한 '징후적'이다. 김영하는 천명관의 『고래』가 단지 "순수한 이야기"들만의 나열이며 "인물의 내면, 묘사의 밀도를 생략"했다고 말하고 있는데, 과연 『고래』가 그러한가 하는 의문은 일단 차치하고라도, 바로 이 의문에 대한 답은 김영하 스스로가 순서를 바꿔 글의 초입에서 이미 제시하고 있지 않은가 하는 흥미로운 의문이 먼저 일어나는 것이다.

'내면'이란 무엇인가. 이른바 '모더니즘' 소설이 그 주제로 삼고 있는 개인의 공간, 그리고 그러한 개인을 효과적으로 형상화할 수 있는 문학적 방법론인 심리 묘사에 대한 근대〔문학〕의 등록상표trademark가 바로 내면이다. 김영하가 예로 드는 "잡담, 괴담, 객담, 민담, 루머" 등의 다양한 이야기 형태들이 죽었다 깨어나도 '소설'이 될 수 없는 이유가 바로 여기에 있는 것이다(예를 들어 돌이켜보자면, 어떤 의미에서 김윤식의 저 모든 저작들은 바로 이러한 '〔근대〕 소설이 〔근대〕 소설이 될 수밖에 없는 이유' 혹은 '〔근대〕 소설이 아닌 것은 결코 〔근대〕 소설이 되지 못하는 이유'에 대한 거대한 천착의 작업이 되고 있지 않은가). 왜냐하면 모든 소설이란 적확하게 말해서 언제나 '모더니티 소설'일 수밖에 없으며, 따라서 반드시 '내면'에 대한 어떤 식의 '성찰'과 '반추'를 요구하는 것이기 때문이다(다시 한 번 김윤식의 예를 들자면, 그는 박상륭의 작품들 중 『평심』이 근대적 소설의 형

5 '마르크스/맑스'라는 기표적 차원의 균열과 더불어 여기서 '근로자/노동자'라는 심성사적心性史的 차원의 이데올로기적 균열을 지적해두는 이유는, '근로자'와 '노동자'라는 단어 사이의 선택이야말로 정치적이며 미학적인 분류법의 투쟁을 가장 극명하게 드러내는 지점이기 때문이다. 일견 '부지런히 일하는 이'의 가치를 지극히 공평하고 중립적으로 강조하고 있는 듯한 '근로자勤勞者'라는 단어는, 노동운동 '따위'에 한눈팔지 않고 오직 가족과 사회와 민족과 국가의 번영을 위해서만 '부지런히 일하는' 노동자의 형상만을 가치 있는 것으로 인정하려는, 실로 지극히 이데올로기적 개념이다(따라서 'May Day' 또한 그저 '근로자의 날'이 되어야만 했던 것).

6 김영하, 「소설, 너는 누구냐?」, 『시사저널』, 797호 참조.

식으로 귀화한 한 '패관稗官' 혹은 '잡설가雜說家'의 '귀향'을 보여주고 있다는 점에서 오직 『평심』만이 비로소 근대적 소설비평의 '유효한' 대상이 될 수 있었음을 언급한 적이 있었는데,[7] 오직 이러한 모더니티의 형식으로 도래하는 것만이 하나의 '소설'이—'잡설'이 아니라—될 수 있다는 점에서 김윤식의 기준은 확고하며, 또한 그러한 '확고함'에 의해 그 비평 작업의 상징계는 가장 '확고하게' 동요한다, 바로 박상륭이라는 한국 〔근대〕 문학의 가장 극단적인 '실재' 안에서). 이렇듯 무엇이 소설이고 무엇이 소설이 아닌가라는 문제는 기준점만 확실히 잡는다면, 그리고 그것도 여러 가능한 기준점들 중에서 가장 강력하고 선험적a priori이기까지 한 '모더니티'라는 규준만 잡는다면, 아주 확실하고 명확하게 해결될 수 있다. 그러나 주지하다시피, 이 명확한 기준은 바로 그 명확성 때문에 흔들리고 요동친다. '모더니티'는 바로 이러한 동요하는 유동성 안에서, 오직 그 안에서만 가장 명확한 개념이 된다는 의미에서, 그 자체로서 가장 '모더니즘적'인 개념으로 자기증식을 행하는 것이다. 그렇다면 김영하의 저 글은 그 자신이 생각하는 소설에 대한 기호론嗜好論이지—결코 이것이 '기호론記號論'이 아님에 유의하자—소설의 세태와 그것의 나아갈 바를 걱정하는 일종의 '시국선언문' 같은 것이 되어서는 안 될 일이었다. 김영하가 『고래』를 단순히 "이야기의 버라이어티 쇼"라고 느끼는 것은 그가 소설에 대해 갖고 있는 어떤 기호와 기준 때문일 뿐, 그렇다고 실제로 『고래』라는 한 편의 소설이 '소설'이 아닌 것으로 바뀌는 것은 아니며 또한 소설이 나아갈 바가 되지 못하는 것도 아니다. 나 역시도 『고래』를 크게 좋아하는 편은 아니지만(그러므로 이는 또한 나 자신의 한 '기호嗜好/記號'를 밝히는 일이기도 하겠지만), 그러한 선호의 문제와는 별개로 이미 『고래』는 제도적으로, 그리고 형식적으로, 하나의 소설이 되었고 또 되고 있는 것. 이것이야말로 근대의 가장 핵심적인 문학 장르인 소설, 동시에 근대와 탈근대 사이에 '불시착'한 가장 '불확정적'인 문학 장르이기도 한 소설이 지닌 가장 큰 '매력'이자 '마력'이 아니겠는가. 그러므로 또한 '문학이 될 수 있는 것'과 '문학이 될 수 없는 것'의 구별과 결정이란, 그 자체로 이미 '감각적인 것의 분할'이라는 문제가 되고 있는 것.

사실 보다 중요한 문제점은 이렇다: 모더니티와 산업 사회를 배경으로 태어났던 '소설'이라는 장르의 윤곽과 범위 자체가 이미 오래전에 지각변동을 겪었다는 것이다. 그리고 이러한 진부한 상황 진단 못지않게 더 진부한 사실은, 김영하의 글에서 잠깐, 아주 잠깐 드러났듯, 그 지각 변동의 여러 현상들 중에서 가장 중요하게 꼽을 수 있는 것이 또한 바로 장르들 간의 교접과 장르 밖으로의 이탈이라는 점이다. 내면과 묘사의 밀도에 대한 김영하의 안타까운 호소는 바로 이러한 '잡종 교배'와 '무단가출'에 대한 염려의 잔소리, 소설의 '순수한 혈통'에 대한 완고한 고집이 지닌 또 다른 얼굴일 수 있다(김영하 스스로가 자신의 작품들이 종종 '영화적'이라는 세평을 듣는다는 사실을 망각한 것일까, 아니면 싫어하는 것일까, 또한 시나리오와 희곡이 갖고 있는 것으로 상정되는 어떤 '불완전성'이란 실은 '내적으로 완벽하게 통일되어 있으며 그 자체만으로도 독립적으로 존재할 수 있는' 〔것으로 상정된〕 소설 장르의 '완전성'으로부터 역으로 반추되어 규정된 성격이라는 사실을 애써 외면하려는 것일까). 그런데, 이 또한 주지하다시피, 소설의 순수한 혈통이란 기껏해야 18세기에 시작된 한 특정한 가문의 문학적 핏줄일 뿐이다. 이 혈통의 '역사적' 성격은 그 피가 지닌 이데올로기적 장치에 의해 언제나 은폐되어왔다는 사실을, 모든 이야기의 형식이 지니고 있는 이 가장 단순한 진실을, 그는 잠시 잊고 있었던 것은 아닐까, 그런 생각이 드는 것이다. 그런데 또한, 이미 예고한 바대로, 김영하 스스로가 이러한 의문에 대한 대답을 이미 처음부터 제시하고 있지 않은가. 왜냐하면, 그는 이렇게 시작하고 있었으니까: "어쨌든 이런 결과로 '정통 문학 수업'을 받고 작가가 되면 '문학이 될 수 있는 것'과 '문학이 될 수 없는 것'에 정통하게 되겠고, 미지의 영역을 찾아 모험을 떠나기보다는 자기 속으로 파고들며 이른바 '내면'과 '문체'에 집중하게 되지 않을까 하는 생

7 김윤식, 「자이나교도 박상륭의 고고학적 글쓰기론」, 박상륭, 『小說法』, 현대문학, 2005, 353~354쪽 참조.

각을 해본 적이 있다." 그렇다면 나는, 혹은 김영하는, 기껏해야 소설 장르가 지닌 '역사적 상대성'에 대한 강조에 머물려 하는 것인가? 어쩌면 사실 가장 중요한 것은 또 다른 곳에 있을지 모른다. 그것은 아마도 어떤 '징후'가 지니고 있는 의미와 무의미일 것이다. 김영하의 글은 '소설, 너는 누구냐?'라는 제목을 갖는다. '소설은 무엇인가'라는 질문은 어쩌면 20세기 전반에나 '유효하게' 물을 수 있었던 질문이었는지도 모른다. 김영하는, 마치 취조하듯 혹은 통성명하듯, 소설이 "누구"인지를 묻고 있다. 작품은 상품이 되었고 다시 상품은 신격 또는 신격에 준하는 인격을 얻었다. 물신物神, Fetisch에 대한 마르크스의 놀라운 통찰도 이미 오래전의 일이 되었다. 소설 역시나 이미 오래전에 물신이 된 것이었다. '무엇'임을 묻지 않고 '누구'임을 묻는 것, 나는 바로 이 의문사의 '사소한' 차이 안에서 모더니티 문학의 가장 확실하고 가장 최종적인 '거대한' 징후를 목격한다.

이 누구냐는 물음 앞에서, 이 이름에 대한 물음 앞에서, 나는 다소 생뚱맞은 비약적인 대답을 내놓으려 하는 것일 수도 있다. 하지만 나는 이에 대해 '미나미南'라는 일본식 이름으로, 김사랑의 언어를 빌려 대답하고자 한다. '소설은 누구냐'라는 물음 앞에서, 나는 소설의 '이름'으로, 소설의 이름을 전유하기 위한 투쟁의 '이름'으로, 곧 김사랑의 '언어'로 답하고자 한다. 김사랑의 소설 「빛 속에서」에 나오는 한 구절이다: "그러고 보니 나는 이 협회 안에서는 어느새 미나미 선생으로 통하고 있었다. 내 성姓은 알다시피 '남'으로 읽혀야 하지만 여러 가지 이유에서 일본식으로 불리고 있었다. 내 동료들이 그런 식으로 불러주기 시작했는데, 처음에는 그런 호칭이 매우 신경에 거슬렸다. 그러나 나중에는 역시 이런 천진한 아이들과 같이 뒹굴며 놀기 위해서는 오히려 그게 더 나을지도 모른다고 생각했다. 그러므로 나는 위선을 부리는 것도 아니고 또한 비굴한 것도 아니라고 스스로에게 몇 번이고 타일러왔다. 그리고 말할 것도 없이 만약 이 아동부 중에 조선 아이라도 있었다면 나는 억지로라도 나를 '남'이라고 부르도록 했을 것이라고 스스로 열심히 변명을 하였다. 그러나 그러면서도 그런 호칭은 내지內地 아이들은 물론 조선 아이들에게도 감정적으로 나쁜 영향만 줄 수도 있다고 생각했다."[8]

'남南'이라는 성을 '미나미'로 발음하게 되는 것, 그 이름을 통해 '내지內地'와 '외지外地'의 경계를 그리게 되는 것은 다시금 저 '네이션nation'의 자장 안에서이다. 나는 피식민지인이 피식민지인에 대해 식민지 종주국의 언어로 무엇을 쓴다는 사실을 민족주의가 가질 수 있는 어떤 효과적이고 저항적인 글쓰기의 방법론으로 보는 시각에는 전혀 동조할 수 없다. 그것이 단지 정치적으로 '일차적'이기만 한 분석이라는 이유에서만은 아니다. '이중어 글쓰기'라는 근대적/식민지적 문학의 한 극단에 위치한 김사량의 언어 안에서 드러나고 있는 쟁점은 보다 더 '극적'인 것인데, 내가 인용한 부분은 특히나 고유명의 '번역' 혹은 '표기'라는 문제에 집중되고 있기 때문에 더욱 '문제적'인 것이 된다. 번역이란 단순한 일대일 대응의 옮기기가 아닌 것, 번역이란 오히려 무엇을 잃거나 덧붙인 상태에서의 어떤 변환 내지 전화轉化를 의미하는 것이다. 번역은 기본적으로 어떤 상실이거나 덧칠이다. 번역에 있어서는 언어적으로나 정치적으로나 일대일 대응이란 것이 존재할 수 없는 것이다. 가감 없는 번역이란 없고 곡해 없는 해석이란 무의미하기까지 한 것. 그리고 무엇보다 김사량의 소설 안에서 "선생"으로 표상되고 있는 '근대적 지식인'이란, 특히나 피식민지인으로서의 지식인이란, 그런 자립적이고 독자적인 옮김의 존재가 아니며 그렇게 될 수도 없다(그러므로 이러한 '식민지적' 언어의 특수성이란 그 자체로 근대적 번역이 처한 일종의 '보편성'이기도 하지 않은가). 그러나 오해하지 말기를, 그는 어쩌면 필요 '이상'으로, 또는 기대 '이상'으로—곧, 필요 '이하'나 기대 '이하'가 아니라—착종錯綜된 존재일 것이다. 이 착종된 존재에게 언어의 선택이란 곧 삶의 선택, 아니 차라리 죽음의 선택이라고도 할 수 있을 텐데, 왜냐하면 이러한 언어의 '선택'이란 다시 말해 곧 '네이션'의 선택이며, 이는 근본적으로 거국적 저항도 민족적 배반도 아닌 하나의 '도약', 그것도 마르크스

8 김사량, 오근영 옮김, 「빛 속으로」, 『빛 속으로』, 소담출판사, 2001, 22~23쪽.

© Gaspard-Felix Tournachon

'메치니코프'의 이름으로: 아편이 될 것인가, 유산균 발효음료가 될 것인가.

식(혹은 맑스식)으로 말하자면, 일종의 '죽음을 무릅쓴 도약salto mortale'이기 때문이다. 따라서 '네이션'의 선택이라는 의미에서 언어의 선택은 또한 하나의 '경제economy'에 대한 선택이기도 하다. 그런데 여기서의 '선택'이란 다양한 선택지들 사이에서의 자유로운 선택이 전혀 아니다. 언어와 네이션은 기본적으로 '선택'할 수 없는 성질의 것이기 때문이다. 하지만 반면에 이러한 선택은 바로 그러한 극도의 '부자유성'으로 인해서 역설적으로 가장 '자유로운' 선택이 되기도 한다(따라서 이러한 선택의 '자유'에 대한 성찰은 그 자체로 가장 '근대적인' 사유에 속하는 것). 언어와 네이션이란 선택할 수 없는 태생적인 것이라는 민족주의적이고 국가주의적인 전제에 대해, 바로 그러한 전제의 한 최극단인 식민지 안에서, 그 '선택'에 대한 회의와 상념은 바로 그러한 '태생'과 '핏줄'이 언어와 맺고 있는 것으로 상정된 하나의 '절대적' 관계성 자체를 의문에 부치기 때문이다. 선택할 수 없는 것을 선택한다는 것, 하지만 또한 선택할 수 없는 것의 '선택적인 성격' 그 자체를 노출시키는 이러한 선택의 불가능성이 바로 우리의 '근대'와 그 '근대적' 언어가 제출하는 가장 문학적이고도 정치적인 문제이다. 김사량의 언어가 가장 근대적인 공간 안에서 그 근대성의 가장 외부적인 '주변부'를 가장 '중심적으로' 건드리게 되는 것은 바로 이러한 언어와 네이션의 선택의 문제가 그의 소설 안에서 가장 예리하고 민감하게 드러나고 있기 때문이다. 그렇다면 김사량이 말하는 공간, 곧 '빛 속'의 공간이란, 빛 그 자체에 결부된 오래된 은유처럼, 일종의 개안開眼을 위한 광명이기도 하겠지만, 동시에, 어둠을 보기 위한 눈의 서툰 깜빡거림, 일종의 폐안廢眼을 위한 조건, 빛이 만들어내는 어둠의 조건이기도 하지 않은가.

하나의 기억. 2000년 언저리의 어느 때 즈음이었던가, 국회의사당 앞에서 열렸던 한국/민주 양대 노총의 합동 집회를 마치고 동석한 어느 뒤풀이 자리에서 한국노총 관계자 한 명이 내게 들려주었던 재미난 이야기가 하나 있다. 그는 언젠가 한번 마르크스(혹은 맑스?)의 사진이 인쇄된 티셔츠를 입고 시골집에 내려갔다고 한다. 시골집의 막둥이 동생은 그 사진을 유심히 보더니 이렇게 말하더라는 것이다: "어라, 어디서 많이 본 사람인데…… 음…… 아, 생각났다! 메치니코프!" 그 이야기를 듣는 순간 좌중은 일제히 웃어 넘어갔지만(웃겨서 넘어가기도, 웃으면서 넘어가기도 했지만), 아마도 그 자리에 있던 모든 이들은 또한 그 질펀한 웃음 속에서 각자 머금을 수밖에 없는 어떤 홍그러운 씁쓸함을 느끼기도 했을 것이다. 하지만 이게 이야기의 끝이 아니었다. 동생이 그렇게 티셔츠 속의 인물을 '알아보자' 옆에 있던 어머니가 이어 장단을 맞추듯 이렇게 말씀하시더란다: "맞다, 맞아! 생명 연장의 꿈!" 바로 이 지점에서 이 이야기는 단순한 농담을 넘어선다(그리고 나는 이렇듯 '농담'이라고 하는 그 자신에 대한 제한적 규정을 넘어서는 농담을 가장 좋아한다). 여기서 '생명 연장의 꿈'을 예의 내 나름의 방식으로 '확대'해석해보자면, 마르크스/맑스의 수염 덥수룩한 얼굴은 어쩌면 메치니코프Илья́ Ильи́ч Ме́чников의 저 퀭하니 꺼진 두 눈을 지닌 역시나 수염 가득한 얼굴로 착각되고 오해돼도 상관없는 것이 아닐까, 마르크스와 맑스 사이의 차이가 문제가 아니라 오히려 마르크스와 메치니코프 사이의 차이가, 혹은 그 둘 사이의 공통점이, 보다 더 '감각적'이며 '직접적'인 문제가 아니겠는가, 하는 물음을 던지게 되는 것이다. 그러니까 '마르크스'는, 아니 '맑스'는, 어쩌면 '메치니코프'의 다른 이름이었던 건지도 모른다. 종교는 인민의 아편이며, 또한 그러한 종교를 대신하게 된 과학은 어쩌면 그 아편이라는 지위마저도 물려받게 된 건지도 모르지만, 중요한 것은, 인민은 어떠한 상황하에서 아편을 필요로 한다는 것, 곧 '실재'의 이름으로 환상의 '이름'을 걷어내기 전까지는, 인민은 아편이라는 '환상'의 기제를 필요로 한다는 것이 아닐까. 그 아편의 이름이 '마르크스'든 '맑스'든 혹은 '메치니코프'든 간에. 그렇다면 문제는 보다 극명해지지 않는가. '아편'이 될 것인가, 아니면 '유산균 발효음료'가 될 것인가(그리고 여기서는 다만, 이 질문이 단지 어떤 상황을 '희화화'하기 위해서 던지는 것만은 아니라는 점만을 첨언해두자).

4. 비올라, 혹은 세 번째 사중주: 20세기의 테제, 벤야민을 위하여

제3주제는 20세기의 테제, 곧 벤야민의 「역사의 개념에 대하여」가 불러일으키는 '역사적 유물론'이라는 악상에서 시작한다.[9] 이른바 우리의 '근현대사'에서 가장 흥미로운 장면 중의 하나는, 역설적이게도 세계시민주의자cosmopolitan가 오히려 더욱 민족주의적인 성향을 띠고 반대로 민족주의자nationalist가 더욱 코즈모폴리턴적인 성향을 띠게 된다는 사실이다. '코즈모폴리턴의 민족주의'라는 형용모순이야말로 한국의 근현대사 속의 특정한 정치적 흐름과 운동들을 규정짓는 하나의 대표적 은유가 아닌가(반대로 '내셔널리스트의 코즈모폴리터니즘'이란, 일종의 대구를 이루는 은유, 하지만 또한 역사적인 맥락에서 그 자체로 '국수주의자의 사대주의'를 바로 연상시키는, 보다 '악질적'인 은유가 아닌가). 그러나 여기서 무엇보다 중요한 것은 이 모든 것이 '단순한' 은유에 '불과不過'한 것이 될 수 없다는 사실에 있다. 은유는 이데올로기의 거울이며 일종의 징후이자 증상이기도 하다. 그렇다면 우리는 우파와 좌파의 착종된 역사, 그리고 그 역사가 수놓고 또한 그 역사를 수놓고 있는 이 은유들의 잔치에 천착할 필요가 있다.[10] 이러한 은유는 여러 미시적인 단계에서 작동할 수 있는데, 예를 들어 우리는 메이지明治 시대 최고의 엘리트 사상가이자 정치가였던 이토 히로부미伊藤博文를 암살한 '테러리스트' 안중근을 민족의 영웅으로 평가하는 데에 실로 익숙하고 친숙하다(실제로 나는 중학교 때 '안중근 의사는 사실은 결국 테러리스트가 아닌가요'라는 질문을 던져 교무실에 불려갔던 적이 있다). 이러한 지극히 자연스런 '민족적' 평가 안에는, 당연하게도, 일종의 '중립적' 윤

9 Walter Benjamin, "Über den Begriff der Geschichte", *Gesammelte Schriften, Band I-2*. Frankfurt am Main: Suhrkamp, 1991 참조. 국역본은 최성만 옮김, 『발터 벤야민 선집』 5권, 도서출판 길, 2008.

10 그리고 우리는 여기서 이러한 은유와 그 은유로 세계를 읽는 어떤 '가독성'과 관련하여 하나의 책을 떠올려야 한다: Hans Blumenberg, *Die Lesbarkeit der Welt*, Frankfurt am Main: Suhrkamp, 1981.

리성을 가장한 '민족주의적' 편향성이 있다. 우리는 그러한 평가의 '기술'을 '국민학교'에서 배웠다(요즘은 이러한 '역사적 사실'을 '초등학교'에서 배우겠지만, '국민학교'라는 이름을 단지 '초등학교'라는 이름으로 바꾼다고 해서 그 학교라는 제도가 지닌 '국민-국가적' 특성이 갑자기 하루아침에 사라지는 것은 아닐 텐데, 그러고 보면 이름과 그 이름의 변환에 대한 이 순수하고도 순진한 맹신은 또한 얼마나 대단한 것인가). 역설적이지만, 바로 그 '국민학교'에서 우리는 이토 히로부미가 실제로 '어떤' 사람이었는지에 대해서는 전혀 배울 수 없었다. 그는 단지 안중근 의사가 지극히 '당연하고도 올바르게' 살해한 '악당'의 보스였을 뿐이니까(그러므로 이 애국심 어린 대항적 민족/국가주의란 또한 그 자체로 얼마나 '조폭적'인가). 이로부터 다시 몇 개의 예시들을 다양한 방향으로 비약시켜보자면, 우리는 그 '국민학교'에서 심지어 '김산'이라는 이름은 들을 수조차 없었고, 백석의 시를 읽어주거나 임화의 비평을 소개해주는 교사는 거의 전무했다. 그렇다면 저 '국민학교'의 교육이란 과연 내셔널리즘적인 것인가 코즈모폴리턴적인 것인가, 이참에 묻고 넘어가지 않을 수 없는 것이다. 몇 가지 '이름'들을 더 들어보자. 우리는 윤이상, 이응노, 송두율(이들 이름 사이의 어떤 '공통점'이 느껴지는가) 등에 대한 국내의 이른바 '주류적인' 평가에 깔려 있는 어떤 이데올로기에 주목할 필요가 있다. 이 '코즈모폴리턴'의 이름들에 대해서 가장 극우적인 '내셔널리즘'의 잣대를 들이댈 때, 그 이름들이 이루어놓은 소위 '보편사적'인 가치는 마치 민족/국민국가의 '취미란'에나 기입해야 할 부차적인 것으로 전락하고 만다. 본업과 취미의 대차대조표와도 같은 민족주의와 국민국가의 이 빈약하기 그지없는 '이력서' 한 장. 그 이력서 안에서 저 모든 이름들의 자리는 지워지고 오직 하나의 이름만이, 어쩌면 '대한민국'이라는 가장 거대한 이름, 그러나 동시에 가장 왜소한 이름만이 처량하게 남는다. 이 근대는 무엇인가. 우리의 근대는, 부정적인 의미에서든 긍정적인 의미에서든, 일종의 '이중-번역된 근대double-translated modernity'가 아닐 수 없다(그리고 바로 이러한 '이중-번역'의 또 다른 이름이 아마도 임화가 말했던 '이식 문학'이 될 터). 예를 들어 나는 '이광수'라는 이름, 곧 한국 근대문학의 등록상표(‘트라데 말크’)와도 같은 그 아이콘의 이름 안에서, ‘나쓰메 소세키夏目漱石’라는 이름의 ‘한국적 번안’을 목격한다. ‘번역’에 앞서 우리가 주목해야 하는 것은 이러한 근대적 ‘번안’의 풍경과 기제이다. 단순한 ‘문화사’ 혹은 ‘세계사’가 아니라, 문화의 고고학적 ‘징후사’와 세계라는 개념의 계보학적 ‘성립사’를 쓰기 위해, 다시 말해서, ‘객관적’이고 ‘초극 가능한’ 근대의 역사를 쓰고 닫고 봉인하기 위해서가 아니라, 근대라는 전염병의 병리학과 역학 조사라는 메타-이데올로기의 궤적을 쓰고 열고 해방하기 위해.

이러한 쉽지 않은 작업의 첫걸음을 위해서, 우리는 아마도 먼저 언어에 대한 하나의 ‘집착’에서 출발해야 할지도 모른다. 예를 들면 벤야민은 「번역가의 과제」에서 다음과 쓰고 있다: “그러므로 번역Übersetzung은, 역설적이게도, 원문을 적어도 보다 더 결정적인 언어의 영역으로 옮겨 심는verpflanzt 것이다. 왜냐하면 원문은 더 이상 이 이외의 그 어떤 중계Übertragung를 통해서도 옮겨질 수 없으며, 항상 오직 이러한 언어의 영역 안에서만 새롭고 다른 부분으로 드러날 수 있기 때문이다.”[11] 이를 일종의 전도된 낭만주의로 부를 수 있지 않을까, 하지만 또한 이를 그저 ‘낭만주의’라고만 부를 수 있을까, 하는, 그런 의문들로부터 먼저 시작하자. 이어 벤야민은 또한 이렇게 쓰고 있다: “따라서, 무엇보다도 원문의 성립과 같은 시대에 있어서는, 번역의 언어가 원문처럼 읽힌다는 것은 번역에 대한 최고의 칭찬이 될 수 없다. 오히려 문자 그대로의 번역에 의해 보장받게 되는 충실한 번역의 의미가 있다고 한다면, 그것은 그러한 작업에서 언어의 보충Sprachergänzung에 대한 거대한 갈망Sehnsucht이 드러난다는 점이다.”[12] 여기서 문제는 어떤 ‘보충’으로서의 번역/중계, 곧 원문 전체에 대한 포괄이 아니면서도 어

11 Walter Benjamin, “Die Aufgabe des Übersetzers”, *Gesammelte Schriften*, *Band IV-1*, Frankfurt am Main: Suhrkamp, 1991, 15쪽.

12 Walter Benjamin, “Die Aufgabe des Übersetzers”, *Gesammelte Schriften*, *Band IV-1*, 18쪽.

떤 의미에서는 원문보다 더 '결정적일' 수 있는 어떤 언어의 영역, 곧 이식과 이행의 영역이 되고 있다. 그러므로 이러한 집착 아닌 집착이란 내게는 순수한 '언어' 자체에 대한 신념이라기보다는 일종의 불순한 '교통Verkehr'에 대한 이론과 열망에 더 가까워 보인다. 이러한 집착이 내게 단순한 '아집'이나 일종의 '절대주의'로만 여겨질 수 없는 이유도 바로 여기에 있다. 순수언어의 '순수성'이란 언제나 언어 사이의 교통과 번역이 지닌 어떤 '불순성' 위에 있는 것이기 때문이다. 벤야민이 말하는 '순수 언어die reine Sprache'는, 바로 그 순수 언어가 더 이상 작동할 수 없는 것처럼 보이는 지점에서, 비로소 작동하기 시작하는 것. 그러므로 '순수 언어'란, 하나의 확고한 동일성으로서 그 자체로 '순수하게' 존재하는 것이 아니라, 이러한 이행과 이식의 행간에서, 언뜻, 순간으로서만, 모습을 드러내는 어떤 것일 터. 그런데 맥락이 여기까지에 이르고 보면, 나의 언어, 나의 공간이란, 그 이행의 순간들과 이식의 지점들을 포착하고자 하는, 무수히 헛되거나 헛되이 무수한, 그런 덩어리들이 비우고 있고 그런 틈새들이 채우고 있는, 하나의 장소에 다름 아닐 텐데, 그렇다면 아마도 나의 이야기는 다른 것이 아니라 바로 이 '다름 아님'에서 시작되어야 할 것이다(여기서 '다름 아니다'라는 표현이야말로 어쩌면 '이중-번역'된 '이중-부정'의 가장 대표적인 표현이 아니겠는가).

번역이란 무엇인가, 라는 '사실'에 대한 질문, 혹은, 번역이란 무엇이 되어야 하는가, 라는 '당위'에 대한 질문, 그러므로 이러한 질문은 번역의 '정의definition/justice'를 묻는 이중적인 의문문이기도 하다('정의'를 영어로 번역하라고 했을 때, 문과생은 'justice'로, 이과생은 'definition'으로 옮긴다는 저 웃지 못할 오래된 농담을 떠올려보자). 세계시민(코즈모폴리턴)이라는 존재를 단순히 조잡한 인류애의 총합이 낳은 결과물로 이해하지 않는다면, 다언어와 다문화에 대한 이해와 배려에 대한 요구는 하나의 보편적이고 윤리적인 '당위'가 아니라 하나의 인문학적이고 사상적인 '위기'로 이해되어야 한다. '인문학의 위기'라는 일종의 부정적 '모토'가 지닌 어떤 '진실'이 있다고 한다면, 그것은 바로 이러한 다문화주의가 지니고 있는 정치적 불능성의 위기일 것이다. '문화적 상대론'과 '정치적 올바름'이라는 보편적 정의justice로 정의definition되는 다문화주의의 윤리란, 혹은 더 구체적으로는, 한국 사회에서 증가하고 있는 소위 '다문화 가정'에 대한 인류애 넘치는 배려와 관용의 윤리란, 그 자체로 존재론적이고 사회적인 '번역의 위기'를 봉합하고 봉인하려는 하나의 무력한 '당위'—하지만 무력한 그만큼 동시에 '폭력적'이기도 한 하나의 당위—가 되고 있지 않은가. '번역'의 층위를 인구어印歐語-한국어 관계의 층위에 국한시키지 말고, 오히려 한국어-동남아시아어 관계의 층위에서 파악하는 것이야말로, 번역의 문제가 어떤 정치적/국제적 쟁점의 심급에 있는가를 보다 정확히 알려줄 수 있는 '언어적 실천'이 되지 않는가.

예를 들어, 당연하게도, 인구어의 구조는 한국어의 구조와 상이하기 때문에—바로 이러한 '차이' 때문에 한 유명한 작가의 상상력 넘치는 '알타이 연합' 같은 구상이 또한 가능해지는 것 아니겠는가—우리가 흔히 '번역문 투'라고 부르는 어투와 어조가 존재한다. 하지만 어떤 문장이 비문인가 아닌가를 점검하기 위해 주어와 술어의 정확한 호응, 주절과 종속절의 적절한 포함 관계를 따지는 것은, 지극히 '민족주의적' 관점에서 역시나 지극히 냉정하게 말하자면, 결코 '우리식'은 아니다(곧 가장 '민족주의적'인 관점에서 이러한 문장 구조의 분석과 교정은 전혀 '민족적'이지 못하다는 하나의 역설이 있다). 하지만 우리는, 읽으면서, 쓰면서, 그렇게 한다. 이는 인구어의 번역과 교육이 낳은 '긍정적' 결과라고 이야기하고 넘어갈 수도 있겠지만, 이렇듯 하나의 구문과 하나의 문장 안에서 품사를 가르고 구분하는 행위는 분명 지극히 근대적/서구적인 입장의 언어관으로부터 나온 것이기도 하다. 확장해서 말하자면, 번역 안에서는 쫓아야 할 두세 마리의 토끼들이 '공존'하고 '병존'하고 있는 것일 텐데, 흔히들 언어적 '구조'의 정합성이라는 문제만을 쫓다가 '저들'말도 '우리'말도 아니게 되는 경우를 왕왕 목격하게 되지만, 그래서 또한 가장 훌륭한 '의역'의 가능성을 찾곤 하는 것이겠지만, 나는 오히려 '직역'의 영역에서 더욱 치밀하게 파고들어갈 부분이 있다고 생각하는 쪽이다. 또한 내게는 바로 이 점이 벤야민의 저 수수께끼 같은 글 「번역가의 과제」를 계속해서 다시 읽게 되는 이유가 되기도 한다. 내가 생각하고 상상하는 번역의 가장 이상적인 조건은, 곧 원문의 언어가 가진 구조와 성격을 가장 잘 '환기'시키는 언어이다. 다만 이러한 과정의 결과물이 여전히 '한국어'로 남을 수 있는가 하는 점이 의문으로 제기될 수는 있겠지만, 오히려 이러한 의문은 가장 적극적으로는 '국어'의 문제, 곧 '국가-언어'로서의 '한국어'의 문제와 결부하여 생각해야만 하는 물음이기도 한 것이다. '코즈모폴리턴의 국어'라는, 일견 형용모순으로 보이는 언어의 가능성에 대한 질문도 내게는 이러한 '국가-언어' 문제의 연장선상에서 파악되어야 하는 문제로 남는다. 이러한 번역에 대한 상상과 몽상, 언어의 '간극' 속에서만 존재하는 '순수 언어'에 대한 공상은, 어떤 구체적인 번역물에 대한 비난이거나 비판이라기보다는, 내가 내 스스로에게 조금 '과過하다' 싶을 정도로 과科하는, 번역에 대한 일종의 '이상적' 규준이 된다. 단, 이러한 하나의 '이상성'은 순진하고 단순한 '유토피아적' 의미에서가 아니라—그 희랍적 어원에서 또한 마찬가지로 부정어 접두사를 포함하고 있는—'아포리아적'인 것으로, 곧 하나의 '불가능성'으로 먼저 이해되어야 한다.

여기서 먼저 분명하게 짚고 넘어가야 할 부분은, 바로 저 벤야민의 '순수 언어'가 서 있는 정확한 위치일 것이다. 그런데 여기서 나는, 벤야민의 사유 안에서 이러한 '순수 언어'가 차지하는 지위란, 아마도 벤야민 그 자신의 이론적/학문적 위치와 밀접한 관련을 맺고 있을 것이라는, 지극히 개인적인 가설 한 자락을 제시하고자 한다. 벤야민의 '순수 언어'란 것이 과연, 우리가 그 말에서 손쉽게 '유추'하고 '추론'할 수 있는 것처럼, 그렇게 '순수'하거나 '근본주의적'인 개념인 것인가 하는 물음, 바로 이 물음이 또한 나로 하여금 벤야민의 저 잠언과도 같은 글 「번역가의 과제」를 계속해서 읽게 만드는 추동력이기도 하다. 이러한 '순수 언어'의 정체를 벤야민 자신의 이론적 입지와 연계시켜보는 것은 그 자체로 흥미로울 텐데, 이는 벤야민이야말로 가장 '주변적'이며 '파편적'인 글쓰기에 있어 가장 큰 성과와 예감을 보여주었던 저자가 아닌가 하는 생각 때문이다. 당연한 이야기이겠으나, 그의 글은 독일 고전철학과 괴테 이후의 독문학 또는 당대의 유럽 문학/문화를 떠나서는 생각할 수 없는 것이겠지만, 또한 그의 글쓰기 전략에는 동시대의 다른 이론가들과 비교했을 때에도 오롯이 도드라지는 어떤 구별점이 있는 것이다. 극명한 대조의 예를 통해 이를 형상화해보자면, 벤야민의 글은 에드문트 후설Edmund Husserl의 글과도 다르고 테오도르 아도르노Theodor W. Adorno의 글과도 다르다. 이러한 '변방'과 '주변부'의 저자로서의 벤야민에게 도대체 '순수 언어'란 무엇인가. 어떤 의미에서 저 '직역'에 대한 사유와 천착은 바로 벤야민의 이 '순수하지 않은' 순수 언어, 가장 '주변적'인 '중심' 언어에 대한 물음의 형식으로밖에는 이루어질 수 없지 않을까. 모든 번역이 '숙명적'으로 일종의 '의역'이 될 수밖에 없음을 생각할 때, 사실 벤야민의 출발점도 이러한 '숙명적 의역'의 지점과 크게 다르지 않다. 그러나 이는 또한 '제대로 된' 직역이라면 그것은 아마도 '가장 훌륭한' 의역일 것이라는 '보편적' 명제의 실제적/실정적 정체를 문제 삼는다. 이에 나는, 벤야민의 '신비주의'라는 것을, 이 '순수 언어'의 관점에서 바라볼 수는 없을까, 그런 생각을 해보게 되는 것이다. 저 '직역'의 영역과 '의역'의 영역이 상충되지 않고 양립 가능하게 만나게 되는 어떤 '신비한' 지점, 바로 그러한 간극과 이행으로서 번역이 갖게 되는 성격이 바로 저 '순수 언어'의 자리는 아니겠는가, 그렇다면 저 '순수 언어'의 '순수성'이란 오직 이러한 '불순한' 교통 안에서만 사유되고 추구될 수 있는 것이 아니겠는가, 그런 물음들을 던져보는 것이다. 나는 이러한 역설적 접근이 벤야민의 '신비주의'를 이해하는 가장 '합리적'인 방식이 아닐까 생각해오는 중이다. 그렇게 보면 '순수 언어'라고 하는 것은, 동일성에 기초한 하나의 '실체'로서, 곧 일종의 '메타-언어'로서 존재하는 것이 아니라, 오로지 번역과 이행과 이동의 사이와 간극, 그 틈새와 골 안에서 하나의 '실재'로서 존재하는 것이 아니겠는가. 따라서 그렇게 이해된 '순수 언어'란, 그 말 자체가 주는 손쉬운 인상과는 다르게, 결코 '순진무구'하거나 '근본주의적'인 것이 아니라 오히려 가장 '주변적'이고 '매개적'인 역설적 '순수성'을 띠게 되는 것은 아니겠는가. 곧, '순수 언어'란 '타자의 언어'와 '타자의 이름'을 가리키는 다른 이름, 일종의 '보편적 고유명'이 되는 것인지도 모른다. '순수 언어'와 '직역'의 문제, 혹은 '원문의 구조와 어감을 환기시켜줄 수 있는 번역'에 대한 내 생각의 시발점은 바로 이러한 '순수 언어'의 '불순성'이 되고 있는 것. 이는 가장 '긍정적'인 의미에서 '부정적'인 길을 걷는 것, 혹은 언어들 사이의 '오인/왜곡/변형/재창조'의 길을 보다 적극적으로 따라가 보는 것일 텐데, 또한 바로 이러한 의미에서 저 '순수 언어'에 대한 상상과 사유는 기실 언어의 가장 '불순한' 성격에 대한 뒤틀린 직시가 되고 있지 않나 하고 생각해보는 것이다.

5. 첼로, 혹은 네 번째 사중주: 21세기의 테제, 랑시에르를 위하여

제4주제는 21세기의 테제, 곧 랑시에르의 「정치에 대한 열 가지 테제」가 불러일으키는 '정치적 주체화'와 '정체성'의 악상으로부터 시작할 것이다.[13] 여기서는 감각적인 것의 분할을 어떻게 이해하고 또한 수행할 수 있을까 하는 물음을, 또는 셈할 수 없는 것을 어떻게 셈할 수 있을까 하는 물음을, '미학적 체제' 안에서 하나의 예술 혹은 예술가가 어떻게 하나의 '정체성'으로 구성되는가 하는 질문으로 바꿔 지극히 '국부적으로' 살펴볼 텐데, 어쩌면 정치적 주체화란 곧 몫이 없는 자들이 자신의 '이름'을 획득하기 위한 투쟁이기도 하기 때문이다. 프롤레타리아의 밤이 하나의 '이름'을 획득할 수 있었던 것은 그것이 또한 미학적/감성적 혁명이기 때문이었던 것.[14] 책을 읽는 사람이 음악을 듣는 사람에게 꼭 배워야 할 것들이 있다〔그 역逆은 왜 아니겠느냐마는!〕. 하지만 이러한 '가르침/배움'의 이야기에 앞서 먼저 이야기하고 싶은 것은, 내가 가끔씩 이 두 종류의 인간, 곧 책 읽는 인간과 음악 듣는 인간 사이에 어떤 '장벽'이 존재한다고 생각해왔다는 사실이다. '두 종류의 인간'이라고 아예 거창하게 구획 짓듯 분류하고 서로 격리시키기까지 해버렸지만, 이러한 분류법 자체는 실은 전혀 '일반적'이지 못하다. 즐길 수 있는 다른 여러 '매체'들이 있다는 측면에서뿐만 아니라, 매체의 종류와 그 향유의 조건들을 규정하는 정치경제적 전제들을 백안시하고 있다는 측면에서 더욱더. 그런 의미에서 이는 어쩌면 가장 국지적인 분류, 혹은 가장 주변적이고 어쩌면 가장 부차적이기까지 한 '상부 구조'에 대한 분류의 모습을 띠겠지만, 이러한 '장벽'이란, 사람들이 그것을 쉽게 뛰어넘을 수 있다고 생각하는 만큼, 딱 그만큼, 뛰어넘기가 극히 어렵다. 여기서는 특히 나의 이 문장 '형식'에 주목하기 바란다. 나는 결코 '사람들이 이 장벽을 뛰어넘기가 어렵다고 하지만, 그럼에도 불구하고, 이 장벽은 사실 쉽게 뛰어넘을 수 있고 또 그래야만 한다'고는 절대 말하지 않았음은 물론이고, 또한 '사람들이 이 장벽을 뛰어넘기가 쉽다고 이야기하지만, 사실 이 장벽은 그리 만만히 뛰어넘을 수 있는 성질의 것이 아니다'라고도 결코 이야기하지 않았으며 또 앞으로도 그럴 생각이 전혀 없다. 여기서 문제는 '언어(문자) 지향'의 인간과 '감각(소리) 지향'의 인간 사이에서 상정할 수 있는 '체질'과 '성향'의 사상의학적 분류법 같은 것이 아니다. 에드워드 사이드 Edward W. Said는 『말년의 양식에 관하여*On Late Style*』에서 이렇게 쓴 바 있다: "오늘날 문학계 지성과 일반 지식인들은 음악예술에 대한 실용적 지식이 거의 없고, 악기를 연주한다거나 음악 기초 이론을 배우는 경우가 드물며, 카라얀과 칼라스 같은 몇몇 유명 연주자들의 음반을 구매하는 것을 제외하면 음악 실제에 관한 한 사실상 문맹이다. 서로 다른 연주와 해석 및 양식의 차이를 인식하지 못하고, 모차르트, 베르크, 메시앙 음악에서 화성과 리듬이 어떻게 다른지를 판별하지 못하기 때문이다."[15] 이 말에 누군가는 안도감을 느낄 수도 있겠고 또 누군가는 반성에 가까운 안타까움 한 조각을 마음속에 머금을지도 모를 일이다. 또한 이 문장들이 불러일으키는 여

13 Jacques Rancière, "Dix thèses sur la politique", *Aux bords du politique*, Paris: Gallimard, 2004, 참조. 국역본은 양창렬 옮김, 『정치적인 것의 가장자리에서』, 도서출판 길, 2008.

14 최정우, 「자크 랑시에르: 감성적/미학적 전복으로서의 정치와 해방」, 『현대 정치철학의 모험』, 난장, 2010 참조.

15 에드워드 사이드, 장호연 옮김, 『말년의 양식에 관하여』, 마티, 2008, 169쪽.

러 가지 착잡한 상념들은 몇 가지 의문들을, 말하자면 사이드의 이 문장 안에는 '유럽과 비유럽 사이의 학문적/예술적 경계와 지배 관계'에 대한 성찰이 누락되어 있는 것은 아닌가 하는 의문, 그리고 '계급 사이의 정치적 갈등과 경제적 차이를 반영한 교육의 평등'이라는 문제가 간과되고 있는 것은 아닌가 하는 의문 등을 포함할 수도 있을 것이다. 또한 "문학계 지성"과 "일반 지식인"이 꼭 음악의 기초 이론을 배워야 하는가, 혹은 단순히 카라얀Herbert von Karajan이나 칼라스Maria Callas '따위'가 아니라 보다 '고차원적'이고 '전문적'인 음악적 향유를 할 수 있는 조건들을 꼭 갖춰야 하는가 하는 등등의 많은 질문과 반발들이 일어날 수도 있을 것이다. 하지만 여기서 정작 중요한 것은 책 읽기의 능력과 악보 읽기의 능력을 단순히 '총체적으로' 서로 결합시키는 '르네상스적 인간'에 대한 어떤 희구나 요청이 아니라, 다시 말해 상이한 '능력'들 사이의 어떤 일괄적인 결합과 통합이 문제인 것이 아니라, 오히려 '음악적으로' 사고하고 쓰고자 하는 어떤 시도, 곧 '음악을 사유할' 수 있기 위해 행하는 어떤 노력에 대한 강조에 다름 아니다(따라서 이러한 도약에의 시도는 어쩌면 마르크스적 'salto mortale'가 지닌 예술적 판본인지도 모른다). 말하자면 "지식인 비르투오소"라는 단어를 사용하는 사이드의 문제의식이란 내게 이렇게, 이런 걸음으로, 그리고 또한 이런 그림자로 다가오는 어떤 물음의 한 자락이다: 지식인 비르투오소란 무엇인가. 이러한 정체성의 문제는 또한 저 랑시에르적인 '감각적인 것의 분할le partage du sensible'이라는 개념과 지극히 '문제적으로' 밀접하게 연결되고 있는 것이 아닌가(또한 이 문제는 '사유의 악보'라는 이 책의 테제를 가장 직접적이고도 즉각적으로 적시하고 있지 않은가). 사이드가 지식인 비르투오소의 정체성을 대변하는 인물로 꼽고 있는 피아니스트 글렌 굴드Glenn Gould의 '문제적' 특성에 관한 사이드의 글을 읽어보자: "그가 비르투오시티를 의식적으로 재설정하고 재정립하여 도달하려 한 결론은 일반적으로 연주자가 아니라 언어를 사용하여 담론을 만들어내는 지식인들의 영역에 속한다."[16] 이 문장 안에서 개인적으로 가장 중요하게 다루고 싶은 어구는 다른 것이 아니라 일견 부차적인 것으로 보이는 바로 저 "일반적으로"라는 부사이다. '일반적으로', 곧 여기서는 어쩌면 '뭉뚱그려' 이야기했을 때 그렇다는 것, 또한 이렇게 '일반적으로' 혹은 '뭉뚱그려' 말하지 않고서는 달리 이를 쓸 수 없었다는 것, 아마도 저 "일반적으로"라는 말이 가리키고 있는 것은 바로 이 모호한 '비언어非言語'의 지점일 것이다. 곧 굴드가 목표로 했던 지점은 "언어를 사용하여 담론을 만들어내는 지식인들의 영역에 속"하는 것으로 일단은 "일반적으로" 말할 수 있겠지만, 그 자체가 '언어'인 것은 아니기 때문이다(때론 음악이 '언어적'이기도, 때론 언어가 '음악적'이기도 할 테지만, 무엇보다 음악은 언어가 아니며 또한 그 역逆 역시나 마찬가지이기 때문이다). 이 점은 섬세하게 구분되어야 하는데, 비슷한 관점에서 사이드가 다음과 같이 부연하고 있음에 주목해야 한다: "굴드가 비르투오소로서 거둔 성취의 극적인 면은, 그의 연주가 명백한 수사학적 양식을 통해 전달될 뿐만 아니라 대부분의 음악연주자들이 시도하지 않고 어쩌면 시도할 수도 없는 특정한 유형의 진술로서도 전달된다는 점이다. 그것은 바로 전문화 시대, 반인본주의적인 원자화 시대에 연속성, 합리적 지성, 미적 아름다움의 가치를 주장하는 진술이다."[17] 이러한 "특정한 유형의 진술"은 물론 "대부분의 연주자들"이 시도조차 할 수 없는 영역이긴 하지만, 그렇다고 해서 이것이 '진술'과 '서술'을 업으로 하는 이들, 곧 책을 읽고 글을 쓰는 자들이 쉽게 도달할 수 있는 영역인 것도 아니다. 굴드의 이러한 특성이란, 바로 이러한 모호함과 경계성 위에서 번뜩이는 어떤 '확실성', 곧 가장 합리적인 지성이 빛을 발하는 미美의 가치를 가장 '합리적이지 않은' 합리성으로, 가장 '언어적이지 않은' 언어(음악?)로 '진술'하는 행위에 있다는 생각이다. 아마도 이것이 또한 바로 굴드의 '말년/후기적' 특성이 지닌 파국의 성격을 가장 잘 설명할 수 있는 '진술'이 아닐까. "결국 굴드에게서 바흐Johann Sebastian Bach의 음악은 도처에서 우리를 둘러싸고 있는 부정과 무질

16 에드워드 사이드, 장호연 옮김, 『말년의 양식에 관하여』, 176쪽.
17 에드워드 사이드, 장호연 옮김, 『말년의 양식에 관하여』, 188쪽.

© Dan Hunstein

내가 글렌 굴드에게 느끼는 '문제적' 지점은 언제나, 그의 손이나 피아노가 아니라,
그가 앉아 있는 저 '의자'로부터 기인하고 도출되는 무엇이다.

서에 맞서는 데서 본질적인 힘을 과시하는 합리적 체계의 등장을 보여주는 원형 같은 것이다. 이것을 피아노로 실현하려면 연주자는 스스로를 소비하는 대중이 아니라 작곡가와 일치시켜야 한다."[18] 이 문장 안에서 개인적으로 가장 '감동적'으로 느껴지는 부분은 바로 "이것을 피아노로 실현하려면"이라는 구절이다. 굴드에게 문제가 되는 것은 단순히 "부정과 무질서에 맞서는 데서 본질적인 힘을 과시하는 합리적 체계의 등장을 보여주는 원형" 같은 것이 아니며 또한 그런 것만이 될 수 없다. 말하자면 저 "원형"이란 그 화려한 수사와 엄청난 무게감에 비할 때 오히려 너무나 '단순한' 것이다. 그에게 가장 문제가 되는 것은 이를 오로지 '피아노로써〔만〕 실현해야 한다는 것' 바로 그것이었다. 그는 결국 언어적 진술이 아니라 피아노로써 '실연實演'하고 '실현實現'해야만 하는 것이다(어쩌면 이러한 숙명적 '감행'은 그 자체로 음악이 선사할 수 있는 어떤 '감동'과 연계되어 있는 것일 터이다). 내가 모호함과 경계성 위에서 번뜩이는 확실성이라고 말했던 것이 바로 이러한 과정 안에 있다. 또한 나는 "스스로를 (……) 작곡가와 일치시켜야 한다"는 지식인 비르투오소의 이 '선택적 책무'가, 연주자가 연주에 임할 때 작곡가의 '의도'나 '정신'과 혼연일체 된 모습을 보여줘야 한다는 따위의 지극히 '낭만적인' 지침과는 거리가 멀어도 한참 멀다는 점을 특히 강조하고자 한다. 굴드가 한 명의 뛰어난 '비르투오소'로 평가될 수 있는 것은, 그가 연주의 과정을 통해 작곡의 과정이 새롭게 다시 '창안'되는 장면을 그대로 드러내고 또 보여줄 수 있었다는 점 때문이다. 그리고 또한 이것이 바로 굴드가 생각했던 바흐적 '인벤션invention'의 진정한 의미였다. 연주 자체가 선사할 수 있는 희열과 더불어 '작용 중인 현재' 혹은 '작곡 중인 작품'을 가장 '현재적'이고 '진행적'으로 드러낸다는 것. 그러므로 내가 저 '지식인 비르투오소'라는 정체성을 생각하면서 다시 묻게 되는 오래된 질문은 실로 간단하고 단순하다: 책 읽는〔쓰는〕 자와 음악 듣는〔만드

18 에드워드 사이드, 장호연 옮김, 『말년의 양식에 관하여』, 188쪽.

NOTE DE L'AUTEUR:

Pour se jouer 840 fois de suite ce motif, il sera bon de se préparer au préalable, et dans le plus grand silence, par des immobilités sérieuses.

에릭 사티, 〈괴롭히기Vexations〉: 이 음악의 시작과 끝은 어디인가, 혹은, 언제인가?

는) 자는 어디서 만나고 어디서 헤어지는가. 이 둘의 언어적이고도 음악적인 '정체성'은 누구의 밤을 통해 구성되고 또한 해체되는가.

6. 갱신되는 반복, 혹은 피아노 독주곡의 끝과 처음: 사티를 위하여

같은 것의 반복, 하지만 동일하지 않은 것의 반복, 아니 반복됨으로써 오히려 동일하지 않게 되는 것들의 반복이 있다. 테제들은 동일한 것들을 동일하지 않은 방식으로 반복하고 그 반복 안에서 어떤 전복을 이끌어낸다. 혹은 더 구체적으로 말하자면, 테제들은 보편적이지 않은 것 위에서 하나의 보편성을(칸트), 유물론적이지 않은 것 위에서 하나의 유물론을(마르크스), 역사적이지 못한 것 위에서 하나의 역사성을(벤야민), 그리고 정치와 가장 멀어 보이는 것 위에서 하나의 정치를(랑시에르) 수립하고 정식화한다. 나의 현악사중주는 바로 이 지점에서 한 곡의 피아노 독주로, 혹은 피아노와 현악사중주를 포함하는 한 곡의 피아노 오중주로, 바뀐다, 변주된다, 반복된다. 주지하다시피, 에릭 사티Erik Satie는 자신의 음악을 일종의 '가구'로서 이해하고 '가구'로서 제작했다(그리고 아마도 이것이 진정한 'ambience'의 효시일 것이다). 사티는 〈괴롭히기Vexations〉에서 단 한 개의 테제를, 곧 단 세 줄로만 이루어진 한 장의 악보를 제시한다. 이 악보의 지시문은 이 짧은 악구가 840회나 반복되어야만 한다고 지시하고 있다. 1963년에 존 케이지John Cage가 몇 명의 피아니스트를 기용하여 19시간가량을 '소모'하면서 이 곡을 발굴/초연했지만, 결국 이 단 세 줄의 악보를 결코 '완주'하지는 못했다(그렇다면 이러한 'vexations'이란 누구를 '약 올리고' 무엇을 '괴롭히기' 위함인가). 이러한 840번의 반복 안에서, 일종의 '가구'로서의 사티의 음악은, 가장 커다란 하나의 가구, 말하자면 하나의 '분위기ambience'를 형성한다. 피에르 앙리Pierre Henry처럼 음악을 이해하고 추구하려는 경향의 가장 '극단적인 극단'이 있다고 한다면, 혹여 그것은 어쩌면 '피에르 앙리'라는 인간과 그를 둘러싼 환경의 분위기 그 자체를 하나의 '음악'으로 이해하려는 시도는 아닐 것인가. 조성이 무조 속으로 개입하고 침입했던

바르토크의 악보와는 다르게, 사티의 악보는 그 끝없이 반복되는 시간의 진행 속에서 조성과 무조를 교차시키고 뒤섞어버린다. 이토록 짧은 악구의 거의 무한에 가까운 반복 안에서, 이러한 조성과 무조의 끊임없는 교차와 혼합은 어떻게 '들리는가', 곧 어떻게 '감지'되는가? 여기서는 조성이 무조를 침입하는 것인가, 아니면 무조가 조성을 파괴하는 것인가? 혹은, 거의 24시간 동안 지속될 840번의 반복 후 우리가 '감지'하게 될 모종의 '통일성'과 '일관성'이란 과연 어떤 모습일 것인가? 그 840번의 반복이 종국에 맞이하게 될 하나의 끝을, 우리는 과연 '끝'이라고 부를 수 있을까? 이제까지 나는 테제들의 한 역사와 그 가능성/불가능성을 이런저런 방식으로 '해독'하고 '변주'해보았다. 그러나 문제는, 이러한 해독解讀/解毒 그 자체가 아닐지도 모른다. 곧, 포이어바흐에 관한 마르크스의 저 마지막 테제를 비틀어 차용하자면, 문제는 테제들을 '불가능'한 것으로 해석하는 것이 아니라 그 테제의 '불가능성'을 사유하고 실천하는 것일지 모른다. 그러므로 나는 서두에 붙인 제사題詞로도 모자라 글의 말미에도 또한 동일한 시인의 동일한 시로부터 추출한 또 하나의 제사를, 그것도 시작이 아니라 말미에, 하나 더 덧붙여야 하지 않을까. 말하자면, 이것으로 끝이 아니므로, 이 글은, 끝에 이르러서야 비로소, 하나의 시작을 가리키고 있으므로, 혹은, 더 냉정하게 말해서, 이 글로는 오직, 하나의 시작밖에는 가리킬 수 없으므로. 나는 하나의 악보로 시작한 이 글을 또한 하나의 악보로 닫고자 한다. 끝이 없는 시작과 반복의 악보로, '400번의 구타'가 아니라 '840번의 반복'을 지시하고 있는, 단 한 장의 악보로. 내가 이 글을 닫고 이 곡을 마치면서 덧붙이고자 하는 하나의 '악보'는 고로 840번 반복되어야 하는 하나의 '테제'이기도 하다. 하지만 테제들의 역사에 대한 연주와 변주는, 그리고 그 '불가능성'에 대한 어떤 실천의 형식은, 아마도 840번이라는 반복의 횟수로는 여전히 턱없이 부족하고 모자랄, 보다 더 오래 지속되는 것일지도 모른다.

나의 끝에 나의 처음이 있다In my end is my beginning.
/ T. S. 엘리엇, 「네 개의 사중주」

변주 2.

장치란 무엇인가: 푸코, 들뢰즈, 아감벤을 함께 읽기[1]

장치dispositif란 무엇인가. 이 물음은 조르조 아감벤Giorgio Agamben이 2006년에 처음으로 던진 질문이 아니다. 이것은 사실 1970년대에 이미 푸코가 먼저 제기하였고, 따라서 또한 먼저 대답해야 했던 질문이었다. "당신의 이론에서 '장치'란 무엇을 뜻하는 것입니까?" 이 질문에 대해 푸코는 이미 다양한 '정의definition'의 방식들로 답한 바 있지만, 아감벤은 오늘날 이 질문을 다시금 새롭게 제기한다. 이 글은 아감벤의 논의를 따라서, 그리고 또한 푸코와 들뢰즈가 먼저 내놓은 길을 되짚어보면서, '장치'를 둘러싼 이야기들을 재독再讀하는 데에 필요한 '장비'들을 점검해보고자 한다.[2]

먼저 아감벤은 '장치'에 대한 푸코의 정의를 다소 길게 인용하며 1절을 시작하고 있다. 아감벤의 요약은 다음과 같다: '장치'란 여러 이질적인 요소들—제도, 기구, 법, 치안, 철학적 입장 등 담론적이거나 담론적이지 않은 거의 모든 것—의 집합이며, 이것이 '장치'의 첫 번째 정의를 이룬다. 그리고 '장치'란 언제나 구체적이고 전략적인 기능을 지니며 권력관계 안에 기입되어 있는 것이다. 따라서 또한 '장치'는 그러한 권력의 관계와 지식의 관계가 만들어내는 어떤 교

1 이 글은 2008년에 작성한 미발표 원고이다.

2 내가 읽은 아감벤의 책은 프랑스어 번역본인데, 아직 이탈리아어 판본은 제대로 검토해보지 못했다. 따라서 원문의 내용과 다소 차이가 있을지도 모르지만, 아감벤의 논의가 일차적으로 푸코의 '장치' 개념을 그 대상으로 하고 있는 것이므로, 불어본을 중심 텍스트로 잡아 독해해나가도 큰 무리는 없을 것이라는 생각이다. 물론, 일독을 권한다. 현재 아감벤의 책들이 몇 권 번역 중인 것으로 알고 있는데, 특히나 이 책은 분량이 짧기에 더욱 빠른 시일 내에 국역본이 나왔으면 하는 소망을 품게 되는 책들 중의 하나다(2011년에 첨가하는 주석 1: 이 책은 『장치란 무엇인가?/ 장치학을 위한 서론』의 글들 중 한 꼭지로 번역되어 2010년 난장 출판사에서 출간되었다).

차점에서 기인하는 것이기도 하다. 이어 2절에서 아감벤은 특히 '헤겔-이폴리트Jean Hyppolite-푸코'의 삼자 관계에 주목하고 있다. 이폴리트는 '청년' 헤겔이 도입했던 실증성Positivität/positivité을 헤겔의 역사철학에 있어 가장 핵심적인 개념으로 파악하고 있는데, 바로 이 실증성positivité이라는 용어는 장치dispositif라는 용어와 같은 어원을 가질 뿐만 아니라, 또한 동시에 푸코의 저 『지식의 고고학 *L'archéologie du savoir*』의 핵심 범주를 이루고 있는 개념이기도 하다. 하지만 아감벤이 보기에 푸코의 실증성과 헤겔의 실증성은 서로 다를 수밖에 없는데, 그 차이는 푸코가 주체화 과정에서 발생하는 개인과 권력관계에서 발생하는 규칙들 사이의 화해를 고려하지 않는 반면에, 헤겔은 바로 그러한 화해를 지향하기 때문에 발생하고 있다는 것. 칸트와 헤겔의 볕과 그늘, 그 안팎을 횡단하는 푸코에 대해서는 아감벤도 하고 싶은 말이 많을 터.

장치 개념은 '보편적인 것들'에 대한 거부와 관계가 있다. 하지만 그것은 동시에 보편적인 것의 범주 그 자체를 대체하고 치환하고 있는 개념이기도 하다. 3절에서 제기된 '어원'에 관한 물음은 바로 4절에서 희랍어 'oikonomia' 개념에 대한 분석으로 이어지고 있다. 왜 이러한 분석이 '장치'라는 개념의 파악에 있어 중요한 의미를 갖는가? 아감벤의 설명에 따르면, 먼저 이 '오이코노미아'의 개념은 기독교 성립의 핵심적 개념 중의 하나인 '삼위일체'의 해석에 있어 중요한 의미를 띠고 있다. 다시 말해서, 존재에 있어서는 하나의 실체인 신이 어떻게 성부, 성자, 성령이라고 하는 '세 가지' 모습을 띨 수 있는가에 대한 대답 속에서 이 '오이코노미아'의 개념이 재-전유되고 있는 것이다. 여기서 '오이코노미아'라는 개념 자체가 이미 삼위일체라는 기독교적 도그마의 성립을 위한 하나의 장치가 되고 있는 것인데, 바로 이러한 장치가 신이라는 '하나의' 실체 안에서 존재와 행위를 분리해내는, 곧 존재론과 실천론을 분리해내는 작용을 하고 있다는 것이다. 아감벤이 보기에, 이러한 분리는 곧 '오이코노미아' 개념의 재-전유가 서구 문화 안에 불러일으킨 하나의 분열증이다. 그러나 문제는 여기서 그치지 않는다. '번역'의 층위에서 더욱 첨예하게 드러나는 문제는—이어 5절을 통해서 상세히 논파되고 있는바—, 초기 기독교 교부들이 바로 이 희랍어 'oikonomia'의 개념을 다시 라틴어 'dispositio'로 옮겼다는 사실에 있다. 이 라틴어 개념—그리고 그 '번역'—이 가져온 것은 존재와 실천, 자연(본질)과 작용을 가르는 어떤 하나의 균열이다. 여기서 작용이란 곧 피조물들의 세상을 관리하고 통제하는 신의 행위를 의미하는 것이 되고 있다. 이러한 의미에서 장치의 개념은 언제나 주체화subjectivation 과정을 포함하는 것이며—아감벤이 직접 언급하고 있는 것은 아니지만, 나 역시나 그의 어원 분석을 '패러디'해서 말해보자면—, 여기서 우리는 또한 'subjectivation'이 항상 'sub-jectivation'으로 '분절'될 수 있음을 상기하게 된다. 미리 앞서—하지만 시기상으로는 '선행先行하는'—들뢰즈의 논의를 차용하자면, 바로 이러한 '주체화'는 고고학적 분석의 대상인 지층들strates의 결과지만, 동시에 그러한 지층들을 초과하여 감행하는 도주의 선ligne de fuite, 그것을 위한 조건이기도 한 것.

아감벤은 6절에서 이러한 분리 혹은 균열의 결과로 제기되는 두 개의 대립적 개념들, 곧 살아 있는 존재자들(실체들)과 그들을 포획하는 장치들을 설정하고 있다. 그가 푸코적 '장치'의 '사례'들을 확장하면서 첨가하고 있는 '현대적' 예시들의 범위는 글쓰기와 문학으로부터 담배와 컴퓨터 또는 휴대전화에 이르기까지 다양하다(이 대목에서 불역본의 표지에 왜 휴대전화의 그림이 들어가 있는지를 알게 되는 약간의 허탈함이 동반된다). 이러한 장치와 살아 있는 존재 사이의 구분, 바로 그 속에서 출현하는 것이 주체이다. 아감벤은 바로 이러한 '생체'와 '장치' 사이의 관계가 빚어낸 결과로서 주체를 이해하고 있는 것이다. 이러한 전제들을 통한 아감벤의 진단은 곧, 우리 시대에 이루어지고 있는 무한한 장치의 발전에는 또한 그와 같은 정도로 무한한 주체화의 과정들이 대응하고 있다는 것. 이어 7절에서 논의되고 있는 것은 바로 이러한 장치의 '불가피성', 곧 장치로부터의 이탈이라는 문제가 지닌 어려움이다. 이에 아감벤이 8절을 통해 진입하고 있는 곳은 마르셀 모스Marcel Mauss–바타유의 계보를 따르는 이론 지평이라고 할 수 있겠는데, 바로 여기서 첨예한 주제로 등장하는 것이 성스러움le sacré의 개념과 대립하는 신성모독/세속화profanation의 문제이다. 곧, 장치의 개념은 일종의 희생 제의sacrifice로 이해되며, 따라서 신성모독/세속화는 그러한 희생 제의가 분리하고 구분해놓은 것을 다시금 공동의 사용을 위해 복원하고 재구성하는 역逆-장치contre-dispositif로서의 의미와 기능을 맡게 된다는 것이다. 이어서 9절과 10절에서 아감벤은 '탈주체화désubjectivation'에 대해서 언급하고 있는데, 그 어떤 실제적인 주체화도 수반하지 않는 이러한 탈주체화의 정치적 '부작용'들에 대한 아감벤의 비판으로부터 우파도 좌파도 결코 자유롭지 못하다. 장치의 광범위한 일반화는 혁명의 요소와 조건으로서 기능하기보다는—우리가 'oikonomia' 개념과 그 번역어로서의 'dispositio' 개념을 통해 이미 살펴보았듯이—오히려 묵시록적 혼돈을 동반하는 일종의 유사-신학적 체제에 근접하고 있다. 개인적인 견지에서 볼 때, 아감벤의 이러한 접근법은—또한 개인적으로 이미 그의 『호모 사케르*Homo sacer*』를 통해 확인했던 것이지만—바타유적 '정치학'이 내놓은 여러 물길들 중의 한 계보를 잘 정식화해주고 있다는 느낌이다.

앞서 아감벤이 푸코의 장치 개념이 지닌 직접적 특징을 '보편적인 것의 거부'라고 보았다는 점은 이미 언급한 바 있지만, 이러한 '푸코 해석'을 가장 먼저 피력하고 정교화한 공功은 아마도 들뢰즈의 몫으로 돌려야 할 것이다. 들뢰즈는 이미 푸코의 장치 개념에 대해서 아감벤과 같은 제목의 글(「장치란 무엇인가?」)을 남긴 바 있다(아마도 아감벤의 저 제목은 바로 이 들뢰즈의 제목으로부터 직접적으로 기인하고 있는 것일 터). 이 글은 들뢰즈 사후에 출간된 두 번째 저작/대담집(2003년)에 다시 수록되었고,[3] 박정태 편역의 『들뢰즈가 만든 철학사』에도 국역되어 실려 있다. 들뢰즈의 이 글은 푸코의 장치가 지닌 차원을 크게 가시성과 언표행위, 힘, 주체화로 정리하며 이러한 장치 개념의 도입이 산출하는 결과를 보편성과 영원성의 포기로 요약하고 있다. 또한 이 글은, 푸코 이론이 지닌 '역사성'과 '현재성'을 각각 푸코의 저작과 인터뷰에 할당함으로써, 푸코의 저작과 이론적 기획의 중요성을 환기시켜줌과 동시에 또한 우리가 '어떻게' 그의 인터뷰를 '읽어야' 하는지에 관한 지침을 명쾌히 제시해줬다는 점에 그 중요성이 있다. 일독과 재독을 권한다. 또한 이 글과 반드시 함께 읽어야 하는 글로서 「미셸 푸코의 주요 개념들에 대하여」[4]를 꼽을 수 있을 텐데(또한 이 글의 '확장판'이라고 할 수 있을 『푸코*Foucault*』 또한 '필독必讀 목록'에 함께 올릴 수 있을 것이다), 비록 장치 개념에 한정되어 있지는 않지만 푸코 사상의 전체적 풍경을 아주 뛰어나게 정리하고 분석하고 있는 글이다. 이 글 역시 위의 저작/대담집에 수록되어 있으며 또한 박정태 편역의 책에 국역되어 있기도 하다. 이 글은 비교적 가독성 있게 말끔히 번역되었지만 몇 가지 유의할 점들도 눈에 띈다.

첫 번째 유의점은 루이 옐름슬레우Louis Hjelmslev의 언어학적 개념들과 관련된 '오역'이다. 해당 부분을 그대로 옮겨보면 다음과 같다: "지층들은 역사적 형성들이며, 따라서 지층들은 실증성이요 경험성이다. 지층들은 사물과 말, 보기와 말하기, 가시적인 것과 진술 가능한 것, 가시성의 구역과 독해 가능성의 장, 내용과 표현으로 형성된다. 우리는 **이러한 용어들**을 엘름슬레브로부터 빌려 왔다고 말할 수 있을 것이다. 하지만 그것은 우리가 여기에서 거론되는 내용〔가시적인 것〕을 〔언어학적〕 기의와 혼동하지 않으며, **여기에서 거론되는** 표현〔진술 가능한 것〕을 〔언어학적〕 기표와 혼동하지 않는 한에서만 그러하다."[5] 일단 '옐름슬레우'를 '엘름슬레브'로 표기한 것이 눈에 밟히기는 하지만 이것은 일단 넘어가기로 하자. 더 중요한 문제는 내가 진한 글씨로 강조한 부분에 있는데, 먼저 두 번이나 반복되고 있는 "여기에서 거론되는"이라는 표현을 살펴보자. 이 표현은 본래 원문에는 없는 구절이다.[6] 그렇다면 번역자는 왜 이 문장들을 번역하면서 이런 구절들을 첨가할 수밖에 없었을까? 많은 이들이 주지하다시피, 저 '내용contenu'과 '표현expression'이란 개념은 옐름슬레우가 페르디낭 드 소쉬르Ferdinand de Saussure의 기호 개념인 기의signifié와 기표signifiant를 '발전적으

3 Gilles Deleuze, "Qu'est-ce qu'un dispositif?", *Deux régimes de fous*, Paris: Minuit(coll. "Paradoxe"), 2003, 316~325쪽.

4 Gilles Deleuze, "Sur les principaux concepts de Michel Foucault", *Deux régimes de fous*, 226~243쪽.

5 질 들뢰즈, 박정태 편역, 『들뢰즈가 만든 철학사』, 이학사, 2007, 437쪽.

6 Gilles Deleuze, *Deux régimes de fous*, 227쪽 참조.

로' 대체한 개념의 짝이다. 내용은 단순한 의미가 아니다. '내용'은 '표현'과 마찬가지로 '형식forme'의 측면과 '실질substance'의 측면을 동시에 지니고 있으며, 바로 이러한 '내용의 형식/실질', '표현의 형식/실질'이라는 구분법은 옐름슬레우 언어학이 수행한 가장 뛰어난 분석 중 하나이다. 물론 역자가 친절히 '〔 〕' 안에 부연해주고 있듯이, 들뢰즈의 이 글 안에서 '내용'과 '표현'이 각각 문맥적으로 '가시적인 것'과 '진술 가능한 것'에 연결되고 있음은 분명하다. 하지만 문제는 보다 구조적인 것이다. 들뢰즈의 논의 속에서 푸코가 옐름슬레우로부터 차용한 용어란 다른 어떤 것이 아닌 오직 '내용'과 '표현'인 것이다. 따라서 "여기에서 거론되는"이라는 '첨가된' 번역은 불필요한 오해를 살 여지가 있다. '여기에서 거론되는 어떤 특정한 내용'이 '가시적인 것'이라는 말이 아니며, 마찬가지로 '여기에서 거론되는 어떤 특정한 표현'이 '진술 가능한 것'이라는 말이 아니다. 하지만 번역에서는 '내용'과 '표현'이라는 말이 옐름슬레우의 이론 체계에 속한 고유의 개념어가 아닌 단순한 '일반명사'처럼 받아들여질 우려가 있다. 문제는, 옐름슬레우를 따라서, '내용'을 단순한 '기의'와 구분해야 할 필요성, 또한 '표현'을 단순한 '기표'와 구분해야 할 필요성에 있는 것이다. 들뢰즈가 말하고 있는 것은 다름 아닌 바로 이것일 터. 그렇게 본다면 내가 진한 글씨로 강조한 다른 부분, 곧 "이러한 용어들"이라는 번역이야말로 사실 이러한 '오역'에 대한 '최초의' 불씨를 제공하고 있는 것으로 보인다. 아마도 이러한 종류의 어떤 '착각' 때문에 역자는 "여기에서 거론되는"이라는 사족을 두 번씩이나 필요로 했던 것으로 보이는데, 역자가 "이러한 용어들"이라고 옮긴 부분은 본래 원문에서 "이 마지막 용어들ces derniers termes", 곧 앞서 열거한 모든 개념의 짝들이 아니라 오직 그 열거의 맨 마지막에 위치하고 있는 옐름슬레우적 개념들만을, 곧 '내용'과 '표현'이라는 개념의 짝만을 가리키고 있는 것이다.[7]

주지하다시피, 옐름슬레우가 내용의 형식/실질과 표현의 형식/실질이라는 구분법을 생각할 수 있었던 것은 물론 직접적으로는 소쉬르의 언어학 덕분이었다. 옐름슬레우도 직접 인용하고 있는바, 소쉬르는 『일반 언어학 강의*Cours de linguistique générale*』 2부 4장에서 사고pensée와 음성son이라는 "두 가지 질서의 요소들이 결합하는 접경 지역terrain limitrophe"에 대한 학문이 바로 자신이 이해하는 언어학임을 밝히고 있다.[8] 곧 소쉬르의 말을 그대로 옮기자면, "이러한 〔사고와 음성의〕 결합은 실질이 아니라 형식을 생산한다cette combinaison produit une forme, non une substance"는 것.[9] 옐름슬레우가 '내용'과 '표현'의 개념을 통해 보다 더 정치하고 첨예하게 정식화시키고 싶었던 것은 바로 이 부분이었다. 소쉬르의 이러한 설명만으로는 뭔가 부족하다고 느꼈던 것이다. 소쉬르의 『일반 언어학 강의』 번역으로는 꽤 오랜 시간 동안 위의 민음사 판본이 통용되어왔으나, 이 국역본이야말로 '뭔가 부족한' 번역이 아닐 수 없다(옐름슬레우의 국역본 역시나 완벽한 번역으로 보기에는 다소 무리가 있다). 이 번역본은 특히 1972년에 나온 툴리오 데 마우로Tulio de Mauro 편집본의 주석들과 함께 어서 빨리 다시 번역되었으면 하는 소망을 품게 되는 책이다(이런 소망을 품은 지도 정말 오래되었다는 느낌이지만, 사실 저 국역본이 1990년에 간행될 때만 해도 '일러두기'에서 마우로 편집본의 주석이 곧 번역되리라는 예고까지 있었는데, 언제까지 우리는 번역의 '부족不足'과 '지각遲刻' 탓만을 해야 하는가). 더불어 시몽 부케Simon Bouquet와 루돌프 엥글러Rudolf Engler의 편집으로 2002년에 갈리마르 출판사에서 간행된 소쉬르의 수고[10] 또한 일독을 요하는 책인데, 특히나 이 책은 여전히 논의의 여지가 많은 『일반 언어학 강의』의 해석에 여러 유용한 시사점들을 던져주고 있다는 점에서 더욱 중요하다.

「미셸 푸코의 주요 개념들에 대하여」의 국역을 읽을 때 두 번째로 유의해야 할 점은 바로 '외성extériorité'과 '내성intériorité'이라는 번역어들이다.[11] 이와 더

7 Gilles Deleuze, *Deux régimes de fous*, 227쪽 참조.

8 Ferdinand de Saussure, *Cours de linguistique générale*(édition critique par Tullio de Mauro), Paris: Payot & Rivages, 1972, 157쪽.

9 Ferdinand de Saussure, *Cours de linguistique générale*(édition critique par Tullio de Mauro), 157쪽.

10 Ferdinand de Saussure, *Écrits de linguistique générale*, Paris: Gallimard(coll. "Bibliothèque de philosophie"), 2002.

불어 반드시 함께 검토해야 할 문제는 바로 'immanence'의 번역어인 '내재성' 일 터. 나의 일천한 독서 경험에 비추어 볼 때 'extériorité'가 가끔씩 다른 책들에서 '외재성'으로 번역되곤 하는 것을 목격하게 되는데, 따라서 내게는 이러한 개념어들의 번역에 대한 일종의 '일괄적' 정리가 필수적이고 시급한 사항으로 다가오는 것이다. 주지하다시피, 'immanence'와 대립되는 개념은 당연히 'extériorité'가 아니라 'transcendance'이다. 곧 '내재〔성〕'의 대립어는 '초월〔성〕' 인 것이다. 하지만 'extériorité'가 '외재성'으로 옮겨질 경우, 그것이 마치 '내재성'의 대립어로 여겨지게 되는 부당하고 불필요한 오해의 소지가 있는 것이다. 따라서 『들뢰즈가 만든 철학사』의 편역자가 취하고 있는 '외성'과 '내성'이라는 번역어는 이러한 문제의식을 느끼고 있는 이의 '최선의' 선택이라고 말할 수 있겠다. 다만 개인적인 기준—그리고 취향(?)—에서 볼 때, '외성'과 '내성'보다는 '외부성'과 '내부성'이라는 번역어를 더 선호하고 있다는 점만을 밝혀둔다(이러한 '개인적인' 선호의 이유들 중 한 가지를 '귀류법적'인 반문反問의 형식을 통해 밝혀보자면, 『들뢰즈가 만든 철학사』의 454쪽에서 역자는 'intériorisation'이라는 단어를 '내화'라는 번역어로 옮기고 있는데, 한국어의 '상용적' 관점에서 생각해볼 때 그 반대어인 '외화'를 우리는 바로 저러한 '내화'의 대립적 의미로 사용하고 있는 것은 아니지 않은가). 덧붙이자면, 이러한 번역어 '정리'의 문제는, 좁게는 레비나스 전공자들과 들뢰즈 전공자들 사이에서 모종의 '합의'를 봐야 할 문제이기도 하지만—도대체 『전체와 무한*Totalité et infini*』의 국역본은 언제, 또 누가 내줄 것인가—, 또한 동시에 더 넓게는 '차이'와 '타자' 혹은 '내재'와 '초월'을 둘러싸고 서양 현대 철학의 전체 맥락 안에서 다양하게 펼쳐지고 있는 개념어들의 '한국적 전유'를 어떻게 이뤄낼 것인가 하는 문제이기도 하다. 이 후자의 문제가 전자의 문제보다 더 중요하고 시급한 문제임은, 또한 후자의 문제가 이미 전자의 문제를 포함하고 해소하고 있음은, 불문가지不問可知, 명약관화明若觀火이다.

세 번째 유의점은 니체의 번역과 관련된 문제이다. 이는 어쩌면 '중역重譯에 의한 오역'의 문제라고도 말할 수 있을 텐데, 푸코가 인용한 니체의 문장(불어로 번역된 것)에 대한 들뢰즈의 재인용을 다시 한국어로 옮기는 과정에서 발생한 일종의 '잉여-번역'이 그것이다(아, 번역의 과정 안에서도 'G-W-G''라는 자본의 일반 공식이 적용되고 있었음을![12]. 역자는 니체의 『아침놀*Morgenröthe*』에 나오는 저 유명한 구절을 다음과 같이 옮기고 있다: "우연의 나팔을 흔드는 필연성이라는 완강한 손la main de fer de la nécessité qui secoue le **cornet** du hasard." [13] 이는 푸코가 자신의 글 「니체, 계보학, 역사」에서 인용하고 있는 니체 번역을 그대로 다시 인용한 것이다(이 글은 푸코의 『말과 글*Dits et écrits*』 2권에 수록되어 있다).[14] 이에 해당되는 독일어 원문은 다음과 같다: "jene eisernen Hände der Nothwendigkeit, welche den Würfelbecher des Zufalls schütteln (……)."[15] 곧, 내가 진한 글씨로 강조한 부분에서 볼 수 있듯이, 불어 번역은 독일어 "Würfelbecher"를 "cornet"로 옮긴 것인데, 한국어 번역에서는 이를 다시 "나팔"로 번역하고 있는 것이다. 독일어 'Würfelbecher'는 '주사위를 넣고 흔들어 던지는 통'을 의미하며 이러한 의미에서 불어 번역에서는 '〔원뿔 형태의〕 주머니' 또는 '〔나팔 모양의〕 통'이라는 뜻의 'cornet'라는 단어를 번역어로 채택한 것인데, '중역된' 한국어 번역에서는 이 불어 단어의 일차적인 뜻에 주목하여 이를 단순히 '나팔'로 옮기고 있는 형국이랄까. 참고로 박찬국의 국역본[16]에서는 이 부분을 다음과 같이 옮기고 있다: "우연의 주사위 통을 흔드는 필연성의 저 철鐵로 된 손 (……)"(덧붙이자면, 여기서 독일어 단어 'eisern'과 불어 단어 'de fer'가 지닌 의미의 범위는 거의 같다고 볼 수 있는데—곧 이 둘은 모두

11 질 들뢰즈, 박정태 편역, 『들뢰즈가 만든 철학사』, 445쪽, 454쪽

12 Karl Marx, *Das Kapital*, *Band 1*, *Marx/Engels Werke(MEW)*, *Band 23*, 170쪽 참조.

13 질 들뢰즈, 박정태 편역, 『들뢰즈가 만든 철학사』, 455쪽

14 Michel Foucault, "Nietzsche, la généalogie, l'histoire", *Dits et écrits*, *tome 2(1970~1975)*, Paris: Gallimard(coll. "Bibliothèque des sciences humaines"), 1994, 148쪽 참조.

15 Friedrich Nietzsche, *Morgenröthe*. *Kritische Studienausgabe in 15 Bänden(KSA)*, *Band 3*, Berlin: Walter de Gruyter, 1988, 122쪽(§130) 참조.

16 프리드리히 니체, 박찬국 옮김, 『아침놀』(니체 전집 10권), 책세상, 2004, 149쪽.

일차적으로는 '철로 된', '쇠로 된'이라는 뜻을 갖고 이차적으로는 '무쇠 같은', '불굴의', '냉혹한' 등의 뜻을 갖는 단어들인데—옐름슬레우의 용어를 차용해 보자면, 이 두 단어는 '내용의 형식'이 거의 일치한다고 할 수 있겠다). '나팔'과 '주사위 통'의 차이, 이것이 그리 큰 문제가 되는 것인가 하고 반문할 이도 물론 있겠지만, '주사위 통'이 단지 '나팔'만이 된다면, 이는 무엇보다도 니체의 저 '주사위 던지기' 개념의 함의와 중요성을 망각하고 지나갈 위험을 내포하는 국역이기에 다소 '부족한' 번역이라는 점만을 언급하고자 한다.

독일어와 불어와 한국어 사이의 번역이 빚어내는 어떤 '간극'에 대한 이야기가 나온 김에 이와 관련된 개인적인 소회를 하나 언급하고 지나가자면, 나는 과거 청하에서 나왔던 전집과는 다르게 책세상에서 새롭게 간행된 니체 전집 국역본이 'Morgenröthe'의 번역 제목으로 채택한 저 '아침놀'이라는 단어가 별로 마음에 들지 않는다(물론 이는 저 독일어의 '직역'에 가장 가깝긴 할 것이다). 예전에 청하에서 간행되었던 국역본은 그 번역에 있어 많은 문제점을 안고 있었다고는 해도—그렇다고 해서 책세상 판본의 번역이 결코 완전무결한 것은 아니다—저 '서광'이라는 제목만큼은 니체의 사유가 선사하는 숨 가쁜 박력과 저돌적 힘을 잘 표현해줬던 '번역'이라고 생각한다. 참고로 불어 번역본은 이를 'aurore'라는 단어로 옮기고 있는데, 이 또한 같은 의미에서 나의 개인적인 취향(?)에 부합하는 표제라는 고백 한 자락 남겨본다. 여담 삼아, 위에서 내가 문제 삼았던 부분을 청하 국역본에서는 어떻게 번역하고 있는지 한번 살펴보자: "우연의 주사위 통을 흔드는 필연성의 저 쇠로 된 손 (……)".[17] 책세상 국역본과 비교했을 때, 정말 말 그대로 '한 끗 차이'라고 아니 할 수 없다.

「미셸 푸코의 주요 개념들에 대하여」의 국역 독해에 있어 네 번째로 유의할 점은, 일견 사소해 보이지만 아주 중요한 '오역'들에 관한 문제이다. 이 점에 관해서는 짧은 언급만을 하고 지나가도록 하겠다. 첫째, 'désir'를 모두 '욕망'이 아닌 '욕구'로 옮기고 있다는 점.[18] 이는 계속해서 반복되고 있다는 점으로 미루어 보아 역자가 지닌 일종의 '신념'이 아닌가 하는 '의심'을 하게 만드는데, 현재 '욕망'이라는 번역어가 지니고 있는 적절성과 상용성을 생각해볼 때, 이러한 '신념'이 앞으로도 계속 통용될 수 있을지는 미지수이다. 둘째, 'topologie'를 모두 '위상학'이 아닌 '유형학'으로 옮기고 있다는 점.[19] 이는 분명한 오역의 경우라고 하겠는데, 아마도 역자가 'topologie'를 'typologie'로 오독했던 것이 아닌가 하는 의심을 자아낸다(특히나 역자가 「장치란 무엇인가?」의 번역에서는 'typologie'를 '유형학'으로 제대로 잘 번역하고 있음에야).

푸코에게 있어 '장치'란 무엇인가. 결국 나는 다시 이 문제로 돌아오게 된다. 장치 개념의 검토에 있어서 무엇보다 푸코의 목소리, 그 육성 자체를 들어보지 않을 수 없을 것이다. 검토의 대상이 되는 가장 일차적인 인터뷰 텍스트는 바로 푸코의 『말과 글』 3권에 수록된 대담이다.[20] 앞서 아감벤이 부분적으로 인용하고 있는 푸코의 '말'도 바로 이 텍스트에 속한 것이다. 아감벤이 인용한 부분을 제외하고 개인적으로 가장 주목하고 싶은 푸코의 '말', 곧 장치에 관한 그의 여러 정의들 중 가장 주목하고 싶은 두 개의 정의는 다음과 같다: 첫째, "지금 내가 하고 싶은 것은, 내가 장치라고 부르는 것이 에피스테메épistémè가 지닌 가장 일반적인 경우라는 사실을 보여주는 것입니다. 또는 반대로 말해서, 에피스테메란, 담론적이거나 그렇지 않은 여러 이질적인 요소들의 집합인 장치와는 다르게, 특별히 담론적인 의미에서의 장치를 뜻한다는 것입니다."[21] 둘째, "거짓으로부터 참을 분리하는 일이 아니라, 과학적으로 규정할 수 있는 것으로부터 규정할 수 없는 것을 분리하는 일, 그 일을 가능하게 해주는 것이 바로 장치입니다."[22] 이 두 가지 '정의'를 통해 확인할 수 있는 가장 기본적인 사항은 두 가

17 프리드리히 니체, 이필렬·임수길 옮김, 『서광』(니체 전집 4권), 청하, 1983, 103쪽.
18 질 들뢰즈, 박정태 편역, 『들뢰즈가 만든 철학사』, 457쪽 이하.
19 질 들뢰즈, 박정태 편역, 『들뢰즈가 만든 철학사』, 467, 469쪽.
20 Michel Foucault, "Le jeu de Michel Foucault", *Dits et écrits*, *tome 3(1976~1979)*, Paris: Gallimard(coll. "Bibliothèque des sciences humaines"), 1994, 298~329쪽.
21 Michel Foucault, "Le jeu de Michel Foucault", *Dits et écrits*, *tome 3(1976~1979)*, 300~301쪽.
22 Michel Foucault, "Le jeu de Michel Foucault", *Dits et écrits*, *tome 3(1976~1979)*, 301쪽.

지이다. 첫째, '장치'의 개념은 푸코의 저 '에피스테메' 개념을 대체하고 또한 확장하고 있다는 것. 둘째, 그러나 또한, 들뢰즈가 이미 예리하게 언급하였듯이, 이러한 '장치'의 개념에 의해 가능하게 된, 주체화 과정에 대한 '후기' 푸코의 연구는 어떤 '단절'이나 '방향 전환'과는 거리가 먼 일종의 '연속성'을 담보하고 있다는 것. 아마도 이러한 두 가지의 기본적인 사항들에 대한 확인이, 푸코 개인의 이론적 발전사에서뿐만 아니라 보다 전체적인 사상사의 맥락에서 '장치' 개념을 사유할 수 있는 출발점을 제공하리라는 생각이다.[23] 따라서 아감벤의 『장치란 무엇인가?』에 대한 독해를 통해 내가 개인적으로 다시금 계획하게 되는 일은—이는 어떤 이에게는 일종의 '비약'처럼 보일 수도 있겠고, 또 어떤 이에게는 당연한 '수순'처럼 보일 수도 있을 텐데—푸코의 저 『성의 역사*Histoire de la sexualité*』 2권, 곧 『쾌락들의 활용*L'usage des plaisirs*』[24]에 대한 재독再讀에 다름 아니다.

개인적으로 상당히 긴 시간 동안 천착해오고 있는 '사상사'라는 지평에서 생각해볼 때 한 가지 더 주목하고 싶은 점은, 아감벤과 랑시에르, 그리고 '후기' 푸코가 공통적으로 드러내고 있는 어떤 '희랍적' 지향성이다. 예를 들자면, 아감벤의 'zōē'와 'bios' 사이의 구분, 랑시에르의 'logos', 'démos', 'politeia' 등에 관한 논의, 또는 푸코의 'enkrateia'와 'parrhêsia' 개념에 관한 연구 등등에서 포착할 수 있는 어떤 '방향성'이 내게는 매우 첨예한 문제로 다가오는 것이다. 실제로 서양 철학사라는 '제도'가 지닌 일반적 의미 안에서 저 '희랍적' 지향성이라고 하는 하나의 이론적이고도 회고적인 태도가 언제 문제 되지 않았던 적이 있었겠느냐마는, 이들에게서 느껴지는 이러한 지향성의 '특수하고도 현대적인' 경우는 별도의 연구와 검토를 필요로 하는 이론적 지평이라는 생각이다. 다소 거칠게 말하자면, 그것은 곧 '감각적인 것의 분배'와 관계되는 문제이기에, 또한 바로 저 '장치'라는 개념과 직결되고 있는 문제이기에. 고래의 개념들과 그것이 낳은 분류법을 발굴, 검토하고 그로부터 어떤 새로운 의미와 분류법의 체계를 그려냄과 동시에 여러 가능한 실천의 지도들을 작성하는 일이야말로 가장 근본적인 의미에서의 '사상사적' 문제가 아니었던가.

23 2011년에 첨가하는 주석 2: 또한 이러한 맥락에서 우리는 푸코의 개념에 대한 정의를 둘러싼 아감벤의 또 다른 글을 참고할 수 있을 것이다. Giorgio Agamben, "Qu'est-ce qu'un paradigme?", *Signatura rerum. Sur la méthode(traduit par Joël Gayraud)*, Paris: Vrin, 2009.

24 Michel Foucault, *L'usage des plaisirs*. *Histoire de la sexualité*, *tome 2*, Paris: Gallimard(coll. "Bibliothèque des histoires"), 1984.

6악장 나르시시스트를 위한 자기진단법[1]

자서전 읽기의 몇 가지 증례들

1. 진실은 어떻게 '속임수'가 되는가

자서전을 어떻게 읽어야 할까. 이 물음은 내게 일종의 '사상사적' 물음의 형식으로 다가온다. 자서전이란, 이데올로기가 가장 개인적이고 심층적으로 작동하는 내밀성의 공간, 그 '존재'의 장소를 이탈하면서 동시에 그러한 '부재'의 장소를 구성해주는 글쓰기의 형식이므로. 자서전 연구의 바이블이라 부를 만한 『자서전의 규약*Le pacte autobiographique*』에서 필리프 르죈Philippe Lejeune은 이렇게 쓰고 있다. "자서전은 무엇보다도 〔저자와 등장인물 사이에〕 부과된 동일성identité assumée을 언표 행위énonciation의 층위에서 전제해야 하며, 〔이와 비교했을 때〕 언표된 내용énoncé의 층위에서 산출된 유사성ressemblance은 완전히 부차적인 문제"라는 것.[2] 그렇다면 일인칭으로 서술된 소설의 경우는 어떠할까. 질문의 형식을 보다 정확히 하자면, '나je'라고 자신을 밝히고 있는 화자가 자신의 이름을 결코 드러내지 않는 일인칭 소설의 경우는 어떠할까.[3] 다시 말해서, 주인공이 텍스트 안에서 자신을 부르

1 이 글은 같은 제목으로 『자음과모음』 2009년 가을호에 수록되었으며, 전체적인 구상과 개략적인 초안은 2000~2001년에 이루어졌다.

2 Philippe Lejeune, *Le pacte autobiographique*, Paris: Seuil(coll. "Poétique"), 1975, 25쪽. 국역본은 윤진 옮김, 『자서전의 규약』, 문학과지성사, 1998, 35쪽. 번역은 일부 수정했다. 이하 이 책의 인용은 'PA'로 약칭하고 원서와 국역본의 해당 쪽수만을 표기한다.

3 일인칭은 언제나 삼인칭의 고유명사로 소급되고 환원되며 또한 대체될 수 있다고 하는 르죈의 논의를 따르자면(PA, 21~22쪽/29~30쪽 참조), 사실 이 경우 문제가 삼인칭 시점의 소설이 된다고 해도 달라질 것은 없다.

는 고유명사를 한 번도 드러내지 않고 단순히 '나'라고 지칭하는 경우, 이것은 오히려 저자와 주인공의 동일성이 언표 행위의 층위에서 가장 '자연스럽게' 주어지는 형태는 아닐까. 이 경우에 있어서 저자와 주인공이 반드시 같을 수는 없으며 그것이 바로 허구의 형식이 갖는 일종의 당연한 '법칙'이라고 말하는 것이 정당한 일인 만큼, 또한 여기서 저자와 주인공이 같다고 생각하는 것 역시 가장 '자연스럽게' 주어지는 어떤 인식의 형태는 아닐까. 이 가장 '기본적인' 층위에서의 문제는 사실 르죈이 자서전적 글쓰기의 여러 가지 가능한 조합의 형태들을 제시하면서 "불명확한indéterminé" 것으로 분류하고 있는 "규약 부재pacte=0"의 상태, 즉 "2b"의 경우에 해당하는 것이다(PA, 28~29쪽/41~42쪽 참조). 개인적으로 볼 때 르죈의 책을 구성해 주고 있는 보이지 않는 핵은 바로 이 '규약 부재' 상태로서의 '제로 지점'에 다름 아니라는 생각이다.[4] 뒤집어 이야기하자면, 이 역시 지극히 개인적인 인상이겠지만, 르죈은 자서전 장르의 '어느 정도 정돈된' 정의를 위해서 이 부분을 교묘히 뛰어넘었다는 '혐의'를 완전히 씻을 수는 없을 것 같다. 결국 그는 이러한 종류의 텍스트가 속한 장르와 그 독해 방식에 대한 결정이 전적으로 독자의 태도에 달려 있다는, 다소 '상대적인' 결론에 이르게 되는 것이다.

그러나 이러한 텍스트에 있어서 독자가 그것에 관한 태도를 결정하게 되는 과정에 작용하는 요소는 과연 아무것도 없는가. 그것은 과연 그 자체로 '자유로운' 선택일 뿐일까. 이러한 질문을 통해 겨냥하는 것은, 자서전에 있어서 "아래 서명한 나je soussigné"(PA, 19쪽/25쪽), 곧 서명의 문제가 중요한 만큼이나 텍스트의 성격과 장르에 대한 저자의 '선언'이라는 문제 또한 중요한 것으로 부각된다는 사실이다. 예를 들자면, 저자가 자신의 텍스트를 '자서전'이라고 선언할 것인가 아니면 '소설'이라고 선언할 것인가의 문제가 바로 그것. 즉 이는, 저자 스스로가 독자에게 자신이 쓴 텍스트를 어떤 이름으로, 어떤 분류 기준하에 공표하고 제시하는가에 관련된 텍스트 '외부적인' 문제인 것이다. 르죈도 물론 이 문제에 관해 언급하고 있기는 하다(PA, 44~45쪽/66~67쪽). 이것은 곧 책의 출간 행위와 그 형식이 자서전 텍스트의 독서에 미치는 영향 관계에 대한 고찰이다. 그러나 르죈에게 있어서는 고유명사의 문제가 자서전 독서에 있어 더욱 핵심적인 쟁점 사항이 되고 있다. 이러한 '선언' 또는 '공표'의 문제는 자서전의 독서 방식에 있어서 서명의 문제보다 더욱 근본적이고 제도적인 심급에 위치하게 된다. 그러므로 또한 자서전 장르는 텍스트 '외부'의 문제를 가장 도드라지게 노출하고 있는 문학 장르에 다름 아닌 것.

그렇다면 만약 저자가 소설을 쓰면서 소설을 쓴다는 사실을 '공표'하지 않고 단지 '나의 인생 이야기' 같은 제목을 그 '소설'에 붙인다면 상황은 어떻게 될까. 물론 르죈은 이러한 가정은 문제가 되지 않는다고 말할 것이다(르죈의 분류법에 따르자면, 이 경우는 자연스럽게 2b의 항, 즉 저자에 의해서 독서의 방식이 방기되어 그 방식을 선택하는 일이 전적으로 독자에게 부여된 상황에 속할 것이다). 그러나 진실성/성실성sincérité의 문제가 자서전에 있어서 중요한 것이라고 한다면, 그 진실성/성실성은 최종적으로는 바로 이러한 장르의 '선언' 또는 텍스트 성격의 '공표'라는 문제와 항상 결부되어 있을 수밖에 없다.

그러므로 이러한 논의가 역설적으로 가리키는 지점은, 자서전의 문제가 비단 진실성/성실성뿐만 아니라 속임수의 '효과'까지도 포함하는 것이라는 사실이다(그러나 르죈은 이 문제를 단순히 문학적 '사기'와 '위조'의 문제로 치부하면서 간단히 넘기고 있다). 왜냐하면, 르죈 자신이 말하고 있는 것처럼, 자서전의 범주에 속하는 것은 "허구fiction의 질서가 아니라 거짓mensonge의 질서"(PA, 30쪽/43쪽)이기 때문이다. 허구의 질서 안에서 진실과 속임수의 구분은 별 문제가 되지 않는다. 오히려 거짓의 질서, 더 정확하게는 참과 거짓의 질서가 함께 작동하는 장 안에서만 그 구분이 문제가 되는 것이다. 결국 자서전의 문제는 현실성réalité의 문제가 아니라 진

4 르죈이 제시하고 있는 분류의 도표(PA, 28쪽/41쪽)에서 바로 이러한 '제로 지점'이 한가운데 위치한다는 사실은 이 때문에 더욱 의미심장하게 느껴진다.

실성의 문제가 되고 있는 것. 여기서 내가 특별히 방점을 찍고 싶은 부분은—르죈의 방점과는 반대로—바로 "허구의 질서가 아니라"는 표현인데, 이것은 곧, 어떤 텍스트에 자서전이라는 형태적 규정을 부여하는 행위가 다른 장르와의 관계 비교라는 작업을 떠나서는 결코 '독립적으로' 이루어질 수 없다는 생각에서이다. 다시 말해서 자서전이라는 '자기규정'은, 결코 '독자적으로는' 생각될 수 없는, 곧 텍스트에 대한 '내재적' 분석의 방법만으로는 해결될 수 없는, 일종의 '제도적'이며 '관계적'인 형식인 것이다. 그러므로 자서전의 문제는 그 자체로서보다는 오히려 소설이나 여타 장르와의 비교하에서만 비로소 의미를 갖게 되는 것이라고 말할 수 있을 것이다. 결국 이것은 '믿게 만들기'의 문제에 다름 아니다.

자서전 안에서는 결국 속임수의 층위가 문제시된다. 자서전을 자서전처럼 보이지 않게 만들 수 있는 이론적으로 가능한 여러 기법들은 르죈에게서와 마찬가지로 나에게도 논의의 대상이다. 문제는 속임수라고 하는 것이 저자의 의도를 벗어난 곳에서 행해질 때, 곧 저자 '자신도 모르는' 속임수가 바로 그 저자 '자신에 의해서' 행해질 때인 것. 즉 의도적으로 짜여진 '믿게 만들기'의 구조와 기법을 그 내부로부터 와해시키는 작은 구멍 또는 무의식적 틈새가 자서전 독해에서는 중요한 지점으로 부각되는 것이다. 그러므로 이러한 속임수의 문제는, 그것이 '의식적'인 지점을 문제 삼지 않는다는 점에서, 또한 '무의식'의 문제이기도 한 것.

2. 루소는 어떻게 '동성애자'가 되었나

자서전 텍스트 내에서 이러한 속임수가 만들어내는 어떤 '틈새'를 읽는 한 사례로서 먼저 장 자크 루소Jean-Jacques Rousseau의 『고백록*Les confessions*』 1권의 몇 부분을 중심으로 그의 정체성이 어떤 방식으로 성립되고 서술되고 있는지 살펴보도록 하자. 일단 가장 나의 흥미를 끄는 곳은 다음과 같은 부분이다. "나는 이미 정의의 기사redresseur des torts가 된 것이다. 정식으로 유랑 기사Paladin가 되기 위해서는 나에게 단지 귀부인Dame만 있으면 되는 것이다. 그런데 나에게는 그런 귀부인이 둘이나 있었다."[5] 이 부분은 아마도 표면적인 텍스트 그 자체로는 별다른 의미를 갖지 못할 것이다. 그럼에도 불구하고 내가 이 부분을 문제 삼는 이유는 이 문장이 배치된 위치와 전후의 문맥이 내게 매우 '미묘한' 정체성의 문제를 제기하고 있는 것으로 보이기 때문이다. 이 인용문의 앞에 서술된 부분은 자신의 사촌을 "바보 당나귀 베르나르Barnâ bredanna"라고 부르며 놀리는 아이들에 대항해 루소가 싸움을 거는 내용이며, 그 뒷부분은 뷜송Vulson 부인 그리고 고통Goton 양과 가졌던 관계에 대한 이야기가 시작되는 부분이다(그러므로 저 '두 귀부인' 이란 곧 이 두 사람을 가리키는 것, 그나저나 한 여인의 이름이 '고통'이라니!). 그런데 왜 여기서 사촌 베르나르를 악동들의 놀림으로부터 지켜줬던 행동과 귀부인을 흠모하는 수호 기사의 이미지가 그토록 '자연스럽게' 연결되고 있는 것일까. 왜 루소의 글은 그러한 '수호'의 경험으로부터—저 돈키호테의 모험을 연상케 하는—"유랑 기사"를 매개로 하여 자연스럽게 이성에 대한 사랑의 기억으로 이동하게 되는 것일까. 곧, 왜 이 문장들은 다름 아닌 바로 '이곳'에 위치할 수밖에 없었을까, 이것이 나의 물음이다.

그런데 여기서 사촌 베르나르와 맺었던 이러한 '우정'이 어린 루소에게 있어서 일종의 '근원적'인 것으로 파악되고 있다는 점을 상기할 필요가 있다. 르죈이 이미 구분하고 있는 것처럼(PA, 94~99쪽/142~149쪽), 현실과 제도적 질서의 '침탈'에 의해 초래된 이 우정의 파국은 결국 "철기âge de fer"의 정점을 이룬다. 점진적인 하강을 그리던 '타락'의 곡선이 이 사건으로 인하여 더욱 그 속도와 각도를 더하게 되는 것이다. 그리고 이제 이와 함께 루소의 '낙원 시대'도 완전히 끝장나버리고 만 것. 이것이 이토록 결정적인 사건으로 인식되고 있는 만큼, 어린 루소에게 있어서 베르나르와의 우

5 Jean-Jacques Rousseau, *Les confessions. Œuvres complètes, tome I*, Paris: Gallimard(coll. "Bibliothèque de la Pléiade"), 26쪽. 이하 이 책의 인용은 'C'로 약칭하고 해당 쪽수만을 표기한다.

정은 인간관계의 어떤 원형을 제시하고 있는 본원적인 상태의 위치를 점하게 된다. 그렇다면 어째서 베르나르와의 관계가 루소에게 있어서 '모든 관계의 원형'일 수 있게 되는 것일까 하는 의문 하나가 절실해진다. 원형은 그것을 원형이게끔 만들어주는 근원적인 경험을 필요로 하는 것이기에.

이러한 근원적인 경험이 문제가 된다고 할 때 내가 특히 주목하고 싶은 루소의 텍스트는 다음과 같은 부분이다. "나의 아버지가 이러한 상실〔아내, 즉 루소 어머니의 죽음〕을 어떻게 견뎌냈는지 나는 몰랐다. 그러나 그가 결코 그 상실의 슬픔을 가라앉히지 못했다는 것은 알고 있다. 아버지는 내가 그로부터 그녀를 빼앗아갔다는 사실을 잊지 못한 채, 내 안에서 그녀를 다시 본다고 생각했던 것이다. 아버지가 나를 껴안을 때마다, 나는 그 한숨과 그 경련을 일으키는 듯한 포옹을 통해서 그의 애무에 쓰디쓴 회한이 섞여 있음을 느끼지 않을 수 없었다. 그 때문에 그의 애무는 더욱 부드러웠다. 아버지가 나에게 '장 자크, 우리 네 어머니에 대해 이야기해보자'라고 말했을 때 나는 그에게 '어, 아버지, 그럼 우린 울게 될걸요'라고 말했었다. 이 한마디 말에 아버지는 벌써 눈물을 흘렸다. 그리고 그는 신음하면서 이렇게 말했다. '아! 그녀를 내게 돌려줘, 그녀 때문에 슬퍼하는 나를 달래줘, 그녀가 내 영혼 속에 남긴 빈자리를 채워주렴. 네가 단지 내 아들일 뿐이라면 내가 널 이렇게까지 사랑했을까?' 아내를 잃은 지 40년 후에 그는 후처의 팔에 안겨 죽었다. 그러나 입으로는 전처의 이름을 되뇌고, 가슴속 깊은 곳에는 그녀의 영상을 간직한 채로." (C, 7쪽) 이 인용문은 아마도 '정신분석적' 해석 방법에의 유혹을 가장 강하게 느끼게 되는 부분 중의 하나일 것이다. 일반적으로 널리 통용되는 해석의 방향을 따를 때, 우리는 이 일화를 전형적인 오이디푸스의 이야기로 읽어낼 수 있을 것이다. 즉 이 일화는 기본적으로 '거세Kastration'의 이야기로 읽을 수 있는 것. 여기서 루소의 탄생이라는 기표는 어머니의 죽음이라는 기의를 항상 숨기고 있다. 그러므로 아버지는 어린 루소에게서 그가 앗아간 어머니의 존재, 곧 회귀 불가능한 존재를 요구하고 있는 것이다. 어린 루소가 '퇴행'하는 아버지에 대해서와 마찬가지로 '부재'하는 어머니에 대해서도 똑같이 어린아이의 자리에 머물게 됨과 동시에, 또한 루소 안에서 어머니의 현전을 갈구하는 아버지에게서 루소는 아들이기에 앞서 여성이자 아내이기를 요구받는 것이다. 곧, 어린 장 자크는 아버지에 의해 거세되기를 강요당하고 있다는 것.

그러나 여기서 단순히 표면적이고 생식기적인 남근의 개념만을 읽어서는 안 될 것이다. 아버지가 대변하고 있는 것은, "경련을 일으키는 포옹"과 "눈물"에서 볼 수 있듯이, '문화적'인 관점에서 볼 때 오히려 다분히 '여성적'인 기질이 아닌가. 따라서 아버지가 대변하고 있는 것은 어쩌면 오히려 여성성으로서의 '어머니'라는 이미지는 아니겠는가. 예를 들어 위의 인용문에서 "아버지"를 모두 '어머니'로 바꿔 읽어보면 이러한 심증은 더욱 굳어진다. 그 감정의 '자연스러운' 흐름에 깜짝 놀랄 수도 있을 테니. 한 가지 더, 오히려 어머니의 죽음에 대해 책임을 지고 비난을 받아야 할 사람은 장 자크가 아닌 아버지인 것은 아닌가. 이러한 맥락에서 아버지라는 존재는 어머니의 죽음에 대한 책임 추궁과 그 징벌로써 어린 장 자크에게 거세 의식을 행하는 '주인'이 될 수 없는 것은 아닌가. 오히려 여기서 아버지야말로 거세되고 처벌받는 존재로 표상되고 있지 않나.

그러므로 이 지점에서 내가 떠올리는 것은, 어린 루소와 그 아버지 사이에서 으레 빚어질 것이라 추측되는 오이디푸스 콤플렉스라는 '출구'가 아니라 오히려 어머니에게서 남근이 없음을 발견하게 되는 어린 한스Hans의 사례, 저 유명한 프로이트의 한 증례이다. 따라서 여기서는 '아버지-남성'과 '어머니-여성'이라고 하는 생물학적이고 표면적인 구분이 전혀 기능하지 못하게 된다. 이와 같은 맥락에서 라캉의 다음과 같은 질문을 상기해 보자. "왜 〔성적인〕 속성들이 오직 위협을 통해서만, 게다가 오직 박탈의 측면에서만 수용되어야 하는가."[6] 하나의 일반적 가설은 다음과 같다. 어

6 Jacques Lacan, "La signification du phallus", *Écrits*, Paris: Seuil(coll. "Le Champ freudien"), 1966, 685쪽. 이하 이 글의 인용은 'SP'로 약칭하고 해당 쪽수만을 표기한다.

린 루소에게 있어서는 거세의 메커니즘을 '학습'할 수 있는 오이디푸스 삼각형이 처음부터 부재했고, 그는 탄생과 동시에 아버지라는 '모델' 없이 '남근' 역할을 학습해야 했던 것. 이러한 맥락에서 아버지와 형의 싸움에 끼어들어 형을 두둔하는 루소의 행동은 다른 방식으로 해석될 수 있다. 형에게 내려지는 '형벌'을 말리는 루소는 일종의 '승리자'의 모습을 띠게 되는 것이다. 왜냐하면 그러한 루소의 행위는, 여성성의 이미지로 화한 아버지의 애정이 남성성(='아버지')으로 화한 형에게가 아니라 바로 루소 자신에게 집중되고 있다는 사실에 대한 일종의 '확인사살'을 의미하는 것일 수 있기 때문이다. 때리는 시어머니보다 말리는 시누이가 더 밉살스러운 것 또한 바로 이러한 이유 때문일 터. 그러므로 실제로 어린 장 자크에게 부재했던 것은 어머니가 아니라 아버지였던 것이다. 어머니의 존재는 그 자신의 부재를 통해서, 그리고 그가 남긴 '소설책들'을 통해서, 다가갈 수 없는 현존으로 규정되고 있다. 부재가 존재에 대해, 존재보다도 더 큰 영향력과 규정성을 갖는다는, 이제는 일종의 원칙이 되어버린 하나의 역설.

따라서 루소의 탄생부터 부재하게 된 어머니의 존재와 관련하여 내게는 라캉의 다음과 같은 질문이 중요하게 다가온다. "왜 두 성性 모두에게 있어 어머니는 보다 근원적으로 남근phallus의 소유자, 즉 남근적인 어머니로 간주되는가."(SP, 686쪽) 곧 바로 다시 라캉의 입을 차용해 대답하자. "왜냐하면 남근은 기표이기 때문이다."(SP, 690쪽) 즉, 새삼스럽게 한 번 더 확인하게 되는 사실이지만, 남근은 단순한 신체적 성차性差에 의해 그 유무가 판별될 수 있는 기관이 아니라 다분히 '상징〔계〕적인' 성격을 띠는 하나의 개념이기 때문이다.

여기서 중요한 것은 남근에의 욕망, 곧 '타자의' 욕망이 어린 루소에게 어떻게 전이되고 그 자신 안에서 어떻게 변화되는가 하는 문제이다. 그런데 이러한 타자의 욕망은 "어머니가 남근을 소유하고 있지 않다는 사실을 깨닫"기 때문에 중요한 것으로 기능한다(SP, 693쪽). 그러나 루소에게는 어머니에게 남근이 있는지 없는지 확인할 수 있었던 저 꼬마 한스의 기회조차도 주어지지 않았다. 그의 어머니는 그가 태어날 때부터, 아니 오히려 바로 그의 탄생 '때문에' 부재했으므로. 따라서 이러한 종류의 인식은 어머니의 죽음으로 인해 '거세'되고 그 때문에 자기 처벌을 행하는 아버지에 의해서 루소에게 간접적으로 학습될 수밖에 없었다. 루소에게 있어서는 기표로서의 남근, 즉 상상계를 뛰어넘어 상징계로 진입하기 위한 전범이 '원천적으로' 부재했던 것. 루소에게 부재하는 것은 표면적으로는 어머니이지만 현실적으로는 남근의 전범으로서 작용하는 하나의 '남성성'인 것이다. 여기에 하나의 역설이 존재한다. 존재하는 아버지는 여성성으로 현전하고, 부재하는 어머니는 루소에게 근원적으로 결여되었던—그래서 루소가 경험할 수 없었던—남성성으로 현현한다. 이러한 맥락에서 루소가 결투를 슬기롭게 회피하는 아버지의 모습을 묘사하는 부분 또한 다른 시각에서 해석해볼 수 있을 텐데, 결국 그것은 아버지의 '여성성'을 숨기기 위한 하나의 장치였을 가능성이 있다. 따라서 르쥔이 말하듯, "루소에게 있어서 아버지에 대한 동일시는, 성숙maturation의 단계와는 거리가 먼, 미성숙immaturité 상태에의 고착을 의미하"는 것이며(PA, 103쪽/155쪽), 이에 이 일화를 일종의 '텍스트적 틈새'로 독해하는 것이 가능할 것이다. 그러므로 루소는 그 스스로가 '전범典範'이 될 수밖에 없었다고 말할 수 있을 텐데, 자서전이라는 장르의 성립에 있어서 이렇듯 자기 자신을 일종의 '타자화他者化'하는 시선은 매우 중요한 것이라고 할 것이다.

바로 이 지점에서 루소가 '부재하는 남성성'을 체득하기 위한 과정에서 그 스스로 '선택'한 대상이 베르나르라는 사실은 흥미롭게 다가온다. '아버지-대체물'로서의 베르나르와의 관계는 루소에게 있어서 상징계로 건너가는 징검다리 역할을 하고 있는 것. 여기서 아버지와 마찬가지로 베르나르가 보호받아야 할 여성성의 이미지로 그려지고 있다는 점은 특히 주목을 요하는 부분이다. 바로 여기서 나는 루소 스스로 구성해낸 최초의 남성성이 수호 기사의 이미지로 드러나게 되었던 사정, 곧 베르나르를 감싸고 보호하는 행위가 '자연스럽게' 귀부인을 수호하는 유랑 기사의 이미지로 전환되게 되었던 사정을 이해하게 된다. 이러한 루소의 정체성 성립 과정에는 다음과 같은 라캉의 말을 적용해볼 수 있을 것이다. "남성의 동성애는 욕망을 이루는 남근의 결핍을 따라 그 측면 위에서 구성된다."(SP, 695쪽) '모델'로서의 남근의 결핍, 루소에게 있어서 이러한 결핍은 단순한 결핍이 아니라 도처에 편재하며 그 어떤 것으로도 변용될 수 있는 근원적인 '어머니-남근'의 모습으로 드러나고 있는 것. 그러므로 아마도 이것은 하나의 존재가 취할 수 있는 '최상의' 존재 방식, 곧 가장 이상적인 '자웅동체'의 모습일 것이다. 내가 '루소는 어떻게 동성애자가 되었나'라고 하는, 일종의 '허구적' 질문으로 운을 뗀 것은 바로 이러한 생각 때문이었던 것.

3. 목소리는 어떻게 하나의 '보충'이 되는가

내가 다시 부재와 존재의 문제를 제기하는 논의의 층위는 루소의 '근원적인' 경험과 관계있는 것이다. 이것은 곧 자서전 텍스트 안에서 제기되는 '첫 번째 기억'에 관한 문제를 가리키고 있는 것. 자서전이 거의 언제나 저 '유년기의 기억'이라는 문제와 떨어져 생각될 수 없는 것이라고 한다면, 그리고 그 기억이라는 것이 '원체험原體驗의 불가능성'이라는 문제와 직결되어 있는 것이라고 한다면, 바로 이 지점에서 자서전의 '기억'은 나에게 복원과 재구성의 문제, 곧 자서전 안에서의 허구와 거짓의 문제를 직접적으로 드러내주는 것이기 때문이다.

앞서 간략하게나마 살펴보았듯이, 루소에게 있어서 그 자신의 정체성을 이루는 '근원'으로 파악되고 있는 것은 바로 어머니의 부재, 더 정확하게는 바로 부재하는 어머니의 '존재감'이었다. 데리다는 루소의 소위 '음성중심주의'에 관해 다음과 같이 쓰고 있다. "『고백록』 안에서 자신이 어떻게 작가가 되었는지를 설명하고자 시도하는 순간, 루소는 에크리튀르écriture로의 이행을 어떤 특정한 부재를 통해, 그리고 계산된 소멸effacement calculé의 한 유형을 통해 음성언어parole 속에서 자신에게 실망한 현전의 복원restauration으로 기술한다. 따라서 글을 쓴다는 것은 음성언어를 보존하고 회복하는 유일한 수단이 되고 있는 것인데, 이는 음성언어가 자기 자신을 내놓으면서 동시에 또한 스스로를 거부하고 있기 때문이다."[7]

여기서 루소의 유년 시절 독서 체험이 그의 '작가'로서의 정체성을 형성하는 '첫 기억'으로 부상한다. 어머니가 남겨놓은 소설들, 그 안에서 어린 장 자크는 어머니의 목소리를 듣는다. 따라서 르죈의 다음과 같은—비록 그것이 '음악'과 관련하여 서술되고 있는 것이긴 하지만—말은 이러한 루소의 첫 경험이 어떠한 성격을 띠고 있는 것인지를 잘 설명해주고 있다. "자기의 목소리를 통해서 어떤 목소리에 다시 생을 부여하는 것redonner vie à une voix à travers la sienne."(PA, 111쪽/168쪽) 이어 르죈은 또한 다음과 같이 쓰고 있다. "모든 글쓰기는 말 속에 있는 구멍을 메우기 위해 거기 존재하는 것toute l'écriture est là pour combler un trou qu'il y a dans la parole."(PA, 111쪽/169쪽) 이는 루소의 저 '대체보충'을 다른 이름으로 부르는 르죈만의 어법은 아니겠는가.

음성언어는 현전을 약속하지만 이내 사라져버린다. 그것은 '근원적'인 것이지만 동시에 포착할 수 없는 것이기도 하다. 이러한 음성언어의 성격은 다시금 루소의 탄생 이야기를 환기시킨다. 어머니는 루소의 현존을 가능하게 해주었지만 그 자신은 곧 사라져버렸다. 그러므로 어머니의 이미지는 '도처到處에 편재遍在하는 부재不在'라고 하는 근원적인 존재 방식, 곧 목소리라고 하는 '청각적' 절대성을 지닌 이미지를 머금게 되었으나, 동시에 또한 지속적이고 물질적으로는 포착할 수 없는 것이 되었다. 이렇게 해서, 르죈이 말하듯, "독서의 기원은 출생, 그리고 어머니의 이미지에 연결되며, 글쓰기의 기원은 사춘기에, 그리고 감내하는 것이 아니라 스스로 젊어지는 소설적 세계로의 복귀에 연결된다."(PA, 93쪽/140쪽)

그리하여 여기서 내가 맞닥뜨리게 되는 것은, 실체가 없는 근원을 보유하고자 하는 시도에서 고안된 대체보충supplément의 형식이다. 그러나 그것은 어쩌면 차라리 '필요악'에 가까운 것인지도 모른다. 음성언어에 대해서는 문자언어가, 목소리에 대해서는 책이, 그 자체로는 포착되지 않는 부

7 Jacques Derrida, *De la grammatologie*, Paris: Minuit(coll. "Critique"), 1967, 204쪽.

재하는 어머니에 대해서는 그것의 여러 물질적 변용들이, 그리고 세상의 구원에 대해서는 구체적인 역사들이, 각각 '충실한' 대체보충의 역할을 하게 되는 것. 루소에게 있어서 이는 본질적인 현전을 파괴한다는 의미에서 탈피하고 극복해야 할 무엇이지만, 동시에 포착할 수 없는 것의 재-전유를 가능하게 해준다는 의미에서는 반대로 복권되어야 할 무엇이기도 하다.

그러나 목소리의 기억은 과연 '근원적'인가. 오히려 그 목소리를 근원적이게 만들어주는 것은 그 목소리를 '발음'하게 했던 책 그 자체는 아니었을까. 이 가장 '데리다적'인 질문은 곧 자서전 텍스트가 독자에게 제기하는 '자기정당화'의 문제로 소급될 수 있을 것이다. 왜냐하면 자서전의 '첫 번째 기억'이란 이미 '사후적으로nachträglich' 재구성된 것이며, 그것은 항상 '현재의' 저자에 의해서 서술될 수밖에 없는 것이므로. 따라서 루소 자신의 '역사'를 이루는 일종의 원형이 제시되어 있다고 할 수 있을 『고백록』의 1권은 곧 폴 리쾨르Paul Ricœur가 "시간 경험의 강화intensification"로서의 "영원성éternité"이라 부르고 있는 것에 해당하는 시간일 터,[8] 그것은 그 이후 그로부터 뻗어나가 여러 번 반복되고 변용될 다양한 기원들을 함유하고 있는 것이다. 그러므로 일견 직선적이고 비가역적으로 보이는 역사의 순서를 '그런 형태로' 가능하게 해주는 것, 그렇게 해서 '첫 기억'을 살려내며 '있음직한 근원'의 모습을 그리게 해주는 것은 언제나 그러한 태초와 근원에 대한 현재의 대체보충이었던 것.

따라서 기억과 관련하여 '근원보다 더 근원적인 것'은 바로 이러한 대체보충 안에 자리 잡게 된다. 라캉은 한 세미나에서 '주이상스jouissance'에 관해 설명하면서 다음과 같이 '추가'하고 '덧붙여' 말한 바 있다. "내가 '추가적인supplémentaire'이라고 말한 것에 여러분은 주목해야 합니다. 만일 내가 '보완적인complémentaire'이라고 말했다면 우리는 어디에 존재하겠습니까! 우리는 전체le tout 속으로 다시 떨어지고 말 것입니다."[9] 근원으로서의 영원성은 초월로 가는 '잘못된' 길 또는 하나의 '함정'일 수 있다. 근원을 상정하면서 그 '완전한' 것에 대해 어떤 것이 '보완적'이라고 말하는 방식은 닫힌 동일성의 논리, 곧 쉽게 "전체 속으로 다시 떨어지고" 침몰하는 논리일 것이다. 반대로, '근원'은—만약 이 단어를 우리가 사용할 수 있다고 한다면—언제나 그것에 대한 대체보충을 통해서만, 또는 '추가적인' 어떤 것을 통해서만 자신의 자리와 진리를 찾을 수 있게 된다고 말해야 한다. 이렇게 본다면 루소는 이미 문자언어를 '대체보충'으로 명명하면서 그것을 '필요악'이라 인정했을 때부터 이미 이러한 '차이差移'의 놀이 안으로 들어와 있었다고 할 수 있을 터.

결국 문제가 되는 것은 저 유명한—또한 동시에 '악명 높은'—하나의 가설, 곧 '텍스트의 외부'가 아닐까. 그러나 그 외부란, 르죈도 계속해서 말하고 있듯이, 단순히 역사적으로 검증되는 '전기적 유사성'의 문제일 수 없다(PA, 35~41쪽/53~61쪽 참조). 당연한 말이지만, "동일성은 유사성이 아니"기 때문이다(PA, 35쪽/53쪽). 행간과 여백, 이것은 텍스트 자체로부터뿐만 아니라 흔히 '텍스트의 외부'로 불리는 저 역사적 검증의 장으로서의 '유사성'의 공간으로부터조차도 하나의 '바깥'으로 규정되는, '진정한' 의미에서의 '외부'가 자리 잡고 있는 공간일 것이므로. 따라서 이러한 외부는, 자서전적 텍스트를 독해하는 데에 있어서 진실성과 속임수라는 문제를 가장 효과적으로 실험해보고 검토해볼 수 있는 이론적 장소이며, 그러한 실험의 방법론이 기본적으로—그 입장이 '수용'이든 '대결'이든 간에—정신분석의 주변을 맴돌게 될 것이라는 점에서 또한 무의식의 장소이기도 하다. 더불어 저자와 화자, 화자와 주인공 사이의 '동일성(들)'을 가르는 어떤 틈새는 이러한 의미에서의 '외부'로 이해되어야 한다. 결국 이 틈새 혹은 구멍은 동일성의 즉물적인 외부에서가 아니라 바로 그 동일성의 한가운데에서 입을 벌리고 있을 것이므로. 그 공간, 그 장소는 보이지 않는 것이지만, 동시에 끊임없이 보이는 부분들 속으로 침투를 거듭하는 것이므로. 이것이

8 Paul Ricœur, *Temps et récit, tome 1*, Paris: Seuil(coll. "Points essais"), 1991(1983[1]), 22쪽 참조.

9 Jacques Lacan, *Le séminaire, livre XX. Encore*, Paris: Seuil(coll. "Le Champ freudien"), 1975, 68쪽.

야말로 무의식에 대한 '(불)가능한' 정의들 중 하나를 이루고 있는 것이 아닌가.

4. 알튀세르는 어떻게 '금치산자'가 되었나

자서전과 무의식에 대한 이러한 (불)가능한 정의를 다시 살펴보기 위해 우리는 먼저 '광인狂人의 자서전'이란 어떤 개념이며 그러한 개념이 과연 '가능'한가를 먼저 물어야 한다. 주지하다시피 알튀세르는 착란 상태에서 아내 엘렌 리트만Hélène Rytman을 교살하고 금치산자 판정을 받음으로써 자신의 '범죄'에 대해 '면소' 판결을 받았던 것. 이런 의미에서 거의 모든 자서전들이 생의 말미에 저술된다는 새삼스럽지만 흥미로운 사실에 대해 다시 생각해볼 필요가 있다. 이 '말미'라고 하는 시간적 규정은 단순히 육체적 죽음의 임박을 알리는 물리적 표현인 것만은 아니다. 알튀세르에게는 금치산자로서 법적 책임을 면책당한 바로 그 시점이 어쩌면 이러한 자서전을 쓰기에 가장 '적합한' 말미의 시간이었는지도 모른다. 자서전을 쓰는 행위는 자서전의 저자가 자신에 대해서 어느 정도 '완결된' 통일적 시점을 지니고 있을 것을 요구한다. 그러나 또한 이러한 '완결성'이 닫힌 체계로서의 어떤 '완성'을 의미하는 것은 아니다. 이러한 완성되지 않은 완결의 시점, 통일적이지 못한 통일의 시점이 일종의 '전회' 혹은 '일단락'이라는 의미를 갖는다는 점에서 자서전은 삶의 기록이지만 동시에 죽음을 '회고'해가는 일종의 수행적performative 죽음의 기록이기도 하다. 따라서 죽음은 한 사람의 삶에서 단 한 번이 아니라 여러 번 찾아올 수 있으며, 알튀세르의 자서전은 그가 바로 그러한 자신의 어떤 하나의 '죽음' 이후에 비로소 써내려갔던 삶의 기록이라는 의미를 갖는다. 이러한 관점에서 보면 알튀세르의 자서전[10]은 그 자신의 죽음을 삶으로 '소화'하는 방식을 가장 극명하게 보여주는 글쓰기라고 할 수 있을 것이다. 사후事後에 작성되는 자서전은 또한 사후死後에 이루어지는 자서전이기도 한 것. 그러므로 자서전이란 하나의 '유언장'이자 '묘비명'이며, 그 자서전의 저자는 그러한 유언의 내용을 집행하고 증명하는 법적 주체의 모습을 띤다. 그런데 여기서 '법적法的'이라는 말은 무슨 의미인가? 니체는 그 자신의 자서전이라 할 『이 사람을 보라 *Ecce homo*』의 초입에서 다음과 같이 쓰고 있다. "나는 내 자신의 신용으로auf meinen eignen Credit hin 살아간다. 어쩌면 내가 산다는 것은 단순히 하나의 편견Vorurtheil일까?"[11]

자신의 존재는 그 존재 스스로에 의해서만 가장 '정확하게' 이야기될 수밖에 없다는 일종의 숙명 혹은 오래된 편견과도 같은 환상. 자서전은 이러한 '치명적' 조건을 고스란히, 그리고 가장 '정직하게' 안고 가는 글쓰기의 형식이다. 작품에 대한 저자의 사법적 권리는 자서전이라는 글쓰기 장르 안에서 가장 뚜렷하게 표현되고 인정될 수 있는 것이기 때문이다. 여기서 자서전의 저자는 가장 적극적인 의미에서 '저작권의 소유자'라 명명할 수 있다. 이러한 글쓰기의 '사법성'을 가능케 해주는 환경은, 르죈도 잘 지적하고 있는바, '고유명사'의 공간, 곧 '서명signature'의 공간에 다름 아니다. 앞서 인용했듯이, 니체는 『이 사람을 보라』의 서문에서 자신의 "신용Credit"에 관해 이야기한다. 그런데 그에게 이러한 신용이 '자기 자신의 것'이 될 수밖에 없는 까닭은 무엇인가, 그리고 그가 이 '당연한' 사실을 새삼 되새기는 까닭은 무엇인가. 먼저 이러한 물음이 가능한 것은, 자서전에서 서명이라는 형식이 단순히 '안전하게 보장되는', 곧 지극히 당연하고 자연스러운 사법성의 표현으로만 소급될 수 없는 문제이기 때문이다. 말하자면 '광인의 자서전'이라는 개념은 그 자체로 자서전 장르 안에서 '영원한 타자'로 등장할 수밖에 없다는 것, 이 점을 니체는 극히 예민하게 인식하고 있었던 것이다. 자서전이라는 글쓰기 장르 안에서 일견 지극히 당연하고 견고하게 보이던 저자의 '진실성'과 그 서명이 지닌 '사법성'은 광인으로서의

10 Louis Althusser, *L'avenir dure longtemps*, Paris: Stock/IMEC, 1993.

11 Friedrich Nietzsche, *Ecce homo. Kritische Studienausgabe(KSA), Band 6*, Berlin: Walter de Gruyter, 1988², 257쪽. 이하 이 책의 인용은 'EH'로 약칭하고 해당 쪽수만 표기한다.

자서전 저자라는 개념에 의해서 그 근본부터 동요하기 시작한다. 왜 그런가? 바로 '광인의 자서전'이라는 말 안에서—그 권리와 정의상—'광인'이라는 개념과 '자서전'이라는 개념이 그 자체로 서로 양립 불가능한 일종의 형용모순oxymoron을 이루고 있기 때문이다. 자서전의 기획과 효과가 진실성/성실성sincérité이라는 특이성에 집중되어 있다고 할 때, 광인의 글쓰기는 그러한 조건 자체를 만족시킬 수 없는 어떤 이질적인 것, 일반적으로 자서전을 가능케 하는 그러한 전제 조건들 자체를 오히려 무화시키는 어떤 것이다. 따라서 이는 뒤집어 말해, 자서전을 쓰는 글쓰기 행위 자체가 이미 어떤 '법적인' 테두리 안에서 이루어지고 있으며 근본적으로 그 저자의 '정상적인' 사법성을 전제하고 있다는 방증에 다름 아니다. 자서전 저자의 자격 자체가 이미 '법적으로' 인가되고 또 공증되고 있는 것이다. 그러므로 저자의 기본적 자격을 규정짓는 이러한 정상성normalité의 기준은 자서전의 내부를 구획하는 은폐된 바깥을 가리키고 있다. 따라서 하나의 책이 자서전으로 인정될 수 있는가 없는가 하는 문제는, 저자의 인지도나 유명세를 떠나서 사회적이고도 사법적인 심급, 곧 저자의 정상적 상태를 이미 전제하는 어떤 기본적인 심급에서 먼저 결정된다. 자서전이 그 자신의 '진실한' 이야기일 수 있으려면 우선 저자 자신이 정상적인 사고 능력을 소유하고 있는가 없는가, 즉 우리가 그의 서술을 그의 삶이 지닌 '진실한' 이야기로 받아들일 수 있는가 없는가 하는 문제를 먼저 해결하고 전제하지 않을 수 없는 것이다. 우리는 광인의 글쓰기 '능력'은 믿을지언정—때때로 광인이란 어떤 '문학적 천재'의 표상이기도 하므로[12]—그 글이 지닌 '진실성'에는 의문을 품는다. 설령 그가 자칭 '자서전'을 썼더라고 하더라도 그것은 우리에게 일차적으로 '진실성'의 차원에서가 아니라 적극적인 의미에서 일종의 '허구적 구성물' 혹은 하나의 '증상'으로 다가오기 쉽다(이 문제에 관해서는, 예를 들어 정신분석이 저 슈레버Daniel Paul Schreber의 '자서전'을 기본적으로 어떤 방식과 태도로 다뤄왔는지를 상기해보는 것도 좋을 것이다). 따라서 소위 '정상인'은 자서전이라는 글쓰기 안에서 이미 그 자체로 어떤 사법적 특권을 소유하고 있는 반면, 광인에게는 자서전을 쓸 수 있는 저자의 자격이 원천적으로 박탈되어 있다. 이것이 바로 자서전 저자의 '사법성'이라는 문제가 지닌 '정상성'의 문제이다. 바로 이러한 의미에서 알튀세르의 『미래는 오래 지속된다』는 자서전 저자의 자격이라는 문제를 가장 예민하게 자각하고 있는 자서전 텍스트이다.

다시 말하자면, 알튀세르는 자서전이 요구하는 정상적인 사법성을 박탈당한 '자서전 저자'이며 또한 그런 저자가 되고 있다. 정신병 판정에 의해서 그는 자신의 살인죄에 대해서조차 그 자신의 '법적 권리'를 행사하지 못하게 되었던 것이다. 자서전 저자로서 알튀세르의 '서명'이 저 '자서전의 규약' 자체를 동요하게 만드는 것은 바로 이러한 이유 때문이다. 그러므로 그의 자서전은 그 자체로 자서전이라는 장르와 그 저자의 서명이 맺고 있는 안정적인 '계약 관계'의 표면을 어지럽힌다. 자서전 저자의 이름과 그의 서명은 자서전의 진실성을 확보해주는 가장 핵심적이면서도 기본적인 장치이지만, 알튀세르는 그러한 자서전의 공간 밖에 있는 완전한 타자로서, 자신의 이름을 잃은 실종자, 서명의 권리를 잃은 금치산자, 결국 실명實名을 잃음으로써 사회적 실명失明에 이른 저자로서 우리 앞에 등장한다. 그러므로 알튀세르의 자서전은 그 자체로 '유령적'이다. 자서전 저자로서의 알튀세르는 논리적 언어와 일관성 있는 기억의 영역인 이성을 잃어버렸다고 간주되는 사람, 따라서 자서전을 쓸 수 없는 사람, 곧 '저자가 될 수 없는 저자'라는 역설적인 방식으로 존재하게 되는 것이다. 그러므로 그의 자서전은 이 실명實名이 실명失明되는 순간, 다시 말해 일견 안정적이고 당연한 것처럼 보이던 자서전과 서명 사이의 계약 관계가 파기되고 무화될 수 있는 어떤 (불)가능성의 순간을 그 자체로 드러내고 있는 것. 따라서 나는 차라리 이렇게 말해야 한다, 알튀세르는 자서전적 글쓰기의 사법권과 서명의 저작권을 행사할 수 없게 된 바로 그 시점으로부터 오히려 그 자신의 자서

12 광인과 천재 사이의 어떤 '착종된' 관계에 대해서는 본서 2악장 "페티시즘과 불가능성의 윤리"의 3절 "유토피아와 페티시즘: 브르통의 어떤 '초월론'"을 참조할 수 있다.

전적 글쓰기를 감행하고 있다고. 그러므로 알튀세르의 자서전은 시작부터 그 자체로 이미 '불가능성'의 자서전이라는 역설적 위치를 점하게 된다. 이 자서전이 하나의 '자서전'일 수 있는가 하고 묻는 모든 질문은 이 문제를 피해갈 수 없으며 바로 이 문제 위에 기초하고 있는 것이다.[13]

그렇다면 그 자신이 광인인 자서전 저자에게 남겨진 글쓰기의 전략은 무엇인가. 그것은 당연하게도 가장 먼저 자신의 삶과 내면을 '재구성'하는 것이다. 여기까지는 '정상적인' 자서전 저자의 전략과 결코 다르지 않다. 하지만 알튀세르는 한발 더 나간다. 동시에 그러한 자서전 장르가 지닌 허구적 구성과 배치의 전략을 '의도적으로' 드러내고 폭로하는 것이다. 그런데 이러한 방법은 단순히 '광인의 자서전'만이 취할 수 있는 배타적이고 방어적인 전략인 것만은 아니다. 정상적인 자서전 역시 일종의 '허구'이다. 자서전의 '진실성'이란 그 자서전의 내용을 이루는 모든 이야기들이 '사실'이며 '진실'이라는 것을 의미하지 않는다. 어쩌면 그 진실성이란 저자가 자신의 삶을 통일적이고 유기적인 하나의 이야기로 구성해내는 한에서만 '진실'하다. 이러한 의미에서 자서전의 진실성이란 이중적인 특성을 갖는다. 사실 자서전의 저자는 기본적으로 자기 자신에 대해서 완전한 동일성도 완전한 타자성도 증명할 수 없는 존재인 것이다. 그렇다면 자서전 저자라는 주체의 성격은 그 자체로 병리적이며 징후적이지 않은가. 자서전의 저자는 자기 자신에 대한 '법적 대리인'이며 또한 자기 자신인 것과 자기 자신이 아닌 것 사이의 '경계선을 걷는 자'일 수밖에 없는 것.

바로 이러한 의미에서 알튀세르의 자서전 쓰기는 기본적으로 바로 이러한 경계선 위에 위치하며, 또한 그 스스로 이 경계선 위에 있음을 가장 첨예하게 인식하고 있는 글쓰기이다. 말하자면 『미래는 오래 지속된다』의 저자 알튀세르는, 아직 한 번도 무덤으로 들어간 적이 없는, 하지만 동시에 무덤으로부터 걸어 나온 저자인 것이다. 알튀세르의 자서전적 글쓰기가 지닌 '환경'은 이렇듯 유달리 고독하다. 따라서 그의 자서전이 자기변호와 자기정당성이라는 자서전의 기본적 구성 요소를 넘어, 자신의 존재 자체에 대한 복권을 시도할 뿐만 아니라 정상성이라는 개념에 대한 근본적인 의

문을 제기하고 자서전 안에서의 서명과 저자의 사법성이라는 첨예한 문제에 더욱 적극적으로 접근하고 있다는 사실은 그리 놀랄 만한 일이 아니다. 알튀세르는 특히 2장을 통해 프랑스의 형법 제도 안에서 정신병 판정을 받은 피고가 일반적으로 어떻게 취급되는지를 서술하는 데에 많은 부분을 할애하고 있기도 하다. 특히 아내 엘렌을 정신 착란 상태에서 교살하게 되는 과정에 대한 서술인 1장은 그 몽환적이고도 담담한 어조로 인해 섬뜩한 느낌마저 든다. 알튀세르는 그러한 '눈먼' 살해의 원인을 어머니가 자신의 자살 충동을 알튀세르로 하여금 대리 수행하게 한 전이로 분석하면서, 전체적으로 자신의 삶을 정신분석적 틀에 '딱 맞게' 재구성하고 재배열시키는 자서전 쓰기를 수행한다. 예를 들어 다음과 같은 부분은 어쩌면 정신분석 교과서에나 나올 법한 '완벽한' 설명이 아닌가. "내가 태어났을 때 사람들은 내게 루이Louis라는 이름을 붙였다. 나는 그 이유를 너무나 잘 알고 있다. 루이, 무척이나 오랫동안 내가 문자 그대로 혐오한 이름이다. 나는 모음이 단 하나뿐인 이 이름이 너무 짧다고 여겼으며 마지막 모음 '이i'의 그 날카로운 음조는 나를 찔러대는 것이었다. (……) 또한 그 이름은 내 대신 너무 쉽게 '위oui'라고 말했으며, 나는 나 자신의 욕망이 아니라 내 어머니의 욕망에 대한 '위'인 그 '위'에 대해 반발했다. 그리고 특히 그 이름은 삼인칭 대명사인 '뤼lui'를 말하기도 하는데, 익명의 제삼자를 부르는 것처럼 울

13 구판(권은미 옮김, 돌베개, 1993) 이후 다시 번역되어 재출간된 『미래는 오래 지속된다』 국역본(권은미 옮김, 이매진, 2008, 이하 괄호에 제목과 해당 쪽수만을 표기한다)에 수록된 진태원의 해제 역시 이러한 의미의 연장선상에서 '이 책이 과연 자서전인가' 하는 문제를 중점적으로 다루고 있다. 그는, 이 '자서전'의 마지막 장(23장)이 그 이전 장들의 모든 정신분석적 설명과 해석들을 우발성의 유물론으로 뒤엎는 '반전'의 구성을 취하고 있다는 점에서, 곧 앞뒤가 딱 들어맞는 '안온한' 정신분석적 해석의 담론을 거부하고 그러한 담론을 책의 구성 자체로써 전복시키고 있다는 점에서, 이 '자서전' 자체를 우발적 유물론에 대한 일종의 '수행적 글쓰기'로 보고 있다. 그러나 나는 여기서 그보다는 더 '외적인' 문제, 또는 더 정확하게 말해서, 자서전에 대해 '외적'이기에 오히려 역설적으로 자서전적 글쓰기 그 자체를 가능케 하는 어떤 '내적' 논리로서의 사법성과 서명의 문제에 더 주목하고자 한다.

럼으로써 나 자신의 모든 고유한 인격을 박탈하는 것이었으며 내 등 뒤에 있는 그 남자를 암시하고 있었다. 뤼lui, 그것은 곧 뤼Louis였으며, 내 어머니가 사랑했던 내 삼촌이지 나는 아니었다."(『미래는 오래 지속된다』, 65~66쪽) 자신의 이름에 관한 이 일화는 알튀세르로 하여금 자서전을 쓰게 만들었던 어떤 현실적 박탈의 경험과 겹쳐진다. 'oui'라고 말하는, 그리고 'lui'라고 부르는 어머니의 욕망이 투영된 'Louis'라는 이름의 존재. '나'는 그러한 어머니의 욕망(자살의 충동)에 의해 아내를 교살하게 되고(따라서 아내 엘렌은 또한 '어머니'이기도 한 것), 마치 삼인칭 대명사 'lui'가 '나'의 고유한 인격과 사법적 권리를 박탈했던 것처럼, '나'는 금치산자라는 선고 속에서 '내' 자신의 욕망과 권리로는 살 수 없는 상황에 처하게 되는 것이다. 이러한 자기분석은 정신분석적으로 너무나 한 치의 오차도 없이 딱 맞아떨어지는 구조를 갖는 것이기에 이 자서전의 구성과 해석 방식이 지극히 인위적이며 주관적이라는 인상을 준다. 그러나 여기서 이러한 인위성과 주관성은 그 자체로 '말할 수 없는 자의 말'을 가능케 해주는 핵심적인 전략에 다름 아니다. 자서전을 쓸 수 있는 자격이 박탈된 저자의 자서전이 원칙적으로 진실성에 대한 보장을 결여하는 것으로밖에 받아들여질 수 없다면, 오히려 알튀세르는 자신의 삶을 특정한 강박의 결과물로서 재구성하고, 또한 그렇게 재구성하려는 자신의 '의도'를 '의도적으로' 밝히고 적용함으로써, 표면적인 진실성과는 다른 종류의 '진실성'에 가닿는다.

그러한 점에서 다음과 같은 알튀세르의 말은 이 자서전의 성격을 가늠해볼 수 있게 해주는 중요한 부분이다. "내가 일러두고자 하는 것은 이 글이 일기도 회상록도 자서전도 아니라는 점이다. 모든 것을 희생하면서 내가 오직 드러내고자 한 것, 그것은 바로 내 존재에 결정적인 영향을 주었으며 또 내 존재를 이러한 형태로, 즉 그 속에서 내가 나 자신을 알아보게 되고 타인들도 나를 알아볼 수 있으리라 여겨지는 그런 형태로 만든 모든 정서적 감정 상태들이 던져준 충격이다."(『미래는 오래 지속된다』, 55쪽) 자타가 공인할 수 있는 '나'라는 존재는 결국 만들어진 존재, 따라서 기본적으로 허구 혹은 가상의 존재이다. 금치산자로서의 자서전 저자가 자신의 존재를 재구성하고 그 텍스트의 진실성을 확보할 수 있는 거의 유일한 방법은, 정상과 비정상을 넘어 모든 저자가 갖고 있는, 그러나 대부분 그 작용을 은폐하고자 하는 '허구의 존재 방식', 그 자체를 스스로 폭로하고 드러내놓는 것이다. 이러한 전략을 통해 그는 독자들에게 오히려 가장 '솔직할' 수 있는 것이며 '광인의 자서전' 특유의 '진실성'을 획득할 수 있게 되는 것이다. 역설적으로 말하자면, 자서전 저자의 법적 자격이 박탈된 저자만이 가질 수 있는 글쓰기의 권리, 그것은 '허구'에의 권리가 아니라 '거짓'에의 권리, 뒤집어 말해 곧 '가상'에의 권리가 아니라 '진실'에의 권리인 것(아마도 여기서 가장 큰 역설은 '광인의 자서전' 안에서 '거짓'에의 권리가 곧 그 자체로 '진실'에의 권리가 된다는 사실일 것이다). 따라서 자서전이 반드시 '표면적인' 진실성을 담보해야 하는 것이라고 할 때, 알튀세르가 말하고 있듯이, 이 텍스트는 '순수한' 자서전이 될 수 없을 것이다. 그러나 그가 그렇게 말하고 있다는 바로 그 사실, 알튀세르가 자신의 자서전은 '구성된 것'이라고 말하고 있다는 바로 그 사실 때문에, 이 텍스트는 오히려 온전한 '자서전'의 모습으로 등장한다. 금치산자로서의 자서전 저자에게 표면적인 진실성을 부정하는 허구의 권리를 스스로 선포하는 행위가 필요했었다면, 그에게는 같은 강도로 반대 방향에서 자신의 이 '자서전'이 자서전이 아니라고 부정하는 '위반의 언어' 또한 필요했던 것. 따라서 알튀세르의 자서전은 그 스스로가 자서전임을 부정함으로써만 도달할 수 있는 자서전적 글쓰기의 역설적 영역을 보여준다. 스스로 자서전이 아니라고 말하는 바로 그 자신의 진술로써 비로소 자서전이 되는 책, 바로 이러한 의미에서 알튀세르의 자서전은 다시 한 번 '불가능성'의 자서전이 된다.[14] 이렇게 하여 '광인의 자서전' 속에서 취해지는 허구의 언어는 기본적으로 변

14 이러한 '부정성'으로서의 자서전이 지닌 특성은 오히려 알튀세르 스스로가 저 루소의 『고백록』을 강하게 의식하고 있었음을 드러내는 부분에서 더욱 '역설적' 설득력을 갖는다고 하겠다.

호의 언어이며 정당성의 문법을 갖지만 동시에 그 구성의 '허구성' 자체를 드러내는 허구라는 점에서 단순한 변명이나 정당화가 아닌 '위반'의 성격을 띠게 된다. 알튀세르는 이 자서전을 통해 정상과 비정상을 가르고 구분하는 기준, 그리고 무엇보다 정상성이라는 개념 자체와 저자의 서명이 갖는 사법적 권리에 대해 본질적인 의문을 제기하고 있는 것이다. 정신분석적으로 '완전무결한' 자서전이 그 자체로 지니고 있는 의미와 한계를 문제 삼으며, 그리고 우발성의 유물론으로 난 또 다른 길을 암시하면서. 알튀세르는 자신의 '죽음'을 애도하는 것이 아니다. 다만 그는 '단절rupture'을 말할 뿐이며, 또한 '우연한 마주침'을 말할 뿐이다. 그러므로 "그렇다, 미래는 오래 지속된다"(『미래는 오래 지속된다』, 360쪽)라는 말은 그 말 자체보다도 더 멀리, 더 오래 지속된다. 그 말은 대미를 장식하는 결어結語가 결코 아닌 것이다.

5. 니체는 어떻게 '신용불량자'가 되었나

그런데 알튀세르의 자서전을 통해 본 이러한 '본질적인' 의문, 이러한 '반격'과 관련하여 니체의 전략은 보다 적극적인 성격을 띠는 것처럼 보인다. 니체가 취하고 있는 '자서전'의 전략은 정상과 비정상을 가르는 이분법을 오히려 역으로 도치시키고 전도시키는 것이다. 기본적으로 정상과 비정상을 가르는 기준에 있어서 핵심적인 술어가 되는 것은 바로 정신적인 '건강'에 대한 개념이다. 그러므로 '광인의 자서전'이 계속하여 이러한 '건강성'의 개념을 문제 삼고 있다는 사실은 전혀 부자연스러운 일이 아니다. 니체는 이렇게 쓰고 있다. "나는 내 스스로를 통제한다. 나는 내 자신을 다시 건강하게 만든다. 이렇게 할 수 있는 조건은—모든 생리학자들이 인정할 것이겠지만—근본적으로 건강해야 한다는 것이다. 전형적으로 병약한 생명은 건강하게 될 수도 없거니와 스스로 자신을 건강하게 만들 수는 더더욱 없다. 〔그러나〕 전형적으로 건강한 사람에게는 반대로 병적인 것이 오히려 삶에, 더 큰 삶에 하나의 활동적인 자극제Stimulans가 되어주는 것이

다."(EH, 266쪽)

니체가 제시하고 있는 기준은 단순한 건강함이 아니라 "근본적인im Grunde" 건강함이다. 그러므로 그는 일반적으로 통용되는 건강성이 단지 표피적인 건강성일 뿐이라는 것, 따라서 그것에 기반하고 있는 구분법의 배후에 보다 중요한 어떤 '이면'이 존재하고 있음을 강조하고 있는 것이다. 니체에게 있어 이러한 건강성Gesundheit의 개념은 순수성Reinheit을 낳고 불결한 것들에 대한 구역질Ekel을 낳는다. 그리고 이러한 근본적인 건강성을 갖고 있는 사람은 그 결벽증과 구토증 때문에 필연적으로 다른 일반적인 '건강한' 사람들로부터 고립되고 소외될 수밖에 없는 운명에 처한다. 니체는 자신의 운명을 이렇게 규정하고 있는 것이다. 따라서 정상과 비정상, 건강한 것과 병적인 것, 순수한 것과 불결한 것의 기준은 전도된다. "우리는 미래라는 나무에 둥지를 짓는다. 독수리들이 우리 고독한 자에게 그들의 부리로 먹이를 날라다 줄 것이다. (……) 우리가 얼마나 강한 바람처럼 그들〔불결한 자들〕 위에서 살기를 바라는지! 독수리들의 이웃, 눈Schnee의 이웃, 태양의 이웃으로, 즉 강한 바람으로 살기를!"(EH, 277쪽) 결벽증의 언어. 이것은 물론 자기변호와 자기정당화의 언어이다. 그러나 이는 동시에 "그들"의 결벽증에 대한 위반의 결벽증, 자신을 정상으로 규정짓고 타자를 비정상으로 내모는 모든 종류의 배타적이고 규범적인 결벽증에 대한 그만큼의 '배타적인' 전복의 결벽증이다. 그러므로 니체의 순수성과 그로 인해 '발병한' 구역질은 최선의 방어가 공격이라는 진부한 명제를 다른 각도에서 새롭게 증명한다. 따라서 '어떻게wie'와 '무엇was'에 대한 질문으로 이루어진 이 책의 부제(『이 사람을 보라』의 부제는 'Wie man wird, was man ist'이다)가 일견 이유를 묻는 '왜warum'라는 의문사를 갖는 일련의 '수사의문문'들로 변용되는 것은 바로 이러한 이유에서이다.[15] 이는 어떤 동문서답이 아니라 '나는 무엇이며 또한 어떻게 살았는가'라는 정상성의 자서전이 갖는 질문에 대해 구문론적인 차원에서 '무시'와 '거부'로써 응수하는 것, "그들"이 갖고 있는 소외와 배제의 원리를 상대화시키고 원근법화시키는 전략에 다름 아니다.

조르주 캉길렘Georges Canguilhem은 정상과 비정상에 대해 다음과 같이 쓰고 있다. "우리는 규범이라는 개념의 논쟁적인 목적과 용법의 이유를 정상-비정상의 관계의 본질에서 찾아야 한다. 여기서는 모순이나 외재성의 관계가 아니라 역전과 극성의 관계가 중요하다. 규범은 자신과 대조하여 정상으로 간주되지 않는 모든 것들을 경시하며 자신으로부터 용어의 역전 가능성을 만들어낸다. 규범은 다양성을 통합하고 차이를 흡수하며 분쟁을 해결하는 하나의 가능한 양식으로 제시된다. 그러나 제시되는 것se proposer은 부과되는 것s'imposer이 아니다. 규범은 자연의 법칙과는 달리 실현을 필요로 하지 않는다. 그것은 규범이 결코 유일하고 단순한 의미를 지니지 않음을 말한다. 규범이 제공하는 준거와 해결의 가능성은 가능성만이 문제가 되므로, 역전이 가능한 다른 가능성의 여지를 포함한다. 사실 어떤 규범은 그것이 어떤 것에 대한 선호의 표현으로, 불만스러운 상태를 만족스러운 상태로 대체하려는 의지의 도구로서 확립되고 선택될 때만 준거의 '가능성'이 된다. 따라서 있을 수 있는 어떠한 질서에 대한 모든 선호에는 있을 수 있는 역전된 질서에 대한 반감이 암암리에 동반된다. (……) 솔직함은 위선보다 우위라는 윤리적 규범이 위선이 솔직함보다 우위라는 규범으로 역전될 수 있는 것처럼, 거짓에 대한 진실의 우위라는 논리적 규범은 진실에 대한 거짓의 우위라는 규범으로 역전될 수 있다. 논리적 규범의 역전은 논리적 규범이 아니지만 미학적 규범은 될 수 있다. 윤리적 규범의 역전이 윤리적 규범은 아니지만 정치적 규범이 될 수 있는 것처럼. 요컨대 암시적이건 명시적이건 어떠한 형태하에서 규범은 긍정과 부정이라고 하는 양극의 대립에 따라 현실을 가치에 비추어보고 질의 구별을 표현한다. 이러한 규범화/정상화normalisation의 경험, 즉 특별히 인류학적이거나 문화적인 (……) 경험의 극성을 고려하여 규범과 그 적용의 관계를 살펴보면 보통 위반infraction이 우선함을 확인할 수 있다."[16] 그러므로 비정상의 자서전이 취하고 있는 전략은, 정상성의 자서전이 내포하고 있는 규범적 언어를 전복시키고 그 규범 안에 잠재되어 있던 다른 극성의 가능성을 새롭게 부각시킴으로써 자서전에 대한 일종의 역전과 위반을 수행하려는 시도에 다름 아니다. '이해받지 못하는 자'로서의 광인은 바로 그 '이해받지 못함'이라는 성질로 인해 다른 가능성을 획득하는 것이다. 이해받지 못한다는 사실이 타인의 동정과 연민의 대상이 되는 것이 아니라 예언자 혹은 선지자를 특징짓는 성격으로 전환되는 것이다. 바로 이것이 비정상의 자서전이 취하는 일종의 '자기정당화'일 터. "나의 인류애Humanität는 인간의 상태를 동정하는 데에 있지 않고 내가 인간을 동정한다는 사실을 참아내는 데에 있다. 〔그러므로〕 나의 인류애는 지속적인 자기극복Selbstüberwindung이다."(EH, 276쪽)

기대어 호소하지 않는, 굽실거릴 생각은 전혀 하지 않고 냉소의 재기를 발휘하고 있는 이 넘치는 자부심. '광인의 자서전'은 고립과 고독을 순수성으로 설정함으로써 자서전 언어의 '정치성'을 획득한다. 다수에 의한 고립과 배제를 또 한 번의 고립과 배제를 통해 그 관계를 역으로 전복시키고 있는 이러한 시도는, 그러므로 정상성을 '약올리는' 행위이다. 정상성은 너무 '평범'하고 너무 '안전'하며 '웃음'이 아닌 '하품'을 일으킨다. 그렇다면 그 안전성이란, 존재에 대한 일종의 '배반'일 것. 비정상의 자서전에 있어서 그러한 안전성은 참을 수 없는 권태이며 타성에 젖은 억압의 모습을 띠게 된다. 이러한 전도된 결벽성과 위반의 차별성은 『차라투스트라는 이렇게 말했다』의 다음과 같은 구절에서 잘 드러나고 있다. "내가 사람들 사이에 있게 된 이후로 이 사람은 눈이 없고 저 사람은 귀가 없으며 또 다른 사람은 다리가 없고 혀나 코 혹은 머리가 없는 사람도 있다는 것을 보았지만 그것은 나에게 가장 사소한 일이다./ 나는 그보다 더 심한 것도 보고 있고

15 주지하다시피, 『이 사람을 보라』의 각 장을 이루는 제목들은 다음과 같다. '나는 왜 이토록 현명한가Warum ich so weise bin', '나는 왜 이토록 영리한가Warum ich so klug bin', '나는 왜 이렇게 좋은 책들을 쓰는가Warum ich so gute Bücher schreibe'.

16 Georges Canguilhem, *Le normal et le pathologique*, Paris: PUF(coll. "Quadrige"), 1966, 177~178쪽. 국역본은 여인석 옮김, 『정상적인 것과 병리적인 것』, 인간사랑, 1996, 263~264쪽. 번역은 일부 수정했다.

또 봐왔는데, 그 대부분은 그 각각을 말하고 싶지도 않지만 그렇다고 그 몇몇에 대해서는 침묵하고 싶지도 않을 정도로 혐오스러운 것들이다. 즉 한 가지만을 지나치게 많이 갖고 있을 뿐 그 밖의 다른 모든 것은 없는 인간들, 하나의 커다란 눈, 하나의 커다란 아가리 또는 하나의 커다란 배 등 어떤 커다란 것 이외의 다른 것이 아닌 인간들〔이 바로 그것이다〕. 나는 이러한 인간들을 전도된 불구자umgekehrte Krüppel라고 부른다."[17]

저 '건강성'에 대한 논의는 이렇듯 '불구자'에 대한 규정을 전도시킴으로써 극에 달한다. 광기에 휩싸인 자가 "머리가 없는" 사람이라면 소위 '정상적인' 자는 "커다란 눈"밖에는 갖지 못한 사람이다. 어떤 쪽을 불구라고 할 것인가. 그러므로 여기서 일반적인 정상성은 불구를 불구로 파악하지 못하고 있는 자신의 '건강하지 못한' 정신을 드러내면서 고꾸라진다. 반대로 '근본적인' 건강함 속에서 질병은 오히려 그러한 건강함의 일부로 파악되는 것이다. 니체의 "눈병Augenleiden"은 이미 그것이 근본적인 건강성을 담보하고 있는 것이기에 보다 넓은 관점에서 그러한 건강성에 오히려—다분히 스피노자적인 의미에서—'좋은' 것으로 받아들여지는 것이다. "눈병이 위험하게도 가끔씩 실명에 가까워지기도 하지만, 〔그것은〕 단지 결과일 뿐, 근원적인 것은 아니다. 그래서 기력이 회복될 때마다 시력도 다시 회복되는 것이다."(EH, 265쪽)

그러므로 자신의 정당성과 위대함, 무엇보다도 '진실성'을 내세우는 저 '신용'이란 다시 말해 일종의 '외상crédit'이었다(여기서 외상은 또한 하나의 '외상外傷'이 되는가). 그러므로 니체의 신용이란 '자기 자신의' 것만이 될 수밖에 없었던 것. 그것은 일종의 '외상값'이다(그렇다면 또한 외상外傷은 어떤 '값'을, 곧 어떤 '대가代價'를 필요로 하는 것이 아닌가). 동시대의 불구자들이 결코 자신에게 '갚을' 수 없는, 따라서 미래의 독자에 의해서 그 '채무'가 상환되기를 기다려야 하는 미래의 외상인 것. '양심'이 일종의 외상값인 것처럼. 따라서 '어떤 특정한 경로를 따라' 양심은 피해의식을 가리키는 용어들 중 하나가 되는 것처럼 보인다. 그러므로 또한 그 '외상〔값〕'이란 어쩌면 하나의 '외상Trauma'이기도 하다.

6. 바타유는 어떻게 '맹인'이 되었나

그렇다면 니체의 이러한 '외상'은 비뚤어진 또 다른 '엘리트주의', 곧 니체 자신이 그렇게 비난해마지않았던 저 '기독교적' 원한ressentiment의 감정으로 화하고 있는 것은 아닌가. 이러한 의문은 그 자체로 정당해 보인다. 그러나 니체는 다음과 같이 외치고 있다. "이제 나는 너희들에게 명한다, 나를 잃어버리고 너희들을 찾으라고. 그리고 너희가 나를 모두 부정했을 때에야wenn ihr mich Alle verleugnet habt 비로소 나는 너희들에게도 돌아올 것이다."(EH, 261) 이 외침 속에는 두 가지 종교의 '명대사'가 혼재되어 있는 것처럼 느껴진다. 곧, '나를 버려라', '나를 만나면 나를 죽여라'라고 하는 저 불후의 명대사, 그리고 '닭이 울기 전에 너는 나를 세 번 부정할 것이다'라고 하는 저 고전적 명대사가 바로 그것. 그러므로 이러한 부정은 일련의 긍정이라는 시련을 거친 후에 도달할 수 있는 어떤 '부정', 즉물적인 부정을 넘어선, 또한 변증법적인 부정을 넘어선 부정에 다름 아니다. 여기서 다시 한 번 비정상의 자서전은 '달마'의 자서전이 되고 '예수'의 자서전이 된다. 그러나 무엇보다도 니체가 기독교적 원한 또는 정상성의 어법과 결정적으로 결별하고 있는 지점은 바로 '죄의식'의 부정, 그리고 '회심回心의 내러티브'에 대한 거부에 있다. "그는 '불행Unglück'도 '죄Schuld'도 믿지 않는다."(EH, 267)

어떻게 하면 죄의식Schuldbewußtsein과 결별할 수 있을까. 니체는 '회개'의 주제를 의도적으로 제거시킴으로써 '회심의 자서전'이라고 하는 정상적 자서전의 문법으로부터 이탈하려 한다. 죄의식과 그로 인한 회심이 정상성의 자서전 안에서 주인공이 겪는 어떤 '성장'의 구조를 구성해주는 것이라고 한다면, 광인의 자서전 안에서 그러한 회개와 성장은 존재하지 않는다. 자서전 안에서 어떤 극적인 반전과 깨달음이 성장의 전개 과정을 이

17 Friedrich Nietzsche, *Also sprach Zarathustra. Kritische Studienausgabe(KSA), Band 4*, Berlin: Walter de Gruyter, 1988, 177~178쪽.

루는 것이 아니라, 이미 자서전을 시작할 때부터 그 전도된 문법 안에서 회심의 전개 구조는 거부되고 부정되고 전복되는 것이다. 그러므로 이는 궁극적으로 죄의식의 부정, 원죄라는 개념에 대한 위반이다(니체의 글이 지닌 이러한 '회심의 구조'에 대한 거부는 특히나 아우구스티누스Augustinus의 『고백록*Confessiones*』과 대조했을 때 그 '진가'가 가장 잘 드러난다). 그의 건강한 "눈병"은 '진리'에 눈먼 것이 아니라 '죄의식'에 대해 눈먼 것이다(이는 또한 이러한 '눈병'이 역설적으로 어떤 '건강성'을 의미하게 되는 이유이기도 하다). 따라서 이러한 '실명失明'의 경험은 단순한 무지無知, ignorance의 경험이 아니라 비지非知, non-savoir의 경험인 것. 그리하여 나는 모든 '진정한' 예언자는 '맹인'이었다는 사실에 새삼 주목하게 된다(저 테이레시아스의 사례!). "내 작업의 위대함과 동시대인들의 보잘것없음 사이에 놓인 불균형은, 사람들이 내 말을 듣지도 않고 나를 쳐다보지도 않았다는 사실로 표현된다."(EH, 257) 자신의 '눈먼' 경험, 그것은 다른 사람들의 '시력 상실'과 '청력 상실'로 변용된다. 이것이 바로 비정상의 자서전이 취할 수 있는 생리학적이고 병리학적인 입장인 것. 그러므로 데리다가 '귀에 관한 과학'을 의미하는 말인 'otologie'와 '자서전'을 의미하는 말인 'autobiographie'를 결합하여 만들고 있는 단어인 'otobiographie'는 그 자체로 의미심장하다. 그러나 이는 그렇게 쉽게 자서전이 '소통'의 텍스트임을 의미하는 것은 아니다. 오히려 눈과 귀의 은유로 표현되는 이러한 신체 구조에 대한 '인식론적' 담론은 경험 사이의 뛰어넘을 수 없는 심연, 개체와 개체 사이에 가로놓인 밑 빠진 공허를 가리키고 있다. 그러므로 자서전의 공간은 또한 소경과 귀머거리의 공간, 절대적 고독의 공간이기도 한 것. 이제 이 귀머거리는 다른 것을 '들으려' 한다, 이 맹인은 다른 것을 '보려' 한다. "'모퉁이를-돌아서-봄Um-die-Ecke-sehn'의 심리학"(EH, 266쪽).

실명의 경험은 이제 새로운 국면을 맞는다. 보지 못한다는 것이 '다른 것'을 보려는 의지로 전환된다. 모퉁이를 돌아서 본다는 것, 보이지 않는 구석을 본다는 것, 그것은 시각이 미치는 범위를 넘어서 본다는 것, 즉 역설적으로 '맹점盲點을 본다는 것'이며, 따라서 보이지 않는 것을 본다는 것에 다름 아니다. 조르주 바타유는 『내적 체험*L'expérience intérieure*』에서 지성의 맹점에 관해 다음과 같이 쓰고 있다. “지성知性 속에는 하나의 맹점tache aveugle이 존재한다. 그것은 눈œil의 구조를 연상시킨다. 눈 안에서처럼 지성 안에서도 우리는 그 맹점을 어렵사리 찾아낼 수밖에 없다. 그러나 눈의 맹점이 보잘것없는 것임에 반해 지성은 본성상 자신의 맹점이 그 안에 지성 자체보다 더 많은 의미를 담고 있기를 원한다.”[18] 이 맹점이 바로 비지非知이다. 지성은 맹점 너머에 있을 어떤 ‘의미’를 갈구하지만 비지로서의 맹점은 그 자체로서 ‘무의미’한 것이다. 지성의 맹점은 지知가 아니므로 거기에는 의미 또한 존재할 수 없는 것. 지로써는 맹점을, 그 ‘실명’의 경험과 체험을 파악해낼 수가 없다. 그 사이에는 어떤 심연이 놓여 있고 본질적인 균열이 존재한다. 그러므로 비지는 곧, 삶에 있어서 ‘균열’이라고 하는 것을 속류 헤겔주의의 방식으로 소위 ‘변증법적 통합’ 안에서 해소될 수 있는 일종의 ‘안티테제’로 파악하는 것이 아니라—이것이 바로 저 ‘지성’의 일반적인 방식일진대—오히려 그 자체로 해결될 수 없는 ‘불가능’의 요소로서 삶 속에 받아들이는 것이다.

균열은 본질적인 것이며, 들뢰즈가 말하듯, “모든 것은 심연abîme에 의해서 시작된다.”[19] 그러한 ‘긍정적인’ 균열에 대한 서술은 광인의 자서전 안에서 ‘내면의 언어’라는 형식으로 발견된다. 그러므로 ‘광인의 자서전’은, 다시 한 번, ‘맹인의 자서전’이 된다. 따라서 니체의 저 ‘눈병’은 표피적인 건강성을 넘어선 근본적인 건강성이 되는 것이며, 알튀세르의 ‘눈먼’ 착란과 실명實名의 실명失明은 비정상성만이 가질 수 있는 고유의 정체성이 되는 것이다. 이에 또한 바타유의 ‘균열’은 부정의 부정, 암흑의 긍정, 비지의 밤 속에서 어둡게 빛나는 음울한 섬광이 된다. “균열fêlure 없이 존재할 수는 없

18 Georges Bataille, *L'expérience intérieure. Œuvres complètes, tome V*, Paris: Gallimard, 1973, 129쪽.

19 Gilles Deleuze, *Logique du sens*, Paris: Minuit(coll. “Critique”), 1969, 219쪽. 이하 ‘LS’로 약칭하고 해당 쪽수만을 표기한다.

다. 그러나 우리는 감내하는subie 균열, 즉 타락으로부터 영광으로(곧 사랑하는aimée 균열로) 나아간다."[20] 이렇게 인식된 균열은 하나의 '영광gloire'이기도 하다. 발전과 진보를 전제하는 직선적인 내러티브와 회심의 클라이맥스를 갖는 변증법적 성장 구조는 정상성의 개념과 함께 사라진다. 진정한 것은 비약과 돌출이며 결국 균열이다. 그러한 균열을 자신의 정체성으로 받아들이고 스스로를 규정짓는 것, 모순과 차이라는 것을 언젠가는 해소되어야 할 일종의 '중간 항'으로 파악하지 않고 그 자체를 사랑하고 살아내는 것, 이것이 바로 비정상의 자서전이 자서전의 또 다른 가능성을 제출하면서 취하고 있는 핵심적인 '세계관Weltanschauung'이다. "균열fêlure은 내면적이지도 외면적이지도 않다. 그것은 경계선상에 있으며 감각할 수 없고 형태가 없으며 관념적인 것이다."(LS, 181쪽)

그러므로 이러한 '비지의 균열'을 옮겨가는 내면의 언어로서의 자서전이란 내면과 외면을 구분 짓는 정상성의 어법 속에 위치하는 것이 아니다. 그러한 이분법은 지성의 작용이며 그렇게 구분된 내면은 여기서 문제가 되고 있는 자서전의 공간이 아니다. '내면 연기', '내면적 고뇌'라는 쉽고 편하게 통용되고 있는 어법 속에서 발견되는 내면에 대한 이 소박하고 경박한 하나의 '인식론'은, 그러므로 어쩌면 지성의 '농간'일 것. 내면은 혼란스러움에 반대되는 '평온한' 안정이 아니며 '가벼움'이라는 대립항을 상정하는 저 무거운 '무게'도, 끝을 모르는 '깊이'도 아니다. 바타유에게서 볼 수 있듯이, 내면이란 혼란과 공포 그 자체인 것. 프란시스코 고야Francisco Goya가 말하듯, 그리고 바타유가 다시 그 말을 이어받아 변용시켜 말하듯, "우리를 결합시켜주는 것은 이성의 잠이고—그것은 괴물을 낳는다."[21] 이 괴물은 우리가 어렵사리 맞닥뜨릴 수밖에 없는 '진정한' 내면의 모습이다. 이성이 잠들면, 하나의 '꿈'이 깨어난다. "바지가 벗겨진 채 아버지의 무릎 위에 있었던 기억과 연결되는 유년 시절 거미들의 공포 등등./ 가장 끔찍한 것과 가장 장엄한 것 사이에 있는 일종의 양면성. (……) 꿈에서 깨어나, 나는 쥐들의 공포와 나를 매질하는 아버지에 대한 기억을 결합한다, 나는 독수리(아버지)가 부리를 내리찍어 피를 흘리는 두꺼비의 모습이다. 나는 엉덩이가 드러나 있고 배에서는 피를 흘린다. 붉은빛이 닫힌 눈을 통해 보이는 태양과도 같이 너무나도 눈부신aveuglant 기억. 아버지가 눈이 멀었기에aveugle 나는 상상해본다, 아버지 자신도 눈부신aveuglant 붉은빛의 태양을 보고 있을 것이라고."[22] 바타유는 에로스와 타나토스가 교차하고 있는 자신의 꿈으로부터 '맹인의 언어'를 이끌어낸다. 맹인의 언어는 그 자신에게도, 그것을 읽는 독자에게도, 결국 '눈이 부신' 것, 동시에 '눈을 멀게 하는' 것이다. 그 앞에서는 제대로 눈을 뜰 수가 없고 그것을 정면으로 마주 대하기 어려운 것이다. 그것은 곧 라로슈푸코La Rochefoucauld가 이미 언급했던바, 죽음과 태양에 대한 공통적인 체험이다. 우리 인간은 죽음과 태양이라는 존재를 쉽게 마주 바라볼 수가 없기 때문이다. 이로부터 바타유의 '송과선 눈œil pinéal'이라는 은유가 탄생한다. 이 눈은 바로 실명의 경험으로부터 탄생하는 것. 기존의 두 눈이 아니라 뇌 속의 송과선이 자라나 머리 위를 뚫고 솟아나는 또 다른 눈, 그 눈은 태양을 직시하는, 따라서 또한 죽음과 대면하는 제3의 눈인 것.[23] 곧 이 눈은 비지와 맞닥뜨리는 하나의 창문이 된다. 지의 정상성이 아니라 비지의 비정상성을 마주 대하는 이 새로운 눈은, 그러므로 비로소 태양을, 곧 죽음을 응시하는 눈에 다름 아니다. 그 눈은 죽음에 대한 굴성trophisme을 갖는 눈, 비지의 밤과 함께 열리는 통로이다. 바로 이 지점에서 내가 문제 삼았던 자서전들은 곧 죽음에 대한 이야기로 한 번 더 변용된다. 데리다가 '해부'한 대로, '자기-삶-기록auto-bio-graphie'으로서의 자서전은 또한 동시에 "타자-죽음-기록allo-et thanatographie"으로 변용되기도 하는 것.[24] "죽음이 피할 수 없는 것인 이상, 원칙적으로 죽음은 매 순

20 Georges Bataille, *Le coupable. Œuvres complètes, tome V*, Paris: Gallimard, 1973, 259쪽.

21 Georges Bataille, *Théorie de la religion. Œuvres complètes, tome VII*, Paris: Gallimard, 1976, 351쪽.

22 Georges Bataille, "Rêve", *Œuvres complètes, tome II*, Paris: Gallimard, 1970, 10쪽.

23 이에 관해서는 본서 1악장 "폭력의 이데올로기 비판을 위하여"의 각주 10번을 참조하라.

간마다 돌출할 수 있다."[25] 그러므로 또한 데리다가 이야기하고 있는 "자서전적 사색spéculation autobiographique"이란 곧 죽음에 대한 성찰에 다름 아니다. 비정상성의 자서전은 단순한 삶의 이야기라기보다는 연속되는 죽음의 이야기, 곧 죽음으로써 비로소 삶을 살게 되는 글쓰기의 다른 이름이 된다. 따라서 결국 그러한 글쓰기 안에서 가장 첨예한 문제로 대두되는 것은 곧 자기에 대한 '동일성identité'의 문제이며, 이는 자서전이 '자기에 대한 글쓰기'라는 일반적인 정의만 떠올려봐도 피해갈 수 없는 문제, 곧 죽음과 태양을 바라보는 일에 준하는 문제이다. 광인의 자서전은 건강성의 개념과 정상성의 기준 그 자체에 본질적인 의문을 던진다. 따라서 나는 자서전적 글쓰기가 '실존주의적'이라거나 '현상학적'인 글쓰기라기보다는 일종의 '병리학적' 글쓰기 혹은 '타나토스적' 글쓰기라고 말하고 싶어지는 것이다.

자서전을 한 편의 '시詩'로, 그것도 '광인'의 시로 읽는다는 것. 시는 의식 없는 세례와 영감의 침투 속에서 이루어진다는 저 플라톤적 시론의 부활? 그렇다면 이것은 '낭만주의'로의 회귀인가, 아니면 '고전주의'로의 복귀인가. 확실한 것은, 비지의 밤이 곧 지성의 완전한 폐기를 의미하는 것이 아니라는 점, 또 그럴 수도 없다는 점일 것이다. 내면은 '외부의 안쪽'이 아니라 차라리 그 자체로 '절대적으로' 존재하는 공간일 수 있다. 비정상의 자서전은 '극도의 혼란과 공포'를 머금고 있는 '내면의 글쓰기'이지만, 바로 그 '안'에서 문제 되고 있는 '내부'란 더 이상 외부에 대한 대립적인 규정으로 환원되는 '내면'이 아니다. 자서전의 공간은 고독의 공간임과 동시에 소통communication의 공간이며—여기서의 '소통'이란 바타유나 블랑쇼가 말한 의미에서의 '소통'으로 이해되어야 한다—니체가 말했듯이 "어쩌면 내가 산다고 하는 것이 단순히 하나의 편견"일지도 모른다는 의문을 끊임없이 제기하고 있는, 뜨거운 혹한酷寒의 공간이다.

24 Jacques Derrida, *Otobiographies*, Paris: Galilée, 1984, 73쪽.

25 Jacques Derrida, *La carte postale*, Paris: Flammarion(coll. "La Philosophie en Effet"), 1980, 326쪽.

변주 3.

진단과 비판: 들뢰즈의 니체 해석[1]

들뢰즈는 니체의 철학에 관해 두 권의 '직접적인' 해설서를 남기고 있다. 프랑스 대학 출판부PUF에서 출간된 『니체와 철학*Nietzsche et la philosophie*』[2]과 『니체*Nietzsche*』[3]가 바로 그것. 이 중에서도 특히 『니체』는—들뢰즈가 생각하는—니체 철학의 주요 주제들을 아주 간략하고 명쾌하게 정리한 후 이와 관련된 니체 자신의 글들을 니체의 여러 저작에서 비교적 고루 선별하여—물론 불역佛譯으로—수록하고 있기 때문에, 현대의 니체 입문에 있어서는 건너뛸 수 없는 중요한 책들 중의 하나라는 생각이다. 『니체와 철학』은 이미 1998년에 민음사에서 국역본이 간행된 바 있으므로(초판은 '이데아 총서'의 일환으로 출간되었던 것인데, 최근에는 '들뢰즈의 창'이라는 제목의 총서하에 발간되고 있는 것으로 안다), 이하에서는 『니체』의 주요 내용들을—특히 들뢰즈의 '해설'이 펼쳐지고 있는 2장을 중심으로—간략하게 소개해보고자 한다.[4]

들뢰즈는 먼저 니체의 철학으로부터 다음과 같이 서로 '평행'하는 두 개의 계열들을 추출해내고 있다[5]: 1. 해석interprétation—의미sens—잠언aphorisme—의사/생리학자médecin/physiologiste. 2. 평가évaluation—가치valeur—시poème—예술가artiste. 주지하다시피 니체는 기존 형이상학의 표면적 과제였던 '인식' 또는 '진리의 발견'을 '해석'과 '평가'로 대체한다. 두 계열의 첫 번째 항들은 바로 이 점을 나타내고 있다. 해석은 의미를 결정하는 작용이고, 다시 그 의미들의 위계와

1 이 글은 2006년에 작성된 미발표 원고이다.
2 Gilles Deleuze, *Nietzsche et la philosophie*, Paris: PUF(coll. "Quadrige"), 1962.
3 Gilles Deleuze, *Nietzsche*, Paris: PUF(coll. "Philosophes"), 1965.
4 2011년에 첨가하는 주석: 이 책은 이후 『들뢰즈의 니체』라는 제목으로 2007년에 철학과현실사에서 번역 출간되었다.
5 Gilles Deleuze, *Nietzsche*, 17쪽 참조. 이하 본문의 괄호 안에서 쪽수만 표시한다.

가치를 결정하는 것이 평가라는 작용이다(두 계열의 두 번째 항들). 그리고 이러한 철학적 전회가 취하는 서술 전략이 바로 잠언과 시가 되는 것이다(두 계열의 세 번째 항들). 들뢰즈는 니체 철학을 기존 철학들과 확연히 구별시켜주는 이러한 형식적 차이가 이미 "철학에 대한 하나의 새로운 구상une nouvelle conception de la philosophie"이며 동시에 "사유하는 자와 사유에 대한 하나의 새로운 이미지une nouvelle image du penseur et de la pensée"를 함유하고 있다고 본다(17쪽). 이때 잠언은 해석의 기술임과 동시에 해석의 대상이기도 하며, 마찬가지로 시는 평가의 기술임과 동시에 평가의 대상이기도 하다. 해석자로서의 철학자는 현상을 하나의 징후 또는 증상symptôme으로 파악하여 그에 대해 진단을 내리는 '의사'이자 '생리학자'이며, 그 의사의 언어가 바로 잠언이다. 또한 평가자로서의 철학자는 '관점들perspectives'을 창조하고 기존의 가치들을 비판하는 '예술가'이며, 그 예술가의 언어가 바로 시인 것이다(두 계열의 네 번째 항들). 따라서 들뢰즈는 다음과 같은 문장으로 니체가 요구했던 '미래의 철학자상'을 요약하고 있는 것이다: "미래의 철학자는 예술가이자 의사이다—한마디로, 입법자législateur인 것이다."(17쪽)

앞서 네 개의 항을 갖는 두 계열들에 관해 이야기했지만, 들뢰즈가 말하는 이러한 두 계열에 마지막 다섯 번째 항이라 할 것을 개인적으로 덧붙여보자면, 그것은 진단clinique과 비판critique의 쌍이 될 것이라는 생각이다. 철학에 관한 이러한 방식의 규정은 들뢰즈가 비교적 초기의 저작에서부터(예를 들면, 『자허마조흐 소개*Présentation de Sacher-Masoch*』[6]의 서문avant-propos, 특히 11쪽을 보라) 말년의 저작에 이르기까지(다시 한 번 예를 들면, 『비판과 진단*Critique et clinique*』[7]을 보라, 이 책이 지닌 내용과 편제에도 불구하고 'critique'를 굳이 내가 '비평'이 아니라 '비판'이라고 번역하고 싶은 것은 칸트 혹은 마르크스를 염두에 두고 있기 때문인데) 일관되게 견지한 입장으로서, 이는 철학이 지닐 수 있는 두 가지의 의미, 곧 의학적(혹은 심리학적) 또는 생리학적 의미, 그리고 문학적 또는 비판적 의미에 관한 니체의 사유에서 영향받은 바 크다고 할 것이다. 『자허 마조흐 소개』는 자허 마조흐의 작품 「모피를 입은 비너스」의 불역본과 들뢰즈의 해설을 함께 담은 책으로, 국내에는 '매저키즘'이라는 제목으로 1996년에 번역본이 나온 바 있고, 2007년에 개정판이 나왔다. 이 시점에서 문득 떠오르지 않을 수 없는 '정겨운' 사실은, 벨벳 언더그라운드의 노래 〈Venus in Furs〉가 바로 이 자허 마조흐의 작품을 바탕으로 만들어진 노래라는 것. 한때는 정말 '구토가 나올 정도로' 지독히도 애청했는데, 독자들 중에서는 벌써 이들의 음악과 함께 했던 추억에 입맛을 다시는 이들도 있으리라. 번쩍, 번쩍, 번쩍, 빛나는, 저 차갑도록 매력적인, 가죽 부츠와 함께 말이다("Shiny, shiny, shiny boots of leather", Velvet Underground, 〈Venus in Furs〉에서).

들뢰즈는 "입법자로서의 철학자가 지닌 두 개의 덕목들vertus"에 대해 말하고 있다(19쪽). 니체에 따르면, 그 하나는 "기존에 있던 모든 가치들에 대한 비판"이며, 다른 하나는 그렇게 비판된 가치들 이후에 다시 "새로운 가치들을 창조"하는 것이다(19쪽). 니체는 철학이 이미 소크라테스 때부터 어떤 "타락/퇴화dégénérescence"의 선을 그리고 있다고 생각한다(20쪽). 왜냐하면 형이상학이라고 하는 것이 본질과 외관, 참과 거짓, 지성과 감성 등의 이항 대립에 근거하는 것이라고 할 때, 소크라테스야말로 바로 그 "형이상학을 발명한invente la métaphysique" 사람이기 때문이다(21쪽). 이로부터 삶에 우선하는, 삶에 대해 우월한 지위를 갖는 가치들이 생겨나는 것이다. 진, 선, 미, 신성神性 등등. 따라서 인간의 삶은 그러한 가치에 종속된 수동적인 것이 되며 "스스로 가치 폄하하게se déprécier" 되었다는 것. 칸트 역시 인식의 오류나 도덕적 오류들을 규탄했지만 인식이라고 하는 형이상학적 이상 그 자체, 도덕성moralité 그 자체, 그 가치들의 기원과 본질 자체에 대해서는 의문을 제기하지 않았다는 이유로 또한 니체에게는 비판의 대상이 되고 있다(물론 이러한 평가는 칸트에 대한 일면의, 부당한 평가라는 사실을 '우리'는 아마도 잘 알고 있을 테지만). 니체에게 있어서,

6 Gilles Deleuze, *Présentation de Sacher-Masoch*, Paris: Minuit(coll. "Arguments"), 1967.

7 Gilles Deleuze, *Critique et clinique*, Paris: Minuit(coll. "Paradoxe"), 1993.

헤겔의 변증법도, 종교개혁 이후의 종교도, 상황은 같다. 그래서 들뢰즈는 다음과 같이 말하는 것이다: "미래의 철학자, 곧 의사로서의 철학자philosophe-médecin는 동일한 악mal이 여러 다른 증상의 형태를 띠고 계속되고 있음을 진단하게 될 것이다."(22쪽) 이러한 타락의 선이 비단 철학에만 영향을 주는 것은 아니다. 그러한 타락은 또한 가장 일반적인 생성 전반과 역사의 가장 근본적인 범주에까지 영향을 미치고 있는 끈질긴 것이다. 니체는 이로부터 '반시대적 고찰'의 필요성을 끌어내고 있는 것. 이에 대해 들뢰즈는 다음과 같이 정식화하고 있다: "따라서 진정한 철학은, 미래의 철학은, 영원한 것이 아닐 뿐만 아니라 또한 역사적인 것도 아니다: 철학은 시의적절하지 못한intempestive 것이 되어야 하며 항상 그래야 한다."(23쪽) 여기서 니체가 말하는 'unzeitgemäß/intempestif'는 통상적으로 '반시대적'이라는 말로 번역되곤 하지만, 보다 정확하게는 '때를 잘못 맞춘', '시대에 맞지 않는' 등의 뜻을 가진 단어이다. 곧 이는 '일부러' 시의성을 포기한다는 것, '의도적으로' 시의성을 거스른다는 것을 의미하고 있다. 이 점은 사실 간과되기 쉬운 '디테일'이지만 분명 곱씹고 되새겨봐야 할 '번역어'의 중요한 문제라는 개인적인 생각 한 자락.

들뢰즈는 이른바 '힘에의 의지Wille zur Macht/volonté de puissance'라고 하는 니체의 개념에 대해 흔히 일어나곤 하는 오해를 먼저 경계하고 있다. 들뢰즈가 보기에 의지는 "힘이 힘과 맺고 있는 관계rapport de la force avec la force"에 다름 아니다(24쪽). 힘에의 의지를 단순히 "지배하고자 하는 욕망désir de dominer"으로 이해하는 것은 기존의 형이상학적 가치들로 다시 돌아가는 것과 같다는 것이다(24쪽 참조). 니체에 따르면 힘에의 의지란 무언가를 취하려는 것이 아니라 창조하고 부여하는 것이다. 들뢰즈는 의지가 원하는 것이 힘이 아니라 "의지를 통해 〔무언가를〕 원하는 것ce qui veut dans la volonté"이 바로 힘이라고 말하고 있다(24쪽). "하나의 힘이 명령을 하는 것도 의지에 의한 것이지만, 하나의 힘이 복종하는 것 또한 힘에의 의지에 의한 것이다."(24쪽) 여기서 들뢰즈는 힘에의 의지가 갖는 두 가지 성질, 곧 긍정affirmation과 부정négation 사이의 전도를 말하고 있다. 힘에의 의지는 능동적인 힘들을 긍정하는 것이며 이때 긍정은 으뜸

가는 첫 번째 가치가 된다. 여기서 부정은 단지 긍정의 향유jouissance에 부속되는 여분, 하나의 결과일 뿐이다. 반대로 수동적인 힘들에게 있어서는 부정이 첫 번째 가치가 된다. 긍정과 부정에 대한 니체의 이러한 생각은 단순한 이원론이라고 할 수는 없는데, 그 이유는 그에게 긍정이란 그 자체가 다수적이고multiple 복수적인pluraliste 것이기 때문이다. 긍정은 그렇게 복수적인 것을 긍정하는 것이며, 이에 발맞춰 부정은 하나 되기를 부정하는 것, 곧 일원적이며 단수적인 사유를 부정하는 것이 된다.

니체가 "허무주의Nihilismus/nihilisme"라고 명명하고 있는 것은 바로 이러한 긍정의 힘에 반대되는 수동적인 힘과 부정의 의지가 승리하게 되는 현상이다(25~26쪽 참조). 약자 또는 노예가 승리하는 것은 힘의 구성을 통해서가 아니라 그들이 지니고 있는 전염contagion의 힘 때문이라는 것이다. 그들은 모든 힘을 수동적으로 만드는 존재들이다. 이러한 전염의 결과가 바로 니체가 말하는 "타락/퇴화"인 것이다. 여기서 강자와 약자, 주인과 노예를 단순히 역사적인 계급 대립을 지칭하는 개념으로 이해해서는 안 된다는 것이 들뢰즈의 주문이다. 이것은 "질적 유형학typologie qualitative"의 문제(27쪽), 곧 고귀함과 천함이라는 성질의 구분에 관한 문제이기 때문이다. 허무주의의 승리가 뜻하는 것은 바로 힘에의 의지가 창조하기créer를 멈추고 단지 의미하기signifier만을 행한다는 것(여기서 들뢰즈는, 니체를, 저 유명한 포이어바흐에 관한 테제의 저자로서의 마르크스와, 또한 접속시키고 있는 것일지도 모른다), 곧 지배하기를 욕망하고 돈, 명예, 권력 등의 기존 가치들을 자기 것으로 만든다는 것이다. 따라서 니체는, 역설적이지만, 다음과 같이 말할 수 있었다: "우리는 항상 약자들에 대해서 강자들을 보호해야 한다."(27쪽) '교조적' 혹은 '인간적' 마르크스주의자들은 아마도 이 말에 고개를 갸우뚱했을 터.

이어 들뢰즈는 이른바 "니체적 심리학psychologie nietzschéenne"이 이뤄낸 몇 가지 '위대한' 발견들을 다음과 같이 다섯 가지로 정식화하고 있다: 1. 원한le ressentiment—이것은 "네 탓이야c'est ta faute"라고 말하는 심리 상태. 심리학적으로 투사projection의 기제가 작동하는 것이다. 이는 곧, 약자가 자신의 불행이 강자의 행동action에 있다고 보고 행동 그 자체를 수치로 여기고 능동적인 모든 것에 반기를 들며 따라서 삶 자체를 죄악시하게끔까지 되는 수동적인 상태를 말한다. 2. 양심의 가책la mauvaise conscience—이제 "내 탓이오c'est ma faute"라고 말하는 단계. 심리학적으로는 내사introjection의 기제라고 하겠다. 수동적인 힘이 자기 자신을 응시하며 어떤 잘못을 자신 안에서 자신의 것으로 내면화하는 단계이다. '원죄' 또한 이러한 작용의 산물이라고 말할 수 있을 것이다. 이러한 심리의 '전염'이 수동적인 공동체를 형성하게 된다는 것이다. 3. 금욕주의적 이상l'idéal ascétique—이제 심리학적으로 승화sublimation의 단계가 오게 된다. 수동적이고 나약한 삶을 원하는 것이 이제는 궁극적으로 삶 자체에 대한 부정으로 귀결되는 것이다. 힘에의 의지가 곧 무無에의 의지가 되어버린다. 삶에 우선하고 반대되는 경건한 가치들을 세우고 그러한 가치들을 통해 삶 자체를 단죄하는 것이다(우리는 이러한 비판의 모티브를 또한 기독교에 대한 바타유의 비판 속에서도 만날 수 있을 것이다). 이러한 단계는 "무로서의 신Dieu-Néant"과 "수동적 인간Homme-Réactif"의 결합으로 표현되고 있다(29쪽). 따라서 인간은 '우월한' 가치들이 부과하는 짐을 짊어지고 가는 짐꾼이자 노예 같은 존재가 된다. 삶 그 자체가 짊어지기 힘든 부담이 되어버렸기 때문이다. 허무주의의 이전 단계들에서 탄생하게 되는 이러한 사유의 범주들이 바로 자아, 세계, 신, 인과성, 목적성 따위라는 것이다. 4. 신의 죽음la mort de Dieu—이제 회복récupération의 순간이 온다. 말하자면, 인간이 신을 죽이고 새로운 짐을 떠안는 단계. 인간은 스스로 신이 되고자 하며 그리하여 결국 자신이 신을 대체하고자 한다. 니체의 생각은 이렇다. 곧, 신의 죽음 그 자체는 분명 거대하고 중요한 사건이기는 하지만 그것으로 충분하지 않다는 것이다. 허무주의는 계속되며 실상은 아무것도 변한 것이 없다. 우월한 가치들이라는 미명하에 삶의 자기비하와 부정이 계속되는 것이다. 단지, 우월한 가치들이 이제는 인간적인—저 유명한, '너무나 인간적인'—가치들의 모습으로 대체되었을 뿐이다. 예를 들어 도덕이 종교를 대체하고 유용성, 진보, 역사 등의 개념이 이전의 신적인 개념들을 대체하는 식이라는 것이고, 따라서 구조적으로는 아무것도 달라질 것이 없다는 말이다. 이전에는 노예가 "신적인 가치들의 그늘 아래에서à l'ombre des valeurs divines" 승리를 구가했다고 한다면 이번에는 "인간적인 가치들을 통해서par les valeurs humaines" 승리하게 되는 것일 뿐이다(30쪽 참조). 인간은 신을 대체함으로써 현실la Réalité로 복귀하고 긍정의 의미를 회복했다고 생각했지만 그때의 긍정이란 차라투스트라가 말하듯 단지 "당나귀의 긍정Oui de l'Âne"일 뿐이라는 것이다(31쪽). 5. 마지막으로, 마지막 인간le dernier homme, 그리고 사라지기를 원하는 인간l'homme qui veut périr의 단계—마지막으로 종말fin의 순간이 온다. 허무주의의 절정에 선 마지막 인간은 다음과 같이 말하는 인간이다: "무를 의지하기보다는 차라리 의지를 없애는 것이 낫다Plutôt un néant de volonté qu'une volonté de néant!"(32쪽) 이 마지막 인간을 넘어 사라지기를 원하는 인간이 등장한다. 이를 통해 허무주의는 완성되며 또한 이것이 바로 니체가 말하는 "자정Minuit"의 시간이다(하지만 이 '도정'과 '완성'의 주제는, 그 자체로 얼마나 '헤겔적'인가). 니체의 방식으로 이야기하자면, 이제 "변화transmutation"를 위한 모든 준비가 끝난 것. 덧붙여, 이러한 '니체적 심리학'에 대한 들뢰즈의 정식화가 탁월하면서도 섬세한 부분은—바로 '니체적 심리학'이란 용어의 사용에서도 드러나듯이—이렇듯 니체 철학의 주요 논점들과 심리학의 개념어들을 성공적으로 밀착시키고 있는 그의 이론적 기민함에 있다는 생각 한 자락.

모든 가치의 변화는 다음과 같이 요약될 수 있다: "힘들이 능동적이 되는 것〔힘들의 능동적인 생성〕un devenir actif des forces", 그리고 "힘에의 의지 안에서 긍정이 승리하는 것un triomphe de l'affirmation dans la volonté de puissance"이 바로 그것이다(32쪽). 이제 부정은 긍정의 힘이 갖는 공격성aggressivité이라는 의미, 곧 창조 행위에 수반되는 총체적인 비판 작용이라는 의미를 띠게 된다. 차라투스트라에 이르러 부정은 수동적인 무가 아니라 하나의 행동action이 되며 긍정하고 창조하는 것을 위해 봉사하는 심급으로 기능하게 된다. 들뢰즈는 이를 단적으로 다음과 같이 표현하고 있다: "차라투스트라의 긍정은 당나귀의 긍정에 대립되며, 이는 창조하는créer 일이 짐을 짊어지는porter 일에 대립되는 것과 같다." (33쪽) 결국 모든 가치의 변화란 이러한 긍정-부정 관계의 전도를 의미하는 것이다. 하지만 여기서 들뢰즈가 니체의 옷을 입고서 강조하고 있는 것은 이러한 변화와 전도가 허무주의의 도래에 의해 가능하게 되었다는 사실이다. 부정이 그 자체로 하나의 행동이 되고 긍정을 위해 봉사할 수 있게 되기 위해서 우리는 마지막 인간과 사라지기를 원하는 인간을 거쳐야만 했다는 것이다. 바로 이 때문에 다음과 같은 니체의 유명한 정식이 가능할 수 있었다: "허무주의는 극복되었지만, 그것은 그 자체를 통해 극복된 것le nihilisme vaincu, mais vaincu par lui-même."(33쪽)

하지만 여기서 다음과 같은 물음이 가능할 것이다: "그러나 〔여기서〕 긍정되고 있는 것은 무엇인가Mais qu'est-ce qui est affirmé?" 여러 가능한 답변들이 있을 수 있겠지만 무엇보다도 그 대답이 존재l'Être는 아니다. 형이상학의 전체 역사 속에서 존재는 무엇보다 "무Néant와 마치 형제처럼 닮아 있기"(33쪽) 때문이다. 오히려 긍정되는 것은 복수성과 다수성, 그리고 생성devenir이라고 할 수 있다. 형이상학이 최종적으로 도착하는 종착지로서의 허무주의는 생성을 제거해야 할 것으로, 곧 존재 안으로 용해하고 포섭해야 할 것으로 파악한다는 것을 우리는 이미 앞서 살펴본 바 있다. 그러한 입장에서 볼 때 복수성과 다수성은 부당한 어떤 것이며 궁극적으로는 일자l'Un에게 통합되어야 할 어떤 것이다. "생성과 다수성은 유죄coupables"인 것이다. 여기서 들뢰즈는 니체의 변화와 전도가 지닌 네 가지 모습을 다음과 같이 정리하고 있다(34~40쪽 참조): 1. 니체는 다수성과 생성을 최상의 힘을 지닌 것으로 승격시킨다. 2. 니체가 말하는 긍정은 긍정에 대한 긍정, 곧 이중 긍정의 모습을 띤다. 3. 일자는 다수성 속의 일자가 되며 존재는 생성의 한 양태가 된다. 다르게 말하자면, 일자라고 말할 수 있는 것은 다수성과 복수성뿐이며, 또한 마찬가지로 존재라고 말할 수 있는 것은 오직 생성뿐이다. 4. 니체가 말하는 변화는 초인Übermensch/surhomme의 존재를 포함하고 또 요청하고 있다.

여기서 한 가지 중요한 점은 영원회귀가 똑같은 것의 반복을 뜻하는 것이 아니라는 사실이다. 들뢰즈는 이에 대해 다음과 같이 말하고 있다: "니체의 비밀, 그것은 영원회귀가 선택적sélectif이라는 것이며, 그것도 이중적으로 선택적이라는 것이다."(37쪽) 이는 사유와 존재의 양태 측면에서 모두 선택적이라는 말이다. 이 중 특히 존재의 측면에서 영원회귀가 갖는 선택적 성격을 설명하기 위해 들뢰즈는 바퀴roue의 비유를 들고 있다. "바퀴의 운동은 원심력을 띠며 모든 부정적인 것을 〔밖으로〕 쫓아낸다. 존재는 생성을 긍정하기에 그러한 긍정에 대립하는 모든 것, 허무주의와 수동성의 모든 형식들을 자기 자신으로부터 제거한다."(38쪽) 들뢰즈는 이를 정리하여 다시 한 번 이렇게 말한다: "영원회귀는 반복Répétition이다. 하지만 그것은 선택하는 반복이며 구원하는 반복이다."(40쪽) 그리고 마지막으로 들뢰즈는 네 가지 주의 사항을 환기하며 글을 맺는다(41쪽). 첫째, 힘에의 의지를 단순히 지배하려는 욕망이나 힘에 대한 갈망으로 이해하지 말 것. 둘째, 니체가 사용한 약자와 강자라는 용어를 사회 체제의 권력에 대입하지 말 것. 셋째, 영원회귀를 고대 그리스나 인도 또는 바빌론에서 발견되는 시간에 관한 순환적 사유로 이해하지 말 것, 또는 영원회귀를 똑같은 것의 회귀, 똑같은 것으로의 회귀로 이해하지 말 것. 넷째, 니체의 말년 작품들을 광기의 결과로 파악하지 말 것. 결론적으로 말하자면, 들뢰즈는 니체에 관한 많은 오해들을 제거하여 그를 독립적으로 독창적인 하나의 온전한 철학자로 위치시키고자 하는 것이다. 바로 이것이 들뢰즈의 『니체』가 지닌 '1960년대적' 목표였다고 할 것이다. 그러나 그 목표는 현재, 어쩌면 이미 '초과하여' 달성된 것인지도 모르지만.

7악장 불가능한 대화를 위한 자동번역기[1]

이식된 근대와 오역된 풍경 사이로의 한 이행

변증법적 이행은 비변증법적 이행과 무엇에 의해 구별되는가?
비약에 의해, 모순에 의해, 점차성의 중단에 의해,
존재와 비존재의 통일(동일성)에 의해 구별된다.
/ 블라디미르 일리치 레닌, 『철학노트』

1. 존재하지 않는 책을 위한 하나의 序文

이 일은 나의 머릿속에 단 한 줄의 문장이 떠오르면서 시작되었다—'生은 가학적이다.' 실제로 머리 안에 가지런하고 바지런한 줄들이 그어진 공책이 있는 것은 아니겠지만, 그리고 머릿속에 떠오른 문장이 올곧은 한 줄의 글로 똑바르고 정직하게 써지기만 하는 것도 아니겠지만, 왠지 이 문장이 떠올랐을 때는, 그 생각이 그렇게 문장이 되고 언어가 되었을 때는, 마치 그것이 절대로 한 줄 이상이 되어서는 안 될 언어처럼 여겨지는 것이었다. 나는 곧 이어 두 개의 단어를 떠올렸다(그리고 그 두 단어는 얄궂게도 'pharmakon'이라는 한 단어로 소급되는 것이었다). 머리로 떠올린 것이었지만, 머리가 아련하게 멀어져가는 그런 느낌이기도 했다. 내게 필요한 것은 일종의 "약리학적 비판critique pharmacologique"[2]인지도 몰랐다. 그 순간 나

1 이 글은 같은 제목으로 『자음과모음』 2009년 겨울호에 수록되었다.

2 Bernard Stiegler, *Pour une nouvelle critique de l'économie politique*, Paris: Galilée, 2009, 57쪽.

는 마음먹었다. 내게 글을 쓸 수 있는 손이 붙어 있는 한, 그리고 꼭 머리가 멀어진 후가 아니더라도, 글은 머리가 아니라 손으로 쓰는 것으로 알고 있었으므로, 그렇게 단 하나의 책을 써보겠다고, 한 문장을, 두 단어를, 그렇게 최대한 확장시켜서, 그래서는 어쩌면 한 벌의 우주를, 어쩌면 구더기들이 득실거리며 득세하는 하나의 온전한 혼돈을 낳아보겠다고, 섣부르게 마음먹었던 적이 있었다(그러므로 한 줄 이상이 되어서는 안 될 극단적 축소의 지향성과 한 권의 책을 짓게 될 극단적 확장의 지향성은 이미 바로 여기서부터 서로 어그러지고 있었다). 그 책의 이름은 '藥과 毒의 백과전서'였다(그리고 물론 이것은 '약리학'에 관한 책은 아니었다). 그러나 그 책은, 바로 이 제목을 떠올렸던 바로 그 순간, 끝나버렸다, 사라져버렸다. 일주일이 지나고, 일곱 개의 구멍은 모두 막혔다(『장자莊子』, 「응제왕應帝王」편). 라틴어는 약리학을 규정하는 저 유명한 표식trademark 안에서 이렇게 말하고 있었다. '신을 받아들여라Rx: Recipe Jupiter!' 그러나 나는 내 몸 안에 신을 받아들일 수가 없었다. 신병神病 같은 것은 있지도 않았다. 머릿속에는 고장난 신호등만이 껌뻑거리고 있을 뿐이었다.

2. 세상은 오역으로 이루어져 있다: 완벽한 일대일 대응 번역의 한 사례

신호가 바뀐다. 파란불은, 말 그대로의 파란 불이다. 이런 상상을 해본다. 도로교통공단은 외국의 신호등 제조 회사에 하청을 보내 전국의 신호등 체계에 유용하게 쓰일 프로그램과 기기 제작을 의뢰한다. 거대한 국가적 사업이다. 빨간불, 노란불, 그리고 파란불이 있어야지, 신호등이니까 당연해. 누군가가 말한다. 그리고 누군가가 이 말을 열심히 받아 적는다. 누군가는 이를 성실히 번역한다, 영어로(일차적인 외국어, 고로 당연하게도 '영어'로), 옮겨 적고, 적어 옮긴다. 파란불은 당연하게도 'blue light'로 옮겨진다. 제작을 의뢰받은 서양의 어느 회사는 주문서를 받아보고 어떤 'blue'가 가장 실용적이고도 심미적일까를 웅숭깊게 심사숙고한다. 색채와 디자인에 관련된 많은 전문가들이 고용되고 동원되어 머리를 맞대고 회의에 회의를 거듭한다. 그러므로, 정말로 아름답지 않은가, 신도림역의 저 파란불은. 멈추지 말고 계속 가, 멈추지, 말고, 계속, 가라고, 파란불은, 열차를 향해, 사람들을 향해, 말한다, 번역을 대신하여 말한다. 세상은 오역誤譯들로 이루어져 있다, 그것도 아름다운 파란색으로, 상상적으로. 이에 나는 하나의 문장을 번역한다, 이미 잘 번역되어 있는 하나의 문장들을, 다시금 오역한다. "누가 아니랍니까? 얘기 좀 해봅시다. 저도 몹시 걱정입니다. 베를루스코니는 약한 사람이나 괴롭히는 골목대장이에요. 그 사람은 지금 좌파가 내놓는 창백한 제도적 대표를, 즉 일하는 정직한 사람들의 대표를 신경쇠약으로 내몰고 있어요. 지금까지 의회가 잘 돌아가지 않았다면 이제부터도 잘 돌아가지 않을 겁니다. 지금이, 결정하는 누군가, 즉 결정권자를 필요로 하는 때입니다. 우리는 지금 오래된 이야기를 다시 목격하려 한다는 느낌이 들어요. 공격적인 포퓰리즘에 대치하는 피곤한 민주주의 말입니다. 제1공화국은 끝났어요. 불명예롭게. 그래도 지금 향수를 불러일으킵니다. 그들은 당연히 도둑들이었지만, 현재의 정치인과 당수들이 하는 만큼 제도를 더럽히지는 않았어요. 제2공화국은 부패를 상징해요. 어떤 관점을 들이대도 그렇습니다. 모든 공적 재산을 사적 이익에 귀속시키는 민영화와 공적 윤리의 남용 위에 세워진 신자유주의 탈근대성이라고 할까요. (……) 실제로 생활 노동의 비정규직화뿐만 아니라 노동자들의 저축을 더 불안하게 만드는 토대 위에, 연금생활자들의 비참을 증가시키며 세워진 것이지요. 아시겠지만, 이 문제는 저와도 직접 연관이 있어요. 저는 거의 연금생활자거든요. 게다가 베를루스코니는 선거에 이깁니다. 어쨌거나 패배하지는 않아요. 상속제 폐지를 공약으로 걸고 말입니다. 불쌍한 사람들이 할복하고 완전히 돌아버릴 노릇이지요."[3] 왜 내게는, 이 문장들을 내 손으로 다시 옮겨놓는 행위가, 하나의 번역이자 또한 일종의 오역이 되고 있는가?

3 안토니오 네그리, 박상진 옮김, 『굿바이 미스터 사회주의』, 그린비, 2009, 5~6쪽.

단지 이 인용문 안에서 몇 개의 고유명사와 일반명사들을 바꾸기만 하면, 이 원래의 이탈리아어 문장들은 놀랍도록 '한국어'와 딱 맞아떨어지는 소름끼치도록 정확한 일대일 대응의 번역이 되고 있는데, 내가 이 문장들을 한국의 어떤 상황과 위상학적으로 상동성相同性을 띠는 정황으로 번역하고 옮겨놓고 있다는 바로 그 점에서 나는 일종의 '오역'을 행하고 있는 것. 그러나 이 오역이 반드시 오역일 수만은 없다는 데에 내 '외국어 지식'의 문제가 있다는 것. 세상은 그렇게 오역으로 이루어지고 있었다는 것, 실제로도.

3. 돈은 광대의 미학적 가치에 따라 지불되어야 한다: 지하철 걸인의 음악미학

이 오역과 오욕의 세상을 여행하는 주된 교통수단은 지하철이다. 감정/변용affection의 문제에 관해서는, 예를 들자면, 가장 간단하게 이 지하철의 직업적 걸인乞人들을 떠올려보면 된다. 그들의 순례하는 듯한 느린 움직임과 그에 반주처럼 따라붙는 애절한 悲歌lamento를 떠올릴 것. 머리 안에서만 울려야 할 것을 그들은 바깥에 달고 다닌다. 정서의 환기 능력과 변용의 기술이 부족한 대부분의 '시민'들을 위해—이것이야말로 천성적인 능력의 문제가 아닌 '구조적인' 문제였다!—그 걸인들 스스로가 나서서 직접적으로 귀에 대고 들려주려는 것이다. 말하자면 시각과 청각 모두에 호소하고자 하는 것이다. 그들 대부분이 시각이 없는 사람이라는 데에 생각이 미치면 이 사실은 실로 미묘하다. 하지만 아주 가끔씩, 비가가 아니라 경쾌하고 진취적인 음악을 자신의 배경음악BGM으로 삼는 걸인들을 만나기도 한다. 그들의 가장 절실한 문제는 정서의 환기가 아니라 시선의 구걸이다. 청각이 시각을 이끌어가는 이 들리지 않는 비가는, 그러므로 전혀 슬프지 않다. 어딘가 무척이나 뒤틀려 있는 희극, 가장 좋게 봐줘도 조야한 희비극으로밖에는 보이지 않는다. 자, 여기서 그에게 돈을 쥐어줄 것인가 말 것인가 하는 선택의 문제는 단순히 '윤리적인' 문제가 아니라 '미학적인' 문제로 돌변한다. 말하자면 이것은 음악미학의 문제가 되고 있는 것. 나는 걸인의 움직

für Louise Duchesneau

5. Lamento

(1994)

죄르지 리게티, 〈비올라 소나타〉 5악장

임과 음악이 함께 빚어내는 퍼포먼스의 예술성에 별점을 매기고 그 순간과 배경에 어떤 감성적 가치를 부여한다. 이 '미학적' 판단에 따라 공연에 대한 대가의 지불 여부, 그 가격의 고저高低, 미학적 '양심'의 위안과 수치羞恥/數値가 모두 결정된다(만약 브레히트라면, 그에게 돈을 주지 말라고 말할 것이다, 단순히 그에게 돈을 쥐어주는 것만으로는 전혀 문제가 해결되지 않는다고 말할 것이다). 이것은 내가 '무의식적으로' 지하철이라고 하는 이동 수단을 하나의 연장된extended 연희의 장소로, 일종의 공연장으로 인식하고 있음의 한 반증이다. 이 공연장에서 필요한 것은 윤리의식이 아니라 미학적 감수성이다. 나는 이 공연장을 거쳐 집으로 돌아온다. 가장 근대적인 교통수단(지하철)을 타고, 가장 전근대적인 의식(제사)을 수행하기 위해서.

4. 공자의 유물론: 죽어서 없지만, 있는 것처럼 살기

나는 진즉에 따지기로 작정하고 있었다. 오늘은 증조부의 제삿날이었다. 아침부터 왠지 울컥하는 기분이 들어, 몸도 마음도, 하루 종일 별로 상태가 좋지 않았다. 산 사람은 살게 해줘야 죽은 사람도 잘 얻어먹는 것입니다, 라고 나는 속으로 수십 번씩이나 되뇌고 있었다(나는 나의 처지를 저 '지하철 공연자'의 모습과 지극히 상동적인 형태로 '번역'하고 있었는데, 말하자면 그런 의미에서, 곧 위상학적으로 말해 우리는 각자 갖고 있는 '구멍'의 개수가 서로 달랐으므로, 이는 또한 윤리적으로 지극히 이기적이고 기만적인 '오역'이기도 했다). 몇 가지 판에 박힌 상투어cliché들로 스스로를 무장하고 정비하면서, 마치 우격다짐하듯이 뭔가를 내 안으로 지그시 눌러 담고 있었다. 그러니까, 따지고 대들기로 한 것이다, 그렇게 마음먹은 것이다. 祭如在 祭神如神在(『논어論語』, 「팔일八佾」편). 굳이 해석하자면, 번역하자면, '제사를 지낼 때에는 마치 〔뭔가가, 예를 들자면, 조상님이〕 있는 듯이 하고, 신에게 제사를 드릴 때는 마치 신이 있는 듯이 하였다'라는 것인데, 루쉰魯迅은 아마도 이를 공자孔子의 유물론唯物論 쯤으로 여겼던 것 같다. 탁견이 아닐 수 없다. 누구나 쉽게 간파할 수 있듯이 이 문장에서 가장 중요한 단어는 다름 아닌 '如'라는 술어인 것이다. 또 한 가지 더, 나는 어릴 때부터 왠지 이 제사라는 형식에 대해 어떤 역전된 우월감을 갖고 있었던 듯하다. 그 우월감은, 다름 아닌 기독교에 대한 우월감이었다. 우상을 숭배하지 않는다는 것, 그리하여 그 우상의 허상에 절대로 절을 올리지 않는다는 것, 나는 그러한 개화와 근대의 "트라데 말크trademark"[4]로 기능하는 기독교의 한 '부차적인' 세부에 대하여 뭔가 역전된 우월감, 시대착오적인 우월감을 갖고 있었다. 그러니까 요는, 없는데도, 있는 듯이, 하는 것이다. 신이 존재한다고 철석같이 믿고 있는 기독교에 비해, 없는데도 마치 '있는 듯이' 제사를 올리는 저 공자의 유물론은, 그래서 얼마나 우월한가(나는 '근대성'에 대한 내 빈약한 우월감의 근거로 저 '전근대적인' 공자의 문법에 기대고 있었다). 그래서 저들은 저들의 신에게 아무것도 따질 수 없는 반면, 나는 어제 제사 내내 속으로 구시렁거리면서 변변찮은 영력靈力을 지닌 조상님을 상대로 이것저것 따지고 대들 수 있었던 것이다(조상이 돌본다고?). 속고 속인다는 사실을 모른 채 환상의 메커니즘 속에 단순히 빠져 있는 것과, 스스로를 적당히 속이면서 그 환상의 메커니즘을 이용하는 것 사이에는, 어떤 깊은 틈이 있다. 죽은 이를 마치 살아 있는 것처럼 대하는 것, 실은 죽었지만 말이다. 우발성의 유물론이 있다면, 아마도 융통성의 유물론이라는 것도 가능할 것이다(그러나 이 '융통성'이란 결코 적당한 타협이나 느슨한 중도를 의미하는 것이 아니다). 그리고 이러한 수식어들은 단지 제한적인 분류 규정이 아니라 어쩌면 유물론이 지닌 여러 속성들 중의 한 부분일 것이다. 말하자면, 은밀한, 동시에 통쾌한 유물론인 것이다. 나는, 이 기이한 '유령학적' 유물론 안에서, 하나의 죽음을, 지극히 언어적인 형태로〔만〕, 실험해보고 있었다. 이 사고실험의 반복되는 실패는, 반복되는 노력과 그 성과에 대한 저 뿌리 깊은 일반적 믿음과는 반대로, 아마도 아무

4 이경훈, 「식민지의 '트라데 말크'」, 『오빠의 탄생: 한국 근대문학의 풍속사』, 문학과지성사, 2003, 76~95쪽 참조.

런 성공도 보장해주지 못하리라.

5. 죽음을 연습하기, 첫 번째 판본: 주관적 서술의 한 사례

나는 저 멀리 아래를 내려다보고 있었다. 사람들이 벌레처럼, 그러니까 일차적으로는 규모의 면에서 벌레처럼 아주 작게, 그리고 이차적으로는 성질의 면에서 또한 벌레처럼 아주 좀스럽게, 그렇게 스멀거리고 있었다(아마도 김윤식은 바로 이를 두고 '인간은 벌레다'라는 1990년대 문학의 시대적인 인식을 말했을 터). 벌레는 저 아래에서나 이 위에서나 똑같았고, 어쩌면 이것이야말로 생명계의 평등일 것이다, 라고 나는 지레짐작한다. 나는 낙하를 준비하고 있었다, 하나의 유물론을 실험하기 위해. 이건 정말이지 가장 지저분한 최악의 방법이다, 그 순간에도 난 그렇게 생각했다. 중간에 기절할 수도 있을 것이다, 대부분 그렇다고들 말하니까(하지만 그렇게 말하는 그들도 직접 해본 건 아니다, 여전히 지금도 버젓이 살아 있으니까). 하지만 난 나의 마지막 순간까지 결코 의식의 끈을 놓고 싶지 않았다('의식'이라고 하는 이 상속될 수 없는 유산에 대한 끈질긴 집착). 나의 관건은 단지 하나의 증명이었으므로. 문제는 그 결과를 무조건 장담하거나 확신할 수는 없다는 것이었다. 모든 일이 그렇듯, 모든 일의 문제점은, 해보지 않고는 알 수 없다는 점이었다. 이것은 정신력 따위의 문제가 아니라 지극히 육체적인 수치와 능력의 문제였다. 말하자면, 배수진 같은 무언가가, 어쩌면 안전선 같은 무언가가 필요했다. 그것은 피아노선처럼 가늘고 날카로워야 했으며, 또한 낚싯줄만큼 질기고 튼튼해야 했다. 우리의 시대는 어쩌면 또 다른 고딕의 시기였다. 고층 빌딩의 날카로운 첨탑들이 하늘을 찔렀고, 하늘은 그렇게 찍소리도 못 내고 다시 땅으로 내리꽂혔다. 나 역시, 무거워진 머리부터, 그렇게 거꾸로, 내리꽂혔다. 나는 이 전전반측의 실험 속에서 기원起源의 전락轉落을 반복하고 있었다, 강박적으로 끝내고, 강박적으로 다시 시작하고 있었다. 으깨진 머리 사이로 내가 그동안 눌러 담아왔던 기억들이 뇌수처럼 쏟아져나온다. 그러니까 말하자면 그것은 마

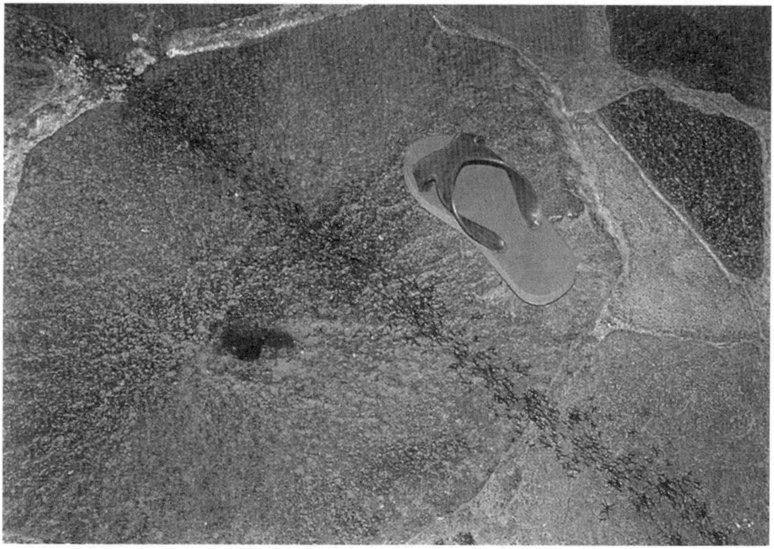

Ⓒ Dan Perlman

개미들, 또 다른 '인간' 혹은 '국민'들. 슬리퍼 옆을 지나가는 군대개미의 행렬(사진은 최재천, 『개미제국의 발견』, 사이언스북스, 1999, 55쪽에서 인용)

치 뇌수'처럼' 보였는데, 그렇게 보였다고 말하는 것은, 기억이라고 하는 것이 물질적으로는 저렇게 생길 수밖에 없음을, 내가 마치 아주 오래전부터 알고 있었던 사실인 양, 고개를 끄덕이며 아는 체를 하고 있었던, 바로 그 장면이 머금은, 저 뿌연 필터 때문이었다. 어디선가 한 번 이상, 이 장면을 본 기억이 있다, 라고 나는 생각한다, 고로, 죽지 않고, 존재한다, 살아간다. 그러니까 죽음이란, 일회성一回性의 희소성稀少性만을 먹고사는 것은 아니라는, 마지막 생각, 이 마지막 생각 같은 기억에서. 하지만 그 기억도 곧 뇌수처럼 흘러가버린다. 거꾸로 내리꽂혀, 난 잠시 눈을 파르르 떤다. 떨리는 눈꺼풀 밖으로, 세상이 보인다. 그 세상은 마치 커다란 괴물 같은 철제鐵製 고드름을 이곳저곳에 보기 흉하게 매달고 있는 하나의 천구天球처럼 보인다. 그러나 나는 그 곡률曲率을 가늠할 수 없었다. 단지 그것은 평면이었고 평면으로 보일 뿐이었다. 마치 베른하르트 리만Bernhard Riemann의 기하학을 모르는 우리의 지극히 물리적이고 육체적인 시각에 지구가 그렇게 보이는 것처럼. 조리개가 깜빡인다. 이것이 명멸明滅인가, 이것이 소위 끝이라는 것인가, 그렇게 생각하다가 나는 이내 졸음을 느낀다. 편안하다거나 안도감 같은 것이 찾아오는 일은 없었다. 나는 거꾸로, 오히려 마천루의 정점에 서 있었다. 머리가 아파왔고, 그 통증은 두통도 현기증도 아닌, 복부腹部 어딘가에서 밀려오는 것임을 어렴풋이 느꼈다. 머리에서 느껴야 할 통증을 배에서 느끼다니, 이런 우라질 역설이. 그런데 그 복부는 내 몸의 바깥에 있는 것처럼 느껴지는 것이었다. 나는 내 안이 아니라 내 바깥으로 아파하고 있었다. 그 마지막 순간에 내가 느끼고 있었던 건, 정말 역설적이게도, 아직 더 가야 한다는 것이었다, 이대로는 아직 모자라고, 여전히 더 아래로 깊이 박혀 더 낮게 들어가야 한다는 것이었다, 죽었음에도 나는 여전히 허파를 벌떡거리며 시퍼렇게 살아 있다는 것이었다. 나는 내가 처음에 무엇을 증명하려고 했는지 그만 잊어버리고 말았다. 오직, 나의 이러한 '몰락Untergang'으로 인해 손상된 이 자동차의 주인은 누구일까, 그는 얼마나 씁쓸한 기분일까, 마지막으로 생각한다. 재산의 손실과 그에 따르는 보상과 벌충. 시간을 초월하는, 그렇게 초월할 것으로 상정된, 이 죽음의 연습

앞에서조차, 나는 마지막까지 가장 근대적인 계산기를 두드려보고 있었다.

6. 죽음을 연습하기, 두 번째 판본: 객관적 서술의 한 사례

제시부의 주제에 의해 변주된 재현부, 혹은, '그'의 시각으로 바라보는 '나'의 이야기. 아파트 주차장에 곱게 주차해둔 그의 차 위로 어느 날 사람 하나가 떨어진다. 투신자살이다. 차 천장은 박살이 난다. 그는 죽은 사람을 알지 못한다. 같은 아파트에 사는 사람일까. 이 인간이(아니, 이 벌레가) 몇 층 몇 호에 사는지, 그는 알지 못한다. 사실 알고 싶지도 않다. 아마도 분명 다른 곳에서 흘러들어온 사람일 것이다, 그렇게 생각해버리기로 마음먹는다. 자신의 집에서 뛰어내리다니, 그럴 수는 없을 거야, 그는 그런 일을 상상할 수 없는 사람이다. 다만 자신의 차가 박살이 났다는 사실에, 작살이 났다는 사실에, 그리고 하필이면 그 한 불쌍한 인간의 투신자살에 자신의 차가 일조를 했다는 사실에, 분노하고 씁쓸해할 따름이다. 재수가 더럽게 없다. 그는 꽤 많은 돈을 들여 차를 말끔하게 고친다, 말하자면, 튜닝한

ⓒ 오세영

언어가 사라진 투신投身의 이미지. 오세영, 「김 노인 경행록景行錄」에서(오세영, 『부자의 그림일기』, 글논그림밭, 2001, 135쪽).

다. 그 이후 몇 달 동안 그에겐 계속 이상한 일들의 연속이다. 잘되던 일은 안 되고, 안 되던 일은 오히려 잘되어버려서, 짜증이 쌓여간다. 그 인간이(반복하자면, 그 벌레가) 그의 차 위로 떨어졌던 날로부터 대략 1년 후 어느 비 오는 밤, 왜 굳이 이런 장면은 꼭 비가 오는 궂은 장면이어야 하는지는 알 수 없지만, 어쨌든 근대적으로 시원하게 닦인 도로의 한복판에서, 그는 갑자기 깨닫는다, 그 인간이(정정하자면, 그 벌레가), 그 이후로도 계속 자기 차 천장에 붙어 있었음을. 그것이 단지 그의 느낌이었는지, 아니면 시체 하나가 실제로 그의 차 천장에 붙어서 혀를 날름거리고 있었는지, 그것은 알 수 없다(그는 대부분의 사람들처럼, 지극히 이성적인 사람이지만, 또한 대부분의 사람들처럼, 지극히 미신적인 사람이기도 하다). 다만 확실한 것은 줄곧 그가 그와 함께 있었다는 사실이다(이것이 하나의 '사실'이 될 수 있었던 배경에는 물론 그의 이성과 그의 미신이 큰 역할을 했다). 그것만은 확실했다. 그 사실을 깨닫고 떨리는 두 손으로 핸들을 꽉 움켜쥔 채 식은땀을 흘리고 있는 그의 귀에, 일말의 참을성도 없이 뒤에서 독촉해대는 차들의 경적 소리가, 갑자기, 홍수처럼 가득 들어찬다. 나는 지금 이 협소한 차를 버리고 바로 커다란 방주로 갈아타야 하는 것 아닌가, 그는 알맞게도 때마침 그렇게 생각한다. 보닛 위에 때 아닌 물고기 한 마리가 고통스럽게 파닥거리면서 떠나온 물을 애타게 찾고 있다, 라고 그는 생각한다, 그런 물고기를 정말로 봤다고, 그는 생각한다. ΙΧΘΥΣ, 오, 그리스도여, 신의 아들이시여, 구세주시여.

7. 물고기의 눈알들: 보편성에 대해 말하기

사카이 나오키酒井直樹는 이렇게 쓰고 있다. "저는 오히려 제국주의의 역사를 역으로 이용하는 것도 가능하지 않은가 생각해왔습니다. 영어로 집필하는 즐거움의 하나는 세계 각지에서 영어가 교육을 받은 사람들 사이에서 널리 받아들여졌기 때문에 소위 영어국민이 아닌 사람들에게도 말을 건넬 수 있다는 점입니다. 제국주의의 역사를 역이용한다는 것의 정치적

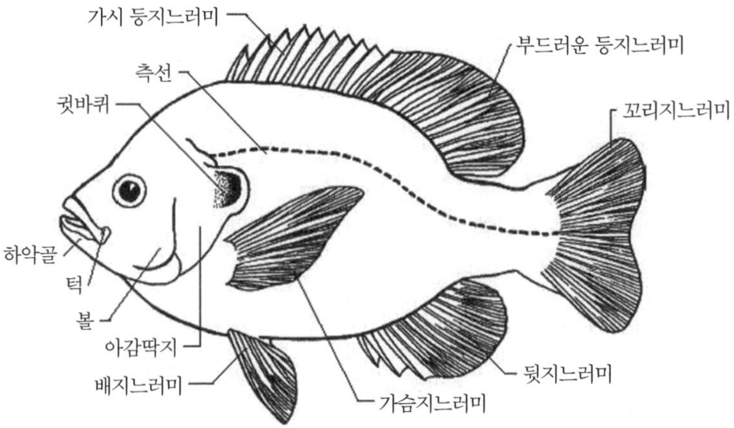

'ΙΧΘΥΣ'의 이 '과학적' 해부도

의의를 경시할 수 없는 것입니다."[5] 이것은 분명히 하나의 딜레마이자 아포리아이지만, 제국주의의 언어 혹은 '국제어(영어)' 안에서 그러한 언어의 제국주의적 성격을 '해체적으로 내파'하는 전략의 유효성은 아마도 분명히 존재하기는 할 것이다. 그러나 여기에는 '국민/국가언어'와 저 '국제어' 사이의 아슬아슬한 줄타기라는 '위험성' 또한 도사리고 있을 것이다. 이러한 사유의 반대편에는, 아마도 국어의 모든 것을 한 국가와 민족의 특수성으로 간주함으로써 더 이상의 사고를 정지시키는 과정이 존재할 것이다. 그렇다면 '보편성'을 바라보고 그것을 파악하는 방식이란, 오히려 저 특수성의 '특수함'을 당연한 것으로 받아들이지 않고, 그것의 특수성을 표가 나게 돌출시킴으로써, 그 특수성이 일반성 '일반'과 맺고 있는 관계를 밝히는 과정에서 오롯이 드러나게 되는, 무엇인지도 모른다.[6] '신토불이身土不二'라는 조어造語, 혹은 '한국인의 뿌리를 찾아서'라는 슬로건 속에서 문제가 되

5 사카이 나오키, 이규수 옮김, 『국민주의의 포이에시스』, 창작과비평사, 2003, 15쪽.

는 것은, 그 '뿌리 찾기'가 유효할 것인가 성공적일 것인가 하는 물음이 아니라, 어쩌면 "왜 인간은 자신의 뿌리 찾기 같은 것에 빠져 있는가 하는 의문"[7]일지도 모르는 것이다. 왜 '뿌리 찾기'라는 것이 하나의 〔근대적〕 강박으로 작용하는가 하는 물음은, '뿌리 찾기'라는 과정이 집중적으로 인식되고 정력적으로 수행되는 현상 자체를 대상으로 한다는 점에서, 어쩌면 그 물음 자체로 '탈-근대성'의 형식을 띠게 된다. 하지만 이러한 '뿌리 찾기'가 문제가 되는 의미에서라면, 나는 저 보편성과 특수성에 대해 한 번도 생각해본 적이 없다. 문득 그랬던 것 같다는 생각이 들었다. 왠지 언제부터인가 보편과 일반이라는 말에 필요 이상으로 신경질적인 과민 반응을 보여 왔던 듯도 싶다. 나에게 필요한 것/곳은 조용한 골방이다, 도시가 아니었으면 좋겠다, 나는 지금까지 너무 번잡하고 요란스럽게 살아왔던 건 아닐까, 그런 생각을 했다. 이는 어쩌면 도시인의 소박한 반성, 사치스러운 고백일 것이다. 나에게는 작지만 여유로운 골방이 필요하다, 라고 생각할 정도로, 내가 더 이상 소박하게 말하는 것을 상상할 수 없을 정도로, 그 정도로, 나는 그렇게 사치스럽고 호사스럽다. 그런 곳에서 대략 3년쯤, 어떨까? 아마 그동안은 머리카락도 길게 길러 늘어뜨리지 않을까? 지금 내가 쓰고 싶은 것을 쓰기 위해서는 이 정도의 시간과 공간이 필요하다, 아니, 더 정확히 말하자면 이 정도의 신화, 작가와 작품에 대한 딱 이 정도의 신화적인 시공간이 필요하다, 라고 나는 생각한다, 착각한다. 물론 이것은 새빨간 거짓말이다(그러므로 거짓말에도 신호등처럼 색깔이 있다). 여러 가지 정치적 의미와 또 그만큼의 여러 가지 경제적 측면에서, 희미하게나마, 나는 이것이 거짓말이며 거짓말이 될 수밖에 없음을 느끼고 있다. 그러나 어쨌든 내게는 꼭 필요한 거짓말이다, 하지만, 생각해보면, 모든 거짓말은 또한 누군가에게 꼭 한 번쯤은 필요했던 거짓말이다, 그런 정치경제학적인 거짓말이다. 그러니까 다시 말해서, 보편성과 일반성은, 마치 굶어 죽은 귀신처럼, 이렇게 누군가의 발목을 계속해서 감싸 쥐고는, 이렇게 누군가의 차 천장에 낮은 포복 자세로 바짝 붙어서는, 찰싹 달라붙어 결코 떨어지지 않을 것이다. 아주 소박한, 반면 아주 사치스러운, 그래서 결국은 가장 보편적이고 일반적인 상상 하나를 해본다. 나는 나의 충만한 골방에서, 필요한 만큼만 먹고, 필요한 만큼만 산다, 싼다. 그런데 이 상상은 그 시작부터 어떤 장벽에 막히게 되는데, 그 못된 번뇌와 잡념은, 예를 들어 이런 식이다. 필요한 만큼의 삶은 언젠가는, 그것도 아주 빠른 시간 안에, 딱 그만큼, 부족한 만큼의 삶이 될 것이다. 이 말보다 더 보편적이고 일반적인 말이 또 있을까? 이상하게도 필요란 언제나 적당함이라든지 중간쯤이라든지 하는 것을 전혀 모른다. 언제나 필요는 그 이상을 필요로 한다. 필요는 그래서 무엇을 채우는 것이라기보다는 항상 비어 있는 곳을 찾아내고 만들어낸다('발견'과 '발명'의 이 위상학적 상동성). 어쩌면 이를 두고 필요의 일반이론이라고 말할 수도 있을 것이다. 필요는 나로 하여금 욕망의 충족보다는 욕망의 결핍을 알게 해준다, 뼈아프게(정신은 뼈다). 그러므로 나는 지금 경제학이 아니라 언어학에 대해서 말하고 있는 것이다. 매료라는 단어가 마치 조미료처럼 떠오르는 새벽이다. 나는 무언가에 단단히 홀려 있고, 나의 몸은 젖은 빨래처럼 무겁게 축 늘어져 있다. 풀려나가야 할 일도 없는 듯 느껴져 나의 몸은 약에 물을 섞고 물에 독을 탄다. 흐느적거리거나 휘청거리거나 허우적대고 있다. 어푸어푸, 비틀비틀. 그렇게 나는 1984년을 기억한다. 그리고 물론 1996년도 기억한다. 1995년과 1977년을 기억한다. 내 안에서 2003년과 1991년이 엉망진창으로 뒤섞여 있다. 통합이 아닌, 단순한, 아니 단순하다기보다는 순수한, 어떤 혼재混在. 그림을 그릴 수 없는 장님은 머리가 아니라, 손이 아니라, 어둠으로 그림을 그린다. 목소리가 아니라, 초점 없는 눈으로 노래하는 것처럼. 어쩌면 그 반대, 반대가 아니라면 등이 붙어버린, 그래서 다른 곳을, 두 방향을 바라보는, 서로 마주볼 수 없는, 물고기의 눈알들. 내 안와眼窩 안에 움푹 들어가 있는 것은 바로 그

6 이에 관해서는 특히 본서 5악장 "테제들의 역사를 위한 현악사중주"의 2절 "제1바이올린, 혹은 첫 번째 사중주: 18세기의 테제, 칸트를 위하여"를 참조할 것.

7 사카이 나오키, 이규수 옮김, 『국민주의의 포이에시스』, 31쪽.

런 눈알들이다. 나는 알 수 있었고 또한 볼 수 있었다. 아주 투명해서 가장 둔탁한 고체까지도 통과시킬 것 같은 눈이 있는가 하면, 아주 깊고 깊어서 세상의 그 어떤 것도 여간해선 틈을 찾지 못할 것만 같은 눈도 있었다. 모든 것을 보는 눈이 있는가 하면 다른 한구석에는 아무것도 보지 못하는 눈이 있었다. 쾅, 하는 추돌追突의 음향, 또는 풍덩, 하는 익사溺死의 음향. 모든 것을 볼 수 있다면 그건, 아무것도 볼 수 없다는 뜻일까? 하지만 또한, 이만큼 보편적이고 일반적인 '충고'가 또 있을까? 모든 것을 볼 수 있을 때는 모든 것을 보고 있다고 말할 수 없는 노릇일까? 나에게 눈은 그렇게 하나의 흔적기관처럼 달려 있었거나 또는 점점 그 퇴화의 속도를 가속하고 있었다. 모기들은, 세상이 잊어버린 한구석, 낡은 물웅덩이로부터 다시 태어날 것이고, 이제까지 그랬던 것처럼 계속, 엉성하고도 영세하게, 이런저런 동물들의 피를, 특히나 저 물고기들의 피를, 절실하고도 게걸스럽게 빨아댈 것이었다.

8. 일요일 오후의 한가한 인사법: 분절을 위한 하나의 진술서

그 모기들의 퉁퉁 부어 있는 그림자를 따라가다가, 문득 하수구에 눈길이 머문다. 분열된 것들이 시끄럽게 윙윙거리며 떠든다. 그것들은 대부분 분주한 성품을 갖고 있다. 조용히 해, 라는 말도 이제 더 이상은 안 통한다. 경험해본 적이 있을 것이다, 조용히 하라고 할수록 그것들이 더욱더 시끄러운 소리로 떠들어대게 되는 장면을. 머리를 감싸 쥐어도, 귀를 틀어막아도, 그 재잘거리는 소리는 끈질기게, 계속해서 낮게 들려온다, 마치 어둠 속에서 갓 건져낸 듯, 시커먼 구덩이 속에 갓 튀겨 건져낸 듯. 지글거리면서 가까워졌다가 이글거리면서 멀어지기를 반복한다. 몸이 아프다, 따라서 마음도 아프다. 왜 몸과 마음이라는 말은 이렇듯 두 갈래로 분절articulation되었을까? 누군가가 이 사태에 대해서 어떤 '정치적인' 책임을 져야 하는 것은 아닐까? 혹은, 이 상징계의 피비린내 나는 탄생, 여전히 핏덩이로 머물러 있는 출생에 대해서, 누군가는 응당 어떤 '윤리적인' 대가를 지불해야

철수와 영희의 즐거운 인사법

하는 것이 아닐까? 단어들을 섬세하고 예민하게 골라내거나 덜어내는 나쁜 습관은, 편식偏食이기 이전에 일종의 도벽盜癖이다. 이 도벽이 목을 죄어오는 이유는, 아마도 그것이 피해의식과 죄의식 사이의 어중간한 어디쯤에 있기 때문일 것이다. 누군가는 내게 좀 더 '단순하게' 살라고 말한다. 나는 기분이 나빴다. 자신이 아닌 타인의 문제에 대해 너무 성의 없이 내뱉는 말처럼 느껴졌기 때문이다. 단순과 복잡의 이분법을 들이댄다고 한다면, 나의 문제는 내가 너무 복잡해서 생긴 것이라기보다는 다른 사람들이 너무 단순해서 생기는 것들이 대부분이다, 라고 생각해버리기로 작정한다. 편리한 방어 기제이다. 훈련소 때의 몇 가지 기억이 떠오른다. 그곳에서는 다양한 이름으로 다양한 조사가 행해지는데, 자살을 생각해보거나 시도해본 적이 있냐는 물음에 '예'라고 표시한 나를, 다들 신기한 표정으로 바라보았던 기억이 있다. 나는 죽음을 연습했던 저 언어적 실험들을 다시금 떠올린다. 아니, 그럼, 당신들은 정말 한 번도, 단 한 번도 생각해보지 않았단 말이오, 나는 그렇게 묻는 듯한 얼굴을 했지만, 그런 얼굴이 그들에게는 더욱

신기하게 느껴졌던 것 같다. 그 이후로 나는 이른바 '관심 환자'가 되었다. 지금 어떤 '진술서'를 쓰고 싶은 마음은 없다, 다만 길지 않은 인생 동안 진실한 '연애편지'만을 쓰고 싶을 따름이다, 그러기에도 나에게 주어진 시간은 너무 부족할 뿐이다, 라고 생각한다. 불편한 공격 기제이다. 그럼에도 불구하고 나는 어쩔 수 없이 어느 빛바랜 전봇대 위에 낡은 벽보처럼 붙여질 진술서 한 장을 구술하고 있었다(이것이 '저술'이 아니라 '구술'임에, 나는 강조점을 찍는다, 찍는 척한다). 하수구 속으로 필터 끝까지 피운 담배를 던져 넣는다. 잘 있거라, 모기들아, farewell, to arms. 뿌연 화장실로 숨어들어 거울을 보니, 모르는 사이, 나의 두 눈이, 물에 불은 물고기처럼, 피를 잔뜩 편식한 모기들처럼, 퉁퉁 부어 있다. 여기서 나가고 싶다, 떠나서는, 돌아오고 싶지 않았다, 그렇다고 생각한다, 그렇게 생각하지만, 떠나지지는 않는다. 일반적이고 보편적인 패착의 한 사례이다, 그리 주관적이지도 않고 그리 객관적이지도 않은. 눈길이 머물게 되는 곳은 자연스레 하나의 거리, 하나의 아케이드, 하나의 이행passage이었다.

9. 거리에 붙어 있던 한 벽보: 옮길 수 없는 것을 옮겨 적기

I.N.R.I.[8] 거짓된말들의기소중지선부른시도가부른재앙과위궤양그것에게다가가기그래서는아무말도못하고돌아서기재를뿌리고돌아서기그렇게돌아서다가흙에서왔으니다시흙으로돌아가라이르고사망선고가내려져도계속길을걷고있는너는그래안개가꽃처럼피어있던저녁이었지우리는일찍밥을먹고일어나산책을떠났어산책이라고부르기에는조금멀고힘든길이었던가그길가에버려져있던시체한구가전혀신경쓰이지않을만큼그건사실불에타서떨어져죽은시신이었는데도그만큼우리는너와나에집중했었는데우리는집중하고있다고생각했는데사실은거꾸로그시체가우리를그냥모른척통과시켜주었는지도모를일이야달밤과태양의낮내리쬐는추위와살을에는열기속에서발을동동구르면서이고난이언제끝날까헛된헤아림만을계속하고있었어아직설익었잖아너도나도알다시피해지는저녁을등뒤로낮게날아가

는까마귀를눈치챈건단지그울음소리때문이었지별다른건없었어검은색깔의새는까마귀말고도많으니까신호등은빨간색이되기도하고파란색이되기도하니까시간이조금만더빨리갔으면하고바랄정도로우리는죽음에주려있었던거야허기져있었다고전혀허기질게없는것에대해그렇게울상을짓고있다고되는일은아무것도없잖아라고가장보편적인충고나던지고해도되고안해도그만인그런말이나툭하고던지고넌못죽어서안달이지하지만내가널대신죽여줄거라고는기대도하지마나는자선사업가가아니니까라고나는거만한거부나재수없는재벌처럼말했지딸랑딸랑무엇을경고하는지도모르는종소리가요란스럽게귓가를스치고지나간다땡땡땡학교를파하는학교종이울리고아이들은미친듯이거리로쏟아진다이만큼해방적인장면이또있을까어지러워태양이저흙먼지들을좀봐저먼지들은마치공기를대체하려고잔뜩벼르고있는것같잖아이야기속에서길을잃었다가다시돌아간페이지는이미누군가에의해서찢겨져있었어마치책대여점한구석에나만이알수있도록소중하게숨겨놓은성인만화의가장중요한장면처럼말이야누런종이였어빛이바래바삭거리기까지하는종이가아니라단지빛깔이그랬단말이야역시나책에도색깔이란건있는법이니까난똑똑히기억하고있어빛이바랜것들은전부똑똑히기억할수밖에없거든이쪽서가부터저아래쪽서가까지죄다읽고기억하고있으니까서쪽으로해가진다최후를맞이하는거지누군가는그렇게져버린태양이다시동쪽에서떠오를거라고선전하고삐라를뿌리며다니고있어그러는척하는거라고어차피내일다시보란듯이나와서약을올리겠지남의땀을도둑질하다니언젠가저태양은저놈의흑점때문에쫄딱망하고말거다점박이같은놈쓰러지고있네지평선아래로비겁하게숨어버리네물이없어뿌릴물도마실물도없네연기하나가피어오른다가까이다가가지마속임수야신기루라고한번속으면그걸로영원히끝이야시작은순간이지만끝은영원하지끝나면끝이니까라고또이렇게가장일반적인해법을마치참신한결론처럼제시하고있

이 글을 신고할 것, 이 글을 신고하는 신고서를 작성할 것, 그리고 다시 그 신고서를 삐라처럼 흩뿌릴 것.

어이쪽으로가져와너만오라고오늘의날씨는전국적으로따뜻하고포근하겠다는군교통이막히지않는다면너와나는진즉에만났어야했겠지만우리는가끔씩너무빨리체념하는습관이있어서문제라고할까미국의공습이예상되는가운데고온다습한지역에서는귀찮아서라도전쟁이일어나지않는다는군하지만동시에그귀찮음을타파하기위해서라도전쟁은언제나일어나야만한다는군낮게날고있다독수리한마리가아주낮게무언가를노리면서그렇게그렇게먹고또먹으려고이젠아주걸신이들렸구나너의이름은나약한사람이다너의이름은시작부터이미묘비명에각인되어있었어헛되고헛되니모든것이헛되도다나는전도할필요도없이이미널리퍼진사실을새삼스럽게전도하면서한권의전도서를다시쓰고있어그리고마지막으로마침표를찍으며전보한장을타전하지한장의삐라를부치듯. R.S.V.P.[9]

10. 우아하고 감상적인 마르크스주의자: 변태하는 테제들

예를 들면, 나는 마르크스처럼 글을 쓸 수 있다. 그것은 성경만큼이나 유효한 전도서의 형태일 것이다. 요컨대, 실천하자면 다음과 같다. 프락시스, 프락치. 미국은 이라크에서 생화학 무기를 발견하지 못했다. 하지만 의외로 그것을 '발견'하는 방법은 아주 간단하다. 비밀리에 미국이 가진 생화학 무기를 이라크에 옮겨다 심어놓는 것이다. 그렇다면 문제는 어떻게 세계의 이목을 피해 그것을 '안전하게' 옮겨놓는가 하는 것일 터(세상 사람들이 조언하는 것처럼, 적에게서 배워라, 친구에게서가 아니라). 이는 우리가 CIA의 정보력과 수행 능력을 다시 한 번 시험해볼 수 있는 절호의 기회가 될 것이다. 9·11 사건으로 실추된 CIA의 명예가 다시 한 번 옛 영화를 되찾기를 간절히 희망해본다. 파토스만으로는 로고스가 성립되지 않는다, 라고 나는 저들에게 충고한다. 말하자면 울분만으로는 냉철한 전략을 수

9 Répondez s'il vous plaît.

마치 부적을 써 붙이듯, 이 '사후약방문' 한 장을 귀댁貴宅의 현관에.

립할 수 없는 것이다. 오히려 저들에겐 에토스가 부족해, 라고 나는 팔짱을 낀 채 말한다. 물론 로고스와 파토스의 완성이 곧 에토스가 될지도 모르겠지만, 파토스를 기저에 갖고 있지 않은 에토스는 맹목적이다, 라고 나는 생각한다. 이상에서 도출되는 부가적인 결론은, 로고스라는 것이 사실은 필수 불가결한 하나의 잡기雜技에 불과하다는 사실이다. 그것은 그것이 우리 안에서 우연한 기회에 진화하게 된 잡기인 만큼, 딱 그만큼, 필수 불가결하다. '우리 시대의 섹스는 콘돔이라는 감옥 안에 비닐 포장된 채로 감금당했다!' 성해방주의자인지 산아제한정책반대자인지 모르는 누군가가 이렇게 외친다. 그러나 우리는 너무도 쉽게 우리가 결국은 죽을 수밖에 없는 존재라는 사실을 까맣게 잊어버린다. '빨갱이들이 창궐하고 있다!' 반공주의자인지 우국충정지사인지 모를 누군가가 또 이렇게 외친다. 지난 수십 년간 지속되어왔던 새로울 것도 없는 '사실'이 여전히 마치 새로운 발견처럼 선전된다. 그러니까 이제 빨갱이는 단순한 '유령'이 아니라 숫제 하나의 '질병'이 된 셈이다, 감기나 암 같은. 인플루엔자는 마치 로고스를 지닌 듯 진화와 변태를 거듭해 차악이 아니라 차선이 되었고, 암은 '암적인 존재'라는 말에서 가장 명확하게 볼 수 있듯이 이 사회의 필수적인 에토스, 곧 필요악이 되었다. 마르크스처럼 쓴다는 것은 아마도 저 포이어바흐에 대한 마지막 테제를 새롭게 반복하는 일일지도 모른다. 학자들은 언제나 세상을 강간해왔을 뿐이야, 그들은 오르가슴이라는 것에 대해 뒤틀릴 정도로 오만한 환상을 품고 있는 변태들이지, 사실 문제는 세상을 어떻게 내버려두느냐, 그것일 텐데 말이야. 자연주의자인지 생태주의자인지 모를 어느 누군가가 그렇게 다시 덧붙인다. Feuer-bach, 불꽃같은 푸가의 기법. 내가 없는 사이에 항상 내 방에 귀신이 들어와서는 책들의 위치를 이리저리 바꿔놓곤 했어. 그래서 난 어느 날 책상 위에 이렇게 적힌 메모지 하나를 남기고 일부러 한동안 자리를 비웠지. "당신은 누구세요?" 말하자면, 하나의 유령이 배회하고 있었던 거지. 그 이후로는 책들의 위치가 바뀌는 일은 다시 일어나지 않았어. 말하자면 그 귀신은 토라져서 가버리고 만 거야. 이 세상에서 사라져버린, 저 성인만화의 가장 중요한 한 페이지처럼, 그렇게 내 책상으로부터 뜯겨나간 메모지가, 바로 그 증거야.

11. 두 개의 은유와 세 개의 추상과 한 개의 여담: 어떤 악마주의 또는 푸닥거리 한 자락

오각형의 별 안으로 흑양 한 마리가 걸어 들어왔다. 실로 오랜만에, 입으로 소리 내어, 이 문장을 발음해본다, 입안에 넣고, 굴려본다, 침과 함께 입 밖으로, 흘려본다. 어쩌면, 아주 오래전에, 그가 했던 말이 맞았는지도 모르겠다, 그런 생각을 했다. 왜 타인은 나의 무의식인가, 왜 타인은 나의 무의식의 가장 깊은 요체인가, 아니, 왜 타인은 나의 무의식 그 자체인가? 나를 움직이는 동력이 내 손 안에 있지 않음을 느끼는 것, 하지만 내가 모르는 것이 나를 움직이는 동력임을 내 스스로가 모르(는 척하)는 것, 아마도 이것이 히스테리에 대한 가장 완벽한—가장 완벽에 가깝게 완벽에 수렴하는—정의일 것이다. 가슴속에 많은 것들을, 알게 모르게, 알고도 모르게, 쌓아두는 일. 내 안에는 무의식의 말들이, 곧 타인의 말들이, 차곡차곡 길가에 내버려진 시체 더미처럼, 쌓여 있다. 따라서 내게 쌓아두는 행위는—이를 기어코 '행위'라고 부를 수 있다면, 부르려고 한다면—일종의 지병일 것이다, 속병일 것이다, 알음알이, 앓음앓이일 것이다. 당연하게도, 쌓여 있는 것들은 대부분 아주 오래 묵은 말들이다, 말들의 무덤이다. 그 무덤가에서는 꽃이 핀다, 아니, 부족하다, 차라리 이렇게 이야기해야 한다, 그 무덤은 숫제 꽃들로 넘쳐난다고, 범람했다고, 홍수가 나서 모든 것을 쓸어가버렸다고, 그러고는 어디서 떠내려온지도 모르는 쓰레기 더미들과 시체 더미들을, 다시금 가져다 채워주었다고. 그래서, 나는 또 말을 하고 말았다, 말을 하지 않아도, 말을 한 것이다. 말들의 무덤에서 말들의 살과 뼈를 거름 삼아 자라난 꽃들도, 역시 말들일 수밖에 없었다. 하지만 태생적 한계, 동어 반복의 이 또 다른 이름을 다시금 동일하게 반복할 필요는 없을 것이다. 어차피 반복은 강박적인 것이며, 한계는 뛰어넘으라고 있는 것이 아니므로. 그 꽃들은, 말들은, 아름다운 가시를 지니고 있다. 그 가시들은 꼭 무언가를 찌르고, 말들은 반드시 계절의 변화를 겪는다, 곧, 지거나 핀다. 가시가 무언가를 찌르게 만들어졌다는 말은 일종의 목적론일 것이며, 그 가시 역시 시간의 풍랑을 겪는다는 말은 일종의 숙명론일 것이다. 꽃들이 떨어져 흩뿌려진 곳에 흑양 한 마리가 걸어 들어온다. 이것은 목적론과 숙명론 사이를 비집고 들어온 하나의 우연이다. 흑양은 꽃잎들을 밟는다. 이것은 폭력이다. 사뿐히 '즈려밟는' 따위와는 거리가 멀다. 짓이겨 밟는다는 편이 오히려 맞을 것이다, 꽃잎이 바스러지도록, 아예 땅속 깊이 파묻혀버리도록, 그래서 안 보이(는 듯이 보이)도록. 이는 수사학, 그것도 과장법이라는 이름으로 과장된 수사학이다. 이 모든 것들은 은유일까, 은유일 뿐일까? 그런데 이 모든 은유(일 뿐인 은유)는 왜 또다시, 다시 한 번, 다른 추상어로 다시금 '은유'되어야 하는가. 그러므로 이러한 은유는 히스테리가 지닌 가장 극명한 '증상'들 중의 하나라고 해야 할 것인가? 누군가는 비 온 뒤에 땅이 굳는다고도 했고, 또 누군가는 가랑비에 옷 젖는 줄 모른다고도 했다. 하지만 비는 언제나 이미 한참을 굳어 단단해진 땅 위로 흘러내렸고, 가랑비는 언제나 옷이 흠뻑 젖은 한참 뒤에야 비로소 부슬부슬 오는 듯 마는 듯 흩뿌리기 시작했다. 강우降雨는 항상 사후적事後的이(었)다. 비가 내리면 창문을 닫는다. 물이 들어차지 않게, 말들의 물이 더 이상은 들어차거나 쌓이지 않게. 그러니까 비를 막으려고 닫는 창문의 다른 이름은, 언제나 사후약방문死後藥方文이(었)다.

12. 귀족주의적 피식민지인의 저녁 밥상: 날것과 익힌 것, 먹기와 소화하기

널따란 레스토랑에서 혼자만의 만찬을 즐기다. 이건, 한낮에 나를 엄습하였던 천박하기 짝이 없는 인간들의 먼지와 오물을 털어내려는 몸짓 치고는, 너무 소박하거나 또는 너무 사치스러운 행위일까? 문득 어느샌가 습관처럼 굳어버린 조소가 삐져나와 있었다. 하나의 생각이 그 피할 수 없는 진실성 때문에 계속해서 나를 괴롭히고 짜증나게 한다. 드문 것은 드물기 때문에 고귀하고, 고귀한 것은 고귀하기 때문에 드물다—그 역은 말하지 않겠다, 나는 되도록이면 나의 입을 깨끗이 하고 싶은 사람이기에. 그리고 덧붙여 빠질 수 없는 것 하나 더, 시간의 잔혹한 무게, 아무리 그것이 상대적으로 미세한 분과 초들의 집합이라고 할지라도. 아마도 심판의 날이라는 거대 서사가 태어나게 된 고래古來의 사정은 이러한 분노와 응어리들의 응축 과정 속에서 맺히게 된 열매는 아니었을까, 하는 몽상 한 자락. 어쨌거나 오늘, 이제는 그다지 뼈아프지도 않게(정신은 물론 뼈가 될 수는 없는 것이었다), 그렇게 무감각하게 느끼게 되는 것이지만, 나는 어쩔 수 없는 '근대인modern man' 또는 치유가 불가능한 '서양 중독자occidentaholic'[10] 같은 것은 아닐까, 하는 낡아빠진 체념 같은 질문 하나가 또다시 고개를 쳐들고. 죽었다 깨어나도 진짜 '모더니스트'조차도 될 수 없다는 사실을 진즉에 깨달아버린 나는, 너무 늦게 도착해버린 패배주의적 혁명가이거나 너무 오래 살아버리고 너무 짧게 앓아버린 빛바랜 피식민지인 둘 중의 하나겠지. 그러니까 혁명가라고 하는 귀족주의와—이 혁명가에게 있어서 혁명이란 이미 그 실현이 부도가 나버린 뒤인데—피식민지인이라는 뒤틀린 제3세계적 욕망의 정체성은 뭔가 서로 심각하게 앞뒤가 맞지 않거나 서로가 서로의 꼬리를 물고 늘어지는 악순환의 모양을 띠고 있다. '귀족주의적 피식민지인'—이 만큼이나 잔혹한 모순 형용을 나는 이전에도 이후에도 발견해낼 수 있을 것 같지가 않은 것이다. 그렇다고 한다면 이 귀족주의적 피식민지인이 느끼고 있고 느껴야 할 서글픈 정체성에 대한 해답은 이미 눈물나도록 자명해진다. 나는 서구적 시간이 재단해놓은 시와 분과 초의 구획 속에서 마련된 이 출퇴근 시간의 굴레와 복무 기간이라는 족쇄로부터 단 한 순간도 빠져나갈 수가 없다는 것, 나는 해석기하학의 공간이 수數놓은 이 직선과 사각형의 공간들 속에서 정해진 좌표를 점하고 정해진 의상을 입으며 정해진 대사를 반복해야 하는 병정 인형 같은 수인囚人의 형벌을 선고 받았다는 것, 근대적 시공간의 진보와 혜택으로 교육받고 세뇌됐던 내 모든 조건과 근거들이 실은 몇 번이고 덧칠한 핏자국들로 잘 도배된 살풍경의 풍경이라는 것, 자유롭고 주체적인 개인이라는 권리와 의무는 나라고 하는 개체의 탄생 이전에 이미 나의 자리를 마련하고 아가리를 게걸스럽게 벌리고 기다리고 있던 하나의 거대한 이데올로기적 함정이자 덫이었다는 것, 그래서 나는 이 모든 자유주의와 민주주의와 자본주의가 서로의 이름을 참칭하며 자신들의 황금기를 구가하고 있는 이 시대와 이 세계 안에서 단 하나의 수족手足도 빼낼 수 없는 처지에 처해 있다는 것, 좌절은 이미 애초에 태초에 주어져 있었고, 그 태초라는 기원조차도 태초나 기원이라는 말이 있기도 훨씬 이전에 이미 허구적으로 구성되어 있었다는 것, 바로 그것, 바로 이것들, 징그럽고 소름 끼치는 바로 이 모든 것들—그리하여 그림 같이 수식數式 같이 아름다운 이 모든 해답들이 귀족주의적 피식민지인의 저 서글픈 뒷모습으로부터 그렇게 명백하고도 단호하게 스멀거리듯 기어 나오는 것이었다. 내가 오늘 화려한 근대적 레스토랑에서 느긋하게 독식獨食/毒食하였던 것은, 바로 그렇게 꿈틀꿈틀 기어 나왔던 저 구더기들이었다.

13. 지하 다방의 갈증:
안트로포스와 후마니타스를 적절히 배합한 커피 한 잔

그 구더기들을 규정하는 학문의 이름은 아마도 인류학anthropologie이 될 것이었다. 그리고 또한 이것은 아마도 내국인과 외국인을 가르는 '(전)국제적인' 문법이 아니라 한 나라 안에서 국민인 자와 국민이 아닌 자를 나누는 '(일)국가적인' 기준이 될 것이었다. 안트로포스anthropos는 후마니타스humanitas와의 대립 속에서 규정되고 결정된다. 니시타니 오사무西谷修는 이렇게 말한다. "이 규정성이 우리가 '휴머니티'로서 만나는 것을 방해하고 있는 겁니다. 어떤 안트로포스가 휴머니티에 동화되어 자신들은 당연히 휴머니티에 속해 있다고 생각하면서 다른 안트로포스와 만나는 것 같은 구

10 이 영어 아닌 영어는 나만의 조어造語이다.

조가 만들어지는 거죠. 그렇다고 해서 '아니, 안트로포스가 아니라 오히려 모두 휴머니티다'라는 방향으로 반성해서는 안 됩니다. 그러면 기묘한 '보편'의 환상에 편승하게 되기 때문이죠. 즉 '일본에서 유럽으로, 유럽에서 마그레브로'라는 이 구조를 없는 것으로 간주할 것이 아니라, 뛰어넘어야 할 구조로서 의식할 필요가 있습니다. 따라서 '우리는 모두 휴머니티' 따위가 아니라 '나도 안트로포스, 너희도 안트로포스'라고 하는 것이 정확하죠. 안트로포스에는 발화하기 위해 뛰어넘어야 할 장벽이 있기 때문입니다."[11] 이러한 안트로포스/후마니타스의 문제 설정은 직접적으로 '대화'의 가능성과 그 가능 조건들에 대한 논의를 내포하고 있다. 대화는 후마니타스 對 안트로포스의 관계에서는 불가능하거나 불평등할 수밖에 없다. 그러나 문제는, 상대방/타자를 '동등하고 평등한' 후마니타스로 전제하고 설정하는 것 자체가 어쩌면 지극히 유럽중심주의적인 몸짓이라는 것, 그러한 대화 아닌 대화 속에서 만나게 되는 하나의 안트로포스와 또 다른 안트로포스의 시공간은, 마치 파리Paris라는 서구의 중심을 경유해서 만나게 되는 일본과 튀니지의 관계처럼, 서로에게 '이중 번역된 근대'일 수밖에 없다는 것이다. 니시타니가 말하는 이 '너도 나도 모두 안트로포스'라는 어떤 '인정'의 지점은, 바로 이러한 '이중 번역'의 근대적 구조를 벗어나고자 하는 하나의 농담 아닌 농담을 시도하고 있다. 예를 들어 우리는 칸트의 '인간학'이라는 용어와 레비 스트로스Claude Lévi-Strauss의 '인류학'이라는 용어를, 단순히 용어의 측면에서, 서로 비교하고 대조해볼 수 있을 텐데(이 둘 모두의 원어는 공히 'anthropologie'이다), 이 둘 사이에서 발생했던 '안트로포스'의 의미 변화 과정에는 그 용어의 '역사-지정학적'이며 '세계사적' 논점의 이동에 대해 제기할 수 있는 어떤 핵심적 '근대성'의 문제들이 있다. 이 '근대성' 혹은 '근대-세계성'의 문제는 후마니타스와 안트로포스 사이의 관계와 그 의미 구조의 변화에 대한 물음들로 대표되는 '민족지학적' 혹은 '유럽중심적' 쟁점들을 포함하게 되는 것. 사카이 나오키는 이렇게 말한다. "그러나 국민에 대한 민족의 선행성은 논리적 요청에 바탕한 것이지 사실은 아닙니다."[12] 우리는 이를 통해서도 '민족'과 '국민'의 개념을 이른바 '현상학적'으로 정위치(혹은 탈-위치)시킬 필요가 있다. 여기서 나는 후설의 '정적 현상학'과 '발생적 현상학' 사이의 저 유명한 구분법을 떠올린다. 이를테면 '민족'에 기초한 '국민'의 성립이란 '정적 현상학'의 논리성에 해당할 테지만, 그에 비해 '발생적 현상학'이라고 할 것이 주목하고 규명하고자 하는 지점은, '국민'의 성립이 지닌 '법적/논리적' 성격 그 자체를 가능케 하는 '민족', 그 허구적 구성물의 '발생적' 구조이다. '민족'과 '국민'의 해체라는 작업이 가능하다면, 그것은 단순히 후자의 현상학뿐만 아니라 저 양자의 현상학적 과정을 모두 동시에 수행할 때 이루어질 수 있는 작업일지 모른다. 말하자면 이러한 작업에는 일정한 방법의 '배합'이 필요한 것인지도 모르는데, 나는 지하 다방에 들어와 순순히 커피 한 잔을 주문한다. 채워지기를 기다리는 널따란 재떨이. 후추 통이나 소금 통에나 더 어울릴 법한 설탕 통과 크림 통. 어차피 모두 가루들이다. 금방 나온 인스턴트커피 속으로 나는 이 가루약들을 타 넣는다, 타 넣어서는 휘젓는다. 스며들어 취하기를. 곧 나는 한없이 슬픈 기분이 된다. 밖에는 비가 오고 있는데, 이곳 지하는 어딘가에서 근대近代를 바로 뜯어온 것 같기만 하다. 피가 뚝뚝 듣고 있을 정도로, 그렇게 뜯어온 것으로밖에는 보이지 않는다. 밖에는 비가 오고 있는데, 난 여기서 무슨 서투른 개화기적 욕망을 맛보려는 것일까? 나는 십대라는 나이밖에 자랑할 것이 없는 청소년도 아니고, 그렇다고 수중의 몇 푼 되지 않는 돈밖에는 자랑할 것이 없는 동네 유지나 사장님도 아닌데, 이 다방이란 또 무슨 잡종의 잡스러운 풍경이란 말인가, 그런 잡생각을 하고 있었다. 그러니까 나는 내 자신의 어중간함을 꽤나 어중간하게 인지하고 있던 것이었는데. 커피는 절대 쓰지 않다는 데에, 언제나 오히려 달디달기만 하다는 데에 문제가 있다. 혀와 잇몸과 입천장에 쩍 하고 달라붙어서는 떨어질 줄을 모른다, 그냥 그대로 붙어서 끈적거리고 있다. 말하자면 이는, 아직 적절

11 사카이 나오키·니시타니 오사무, 차승기·홍종욱 옮김, 『세계사의 해체』, 역사비평사, 2009, 101쪽.

12 사카이 나오키·니시타니 오사무, 차승기·홍종욱 옮김, 『세계사의 해체』, 41쪽.

한 배합을 발견하지 못한 것일 텐데, 하지만 또한 반복하는바, 이러한 배합이란 적당한 타협이나 느슨한 중도와는 전혀 다른 어떤 것이다. 아마도 몸이 기억하고 있을 것이다, 어떤 근대의 풍경을. 그리고 또 몸은 기억하겠지, 내리꽂히는 저 빗방울에 살갗이 잘려나가거나 타들어갈 수도 있다는 사실을, 그러니까 말하자면, 그 살풍경한 풍경을. 끓는 물에 녹아버릴, 어차피 모두, 가루일 뿐인걸. 브레히트는 젊은 시절 이렇게 읊었던 적이 있었다, 딱 한 번. "내가 사랑하는 그 사람이/ 내게 말했어요/ 내가 필요하다고.// 그래서/ 나는 주의하면서 걸어갑니다/ 내가 갈 길을 살펴보면서/ 모든 빗방울까지도 두려워하면서/ 마치 그 빗방울에 맞아 죽을 수도 있다는 듯이."[13] 이 시구를 내 마음대로 차용해서는, '아침저녁으로 읽기'를 일삼고자 하나, 그조차도 마음대로 되지 않는 것은, 아마도 이 연가戀歌를 일종의 권학가勸學歌로 오해하고 착각한 나의 불찰 탓일 터. 이에 하나의 오래된 갈증이 다시금 인다.

14. 발전기를 돌릴수록 더 어두워지는 밤: 헤어스타일에 관한 자기성찰의 단상

머리카락을 하얗게 밀면서 나는 항상 무언가와 전투할 준비가 되어 있다고 생각한다 뒤집어서 말하자면 언제 어디서나 무언가와 전투할 준비가 되어 있도록 그렇게 나는 머리를 하얗게 밀고 있는지도 모르겠다 그런 생각이 들었다 나는 저 푸코의 머리를 본받고자 하고 있었다 오늘은 오랜만에 아주 일찍 일어났다 나는 아침 일찍 잔다 오늘은 아침 일찍 자고 아침 일찍 일어났다 밤을 온전히 살다가 멍하게 뭔가에 대해 기록을 남기고 내 안에는 발전기가 하나 있는데 그 발전기가 가동되면 내게는 밤이 찾아온다 이봐 나야 나 나라고 발전기는 돌릴수록 밤이야 어쩔 수 없는 밤이야 문을 두드리는 소리를 들었다 하지만 그 소리는 예의를 갖춘 노크 소리라기보다는 생명의 위협을 느끼게 하는 무자비한 소리였다 그러나 그 소리는 그다지 크다거나 소란스럽지는 않았는데 그 들릴 듯 말 듯한 작은 소리

안에 그렇게 거대한 살기殺氣가 존재할 수 있다는 사실이 나를 감동시켰다 미시微視안의 거시巨視 어떤 것들은 순간접착제처럼 정말 순간이야 순간으로 달라붙어서는 꼼짝도 안 하지 걸어오고 있었다 나는 알 수 있었다 흐느끼고 있었나 우는 소리가 들리는 것 같았다 내려앉았다 차분히 가라앉은 침전물 같은 광기 그 누런 점액질의 조형물 그렇게 작은 소리가 들릴 수 있는 축복은 어쩔 수 없는 밤이야 발전기를 돌릴수록 내 안에는 밤이 켜지고 심지어 태양 안에서도 어둠을 볼 수 있잖아 너무 밝으면 눈이 멀어 더듬더듬 더듬어갈 뿐이야 기어갈 뿐이지만 나는 그렇게 나의 까진 무릎이 아파서 기분이 좋아졌어 발갛게 부어오른 꽃이 피어버린 태양을 닮은 그럴 수 없어 저 생채기. 후지타 쇼조藤田省三는 이 생채기에 대해, 아문 듯 보이면서도 다시 보면 벌어져 있는 하나의 상처에 대해, 하나의 중요한 '증언' 혹은 '고백'을 남기고 있다. 이는 천황제와 관련된 '언어적 무의식'에 대한 매우 '개인적'이면서도 가장 핵심적인 언급이기도 하다. "이 책에 대해서 하나 더 말하고 싶은 것은 이 책에서 다루는 내용이 하나를 제외하고 대체로 '전향사轉向史'의 각 단계에 관한 '총론'이라는 것이다. 이렇게 된 데에는 내가 '연구회'의 주재자 겸 지도자였던 쓰루미 슌스케鶴見俊輔의 뜻에 따랐기 때문이다. 각 장의 표제가 전부 '원호元號'를 사용해서 표기되었는데, 이는 당시에 이러한 종류의 연구 집단과 그 지도자조차도 원호 표기에 위화감을 느끼지 않았음을 나타낸다. 바꾸어 말하면 적어도 연호의 사용 방식에 관해서는 천황제적 '국체 본위'였지 결코 '국제적'이지 않았던 것을 보여준다. '공산주의자' 집단은 10년이나 앞서서 '50년 문제'라는 방식으로 경직된 이분법이라고는 하지만 '논쟁'하고 있었기 때문에 이 점은 짚고 넘어가야 할 문제로, 명저 『미국철학アメリカ哲學』의 저자인 쓰루미 슌스케로서도 완전히는 소홀히 할 수 없다고 나는 생각한다. 1954년에 '천황제'에 관한

13 Bertolt Brecht, "Morgens und abends zu lesen", *Gedichte über die Liebe*, Frankfurt am Main: Suhrkamp, 1984, 143쪽.

비판적 소론을 펴낸 나 또한 이때의 시야는 '국내주의'적인 범위에 머물러 있었을 것이다."[14] 후지타가 여기서 증언하고 고백하고 있는 것은 다른 것이 아니다. 천황제와 전향 문제에 대해 첨단에 서서 가장 비판적인 연구를 행한 '전향 연구 집단'에 소속되어 있던 쓰루미 슌스케와 후지타 쇼조였지만, 그들 역시 천황의 '원호'—곧 '쇼와昭和'—를 '자연스럽게' 사용하는 그들 자신의 '무의식적' 행위에 둔감하고 무감각했다는 것. 이러한 '고백 아닌 고백', '증언 아닌 증언'은 역사학자이자 정치학자로서의 후지타가 지닌 학자적 됨됨이를 극명하게 보여주는 대목으로서 재독과 삼독의 가치가 있다고 개인적으로 생각한다. 말하자면 원호를 자연스럽게 사용하면서도 그 어떤 위화감도 느끼지 않았던 이전의 자신에 대해 지금에서야 오히려 어떤 '위화감'을 느끼고 있다는 것, 그 스스로 '국체 본위'였을 뿐 당시에는 결코 '인터내셔널'하지 못했다는 것. 그러나 이에 비추어 '지금'의 '우리'를 말해본다면, 이를테면 이렇게 생각해볼 수도 있다는 것. '세계화globalization'가 선전되고 보급되고 체계화될수록 오히려 과거(예를 들어 1960~1970년대) 전 세계 민중들이 '공유'했던 '국제적international' 연대의식과 정치적 감각은 눈에 띄게 쇠퇴하거나 퇴화하고 있다. 니시타니는 이렇게 말한다. "하지만 그것은 지금 그런 연극으로밖에 국민국가의 환상을 유지할 수 없게 되었음을 뚜렷하게 보여준 셈입니다. 국가가 자신의 정통성을 설명하는 논리를 스스로 부수고 또 부수지 않으면 스스로를 유지할 수 없다는 겁니다. 벌써 국민국가는 파탄 났다고 말할 수밖에 없죠. 그런데, 아니 그렇기 때문에 이 완고한 연극이 세계 여기저기에서 지지되어 각 나라에서 '강한 국가'를 바라는 이들의 모범으로 추켜세워졌죠."[15] 이는 세계화의 반동적 효과이자 최대의 역설이기도 하고, 오히려 '세계화'라는 체제 안에서 펼쳐지는 저 국민국가의 역행적 발악이자 번성의 필연적 결과이기도 하다. 자, 그렇다면 여기서 내가 새삼스럽게 묻고 싶은 물음은 이렇다. 우리는 저 세계화의 언어인 영어를 어떻게 '사용'해야 할까? 영어의 '세계화'에 대비되는 다른 축에는, 바로 그 동일한 영어의 '세계성'이 가져다주게 되는 어떤 '국지성'이 있다. 그런데 여기서 영어의 국지성locality이라고 하는 것은 영국이나 미국 언어의 어떤 특징을 가리키는 것이 아니다. 우리는 이러한 영어의 편재성, 곧 '偏在性'임과 동시에 '遍在性'으로서의 역설적 국지성 안에서 오히려 어떤 전복적인 정치성을 포착하고 발굴할 필요가 있다. 아마도 중이 제 머리 못 깎는다는 말은 일면 맞는 말이겠지만, 또한 어쩌면 중은 스스로 제 머리를 깎을 수도 있겠다는 것. 파마머리 자체가 전혀 '영구적이지permanent' 않은 것처럼, 스킨헤드 그 자체에는 어떤 고정되거나 확정된 정치성이 없다.

15. 구보 씨의 일일을 따라가는 한 行人: 국한문혼용체를 위한 詩의 자리

京城의 어느 거리 한복판에서,
그러니까, 굳이 時間과 空間을 區劃해서 말해보자면,
여전히 持續되고 있는 近代. 植民地의 차디차고 쓸쓸한 去來 속에서.
어디에선가 본 듯한 거울, 어디에선가 읽은 듯한 글이었다.
거기에서는 슬픈 近代人의 모습이 터벅터벅 걸어 나오고 있는 것이었다.
이 거울의 比喩조차 실은, 輸入된 것이다.
우리의 貿易은 언제나 零細하고 쓸쓸했다.
나는 이 交易과 去來에 얼마를 支拂했었나,
얼마를 내주고 얼마를 빼앗기면서 나는 이 世上에 태어날 수 있었던가.
記憶이 나지 않았다, 記憶이 나지 않았지만,
내가 떠올리는 行人의 軌跡은 잊혀진 去來의 帳簿를 거꾸로 거슬러 올라가며,

14 藤田省三, 『藤田省三著作集 2: 轉向の思想史的硏究』, 東京: みすず書房, 1997, ii~iii쪽. 번역은 최종길 옮김, 『전향의 사상사적 연구』, 논형, 2007, 6쪽을 참조했다.

15 사카이 나오키·니시타니 오사무, 차승기·홍종욱 옮김, 『세계사의 해체』, 73쪽.

ⓒ 정진용

정진용, 〈君-Majesty〉. 망한, 그리고 망할 왕조의, 한 오래된 미래상 자꾸만 그 記憶나지 않는 記憶들을 찾아보려고, 償還하려고 하고 있었다.
그 眩氣症 나는 旅程 속에서 난 무엇을 보고 무엇을 만날 지 알 수 없었다.
언제고 繼續 터벅터벅 발길을 옮기고 있겠지만, 두려움을 벗을 수 있을지,
그 疑問은 그냥 疑問 符號를 붙여둔 채 그렇게 남겨두고만 싶었다.
아무런 利文도 남지 않을 가장 無益한 行動 속에서, 나는 어떤 聖스러움을
찾고 싶었다, 말하자면, 젖고 싶었다, 흠뻑, 씻어내고 싶었다, 더럽게,
비에 젖은 街販臺의 新聞 위로, 아직 채 마르지 않은 잉크가, 死文처럼 번져 내린다.

16. 사역使役의 번역:
국민언어학으로서의 번역학이 겪었던 성공과 패착의 한 사례

가판대 위에서 즉석으로 독해되는 신문 지면의 글이란, 과연 얼마나 매끄럽게 소화될 수 있는 종류의 언어인가? 그리고 '시민'이 아닌 '국민'은, 도시의 거리(낮)와 골목(밤)이라는 근대적 시공간 속에서 다시금 이 언어를 접하면서, 얼마나 많은 통역과 번역을 필요로 하게 될 것인가? 2003년 2월 5일자 『중앙일보』에 실렸던 박노자의 글을 읽는다. "일본을 거쳐 중역重譯된 신문명 어휘의 상당 부분이 그 원의原義가 변질돼 일본적 전체주의의 색깔을 띠게 됐다는 허동현 교수님의 지적에 전적으로 동의합니다. 제가 보기에는, 그러한 단어 중에서 지금까지도 우리의 의식에 가장 큰 영향을 주는 말은 바로 '국민國民'입니다. 'nation', 'national'을 한자어로 옮긴 메이지 초기의 단어인 '국민'의 문자 그대로 의미는 '나라의 백성', 즉 '나라가 다스리는 백성'인데, 이와 같은 함의를 역어로서의 '국민'이 계속 지녀온 셈입니다. 패망 이전까지의 일제에서도, 최근까지의 남한에서도 '국민'이 형식적으로 일체의 국적 소유자를 뜻하면서도 한편으로는 국가, 엘리트의 동원, 계몽의 대상인 피치자被治者라는 뉘앙스를 강력하게 풍겼습니다. '국민교육헌장'은 모든 피치자에게 하달下達되는 '계몽 국가의 진리'였으며, '국민

의례'는 지고지선至高至善한 국가의 가치들에 대한 복종을 나타냈습니다. 그러한 면에서 우리는 권리와 자율을 강조하는 서구의 '시민'의 상像이 아닌, 병역과 납세, 그리고 각급의 학교를 통한 이념 주입의 대상임이 주요 특징이었던 메이지 시대의 '국민'의 상을 그대로 닮아버린 셈이었습니다. 재미있게도, 구한말에 한반도 주민들에게 '국가에 대한 의무를 우선시하는 국민이 되자'고 외쳤던 사람들 중에서는, 다들 알아볼 만한 독립 운동가들도 꽤 많았습니다. 박은식朴殷植(1859~1925)과 같은 경우에는 잡지 『서우西友』의 한 논설에서 '국민'을 '필부匹夫'라고 하면서, 필부임에도 국가적 의무를 담당하고 국가를 위해 일할 권리가 있는 사람이라고 규정한 바 있었습니다. 일본 메이지 시대의 상식대로, 한국의 독립 운동가가 '국민의 권리'로서 '국가를 위해 복무할 권리'를 가장 우선시한 셈입니다. 정치적으로 독립을 지향했다 해도, 신문명을 메이지 일본이 중역하면서 변질시킨 서구의 기본 틀 안에서 이해한 것이야말로 한국의 애국적 계몽운동의 비극이 아니었나 싶습니다. 그들이 일제의 노예가 되기를 거부했지만 (……) '국민'이라는 일본화된 서구 개념으로부터 결코 자유롭지 못한 것인 듯합니다." 그렇다면 문제는 언제나 다음과 같은 이중의 반복적 형식을 필요로 했다. 무엇을 번역했나, 아니 그 무엇을 어떻게 번역했나? 번역은 그것이 일종의 매개임으로 인해 또한 동시에 언제나 하나의 왜곡일 수밖에 없는 것, 그런데 번역은 그것이 '번역'이기에 자신이 항상 일종의 매개이고 왜곡이라는 사실을 쉽게 감추어버린다. 언어와 언어가 매개되는 방식인 번역은 따라서 역사적 패러다임과 이데올로기의 문제일 수밖에 없다. 박노자가 지적하고 있는 근대 또는 서구화라는 맥락하에서의 'nation' 또는 'national'에 대한 번역은 어쨌든 일단은 개념에 상응하는 단어의 선택이라는 지극히 중립적인 문제였다(그러나 'people'을 '국민'으로 번역하는가 또는 '인민'으로 번역하는가 하는 '진부한' 물음은 이 문제가 결코 '중립적'이 될 수 없음을 보여준다). 그러나 이보다 더 깊은 층위의 문제도 또한 존재한다. 어떤 번역어들은 단어가 갖는 발음과 강도強度 그리고 가치라는 측면에서도 또한 서로 투쟁하는 것이다. 그리고 이것이 사실 더욱 교묘하고 은밀한 번역의 방식이다. 나는 여기서 단 두 가지 예만을 들겠다. 첫 번째, 'Marx'의 번역어/음차어는 '맑스'인가 '마르크스'인가? 두 번째, 'labourer'의 번역어는 '근로자'인가 '노동자'인가? 첫 번째 질문에서 발음의 선택이라는 문제는 또한 정치체제/세력 사이에서 벌어지는 언어적 투쟁의 성격을 띠고 있다는 사실이 극명하게 드러난다. 두 번째 질문에서 번역어의 선택은 한 사회가 긍정적으로 평가하는 어떤 가치(여기서는 근면의 정도, 곧 지배 이데올로기에 대한 기여의 정도, 더 구체적으로는 대한민국의 소위 '경제발전기'에 있어서 저 'labourer'들에게 부과되었던 발전주의 이데올로기의 멍에)가 번역의 과정에서 어떤 방식으로 개입될 수 있는가를 잔인하게 보여준다.[16] 이 문제를 또 다른 하나의 경계 위에서, 곧 식민지의 피식민지인이라는 입장이 아닌, 식민지의 '지배자'라는 입장에서 살펴볼 필요가 있다. 예를 들어 고야스 노부쿠니子安宣邦가 일국민속학의 비판과 국어신학의 비판을 통해 공통으로 겨냥하고 있는 것은 다름 아닌 '외부자의 배제', 곧 '내부자의 시선에 대한 강조'이다. 고야스는 일국민속학에 대한 비판의 일례로 야나기다 구니오柳田國男의 이른바 '오키나와의 발견'이라는 텍스트를 꼼꼼하게 독해하고 있다.[17] 고야스가 따로 언급하고 있는 것은 아니지만, 그가 야나기다의 '민속학'을 비판하고 있는 부분에서 내가 〔한국의 국적을 가진 '한국인'으로서〕 거의 즉각적으로 떠올렸던 인물은 바로 야나기 무네요시柳宗悅였다. 그는 누구인가? 서슬 퍼런 식민지 시대에 이른바 '조선의 민중'과 그 예술〔'民藝'〕에 남다른 애착을 보이며 많은 저술을 남겼던 '일본인'이었다. 내가 여기서 야나기다의 경우를 통해 문득 야나기를 떠올린 것은 다른 이유에서가 아니다('柳'라는 문자의 연상 작용 때문만은 아닌 것이다). 마치 야나기다가 오키나와에서 그

16 이에 관한 보다 자세한 논의는 본서의 5악장 "테제들의 역사를 위한 현악사중주—바르토크의 조바꿈과 사티의 도돌이표 사이에서"의 3절 "제2바이올린, 혹은 두 번째 사중주: 19세기의 테제, 마르크스를 위하여"를 참조할 수 있다.

17 고야스 노부쿠니, 김석근 옮김, 『일본근대사상비판』, 역사비평사, 2007, 특히 1장과 2장의 논의를 참조.

가 '보려고 했던' 것만을 보고 발견하려던 것처럼, 그리고 그렇게 함으로써 결국엔 그 자신의 '확고한' 가설이었던 야마토 정신(大和魂)을 '확인'하는 데에 그쳤던 것처럼, 조금은 다른 논리에서—그러니까 어쩌면 야나기다의 논리가 정반대로 뒤집힌 논리에서, 혹은 더욱 '은밀하게' 확장된 논리에서—야나기가 이른바 '조선 민중의 민예'를 통해 발견하려고 했던 것은 어쩌면 그가 그것을 통해 보고 싶고 느끼고 싶었던 것, 그것뿐이었던 건 아니었나 하는 생각 때문에서이다. 따라서 뿌리 깊게 착종되어 있는 저 '한일 관계'와 그 사이에 가로놓여 있는 식민지적 '근대'를 생각하지 않을 수 없는 나에게는(그러나 이러한 '강박증'은 나만의 '천형'은 아닐 것이다), 일본의 입장에서 보다 더 '충실히' 국가주의적이라고 평가될 수 있을 야나기다 구니오의 일국민속학보다는, 오히려 그러한 근대적 착종 관계의 변방 혹은 경계에서 있는 것처럼 보이는 야나기 무네요시의 '민예론'이 훨씬 더 '문제적'으로 다가오는 것이다. 내가 고야스의 '일국민속학 비판'에는 전적으로 동의하면서도 그의 '국어신학 비판'에 대해서는 일말의 아쉬움을 느끼게 되는 이유가 이와 관련되어 있다. 도키에다 모토키時枝誠記의 텍스트는 그것이 이른바 '국어'의 동일자적 정립에만 관심이 있었던 여타의 중심적이고 관제적인 주류 일본학자들의 텍스트와는 사뭇 다른 주장을 폈다는 점에서 매우 독특한 위치를 갖는다. 도키에다가 '국가' 중심의 '국어' 이해라는 편협성에서 이탈할 수 있었던 것은 그가 바로 경성제국대학의 교수를 역임했다는 사실과 무관하지 않을 것이다. 그의 주장은, '국어'라는 것을 '모국어'이자 '민족어'로 이해하는 한계 안에서는 식민지 조선에 '국어(일본어)'를 강제할 명분과 설득력이 없다는 것이었다. 이는 그 자체로 '내선일체'라는 기본적인 인식에서 도출된 논의일 수밖에 없겠지만, 역설적으로 말하자면 도키에다는 그 자신에게 고유한 '식민지 경험' 덕분에 일본이 이른바 '대동아공영권'을 기획했던 바로 그 순간부터 '국가'라는 단위를 훌쩍 뛰어넘는 '국어/일본어'의 문제를 오히려 가장 첨예하게 인식할 수 있었던 것이다. 따라서 도키에다는 민족이나 국가 개념에 근거한 '국어'가 아니라 일본의 정치적 우위에 근거한 지배적 '국가어'의 이념에 더 큰 강조점을 두게 되는 것. 그런데 고야스는 이러한 도키에다의 '한계'에 대해 이렇게 쓰고 있다. "하지만 도키에다가 일본의 정치적 우위에 기초해서 말하는 국어의 가치적 우위 주장은, 그가 말한 국어가 결국은 야마다의 '대일본제국의 통용어'와 큰 차이 없다는 것을 분명하게 말해준다."[18] 물론 고야스가 말하고 있는 대로 야마다와 도키에다 사이의 차이는 현상적으로나 결과적으로 전혀 없다고 할 수 있을 것이다. 하지만 이에 대한 나의 의문은 이렇다. 첫째, 현상적이고 결과적으로는 그렇지만, 과연 '인식론적'으로도 전혀 차이가 없는 것일까? 둘째, 이러한 첫 번째의 의문과 관련하여, 고야스가 이른바 푸코 식의 '지식의 고고학'을 염두에 두고 있는 것이라면, 오히려 무엇보다 그러한 '인식론적'인 차이가 보다 더 강하게 강조되어야 하는 것은 아닐까? 혹은 물음을 바꾸자면, '지식의 고고학'을 방법론으로 삼고 있는 고야스가 저렇게도 쉽게 손쉬운 결론을 내려버려도 되는 것일까? 셋째, 따라서 도키에다의 텍스트는 그 자체로서 보다 '징후적으로', 그리고 보다 '내재적으로' 파악되어야 하며 또한 더욱 '인식론적으로' 독해되어야 하는 것이 아닐까? 말하자면 고야스의 결론은 일차적이고 표면적인 비판밖에는 되고 있지 못하다는 반론으로부터 결코 자유롭지 못한데, 그 스스로 제시하고 있는 방법론이 그 자신의 너무나 '안이한' 결론을 훨씬 상회하고 있기 때문이다. 고야스가 궁극적으로 다루고 있는 문제가 '근대성' 혹은 '국민국가nation-state'의 문제라고 할 때, 그리고 또한 그의 방법론의 '고고학적'인 것이라고 할 때, 그의 도키에다 텍스트에 대한 분석은 보다 정밀하고 징후적이 되어야 하는 것이다. 여기서 도키에다 텍스트에 대한 표면적 분석과 비판은 전혀 문제가 되지 않는다. 오히려 고야스가 더욱 치열하게 문제 삼아야 했던 것은, 도키에다가 '국어-일본어'의 저 '당연하게' 보이는 일의적 관계에 대해 다시 생각할 수밖에 없게끔 만들었던 '근대성-국민국가-제국주의'의 총체적 배후, 바로 그것이 아닐까?

18 고야스 노부쿠니, 김석근 옮김, 『일본근대사상비판』, 97쪽.

프랜시스 코폴라, 〈지옥의 묵시록Apocalypse Now〉의 한 장면

17. 만남-폭력: 다시 인류학과 대화하기 위해서

문화인류학의 개화가 갖는 이면은 서구 문화의 자기분열이다. 인류학은 안트로포스와 후마니타스의 대립 속에서, 그 '가상의 대화' 속에서, '인간'의 개념을 규정하고 확립한다. 만남은 또한 언제나 충돌의 다른 이름일 수밖에 없는데, 그 이유는 만남이라는 행위 자체가 항상 어떤 종류의 두려움을 수반할 수밖에 없는 것이기 때문이다. 처음으로 그러한 만남을 경험하게 된 이들은 언어도 기억도 역사도 문화도 서로 공유하지 못한 채 그렇게 날것으로 만난다. 그리고 이 날것은 또한 언젠가는 익혀져야 하는 것. 타자와의 첫 만남이 갖게 되는 형식이 대부분 폭력적인 성격을 띠게 되는 것은 바로 이러한 이유 때문이다. 특정한 방식으로 형성된 문화가 마치 당연한 역사처럼 여겨질 때, 그리고 그러한 역사가 다시금 어떤 의문도 제기할 수 없는 절대적인 자연으로 위장될 때, 그때 우리는 우리 시대 이데올로기의 핵심부에 서 있는 것이다. 말하자면 나는 경성京城이라고 하는 변방의 어긋난 중심에 서 있는 것. 그러나 이방인으로서의 동양인, 제3세계

로서의 아시아 등등의 이 모든 주변적 규정 안에는 우리 시대의 가장 강력한 이데올로기인 서구 문화가 자리 잡고 있다고 말하는 것으로는 부족하다(너무나 많은 사람들이 너무나 자주 그렇게 말해왔다). 이데올로기가 잘못 되어 있다고 말하는 것, 이데올로기의 허위를 역설하고 폭로하는 것만으로는 너무나 부족하다(실상 모든 이데올로기는 그 자체로 아무것도 '잘못 되어' 있지 않다). 어쨌거나 이데올로기란 폭력적이고 입체적인 저 인류학의 자기분열을 조화롭고 평면적인 자기통합으로 바꾸어주는 삶의 위약placebo일 것이므로. 저 한 장의 스틸 사진이 말해주고 있는 것은 따라서 바로 그러한 위약에 의해 이루어지는 어떤 치료의 순간이다. 가장 가식적이고 위선적인, 가장 화려하면서도 자연스러운, 그러나 그 앞에선 아무 말도 할 수 없게 만드는 벙어리 같은 치료의 시작점. 그 치료란 병을 낫게 하는 것이 아니라 병이란 것이 아예 존재하지 않게 만드는 것이다. 그러므로 사실 그 치료란 무엇보다 일종의 위장이며 은폐였을 텐데, 이 한 장의 사진이 드러내주는 것은 바로 저 '존재하지 않았던 병증'이 남긴 하나의 상처이다(상처받는 쪽은 단지 '피해자'만이 될 수 없으며, 또한 이 '없는 것'을 마치 '있는 듯이' 대하는 곳에 저 뒤틀린 유물론의 실체가 있을 것이다). 배를 타고 타자의 중심부 안으로 깊이 들어온 한 명의 서양인, 그리하여 어둠의 심장, 암흑의 핵심으로 접어들게 된 이 한 명의 개인個人, individual (그러니까 '더 이상 나눌 수 없는 것'을 번역했던 이 '일본어' 또는 '한국어')으로서의 서양인은 서양인이기 이전에 '이미' 하나의 인간이 되어버린다(그 앞에 타자의 세계가 펼쳐지기 전에는 그에게 '서양인'이라고 하는 대립적인 존재 규정조차 존재하지 않았으므로). 그의 눈앞에 펼쳐진 타자는 개인이 아니라 한 무리의 집단이다. 그들에게는 아직 이름이 없다. 그들은 아직 '명명의 마법'을 완강히 거부하고 있는, 딱 그만큼 '마법적인' 존재이다. 그 집단은 그가 알고 있는 인간의 집합—곧 '개인'으로서의 인간들로 이루어진 집합—이 아니며, 단지 뭉뚱그려 요약할 수 있는 한 무리의 종족일 뿐이다. 바로 이 지점에서 그가 갖고 있는 의식, 이성, 언어 등등의 문화적 총체는 특권적인 지위를 점유하거나 상실한다. 이 고고한, 하지만 동시에 고독한 시선은, 자신이 맞닥뜨린 집단을 아래로 내려다보고 있다. 바야흐로 시선의 지배/패배가 시작되고 있는 것이다. 무엇이 잘못 되었는가, 처음부터 어떤 단추가 잘못 끼워졌나? 화면의 각도, 원근법적 시선, 시각의 위계, 이 모든 장치가 사실은 생물학적 기본 조건이 아니라 역사적으로 발명된 문화적인 장치라는 것을 뒤늦게 깨닫는 데에 우리는 무척이나 많은 피를 뿌려야 했다(따라서 우리가 알고 있는 많은 이론들은 단지 문자 위에서 홀연히 태어났던 것이 아니라 그렇게 세상을 흥건하게 적셨던 피 위에서 비로소 설 수 있었다는 새삼스러운 사실을 다시금 상기하자). 그러므로 이 장면이 드러내주고 있는 것은 단순한 물리적 폭력성이 아니라 의식에 뿌리 깊이 박혀 있는 구조적인 폭력성이다. 의식의 시선 앞에 날것으로 드러난 육체, 그 앞에서 언어와 사고는 마비되어버린다. 따라서 구조적인 폭력이란 언어와 사고가 자신들이 더 이상 통용될 수 없을 바로 이러한 상황에서 발동시키는 폭력이다(그 이전에는 폭력은 언제나 안전하게 숨겨져 있다, 웅크린 채 발톱을 감추고 있는 언어 속에). 결국 치료와 치유란 이러한 언어와 사고의 폭력이 갖는 다른 이름이기도 했던 것. 그러므로 이 장면은 또한 만남에 있어 첫 번째 선택이 이루어지는 순간을 재현하고 있다. 우리가 이미 익히 잘 알고 있는 그 첫 번째 선택은 지배와 살육이었다. 이제 그가 탄 배는 어디로 갈 것인가? 그의 배는 어디서 방향을 잘못 잡았던가? 그는 저들에게 어떤 말parole을 건네고 또 어떤 선물don을 건넬 것인가, 아니면 그저 총칼만을 겨눈 채로 외롭게 소리를 지를 것인가? 여전히 지금처럼 불에 태우고 떨어뜨려 죽일 것인가? 이미 우리에겐 오래된 과거, 그것도 아주 당연한 역사로서의 과거가 된 그 시간, 이 장면은 바로 그 시간을 우리 앞에 불러와서 이미 결정되어 있는 그 선택의 순간을 되돌리고 다시 생각하도록 한다(사진은 언제나 신비한 하나의 정지, 따라서 죽음과 재생의 순간을 가리킨다). 그리고 이제 그 과거/미래의 선택에서 우리 역시 결코 자유롭지 못함을 문득 알게 된다. 무엇이 잘못 되었던가? 회의하고 후회하지만, 그것은 '되돌릴 수 없는 미래'이기도 하다. 우리에게 남겨진 것이 단순한 숨은 그림 찾기나 틀린 그림 찾기의 여흥이 되지 않기를. 그리고 그것이 우리의 사유와 언어를 대신하여 그저 편리하게만 번역어를 찾아줄 뿐인 자동번역기 같은 것이 되지 않기를. 역사는 돌이킬 수 없고 선택은 되돌릴 수 없는 것이지만, 어쨌든 우리는 앞으로도 계속 만나게 될 것이므로. 만나서 대화하고, 그 웅얼거리는 대화를 다시, 불가능한 언어로, 계속 번역하게 될 것이므로.

변주 4.

사상사의 한 풍경: 마루야마 마사오와 고야스 노부쿠니 사이[1]

2006년 고야스 노부쿠니의 『귀신론鬼神論』[2]을 아주 흥미롭게 읽고 나서 일본의 두터운 학문적 지층과 그 왕성한 사상적 '소화력'에 다시금 새삼스레 감탄했던 기억이 있다. 고야스의 다른 책으로는 이미 국내에 『동아·대동아·동아시아』[3]와 『야스쿠니의 일본, 일본의 야스쿠니』[4]가 번역돼 나온 바 있었지만, 이 두 책이 공통적으로 다분히 '친한적親韓的'인 주제에 입각해 있다는 인상을 지울 수 없었던 반면에, 『귀신론』은 이른바 '소라이가쿠徂徠學' 등으로 대표되는 일본의 정통적인 〔정치〕사상사 계통을 잇는 본격 사상사서라는 점에서 그 번역이 더욱 반가웠던 것이다. 물론 고야스의 방법론이나 제재가 '정통적으로' 정통적인 것은 분명 아니다. 그의 문장이나 문제의식에서는 구조주의 이후 현대 〔서구〕철학이 걸었던 행보의 잔향과 수혜가 진하게 느껴진다. 『귀신론』만 놓고 봐도 주제의 선택이나 그 주제를 다루는 방법론에 있어서 정통의 일본사상사의 영향보다는 오히려 아날Annales 학파나 미시사 연구의 영향이 더욱 강하게 느껴지는 것이 그 한 사례이다. 역사비평사에서 고야스의 책들을 선별하여 순차적으로 출간하려는 계획을 갖고 있는 것으로 알고 있는데, 이러한 영향사에 대한 평가는 앞으로 고야스의 최근 성과물들이 번역되는 대로[5] 찬찬히 살펴보면서 천천히 음미해보기로 하자('근간' 예정인 책들을 번역하고 있을 번역자들에게 표면적으로는 부담을 주지 않는, 하지만 언제나 가장 강력한 부담을 안겨주는, 독한 제안, 지독한 권유).

최근에 읽었던 고야스의 책은 역시나 역사비평사를 통해 2007년 4월 김석근이 번역하여 출간한 『일본근대사상비판』[6]이다. 아는 사람들은 다 알겠지만, 김석근은 특히 마루야마 마사오丸山眞男의 저작을 중심으로 일본과 근대성 담론에 관한 만만찮은 역작과 노작들을 꾸준하게 한국어로 옮겨오고 있는 정력적인 번역가이다. 개인적인 경험이지만, 늦더위가 한창 기승을 부리던 고3 시절 여름에 읽었던 마루야마 마사오의 『일본정치사상사연구』 국역본을 아직도 잊지 못한다. 숨 막힐 듯한 마루야마의 정치한 논의도 논의였거니와, 권두에 수록된 도올 김용옥의 해제는, 낙엽만 뒹굴어도 폭소를 터뜨리고 찬바람만 불어도 눈물을 떨어뜨리던 어린 가슴을 설레게 하기에 충분하고도 남음이 있었다(그러나 시간이 지나면서 나는 물론 저 도올의 어떤 '변화' 또한 지켜봐야 했다).

일본의 근대와 사상사를 다룬 저서의 경우, 이 역시 아는 사람들은 아는 바, 마루야마 마사오를 언급하지 않고는 거의 책을 쓸 수 없다고 봐야 한다. 그만큼 마루야마의 사상사 논의는 이후 '근대'와 '일본'에 대한 논의에 있어서 반드시 짚고 넘어가야 할 필수적인 고지를 점유하고 있다. 따라서, 지극히 당연한 일이겠지만, 고야스가 펼치는 '근대' 논의의 중심에도 마루야마 비판이 자리 잡고 있다. 고야스가 마루야마를 의식하며 작동시키고 있는 어떤 인력과 척력의 일단을 살펴보는 일이 이 작은 글의 소박한 목표이다.

『일본근대사상비판』의 1부 3장에서 다뤄지고 있는 '국어' 또는 '일본어'에 관한 고야스의 논의 역시 마루야마의 '학문적' 그늘 안에서 이해될 수밖에 없고, 또 그러할 때만 고야스 논의의 쟁점을 정확히 파악할 수 있다. 물론 이 문제에 관한 책은 일본 안에서도 수도 없이 많다. 다만 고야스가 언급해줬으면 하고 내심 바랐지만—한국어판 서문에서든 후기에서든, 그 어디서든—그가 그렇

1 이 글은 2007년에 작성된 미발표 원고이다.
2 고야스 노부쿠니, 이승연 옮김, 『귀신론』, 역사비평사, 2006.
3 고야스 노부쿠니, 이승연 옮김, 『동아 · 대동아 · 동아시아』, 역사비평사, 2005.
4 고야스 노부쿠니, 김석근 옮김, 『야스쿠니의 일본, 일본의 야스쿠니』, 산해, 2005.
5 2011년에 첨가하는 주석 1: 이 글이 작성된 이후에 출간된 고야스의 국역본으로는 『후쿠자와 유키치의 『문명론의 개략』을 정밀하게 읽는다』(김석근 옮김, 역사비평사, 2007)가 거의 유일한데, 역시나 이 책의 제목을 통해서 다시 한 번 감지하게 되는 것은 마루야마와 고야스 사이의 어떤 인력과 척력이다.
6 고야스 노부쿠니, 김석근 옮김, 『일본근대사상비판』, 역사비평사, 2007.

게 하지 않은 책이 하나 있다. 이연숙의 『국어라는 사상—근대 일본의 언어 인식』이 바로 그것이다(이 책의 일본어판은 1996년에 이와나미쇼텐岩波書店에서 출간되었다).[7] 고야스가 말하고 있는 '국어'와 '일본어'의 대립, 혹은 국어학과 언어학의 대립에 관한 일본 내의 통시적이고 공시적인 논의와 세부적인 쟁점사에 관심이 있다면 반드시 읽어야만 하는 책이라는 생각이다. 일독을 권한다. 또한 이와 관련하여 일제 말기 한국 작가들의 일본어 글쓰기 혹은 이중어(조선어/일본어) 글쓰기에 관한 김윤식의 흥미진진한 논의에 관해서는 두 책의 일독을 권한다. 『일제 말기 한국 작가의 일본어 글쓰기론』[8]과 『김윤식 선집 7—문학사와 비평』[9]이 바로 그것. 김윤식의 이중어 글쓰기 논의에 대한 자세한 언급은 별도의 장문을 요하는 일이라 후일로 미루지만).

어쩌면 『일본근대사상비판』의 중심을 이루고 있다고도 말할 수 있을 고야스의 마루야마 비판으로 다시 돌아와보자. 고야스의 마루야마 비판은 크게 두 가지로 요약될 수 있다. 첫째, 마루야마가 '근대'라는 개념을 하나의 '이념형'으로 구성하고 있다는 것이다.[10] 이 말은 다시 바꿔 말하자면, 기본적으로 '근대성 일반'이란 것은 존재하지 않는다는 비판에 다름 아니다. 다양한 제각각의 근대성이 존재하는 것이지, 근대성 일반이란 없다는 것이다. 그런데 사실—고야스는 독자인 내가 조금 쑥스러울 정도로 정색을 하면서 단언하고 있지만—이는 현재의 시점에서 당연하기 그지없는 말이다. 게다가 이러한 비판의 내용은, 어쨌거나 헤겔의 영향권으로부터 자유로울 수 없었던 마루야마의 시대적 입장을 생각해볼 때 오히려 당연한 것이라고도 말할 수 있을 것이다. 따라서 내게는, 도키에다 모토키에 대한 비판[11]과 마찬가지로 고야스의 마루야마 비판 논리 역시, 일종의 정치한 이데올로기 분석으로서의 '고고학'이 지녀야 할 방식과 효과에 아직 미치지 못하고 있는 것처럼 보인다(바로 이 시점에서 이런 생각도 드는데, 만약 이러한 나의 '재비판'을 고야스가 읽는다면, '고고학'의 방법론을 하나의 '이념형'으로 만들고 있다고 다시 '메타-비판'할 지도 모른다는, 그런 기우, 그런 잡생각 한 자락). 도키에다의 텍스트를 읽는 시점에서부터, 더 정확히 말하자면, 도키에다의 동서양에 대한 '상대적' 규정의 논리를 읽어내는 시점에서부터, 고야스가 보다 정치한 '고고학자'의 모습을 보여줬으면 어땠을까 하는 아쉬움이 내겐 계속 남는 것이다.

고야스의 마루야마 비판이 지닌 두 번째 요지는 좀 더 세부적인 것, 곧 '근대'라는 용어의 사용법에 대한 것이라 할 수 있다(하지만 그 용어가 다른 것도 아니고 바로 '근대'일진대, 사실 이는 전혀 세부적이지 않고 오히려 가장 포괄적인 문제라고 할밖에). 저 유명하고도 유명한, 저 악명 높고도 높은 '근대의 초극' 논의에 적대적이었던 마루야마가 '근대의 초극'에서의 '근대'를 '근대적 사유'로 치환하였다는 것, 곧 '근대의 초극'이라는 논의를 '근대적 사유의 초극'으로 재빠르게 뒤바꿔버렸다는 것이 비판의 요지이다. 물론 개인적으로 이것이 비판의 사유가 될 수 있다는 점은 인정하지만, 사실 이러한 '조작'과 '치환'이야말로 마루야마 사상사의 가장 큰 장점이 아니었던가, 하는 반문 하나 남겨둔 채 지나가도록 하자('근대의 초극'에 관한 논의의 일차적 문헌은 물론 저 유명한 '근대의 초극' 좌담회인데,[12] 이 중에서 좌담회 내용 부분은 예전에 『다시 읽는 역사문학』[13]에 번역 수록된 바 있고 내가 주로 읽은 것도 바로 이 번역이었지만, 이 번역본은 현재 천인공노하게도(!) 절판 상태이다. 가까운 국/공/시립 도서관을 협박차 방문하자).

오히려 내가 생각할 때 고야스의 논의가 가장 빛나는 부분은 다음과 같은 언급에서이다: "말하자면 마루야마는 '초극(넘어설 것)'을 말하고 있던 근대, 그것을 곧바로 옹호하거나 집착한 것은 아니었다. 초극이 주장된 근대 그 자체

7 이연숙, 고영진·임경화 옮김, 『국어라는 사상—근대 일본의 언어 인식』, 소명출판, 2006.
8 김윤식, 『일제 말기 한국 작가의 일본어 글쓰기론』, 서울대학교출판부, 2003.
9 김윤식, 『김윤식 선집 7—문학사와 비평』, 솔, 2005.
10 고야스 노부쿠니, 김석근 옮김, 『일본근대사상비판』, 213~214쪽 참조.
11 도키에다에 대한 고야스의 비판이 지닌 문제점에 대해서는 본서의 7악장 "불가능한 대화를 위한 자동번역기"를 참조.
12 河上徹太郎 他, 『近代の超克』, 東京: 富山房, 1979.
13 한국문학연구회, 『다시 읽는 역사문학』, 평민사, 1995.

를 따져 묻지 않고서, 마루야마 같은 학자들이 품었던 강한 파시즘에 대한 위기의식 속에서, 이른바 저항의 언설이 옹호하는 근대 개념이 만들어지고 있었다는 것이다. 그리하여 파시즘에 대한 저항의식을 가지고, 어떤 근대 이념이 옹호되고, 그리고 그 근대가 미확립된 국가 사회의 구조적 병리를 드러내서, 비판하는 근대에 대한 새로운 담론이 성립하는 것이다."[14] 왜냐하면 이 문장은 마루야마 〔정치〕사상사의 본령을 정확히 짚어 정곡을 찌르고 있기 때문이다. 예를 들자면, 고야스의 이러한 분석은 우리가 마루야마의 어떤 저작들 사이에서 읽어낼 수 있는 일견 '표면적인' 표리 혹은 '모순'을 성공적으로 설명해줄 수 있는 것이다. 곧 『일본정치사상사연구』[15]에서 소라이가쿠를 통해 일본〔내〕적인 근대담론의 뿌리를 탐색했던 마루야마와 「초국가주의의 논리와 심리」[16]에서 일종의 사회심리학적 분석을 통해 일본 근대의 취약성을 폭로했던 마루야마 사이의 '어떤' 간극이 사실은 절대로 '간극'이 아니었다는 점을 말해주고 있는 것이다.

마루야마 마사오의 「초국가주의의 논리와 심리」는 이른바 전후 일본 지성계에 획기적인 획을 그은 논문으로 평가된다. 물론 고야스의 마루야마 비판의 한 꼭지가 이 논문의 등장 이후 일본의 '자가 분석'은 마루야마를 따라 일종의 '병리 분석'이 되고 말았다는 점이지만, 언제 읽어도 그 분석의 날카로움에는 감동을 받게 되는 논문이다. 일독을 권한다. 이 논문은 역시 김석근이 옮긴 『현대정치의 사상과 행동』[17]에 수록되어 있다(내가 소장하고 있는 일본판〔증보판〕은 긴자의 유서 깊은 마루젠丸善 서점에서 2003년에 구입한 것인데, 그때 이미 증보판으로도 156쇄였고 증보판이 나온 것만도 이미 1964년이었으니, 지금은 몇 쇄까지 나왔을지 대강 상상과 계산을 해보시라. 그 정도로 이 책은 일본 내에서 스테디셀러라고 할 수 있는 책이다). 마루야마는 나중에 「초국가주의의 논리와 심리」에서 갈파했던 '주체의식의 부족'이라는 일본적 심리 구조를 확대 · 일반화하여 '무책임'의 구조라는 개념으로 말하고 있는데, 이러한 논의를 포함하여 마루야마의 '개념화' 작업이 가장 잘 드러나 있는 책 중의 하나가 바로 『일본의 사상』이다.[18] 이 책 역시 일독을 강권한다('강권'하는 이유는, 나의 모든 다른 '이유'들과 마찬가지로 지극히 개인적인 것인데, 내가 이 책을 읽고 눈물을 왈칵 쏟았다는 것이 그 이유, 하지만 왜 울었는가, 그것은 말하지 않으련다).

오히려 고야스의 마루야마 비판과 관련하여 내가 좀 더 도전적으로 묻고 싶은 물음은 다음과 같다: 그렇다면 마루야마가 '결여'하고 있던 시각은 무엇인가? 파시즘 자체가 '근대적 이성'의 진리라는/였다는 것, 곧 체계의 진리는 그 과잉 속에서 드러나고 '실현'되는 것이라는, 강박적일 만큼이나 반복되고 또 반복되는 저 기이하게도 익숙한 명제에 기반하는 그 어떤 시각이 아닐까? 고야스의 지적처럼, 마루야마에게 있어서는 아직 일본에 '합리적' 근대란 도래한 것이 아니었으므로, 또한 앞으로 도래해야 하는 것이었으므로. 그러나 이러한 '이성'과 '근대'와 '과잉'—혹은 그에 덧붙여 '나치스'—에 대한 보다 진전된 논의, 곧 단순한 '과잉'과 '진리'의 담론에 머물지 않는 보다 진전된 논의는 지젝의 책 『까다로운 주체*The Ticklish Subject*』[19] 1장의 하이데거에 관한 논의에서 찾고 싶다. 하지만 이는 후일에 따로 장문으로 논의할 성질의 문제이다.

사상사란 무엇인가, 결국 우리는 다시 이 가장 기본적인 정의definition의 질문 앞에 서게 된다. 언제나 다시 반복하게 되는, 하지만 매번 다르게 반복하고 발음하게 되는, 이 질문은 내게는 그런 종류의 '강박적' 질문이다. 그리고 이 질문을 스스로 던지기에 앞서, 마루야마의 아주 친절하면서도 짤막한 강연문 「사상사의 사유 방식에 대하여」의 일독을 권한다.[20] 개인적인 독서 경험에서 하

14 고야스 노부쿠니, 김석근 옮김, 『일본근대사상비판』, 221쪽.

15 丸山眞男, 『日本政治思想史硏究』, 東京:東京大學出版会, 1952. 국역본은 김석근 옮김, 『일본정치사상사연구』, 통나무, 1995.

16 丸山眞男, 「超國家主義の論理と心理」, 『現代政治の思想と行動』(增補版), 東京: 未來社, 1964.

17 마루야마 마사오, 김석근 옮김, 『현대정치의 사상과 행동』, 한길사, 1997.

18 丸山眞男, 『日本の思想』, 東京: 岩波書店, 1961. 국역본은 김석근 옮김, 『일본의 사상』, 한길사, 1998.

19 Slavoj Žižek, *The Ticklish Subject*, London/New York: Verso, 1999. 국역본은 이성민 옮김, 『까다로운 주체』, 도서출판 b, 2005 참조.

는 말이지만, 아마도 마루야마 자신의 글 중에서 사상사의 방법론에 관해 이만큼 집약적이고도 독립적인 글은 잘 찾아보기가 힘들 것이다. 10년 만에 이 책을 다시 꺼내 읽어보면서 들었던 몇 가지 생각들과 접점들, 그리고 그에 이어지는 개인적인 물음들은 다음과 같다: 넓은 의미에서의 '사상사'라는 범주를 놓고 볼 때, 푸코가 그의 생애 후반기에 행했던 이론적 작업들과 그 결과물(혹은 과정물?)인 콜레주 드 프랑스에서의 강연들—이 작업들은 푸코 사후에 갈리마르 출판사와 쇠이유 출판사의 공동 편집을 통해 강의록으로 출간되게 되는데—, 곧 이른바 '사유 체계들의 역사Histoire des systèmes de pensée'는 어떤 이론적이고 역사적인 위치를 점하게 되는가? 또한 우리에게는 빌헬름 딜타이Wilhelm Dilthey가 제시했던 이른바 '정신사Geistesgeschichte'라고 하는 개념과 방법론에 대한 새로운 검토가 필요한 것은 아닐까? 그리고 마루야마가 일본적 심리 구조에 있어서 '주체의식의 부재'를 말하고 '책임성의 부재'를 말할 때, 이는 주체의 상실 또는 결여라는 현대적 주제와 어떻게 연결될 수 있는 것일까(어떻게 보면 한쪽으로는, 롤랑 바르트Roland Barthes가 『기호의 제국*L'empire des signes*』에서 그 '기호들의 제국'이 취할 수 있는 가장 적합한 무대로 일본을 '상정'한 것도 무리가 아니라는 생각이 드는데, 이미 돌이킬 수 없는 괄호를 열어〔닫아〕젖힌 김에 여담한 자락 풀어놓자면, 앙리 미쇼Henri Michaux가 만들어놓은 땅 '가라바뉴Garabagne'도 몰라서 역자 주석의 지면을 변명으로만 가득 채웠던 『기호의 제국』 번역본의 절판은 차라리 잘된 일이라고 해도,[21] 적어도 이 땅에서 '근대의 초극' 좌담회 번역본은 어떤 형태로든 다시 출간되어야 하는 것이 아닐까[22])?

고야스의 일국민속학과 '지나학'의 역사적 지위에 관한 논의를 읽으면서 드는 의문이 하나 더 있었다. 이 시대, 이른바 '세계 속'의 '한국학'의 자리와 위치라는 담론에 관한 의문이 그것이다. 예를 들어 우리의 오래된 문법, 오래된 노래는 가끔씩, 아니 자주, 다음과 같은 논리의 전개를 보여준다: '서구에서는 오래전부터 일본학이 있어왔다', '일본에서도 오래전부터 지나학〔중국학〕이 있어왔다', '그런데 지금 우리의 한국학은?', '세계 속의 한국학의 확립과 확대는 국가적 사안이며 국력의 잣대이다' 등등. 이러한 지극히 순진한 논리의 전개—

사실은 끔찍하리만치 근대적이고 국민국가적이며 심지어 제국적이기까지 한 요설의 전개—앞에서 우리는, 그러니까 '한민족'이라고 하는 눈물 나는 이름으로, 그러니까 '대한민국'이라고 하는 자랑스러운 이름으로, 울어야 하나 웃어야 하나. 나는 이것이 정말 궁금하다, 궁금해서 죽을 지경이다, 너무 궁금해서 웃지도 울지도 못할 지경이다.

20 마루야마 마사오·나카무라 하지메·이에나가 사부로·다케다 기요코, 고재석 옮김, 『사상사의 방법과 대상』, 소화, 1997, 11~50쪽.

21 2011년에 첨가하는 주석 2: 롤랑 바르트, 김주환·한은경 옮김, 『기호의 제국』, 민음사, 1997, 역주 1(139~140쪽) 참조. 이 책은 이후 '가라바뉴'에 대한 교정된 주석을 첨가하여 다시 번역되었다. 김주환·한은경 옮김, 『기호의 제국』, 산책자, 2008, 옮긴이 주 1(154~155쪽) 참조.

22 2011년에 첨가하는 주석 3: '근대의 초극 좌담회'의 번역은 이후 『태평양전쟁의 사상』(이매진, 2007)에 다시 수록되었다.

8악장 초월의 유물론, 변성의 무신론[1]

박상륭을 다시 읽기 위하여: 「뙤약볕」 연작의 한 독해

1. 초월의 어법

말이 말을 말로 넘어가려 하듯, 몸은 몸으로 몸을 넘어가려 한다. 다른 방법은 있을 수 없다. 말은 오직 말로써 넘어가야 하고, 그와 똑같이, 혹은 평행하게, 오직 몸은 몸으로써만, 몸을 씀으로써만, 넘어갈 수 있다. 초월超越은 그렇게 넘어가는 것, 곧 언제나 하나의 이행이자 이동하는 몸짓이지만, 무엇보다 그 초월의 몸짓은 다시 돌아오는 움직임, 재귀적이며 회귀적으로, 매번 같은 곳을 향해 매번 다른 모습으로 돌아오는 움직임이다.

그런데 이 '초월'이라는 움직임의 모습은 자주 '구도求道'나 '깨달음'이라는 말의 습관 속에서 쉽게 망각되거나 곡해되곤 한다. 그 습관 속에서 말은 어딘지 모를 높을 곳으로 고양되는 듯 보이기도 하고, 육체나 물질과는 아무런 관련도 없는 어떤 정신만이 투명한 '유령'처럼 나의 몸과 말을 짓누르며 배회하는 듯 보이기도 한다. 무엇보다 그것은, 돌아오지 않고 상승만을 하거나 추락하며 하강만을 할 뿐이며, 순환의 궤적이 아닌 편도의 직선을 그린다. '구도'는 더 이상 떠나거나 걷지 않고 어느 구석진 마을에서 아내 하나쯤 얻어 틀어박히고 뿌리내린다. '깨달음'은 더 이상 달리거나 미치지〔狂/至〕 않고 웅덩이 하나에 똬리 틀고 앉아서는 짐짓 점잖은 듯 고여서 썩은 냄새를 풍기거나 흉물스런 돌로 굳어진다. 바로 이 마을, 이 웅덩이, 이 정착 속에는, 뿌리 깊은 목적론적 귀신이 서식하고 있으며, 드물고

1 이 글은 2004년에 초고가 작성되었고 2005년에 부분적으로 가필된 미발표 원고이다.

고귀한 것의 비의秘意가 숨이 틀어 막힌 채 숨어 있다. 그러나 그것은 숨어 있지만 숨은 것이 아니고 또한 일종의 비의이긴 하나 '신비주의적'인 것은 아니다. 그것은 드물지만 어디에나 널려 있으며, 고귀한 성스러움이지만 동시에 가장 낮은 곳의 속됨이기도 하다.

박상륭 문학의 출발점과 종착점—하지만 그 '종착지'는 과연 어디일까—은 바로 이러한 종교적인 모순 어법 안에 위치한다. 그런데 무엇보다도 저 완고하게 서 있는 벽, 마주 대면해 면벽해야 할 이 벽이, 먼저 하나의 '어법語法'임을 잊어서는 안 된다. 말은 그렇게 끈질기게 끈적거린다. 말을 말로써 넘어야 하는 말하는 운명의 지난함, 몸을 몸으로써 넘어야 하는 몸 입은 존재의 고단함은, 단순한 정신의 '순수한' 고양과 상승 작용으로써만 해결될 수 없는 어떤 뒤척임과 끈적거림이다. 이 말 앞에서 글쓰기는 언제나 어눌한 말 더듬거림이 될 수밖에 없고, 이 몸 앞에서 몸짓은 언제나 고꾸라지는 불구의 움직임이 되어버린다. 넘어가야 하는데, 넘어가고 싶은데, 그만 그 더듬거리는 말끝에 들러붙거나 말 안 듣는 몸 끝에 억지로 목발을 덧댄다. 말을 말로써 몸을 몸으로써 온전히 살아내기도 전에 말과 몸의 저 천근 같은 무게에 먼저 짓눌리는 것이다. 그러나 또한 잊지 말아야 할 것은, 실제로 이 '어법'만이 자아自我에로 열린 말의 저 가장 깊은 굴을 뚫을 수 있었고, '제 몸이 제 몸 같지 않다'는 몸에 대한 자각自覺을 비로소 탄생시킬 수 있었다는 사실이다. 바로 여기에, 이미 오래 전에 자신 안에서 한 벌의 우주를 발견했던 생물, 판켄드리야〔五官動物〕로서의 인간의 탄생이 놓여 있다. 지금, 그 어두운 굴은 밖으로 드러나 밝은 땅이 되었고, 눈을 멀게 할 정도로 강렬했던 자각의 빛은 지극히 당연한 나날의 햇살이 되었다. 슬프고도 경이롭지 않은가. 이것이 바로 우리의 개체와 종을 아우르는 발생론적이고도 진화론적인 상징계의 모습, 거짓말 같은 진실, 진실 같은 거짓말이다. 그래서 나는, '몸'의 단계를 졸업하고 '말'의 단계로 나아갈 수 있을 것처럼 말하는 말, 말로 말 되어질 수도 없는 '마음'인데 하물며 그것에 '몸담을' 수 있겠냐고 말하는 몸, 그러한 말과 몸을 '가진'—가지고 있다고 '상정된'—사람을 믿지 않는다, 믿지 못한다. 박상륭의 본령 또한 그러한 일직선적인 '발전 단계'에 있지 않다. 초월은 물론 '넘어가는' 것이지만, 무엇보다도 그것은 〔몸을 입은 채로〕 '기어 넘어가는' 것, 곧 김진석의 개념을 빌리자면, 포월匍越에 다름 아니다.

2. 하나의 계보

「뙤약볕」이 시작되는 공간은 일견 안온하고 정돈되어 있는 듯이 보이는 어떤 불모不毛의 풍경이다. 사람들은 매일 뜨고 지기를 반복하는 태양 아래 일상을 경작한다. 그것은 무엇보다, 하나의 '사회'이다. 태초에 말씀이 있었겠지만, 그것은 아득한 태초였을 뿐이다. 이 사회는 태초의 '말씀'이라는 종교적 체험이 하나의 제도, 하나의 법이 되어버린 체계이다. 이 체계는 하나의 '질서'를 의미하며 사람들은 그 질서 속에서 살아간다. 이 질서 안에서 말은 존재를 가진 하나의 신神이 되며 그 신은 인간의 외부에 있는 하나의 실체substance로 파악되고 있다. 또한 이 질서는 피해자와 가해자라는 구분으로 대표되는 '일반적인' 형법에 기초해 있다. 사회 안에서 이러한 질서는 "생각할 필요도 없는"[2] 당연한 것으로 여겨지며 한 체계의 정치와 경제에 관한 가장 '자연스러운' 법률을 구성한다. 그런데 여기에 하나의 '균열'이 생기면서 이야기는 시작된다(그러므로 모든 '이야기', 모든 '서사'의 시작에는, 하나의 균열, 하나의 흠집이 있다). 이 균열은 다양한 양상으로 드러나게 되는데, 노老당굴의 회의, 새 당굴의 번뇌, 섬돌이의 죽음 등이 그러한 균열의 중요한 기호이자 현상들이다.

노당굴의 회의는, 새 당굴의 눈에서 "맹렬한 어떤 혼돈"(83쪽)을 보고 그 혼돈 때문에 그를 후계자로 삼는 행위를 통해 잘 드러난다. 그가 감지했던 것은 세습적인 당굴의 지위와 말의 법으로써 유지되는 인간의 사회

2 박상륭, 『열명길』, 문학과지성사, 1986, 82쪽. 이하 이 책의 인용은 괄호 안에 쪽수만을 표기한다.

가 인간에게 있어 결코 본질적일 수 없다는 어떤 예감이다. 이 지점에서 우리는 젊은 시절에 새 당굴이 일삼았던 이른바 '패륜적' 행위를 바라보는 두 개의 시선과 마주하게 된다. 먼저 마을 사람들에게 당굴은 사회의 도덕적 중심으로서 하나의 구조를 가능케 하는 지위를 의미하며, 따라서 사람들이 그에게 요구하고 기대하는 것은 그 구조의 안정과 질서를 유지하는 역할이다. 그러므로 마을 사람들이 처음에 새 당굴에게 느꼈던 감정은, 그가 자신들이 속해 있는 사회의 질서를 붕괴시킬 수도 있다는 막연한 불안감이었다. 반면 노당굴이 새 당굴의 눈빛 속에서 본 어떤 혼돈, 그리고 그러한 혼돈을 바라보는 노당굴의 시각은, 이러한 사회 체계의 존속과 안녕이라는 문제로부터 이미 한참이나 벗어나 있다. 어쩌면 중요한 것은 다른 곳에 있다는 투. 이러한 불안과 혼란은, 깨지기 위해서, 한 번 죽고 다시 태어나기 위해서 필요한 어떤 '살해meurtre'의 씨앗이라는 의미를 갖는다. 이러한 두 가지 시각—마을 사람들의 것과 노당굴의 것—은 사실 새 당굴의 '패륜적' 행위, 곧 '악惡, le mal'이라는 것을 어떻게 받아들일 것인가 하는 물음에 대한 서로 다른 두 개의 입장과 관련되어 있다. 먼저 마을 사람들은 그것이 질서를 파괴하며 기존의 사회를 와해시킬 수도 있다는 점에서 그러한 '악행'을 지극히 위험한 행위로 받아들인다. 여기서 이러한 선과 악의 구분은 한 사회의 도덕적인 체계 안에서 습득되고 유포되는 것이다. 반면 노당굴은 무질서와 방황 또는 악과 혼돈 속에 어떤 '깨달음'의 씨앗이 있다는 기본적인 시각에서 그러한 '악행'을 기존의 도덕적인 구분을 뛰어넘을 수 있는 어떤 중요한 단초 혹은 전조로 받아들인다. 이러한 시각은 선과 악을 넘어서 있는 것, 그러한 구분을 가능케 한 도덕 체계 전반에 대한 회의를 포함하고 있는 것이다.

여러 가지 의미에서 홀로 덩그러니 '던져진(하이데거적인 의미에서 말하자면, geworfen)' 새 당굴은 이러한 노당굴의 회의를 자신의 짐으로 떠안는다. 그에게 더 이상 말은 현현하지 않는다. 그는 이미 말의 죽음을 몸으로 먼저 깨닫고 있다. 새 당굴이 처한 번민은 과거 자신이 했던 행위들에 대한 참회 때문이 아니다. 그는 후회하는 것이 아니라 다만 방황할 뿐이다.

하지만 이 방황 역시, 마치 『파우스트*Faust*』의 프롤로그에서 신神이 말하듯, 그저 "인간은 노력하는 한 방황한다Es irrt der Mensch, so lange er strebt"고만 말하고는 안심하고 우쭐해할 정도로 그렇게 '한가한' 것이 될 수 없다. 이것은 말이 〔하나의 실체로서〕 존재하지 않는다는 사실에 맞닥뜨린 인간, 곧 신이 없음을 어느새 알아채버린 인간의 혼란이다. 새 당굴도 처음에는 단지 세습적인 계급으로서의 당굴의 권위를 거짓으로 흉내 내보려고 하지만 곧 그 모든 것이 무위에 그치고 만다. 이는 곧 새 당굴이 안고 갈 화두의 탄생을 의미한다. 하지만 새 당굴은, 그가 무엇보다도 한 사회의 지도자격인 '당굴'이기에, 재판을 하고 질서를 유지해야 할 의무를 갖고 있다. 바로 여기에 그가 느낄 수밖에 없는 괴리의 원인 한 자락이 놓여 있다. 이는 앞으로 이 작품 전체를 관통하여 중요한 의미망 중 하나로 작동하게 될 성聖과 속俗 사이의 어떤 괴리라고도 할 수 있다. 새 당굴이 느끼는 이러한 괴리는 그가 섬돌이의 사형을 결정하는 장면에서 가장 잘 드러나고 있다. 새 당굴이 사당 벽을 내리치며 "말을 해라, 말을!"(86쪽)이라고 발악할 때 그는 아직 말이라는 것을 자신의 외부에 존재하는 이질적인 실체로 인식하고 있었다. 그랬기에 그는 말에게 '말을 할 것을' 요구하는 것이다. 하지만 곧 말이 단지 "우연의 자존자自存者"(87쪽)일 뿐은 아닌가 하고 의심하면서부터 그는 외재적인 실체로서의 말에 회의를 품고 그것을 '넘어가기' 위해 고민하며 비로소 '스스로' 말하기 시작한다. 이러한 그에게 섬돌이의 죽음이 섬광처럼 내리친다. 그 죽음은 말의 죽음을 결정적으로 고지함으로써 장차 마을을 휩쓸 저 거대한 정신적 공황, 곧 역병의 창궐을 예고한다. 안온히 내리쬐던 햇빛이 고통스러운 뙤약볕으로 돌변하는 순간인 것. 그것은 동시에 평온해 보이던 상징계를 순간적으로 침범해오는 잔혹한 실재의 풍경, 곧 '불가능성의 사막'이 지닌 모습이기도 하다. 라캉의 말을 빌리자면, "실재le réel, 또는 실재로서 지각되는 것이란, 곧 상징화symbolisation에 대해 절대적으로 저항하는 것이다."[3]

「뙤약볕」에서 아마도 첫 번째로 주목해야 할 점은, 당굴이라는 존재가 노당굴에서 새 당굴로 이어지면서 그 의미와 가치가 변성變性하게 된다는 사실일 것이다. 먼저 그것은 단지 세습되는 하나의 계급이었으며 또한 어떤 회의나 의심도 없이 단순히 전래되어오기만 했던 하나의 사회적 구성 요소였다. 따라서 이때의 당굴이란 한 사회를 통합하고 그 사회의 도덕적 장치로 기능하는 어떤 지표로서의 의미만을 갖고 있었다. 그런데 노당굴이 이에 대해 갖고 있었던 일말의 회의와 의심은, 그가 새 당굴의 눈빛 속에서 목격했던 혼돈에서 다른 씨앗을 찾아낸다. 노당굴의 회의가 새 당굴의 번뇌에 씨앗을 뿌린 셈이고, 이는 곧 말이란 것이 본래 존재하는 것이 아니며 단지 인간이 만들어낸 것일 뿐이라는 결론으로 치달아간다. 따라서 이와 함께 인간이 의지할 절대적인 도덕이 사라져버림과 동시에 역설적이게도 바로 그 절대적 불안의 지점으로부터 터벅터벅 걸어가야 할 구도의 길이 열리고 있다(이 구도의 과정은 다시 3부의 점쇠에게로 이어질 것이고, 점쇠는 말의 죽음 이후에 다시 말을 되찾는 체험을 하게 될 것이다). 이러한 과정에서 가장 도드라진 발화점發火點/發話點을 제공하는 것이 바로 섬돌이의 죽음이다. 섬돌이의 죽음은, 서구의 축제/희생 이론에서 희생제의sacrifice의 가장 근원적인 기능으로 간주되는 하나의 '서사'를 보여주고 있다. 바타유는 이에 관해 다음과 같이 쓰고 있다: "성스러움le sacré이란, 어떤 엄숙한 제의 안에서 한 불연속적인discontinu 존재의 죽음에 주의를 집중하고 있는 이들 앞에 드러난 존재의 연속성continuité, 바로 그것이다."[4]

3. 시원始原, 부패와 발효, 그리고 육화肉化

한편, 섬돌이는 자신의 죽음이 갖는 의미를 잘 모른다. 그는 '단지' 살인이라는 죄를 저질렀고 그 죄에 대한 벌로 사형을 받는 것이다. 바로 이러한 죄와 벌의 관념 자체가 한 사회 체계의 질서, 곧 도덕으로부터 연유한다는 사실에 주목해야 한다. 그러나 섬돌이는 죽음에 직면한 섬광 같은 순간, 죽음을 생물적으로 거부하는 몸부림의 시간이 지난 후에 찾아온 어떤 차분하고 고요한 순간에, 한 어머니를 만난다. 그때 그는 어딘지 모르게 '변해' 있다. 섬돌이가 어렴풋이 감지했을, 그러나 완벽하게는 알 수 없었던 것, 하지만 또한 동시에 그를 어딘지 모르게 변하게 했던 것은 바로 이 '시원始原'으로서의 어머니이다(이러한 '시원'은 물론 하나의 '기원 없는 기원', 시간적이고 역사적인 '원점'이 아니라 논리적이고 구조적인 '영점'으로 취급되어야만 한다). 이 '어머니'는 여러 가지 특징을 갖고 있는데, 먼저 그 어머니는 남성과 여성 등의 성性을 갖고 있지 않은 존재이다. "남자도 여자도"(96쪽) 아닌, 무성無性이면서 동시에 양성兩性인 존재인 것이다. 우리는 편의상 섬돌이를 따라 그/그것을 여성명사인 '어머니'로 부르고 있기는 하지만, 그 어머니 안에는 우리가 알고 있는 의미에서의 생물학적 여성은 없다. 다만 여기서는 '어머니'라는 단어의 상징적 느낌만을 간직하는 것이 중요할 터. 여기서 어머니로 '상징'되는 시원은, 언어와 언어 아닌 것, 여성과 남성 등이 분화/분절화articulation되기 이전의 어떤 상태를 의미하고 있기 때문이다. 따라서 섬돌이에게 있어서 어머니의 성이 규정되지 않은 채 모호한/양가적인ambivalent 상태로 남겨져 있다는 사실은 중요하다. 섬돌이에게 뚝쇠의 아내가 어떤 어머니의 이미지로 기능하고 있긴 하지만, 동시에 섬돌이는 남자인 새 당굴을 어머니로 인식하고 있기도 한 것이다. 이와 관련하여 무엇보다 섬돌이가 어머니의 생김새를 모른다는 사실은 특히 의미심장하다.

이 지점에서 우리는 혼재되어 있는 성性과 가계家系의 기이한 모습을 보게 된다. 가장 직접적으로는 새 당굴과 섬돌이의 관계를 아버지와 아들 관계 또는 어머니와 아들 관계, 곧 부모와 자식 관계로 볼 수 있다. 또한 노당굴의 어떤 회의에서 시작된 저 구도의 계보상에서, 그리고 가장 표면적으로는 마을에서 이어져 내려오는 제도적인 당굴의 계보상에서, 노당굴과 새 당굴은 기본적으로 아버지-아들 관계이다(이 부자 관계는 두 인물이

3 Jacques Lacan, *Le séminaire, livre I. Les écrits techniques de Freud*, Paris: Seuil, 1975, 80쪽.

4 Georges Bataille, *L'érotisme*, Paris: Minuit, 1957, 29쪽.

공히 서로 느끼고 인정하고 있는 가장 표층적인 관계라고 할 수 있다). 또한 앞서 말했듯이, '어떤 신비한 과정에서인지' 섬돌이는 당굴에게서 어떤 어머니의 모습을 보고 있다. 그런데 섬돌이는 이 '모자母子 관계'를 어렴풋이 감지했지만 그것을 완전히 이해한 것은 아니다. 어쩌면 이 관계란 영원히 '이해'될 수 없는 성격의 것인지도 모른다. 머리와 이성과 언어로 포착할 수 없는 성격의 것이란 점에서? 물론 일차적으로는 그렇다. 한편, 천치녀天痴女(뚝쇠의 아내)와 섬돌이 또한 어머니와 아들처럼 보이고 있다(뚝쇠의 아내를 '천치녀'라고 편의상 부르는 것은 이 인물이 갖고 있는 상징적 의미에 비추어볼 때 자칫 편협하고 곡해된 규정이 될 위험이 있으나, 무엇보다 이 '옌네'가 천치로 보이는 것은 앞서 밝혔던바 일차적으로 마을 사람들이 갖고 있는 질서와 안정이라는 시각 혹은 남성 중심적인 시각 때문이라는 점만을 부기하기로 한다). 아마 이 '모자 관계' 역시 둘 사이에 의식적으로 인식되는 관계는 아닐 것이며 오히려 상징적인 관계에 더 가까울 것이다. 마지막으로 새 당굴과 천치녀와 섬돌이의 삼자 관계를 생각해볼 수 있다. 1부의 마지막 장면을 떠올려보면, 천치녀와 그녀의 젖을 빨고 있는 섬돌이는 일단은 모자 관계로 보인다. 그러나 세 명의 인물을 전체적으로 보았을 때 새 당굴의 의미가 보다 도드라지게 된다. 곧 그는 섬돌이와 천치녀의 죽음을 통해서 다시 태어난 자, 한 시대와 한 체계의 문을 닫고 다음 세상을 여는 자라는 신화적인 의미를 획득하면서 두 사람의 '아들'이라는 '기호학적 위치'를 점유하게 된다. 이런 의미에서, 새 당굴은 하나의 육신으로서는 죽었지만, 그 죽음은 동시에 2부와 3부로 이어질 어떤 길들의 작고 소박한 씨앗, 하지만 동시에 폭풍 같은 파괴력을 지닌 씨앗을 품고 죽은 죽음이며, 이후 그 '죽음'의 씨앗으로부터 다시 '삶'의 씨앗이 싹터 돌아올 것이다. 이러한 맥락에서 저 '구도求道'의 계보, 말 그대로 '길을 구하는' 계보 안에 어떤 '대속代贖'이 있다고 한다면, 그것은 아마도 '일차적인' 섬돌이의 죽음이 아니라, '이차적인' 새 당굴의 죽음을 가리키고 있을 것이다. "사람을 죽인 놈은 죽어야 된다는"(90쪽) 선과 악의 도덕적 논리, 그 제도적 법률의 〔악〕순환을 끊고 새 당굴은, 시간적으로는 한 시대를, 제 스스로는 한 육체를 닫는다. 섬돌이와 천치녀, 그리고 젊은 당굴은 이렇게 마지막 장면에서 하나의 '덩어리'를 이루며 무언가를 닫고 다시 열 준비를 하는 '시원'의 이미지로 작동하고 있는 것.

성과 가계가 뒤섞이고 혼재되어 있는 삼중의 '부자' 혹은 '모자' 관계라는 상태, 1부의 마지막 장면은 이렇게 어떤 '구조적인' 기원의 이미지를 제시하고 있다. 그들/그것은 무덤 속으로 들어가 '환생'을 준비한다. 더 이상 '환생還生'하지 않기 위한 '환생幻生'의 준비. 모든 것이 부패된 후 그 덩어리는 발효를 기다리는 것이다. 말과 법과 제도로 유지되어오던 사회는 이 카오스의 덩어리 속에서 완전한 영점零點으로 접근한다. 새 당굴이 이렇듯 자신의 죽음으로써 닫는 한 시대의 말미는 역병의 창궐로 화려하게 장식된다. 그 역병은 단순히 신체적이거나 병리적인 것이라기보다는 차라리 어떤 종교적인 신열身熱/神熱, 볼 수 없는 것을 봐버린 이들이 앓게 되는 어떤 불치의 열병에 가깝다. 섬돌이와 당굴의 죽음이 이들에게 '병'이 되고 '독'이 되는 이유는, 그것이 그들에게는 이해할 수도 받아들일 수도 없는 종류의 체험이기 때문이다. 곧 그것이 외재적 존재로서의 신의 부재, 다시 말해 인간에 대한 '뙤약볕'과도 같은 사형 선고를 의미하기 때문에. 이는 실로 '니체적인' 진단이 아닌가?

사실 박상륭은 이후 자신과 니체를 '조심스럽게' 구분하며 다소 점잔을 빼는 반론[5]을 제기하고 있기는 하다. 하지만 개인적으로 차라투스트라와 박상륭 사이에서 벌어지는 이러한 '대결'은 그리 매력적으로 보이지는 않는다. 더불어 에켄드리아야에서 판켄드리아야에 이르는 유정有情들의 잡다한 모습, 그리고 도대체 독룡毒龍에 잡혀간 공주를 누가 구할 것인가 하는 물음에 관심이 있다면, 우리는 '산문성'의 극단에 서 있는 이 '잡설가 패관'의 산문집 『산해기』[6]를 읽어야 한다. 일종의 '심화 학습'으로 『잠의 열매

5 박상륭, 『神을 죽인 자의 행로는 쓸쓸했도다』, 문학동네, 2003.
6 박상륭, 『산해기』, 문학동네, 1999.

를 매단 나무는 뿌리로 꿈을 꾼다』[7]에 수록되어 있는 「混紡된 상상력의 한 형태」 연작에서 또한 우리는 물질주의와 대중에 관한 작가의 진단을 얻을 수 있다. 박상륭은 집단이라는 주제로부터 가장 먼 것처럼 보이는 지점에서 역설적으로 '대중'에 대해 이야기하는데, 오히려 그의 '숨겨진' 매력은 바로 이 지점에 있을 것이다.

예를 들어 마을 사람들은, 섬돌이의 목을 매달았던 바로 그 나무의 맛을 알아버린 사람들, 곧 "백송 껍질의 맛을 알았던 사람들"(100쪽)이다. 그들의 '몰락'은, 우리가 「열명길」에서 볼 수 있듯이, 그리고 이후 「숙주宿主」에서 다시 한 번 확인할 수 있듯이, '반드시 필요했던' 하나의 몰락이었다. 나는 바로 이러한 시각에서 앙토냉 아르토Antonin Artaud의 한 텍스트를 독해하는 것이 유효할 것이라는 점을 덧붙여두고자 한다. '왕관을 쓴 무정부주의자' 황제 엘리오가발의 가계家系와 '치적治績'에 대한 아르토의 텍스트는, 바로 이러한 의미에서의 '몰락'의 방향성을, 곧 카오스의 영점을 향해 치닫는 '발효'의 길을 보여주고 있다는 생각에서이다.[8]

바로 이 영점으로부터 인물들은 제각기 자신의 갈 길을 가기 시작한다. 이 역병 이후에, 이 말의 죽음 이후에 두 종류의 생물이 탄생하고 두 방향으로의 '진화進化'—이는 어쩌면 '역진화逆進化'일 것인가?—가 이루어진다. 그리고 이 '진화'의 두 길들은 각각 2부와 3부로 이어질 것이다. 마치 박상륭의 「숙주」에서 어릿광대가 아편의 카오스(혼돈) 속에서 다시 왕국의 코스모스(질서)를 세워가듯이. 그리고 「뙤약볕」 1부의 마지막에 제시되었던 시원의 이미지와 맞물려 있는 3부의 말미, 그 속에서 점쇠가 어떤 '경지'—'지경'이라고 말해야 할 것인가?—에 도달하게 되듯이. 마치 독이 거꾸로 약이 되고 이미 썩은 것이 도리어 다시 곰삭아 피어나듯이. 다시 찾은 '말', 그것은 이미 '말'이라고 이름 붙일 수 없는 것, 그 말은 사실 말 '이전의' 어떤 것이다(다시 한 번, 역사적이고 시간적인 의미에서가 아니라, 오직 논리적이고 구조적인 의미에서, '사후적으로nachträglich/après coup/retrospectively', 그리고 오직 '사후적으로만' 인식될 수 있는 '이전'이라는 의미에서). 그러나 우리는 말을 겪고서만, 말과 몸을 끌어안고 가서만, 다시 이 '말'을 찾을 수 있다. 따라서 점쇠가 다시 찾은 '말'은, 말 이전의 말이지만, 시기상으로는 필연적으로 말의 삶과 죽음 이후에 도래할 수밖에 없는 성질의 말이기도 하다. 아마도 점쇠가 겪었을 저간의 과정이 그러했을 것이다. 성이 혼재된 채 하나의 이미지로 묶여 있던 세 명의 인물(섬돌이, 천치녀, 젊은 당굴)은, 누이를 살해하고 남성도 여성도 아닌 제3의 성을 획득한 점쇠 안에서 비로소 제 몸을 입어 피어난다. 이렇게 얻은 몸은 단순한 몸이 아니라 이미 하나의 마음을 가리키고 있는 것일 수밖에 없으며, 또한 마음은 언제나 이렇게 몸과 함께 올 수밖에 없는 성질의 것이다. 아마도 우리는 이것을 진정한 의미에서의 '육화肉化, incarnation'로 되새겨볼 수 있을 터. 흔히 「요한시집」 등의 작품을 통해 1950년대의 '실존주의' 작가로서만 알려져 있는 장용학의 단편 「비인탄생」은, 저러한 '육화'와 '진화'의 의미를 되새김질해볼 때, 특히나 재독을 요하는 매력적인 소설이다.[9] 나는 오래 전부터 일종의 '독특한' 선을 그리는 하나의 문학적 계보를 염두에 두고 있었는데, 그 계보는 장용학에서 시작하여 박상륭을 지나 아마도 백민석에, 가장 최근에는 어쩌면 편혜영에까지도 가닿을 것이라는 생각 한 자락 밝혀둔다.

4. 어떤 역사주의

2부의 시간 규정인 '하원갑下元甲'이라는 시기는 순환적 시간관에 있어서 하나의 기운이 쇠락하고 다음 세상의 기운이 생성되는 시기를 뜻한다. 따라서 '하원갑 선달그믐'은 어떤 세기말의 시간, 한 기운과 시대가 몰락하는

7 박상륭, 『잠의 열매를 매단 나무는 뿌리로 꿈을 꾼다』, 문학동네, 2002.

8 Antonin Artaud, *Héliogabale ou l'anarchiste couronné. Œuvres complètes, tome VII*, Paris: Gallimard, 1982 참조.

9 이에 관한 자세한 논의는 본서 2악장 "페티시즘과 불가능성의 윤리"의 5절 "비-장소/비-인간과 페티시즘: 말라르메의 어떤 '위상학'과 장용학의 어떤 '진화론'"을 참조할 것.

마지막 날을 의미하고 있다. 따라서 '뙤약볕'은 이와 관련하여 어떤 '시간적인' 의미를 띨 수 있다. 말의 죽음이 고지된 상황, 신의 죽음 이후 인간이 놓인 상황, 역병의 창궐과 지극한 혼란을 드러내는 1부의 말미는, 인간을 향해 따갑게 내리쬐는 한낮의 뙤약볕이다. 곧 태양을 가려주었던 말의 차양과 신의 구름이 걷힌 것이다. 그 태양을 참을 수 없어 2부에서 신천지를 찾아 떠나는 사람들은 구시대를 끝내고 새로운 땅에서 새로운 시대를 열어가려 한다. 그들의 시간이 아마도 '하원갑 선달그믐'쯤 되려나.

섬을 떠나 새 세상을 찾아가는 사람들이 선상에서 펼치고 있는 2부의 장면들은 여러모로 서양 사회의 역사에 대한 비유, 곧 '근대近代'에 대한 하나의 상징적 해석으로 읽을 수 있는 부분이다(다만, 이러한 해석이 쉽게도 '오리엔탈리즘적인' 자족감의 나락으로 떨어지는 일은 경계해야 할 것). 먼저 신천지를 찾아 떠나는 항해라는 이미지 자체가 그렇다. 이는 신의 위상이 흔들리기 시작한 이후 근대라는 시간의 탄생을 특징짓는 역사적 사실들 중 하나인 이른바 '신항로 개척'과 '신대륙 발견'이라는 그네들의 정복 활동을 직접적으로 연상시킨다. 또한 이는 신이 없는 상황에서 현세주의와 물질주의를 추구하게 된 근대적 항해 자체에 대한 비유로도 읽힐 수 있다. "공화국"(126쪽)이라는 표현도 근대에 등장한 부르주아 정치 체제에 대한 '비유'—'공화국'은 곧 말 그대로 '공화국'인 것인데, 이러한 '동어 반복'이 하나의 '비유'로 기능할 수 있다는 사실에 주목을 요한다고 하겠다—로 읽을 수 있는, 결코 쉽게 간과되어서는 안 될 표현 중의 하나이다. 그래서 어쩌면 이런 항해의 끝에서 "제국주의적인 맹아"(127쪽)가 자라나고 있는 것은 아닌가 하는 걱정은 단순한 기우로 그치지 않을 것이다.

물론 「뙤약볕」의 2부 전체가 단지 '서구의 몰락'이라는 역사를 상징하는 것으로 단순 요약될 수는 없을 것이며, 오히려 그렇게 도매금 짓는 것은 심지어 오리엔탈리즘의 또 다른 변종일 개연성이 크다(이와 관련된, '의상'에 대한 여담 한 자락: 지금까지 1990년대와 2000년대에 각각 한 번씩 '연극화'되었던 〈뙤약볕〉은 의상을 통해 '원시'라는 공간에 대한 특정한 선입견을 드러내고 있는데, 선입견 자체를 드러내는 것이야 다른 문제라고 하더라도, 그러한 의상이 마치 '당연한' 듯 규정되고 있는 시대 설정은 사실 지극히 임의적인 것에 불과할 뿐이며, 문제는 사실 그 '당연함'에 있다는 것, 그리고 '고증할 수 없는 것에 대한 고증'이라고 하는 '헛된' 노력과 '헛된' 고민 없이 쉽게 이루어진 의상의 선택은 어떤 의미에서 오히려 훨씬 더 '헛되다'는 것). 그러나 한편 '서양'이라는 이름으로 통칭되는 하나의 패러다임이 현대 사회 일반에 적용될 수 있는 일종의 '거대 서사'라는 사실은 곱씹어볼 만하다. 2부 전체가 단지 '역사적' 서양을 의미하는 것은 아니라 할지라도 그것은 분명 여전히 '서양'이라는 기표로 대변되는 상징적 질서 전체에 대한 가장 유효하고도 효과적인 비유로 기능할 수 있는 것. 곧 나와 당신이 살아가고 있는 이 '역사적' 동양은 사실 저 상징적 '서양'의 질서 안에 이미 편입되어 있는 것이라는 '철 지난' 진단, 그래서 2부 전체는 나와 당신이 속해 있는 '현대'라는 시공간 일반에 대한 비유로 읽힐 수 있으리라는 '진부한' 판단을 여기서 따로 내릴 필요까지는 없을 것이다.

바로 이러한 관점에서 특히 마지막에 남겨진 섬순이가 가진 아기가 누구의 아이인가 하는 문제는 중요하다. 그것은 바람쇠의 아이일까, 아니면 족장의 아이일까. 바람쇠의 아이라면, 그 아이는 의심할 여지없이(?) '제국주의적인 맹아'로 자라날 것인가? 족장의 아이라면? 족장은 이 항해를 시작하고 이끈 사람이지만 무슨 이유에서인지 중간에 다시 나무토막 하나로 말의 사당이 지녔던 외형인 오각형 모양을 깎는 행위를 보여준다. 끝간 데 없는 나락으로만 떨어지는 듯 보이는 배 위의 인간 군상 속에서 작가는 어떤 '희망'의 희박한 끈을 놓지 않고 있는 것일까? 아니면 이는 더 이상 절망할 수없는 극한 절망의 한 형상화일 것인가? 어쩌면 이는 족장이 마지막까지 차마 완전히 놓아버릴 수 없었던 하나의 '회의'를 드러내주는 것? 「되약볕」의 3부는 어쩌면, 이러한 '역사적인' 문제 제기에 대한 하나의 '비역사적' 해답일 수 있다.

5. 두 개의 세계, 성과 속

「뙤약볕」의 2부와 3부는 일차적으로 성聖과 속俗의 개념 쌍에 입각해서 독해될 수 있다. 속의 세계는 생산, 노동, 삶, 교환, 일상, 도덕의 세계임에 반해, 성의 세계는 소비, 유희, 죽음, 증여, 〔도덕을 넘어선〕 윤리의 세계이다. 먼저 2부에서의 난교orgy 장면은 일견 성적인 일탈과 광기로 비칠 수도 있지만 사실 그것은 지극히 본능적이고 동물적인 행위, 곧 가장 기본적인 종족 보존의 행위라는 점에서 파악될 수 있다. 즉 그것은 성행위의 생산/재생산적인 측면과 관련된 행위이다. 선상에서 벌어지는 배신과 죽임의 행위도 사실은 지극히 기본적이고 본능적인 논리에 기반하고 있다. 일견 미신을 좇는 행위처럼 보이는 일들, 예를 들어 배의 선장을 용왕께 바쳐야 한다는 생각이나 여자는 항해에 액운을 준다는 생각 등은, 먹여야 할 입을 하나라도 줄여야 한다는 '합리적인' 이유와 정당성에 입혀진 '비합리적인' 구실의 다른 이름들일 뿐이다. 그 구실 자체가 중요한 것이 아니라 그러한 구실이 있어야 한다는 이유 자체가 중요하다. 바람쇠를 죽이려고 하는 이유가 바람쇠의 '논리적인' 답변에 의해 근거 없는 것으로 판명이 난 후에도 계속 사람들이 그를 죽이려고 하는 행위 역시 이런 맥락에서 설명이 가능하다. 말이 죽은 이후의 세계, 곧 성스러움의 질서가 없어진 속만의 세계에서는 이 가장 현세적인 욕망, 곧 생존의 욕망만이 꽃을 피운다. 박상륭의 단어를 차용하자면, 이른바 '축생도畜生道'의 세계가 바로 그것. 그들에게 죽음이란 단지 생명 활동의 끝이라는 의미를 지닐 뿐이며, 이는 성스러움이라고 하는 종교적인 질서가 부재한 상황에서 이어지는 생물학적, 혹은 '의사擬似, pseudo-유물론적' 귀결이다. 바람쇠가 자기 자식에 대해 그렇게 애착을 갖고 의미를 부여하는 것도 이러한 종의 보존과 개체의 재생산이라는 측면에서 이해되어야 한다. 배를 타고 떠난 사람들은 어쩌면 합리주의의 가장 먼 극단을 항해하고 있는 것인지도 모른다. 그것은 혹시 푸코의 저 유명한 예시대로 '바보들의 배Narrenschiff'는 아닐 것인가?

반면 3부에서 점쇠의 누이 살해는 일견 이해되지 않는 행동일 수 있다. 그것이 이해되지 않는 것은 속의 질서로 판단하기 때문이다. 우리는 인간에게 성스러움에 대한 체험이 가능하게 되었던 것이 죽음을 인식하게 된 이후부터라고 짐작해볼 수 있다. 카트린드리야(四官動物)에게 하나의 감관이 더해져 판켄드리야(五官動物)가 되었을 때, 그 '진화'의 과정에서 생겨났던 하나의 감관은, 다름 아닌 '죽음'을 응시할 수 있게 된 감관, 자기 자신 안에 존재하는 한 벌의 우주를 볼 수 있게 된 감관이었을 것. 다시 말해서, 자신 안에 깊고 깊은 아가리를 벌리고 있는 저 심연과도 같은 우주를 발견한 인간, 그 인간이 바로 판켄드리야의 탄생 설화를 이루는 구조적이고 논리적인 '시조'가 되는 것이다. 다시금 바타유를 차용하자면, 여기서 성스러움에 대한 인식과 추구란 곧 연속성에 대한 갈구라고 봐도 무방하다. 그 연속성에 대한 추구란 유한한 삶을 넘어 무한에 가닿고자 하는 종교적인 갈구이다. 곧 '삶 속에서 죽음을 극복하는 것'이 그러한 갈구의 본질인 것이다. 이것은 사실 종교에 따라 각기 다른, 실로 다양한 형태의 술어들로 표명되어 왔다. 범박하게 말하자면, 기독교적으로는 '신과의 합일', '천국의 약속' 등의 예를, 불교적으로는 '아상我相과 윤회의 고리를 끊고 이를 수 있는 해탈' 등의 예를 들 수 있을 것이다. 이러한 의미에서 2부에서 드러나는 '죽임'의 행위들이 속俗의 질서에 속해 있는 것이라면, 누이를 죽이는 점쇠의 행위는 성스러움의 질서를 체험하기 위한 행위, 곧 유한한 삶 속에 무한이라는 종교적 체험을 끌어들이고 존재가 처한 불연속성을 넘어 어떤 연속성에—순간적으로나마, 아니, 순간으로서만—가닿기 위한 행위로서 성聖의 세계에 속하는 것으로 개념화가 가능하다. 바타유가 말하듯, "존재를 불연속성으로부터 떼어놓는 일은 언제나 가장 폭력적"[10]으로 이루어질 수밖에 없으며, 점쇠가 누이를 살해하는 행위는 바로 이러한 '성스러운 폭력'으로 이해될 수 있다(『죽음의 한 연구』의 '살해' 또한 마찬가지인 것). 여기서 '성스러운 폭력'이란, 한 존재가 불연속성이라고 하는 자신의 한계 조건으로부터 벗어나 비록 순간으로나마—다시 한 번 반복하지만, 오히려 '순간으로

10 Georges Bataille, *L'érotisme*, 23쪽.

서만'—무한과 죽음의 질서인 연속성에 가닿을 수 있게 해주는 어떤 '힘'을 의미하는 것이다. 기본적으로 인신공희人身供犧나 희생제의에 있어 제물과 제의 참석자들 사이에서 일어나는 어떤 종교적인 '교감 작용'은 바로 이러한 성스러움이 지닌 특징에 근거하고 있다.

6. 남성성과 여성성의 계보

「뙤약볕」 안에서 남성의 계보와 여성의 계보가 갖는 의미에 대한 '가벼운' 분류가 또한 가능할 것이다. 남성 인물들의 계보는 일종의 '발전 단계'를 전제하고 있는 듯이 보인다. 하지만 이는 일직선적인 것이 아니다. 이 계보는 곧 노당굴에서 새 당굴로, 그리고 다시 바람쇠 또는 점쇠로 이어지는 선이다. 노당굴은 최초의 균열을 의미하며 그 균열과 회의를 물려받아 한 시대를 닫는 이가 바로 새 당굴임은 이미 앞서 지적했던바, 그가 그렇게 닫은 한 시대로부터 다시 새로운 시대를 준비하는 인물들이 바로 바람쇠와 점쇠일 것. 이 두 인물은 신이 죽고 말이 없어진 뙤약볕이 내리쬐는 사막 위에서 각각 인간이 갈 수 있는 두 가지 다른 길을 극명하게 보여주고 있다. 이러한 차이는 족장과 점쇠의 '마지막' 대화에서 이미 구체적으로 나타난 바이지만(106~107쪽), 족장이 이끄는 배 위의 집단은 신의 죽음 이후에 선택할 수 있는 가장 철저한 물질주의와 현세주의를 대변한다. 그것은 말하자면, 무신론에 기반하고 있는, 그로부터 발원하는 발전 방향이다. 이러한 방향의 가장 첨예한 극단에 바람쇠가 서 있다. 그는 새로운 것을 찾아 떠나고, 반면 점쇠는 '〔이미 알았던 것을〕 다시 찾으려' 섬에 남는다. 바람쇠의 행동선이 개척과 개발, 집단과 외재적 혁명을 통해 나아가는 직선의 선이라고 한다면, 점쇠의 행동선은 갱생과 순환, 개체와 내재적 회귀로 나아가는 나선형의 곡선이다. 분명 박상륭의 강조점은 이러한 후자의 나선형 곡선에 놓여 있는 것으로 보인다.

천치녀를 여성과 남성의 구분도 없는 존재, 언어와 언어 아닌 것의 구분도 없는 존재로 파악하는 것은 하나의 '논리적인' 문제일 뿐이다. 하나의 사회를 이루고 제도와 법의 체계라는 테두리 안에 살아가는 마을 사람들에게 그/그녀는 분명 하나의 여성, 그리고 '말'도 제대로 못하는 바보천치로밖에는 보이지 않는다. 그/그녀는 하나의 '시원'이라는 이미지로 왔지만, 그 의미는 동시대의 사람들에게는 제대로 파악되지도 않았고 파악될 수도 없었다. 아무도 신경쓰지 않거나 심지어 귀찮아하는 이 천치녀를 젊은 당굴이 사당까지 데리고 들어갔다는 사실은 그래서 더욱 의미가 있을 법하다. 이러한 이미지의 제시는 바로 그 이미지 자체가 지니고 있는 '본원적인 이해 불가능성'에서만 그 의미를 갖는 것이라는 하나의 역설. 이 천치녀는 마을 사람들에게 단지 무질서와 비이성만을 의미할 수밖에 없었다. 그는 '말'을 할 수 없는 '천치'인 것이다. 여기서 우리는 언어, 말, 말씀이 신화와 역사 속에서 거의 언제나 '남성'의 전유물로 등장하고 있다는 사실을 곱씹어볼 필요가 있다. 그러한 질서에서 볼 때 언어를 '결여'하고 있는 여성은 단지 '천치'로밖에 보이지 않는 것. 그렇다면 이 천치녀가 섬돌이나 새 당굴에게는 어째서 "말의 따님"(96쪽)일 수 있었을까. 여기서 중요한 점은, 다시 한 번 천치녀를 남성과 여성 또는 언어와 비언어 사이에 '아직' 분절화가 일어나지 않았던 어떤 '모태母胎'로 이해하는 것이다. 여기서 흥미로운 것은, 이 '모태', 이 '매트릭스matrix'가 '여성명사'라는 것, 이를 '단순히' 수사학적 비유라고만 할 수 있을 것인가? '말의 따님'인 이 '어머니'는 실제로는 말을 '모른다'. 말과 그 따님은 이미 말/말씀 이전의 어떤 것, 언어와 언어 아닌 것 또는 남성성과 여성성이 분화되기 이전의 어떤 구조적 시원으로 기능하며, 따라서 그는 '남자도 여자도' 아닌 '어머니'가 될 수 있었던 것. 그러나—혹은 그래서—그 어머니는 단순히 포근한 모성母性의 어머니만은 아니다.[11] 곧 그들에게 있어서 천치녀는 무엇보다 자신의 자궁 안에 혼돈을 품어 질서와 안정과 이성을 의미할 뿐인 제도로서의 말을 깨뜨려 죽이

11 이러한 점에서 박상륭의 여성상을 단지 '대지의 어머니'로만 해석하는 기존의 비평들은 비판되어야 할 것이다.

고 새로 태어나게 해주는 어떤 '광포한' 모태를 의미한다. 이 시원, 이 어머니를 버리는가 아니면 되찾으려 하는가 하는 선택이 바로 2부와 3부의 갈림길, 혹은 바람쇠와 점쇠 사이에 놓인 간극일 수 있다.

2부에 등장하는 섬순이는 속의 질서 속에서 교환의 대상이 되는 여성이다. 무엇보다 대를 잇고 종족을 보존할 여성성의 이미지 그 이상으로 기능하지 않는, 말 그대로의 생물학적 여성에 충실한 인물로서 기능한다. 여기서 '대지'는 수동적인 여성 또는 풍요로운 어머니로서만 드러난다. 풍랑이 불어닥치는 험난한 바다 위에서도 어쨌든 그 여성은 새로운 씨앗을 품고 보듬어 다음 세대를 이어가게 할 모성을 의미하고 있다. 바로 이러한 이유 '때문에' 섬순이는 마지막까지 배〔船/腹〕 위에서 살아남는 것이다. 반면, 3부의 누이는 성의 질서 속에서 일방적인 방향으로 증여의 대상이 되는 여성이다. 다시 한 번 바타유적으로 말하자면, 증여의 의미는 생산과는 아무 상관도 없는 순수한 소비와 낭비, 소진 또는 과잉, 넘침이다. 곧 누이는 '희생'되고 '죽임'을 당하는 여성이 된다. 그 여성은 풍요롭고 넉넉한 대지이기는커녕 오히려 유혹적이고 잔혹한 '자연'으로서의 어머니이다. 그 '상극'의 질서 속에서, 죽음이 도처에 산재해 있는 잔혹한 세계 속에서, 점쇠는 '새로운 인간'을 발견한다. 그것은 자기 안에 신을 가진 인간, 자기 안에 남성과 여성을, 말과 말 아닌 것을 동시에 갖고 있는 인간, 자기 안에 온전한 우주와 시커먼 심연을 한 벌씩 안고 있는 인간, 곧 '인신人神'에 다름 아니다. 이러한 인신이 등장하게 되는 광경은 앞서 1부의 말미에 제시되었던 '천치녀-섬돌이-새 당굴'이라는 어떤 '존재 덩어리'의 이미지가 비로소 몸을 입고 현현하는 장면에 다름 아닌 것. 같은 곳을 향해, 다른 모습으로, 점쇠는 그렇게 '누이'를 통과하여 '어머니'로 돌아오는 것.

7. 신성 없는 성스러움과 연금술적 변성

비슷한 맥락에서 점쇠의 어떤 '깨달음'이 목적론과는 거리를 두고 있는 것이라는 점이 강조되어야 할 것이다. 왜냐하면 점쇠가 겪는 경험의 의미 자체가, 보려고 하는 의식적이고도 지향적인 태도에서가 아니라, 보여지고 내던져지고 남겨지는 어떤 '피험被驗'의 체험으로부터 나오고 있기 때문이다. 그의 깨달음과 합일合一이라 할 것이 의도하지 않은 어떤 체험이라는 사실은 곱씹어볼 만하다. 의도와 목적은 이미 하나의 의식을 전제하고 있다. 오히려 점쇠가 마지막에 도달한 어떤 '상태'는 그런 의식과는 상당히 거리가 있다. 그는 분명 자신의 상태를 '의식'하고는 있다. 하지만 그런 상태가 의도와 목적에 의해 달성된 것은 아니다. 작품 속에는 이 부분에 대한 몇 가지 '문학적 장치'들이 엿보인다. 먼저 점쇠는 말을 다시 찾기 위해 사당을 복원한다. 가장 직접적이고 즉물적인 방식이기는 하나 그는 그런 행위를 통해서 말의 어떤 모습을 다시 볼 수 있지 않을까 생각한 것이다. 이것은 의식적인 노력이고 목적의식을 갖는 시도, 하지만 막연할 수밖에 없는 시도이다. 그러나 그런 시도들이 무위에 그치고 점쇠는 누이를 만나 하나의 가족을 이루는 것처럼 보이면서 본래 스스로 가졌던 의도와 목적을 포기하는 듯이 보인다(여기서 니코스 카잔차키스Νίκος Καζαντζάκης의 소설 『그리스도 최후의 유혹*Ο τελευταίος πειρασμός*』에 나오는 저 '최후의 유혹'을 떠올리는 이는 오직 나뿐일까). 그런데 누이와 성적인 관계를 맺고 나서 그는 어딘가 '변하게' 된다. 그는 말의 사당을 허물어뜨리고 누이를 살해한다. 이러한 변화의 과정은 점쇠가 의도한 것이 아니다. 이러한 구분은 중요하다. 누이의 살해와 그를 통한 '구도'의 과정이 자칫 처음부터 필요했던 과정, 의도했던 행위, 예정되어 있던 일정으로 비칠 위험은 언제나 있다. 물론 점쇠가 누이의 살해를 거쳐 종국에 도달하게 되는 일종의 깨달음이 어떤 '필연적인' 과정임은 분명하다. 그러나 이러한 '필연'은 원래 점쇠가 지녔던 목적이나 의도와는 얄미울 정도로 아무런 상관이 없다. 곧 그 깨달음의 과정 자체는 '필연적인' 것이나 '목적론적인' 것은 아니다. 이 두 가지는 섬세하게 구분되어야 한다. 점쇠가 처음에 자신의 목적을 이루기 위해 했던 행위들이 지극히 의도적이고 직접적인 데에 반해, 나중에 그가 얻는 일종의 '깨달음'은 그 모든 의도와 목적을 포기하고 체념하고 놓아버린 듯 보이는 상황에서, 마치 우연이나 축복 혹은 기적처럼, 그러나 동시에 피할 수 없었던 하나의 필연이자 거대한 저주처럼, 그렇게 그에게 다가온다. 그가 찾은 것은 신이지만 그것은 신이 아니었고, 그가 찾은 것은 또한 말이지만 그것은 말도 아니었다. 결국 그가 돌아가 되찾은 것은 무엇인가, 그가 깨달았다는 깨달음은 무엇인가? 그것은 어쩌면, '신성神性이 없는 성스러움le sacré sans divinité'은 아니겠는가?

이러한 점쇠의 '변성變性'에서 연금술의 상징적 의미를 찾아볼 수 있다. 연금술적인 변성은 흔히 남자와 여자가 각각 반씩 결합된 이미지로 자주 등장한다. 이것이 바로 '신성한 결혼'의 이미지이다. 두 개의 성이 뒤섞이고 그로 인해 질적으로 전혀 다른 제3의 성, 여성도 남성도 아닌 하나의 성이 나타나는 것이다. 점쇠의 경우도 그러한 변성, 다시 말해서 말 그대로 성sex이 바뀌고 성질quality이 바뀌는 과정을 겪는다. 점쇠는 남성이지만 그는 "버마재비의 암컷"(147쪽)이 되는 것이다. 점쇠가 누이를 살해함으로써 둘은 한 몸 안으로 섞이면서 어떤 '화학적' 작용을 겪게 된다(그렇다면 살해한 시신의 어떤 부분을 말 그대로 '먹는' 어떤 연쇄 살인마의 행위는 단순한 '엽기'일 뿐일까). 연금술의 본래 의미에 따라서 점쇠는 하나의 '금金'으로 다시 태어나는 것. 곧 점쇠는 신성한 연금술적 결혼/결합을 통해 질적으로 전혀 다른 인간으로 〔재-〕탄생한다. "죽었던 애를 되살려야겠"(145쪽)다는 점쇠의 의지는 이제 그 자신의 갱신과 재생의 결과로 꽃피우고 발효되는 것. 그러나 이것은 어디까지나 말 그대로 '질적인' 변화이다. 질적인 변화임을 강조하는 이유는, 내가 그의 '깨달음'이라고 범박하게 부르고 있는 그 순간 이후에 그에게서 어떤 '눈에 띄는' 변화도 찾을 수 없을 것이라는 사실 때문이다. 불순한 몸이 제거되고 이른바 정신의 순수함만이 남는 상황 같은 것은 아예 존재하지 않는다. 몸은 몸으로 고스란히 남는다. 깨달았다고 해서 그 몸이 갑자기 어디로 가버리는 것은 아니다. 하지만 그 몸은 어딘지 모르게 '변해' 있다. 단순한 광기와 복합적인 성스러움은 서로 섬세하게 구분돼야 할 필요가 있다. 점쇠가 이러한 '깨달음' 이후에도 계속 몸 입은 '정상적인' 삶을 지속시킬 것이라는 예상은 그래서 오히려 보다 더 설득력을 가진다. 이러한 성聖의 체험은 속俗의 삶 속에서 순간으로 나타나고 또 그럴 수밖에 없기 때문이다. 죽음의 '체험'에도 불구하고 삶은 계속 지속되며, 무엇보다 그러한 체험 자체가 이렇게 지속되는 삶 속에서 순간적이고 찰나적인 점들로서만 존재할 수 있는 성질의 것이기 때문이다.

'자정子正'이라는 시간이 지닌 의미는 바로 이러한 체험이 갖는 순간과 경계라는 특성으로부터 가장 직접적으로 도출되고 있다. 자정은 곧 회귀의 순간, 초월의 순간을 의미한다. 그 시간은 뙤약볕이 내리쬐는 한낮의 시간과 대비되면서 또한 낮과 밤을 이어주는 어떤 '칠흑 같은 섬광'의 순간을 가리키고 있다. 점쇠에게 시원으로의 회귀, 곧 같은 곳을 향해 다른 모습으로 돌아가는 저 초월의 과정을 가능케 해준 것이 누이였다는 점에서 그녀를 '자정녀子正女'라고 불러보자. 하지만 그 이름은 동시에 그러한 변성의 과정을 겪고 난 후의 점쇠를 부르는 것이기도 하다. 점쇠는 그 이전에도 이후에도 여전히 점쇠일 뿐이지만, 그는 스스로가 자정녀가 되는 순간과 경계를 체험하면서 찰나 안에 영겁의 시간을 담는다. 그는 누이를 살해하고 그의 죽음을 보는 그 유한한 순간 속에서 자신의 죽음이 지닌 무한성과 조우하게 되는 것이다.

8. 유형의 초월과 소설의 자리

마음은 몸과 말을 떠나서가 아니라 오직 그 안에서만 도달할 수 있는 어떤 것이다. 그랬을 때만이 비로소 유한한 삶 속에서 체험하는 무한이라는 것이 우리에게 어떤 의미를 띨 수 있게 되는 것이며, 또한 그렇게 체험된 무한과 죽음만이 우리가 삶 속에서 만날 수 있는 유효하고 유의미한 무한이고 유일무이한 죽음이 될 것이다. 사실 모든 종교적 갈구란 이러한 무한성의 죽음을 유한성의 삶 속에 담아보고 체험해보려는 일종의 '불가능한 임무mission impossible'가 아니었던가. 몸을 몸으로써 넘어도 몸은 그대로 남고, 말을 말로써 넘어도 말은 그대로 남는다. 그러므로 삶의 공간은 기본적으로 윤회생사輪廻生死의 세계인 바르도Bardo, 곧 모든 유정有情이 태어남으로 인해 처할 수밖에 없는 어떤 유형지流刑地의 모습을 띨 수밖에 없다. 몸을 입음으로 인해 치러내야 할 형벌, 곧 유형有形은 또한 유형流刑이기도 한 것. 그러나 오히려 몸을 그렇게 남긴 채 몸 안에서 몸을 넘음으로써만이 몸을 온전히 넘어 살아냈다고 할 수 있는 것, 바로 그 사실 안에 초월의 드물고 고귀한 역설이 숨어 있다, 아니, 숨어 있지 않고 드러나 있다. 이러한 초월의 공간은, 몸짓을 통해 말씀이 발화되고 그 말씀을 넘어 마음으로 넘어가려는 열반에의 시도가 다시금 몸짓으로 돌아와 그 몸 안에서 체현體現될 수밖에 없는 공간이기에, 또한 가장 '인간적인' 공간일 수밖에 없다.

1994년에 『칠조어론』의 4권(3부 逆進化論〔Nivritti〕)이 나온 이후 5년 만에 박상륭의 '신작' 두 권—『평심』과 『산해기』—이 동시에 출간되었을 때 흥미로웠던 점은 '평심'이라는 제목을 달고 나온 이 '소설집'에 대한 비평가 김윤식의 반응이었다. 그 반응의 요지는, 이 '자이나교도' 박상륭에 대해서도 비로소 제대로 된 '소설 비평'을 가할 수 있게 되었다는 것(김윤식에게 있어 그 이전의 박상륭 '소설'들은 소설이 아닌 것이 되고 있는데—어쩌면 박상륭 자신의 말 그대로 하나의 '잡설'일 뿐일 것?—, '근대소설'의 형식과 미학에 대한 김윤식의 오랜 천착이 낳은 기준과 그 〔헤겔적〕 엄격함에는 고개가 끄덕여지는 면이 없지 않다). 특히 이 소설집의 백미라 할 세 연작소설들(「로이가 산 한 삶」, 「왈튼 씨 부인이 죽은 한 죽음」, 「미스 앤더슨이 날려보낸 한 날음」)을 통해, 가장 '근대적인' 형태의 소설 형식이라는 자리로, 조금은 '다른' 방식으로 되돌아오고 있는 '서적상' 박상륭의 행보가 그 반응의 이유였다.[12] 박상륭은 2005년의 『소설법』에서 이번엔 『莊子』의 형식을 차용하고 있다. '小說-法'으로 읽을 수도, '小-說法'으로 읽을 수도 있는 제목은, 그대로 이 책에 대한 독서의 두 가지 방법이 되고 있다. 여러 개의 이야기들을 여러 권의 책으로 쓰는 작가가 있는가 하면, 단 하나의 이야기를 여러 권의 책으로 쓰는 작가도 있다. 박상륭은 물론 후자에 해당하는 작가이다. 그것도, 단 하나의 '이야기'를, 끝도 없이 이어지는 책들로 쓰고 있는, 그런 마하바라타의 '패관'이자 천일야화의 '잡설가'이다.

12 이에 관해서는 또한 본서 5악장 "테제들의 역사를 위한 현악사중주"의 3절 "제2바이올린, 혹은 두 번째 사중주: 19세기의 테제, 마르크스를 위하여"를 참조할 수 있다.

변주 5.

인간과 성스러움: 모스와 카유아를 읽으며[1]

성聖에 대한 연구는 기본적으로 이분법에 대한 고찰일 수밖에 없다. 그러나 여기서의 '이분법'이란 뛰어넘거나 무화시킬 어떤 이론적 '정복'의 대상은 아니다. 곧, 칼로 자르듯 그렇게 명확하게 분리시킬 수 없는 이분법, 아니 어쩌면 너무도 명확하게 경계선을 그려낼 수 있을 법한 이분법, 그래서 오히려 그 이분법 자체에 종말을 고할 수조차 없는 이분법, 경계선 위에서 스멀거리는, 극단적으로는 서로의 위치까지도 뒤바꿔버리는 역설paradoxe의 두 반쪽들이 그려내는 이분법. 그러므로 성에 대한 연구는 궁극적으로 '역설의 철학'을 찾아가는 길일 것이다. 그런데, 이것은 과연 철학philosophie인가? 바타유와 데리다에 따르자면, 그렇다(그런데, 이들은 과연 '철학자'들인가?). 그리고 또한 그들에 따르면—어쩌면 가장 '솔직하게' 말하여 그들 자신에게 있어서는—철학은 그 외에 아무것도 아니다.

성聖과 속俗은 각각 그 자체로서는 외따로 존재할 수 없는 것이다. 그것들이 각기 상대편의 침범을 두려워한다는 사실은, 곧 역설적으로, 성과 속이 상대편의 존재에 대한 상정과 그러한 상대편과의 대립 구도를 통해서만 비로소 '자기 자신'으로서 존재할 수 있는 것들임을 말해준다. 반대편과의 대립을 통해서만, 즉 서로 간의 차이와 상대적 규정을 통해서만 비로소 존재할 수 있는 성과 속이, 또한 각각 반대편과의 접촉에 의해서 '치명상'을 입을 수 있다는 사실은 '종교의 모순적인 진리' 혹은 '성과 속의 역설적 존재 방식'을 가리킨다. 카유아Roger Caillois가 말하는 것처럼, 성聖이란 "죽지 않고는 다가갈 수 없는 것ce dont on n'approche pas sans mourir"이다.[2]

성聖이라는 개념의 모호성/양가성ambiguïté은 그것이 '더러움'과 맺고 있는 관계에서 더욱 첨예하게 드러난다. 일견 표면적으로 성스러움과 더러움의 관계는 대립적인 이분법의 관계이다. 그러나 어떤 '고정적인' 상황을 떠났을 때 그 이분법은 모호한 형태로 유동한다. 성스러움을 파괴하는 불경한, 따라서 어떤 '더러운' 행위가 오히려 범접할 수 없는 성스러움으로 화化하는 경우가 바로 그러한 '유동성'의 대표적인 사례이다. 예를 들자면, 같은 종족을 살해한 자, 같은 종족의 여자를 취한 자, 같은 종족의 토템을 먹은 자는, 바로 그 '위반transgression'을 통해서, 더럽힘과 훼손을 통해서, 오히려 역설적으로 가장 '성스러운' 존재가 된다. 같은 종족 내에서는 그 어느 누구도 그를 직접 벌하려 하지 않는다. 감히 그럴 수가 없기 때문이다. 곧, 그가 저지른 불경함과 그로 인해 그가 지니게 된 '더러움의 신성함'이 자신들에게 '전염'될 것을 두려워하기 때문이다. 이러한 일종의 경외감이 오히려 '반대편'에 위치한 권위를, 곧 역설적인 의미에서의 성스러움을 형성한다. 이러한 성스러움의 역설적인 의미에 관한 연구로는 가장 먼저 모스의 책들에 대한 일독을 권한다. 모스의 대표적인 논문인 「증여론」을 포함해서 그의 주요 작품들을 수록하고 있는 『사회학과 인류학*Sociologie et anthropologie*』[3]을 가장 먼저 읽는 것이 좋다(이 책의 서두에는 학구열을 잔뜩 자극하는 레비 스트로스의 서문도 수록되어 있다). 또한 성스러움le sacré과 희생 제의sacrifice의 개념에 관한 보다 자세한 논의는 모스의 3권짜리 저작집,[4] 특히 1권을 참조하기를 권한다(교환échange과 증여don의 개념에 관해서는 특히 3권의 일독을 권한다). 이 저작집은 모스의 사회학/인류학 체계 전반을 일별할 수 있는 훌륭한 편제가 특히나 매력적인 판본인데, 이 중 2권과 3권의 글들을 일부 발췌

1 이 글은 2000년에 초고가 작성된 미발표 원고이다.

2 Roger Caillois, *L'homme et le sacré*, Paris: Gallimard(coll. "Folio essais"), 1988, 25쪽. 이하 본문의 괄호 안에서 쪽수만을 표기한다.

3 Marcel Mauss, *Sociologie et anthropologie*, Paris: PUF(coll. "Quadrige"), 1950.

4 Marcel Mauss, *Œuvres, tome 1: les fonctions sociales du sacré*, Paris: Minuit(coll. "Le Sens commun"), 1968; *Œuvres, tome 2: représentations collectives et diversité des civilisations*, Paris: Minuit(coll. "Le Sens commun"), 1974; *Œuvres, tome 3: cohésion sociale et divisions de la sociologie*, Paris: Minuit(coll. "Le Sens commun"), 1969.

수록하여 『사회학 시론집*Essais de sociologie*』이라는 제목의 문고판[5]도 간행된 바 있다.

균형적인 상호성과 질서의 세계가 우월성과 위계 또는 서열의 세계로 전이되었던 순간이 있었을 것이다(이는 물론 가장 '비역사적인' 역사적 추측이다). 말하자면 그것은 '권력의 기원'이었을 것이다(이 역시 물론 가장 '비정치적인' 정치적 추측일 것이다). 따라서 누군가는 그러한 상호적인 균형에 흠집을 내고 그것을 권력과 서열의 관계로 바꾸어놓아야 했다(따라서 또한 이는 가장 '비역사적'이며 가장 '비정치적'인, 인류학적/종교학적 기원-목적론인 것). 말하자면, 누군가는, 위반을 '해야 했다'. 그러니까 말하자면, 그 어떤 '기원'이나 '태초'의 이미지로 윤색되지 않은 상태에서, 그 어느 때나 그 어느 곳에서나, 누군가는, 위반을 '해야만 했던' 것이 된다(따라서 이는 종교학적/인류학적 철학 혹은 인간학이 지닌 일종의 '프로토콜'이 된다). 전대미문의 전복, 오직 '전대미문'이라는 의미에서만 '기원적인', 과연 '전대미문'이나 '전무후무'라는 것이 있었던가 하는 의문을 품는 한에서만 '원형적인', 그런 '최초의' 전복. 그러므로 모든 왕조의 시조, 곧 첫 번째 왕은 언제나 찬탈자이자 전복자였으며 위반하는 자이자 폭군이었던 것. 물론 여기서의 전복과 찬탈을 그 이전 '왕조'에 대한 것으로 즉물적으로 해석해서는 안 되는데, 왜냐하면 내가 말하고 있는 것은, 마르크스의 표현을 차용증서도 없이 차용하자면, 일종의 '자연사Naturgeschichte'에 해당하는 문제이기 때문이다.

금기의 체계가 근본적인 동질성에 대한 금기와 맞물려 있다는 점은 흥미롭다. 근친상간은 쉽게 동성애의 관습적 상징이 된다. 호모homo-적인 것, 동질적인 것, 동류의 것은 곧, 아무것도 생산하지 못한다는 것에 다름 아니다. 재생산/출산reproduction의 관점에서 근친상간은 동성애와 마찬가지로 '쓸모없는' 것이라는 의미를 띠게 되는 것. 그것은 마치 동족을 먹는 행위homophage와도 같은 것이 된다. 자기 부족의 토템을 먹는 행위도 이와 비슷한 '상징적' 문맥에서 금지되는데, 섹스가 흔히 음식을 '먹는' 행위와 동일시되기 때문이다. 카유아가 말하고 있듯이, "음식물과 여자와 희생물들은 외부에서 찾아져야 한다Aliments, femmes et victimes doivent être recherchés au-dehors"는 것(110쪽).

카유아는 다음과 같이 쓰고 있다(76쪽): "속le profane은 안락과 안전의 세계이다. 두 개의 소용돌이가 그 세계를 한계 짓는다. 안락과 안전이 더 이상 인간을 만족시키지 못할 때, 규칙에 대한 확고하고도 조심스러운 복종이 인간을 짓누를 때, 이 두 현기증deux vertiges이 인간을 끌어당긴다. 그리하여 그는, 규칙이라는 것이 하나의 장벽barrière으로 거기 있다는 사실을, 성스러운 것이란 규칙이 아니라 그 규칙이 접근하지 못하게 하기에 오직 그것을 넘어서거나 깨뜨린 사람만이 이해하고 소유하게 될 바로 그것이라는 사실을 깨닫는다." 이 얼마나 모스-바타유적인 관점이란 말인가.

따라서 상호성과 균형을 그 특징으로 하는 질서와 금기의 체계는 위반을 '필요로' 한다. 그것은 곧 축제가 갖는 기능에 다름 아닌데, 금기interdit가 질서를 유지시켜주는 것이긴 하지만, 그것은 동시에 한 사회의 한계limite를 의미하는 것이기도 하기 때문이다. 성과 속의 관계에 있어서도 마찬가지지만, 이러한 관점에서 볼 때 금기와 위반은 단순한 대립 관계나 상극 관계에 있는 것이 아니다. 그런데 여기서 중요한 것은, 금기의 질서가 주기적으로 위반의 작용과 행위를 '요청'한다는 사실이 '조화'의 이데올로기로 해석되어서는 안 된다는 것이다. 위반이 금기를 '파기'하는 것이 아니라 오히려 '완성'시키는 것이라는 바타유적 주제를 떠올려볼 때, 금기와 위반의 주제를 단순히 넓은 의미에서의 '조화'와 '균형'에 대한 이론으로 환원하는 것에는 문제가 있다. 가령 예를 들면, 바타유의 『저주의 몫*La part maudite*』을 어떤 잃어버린 '조화'와 '균형'에 대한 회복과 복권의 이론으로 읽는 것은 '저주의 몫'이라는 영역에 대한 온당한 평가가 될 수 없다. 『저주의 몫』은 미뉘 출판사의 원판본과 갈리마르 출판사의 전집판 7권, 이 두 판본[6]을 추천한다. 미뉘 출판사의 판본은 『저주의 몫』의 모태가 되는

5 Marcel Mauss, *Essais de sociologie*, Paris: Seuil(coll. "Points sciences humaines"), 1971.

바타유의 초기 글 「소비의 개념」 또한 수록하고 있으며(이 글은 전집판에서는 1권에 수록되어 있다) 장 피엘Jean Piel이 서문을 달았다. 전집판 7권의 장점은 『저주의 몫』을 전후로 한 '일반경제' 관련 바타유의 저작과 강연을 모두 수록하고 있다는 점이다(전집판의 7권과 8권은 바로 바타유의 이른바 '저주의 몫' 3부작을 둘러싼 저작들에 할애되어 있다). 개인적으로 조한경의 바타유 국역본들은 추천하고 싶은 마음이 전혀 없다. 이 번역들에 대해서는 차후 따로 다룰 기회가 있겠지만('다행히도' 현재는 대부분이 절판인데), 특히나 『에로티즘』의 국역본이 행한 거의 '폭행' 수준의 번역을 생각하면 치가 떨릴 정도.[7]

파괴의 기쁨을 선사하는 축제는 구질서와 신질서 사이의 '간빙기', 시간이 정지해버리는 시간을 구성한다. 카유아가 말하듯, 축제에서는 "규칙들에 반反해서 행동하는 것이 중요하다. 모든 것이 반대로 실행되어야 한다Tout doit être effectué à l'envers"는 것(151쪽). 또한 "이러한 신성모독들은 바로 그것들이 위반하고 있는 금지사항들 자체만큼이나 역시 의식적rituels이고 성스러운 것으로 받아들여진다는 사실이 강조되어야 한다"는 것. "그것들은 금지사항들과 마찬가지로 성sacré에 속한다"는 것(155쪽). 이 역설의 철학, 역설의 인간학을 가장 잘 요약하고 있는 카유아의 문장은 아마도 다음과 같은 것일 터(183쪽): "성sacré은 삶을 부여하는 것임과 동시에 삶을 박탈하는 것이다. 그것은 삶이 흘러나오는 원천source이며 동시에 삶이 사라지는 하구estuaire이다."

6 Georges Bataille, *La part maudite*, Paris: Minuit(coll. "Critique"), 1967; Georges Bataille, *Œuvres complètes*, *tome VII*, Paris: Gallimard, 1976.

7 2011년에 첨가하는 주석: 이에 관련해 나는 2010년 2월 10일 한국번역비평학회에서 '바타유 『에로티즘』 번역의 몇 가지 문제점들—개념어들의 번역을 중심으로 본 초판과 개정판의 유사점과 차이점들'이라는 제목으로 발표한 적이 있다. 문제가 되는 『에로티즘』 국역본의 '개정판'은 2009년에 출간되었다.

9악장 랑시에르의 번역을 둘러싸고[1]

『민주주의에 대한 증오』 서론의 정밀 독해

현재 우리에게 랑시에르라는 이름은 하나의 '징후'로서 다가온다. 최근 들어 그의 책 여러 권이 국내에 번역된 바도 있거니와, 그중에서도 특히 『민주주의에 대한 증오*La haine de la démocratie*』의 국역본과 관련해서는 역자와 그 비판자들 사이의 분쟁이 이른바 '명예 훼손'이라는 명목으로 고소 사태로까지 번진 일도 있었다(이 책의 번역자는 스스로 고소인이 되었고 나를 비롯한 몇 명을 피고소인으로 만들었다). 먼저 이는 단순히 일회적인 해프닝이라기보다는 어떤 하나의 지적 유행이 매번 우리네 이론적 지평을 휩쓸 때마다 으레 한 번 이상씩은 겪게 되는 지식 수입 '오퍼상'들의 '날치기' 번역이 다시금 또 다른 형태로 반복된 익숙한 경우이다. 하지만 또한 이는 '열린 사회와 그 적들'이라는 진부한 수사적 형식의 정확히 거꾸로 된 판본으로도 읽을 수 있는 보다 확장된 형태의 징후이기도 한데, 번역자가 자신의 오역을 비난하는 '민주주의적' 비판자들의 불만과 비난에 대해 법적인 방식으로 '증오'를 표출했던 하나의 특수한 사례이기 때문이다.

이하의 글은 이 사건의 법적인 측면과는 전혀 관계없이—나를 비롯한 피고소인들은 이후 모두 무혐의 처분을 받았다—오직 불어본과 국역본에 대한 '정밀 독해'만을 그 주제로 삼는다. 가급적 번역자의 '법적 명예'를 훼손하지 않으면서도(!) '이 국역본의 번역은 도대체 무엇이 문제인가'라는 '학술적' 물음에 대해 가장 시급하고 적절하게 대답할 수 있는 방법은, 단지 피상적으로 그것이 '오역'임을 주장하는 것보다 그 번역의 내용을 '정밀

1 이 글은 같은 제목으로 『번역비평』 2009년 가을호에 수록되었다.

하게' 독해하는 것일 뿐이라는 생각에서, 이 책의 '해독'—이는 실로 암호를 푸는 작업으로서의 '解讀'일 뿐만 아니라 독을 제거하는 '解毒' 또한 되고 있는지도 모르는데—을 시도해보고자 하는 것이다. 여기서는 일단 서론의 번역만을 정밀 독해해보는 것으로 만족하고자 한다. 이러한 번역 비평의 글쓰기가 그 작성의 노고에 비할 때 그리 '생산적'이지도 않고 '발전적'이지도 않은 작업에 속한다는 자조 섞인 감상은 피할 수 없지만, 이것이 나의 개인적인 '자조'임을 강조하는 이유는 이러한 자조가 번역 비평의 '무용론無用論'을 조장하는 일부 번역계의 주장을 뒷받침하는 근거로 환원되거나 소급되어서는 결코 안 되기 때문이다. 꼼꼼하고 치밀한 번역 비평은 그것이 번역자와 독자의 '상생'을 가능케 해준다는 점에서, 곧 한 책의 '삶'과 '죽음'을 온전히 드러내준다는 점에서, 시급하고 절실하며 필요불가결하기까지 하다. 따라서 나는 그저 다만 읽어내려가고 써내려갈 뿐이다. 나의 이 글 역시, 문제가 되는 번역본과 마찬가지로, 꼭 그만큼의 '비판적인' 관점에서, 꼼꼼히 읽히고 정밀하게 독해되기를 바라는 마음으로.

고소인으로서 번역자가 제기한 주장들 중에서 딱 한 가지는 정당하다고 본다. 곧 자신의 번역을 비판하는 이들이 영어 번역본의 문장들을 그 '증거'로서 제시하는 것은 부당하다는 것이다. 왜냐하면 번역자 자신은 영어 번역본을 중역한 것이 아니라 불어 원본을 직접 번역한 것이라고 말하고 있으므로(그런데 이 말은, 이하의 분석에서 살펴보겠지만, 말 그대로 정말 '사실'에 기초한 주장인데, 이 말이 '사실' 혹은 '진실'이 되는 역설적인 이유는 이하에서 함께 확인해보도록 하자). 물론 이 주장은 그 자체로 정당하다. 단, 오로지 '형식적'인 측면에서만 그렇다. 불어의 번역에 있어서 그 어떤 언어보다도—물론 이탈리아어나 스페인어만큼은 아니겠으나—영어라는 번역어가 원문으로서의 불어에 더욱 '근친적'이고 '상동적'이라는 일종의 '상식'은 여기서는 일단 접어두기로 하자. 단, 번역자가 형식적으로 정당한 주장을 하고 있으므로 나는 그의 주장에 답할 뿐이다, 오로지 불어와 국역의 비교 독해를 통해서. 따라서 이하에서는 오로지 불어 원본만을 참고하여 번역의 정당성 여부를 따져보고자 한다. 단, 내용의 정확한 의미

파악을 위해—그리고 때로는 불어본과 영역본 사이의 '뉘앙스' 차이를 지적하기 위해, 혹은 심지어 영역본 자체의 '오역' 또한 지적하기 위해—때때로 영역본의 내용도 함께 비교 분석해보겠다(이와는 별개의 맥락에서 한마디만 첨언하자면, 이론 저작의 번역에 있어 번역자가 직접적 번역의 대상이 되는 원문 이외에 영역본이나 독역본 등 다른 언어로 된 번역본을 함께 참조하지 않는다는 것은—특히나 인구어印歐語가 문제가 되는 경우에—거의 '직무 유기'에 가깝다는 것이 나의 개인적인 생각인데, 한 나라와 문화의 '국어'가 지닌 의미와 위치와 뉘앙스 전달에 그 '일차적'인 책무가 있는 문학 작품의 번역이 아닌 이상, 의미의 명확한 전달과 번역어의 원활한 작동을 위해서라도 타 언어로 된 번역에 대한 참조는 거의 필수적이라는 개인적인 신념 때문이다). 불어 원본을 통한 번역 비판이라는 방법이 일종의 '정공법'에 해당한다고 한다면, 둘째로는 일종의 '우회로'를 따라가는 길, 곧 일종의 '귀류법'을 적용하는 '심정적' 번역 비판의 방향이 있을 수 있겠다(단, '심정적'이라고 말한다고 해서 이것이 '심리적'인 방법론을 가리키는 것은 아닌데, 이는 오히려 번역에 대한 일종의 '정신분석'에 해당한다고 봐야 할 것이다). 다시 말하자면, 이는 전체적이고 중립적인 관점에서(특히 여기서는 이것이 '중립적'인 관점이라는 사실이 강조되어야 할 텐데) '어떻게 이런 번역이 나올 수 있었을까'라는 물음을 설정한 후 그러한 구체적인 정황을 '이해'하고 '해명'하는 방식으로 비판을 진행하는 것이다. 지극히 역설적인 비유를 통해 이를 다시 말해보자면, 이는 곧 내가 '선의의 비판자devil's advocate'라는 입장에 서서 번역 비판을 수행하겠다는 뜻이 될 것이다. 크게 이러한 두 가지 비판 방식을 취하게 되는 이하의 분석에서 불어 원문은 파브리크 출판사에서 2005년에 간행된 *La haine de la démocratie*를, 영역본은 버소 출판사에서 2006년에 간행된 *Hatred of Democracy*를, 국역본은 인간사랑 출판사에서 2007년에 간행된 『민주주의에 대한 증오』를 그 저본으로 삼았다는 사실을 '노파심'에서 미리 밝혀둔다. 따라서 이 '연년생' 책들로부터 인용을 할 경우, 해당하는 책의 서지사항은 생략하고 오직 그 언어와 쪽수만을 부기하겠다.[2] 이하에서는 보다 '정밀한' 독해를 위해 서론의 단 한 문장도 건너뜀 없이 모든 문장을 불어본과 대조하기로 한다.

1. 서론의 첫 번째 단락에 대하여

첫 번째 단락은 모두 다섯 문장으로 이루어져 있다. 한 문장씩 차례로 꼼꼼히 살펴볼 텐데, 먼저 첫 문장의 원문과 국역을 비교해보도록 하자:

> ① Une jeune femme qui tient la France en haleine par le récit d'une agression imaginaire; des adolescentes qui refusent d'enlever leur voile à l'école; la Sécurité sociale en déficit; Montesquieu, Voltaire et Baudelaire détrônant Racine et Corneille dans les textes présentés au baccalauréat; des salariés qui manifestent pour le maintien de leurs systèmes de retraite; une grande école qui crée une filière de recrutement parallèle; l'essor de la télé-réalité, le mariage homosexuel et la procréation artificielle. (불어본, 7쪽)

이에 대한 국역본의 번역은 다음과 같다:

> ① 가상의 침략 이야기를 꾸며내서 프랑스를 조마조마하게 하는 젊은 여인, 학교에서 자신의 가면을 벗지 않으려는 청소년들, 적자에 허덕이는 사회보장제도, 바칼로레아 시험에 출제된 문제는 라신과 코르네이유를 폐위시키면서 몽테스키외, 볼테르, 보들레르에게 왕관을 씌운다; 봉급 생활자들 현행 연금제도를 유지시키기 위한 시위를 한다; 초등학교는 평준화에 근거한 평범화 교육을 창조하고 있다; 각본 없는 생존경쟁 방송, 동성결혼, 인공수정은 비약한다. (국역본, 13~14쪽)

가장 먼저 눈에 들어오는 번역은 "가상의 침략 이야기"라는 구절이다. 여기서 "가상의 침략"이란 부분은 불어의 "agression imaginaire"을 번역한 것으로 보이는데, 먼저 'agression'을 '침략'으로 옮긴다면 이 문장의 의미는 이해하기가 어려워진다. 여기서 이 단어는 개인에 대한 폭행이나 공격을 의미하는 것인데 '침략'이라고 하면 집단 간의 공격을 뜻하는 것으로 오해하기가 쉽기 때문이다. 둘째, 이는 이미 많은 이들에 의해 지적된 부분인데, "가면을 벗지 않으려는 청소년들"이라는 구절은 문제가 있다. 먼저 번역자는 로베르 불어 사전에 나오는 'voile'에 대한 설명 중 특히 두 번째 항목에 주의를 기울일 필요가 있겠다: "종교적인 이유에서 여성들의 얼굴이나 이마, 머리카락 등을 감추기 위해 사용되는 천 조각"이라는 설명이 그것. 친절하게도 예문까지 싣고 있다. 결국 이 "가면"이란 우리가 흔히 알고 있는 '히잡hijab'인 것이다. 또한 단순히 "청소년들"이라고 옮겨진 "adolescentes"는 불어에서 여성 복수 형태의 명사로 "여학생들"(혹은 "여자 청소년들")로 옮기는 것이 단어의 일차적 의미에서뿐만 아니라 문맥에 비추어 볼 때도 더 적절한 것으로 보인다. 하지만 사실 여기서 가장 큰 문제가 되는 것은 "학교에서 자신의 가면을 벗지 않으려는 청소년들"이라는 번역이 원문과는 다르게 지극히 '비유적으로' 읽힐 수 있는 위험이다. '가면을 벗지 않는다'는 것은 무슨 의미인가? 여기서 그 의미가 청소년들이 학교에서 자신의 '진짜' 정체성을 '가면' 밑으로 감추고 숨기려 한다는 뜻은 아니지 않은가. 셋째, "바칼로레아 시험에 출제된 문제는 라신과 코르네이유를 폐위시키면서 몽테스키외, 볼테르, 보들레르에게 왕관을 씌운다"라는 번역은 '너무나 충실한' 직역이 거꾸로 '너무나 화려한' 의역이 되어버린 역설적인 경우로서, 오히려 이 경우에는 "바칼로레아 시험 제시문에서 라신과 코르네이유가 지녔던 권위를 찬탈한 몽테스키외와 볼테르와 보들레르"로 '단순

2 Jacques Rancière, *La haine de la démocratie*, Paris: La Fabrique, 2005; trans. Steve Corcoran, *Hatred of Democracy*, Verso, 2006; 백승대 옮김, 『민주주의에 대한 증오』, 인간사랑, 2007. 이하 이 책들의 인용은 각각 '불어본', '영역본', '국역본'으로 약칭하고 해당 쪽수를 병기하기로 한다.

직역'하는 것이 더 바람직할 것이다. 넷째, "봉급 생활자들 현행 연금제도를 유지시키기 위한 시위를 한다"에서 "봉급 생활자들" 다음에 조사 '~은'이 누락된 것은 편집자의 사소한 실수로 넘어가도록 하자. 다섯째, 이 역시 앞서 "가면"의 경우처럼 이미 많은 이들이 지적했던 부분이지만, '그랑제콜'은, 결코, 절대로, 초등학교가 아니라는 점만을 밝히고, 이 역시 살포시 '즈려밟고' 넘어가도록 하자. 이어 "평준화에 근거한 평범화 교육을 창조하고 있다"라고 옮긴 부분은 일종의 '창조적' 번역으로 보이는데, 원문을 그대로 옮겨보자면 "〔기존의 입시 제도와〕 병행하는 학생 선발 과정을 창안한 한 그랑제콜" 정도로 번역될 수 있겠다. 뒤에서 또 보겠지만, 이 부분을 영역본에서는 "a Grande École creates an alternative entrance scheme"이라고 옮기고 있는데, 의미적으로 그렇게 큰 차이는 없지만, 분명 불어 'parallèle'과 영어 'alternative' 사이에는 약간의 뉘앙스 차이가 있다는 점만을 첨언하고자 한다(따라서 영어본으로 중역했을 때 이 부분을 "대안적 입시 제도"로 옮기는 것은 의미적으로는 큰 차이가 없지만 분명 불어 자체의 뉘앙스와는 약간의 차이가 있다). 여섯째, "각본 없는 생존경쟁 방송"이란 역자 자신이 주를 통해 친절하게 설명해주고 있듯이, 단순히 말해서 '리얼리티 TV쇼'를 뜻한다. 번역에 "각본 없는"이라는 구절이 꼭 들어갔어야만 했나 하는 의구심도 들지만, 무엇보다 리얼리티 TV쇼가 비단 "생존경쟁"으로만 소급될 수 있는 개념인지도 의문이다. 개인적으로 이 부분에서 가장 문제가 되는 번역은 "비약한다"라는 구절이 아닐까 한다. 이는 원문의 "essor"를 옮기는 과정에서 '동사화'한 것으로 보이는데, "각본 없는 생존경쟁 방송, 동성결혼, 인공수정은 비약한다"라고만 하니, 어디로 어떻게 비약한다는 것인지 사뭇 궁금해지기까지 한다. 이 부분은 "리얼리티 TV쇼와 동성결혼과 인공 수정의 비약적인 증가" 정도로 옮기는 것이 보다 적절해 보인다. 농담 삼아 몇 줄 더 덧붙이자면, 나는 개인적으로 이 열거들의 목록에 '국역본이 오역으로 점철되어 있다고 쓸데없이 딴죽을 거는 번역 비판자들'이라는 구절을 첨가하고 싶은 참을 수 없는 욕망에 시달리게 되는데, 이야말로 여러 '번역 비판자들'을 "가상의 침략 이야기"로 불편하게 만들었던 번역자가 고소라는 법적 행위를 통해 진정으로 말하고 싶었던 점이 아니겠는가 하는 생각 때문이다. 참고로 같은 문장을 영역본은 다음과 같이 옮기고 있다:

> ① A young woman keeps France in suspense with her story of a make-believe attack; a few adolescents refuse to take their headscarves off at school; social security is running a deficit; Montesquieu, Voltaire and Baudelaire dethrone Racine and Corneille as texts presented at the baccalaureate; wage earners hold demonstrations to defend their retirement schemes; a Grande École creates an alternative entrance scheme; reality TV, homosexual marriage and artificial insemination increase in popularity. (영역본, 1쪽)

이 영어 번역에서 주목할 점은 본래 불어 원문에서 관계사를 포함한 명사구 형태로 되어 있는 열거들을 모두 문장 형태로 다시 바꿔서 옮겨놓았다는 점이다. 이러한 열거의 형식에서는 무엇보다도 '형태의 통일성'을 유지하는 일이 가장 중요하다고 개인적으로 생각하는데, 불어 원문과 영어 번역에서는, 서로 그 형태는 다르지만, 각각 그 안에서—불어 원문에서는 명사구의 형태로, 영어 번역에서는 완전한 문장의 형태로—모든 열거들이 일관된 통일적 문법 형식을 갖고 나열되고 있는 것이다. 하지만 국역은 어떠한가. "〔……〕 하는 젊은 여인", "〔……〕 않으려는 청소년들", "〔……〕 허덕이는 사회보장제도" 등은 명사구로 되어 있지만, "〔……〕 왕관을 씌운다", "〔……〕 시위를 한다", "〔……〕 창조하고 있다", "〔……〕 비약한다" 등의 구절에서는 '완벽한' 문장 형태가 출몰한다. 게다가 쉼표와 쌍반점의 사용에 있어서도 전혀 일관성이 없다(명사구 사이에서는 쉼표를, 문장 형식 사이에서는 쌍반점을 쓰는 것도 나름대로 '일관성'이라고 한다면야 할 말은 없다). 열거라는 형식에 있어서 이러한 일관성과 통일성의 결여는 번역문을 읽는 가독성을 현저히 떨어뜨림과 동시에 그 번역의 수준을 의심케

하는 부분이 아닐 수 없다. 덧붙여 영어 번역과 관련하여 한 가지 첨언할 것은—앞서 지적했던 '병행'과 '대안' 사이의 '뉘앙스' 차이를 제외하자면—마지막 부분 "increase in popularity"라는 구절에 대해서인데, 이를 중역하자면 "대중화되어간다" 정도로 될 수 있겠지만, 보다 정확한 번역은 이미 앞서 밝힌 바대로 "비약적인 증가"일 것이다. 자, 이제 두 번째 문장으로 넘어가자:

> ② Inutile de chercher ce qui rassemble des événements de nature aussi disparate. (불어본, 7쪽)

국역본에서 이 문장은 다음과 같이 번역되고 있다:

> ② "어떤 본질에서 파생된 현상들을 그 본질의 범주 내에 묶어두려는 것은 무모한 행위일 뿐만 아니라 부적절하다." (국역본, 14쪽)

여기서 "어떤 본질에서 파생된 현상들" 운운하면서 번역된 구절은 아마도 "des événements de nature aussi disparate"를 옮긴 것으로 여겨지는데, 이는 "이토록 잡다한 성격의 사건들" 정도로 번역될 수 있는 간단한 구절이다. 그러므로 이어지는 "그 본질의 범주 내에 묶어두려는"이라는 번역은 앞서 "nature"를 "본질"이라고 옮겼던 저 '깊고 무거운' 번역에 비례해 탄생하게 된, "rassembler"라는 단어에 대한 번역자 나름의 '친절한' 의역이자 해석에 다름 아닌 것. 하지만 이 '간단한' 문장은 다음과 같이 옮기는 것이 보다 적절해 보인다: "이토록 잡다한 성격의 사건들을 한데 묶을 수 있는 〔공통〕점을 찾는다는 것은 쓸데없는 일이다." 이는, 앞서 열거한 여러 현상들을 한데 묶을 수 있는 공통점을 찾는다는 것은 쓸데없다는 말일 뿐이다. 이러한 맥락에서 "본질"이라는 번역어와 그 본질의 "범주"라는 번역어가 개입할 수 있는 여지를 찾아보려는 행위야말로 정말 쓸데없는 짓이 될 것이다. 아니, 그보다는, "쓸데없다inutile"라고만 하면 될 말을 굳이 "무모한 행위일 뿐만 아니라 부적절하다"라고 까지 '확장'해서 옮긴 국역을 그대로 차용하자면, 그 말 그대로 '쓸데없는' 일이 될 것이다. 세 번째 문장으로 넘어간다:

> ③ Déjà cent philosophes ou sociologues, politistes ou psychanalystes, journalistes ou écrivains nous ont fourni, livre après livre, article après article, émission après émission, la réponse. (불어본, 7쪽)

이 문장의 국역본 번역은 다음과 같다:

> ③ 이미 수많은 철학자 및 사회학자, 정치학자 및 정신분석가, 기자 및 작가들은 서적, 기사, 방송을 통해서 각자의 논평과 그에 대한 반박을 제시하고 있다. (국역본, 14쪽)

이에 대한 나의 번역은 이렇다: "이미 수많은 철학자들, 사회학자들, 정치학자들, 정신분석가들, 언론인들, 작가들이 우리에게 책과 기사와 방송을 통해 계속해서 이에 대한 답변을 제시해왔다." 이 부분을 넓은 관점에서 보자면 국역본의 번역과 내 번역의 차이는 거의 없다고도 말할 수 있을 것이다. 하지만 앞서 "쓸데없다"를 "무모한 행위일 뿐만 아니라 부적절하다"라고 옮기는 어떤 번역의 '과잉'을 염두에 두자면, 단순히 "우리에게 답변을 제시했다(〔……〕 nous ont fourni 〔……〕 la réponse)"라고 옮기면 되는 구절을 "각자의 논평과 그에 대한 반박을 제시하고 있다"로 번역하는 어떤 '과도함'에 대해서는 생각해볼 부분이 있다는 게 개인적인 생각이다. 물론 이에 대해서는 이견의 여지가 있을 수 있으니, 판단은 전적으로 독자에게 맡긴다. 다음으로 네 번째 문장을 검토해보자:

> ④ Tous ces symptômes, disent-ils, traduisent une même maladie, tous ces effets ont une seule cause. (불어본, 7쪽)

국역본은 이 문장을 다음과 같이 옮기고 있다:

> ④ 이 모든 징후들은 동일한 병증에 관한 이야기이며, 그 병증으로 인해 나타나는 모든 결과의 단 한 가지 원천에 관한 이야기를 하고 있는 것이다. (국역본, 7쪽)

이에 대한 나의 번역: "그들은 이 모든 증상들이 동일한 병증을 드러내는 것이라고, 즉 이 모든 결과들은 오직 단 하나의 원인을 갖는 것이라고 말한다." 어떤 차이가 있는가. 역자가 '이야기를 하다'라는 동사구를 사용해 번역함으로써 이 문장이 띠고 있는 '간접적 인용'의 의미를 살리려고 했는지는 모르겠지만, 이 문장 자체로만 본다면 이 말이 "그들"—철학자와 사회학자와 정치학자와 정신분석가와 언론인과 작가들—의 어법이라는 뉘앙스가 제대로 살아나지 않는다. 바로 "그들"이 "동일한 병증"과 "단 하나의 원인"에 대해 말하는 것이지, 랑시에르 자신이 그렇게 단정적으로 규정하는 게 아니다. 그렇다면 불어 원문의 삽입구 "disent-ils"의 뉘앙스, 이것이 번역 안에서 살아나야 하지 않겠는가. 첫 번째 단락의 마지막 문장인 (이제 겨우!) 다섯 번째 문장으로 넘어가도록 하자:

> ⑤ Celle-ci s'appelle démocratie, *c'est-à-dire* le règne des désirs illimités des individus de la société de masse moderne. (불어본, 7쪽)

> ⑤ 현대 사회의 대중, 즉 사회 속의 개인이 지닌 무한 욕구를 기저로 작동하는 지배체제, 세칭 민주주의가 그 근원인 것이다. (국역본, 14쪽)

이에 대한 나의 번역은 이렇다: "이 원인은 곧 민주주의라고 불리는 것, 다시 말해 현대 대중사회의 개인들이 지니고 있는 무한한 욕망들이 지배하는 체제라는 것이다." 먼저 지적할 것은 앞 문장의 "원인cause"과 그것을 이어받고 있는 대명사 "celle-ci"의 경우, 국역본에서 이를 굳이 각각 "원천"과

"근원"으로 다르게 번역할 필요가 있었는가 하는 점이다. 또한 "무한 욕구를 기저로 작동하는"이라는 번역 역시 다소 과도한 것으로 여겨진다. 하지만 여기서 가장 중요한 문제는 두 가지이다: 첫째, 앞서 네 번째 문장에서 지적했던 문제와 마찬가지로, 여기서도 '간접적 인용'의 뉘앙스가 전혀 살아나지 못하고 있다. 곧, "근원인 것이다"라고 확정적이며 규정적인 어미를 쓸 것이 아니라 "체제라〔고 말하〕는 것이다"처럼 이 말이 "그들"의 어법임을 번역 안에서 보다 분명하게 드러내야 하는 것이다. 둘째, "현대 사회의 대중, 즉 사회 속의 개인"이라는 번역은 두 가지 의미에서 오역이다. 먼저 이 부분에서 "현대 사회의 대중"과 "사회 속의 개인"을 동격으로 번역했다는 것은 곧 불어 원문에서 "de"가 지닌 의미 관계를 잘못 해석했다고밖에 볼 수 없는, 가장 초보적인 실수라고 할 수 있겠다. "individus de la société de masse moderne"은 그 자체로 단순히 "현대 대중사회의 개인들"이라고 옮기면 되는 것이다. 다음으로 이와 관련하여, 불어 "c'est-à-dire"가 서로 동격으로 연결시켜 주고 있는 것은 "현대 사회의 대중"과 "사회 속의 개인"이 아니라, "민주주의démocratie라고 불리는 것"과 욕망이 지배하는 "체제règne"인 것이다. 참고로 영역본에서 이 부분에 대한 번역은 다음과 같다:

> ⑤ This cause is called democracy, that is, the reign of the limitless desire of individuals in modern mass society. (영역본, 1쪽)

영역본에서도 일견 사소해 보이는 문제가 있다. 불어 원문에서 랑시에르가 이탤릭체로 강조하고 있는 부분을 전혀 강조 없이 그대로 쓰고 있다는 점이 바로 그것인데(이 점에 있어서만은 국역본이 원문의 강조를 잘 따르고 있다), 여기서도 "that is"라는 어구가 강조되어 있지 않음을 확인할 수 있다.

2. 서론의 두 번째 단락에 대하여

다음으로 두 번째 단락을 살펴보겠다. 이 단락은 모두 여덟 개의 문장으로 이루어져 있다. 이하, 경우에 따라서는 편의상 몇 개의 문장들을 한번에 묶어서 검토해볼 것이다. 먼저 첫 번째 문장:

> ① Il faut bien voir ce qui fait la singularité de cette dénonciation. (불어본, 7쪽)

> ① 우리는 무엇이 이같은 비난의 기괴함을 생성시키는지 제대로 식별해야 한다. (국역본, 15쪽)

이에 대한 나의 번역은 이렇다: "이러한 비난의 특이함을 이루고 있는 것이 무엇인지 살펴봐야 한다." 여기서 명시적으로 문제가 되는 것은 바로 "singularité"에 대한 번역어인데, 이 문장은 앞에서 서술한 민주주의에 대한 고발과 비난이 갖는 '독특한' 성격을 살펴보는 것이 문제가 된다는 맥락이므로, 이를 단순히 사전적 의미에 대한 도착적인 일대일 대응에 가까운 방식으로 "기괴함"이라고만 옮긴 것은 내게 그 자체로 '기괴한' 번역으로 여겨지는 것이다. 다음으로 두 번째, 세 번째, 네 번째 문장을 한 번에 묶어서 살펴보자:

> ② La haine de la démocratie n'est certes pas une nouveauté. ③ Elle est aussi vieille que la démocratie pour une simple raison: le mot lui-même est l'expression d'une haine. ④ Il a d'abord été une insulte inventée, dans la Grèce antique, par ceux qui voyaient la ruine de tout ordre légitime dans l'innommable gouvernement de la multitude. (불어본, 7쪽)

> ② 물론 민주주의에 대한 증오가 신선한 화두는 아니다. ③ 단순한

> 존립근거에 기반한 민주주의만큼이나 이에 대한 증오 역시 오랜 세월 쌓여왔다. 그렇기에 이 용어는 생성과 동시에 용어 자체에 증오심이 내재되어 있었던 것이다. ④ 최초에 이 용어는 고대 그리스에서 발명되었는데, 거기에는 극천박한 대중정부에 의해서 정당한 위계질서가 철저히 붕괴되는 것을 목도한 그리스인의 경멸이 담겨 있었던 것이다. (국역본, 15쪽)

이 부분 역시 계속해서 문제가 속출하는 번역이다. 일단 이에 대한 나의 번역은 다음과 같다: "물론 민주주의에 대한 증오는 새로운 것이 아니다. 이러한 증오는 민주주의만큼이나 오래된 것인데, 그 이유는 단순하다: 민주주의라는 단어 자체가 하나의 증오를 표현하는 말이기 때문이다. 원래 이 단어는 고대 그리스에서 대중의 지배라는 천박한 형태를 통해 합법적인 모든 질서가 붕괴되는 것을 목격한 이들이 만들어낸 일종의 욕설이었던 것이다." 국역본의 두 번째 문장에서 "화두"라는 멋진(하지만 원문에서는 그 근거가 없는) 표현은 그대로 음미하면서 넘어가도록 하자. 세 번째 문장에서 "단순한 존립근거"라고 옮겨진 것은 아마도 불어 원문의 "simple raison"의 번역으로 보이는데, 이는 말 그대로 "단순한 이유"라는 뜻이다(이러한 '단순한 이유'에도 엄청난 '철학적' 무게를 부여하는 역자의 습관을 우리는 앞서도 "nature"의 번역에서 보았고 앞으로도 종종 목격하게 될 것이다). 민주주의에 대한 증오는 민주주의 자체만큼이나 오래되었다는 것, 그 이유는 단순하다는 것, 그것뿐이다. 왜냐하면 본래 '민주주의'라는 말 자체가 고대 그리스인들에게는 일종의 욕설이었기 때문이다. 우리가 이 "단순한 이유"를 국역본의 번역을 통해서 과연 알 수 있을까. 이러한 '단순한 이유'에 "존립근거"라는 '무게감' 넘치는 단어가 개입할 여지는 전혀 없어 보인다. 네 번째 문장에서는 역자가 '한국어 문장'을 만들어내는 방식 자체에 개인적으로 불만이 있지만, 지금 이러한 논의의 맥락에서 그러한 '미학적' 고려는 오히려 사치스러운 것으로 여겨지는 것이다. 바로 다섯 번째 문장으로 넘어가겠다:

⑤ Il est resté synonyme d'abomination pour tous ceux qui pensaient que le pouvoir revenait de droit à ceux qui y étaient destinés par leur naissance ou appelés par leurs compétences. (불어본, 7~8쪽)

⑤ 또한 이 용어는 사람의 권능에 비례해서 호칭되고 출신가문에 의해 운명이 결정되었던 사람들의 권한으로부터 탈피하는 것만이 진정한 권력이라고 여기는 사람들에 대한 혐오와 동의어로 남아 있다. (국역본, 15쪽)

이에 대한 나의 번역부터 제시해본다: "권력은 그것을 태생적으로 갖고 태어난 사람들이나 그것을 차지할 만한 능력을 가진 사람들에게 주어지는 것이 당연하다고 생각했던 모든 이들에게, 민주주의라는 단어는 혐오와 동의어로 남아 있었다." 이와 비교하여 국역본의 번역을 살펴보자. 국역본의 번역 중에서 "권한으로부터 탈피하는 것만이 진정한 권력"이라는 구절은 원문 중 어떤 부분으로부터 '추출'된 것인지 도저히 알 수가 없었는데, 굳이 애써 역자의 입장에서 추측해보자면, 역자가 동사 'revenir'에 연결되는 전치사를 'à'가 아니라 'de'로 잘못 파악하여 그것을 '탈피하다'로 해석한 것이라고밖에 이해가 되지 않는다. 불어 원문에서 "de droit"는 하나의 부사구로 파악하여 '당연히' 또는 '권리상' 등의 의미로 해석해야 하며, 동사 'revenir'는 전치사 'à'와 연결하여 '주어지다' 또는 '속하다', '귀속되다' 정도의 의미로 새겨야 한다. 이러한 문법적 측면을 파악하지 못한 역자가 그 당연한 귀결로서 전치사 "pour"의 의미를 '~에게'가 아니라 '~에 대한'이라는 뜻으로 오해하여 민주주의에 대한 저 '어원적'인 증오를 엉뚱하게도 "권한으로부터 탈피하는 것만이 진정한 권력이라고 여기는 사람들에 대한 혐오"라고 옮기는 웃지 못할 희극이 발생한 것이다. 나 같은 '비전문 번역가'도 간단히 지적할 수 있는 부분을 '전문 번역가'가 오역할 수밖에 없었다는 사실은 실로 하나의 얄궂은 모순이 아니겠는가. 참고로 이를 번역한 영역본의 부분을 옮겨보면 다음과 같다:

⑤ It remained synonymous with abomination for everyone who thought that power fell by rights to those whose birth had predestined them to it or whose capabilities called them to it. (영역본, 2쪽)

영역본에서도 'revenir à'를 'fall to'로, 또한 'de droit'를 'by rights'로 해석하고 있음을 알 수 있을 것이다. 이어서 여섯 번째 문장으로 넘어가보자:

⑥ Il l'est encore aujourd'hui pour ceux qui font de la loi divine révélée le seul fondement légitime de l'organisation des communautés humaines. (불어본, 8쪽)

⑥ 그런데도 이 용어는 인간 공동체 편재의 유일한 합리적 근거로서 인정받는 신성한 율법을 공부하는 사람들을 위해서 지금까지도 존속하고 있다. (국역본, 15쪽)

나의 번역: "신성한 계시적 법만이 인간 공동체를 조직하는 유일한 합법적 토대라고 여기는 사람들에게 민주주의라는 단어는 오늘날에도 여전히 혐오와 동의어이다." 이에 대한 국역본의 번역은—지금까지 살펴본 대부분의 번역과 마찬가지로—상당히 부정확하다. 먼저 "조직organisation"을 "편재遍在"라는 단어로 옮긴 것으로 보이는데, 이렇게 번역한 합당한 이유를 전혀 찾을 수 없다(다만, 한 가지 생각해볼 수 있는, '어이없지만' 가능한 경우는, 이 번역어가 "편재"가 아닌 "편제編制"일 경우인데, '遍在'라고 당당히 한자까지 병기해 밝히고 있는 것으로 볼 때 이는 단순한 '실수'라기보다는 오히려 번역자나 편집자의 어떤 '오해'에서 빚어진 결과가 아닐까 하는 생각이 든다). 그리고 "신성한 율법을 공부하는 사람들"이라니? "율법"은 "loi"의 번역어라고 생각한다 해도, 여기서 '공부하다'라는 의미가 어떻게 도출되는지는 전혀 알 수 없다. 마지막으로 역자가 단순히 "지금까지도 존속하고 있다"라고만 번역한 부분은 불어 원문에서 "il l'est encore aujourd'hui"라는 구절로, 여기서 생략된 부분을 '복원'해보자면, 'il est 〔resté〕 synonyme d'abomination encore aujourd'hui'가 될 텐데, 이는 "오늘날에도 여전히 혐오와 동의어이다"라는 뜻이 되는 것이다. 영역본(2쪽)에서도 이와 비슷하게 생략 용법을 쓰고 있음은 물론이다. 다음으로 일곱 번째 문장과 여덟 번째 문장을 함께 살펴보도록 하자:

> ⑦ La violence de cette haine est certes d'actualité. ⑧ Ce n'est pourtant pas elle qui fait l'objet de ce livre, pour une simple raison: je n'ai rien en commun avec ceux qui la profèrent, donc rien à discuter avec eux. (불어본, 8쪽)

> ⑦ 그런데 이 체제 증오에 대한 반발성 맹위는 분명히 현안문제가 되고 있다. ⑧ 그렇다고 해서 이 맹위를 본서의 대상으로 삼지는 않을 것이다. 이유는 간단하다. 필자는 이 맹위를 비방하는 사람들과 공감대를 갖고 있지 않으므로 그들과 논쟁할 필요도 없기 때문이다. (국역본, 15쪽)

이에 대한 나의 번역은 이렇다: "물론 이러한 증오가 지닌 폭력성은 현재적인 문제이다. 하지만 그러한 폭력성이 이 책의 대상은 아닌데, 그 이유는 단순하다: 나는 그러한 폭력성에 대해 크게 떠벌리는 사람들과는 아무런 공통점도 없으며, 따라서 그들과 함께 토론할 것도 전혀 없기 때문이다." 여기서 문제가 되는 것은 "la violence de cette haine"의 번역인데, 국역본에서는 이를 "이 체제 증오에 대한 반발성 맹위"라고 옮기고 있다. 도대체 무슨 뜻일까? 일단 "반발성 맹위"를 "violence"에 대한 번역어로 본다면, 이것은 "체제 증오"에 대해 반발하고 있다는 뜻이 될 텐데, 여기서는 오히려 "이러한 증오가 지닌 폭력성"으로 번역하는 것이 더 적절할 것이다. 잠시 해당 부분을 영역본에서 참조해보자면(2쪽) 이를 "the violence of this hatred"로 번역하고 있음을 알 수 있다(당연한 말이겠지만, 특히나 이런 경우에 있어서는 더욱 영어가 불어 번역에 참 '적합한' 언어라는 점을 새삼 '가슴 아프게' 깨닫게 되는데, 'de'를 단순히 'of'로 바꾸기만 하면 되니 오죽 편하겠는가). 또한 영역본에서는 불어의 "avec ceux qui la profèrent"를 "with those that spread it"라고 옮기고 있는데, 나는 이를 불어에 기준하여 "그러한 폭력성에 대해 크게 떠벌리는 사람들과"로 번역하였다는 점을 첨언해둔다. 또 하나 지적하자면, 여기서 국역본의 역자는 "simple raison"을 "이유는 단순하다"라는 구절로 잘 번역하고 있는데, 왜 앞의 문장에서는 "존립근거"라는 엄청난 말을 썼던 것일까. 이 부분과 그 부분을 다른 뜻으로 생각했다는 말인가.

3. 서론의 세 번째 단락에 대하여

다음으로 세 번째 단락을 살펴보고자 한다. 이 단락은 모두 열 개의 문장으로 구성되어 있는데, 그 첫 번째 문장부터 검토해보자:

> ① À côté de cette haine de la démocratie, l'histoire a connu les formes de sa critique. (불어본, 8쪽)

> ① 역사는 민주주의에 대한 증오, 즉 민주체제에 관한 비판 형국을 경험해왔다. (국역본, 15~16쪽)

나의 번역: "민주주의에 대한 이러한 증오와 더불어, 우리는 역사 속에서 민주주의에 대한 여러 비판의 형식들 또한 경험했다." 여기서 국역본의 번역이 문제가 되는 것은 전혀 동격이 될 수 없는 "민주주의에 대한 증오"와 "민주체제에 관한 비판"을 서로 동격으로 놓고 있기 때문이다. 이 문장의 의미는, 앞서 서술한 민주주의에 대한 증오와 나란히 민주주의에 대한 비판의 형식들에 대해서도 또한 말하고자 한다는 점이다. 이 차이점은 섬세하게 구분되어야 한다. 두 번째 문장과 세 번째 문장을 살펴보자:

② La critique fait droit à une existence, mais c'est pour lui assigner ses limites. ③ La critique de la démocratie a connu deux grandes formes historiques. (불어본, 8쪽)

② 민주체제를 비판할 수 있는 권리는 존재했었지만 그 한도는 있게 마련이었다. ③ 역사적으로 볼 때, 민주주의에 대한 비판은 이 체제의 두 가지 주요 양상을 혹평한 것이다. (국역본, 16쪽)

이 역시 치명적인 실수를 안고 있는 번역이라고 아니 할 수 없다. 일단 이에 대한 나의 번역을 제시해본다: "이러한 비판은 〔민주주의라는〕 존재에는 정당성을 부여하지만, 그것은 그 존재의 한계를 정하기 위한 것이다. 민주주의에 대한 비판에는 역사적으로 크게 두 가지의 형태가 있어왔다." 이와 국역본의 번역을 비교해보라. 먼저 "민주체제를 비판할 수 있는 권리는 존재했었지만 그 한도는 있게 마련이었다"라는 번역을 보면 역자가 '역사적' 민주주의의 '역사성' 그 자체를 인식하지 못하고 지극히 '민주주의적'인 이데올로기 안에 속한 채로 이 문장을 대했다는 사실을 알 수 있다. 원문을 보면, 민주주의에 대한 비판 행위 자체에 어떤 한계가 존재하는 것이 아니다. 민주주의에 대한 비판은 민주주의라는 존재 그 자체의 정당성은 인정한다는 것이다. 다만 그렇게 민주주의라는 존재의 정당성을 인정한다고 해도, 민주주의에 대한 비판은 오직 민주주의라는 체제의 한계를 명확히 하기 위해서만 그렇게 한다는 뜻이다. 따라서 국역본의 번역은 완전한 오독이라고 할 수 있다. 이어지는 문장도 오역이기는 마찬가지이다. 민주주의에 대한 비판이 민주주의 체제가 지닌 두 가지 양상을 비판하고 있는 것이 아니라, 역사적으로 봤을 때 그러한 비판의 형식에는 크게 두 가지가 존재했다는 뜻이 되는 것이다. 조금 길지만, 네 번째 문장과 다섯 번째 문장을 함께 살펴보도록 하자:

④ Il y a eu l'art des législateurs aristocrates et savants qui ont voulu

> composer avec la démocratie considérée comme fait incontournable. ⑤ La rédaction de la constitution des États-Unis est l'exemple classique de ce travail de composition des forces et d'équilibre des mécanismes institutionnels destiné à tirer du fait démocratique le meilleur qu'on en pouvait tirer, tout en le contenant strictement pour préserver deux biens considérés comme synonymes: le gouvernement des meilleurs et la défense de l'ordre propriétaire. (불어본, 8쪽)
>
> ④ 거부할 수 없는 실세로 인정받고 있던 민주주의와 타협하길 원하던 귀족출신 의원들 및 학자들의 계략이 그 한 양상이다. ⑤ 또 다른 양상은 미국 헌법제정에 관한 것인데, 이는 민주주의라는 실제로부터 짜낼 수 있는 최선의 개념 추출을 지향하는 제도적 메커니즘의 전형으로서, 추출된 개념 모두 두 가지 축을 보존하기 위해서 엄정한 심사를 거친 후에 미국 헌법의 토대를 이루었는데, 양대 축이란 최선 정부와 소유자 위계질서의 수호를 의미하는 것으로 볼 수 있다. (국역본, 16쪽)

이쯤 되면 이것이 정말 '번역'인지 '반역'인지 헷갈리는 지점까지 오게 된다. 이에 대한 나의 번역을 제시해보자면 다음과 같다: "먼저 귀족과 학자들로 이루어진 입법자들의 비판 방식을 들 수 있는데, 이들은 민주주의를 불가피한 현실로 여기고 이와 타협하고자 했다. 미국 헌법의 작성은 민주주의라는 현실로부터 얻을 수 있는 최선을 끌어내고자 힘들을 구성하고 제도적 기구들 사이의 균형을 맞추려는 이러한 시도의 고전적 사례일 텐데, 이는 동의어로 간주되는 두 개의 선善, 곧 최선의 정부와 소유 질서의 수호라는 두 개의 선을 보존하기 위해 민주주의를 엄격히 한정하는 것이었다." 이와 비교해볼 때 국역본의 번역이 지닌 가장 큰 문제점은 바로 내용 측면에 있다. 앞의 문장들을 제대로 번역하지 못하니 어쩔 수 없이 이어지는 이 문장들 역시 문제가 생길 수밖에 없는 것인데, 네 번째 문장과 다섯 번째 문장이 대표하는 것은 민주주의에 대한 비판이 지닌 두 "양상"이 결코 아니다. 단지 이 네 번째 문장과 다섯 번째 문장은 앞서 수정한 번역에서 이야기했던 민주주의에 대한 비판의 두 가지 역사적 형식 중 하나에 대해서만 말하고 있는 것이다(두 번째 비판의 형식은 이에 뒤이어 마르크스와 함께 등장하게 되는데, 곧 함께 살펴보자). 국역본의 번역 중 다섯 번째 문장에서 "추출된 개념 모두 두 가지 축을 보존하기 위해서 엄정한 심사를 거친 후에"라는 표현이 나오는데, 이러한 표현이 원문의 어느 부분에서 "추출"되었는지를 가늠하기란 "엄정한 심사"를 거친다 해도 지극히 불가능한 것으로 보인다. 참고로 네 번째 문장의 영어 번역만을 옮겨보자면 다음과 같다:

> ④ There was the art of aristocratic legislators and experts who strove to make a compromise with democracy, viewed as a fact that could not be ignored. (영역본, 2쪽)

영역본에서 이 문장만을 인용한 이유는 불어의 "législateurs aristocrates et savants"과 그 영어 번역인 "aristocratic legislators and experts"를 비교하기 위해서인데, 개인적인 관점으로는 나의 번역("귀족과 학자들로 이루어진 입법자들")도 가능한 것이라고 생각된다. 이 부분을 영역본을 통해 중역해본다면, "귀족으로 이루어진 입법자들과 전문가들" 정도로 옮길 수 있을 텐데, 불어를 통한 번역과 영어를 통한 번역이 서로 차이가 날 수 있는 이유는 불어 원문의 "savants"을 독립된 복수명사로 볼 것인가 아니면 앞의 "législateurs"를 꾸미는 형용사의 복수 형태로 볼 것인가에 따라 해석의 차이가 있을 수 있기 때문이다. 물론 전자의 경우를 선택하여 "귀족으로 이루어진 입법자들과 학자들" 정도로 번역하는 것이 보다 '일반적'일 것 같기는 하지만 말이다. 국역본의 번역 또한 "귀족출신 의원들 및 학자들"이라고 옮김으로써 이러한 '해석'을 따르고 있음은 물론이다. 다음으로, 다소 긴 문장들이지만, 여섯 번째 문장부터 열 번째 문장까지의 번역을 한 번에

살펴보도록 하자:

> ⑥ Le succès de cette critique en acte a tout naturellement nourri le succès de son contraire. ⑦ Le jeune Marx n'a eu aucun mal à dévoiler le règne de la propriété au fondement de la constitution républicaine. ⑧ Les législateurs républicains n'en avaient fait nul mystère. ⑨ Mais il a su fixer un standard de pensée qui n'est pas encore exténué: les lois et les institutions de la démocratie formelle sont les apparences sous lesquelles et les instruments par lesquels s'exerce le pouvoir de la classe bourgeoise. ⑩ La lutte contre ces apparences devint alors la voie vers une démocratie "réelle", une démocratie où la liberté et l'égalité ne seraient plus représentées dans les institutions de la loi et de l'État mais incarnées dans les formes mêmes de la vie matérielle et de l'expérience sensible. (불어본, 8~9쪽)

> ⑥ 이 같은 구도 속에서 행해진 민주체제에 관한 비판은 성공을 거두었고, 너무나 자연스럽게 반민주주의 세력의 성공 자양분이 되어왔던 것이다. ⑦ 젊은 마르크스는 공화주의 체제의 기본 원리인 소유권 지배구조를 파헤치는 작업에 거리낌이 없었다. ⑧ 게다가 공화국 의원들 누구도 이 사실을 은폐할 수 없었다. ⑨ 여하튼 마르크스는 지금도 소진되지 않고 있는 표준 이념을 확립하는 법을 알고 있었다. 그는 형식에 얽매인 민주주의의 법과 제도가 부르주아 계급의 권력행사 매개체에 불과하며, 이런 영향력하에서 법과 제도는 겉치레에 불과하다고 파악했었다. ⑩ 자유와 평등의 민주주의가 더 이상 국가 및 법에 근거한 체제를 대표하지 못했을 때 겉치레에 대한 투쟁은 "진정한" 민주주의를 향한 방안이 되었지만, 감각적 경험법칙과 금전본위의 생활양식에 의해서 민주주의는 정형화되었다. (국역본, 16~17쪽)

이 부분의 번역을 한번에 살펴보는 이유는, 첫째, 이 문장들이 앞서 살펴본 민주주의에 대한 비판의 두 형식 중 두 번째 비판을 이루고 있는 것들이며, 둘째, 또한 그러한 의미에서 이 문장들을 맥락과 연결을 파악해 함께 독해하는 것이 중요하기 때문이다. 이 부분에서도 국역본은 몇 가지 치명적 오역을 행하고 있는데, 일단 이에 대한 나의 번역을 제시해보자면 다음과 같다: "이러한 실제적 비판이 거둔 성공은 너무도 자연스럽게 다른 비판의 성공 또한 북돋웠다. 청년 마르크스는 공화주의 헌법을 토대로 하는 소유의 지배 체제를 별 어려움 없이 폭로할 수 있었던 것이다. 공화주의 입법자들 또한 이러한 점을 전혀 숨기지 않았다. 하지만 마르크스는 여전히 고갈되지 않는 사유의 한 전범을 확립할 수 있었는데, 형식적 민주주의의 법과 제도란 부르주아 계급의 권력이 작동하는 허울뿐인 도구라는 생각이 바로 그것이다. 이러한 허울뿐인 제도에 대한 투쟁은 따라서 '진정한' 민주주의로 향하는 길이 되었는데, 여기서 민주주의란, 자유와 평등이 더 이상 법과 국가라는 제도들 안에서 대표〔표상〕되는 것이 아니라 물질적 삶과 감각적 경험이라는 형식 자체 안에서 구현되는 체제를 의미하는 것이었다." 이 번역은 국역본의 번역과 비교했을 때 몇 가지 결정적 차이점을 드러낸다. 첫째, 여섯 번째 문장에서 국역본이 너무나도 쉽게 "반민주주의 세력"이라고 번역하고 있는 "son contraire"는 꼭 그렇게까지 번역할 '필요'가 없다. 여기서 미국의 헌법이라는 사례가 민주주의 비판의 한 형식이라면, 마르크스의 '민주주의 비판'은 그와는 다른 '두 번째' 형식을 이루고 있는 것이다. 따라서 "다른 〔쪽의〕 비판" 또는 "반대쪽의 비판"이라고 번역하면 될 것을 굳이 "반민주주의 세력"이라고 다소 '강한' 어조로 옮기고 있는 것은 마르크스에 대한 역자의 개인적 '편견'을 은연중에 드러내고 있는 것이 아닐까 하는 느낌을 지울 수 없는 것이다(그런데 만약 이것이 정말 역자가 지닌 '선입견'이라고 한다면, 그것은 랑시에르의 책을 번역하는 '전문 번역가'가 품을 법한 견해라고 하기엔 너무도 '나이브한' 것이 아니겠는가). 둘째, 역시나 여섯 번째 문장에서 국역본이 "이 같은 구도 속에서 행해진 민주체제에 대한 비판"이라고 다소 풀어서 의역한 구절의 원문은 "critique en acte"인데 이는 간단히 말해 '작동/진행 중인 비판'을 의미하는 것으로서, 나는 이를 단순히 "실제적 비판"으로만 옮겼지만, 보다 더 좋은 번역어도 생각해 볼 수 있을 것이다. 셋째, 이는 '뉘앙스'의 문제라고도 할 수 있겠는데, 일곱 번째 문장에서 "파헤치는 작업에 거리낌이 없었다"라고 옮긴 국역본의 문장은 "별 어려움 없이 폭로할 수 있었다" 정도의 마무리로 바뀌는 것이 더 적절할 것으로 보이는데, 왜냐하면 국역본의 번역대로 이러한 마르크스의 비판 형식은 미국 헌법의 비판이라는 전자의 형식으로부터 '자양분을 얻고〔nourrir〕' 있기 때문이다. 넷째, 여덟 번째 문장에서 "게다가 공화국 의원들 누구도 이 사실을 은폐할 수 없었다"라고 '수동적으로' 옮겨진 문장은 "공화주의 입법자들 또한 이러한 사실을 전혀 숨기지 않았다"라는 좀 더 '능동적인' 문장으로 대체될 필요가 있겠는데, 이 부분이 의미하는 바가 그들이 '은폐하고 싶었으나 은폐하지' 못했다는 것이 아니라 그들 스스로가 전혀 숨기지 않았다는 것이기 때문이다. 다섯째, 아홉 번째 문장의 번역과 관련하여 한 가지 '충고'하고 싶은 것은, "매개체"라는 단어가, 특히나 그 번역이 철학적이고 이론적인 저작을 그 대상으로 하는 경우에는 더욱더, 쉽게 마음대로 사용해서는 안 되는 번역어라는 점이다. 하물며 "매개체"로 '직접' 번역될 수 있는 단어를 원문에서 전혀 찾아볼 수 없음에야. 여섯째, 이것이 이 부분의 번역에서 가장 핵심적인 문제점일 텐데, 열 번째 문장의 번역은 완전히 뜯어고쳐야 할 것으로 보인다. 다시 나의 번역으로 돌아가 보자면, 이는 "이러한 허울뿐인 제도에 대한 투쟁은 따라서 '진정한' 민주주의로 향하는 길이 되었는데, 여기서 민주주의란, 자유와 평등이 더 이상 법과 국가라는 제도들 안에서 대표〔표상〕되는 것이 아니라 물질적 삶과 감각적 경험이라는 형식 자체 안에서 구현되는 체제를 의미하는 것이었다"로 옮겨져야 할 것이다. 왜 그런가? 왜냐하면, 국역본의 번역대로 "자유와 평등의 민주주의가 더 이상 국가 및 법에 근거한 체제를 대표하지 못했을 때", 바로 그때, 투쟁이 "진정한" 민주주의를 향하는 길로 바뀌게 되는 것이 아니기 때문이다. 국역본의 역자가 "~하지 못했을 때"라고 마치 부정적인 조건처럼 옮긴 이 부분은, 사실 원문에서 "진정한" 민주주의의 내용

중 하나인 것이다. 곧 여기서 말하는 "진정한" 민주주의란, 첫째, "자유와 평등이 더 이상 법과 국가라는 제도 안에서 대표〔표상〕"되어서는 안 되는 것이며, 둘째, 또한 "물질적 삶과 감각적 경험이라는 형식 자체 안에서 구현"되어야 하는 것이기 때문이다. 따라서 국역본에 나오는 "감각적 경험법칙과 금전본위의 생활양식에 의해서 민주주의는 정형화되었다"라는 문장은 원문에서 그 근거를 찾아볼 수 없는 수수께끼 같은 말이 되고 있다. 결국 역자는 "물질적 삶과 감각적 경험"이라고 하는 "진정한" 민주주의의 구현 '조건'을 오히려 민주주의가 지닌 '부정적' 결함으로 거꾸로 해석해내고 있는 것이다. 이를 어찌 할 것인가. 이와 관련하여 한 가지 언급하고 넘어갈 것은, 영역본이 이 마지막 열 번째 문장 중 "dans les institutions de la loi et de l'État"를 〔단지〕 "in the institutions of law and State"로〔만〕 번역하고 있다는 점이다. 곧 불어에서는 "법"과 "국가"가 "제도들"을 수식하고 있는 구조가 명확하지만 영어 번역으로만 봤을 때 이는 다소 불명확할 수도 있는 것이다. 이는 영어 번역 그 자체에서는 별 문제가 안 되지만 이를 중역해서 한국어로 옮길 경우에는 사소한 것이긴 하나 자칫 문제가 될 수도 있는 부분이다. 곧 이 부분은 "법과 국가라는 제도들 안에서"로 번역되어야지 "법 제도와 국가 안에서"로 번역되어서는 안 된다.

4. 서론의 네 번째 단락에 대하여

이어서 서론의 네 번째 단락을 검토해보도록 하자. 네 번째 단락은 모두 열 개의 문장들로 이루어져 있다. 먼저 첫 번째 문장:

> ① La nouvelle haine de la démocratie qui fait l'objet de ce livre ne relève proprement d'aucun de ces modèles, même si ells combine des éléments empruntés aux uns et aux autres. (불어본, 9쪽)

> ① 이 책의 화두 민주주의에 대한 미숙한 증오는 민주체제의 어떤 모

델에 대해서도 관대하게 기술하진 않을 것이다. 비록 각각의 증오들이 어색하게 결부되어 있을지라도. (국역본, 17쪽)

이에 대한 나의 번역은 이렇다: "이 책의 대상이 되는 민주주의에 대한 새로운 증오는, 비록 그것이 앞의 두 모델들〔미국 헌법의 사례와 마르크스의 사례〕로부터 차용한 요소들을 서로 결합하고 있는 것이긴 하지만, 그 두 모델 중 그 어디에도 정확히 귀속되지는 않는다." 이와 비교했을 때 국역본의 번역에서 문제가 되는 부분은 무엇인가? 첫째 질문, 'nouveau/nouvelle'라는 형용사를 "미숙한"이라고 옮기고 있는 이유는 무엇인가(민주주의에 대한 증오가 '미숙한' 것이 아니라 정작 '미숙한' 것은 따로 있는 것이 아닐까). 둘째 질문, "관대하게 기술하진 않을 것이다"라는 또 하나의 '창조적'인 번역의 원문은 어디에 있는가. 셋째 질문, "어색하게 결부되어"라는 번역의 원문을 애써 찾아보자면 그것은 아마도 "empruntés"가 될 듯한데, 이것이 "차용한"이라는 뜻으로 번역되어야 한다는 사실을 정말 역자는 몰랐던 것일까(그러므로 또한 이 역시도 "증오들이 어색하게 결부되어" 있는 것이 아니라 정작 '어색하게 결부되어' 있는 것은 따로 있는 것이 아닐까). 머뭇거릴 것 없이, 바로 다음 문장들로 넘어가도록 하겠다:

> ② Ses porte-parole habitent tous dans des pays qui déclarent être non seulement des États démocratiques, mais des démocraties tout court. ③ Aucun d'eux ne réclame une démocratie plus réelle. ④ Tous nous disent au contraire qu'elle ne l'est déjà que trop. (불어본, 9쪽)

> ② 민주주의 국가뿐만 아니라 민주체제가 급조된 국가들을 포함해서 이들 국가에 존재하는 민주주의의 대변자(혹은 대변기관) 모두 민주주의를 공언한다. ③ 그런데 그들 중 누구도 진정한 민주주의를 강변하지는 않는다. ④ 그럼에도 우리 모두 민주주의가 이미 넘쳐난

다고 말한다. (국역본, 17쪽)

상당히 짧은 문장들이지만, 이들 역시나 오역을 품고 있었으니. 이에 대한 나의 번역은 이렇다: “이 새로운 증오의 대변인들은 모두, 민주주의 국가일 뿐만 아니라 간략히 말해 〔그 스스로〕 민주주의 자체라고 공언하는 나라들에서 살고 있다. 그들 중 그 어느 누구도 보다 진정한 민주주의 같은 것을 요구하지 않는다. 반대로 그들 모두는 우리에게 민주주의가 이미 너무나 충분하다고 말한다.” 이를 국역본과 비교해볼 때 가장 먼저 문제가 되는 것은 불어 “des démocraties tout court”에 대한 번역일 텐데, 국역본은 이를 “민주체제가 급조된 국가들”이라고 옮기고 있다. 하지만 불어 “tout court”는 ‘간략히’, ‘간단히’ 또는 ‘갑자기’ 등의 뜻을 갖는 부사구이다. 따라서 이는 “간략히 말해 〔그 스스로〕 민주주의 자체라고 공언하는 나라”로 번역하는 것이 더 합당해 보인다. 둘째, 동사 ‘réclamer’를 굳이 ‘강변하다’로 번역해야 했을까 하는 물음은 그냥 넘어가도록 하자. 셋째, 이 문제는 문법에 있어서 가장 초보적인 실수를 노출하고 있는 부분이라고 할 텐데, “tous nous disent”를 “우리 모두 〔……〕 말한다”로 번역하고 있는 국역본의 번역이 바로 그것이다. 만약 국역본의 번역처럼 옮겨지려면 불어 원문은 “tous nous disons”이 되어야 할 것이다. 곧 “disent”가 동사 ‘dire’의 3인칭 복수 현재 형태이므로, 주어는 “우리nous 모두”가 아니라 “그들 모두tous”가 되어야 하며 “nous” 또한 여격으로 봐야 하는 것이다. 민주주의는 이미 충분하며 넘쳐나기까지 한다고 ‘우리 모두’가 말하는 것이 아니라 ‘그들 모두’가 ‘우리에게’ 그렇게 말하는 것이다. 이어서 다섯 번째 문장을 살펴보자:

⑤ Mais aucun ne se plaint des institutions qui prétendent incarner le pouvoir du peuple ni ne propose aucune mesure pour restreindre ce pouvoir. (불어본, 9쪽)

> ⑤ 그래서 그 누구도 대중 권력을 구현하고 있다고 주장하는 이 체제에 대해 불평하지 않으며, 이 권력을 제한하기 위한 어떠한 방안도 제시하지 않는다. (국역본, 17쪽)

이 부분에 관해서는 크게 할 말은 없다(이런 문장은 서론을 통틀어 거의 처음이 아닐까). 다만, 나의 번역을 옮겨보자면 다음과 같다: "하지만 그들 중 누구도 인민의 권력을 구현하고 있다고 주장하는 제도들에 대해 불평을 하지도 않고 그러한 권력을 제한하기 위한 어떠한 조치도 제안하지 않는다." 다음 문장들로 넘어간다:

> ⑥ La mécanique des institutions qui passionna les contemporains de Montesquieu, de Madison ou de Tocqueville ne les intéresse pas. ⑦ C'est du peuple et de ses mœurs qu'ils se plaignent, non des institutions de son pouvoir. ⑧ La démocratie pour eux n'est pas une forme de gouvernement corrompue, c'est une crise de la civilisation qui affecte la société et l'État à travers elle. (불어본, 9쪽)

> ⑥ 몽테스키외, 메디슨, 토크빌과 그 동시대인을 열광시켰던 제도적 장치가 현대인들의 관심을 끌지는 못하고 있는 것이다. ⑦ 세인들이 불평하는 것은 사람들의 품행과 그 사람들일 뿐, 이 체제의 권력구조를 불평하는 것은 아니다. ⑧ 또한 민주주의에 기반한 부패 정부의 존립양상이 문제되고 있는 것이 아니라, 민주주의라는 미명하에 사회와 국가에 영향력을 행사하고 있는 이 문명의 위기가 세인에게 문제되고 있는 것이다. (국역본, 17~18쪽)

이에 대한 나의 번역: "이들은 몽테스키외, 매디슨, 토크빌의 동시대인들을 열광시켰던 제도적 장치에는 관심이 없다. 이들이 불평하는 것은 인민과 그들의 습성이지 인민 권력의 제도들이 아니다. 그들에게 민주주의는 타락한 정부의 형태가 아니라 바로 그 민주주의를 통해 사회와 국가가 겪게 되는 문명의 위기인 것이다." 이와 비교해 국역본의 번역에서 지적할 것은 마지막 여덟 번째 문장이다. "민주주의에 기반한 부패 정부의 존립양상"이라는 이 '창조적'인 번역은 도대체 무엇을 의미하는 것일까(원문에서는 도저히 찾아볼 수 없는 저 "존립양상"이라는 번역어는 앞서 살펴보았던 "존립근거"라는 번역어만큼이나 깊고 무거워 보인다). 또한 지적할 수 있는 것은 "민주주의라는 미명하에 사회와 국가에 영향력을 행사"하는 것이 "문명의 위기"는 아니라는 점이다. 오히려 여기서는 "민주주의" 그 자체가 '저들'에게 "문명의 위기"를 의미한다는 사실이 중요한 점이며 번역에서도 역시 그 점이 부각되어야 하는 것이다. 참고로 이 여덟 번째 문장을 영역본에서는 다음과 같이 옮기고 있다:

> ⑧ For them democracy is not a corrupt form of government; it is a crisis of civilization afflicting society and through it the State. (영역본, 3쪽)

이 영어 번역에서 지적할 것은 두 가지인데, 첫째, 불어 동사 'affecter'의 번역어로 'afflict'를 사용한 것은 너무 '협소한' 선택이 아니었나 하는 점을 먼저 이야기하고 싶다. 둘째로, "through it"을 마치 "국가State"에만 걸리고 "사회society"에는 걸리지 않는 것처럼 번역함으로써 의미에 다소 차이를 가져오게 되었다는 점 또한 첨언하고자 한다. 이어서 다음 문장들로 넘어가 보도록 하자:

> ⑨ D'où des chassés-croisés qui peuvent à première vue sembler étonnants. ⑩ Les mêmes critiques qui dénoncent sans relâche cette Amérique démocratique d'où nous viendrait tout le mal du respect des différences, du droit des minorités et de l'*affirmative action* sapant notre universalisme républicain sont les premiers à applaudir quand

la même Amérique entreprend de répandre sa démocratie à travers le monde par la force des armes. (불어본, 9쪽)

⑨ 전술한 혼란스러움은 일견 놀라워 보일 수도 있다. ⑩ 우리의 공화주의적 보편성을 갉아먹는 **확신에 찬 행위**, 소수의 권한, 각각의 입장 차이에 대한 존중을 우리 스스로 철저히 부정하기 때문에, 미국식 민주주의를 끊임없이 비판하는 비평가들조차도 미국이 무력을 이용해서 미국식 민주주의를 확산시키려는 시도를 할 때 가장 먼저 갈채를 보내는 것이다. (국역본, 18쪽)

이에 대한 나의 번역은 다음과 같다: "따라서 오락가락하는 그들의 모습은 일견 놀랄 만한 일처럼 보일 수도 있다. 차이의 존중, 소수자의 권리, 차별 철폐 조치affirmative action 등 우리〔프랑스〕의 공화주의적 보편주의를 위협하는 모든 악惡을 우리에게 가져다주었다는 이유로 저 민주주의의 나라 미국을 끊임없이 비난하는 동일한 비판자들이, 똑같은 나라 미국이 무력을 통해 전 세계에 미국식 민주주의를 확산시키고자 시도할 때에는 가장 먼저 박수를 보낸다." 먼저 단어에 대한 지적을 하자. 원문에서 랑시에르가 "affirmative action"을 이탤릭체로 강조하고 있는 것은 그 말을 강조하기 위해서라기보다는 그 단어가 '영어'이기 때문이라는 점을 역자는 잘 몰랐던 것 같다. 왜냐하면 역자는 굵은 글씨로 강조하여 이를 "확신에 찬 행위"라고 번역하고 있기 때문이다. 이는 사실 미국에서 흑인이나 여성 또는 소수민족의 교육과 취업을 목표로 하는 '차별 철폐 조치'를 뜻하는 말이다. 둘째로, 아홉 번째 문장에서 역자는 "chassés-croisés"를 "전술한 혼란스러움"으로 옮기고 있는데, 이는 반드시 앞서 서술된 어떤 '혼란스러움'만을 가리키는 것이 아니라 바로 다음에 이어지는 이들의 '오락가락하는' 모습을 가리키고 있는 것이기도 하다. 이어서 셋째로, 열 번째 문장의 번역에서 "우리 스스로 철저히 부정하기 때문에"라는 구절은 '의미적인' 설득력이 현저히 떨어진다. "우리의 공화주의적 보편성을 갉아먹는 〔……〕" 악을 "우리

스스로 철저히 부정하기 때문에" 미국식 민주주의를 끊임없이 비판한다는 것이 도대체 무슨 의미란 말인가. "우리〔프랑스〕의 공화주의적 보편주의를 위협하는 모든 악을" 우리 곁에 도래하게 했다는 이유로 미국의 민주주의를 비난한다는 해석이 더 적절하고 합당하지 않겠는가. 그렇게 미국식 민주주의를 비난하던 동일한 사람들이 미국이 군사력으로 민주주의를 확산시킨다는 '이율배반적' 행동을 감행할 때에는 오히려 그를 향해 박수를 친다는 의미인 것이다. 그런데 역자는 여기서 이 문장의 주어 부분인 "les mêmes critiques"를 마치 양보 구문처럼 번역하고 있는데, 이는 말도 안 되는 번역이라고 하겠다.

5. 서론의 다섯 번째 단락에 대하여

마지막으로 서론의 다섯 번째 단락을 살펴보도록 하겠다. 이 단락 모두 열 개의 문장으로 구성되어 있다. 먼저 첫 번째 문장부터 다섯 번째 문장까지를 검토해보도록 하자:

> ① Le double discours sur la démocratie n'est certes pas neuf. ② Nous avons été habitués à entendre que la démocratie était le pire des gouvernements à l'exception de tous les autres. ③ Mais le nouveau sentiment antidémocratique donne de la formule une version plus troublante. ④ Le gouvernement démocratique, nous dit-il, est mauvais quand il se laisse corrompre par la société démocratique qui veut que tous soient égaux et toutes les différences respectées. ⑤ Il est bon, en revanche, quand il rappelle les individus avachis de la société démocratique à l'énergie de la guerre défendant les valeurs de la civilisation qui sont celles de la lutte des civilisations. (불어본, 9~10쪽)

> ① 민주체제에 대한 이중적 견지가 새로운 것이 아님은 물론이다. ②

> 우리는 여타의 정치 체제 중 최악의 정체가 민주주의라고 인식하는 성향을 가지고 있었다. ③ 그런데 새로운 반민주주의적 의식은 보다 충격적인 해석 틀을 제공한다. ④ 민주주의 정부가 모든 입장 차이를 존중하라는, 그리고 모두가 평등해지길 바라는 대중 사회 때문에 민주정체民主政體가 부패해지는 것이라고 우리에게 말한다면 민주주의 체제는 앞뒤가 맞지 않는 것이다. ⑤ 반대로, 민주주의 정부가 이 문명의 가치는 문명 간 투쟁 가치에 불과하다는 사실을 수호할 수 있도록 대중 사회의 무기력한 개인들에게 전투적 정신을 고취시킨다면 민주주의 체제는 합당한 것이다. (국역본, 18쪽)

이에 대한 나의 번역은 다음과 같다: "물론 민주주의에 대한 이러한 이중적인 담론은 새로운 것이 아니다. 우리는 민주주의가 다른 모든 통치 체제를 제외하고 최악의 통치 체제라는 말을 듣는 데에 익숙해져 있다. 하지만 새로운 반민주주의적 정서는 보다 당혹스러운 형태의 정식을 제공한다. 그러한 정서가 우리에게 말해주는 것은, 한 민주주의적 통치 체제가 모든 이들이 평등하고 모든 차이들이 존중되기를 바라는 민주주의 사회 때문에 그 스스로 타락하게 된다면, 그러한 민주주의적 통치 체제는 나쁘다는 것이다. 반대로 한 민주주의적 통치 체제가 민주주의 사회 때문에 무기력해진 개인들에게 문명의 가치들, 곧 문명 간의 투쟁이 지닌 가치들을 수호하는 전쟁의 에너지를 고취시켜줄 수 있다면, 그러한 민주주의적 통치 체제는 좋다는 것이다." 랑시에르가 말하는 '민주주의에 대한 새로운 증오'의 실체가 바로 여기에 있다. 하지만 국역본의 번역이 이러한 실체에 대한 입문을 성공적으로 소화하고 있는지는 의문이다. 몇 가지 점을 살펴보자. 먼저 "여타의 정치 체제 중 최악의 정체가 민주주의"라는 국역본의 번역은 "민주주의가 다른 모든 통치 체제를 제외하고서 최악의 통치 체제"라는 번역으로 바뀌어야 할 것이다. 이는, 주지하다시피, 윈스턴 처칠Winston Churchill이 민주주의에 대해서 한 저 유명한 말, 곧 "민주주의는 때때로 시도되어왔던 다른 모든 형태의 정부들을 제외하고 가장 나쁜 형태의 정부이다Democracy is the worst form of government, except for all those other forms that have been tried from time to time"라는 말을 거의 문자 그대로 인용하고 있기 때문이다.[3] 다음으로 "mauvais"를 "앞뒤가 맞지 않는"으로 '의역'하고 "bon"을 "합당한"으로 '의역'하여 문장 전체의 맥락에 혼란을 가져오는 부분도 바로 고쳐져야 할 것이다. "문명 간 투쟁 가치에 불과하다는"이라는 부분에서 "불과하다는"이라는 '쓸데없는' 번역어를 집어넣어 문장 자체의 뉘앙스를 뒤바꿔버리는 '기괴한' 번역 또한 '지양'되어야 함은 물론이다. 다음으로 여섯 번째 문장을 살펴보도록 하자:

> ⑥ La nouvelle haine de la démocratie peut alors se résumer en une thèse simple: il n'y a qu'une seule bonne démocratie, celle qui réprime la catastrophe de la civilisation démocratique. (불어본, 10쪽)

> ⑥ 이렇게 해서 민주주의에 대한 미숙한 증오는 다음과 같은 간단한 명제로 요약할 수 있는 것이다: 〈오직 합당한 민주주의만이 존재하며, 이 합당한 체제가 민주주의 문명의 지각 변동을 억제한다.〉 (국역본, 18~19쪽)

이에 대한 나의 번역은 이렇다: "따라서 민주주의에 대한 새로운 증오는 하나의 단순한 명제로 요약될 수 있다: 좋은 민주주의란 오직 단 하나밖에는 없는데, 그것은 민주주의 문명의 혼돈을 억제하는 민주주의라는 것이다." 국역본의 번역에서는 "il n'y a que~"의 문형과 "une seule~"의 의미를 잘 구현하지 못하고 있음이 목격된다. "오직 합당한 민주주의만이 존재하며"라는 번역으로는 "좋은 민주주의란 오직 단 하나만이 존재하는데, 그것은 ~라는 것이다"라는 이 문장의 구조를 제대로 전달할 수 없는 것이다. "민주주의 문명의 지각 변동"이라는 번역 또한 무슨 뜻인지 잘 알 수 없는 표현이다. 이하, 마지막으로 일곱 번째 문장부터 열 번째 문장까지를 함께 살펴보도록 하자:

> ⑦ Les pages qui suivent chercheront à analyser la formation et à dégager les enjeux de cette thèse. ⑧ Il ne s'agit pas seulement de décrire une forme de l'idéologie contemporaine. ⑨ Celle-ci nous renseigne aussi sur l'état de notre monde et sur ce qu'on y entend par politique. ⑩ Elle peut ainsi nous aider à comprendre positivement le scandale porté par le mot de démocratie et à retrouver le tranchant de son idée. (불어본, 10쪽)

> ⑦ 본서의 지면은 이 명제의 형성과정을 분석하고 그 관계망의 도출을 추구하는 데 할애될 것이다. ⑧ 현대의 관념 체계(이데올로기)를 묘사하는 데 그쳐서는 안 된다. ⑨ 현대의 관념 체계가 존재하는 양상은 우리가 사는 세계의 상황을 파악할 수 있는 지식을 줄 뿐만 아니라, 정치를 통해서도 이 관념 체계에 대한 지식을 얻을 수 있다. ⑩ 확실히 당대를 관통하는 관념 체계는 우리로 하여금 민주주의라는 용어가 초래한 추사를 이해하는 데 도움을 줄 수 있을 것이고, 민주주의 이념 속에 감춰진 칼날을 간파하는 안목을 키워줄 수 있을 것이다. (국역본, 19쪽)

이에 대한 나의 번역은 다음과 같다: "이하의 본문에서는 이러한 명제의 형성 과정을 분석하고 그것이 지닌 쟁점들을 끌어내보고자 한다. 문제는 현재의 이데올로기가 지닌 형식을 묘사하는 것만이 아니다. 이데올로기의 형

3 이 말에 대한 역자 주가 없다는 사실을 지적하는 김에 한마디 더 덧붙이자면, 이 국역본의 역주는 인문학 서적의 역주가 어떠해야 하는지를 완전히 망각한 일종의 '잡학 사전'이 되고 있다는 인상을 갖게 되는데, 이와는 또 다른 맥락에서 국역본 77쪽의 주석("아르케"에 대한 역자 주에는 "철학용어로 원리"라는 '간략한' 설명이 붙어 있는데)과 93쪽의 주석(저자 주에 대한 번역에서 역자는 랑시에르의 주저 『불화: 정치와 철학』의 제목을 "정치와 철학의 부조화"라고 옮기고 있는데) 또한 언급하고 지나가고자 한다.

식은 또한 우리 세계의 상태에 관해, 그리고 정치를 통해 우리가 그 세계를 이해하는 바에 관해 우리에게 무언가를 가르쳐준다. 그러므로 이는, 우리가 민주주의라는 말이 불러일으킨 스캔들을 정확히 이해하고 민주주의라는 관념이 지닌 단호함을 되찾는 데에 도움을 줄 수 있을 것이다." 첫째, 국역본에서 "관계망"이라고 번역하고 있는 불어는 "enjeu"인데, 이는 주지하다시피 현대 프랑스 사상가들이 공히 자주 사용하는 단어로서 '쟁점'이나 '논점' 정도로 옮겨지는 것이 보다 자연스럽다. 다음으로, 아홉 번째 문장의 말미에서 "정치를 통해서도 이 관념 체계에 대한"이라고 번역된 원문은 "sur ce qu'on y entend par politique"인데, 이는 "정치를 통해 우리가 그 세계〔의 상태〕를 이해하는 바에 관해"로 보다 더 적확히 '직역'되어야 할 것으로 보인다.

6. 번역이란 무엇인가, 혹은 무엇이 되어야 하는가

이상에서 함께 살펴보았지만, 서론만을 검토해봤을 때도 이 국역본의 번역에서는 거의 모든 문장마다 오역이나 부정확한 번역이 속출하고 있다. 그 번역의 전반적인 느낌이랄까, 서론의 한 문장 한 문장을 차례로 검토해보면서 받은 개인적인 인상은, 역자가 단어들의 일차적이고 표면적인 의미에만 얽매여서 그로 인해 기계적인 번역에 빠지게 된 경우가 아닌가 하는 것이었다. 화가 난다기보다는 오히려 무엇보다 슬프고 쓸쓸하고 착잡한 마음을 지울 수 없는 비교 독해의 과정이었다고 할까. 번역본을 포함하여 하나의 책이 독자에게 '진정으로' 다가갈 수 있으려면, 저자/역자와 독자가 모두 함께 그 책에 '진심'을 다해야 한다는 것이 나의 지극히 '개인적인' 생각이다. 이것은 책이라는 존재에 대해 나만이 품고 있는 지극히 '도착적'이고 '이상적'인 몽상일 뿐일 수도 있다. 하지만, 누구나 한번쯤은 좋아했을, 그리고 현재도 여전히 좋아하고 있을, 존 레논John Lennon의 노래 〈Imagine〉 가사의 한 구절처럼 "나만 그런 것은 아니리라But I'm not the only one". 이에, 생각해보면, 번역의 여러 문제점들을 지적하는 독자들을 단지 법적으로

고소할 것이 아니라, 먼저 그들과 논쟁과 토론과 대화를 하면서 함께 문제점들을 풀어가는 것이, 그리고 그렇게 저자/역자가 독자들과 함께 하나의 '온전한' 책을 만들어나가는 것이, 그러한 몽상에 최대한 가깝게 근접해갈 수 있는 가장 '이상적이고도 합리적인' 행동 방식이 아닐까. 거의 모든 번역서의 역자 후기에서 역자들이 "독자 제현의 질정을 바라마지 않는다" 또는 "번역에서 발견되는 오류가 있다면 이는 전적으로 역자의 책임이다"라고 밝히는 것은 단순한 상투어cliché가 아니다. 번역에서 발견되는 모든 오류는 전적으로 역자의 책임일 수밖에 없겠지만, 그 사실은 결코 변함이 없겠지만, 그러나 읽어도 또 읽어도 개인적으로 언제나 강렬한 '간절함'을 느끼게 되는 이 상투어가 내게 말해주고 있는 것은, 그 오류를 고쳐나가는 일은 결국 역자와 독자가 함께할 수 있고 또 함께해야 하는 몫이라는 사실이다.

현재 랑시에르의 책들이 여러 권 번역되어 있고, 앞으로 출간을 기다리고 있는 책들도 다수 있는 것으로 알고 있다. 개인적으로 아무쪼록 좋은 번역들이 많이 쏟아져나오게 되기를 바라는 것은 물론이지만, 혹시 번역상의 문제점들이 발견되는 경우에라도 그것을 오히려 '전화위복'의 계기로 삼아 역자와 독자가 함께 좋은 책을 만들어갈 수 있는 기회가 되기를 또한 간절히 기대해보는 것이다. 역자와 독자들은, 그 자신이 책을 읽고 또 쓰는 사람으로서, 자신의 '명예'란 것이 과연 무엇이며, 또 그 '명예'란 것이 어떻게 함으로써 지켜질 수 있는가에 대해 숙고해야 할 것이다. 명예가 진정 무엇을 의미하는 것인지를 망각한 이에게, 자칫 그 '명예'란 쉽게 '멍에'가 될 수도 있는 것이기에.

이상의 비판적 논의들을 통해 필자가 수정하여 제시하였던 번역을 아래에 다시 정리하여 옮겨본다. 관심 있는 이들에게 미약하나마 작은 도움이 되었으면 하는 마음으로:

"폭행을 당했다는 이야기를 상상으로 꾸며내 프랑스를 불안에 떨게 만드는 어느 젊은 여자, 학교에서 히잡을 벗기를 거부하는 여학생들, 재정적자에 빠진 사회보장제도, 바칼로레아 시험 제시문에서 라신과 코르네이유가 지녔던 권위를 찬탈한 몽테스키외와 볼테르와 보들레르, 자신들의 연금제도를 유지하기 위해 시위에 참가하는 봉급 생활자〔임금 노동자〕들, 〔기존의 입시 제도와〕 병행하는 학생 선발 과정을 창안한 한 그랑제콜, 리얼리티 TV쇼와 동성 결혼과 인공 수정의 비약적인 증가. 이토록 잡다한 성격의 사건들을 한데 묶을 수 있는 〔공통〕점을 찾는다는 것은 쓸데없는 일이다. 이미 수많은 철학자들, 사회학자들, 정치학자들, 정신분석가들, 언론인들, 작가들이 우리에게 책과 기사와 방송을 통해 계속해서 이에 대한 답변을 제시해왔다. 그들은 이 모든 증상들이 동일한 병증을 드러내는 것이라고, 즉 이 모든 결과들은 오직 단 하나의 원인을 갖는 것이라고 말한다. 이 원인은 곧 민주주의라고 불리는 것, 다시 말해 현대 대중 사회의 개인들이 지니고 있는 무한한 욕망들이 지배하는 체제라는 것이다.

이러한 비난의 특이함을 이루고 있는 것이 무엇인지 살펴봐야 한다. 물론 민주주의에 대한 증오는 새로운 것이 아니다. 이러한 증오는 민주주의만큼이나 오래된 것인데, 그 이유는 단순하다: 민주주의라는 단어 자체가 하나의 증오를 표현하는 말이기 때문이다. 원래 이 단어는 고대 그리스에서 대중의 지배라는 천박한 형태를 통해 합법적인 모든 질서가 붕괴되는 것을 목격한 이들이 만들어낸 일종의 욕설이었던 것이다. 권력은 그것을 태생적으로 갖고 태어난 사람들이나 그것을 차지할 만한 능력을 가진 사람들에게 주어지는 것이 당연하다고 생각했던 모든 이들에게, 민주주의라는 단어는 혐오와 동의어로 남아 있었다. 신성한 계시적 법만이 인간 공동체를 조직하는 유일한 합법적 토대라고 여기는 사람들에게 민주주의라는 단어는 오늘날에도 여전히 혐오와 동의어이다. 물론 이러한 증오가 지닌 폭력성은 현재적인 문제이다. 하지만 그러한 폭력성이 이 책의 대상은 아닌데, 그 이유는 단순하다: 나는 그러한 폭력성에 대해 크게 떠벌리는 사람들과는 아무런 공통점도 없으며, 따라서 그들과 함께 토론할 것도 전혀 없기 때문이다.

민주주의에 대한 이러한 증오와 더불어, 우리는 역사 속에서 민주주의에 대한 여러 비판의 형식들 또한 경험했다. 이러한 비판은 〔민주주의라는〕 존재에는 정당성을 부여하지만, 그것은 그 존재의 한계를 정하기 위한 것이다. 민주주의에 대한 비판에는 역사적으로 크게 두 가지의 형태가 있어왔다. 먼저 귀족과 학자들로 이루어진 입법자들의 비판 방식을 들 수 있는데, 이들은 민주주의를 불가피한 현실로 여기고 이와 타협하고자 했다. 미국 헌법의 작성은 민주주의라는 현실로부터 얻을 수 있는 최선을 끌어내고자 힘들을 구성하고 제도적 기구들 사이의 균형을 맞추려는 이러한 시도의 고전적 사례일 텐데, 이는 동의어로 간주되는 두 개의 선善, 곧 최선의 정부와 소유 질서의 수호라는 두 개의 선을 보존하기 위해 민주주의를 엄격히 한정하는 것이었다. 이러한 실제적 비판이 거둔 성공은 너무도 자연스럽게 다른 비판의 성공 또한 북돋웠다. 청년 마르크스는 공화주의 헌법을 토대로 하는 소유의 지배 체제를 별 어려움 없이 폭로할 수 있었던 것이다. 공화주의 입법자들 또한 이러한 점을 전혀 숨기지 않았다. 하지만 마르크스는 여전히 고갈되지 않는 사유의 한 전범을 확립할 수 있었는데, 형식적 민주주의의 법과 제도란 부르주아 계급의 권력이 작동하는 허울뿐인 도구라는 생각이 바로 그것이다. 이러한 허울뿐인 제도에 대한 투쟁은 따라서 "진정한" 민주주의로 향하는 길이 되었는데, 여기서 민주주의란, 자유와 평등이 더 이상 법과 국가라는 제도들 안에서 대표〔표상〕되는 것이 아니라 물질적 삶과 감각적 경험이라는 형식 자체 안에서 구현되는 체제를 의미하는 것이었다.

이 책의 대상이 되는 민주주의에 대한 새로운 증오는, 비록 그것이 앞의 두 모델들〔미국 헌법의 사례와 마르크스의 사례〕로부터 차용한 요소들을 서로 결합하고 있는 것이긴 하지만, 그 두 모델 중 그 어디에도 정확히 귀속되지는 않는다. 이 새로운 증오의 대변인들은 모두, 민주주의 국가일 뿐만 아니라 간략히 말해 〔그 스스로〕 민주주의 자체라고 공언하는 나라들에서 살고 있다. 그들 중 그 어느 누구도 보다 진정한 민주주의 같은 것을 요구하지 않는다. 반대로 그들 모두는 우리에게 민주주의가 이미 너무나 충분하다고 말한다. 하지만 그들 중 누구도 인민의 권력을 구현하고 있다고 주장하는 제도들에 대해 불평을 하지도 않고 그러한 권력을 제한

하기 위한 어떠한 조치도 제안하지 않는다. 이들은 몽테스키외, 매디슨, 토크빌의 동시대인들을 열광시켰던 제도적 장치에는 관심이 없다. 이들이 불평하는 것은 인민과 그들의 습성이지 인민 권력의 제도들이 아니다. 그들에게 민주주의는 타락한 정부의 형태가 아니라 바로 그 민주주의를 통해 사회와 국가가 겪게 되는 문명의 위기인 것이다. 따라서 오락가락하는 그들의 모습은 일견 놀랄 만한 일처럼 보일 수도 있다. 차이의 존중, 소수자의 권리, 차별 철폐 조치 등 우리〔프랑스〕의 공화주의적 보편주의를 위협하는 모든 악惡을 우리에게 가져다주었다는 이유로 저 민주주의의 나라 미국을 끊임없이 비난하는 동일한 비판자들이, 똑같은 나라 미국이 무력을 통해 전 세계에 미국식 민주주의를 확산시키고자 시도할 때에는 가장 먼저 박수를 보낸다.

물론 민주주의에 대한 이러한 이중적인 담론은 새로운 것이 아니다. 우리는 민주주의가 다른 모든 통치 체제를 제외하고 최악의 통치 체제라는 말을 듣는 데에 익숙해져 있다. 하지만 새로운 반민주주의적 정서는 보다 당혹스러운 형태의 정식을 제공한다. 그러한 정서가 우리에게 말해주는 것은, 한 민주주의적 통치 체제가 모든 이들이 평등하고 모든 차이들이 존중되기를 바라는 민주주의 사회 때문에 그 스스로 타락하게 된다면, 그러한 민주주의적 통치 체제는 나쁘다는 것이다. 반대로 한 민주주의적 통치 체제가 민주주의 사회 때문에 무기력해진 개인들에게 문명의 가치들, 곧 문명 간의 투쟁이 지닌 가치들을 수호하는 전쟁의 에너지를 고취시켜 줄 수 있다면, 그러한 민주주의적 통치 체제는 좋다는 것이다. 따라서 민주주의에 대한 새로운 증오는 하나의 단순한 명제로 요약될 수 있다: 좋은 민주주의란 오직 단 하나밖에는 없는데, 그것은 민주주의 문명의 혼돈을 억제하는 민주주의라는 것이다. 이하의 본문에서는 이러한 명제의 형성 과정을 분석하고 그것이 지닌 쟁점들을 끌어내보고자 한다. 문제는 현재의 이데올로기가 지닌 형식을 묘사하는 것만이 아니다. 이데올로기의 형식은 또한 우리 세계의 상태에 관해, 그리고 정치를 통해 우리가 그 세계를 이해하는 바에 관해 우리에게 무언가를 가르쳐준다. 그러므로 이는, 우리가 민주주의라는 말이 불러일으킨 스캔들을 정확히 이해하고 민주주의라는 관념이 지닌 단호함을 되찾는 데에 도움을 줄 수 있을 것이다."

변주 6.

지적 해방이란 무엇인가: 자코토의 고유명[1]

영화 〈13번째 전사〉에서 우리는 '번역'이라는 개념 혹은 '학습'이라는 경험에 대해 반추해볼 수 있는 흥미로운 장면을 하나 목격하게 된다. 북구인들의 언어를 전혀 알아듣지 못하던 한 아랍인(안토니오 반데라스Antonio Banderas)이 단지 이들의 대화를 끈질기고 주의 깊게 듣는 과정만을 통해서 그 전혀 이해할 수 없던 웅얼거림을 점차 분절된 언어로 파악하게 되는 '기적'과도 같은 장면이 바로 그것이다(반데라스에게 단지 웅얼거림으로만 들리던 그 말들은 이제 그도 관객도 알아들을 수 있는 하나의 언어, 곧 영어로 바뀌어간다). 『무지한 스승*Le maître ignorant*』에서 자크 랑시에르는 이런 '영화'와도 같은 사례가 1818년 루뱅 대학에서 실제로 일어났으며, 심지어 그러한 '학습'의 방식을 "보편적 가르침enseignement universel"이라는 이름으로 부를 수 있다고 우리에게 알려준다. 그것은 어떤 특별한 '기적'이나 급작스런 '개안開眼'도 아니고 '천재적인 어학 실력' 같은 것은 더더욱 아니며, 오히려 우리가 무언가를 배울 때 보편적으로 일어나고 겪게 되는 어떤 과정에 대한 한 탁월한 사례라는 것이다. 지능은 모두에게 평등한 것이며 그 자체로 위계를 갖지 않는다. 『무지한 스승』에서 랑시에르는 하나의 고유명을 중심축으로 삼아 이러한 평등의 원리를 시험대 위로, 교단 위로 올려놓는다. 그 고유명은 바로 조제프 자코토Joseph Jacotot이다.

왜 자코토라는 이름이 문제가 되는가? 망명한 혁명가이자 교육자였던 자코토는 루뱅 대학에서 하나의 '지적 모험'을 감행한다. 네덜란드어를 전혀 할 줄 몰랐던 프랑스인 선생 자코토는 반대로 프랑스어를 전혀 할 줄 모르는 네덜란드 학생들에게 프랑스어-네덜란드어 대역 교재 한 권을 건네주었고, '놀랍게도' 학생들은 단지 네덜란드어와 프랑스어의 비교와 그 반복을 통해 프랑스어 구문들을 거의 완벽하게 소화해냈던 것이다. 자코토의 이 '우연한 경험', 그리고 이를 통해 그가 정식화하게 된 '보편적 가르침'의 내용은, 교사와 학생 사이 혹은 개개의 학생들 사이에 지능의 차이가 존재함을 당연한 사실처럼 받아들이던 당시 유럽의 교육계에는 하나의 '추문'에 가까웠다(그리고 이는 현재에도 쉽게 '잊혀지는' 진실이며 또한 여전히 추문이기도 하다). 지적 해방의 교사는 모든 것을 알고 있는 '설명자'가 아니라 단지 '무지한 스승'이라는 이 역설과도 같은 주장을 사람들은 쉽게 받아들일 수 없었던 것이다. 랑시에르는 설명자에 의한 교육을 '바보 만들기abrutissement'라는 말로, 무지한 스승에 의한 교육을 '해방émancipation'이라는 말로 명명하면서 평등의 원리에 기초한 교육과 공동체에 대해 다시 생각할 것을 요구한다.

랑시에르는 '무지한 스승'에 의한 '보편적 가르침'에 대해 이렇게 쓰고 있다: "보편적 가르침은 무엇보다 비슷함에 대한 보편적 입증이다. 이는 모든 해방된 자들, 즉 스스로를 다른 모든 이들과 비슷한 인간으로 생각하기로 결정한 사람들이 할 수 있는 일이다."[2] 이러한 의미에서 '각자 자신이 처한 자리에서 맡은 바 일에 충실'하라고 말하는 원칙은 일견 지당한 말처럼 보이지만, 이는 '그 자신의 일을 제외한 다른 일은 하지 말라'고 하는 제한적이고 분할적인 명령이며 평등의 원리에 기초한 지적 해방과 정치적 주체화를 가로막는 걸림돌로서 오히려 지배적 질서의 억압을 더욱 공고히 할 뿐이다. 랑시에르가 다른 책 『프롤레타리아의 밤*La nuit des prolétaires*』(1981)과 『철학자와 그의 빈자들*Le philosophe et ses pauvres*』(1983)에서 중점적으로 비판하고 있는 문제 역시 바로 이러한 '플라톤의 거짓말', 곧 각자의 자리에서 각자의 맡은 바를 수행하며 각자의 분수와 조건에 맞게 살아가라는 억압적 명령이었다. 주지하다시피 랑시에르가 오랜 시

1 이 글은 처음에 「'무지한' 스승의 '보편적' 가르침 : 지적 해방이란 무엇인가」라는 제목으로 『문학동네』 2009년 봄호에 수록되었다.

2 Jacques Rancière, *Le maître ignorant*, Paris: 10/18, 2004(1987[1]), 71쪽. 국역본 양창렬 옮김, 『무지한 스승』, 궁리, 2008, 86쪽. 번역은 일부 수정했다. 이하 인용문 뒤 괄호 안에서 원서 쪽수와 국역본 쪽수만을 병기하기로 한다.

간 천착했던 문제 중 하나는 노동자 자신의 '목소리'란 어떤 것인가, 곧 '프롤레타리아적 정체성'은 어떻게 구성되는가 하는 물음이었다. 그런데 랑시에르의 결론은, 노동자라는 계급의식을 자체적으로 구성하는 '동일자적' 정체성은 없다는 것, 오히려 노동자의 정체성 자체가 부르주아적 정체성과의 모방적/대항적 관계를 통해 구성되어왔다는 것이다. 이러한 결론은 랑시에르가 노동자들의 문서고 연구를 통해 낮 동안의 노동을 마친 프롤레타리아 계급이 책을 읽고 글을 쓰는 밤의 시간, 곧 전혀 은유적인 의미에서가 아닌 말 그대로의 '프롤레타리아의 밤'이라는 시간을 발견했기 때문에 가능한 것이었다. 정치와 혁명의 심급을 '감각적인 것의 나눔le partage du sensible'이라는 개념을 통해 감성학/미학의 차원에서 새롭게 사유하고자 하는 랑시에르의 근본적 문제의식도 사실 그의 이러한 '이론적 경험'으로부터 직접적으로 도출되는 것이라 할 수 있다. 그가 발견한 '프롤레타리아의 밤'이란 곧 철학/사유하는 자와 생활/노동하는 자를 가르는 분할의 방식에 대한 도전의 시간이었으며, 또한 그렇기에 그 밤 자체가 이미 어떤 '감성적/미학적 전복'을 준비하고 잉태하는 시간이기도 했기 때문이다. 랑시에르는 2006년에 새롭게 덧붙인 『철학자와 그의 빈자들』의 서문에서 "노동자의 해방은 무엇보다 하나의 감성적/미학적 혁명une révolution esthétique이었다"라고 단언하고 있다.[3] 이러한 지적 해방의 주제와 평등의 원리는 『무지한 스승』 안에서 자코토의 경험과 교육의 문제를 중심으로 특화되고 있는 것이다. 랑시에르가 저 '플라톤의 거짓말'을 비판하듯 『무지한 스승』에서 교육 안의 '소크라테스주의' 또한 비판하는 이유가 바로 여기에 있다. 스승과 학생 사이에 쉽게 전제되는 지능의 우열이 아니라 오직 스승의 의지와 학생의 의지가 만나는 곳에서, 곧 평등의 원리가 실천되고 입증되는 곳에서, '보편적 가르침'은 이루어지는 것이다. "보편적 가르침의 모든 실천은 다음의 질문으로 요약된다. 너는 그것에 대해 어떻게 생각하는가?"(63쪽/78쪽) 이렇듯 '무지한 스승'의 가르침은 학생에게 어떤 설명을 제시하는 것이 아니라 학생을 해방시키는 데에 목적이 있다. "무지한 자는 더 적게 하는 동시에 더 많이 할 것"(54쪽/68쪽)이라는 역설은 그래서 가능해진다. 이러한 지능의 평등을 전제로 할 때에만 오히려 학습과 대화 자체가 가능해지는 것이다. 랑시에르는 이렇게 쓰고 있다: "해방은 이 평등에 대한 의식이다. (……) 인민을 바보로 만드는 것은 지도 부족이 아니라 인민의 지능이 열등하다는 믿음이다."(68쪽/83쪽)

다시 묻자면, 왜 자코토의 이름은—그것이 단순히 한 사람의 이름이라는 사실을 넘어—왜 하나의 '고유명'일 수밖에 없는가? "자코토는 진보의 기치 아래 평등이 지워지고, 지도라는 미명 아래 해방이 지워지고 있음을 생각했던 유일한 이였다."(222쪽/252쪽, 번역 일부 수정) 이러한 의미에서 랑시에르는 자코토 이후 그 제자들이 행한 교육에서 어떤 '진보주의적 오염'의 요소를 발견하고 다시금 자코토를 참조할 것을, 그의 저 '우연한 경험'의 내용과 '무지한 스승'의 개념으로 돌아갈 것을, 그래서 다시금 지적 해방과 평등의 의미에 대해 근본적으로 재고할 것을 권유한다. 진보주의적 교육자들조차도 저 자코토의 평등의 원칙을 쉽사리 잊고 다시금 불평등의 전제에 기초해 평등을 쟁취해야 할 하나의 목적으로 삼는 오류에 빠지게 되기 때문이다. 이렇게 될 때 '보편적 가르침'은 해방보다는 지도instruction를 중시하는 저 '설명자'의 교육에 다시금 봉사하게 될 위험이 크다(소위 '진보주의적' 교육에 있어서도 상황이 이럴진대 하물며 '보수적인' 교육에 대해서는 더 말해 무엇하랴만, 다만 『무지한 스승』이 진보론자들의 교육론에 대한 보수적 교육론의 비판 근거로 쓰여서는 안 된다는 점을 굳이 덧붙여두는 것은 아마도 나의 노파심 때문일 터). 자코토가 행했던 교육적 모험은 오히려 지금 이 시대에 다시금 새롭게 사유하고 재전유해야 할 무엇이다. "자코토는 진보의 표상과 제도화를 평등의 지적이고 도덕적인 모험에 대한 포기로, 공교육을 해방에 대한 애도 작업으로 지각했던 유일한 평등주의자였다."(222~223쪽/252쪽, 번역 일부 수정) 따라서 마치 제도화된 타성적 기독교를 넘어서 예수의 이름이 언제나 다시 참고하고 회귀해야 할 하나의 '원점'

3 Jacques Rancière, *Le philosophe et ses pauvres*, Paris: Flammarion, 2007(1983[1]), vi쪽.

인 것과도 비슷하게, 랑시에르에게 자코토의 이름 또한 평등의 원리와 보편적 가르침, 그리고 그를 통해 도달할 수 있는 지적 해방의 문제에서 언제나 다시금 되돌아가고 재사유해야 할 하나의 출발점의 위치를 점한다. "자코토라는 이름, 그것은 진보라는 허구 아래 매장돼버린 이성적 존재들의 평등을 한탄하며 동시에 비웃는 이러한 앎이 지닌 고유명이었다."(223쪽/253쪽, 번역 일부 수정) 그러나 역사적으로 유달리 도드라져 보이는 자코토의 이 '특수한' 사례는 유일무이한 돌연변이와도 같은 어떤 '예외'가 아니다. 랑시에르에게 자코토의 이름이 하나의 '고유명'일 수 있는 이유는 그것이 평등의 원리를 확인하고 입증하는 하나의 '보편적' 사례를 증언하고 있는 이름이기 때문이다.

그런데 자코토는 이 "보편적 가르침은 뿌리내리지 못할 것"이라고, 하지만 또한 그 "보편적 가르침은 사라지지 않을 것"이라고 내다본다.(231쪽/261쪽) 자코토가 했던 예언, 그리고 그 예언을 '자리바꿈'하면서 다시금 랑시에르가 반복하고 있는 이 예언을 오늘날 한국 교육의 몇몇 사례에 '성공적으로' 적용해볼 수 있다는 사실은 우리에게 축복일까 저주일까. 일제고사에 반발하며 학생들과 체험학습을 나갔던 교사에게 해임과 파면을 선고하고 '각자 자신의 능력에 따라서'라는 미명 아래 행해지는 우열반의 편성을 마치 개성과 민주주의에 대한 존중인 양 으스대며 국제중과 자사고의 설립이 소위 '교육 선진화'의 지름길인 것처럼 선전하는 이 땅의 척박한 공교육 풍토는 그 자체가 지능의 평등이라는 전제와 보편적 가르침의 원칙을 뿌리내리지 못하게 하는 무거운 걸림돌이다. 또한 소위 '국가 정체성'의 확립이라는 허울 좋은 미명하에 특정한 역사적 사실과 그에 대한 관점들을 '자학적'이고 '좌파적'인 것으로 규정하고 배척하고 말소하려는 정부의 태도는 그 스스로가 그렇게 비판하고 비난해 마지않는 일본 우익 교과서들의 행태와 어떻게 다른가? 정부는 '국민'이라는 '열등한' 학생을 대상으로 특정한 국가 정체성과 민족의식을 가르치려 드는 '유식한' 스승과 '설명자'의 위치에 섬으로써 오히려 그 자신의 '무식함'만을 드러내고 있을 뿐이다(미네르바의 학력을 문제 삼아 그 '자질'을 비판하는 보수 언론들 또한 이러한 '무식함'에서 그리 멀지 않다). 이러한 여러 상황들은 소위 보수는 물론이거니와 자칭 진보 역시나 자코토가 예언한 저 보편적 가르침의 '좌절'을 허투루 흘려들어서는 안 되는 절박한 이유가 된다. 하지만 동시에 그 예언의 다른 한쪽이 말하고 있는 것처럼, 또한 이러한 보편적 가르침은 결코 사라지지 않을 것이다. 무엇보다 랑시에르가 말하듯, "평등은 주어지거나 요구되는 것이 아니라, 실천되고 입증되는 것"(227쪽/257쪽)이며, 따라서 "평등은 도달해야 하는 목표가 아니라 하나의 출발점, 모든 정황 속에서 유지해야 할 하나의 가정"(228~229쪽/258쪽)이기 때문이다. 우리가 이 시점에서 '자코토'의 이름을, 그리고 '랑시에르'라는 고유명을 우리의 자리로 소환해 다시 사유해야 하는 이유가 바로 여기에 있다.

마지막으로 덧붙이고 싶은 말은 번역에 관한 것이다. 이상 몇 부분의 인용에서 번역을 일부 수정했으나, 『무지한 스승』의 국역본이 그간 오역의 문제로 말이 많았던 몇몇 랑시에르 국역본들과 비교했을 때 가독성이 매우 높다는 사실은 실로 다행스럽고 긍정적이다. 2008년에 랑시에르의 한 국역본을 두고서 번역자가 오역을 비판한 이들을 명예훼손으로 고소한 사건도 있었던바, 여기서 내가 랑시에르 책의 '번역'에 대해 개인적으로 특별히 지적하고자 하는 이유는 오직 이 하나의 반문反問을 던져보기 위함이다. 만약 한국의 독자들에게 랑시에르 책의 프랑스어-한국어 대역본을 건네준다면? 그런데 그것이 오역으로 가득 차 있는 책이라면? 우리의 독자들은 과연 저 자코토의 학생들처럼 프랑스어를 제대로 배울 수 있을 것인가? 바꿔 묻자면, 그럴 때 번역자는 독자들에게 과연 '무지한 스승'이 되어줄 수 있을 것인가? 번역자들이 이 반문을 두고두고 곱씹어야 할 것은 물론이겠지만, 또한 '무지한 스승'이라는 개념을 그 스스로 '오용'하는 일이 있어서도 안 될 것이다. 마오쩌둥毛澤東의 용어를 차용해서 말하자면, 무지한 스승이란 결코 자신의 오역을 통해 학생들에게 교훈을 안겨주는 '반면교사反面教師' 같은 것이 아니기에.

10악장 새로운 제1철학: 불확실한 광장에서 나눈 불편한 우정[1]

'작가선언'을 둘러싼 한 좌담의 흔적들:
박시하, 심보선, 은승완, 진은영과의 대화

1. 작가선언을 둘러싸고: 조각의 좌담, 우정의 흔적들

나는 세 명의 시인과 한 명의 소설가를 마주한다. 심보선, 진은영, 박시하, 그리고 은승완이 그들이다. 이들에게는 '6·9 작가선언'에 함께 참여한 작가들이라는 공통점이 있다. 그러나 또한 그들 각각의 '활동'은 그들 각자만큼이나 서로 다를 것이다. 우리는 2009년 11월 18일 수요일 저녁 7시, 출판사의 회의실에서 만난다. 그리고 우리는 앉아서 이야기를 나눈다, 곧 좌담座談한다. 어쩌면 우리는 저 '같음'과 '다름'에 관해서, 좌담한다. 그러나 나는 우리의 이 좌담을 하나의 좌담으로서/써(만) 옮기지는 않을 것이다. 그것은 무엇보다 내게 '불가능'하다. 적어도 나의 지극히 개인적인 기준에서는, 좌담이 하나의 좌담으로서/써 '생생하게' 옮겨질 수 있다고 생각하고 전제하는 그 '당연한' 믿음이야말로, 그 자체로서 전혀 당연하지 않은 종류의 '믿음'이기 때문에(물론 나는 이 믿음이 지닌 일종의 '순정성'에 대해 충분히 어떤 애처로움을 담은 연민을 보낼 수는 있을 것이다). 한 편의 희곡처럼 알찬 기승전결의 구조나 계산된 혼돈의 질서를 마음속에 품고 등장인물들이 서로 대사를 주고받는 상황은 내게 불가능하며 불합리하기까지

1 이 글은 「새로운 제1철학: 불확실한 광장에서 나눈 불편한 우정—심보선, 진은영, 박시하, 은승완과 나눈 좌담의 흔적들」이라는 제목으로 『자음과모음』 2009년 겨울호에 수록되었다. 이 자리를 차용해 이 좌담의 흔적들을 본서에 수록할 수 있게 허락해준 네 분의 작가들께 깊은 감사의 마음을 전한다.

하다(그러나 우리는 흔히 좌담에서 그러한 것들을 기대하고 또 그러한 것들을 설정하기까지 한다). 가장 먼저, 우리는 좌담이라는 형식 안에서 대사를 주고받는 등장인물들이 아니다. 물론 이러한 '불가능성'은 일단 말하기와 글쓰기라는 형식과 관계 자체에 연루된 하나의 오래된 의혹을 포함하고 있는 것이겠지만, 보다 적극적으로는, 말을 하고 글을 쓰는 이들이 어떻게 서로 말을 섞고 글을 엮는가 하는 지극히 근본적인 '문학적' 물음 또한 포함하고 있을 것이다. 그 섞임과 엮임의 모습은 내게 '흔적'이라는 형태를 취하며, 따라서 나는 우리가 함께 나눈 말들의 풍경을 그러한 '흔적'으로서/써 써나갈 것이다. 나는 쓴다, 우리가 나눈 말들에 대해. 아니, 우리가 나눈 말들에 의해, 나는 쓰인다〔作/用〕. 그러므로 또한, 우리가 등장인물이 될 수 없다는 바로 그 의미와 정확히 같은 맥락에서, 무엇보다 우리는 각각 한 명의 '등장인물'이 되며 그러한 '등장인물'일 수밖에 없다. 그러나 그 등장인물들의 특징은 결코 '등장'하거나 '현전'하지는 않는다는 데 있다. 따라서 그 다음으로, 나는 또한 이러한 의미에서도 좌담의 '흔적'들을 따라갈 것이다. 하나의 우정은, 만약 그런 것이 있다면, 그것의 존재를 증명하는 방식이나 그것의 증거를 보존하는 방식이 아니라, 이러한 흔적의 존재와 부재라는 형태로 등장할 것이다. 우리의 등장인물은 또한 우리의 흔적인 것. 이것은 '우정'이라는 단어에 귀속된 우리의 저 유서 깊고 끈끈한 편견에 비춰볼 때 너무나 연약하고 희박한 연결 고리로 엮인 관계처럼 보일지도 모른다. 누군가는 이것을 '불편한 우정'이라고 부를 것이며, 또 누군가는 이것을 '밝힐 수 없는 공동체'라고 부르기도 할 것이다. 곧 이러한 정의와 명명의 자장磁場 안에서, 나는 이 우정을 흔적이라는 이름으로 부르고 소환한다. 이 소환의 방식은 일종의 환대가 될 것이며, 그 환대 안에서 나는 편지가 아닌 편지를 쓰며 질문이 아닌 질문을 던진다. 고로, 나는 초대한다. 그럼으로써 또한 나는 여기서 저 "고로ergo" 안에 포함되어 있는 "나ego"의 흔적들을 뒤적이고 있는지도 모른다. 이 문장 안에서 나는, 다시금 새롭게 정식화된 또 다른 제1철학의 명제를, 말 그대로 '발견'할 수 있을까? 어떤 공동체를? 불편한 우정의 관계를?

2. 남일당 건물 앞에서 느꼈던 어떤 괴리: 문학과 참여의 문제에 대하여

나는 이 좌담을 여는 초대장의 '권두시卷頭詩'로 콘스탄틴 카바피Constantine Cavafy의 시 「야만인을 기다리며」 중 일부를 선택한다. "국경에서 막 돌아온 자들은 말한다./ 더 이상 야만인들은 없다고.// 야만인들이 없다면 우리는 어떻게 될 것인가?/ 그들은 일종의 해결책이었다." 진은영은 자신의 글에서 이미 이 시를 직접 인용했던 적이 있다.[2] 타자를 만들어내고 발명함으로써만 존속할 수 있는 어떤 배타적 동일자의 세계, 바로 이 세계의 '공포 중독'에 대해 말하며 그는 이렇게 물었던 적이 있었다. "그렇다면 우리는 어떤 감응의 발명으로 중독된 사회적 신체들로부터 벗어날 수 있을까? 우리는 카바피 시의 화자인 로마 시민들처럼, 그러나 그들과는 달리 기쁨에 가득 찬 목소리로 대답할 것이다. '또 다른 야만인, 그들은 일종의 해결책이었다!'"[3] 여기에는 하나의 근본적 전도가 존재한다, 공포를 기쁨으로 바꾸는 하나의 전도가. 그러나 우리는 지금 이로부터 하나의 '기쁨'을 이야기할 수 있을까? 얼마나 쉽게, 그리고 또 얼마나 어렵게? 지금 여기에서, 이 시와 이 질문들은 곧바로 용산의 이미지에 가로세로로 겹쳐지면서 새로운 질문들을 유발하고 있었다. 과연 '국경'은 어디인가? 야만인들을 '생산'하지 못한다면, '우리'는 과연 어떻게 될 것인가? 아니, 그보다 먼저, '우리'는 누구인가? 그리고 '국민'이란 도대체 어떻게 규정되는 정체성인가? 나는 카바피의 이 시에서 어떤 불온한 '해결책'을, 곧 "그들은 일종의 해결책이었다"라는 시구에서 저 유명한 '궁극적 해결책final solution'이라는 단어를 곧바로 연상해버리고 만다. 멸절의 신화가 부르는 공포는 여전히 이 땅에서도 유효한 것. 불에 타 죽고 떨어져 죽은 시신들, 참사 이후 300일이 지나도록 장례 한 번 치르지 못한 죽은 이들 앞에서, 그 '해결책'이란 또 다른 '인종 청

2 진은영, 「감응과 구성의 정치학」, 『코뮨주의 선언』, 교양인, 2007, 305쪽.
3 진은영, 「감응과 구성의 정치학」, 『코뮨주의 선언』, 305~306쪽.

소'의 모습으로 여전히 현재 진행 중에 있었다. 그래서였을까, 우리의 불편한 우정은 무엇보다 우선 불편한 침묵으로부터 시작되었다. 은승완이 먼저 어렵게 이야기를 꺼낸다. 그는 종이의 한 면을 깨알 같은 글자들로 채워 왔다(그 장면이 매우 인상적이었다). 그러나 그가 말을 시작했을 때, 그의 시선은 종이 위에 있지 않았다. 용산참사로부터 300일이 지난 지금, 그의 소회가 궁금했다.

"글쎄요, 일단 용산 문제에 참여하는 것이 제게는, 제 자신이 문학을 한다는 게 무엇인가 하는 질문을 던지게 된 계기가 되지 않았나, 그런 생각을 하게 됩니다. 그냥 쉽게 제가 느낀 걸 얘기할게요. 저는 용산이, 단지 용산의 문제이기 이전에, 어떻게 보면 이명박 정부가 들어선 이후에 일어난 어떤 긴장과 문제들의 연속선상에서 터진 변곡점이 되지 않았나, 그런 생각이 들거든요. 제게도 개인적인 이유가 있었어요. 작년부터 촛불시위에 계속 나갔어요. 첫날 빼고 둘째 날부터 거의 계속 나갔죠. 나가면서 느꼈던 것들이 제게는 질문이 되어 돌아오더라고요. 저한테 촛불이라는 게 어떻게 보면 하나의 역사적 사건일 수 있고요. 이것이 나중에 어떻게 정립될지는 아직 모르지만, 그 사건이 예를 들면 내가 평소에 문학적으로 생각하고 있는 것과 어떤 괴리를 일으키는 느낌이었습니다. 촛불은 촛불이고, 또 문학은 문학이고, 이런 식의 괴리가 계속됐었고, 그래서 그런 문제들에 대해 고민을 했고요. 저는 한편으로 이러한 상황과 문제들에 대해서 어떤 식으로든 작가들의 문학적인 반응이랄까, 어떤 반영이랄까, 그런 것들이 좀 있기를 기대했는데, 그런 부분들이 조금 미약하지 않았나, 개인적으로 그런 생각도 들었죠. 그러다가 용산참사가 터진 거죠. 사실 용산에서 터진 문제는 이명박 정부 이전에도 재개발 문제의 형태로 있었던 것인데, 그게 이전과는 아주 다르게 굉장히 폭력적으로 터진 거예요. 예전 같으면 그런 문제가 있을 때 정부에서는 어떻게든 먼저 대화를 시작하죠. 대화를 먼저 시작하고, 최소한 3개월 이상은 대화를 하고 난 후에 경찰 특공대를 어쩔 수 없이 투입하는 그런 과정이 일반적이었는데, 용산에서는 그런 대화와 타협의 과정이 실종돼버리고 무조건 밀어붙이기로 진행되는 과정을 보면서, 아, 이건 정말 첨예한 문제고 정권의 속성을 극단적으로 드러내는 사건이 아닌가 하는 생각이 들었죠. 또한 지속적으로 미사를 열고 있는 문정현 신부님이라든가 용산에서 상주하고 있는 몇몇 시인들을 보면서, 제 자신에게 어떤 반문을 갖게 되었어요. 나는 저분들에게 어떤 빚을 지고 있는 게 아닌가 하는 반문. 작가선언이 있을 때 여기저기서 다양한 시국 선언들이 봇물 터지듯 발표됐었죠. 하지만 작년에 촛불시위에 참여하면서 느꼈던 것이기도 한데, 그런 선언들을 한다고 해서 이곳이 변하는 것은 아니라는 사실을 확신하게 됐어요. 그런다고 변할 사람들도 아니고, 촛불 때에도 나와서 사과를 하긴 했지만 요구한 것은 아무것도 들어준 것이 없고. 선언이 선언만으로 그치는, 그런 걸로 가서는 안 되지 않을까, 뭐라도 해야 하지 않을까, 선언이 그 나름의 육체성이랄까 그런 것을 띨 수 있는 방식이 있지 않을까, 그런 것을 고민하게 되었어요. 그래서 저는 개인적인 관점에서 같이할 수 있는 사람은 함께합시다 하는 의미에서 제안을 하나 했는데, 또 거기에 의외로 굉장히 많은 분들이 호응을 해주시고, 그런 과정들이 있었던 것 같아요."

은승완이 말하는, 작가 자신이 느끼게 된 문학과 현실의 괴리가 어떤 얼굴을 하고 있을지 궁금해졌다. 그것은 어쩌면 단순한 현실과 예술 사이의 간극일까? 아니면 언어와 그 대상 사이의 대립일까? 문학이 하나의 '선언'이 되었을 때, 바로 그 문학을 하는 사람에게 일어난 변화는 무엇일까? 그리고 그의 말대로 선언이 그 나름의 '육체성' 혹은 '물질성'을 띨 수 있는 방식은 무엇일까? 개인적으로 나는 뉴스에서 최근처럼 작가들의 이름을 이렇게 한꺼번에 많이 발견해본 적이 없다. 지극히 개인적인 방식으로, 가장 내밀한 영역에서 작업하던 문학인들이 하나의 느슨하지만 단단한 집단을 이루었다. 이 개인과 집단 사이에서, 작품의 내적인 영역과 외적인 영역 사이에서, 작가가 어떤 괴리를 느낀다면, 그것은 지금까지 작가로서 이용하고 활용해온 어떤 매체나 방법론 혹은 행동 방식의 문제와 연결되어 있지 않을까? 나는 은승완에게 『지금 내리실 역은 용산참사역입니다』에 수록될 그의 글 「내 이름은 용산 남일당입니다」에 대해서 묻는다. 작가가 그 글에서 남일당 건물을 의인화했을 때는, 단순히 수사적인 문학 장치로서 의인화를 사용했다기보다는, 그 건물 자체가 하나의 '인간'이자 '인물'로서 다가오는 어떤 '문학적' 경험이 그러한 수사법의 바탕에 포함되어 있지 않았을까, 하는 물음. 은승완은 이렇게 대답한다.

"그런 것까지는 생각하지 않았던 것 같아요. 사실 용산에 대한 글들은 어떤 목적성을 띤 글들이잖아요. 작가가 자신의 작품을 쓰는 것과는 또 다른, 작품 자체가 목적이 아니라, 하나의 또 다른 목적이 있는 글이죠. 그래서 제 나름대로 조사를 해본 거죠. 용산이란 동네가 어떤 동네였는가, 어떻게 살아왔고 어떻게 이루어져온 곳인가. 아주 상징적인 동네더라고요. 1920년대부터, 그러니까 일제강점기부터 용산 나루터를 통해 쌀을 운반하고, 그렇게 번화가로 발전했던 곳이었죠. 일제강점기 때부터 있던 오래된 건물도 많았는데 지금은 많이 허물어지기도 했고. 또 우리가 남일당, 남일당이라고 이야기는 하는데, 사실 왜 남일당이 남일당으로 불리는지 많은 분들이 몰랐고, 저도 그랬어요. 그래서 그 건물을 통해 이야기를 풀어보고 싶었죠. 남일당 건물이 아마 1985년인가에 생겼을 거예요. 굉장히 후진 건물이죠. 요즘의 최첨단 빌딩들과 대비가 되죠. 특히 이러한 모습이 지금 이명박 정부 아래에서의 어떤 주된 경향, 곧 힘 있고 돈 있는 사람들은 계속 더 좋은 대우를 받고 그렇지 못한 사람들은 무조건 밀려나야 하는 양극화된 상황과도 어떤 연관성이 있는 것 같았고요. 어떻게 써볼까 하다가, 그래, 남일당 건물을 화자로 해서 한번 써보자, 이렇게 해서 쓰게 된 거죠."

은승완은 남일당의 의인화 '전략'을 되짚으며 글이 지닌 어떤 '목적성'을 언급하고 있었다. 남일당에 관한 그의 글 「내 이름은 용산 남일당입니다」는 남일당 건물의 목소리를 차용해 이렇게 시작한다. "사람들은 나를 '남일당'이라 부른다. 간혹 '남일당 건물'이라 길게 부르는 이도 있다. (……) 하긴 죽어서 영혼만 떠도는 처지에 이름이야 아무렴 어떻겠는가. 나는 시커멓게 타들어간 숨구멍을 드러낸 채 버려진 내 시신을 내려다본다. 그리고 이곳을 떠나지 못한다."[4] 아마도 그가 느끼는 어떤 괴리란 이러한 삶과 죽음의 간극, 목적과 수단의 분리로부터 직접적으로 출현하고 있는 것인지도 모른다. 남일당 건물의 독백이 그러한 간극을 증언하며 그 간극의 괴리가 가져다주는 어떤 '헷갈림'에 대해서 말하고 있으니.[5] "나는 문득 헷갈린다. 지금이 내가 죽고 난 2009년인지 내가 태어난 1985년인지 말이다. 그 시절, '독재'라는 말이 사람들의 입에 자주 오르내렸는데, 요즘도 그렇다. 요즘도 그때처럼 전경차와 거리에서 무장한 경찰들을 심심찮게 볼 수 있다. 그 시절, 경찰들이 걸핏하면 시민들에게 폭행을 가했는데, 요즘도 그런 일이 다반사로 일어나고 있다. 또한 마이클 잭슨의 〈빌리진〉이 거리에 울려 퍼지고 있다." 1985년에 세워졌던 '남일당'이라는 이름의 한 건물은, 그로부터 20년도 더 지난 2009년의 한복판에서, 1985년의 풍경과 똑같은 풍경을 목격하고 증언하고 있는 중이다. 은승완은 이어서 말한다.

"아무래도 그 괴리란 게, 완전히 일치가 안 되는 거죠. 사회적이고 시대적인 문제잖아요. 예를 들어 문정현 신부님 같은 경우는 상대적으로 그런 사회적이고 시대적인 문제가 개인의 실존적인 문제와 훨씬 더 일치하는 경우라고 할 수 있겠죠. 그런데 저와 같은 경우는, 제가 쓰는 글이라든가 제가 추구하는 작품들이 소위 사회성 있는 문학이 아니었다는 문제가 있어요. 물론 작품 안에서 그러한 사회성을 배제하는 건 아니지만, 그리고 어떻게든 그러한 사회성을 반영하면서 써나가야 하지만, 어쨌든 제가 작품을 쓸 때는 어떤 실존적인 문제, 실존적으로 추구하고자 하는 어떤 방향성에 초점을 맞췄는데, 사실 용산 남일당에 관한 글은 우리가 용산을 사람들에게 더 많이 알려야 한다는 데에 더 큰 목적이 있었죠. 알려야 되고, 또 그 내용을 어떻게든 의미 있게 글로써 표현해내야 한다는 목적이 있었는데, 그게 평소 작품을 쓸 때와는 약간 달랐던 것 같아요. 그때까지 들은 이야기들, 책을 통해 접한 이야기들을 대사로 처리하면서 그 건물과 그곳에 살

4 은승완, 「내 이름은 용산 남일당입니다」, 『지금 내리실 역은 용산참사역입니다』, 실천문학사, 2009, 223쪽.

5 은승완, 「내 이름은 용산 남일당입니다」, 『지금 내리실 역은 용산참사역입니다』, 232쪽.

던 사람들에게 가해진 어떤 폭력성을 드러내고 싶었던 것 같습니다."

3. 순정성 앞에서 느꼈던 어떤 이질감: 문학이라는 장르에 대하여

'작가선언'에 참여한 작가들을 초대하면서 나는 새삼스럽게도 그 '선언'이라는 형식과 '문학'이라는 형식에 대해 함께 이야기하고 싶었다. 게다가 그 선언이 '문학하는 것이란 과연 무엇인가'라는 질문을 다름 아닌 문학하는 자 자신에게 던지고 있는 형식임에야. 이를테면 내겐, '작가선언'을 둘러싸고 일어났던 많은 담론들은 그 자체로, 여기에 모인 네 명의 작가가 생각하는 것과는 조금 다른 의미에서, 어쩌면 심지어 그들이 원치 않았던 방향에서, 지금껏 너무 표피적으로 '정치적인' 이미지로만 유통되고 화답되어 오지는 않았나 하는 생각이 있었던 것이다(말하자면, 이것은 이미 너무 '정치적'인가, 아니면 아직도 너무나 '덜' 정치적인가, 혹은 '문학의 정치'인가, 아니면 '정치의 문학'인가). 이는 곧 이른바 우리의 이론 영역에서 목하 대유행중인 '문학의 정치'라는 하나의 미학적/정치적 테제가 '작가선언'이라는 하나의 '사건'을 둘러싸고 너무 피상적이거나 너무 선언적으로만 수용되고 이해되지는 않았나 하는 문제의식이기도 하다. 그러나 나는 '작가선언'이 단순히 하나의 정치적/단언적 선언일 수 없다는 바로 그 이유 때문에 역설적으로(그리고 문학적으로) 오히려 하나의 온전한 '선언'이 될 수 있다고/있었다고 생각하는 쪽인데, 나는 이러한 '선언의 선언 불가능성'에 대한 그들의 의견이 궁금했다. 예를 들어, 이 선언은 어떤 정치적 '실효성'이 있었는지, 혹은 이 선언은 어떤 문학적 '성취도'가 있었는지, 또는 더 나아가, 이러한 '실효성'과 '성취도'라고 하는 기준 자체를 혹여 바로 그 선언 자체가 부정하고 다시 사유하기를 권유하고 있는 것은 아닌지 하는 문제들. 이 문제들은 아마도 지극히 문학적임과 동시에 지극히 정치적인 물음들일 것이다. '문학과 정치'라는 테제가 하나의 실천적 문제로 가동될 수 있으려면, 아마도 우리는 바로 이러한 물음들로부터 시작해야 할 것이다. 그렇다면 '참여문학'이라는 저 고색창연한 모토로부터 다시 출발해보자.

'참여문학'이라는 용어/영역과 '문학의 정치'라는 용어/영역은, 시대적이고 환경적인 의미에서, 서로 확연히 갈리고 있다. 그 둘 사이에서 사회적이거나 문학적인 환경 또는 매체는 많은 변화를 겪었으며, 이런 관점에서 아마도 작가가 글쓰기를 행하는 심리적 풍경 역시나 그만큼의 어떤 변화들을 겪었을 터. 그들의 생각은 서로 얼마나 같고 또 얼마나 다른가? 진은영은 이렇게 말한다.

"문학 하는 또래 친구들과 문학에 대해 비슷한 생각을 공유하고 있으리라 막연히 생각해왔는데, 실제로는 문학에 대한 관점이 많은 점에서 서로 다르다는 사실을 작가선언의 활동 과정에서 알게 되었어요. 인상적이었던 논의 중 하나는 문학의 순정성으로 표현되기도 했던 선언 주체에 대한 입장 차이였어요. 이 선언을 문학인 선언으로 할 것인지, 아니면 포괄적으로 문화예술인선언으로 할 것인지를 두고 다소 다른 입장들이 있었거든요. 저는 서로 다른 장르의 예술가들의 만남이 촉발하는 감응이나 상승효과에 대한 기대감 같은 걸 갖고 있어요. 오늘도 대담자 최정우 씨가 음악 활동도 하고 비평도 하고 무대감독도 하는 분이라는 걸 알고 새로운 장르의 사람을 만난다는 설렘을 느끼며 왔어요. 이 선언을 문화예술인선언으로 하자는 제안이 처음 나왔을 때 저는 매우 의미 있다고 생각했고 다들 그렇게 느끼리라고 예상했는데 의외로 격렬한 반대에 부딪힌 거예요."

어쩌면 그러한 반대의 심리는 이해가 가지 않는 것도 아니다. 문학의 순정성, 실로 오랜만에 듣는 이야기이지만 전혀 익숙하지 않은 이야기는 아니니까. 또한 개인적으로도 '참여문학인'이라는 말은 꽤나 익숙하지만 '참여미술인'이나 '참여음악인'이라는 말은 지극히 생경하니까. 단, 이러한 생경함에 대한 익숙한 반론으로 임옥상이나 정태춘 같은 예술가들을 떠올리거나 제시하지는 말 것, '참여문학'과 정확히 같은 중량과 층위에서 '참여미술'이나 '참여음악'이라는 단어를 떠올려볼 것, 혹은 그렇게 떠올리려고 노력해볼 것. 어쩌면 지극히 당연한 말이기도 하겠지만(그리고 또한 바로 이 '당연함' 속에 문학의 순정성이라고 하는 하나의 만들어진 '당위'가 숨어 있는 것이기도 하겠지만), 문학은 언어를 다루는 입장에 서 있다는 바로 그 이유로 인해 참여라고 하는 '발언'이 개입될 가능성이나 개연성이 미술이나 음악에 비해 월등히 클 것이므로. 미술로 어떤 발언을 한다는 것, 음악으로 어떤 발언을 한다는 것은 문학으로 발언하는 것과는 '질적으로' 다를 것이기 때문에. 그러나 '문학의 정치'가 가능하다면, 그리고 그러한 '문학의 정치'가 단순히 현실에 참여하는 작가와 그 현실에서 떨어진 작품 사이의 어떤 '우아한' 간극을 말하는 것이 아니라면, 어떤 식으로든 분명 '음악의 정치'나 '미술의 정치' 또한 가능하고 또 가능해야 할 것이다. 그리고 아마도 앞으로 우리는 이러한 정치의 다양한 형태들을 오래 모색하게 될 것이다. 그 모색 속에서, 어쩌면 우리는, 결정을 서두르지는 않겠지만, "종이봉지에서 포도송이를 꺼낼 때처럼" 그렇게 "조심스럽거나 부스럭"거리지도 않을 것이다.[6] '문학적인 삶'이란, 어쩌면 그렇게 순정적인 것도, 그저 순수하기만 한 것도 아닐 터. 심보선이 진은영의 말에 재빨리 덧붙여 이렇게 말한다.

"그렇게 격렬한 반대였다기보다는, 그 반대의 내용은 지금 시점에서는 여러 가지 전략적인 이유들 때문에 포괄적인 문화예술인선언은 유보하자는 것이었죠. 예를 들면 시간의 문제 또는 효과의 문제 같은 것 때문에 문화예술인선언은 좀 더 장기적으로 생각해보자는 것이었어요. 그런데 지금 진은영 씨가 이야기하는 부분은, 어쨌든 그 문학의 순정성이라고 하는 잣대는 그때 굉장히 크게 작동하고 있었던 것 같다는 이야기죠. 전략적인 고려와는 상관없이 말이죠. 이 순정성 이야기를 계속해보죠."

진은영이 이야기를 이어나간다.

"문학의 순정성에 대한 언급을 들으면서 다른 작가들이 생각하는 문학의 구분법보다 제 문학적 경계가 훨씬 더 느슨하게 풀어져 있다는 생각이 들었죠. 제게 문학이라는 건 예술의 다른 이름 중 하나였지 이른바 '글 쓰는 작가'라는 이미지에만 국한된 건 아니었거든요. 또 개인적으로는 선언이 다양한 활동들로 이어질 것이라고 기대하고 갔는데, 정치적 선언이 활동의 최대치라고 생각하고 오신 분도 있었던 것 같고요. 여러 가지로 저의 문학적 자의식을 확인하는 계기가 되었어요. 은승완 작가는 작가선언에 조금 늦게 합류하긴 했지만 매우 열심히 용산 문제를 사람들에게 알리고 참여를 촉구했는데, 저는 일련의 논의 과정을 지켜보면서 선언에 참여한 작가들의 정치적 스펙트럼이 다양해서 작가선언이라는 이름 아래 이런 활동에 대한 참여가 가능할지 확신이 없는 상태였어요. 하지만 은승완 작가가 너무나 집요하게 이야기를 해줬죠. (모두 웃는다.) 승완 씨가 열정적으로 제안을 하니까 다른 작가들도 호응했고 적극적으로 공감하고 활동하는 분들도 참 많았어요. 그런 식으로 활동의 영역이 더 넓어지게 된 즐거운 계기들이 하나둘씩 생겨났습니다. 저는 이런 크고 작은 활동들이 이른바 'final solution'이라고 할 만한 일련의 지배적 처리 방식에 끝까지 저항하는 또 다른 야만인을 만들어가는 과정이라고 생각해요. 용산이라는 공포와 분노의 공간에 우연한 계기로 발을 딛게 되고 참사와 일상의 경계선 부근에 예술가들이 자신의 자리를 기입하면서 기쁜 감응을 생산하는 거죠. 용산릴레이를 이어간 작가들도, 선언을 위해 정동 프란체스코 성당과 대한문에 모였던 작가들도 그 숙연한 과정들에서 몰입하면서 활동의 기쁨을 느꼈던 것 같아요. 작가들 사이에서 슬픔과 기쁨의 야릇한 동시성을 느낀다는 이야기들이 오갔어요."

4. 용산이 빠진 이론 앞에서 느꼈던 어떤 불만: 이론과 현실의 관계에 대하여

그렇다면 선언의 어떤 외연이랄까 파장이랄까, 선언의 의미를 생각했을 때 어떤 내적인 것과 외적인 것 사이의 구분이 있을 것 같았다. 우선 내적인 것에 대해선 작가 자신이 몸소 겪고 있는 글쓰기의 어떤 변화를 말할 수 있을 것이고, 외적인 것으로는 '작가선언' 이후 부지불식간에 한 작가를 바라볼 때 그의 작품을 '정치적'으로 읽어야 하는 어떤 강박이나 필요 같은 것을 이야기할 수 있을 것이다. 작가들은 이러한 내적 변화와 외적 강박

6 진은영, 「문학적인 삶」, 『우리는 매일매일』, 문학과지성사, 2008, 84~85쪽.

사이에서, 스스로를 어떻게 느끼고 어떻게 구성하고 있을까? 그리고 이것은 소위 '문학의 정치'라는 이론적 지형에서 어떤 의미와 방향을 띠고 있을까? 작가들에게는 이러한 문제에 대한 어떤 불만 섞인 우려가 있었다. 심보선은 이렇게 반문하며 말문을 튼다.

"실제로 문학과 정치를 다룬 여러 특집들 중에서 용산을 직접적으로 이야기한 경우가 있었던가요? 제가 일전에 참여했던 대담 중에 '문학이 이 시대에 무엇을 할 수 있는가'라는 문제로 이야기를 나눴던 적이 있어요. 그런데 왜 하필 지금 이 시점에서 그러한 질문을 묻느냐고 할 때, 이를테면 아무도 이명박 정권에 대해서는 구체적으로 이야기를 안 했어요. 그 사실을 대담이 끝나고 난 다음 불현듯 깨달았던 거죠. 저는 문학 환경에 대해서만 이야기했던 것 같아요. 이를테면 문학이라는 것 자체가 문화 산업의 일부로 바뀌는 등의 환경의 변화 같은 것들, 예를 들어 인터넷 포털과 그 대중화, 그런 환경 속에서 문학이 일종의 아이템으로 소비되는 시대적 환경 등에 대해서만 이야기했죠. 그런데 이명박이라는 시대에 대해서는 아무도 이야기를 안 한 거예요. 그런데 여기서 드는 의문은, 설사 그런 이야기를 했다고 하더라도 과연 그것이 그 자리에서 문학에 영향을 미치는 중요한 변수로서 고려됐을까, 과연 그 자리에서, 그런 생각이죠. 왜냐하면 일단 그 이야기를 시작하면 문학과 시대의 관계에 대해 하나의 진부한 틀, 예를 들어 문학은 시대의 변화를 따라서 변한다는 기존의 결정론적이고 사회학적인 틀로 이야기하게 되고, 결국 이명박 정권이라는 시대가 문학적으로 별로 이야기할 만한 것이 아니라는 결론에 이르게 되는 거죠. 그런 이야기를 하는 순간, 문학이 어디 그런가, 그렇게 인과적으로 결정되는 게 아니지 않은가, 문학은 자율적이지 않은가, 또 이렇게 되묻게 되는 거죠. 그러니까 시대와 결부해서 문학을 이야기할 때 어려운 거예요. 이명박 정권 이야기를 하더라도, 예를 들어 신문을 볼 때 우리가 느끼는 일상의 분노들이 있잖아요. 이명박 정권 이후의 분노들은 사실 즉자적인 분노죠. 이런 비상식적인……! 그런데 내가 글을 쓸 때나 용산에 대해서 혹은 이명박 정권에 대해 이야기할 때 어떤 일이 벌어질까를 생각해보게 되죠. 내가 즉자적으로 느꼈던 분노가 있고, 그 외에 또 다른 내 글쓰기만의 고민 같은 것도 있죠. 아까 은승완 씨의 이야기처럼, 작가에게는 문학적 고민이라는 게 있잖아요. 이 두 지점이 서로 어떻게 충돌하고 어떻게 만날까, 그 고민이 사실 누구나 했던 고민일 것 같아요. 말하자면, 시민적 고뇌와 작가적 고뇌가 어떻게 만날까, 그리고 그 결과는 뭘까 하는 질문을 계속해서 스스로에게 던졌던 겁니다. 이에 대한 답은 아직 없어요. 하지만 최근에 문학과 정치에 대한 이야기들에는 이런 질문들이 빠져 있다고 생각해요. 몇 가지 요소들을 생각해볼 수 있는데, 최근 문학과 정치에 대한 담론이 촉발되고 또 그것이 일종의 유행으로서 계간지의 지면에 부상하게 된 이유 중 하나는, 이명박이나 용산이라는 실제적 현상이 아니라 랑시에르 등 최근의 정치학이나 미학에 대한 이론적 논의라고 생각해요. 예를 들어 진은영 씨의 글은 랑시에르를 받아 안으면서도 미학적 고민과 실천적 고민이 함께 들어가 있는 글이라고 생각했어요. 실제로도 많은 파급 효과가 있었고 이곳저곳에서 많이 거론되기도 했고요. 그런데 많은 사람들에게 이런 부분들이 부각되지 않았던 거예요. 불편하더라도 이명박 시대라고 하는 것을 거론하는 순간 일종의 사회학적 결정론이나 구태의연한 참여·순수 논쟁으로 빠질 것 같은 어떤 촌스러움에 대한 두려움이 있었는지, 이 부분에 대해서는 전혀 이야기가 안 되는 거죠. 게다가 계속해서 정치와 문학에 관한 글을 보다 보면 이야기되는 게 거의 전부 텍스트에 대한 이야기들뿐이에요. 예를 들면 진은영 씨가 저번 대담에서 이야기했던 것, 또 다른 대담에서 이야기했던 것, 이런 것들이 레퍼런스가 되지 시대적 현실 자체가 레퍼런스가 되지 못하는 거죠. 왜 그럴까, 왜 과감히 이야기하지 못할까, 그런 생각을 해보게 됩니다. 비록 그러한 질문들과 그에 대한 대답들이 깔끔하게 정리되지 못하고 결국 이론적 실패로 귀결하게 되더라도, 그리고 그게 결국은 어떤 논리적 모순으로 귀결하게 되더라도, 그것에 대해 끊임없이 말하는 것이 필요할 텐데 말이죠. 논리적으로 모순이고 이론적으로 실패하고 무언가를 오독하고, 그러면 좀 어때요? 소위 우리의 문학적 고민들을 함께 이야기할 때, 그게 무엇인지 바로 답이 나오는 건 아니잖아요. 그 고민을 계속 끌고 가는 것, 저는 그게 중요하다고 생각해요. 그런데 현재로서는 바로 그 점이 부족하지 않나 생각하는 거죠. 이론적으로만 이야기가 되다 보니, 이론적인 완결성에 대해서만 생각하게 되는 거죠."

이론은 확실히 어떤 실패를 두려워하는 면을 지니고 있다. 현실에 빠져 허우적대는 어떤 '촌스러움'에 대한 이론의 '태생적인' 불안. 랑시에르가 한국을 찾아와 몇몇의 대학에서 강연을 열었을 때 나는 개인적으로 지인들과 이렇게 투덜댄 적이 있다, 대학 강의실이 아니라 울산에 가서 강연해야 하는 거 아냐, 촛불시위 현장에 랑시에르를 데려다놓아야 하는 거 아냐, 라고. 문학을 단순히 사회의 한 반영으로 보는 사회학적 반영론의 테제는 그 자체로 조심스럽고 치밀하게 돌아봐야 할 것이겠지만, 확실한 것은 단순하게 '감각적인 것의 분배'와 '미학적 혁명'을 이야기하기에는 현실의 간극이 이론의 범위를 밑돌거나 초과한다는 사실이다. 한편에는 현실을 '섣불리' 재단하고 싶어 하지 않는 이론이 있고, 다른 한편에는 그러한 이론에 포섭되거나 포획되지 않는 하나의 사건으로서의 현실이 있다. 그렇다면 이러한 상황에 대해 소위 이론가들은 어떤 뼈아픈 반성을 수행해야 하는 것일까? 어쩌면 "칸트의 물物 자체"보다는 오히려 "물 자체라는 말 자체"가 주는 어떤 환멸에 대해 좀 더 곱씹어볼 필요가 있지 않을까?[7] 그 자신이 사회학자이기도 한 시인 심보선은 이어서 말한다.

"저야말로 이론적으로 생각하는 습관이 있고 또 그렇게 이론적으로 생각하도록 훈련받은 사람 중의 하나죠. 제가 말하는 것은 이론에 대한 비하 같은 게 아니에요. 단지 이론이 사건과의 충돌이 없이 혼자서 이론이 될 수는 없다는 말이죠. 이론에는 동어 반복적인, 완결된 틀 안에서의 지적 유희 같은 게 분명 존재하는 거죠. 논문을 쓸 때 뭔가 전체적으로 일관되게 관통하는 게 생기면 정말 기분이 좋죠(모두 웃는다). 와, 내가 정말 깔끔하게 정리했구나, 그런 쾌감이 있는 거죠. 하지만 바로 그 쾌감이야말로 정말 위험한 거예요. 그야말로 자기 혼자서 인공의 세계를 만들어놓고 다시 거기에 몇 개의 이론과 개념적 장치들을 또 넣고. 그런데 정작 중요한 것은 그 매끈한 구조가 현실과의 접속에 의해 깨지고 재구축되고 다시 깨지는 무한한 과정이죠."

이러한 이론의 '깨짐'에 대해, 그 자신이 한 명의 철학자이기도 한 시인 진은영이 덧붙여 나간다. 랑시에르에 관한 논의를 확산시키는 데 일조했던 그에게도 역시나 이러한 '이론적' 경향은 불만스럽다. "보선 씨가 말한 것처럼, 현 정권이 가져온 정치적 환경이 어떤지 문제 삼지 않으면서 랑시에르만을 이야기하다 보니, 이게 미학사에서 새로운 주장이냐 아니냐의 문제만을 쟁점으로 삼거나, 또는 랑시에르의 이런저런 주장은 사실 조금만 더 거슬러 올라가면 누구누구에게서 발견되는 주장이었다는 식의 논의만 남게 되는 경향이 있어요. 그런데 이런 식의 논의는 랑시에르를 인용하면서 오히려 그가 제기했던 문제의식과 정반대의 이야기를 하는 거죠. 감각적인 것의 관습적 분배 방식들, 가령 치안적인 분배 활동 속에서 문학이 처해 있는 사태를 문제 삼지 않고 우리가 흔히 미학이라고 규정하는 학제적 틀 내에서만 랑시에르의 이론을 이야기하는 것이야말로 그 이론이 말하는 바를 정확하게 포착하고 있지 못한 결과라고 생각해요. 이론과 현실을 연결시켜야 한다는 긴급한 요청 이전에 그 이론 자체에 대해서도 충실하지 못한 거죠."

5. 문단이라는 제도 앞에서 느꼈던 어떤 불안: 경계인의 정체성에 대하여

'작가선언'의 작가들에게는 그 스스로 어떤 '전위'라는 의식이 있었을까? '작가선언'이란 무엇보다 일단 어떤 '선언'을 표명하는 것이고 그러한 표명을 통해 어떤 식의 행동이나 반응을 기대하고 요구하게 되는 것이므로. 여기서 나는 아방가르드 예술 운동의 의미에서라기보다는 오히려 레닌적 의

7 심보선, 「나를 환멸로 이끄는 것들」, 『슬픔이 없는 십오 초』, 문학과지성사, 2008, 25쪽.

미에서 '전위'라는 표현을 쓰고 있지만, 어떤 식으로든 무언가를 이끌어가고 있다는 일종의 작가의식에 대해 이 작가들 자신의 의견과 느낌은 어떤 것일까? 그리고 이들에게서 '연대'란 어떤 의미를 지니고 있을까? 그리고 그 안에서 '문학적인 것'의 의미는 무엇일까? 내가 궁금했던 것은 이 작가들 사이에, 그리고 '우리들' 사이에, 하나의 '세대 의식'이 존재하는가, 혹은 그러한 '세대 의식'이 심지어 요구되고 있는가, 그렇다면 그것은 과연 어떤 형식을 갖게 되는가 하는 문제였다. 오히려 이들 작가들은 현재의 '문학 제도'라는 틀에서 볼 때, 문단과의 관계에서도, 작가적 정체성이라는 측면에서도, 모두 어떤 경계적인 위치를 지니고 있지 않을까? 시인이자 디자이너이기도 한 박시하가 어렵사리 개인적인 경험으로부터 이야기를 시작한다.

"등단한 지 얼마 안 된 저로서는, 작가선언 이후에 주변 분들로부터 이런저런 걱정을 많이 들었어요. 예를 들면 그 시에서 박종철, 강경대, 이런 이름들은 빼라, 제발 빼라, 그런 이야기도 들었고(모두 웃는다). 심지어는 전혀 다른 것에 대해 쓴 시인데, 단순히 '바위'라는 단어를 보고 '너 이거 노무현 이야기 아니야?'라고 물어봐서 깜짝 놀라기도 하고요. 그런데 그 이전과 이후를 비교해보면, 제가 처음에 썼던 시들과 지금 시들이 서로 크게 변한 건 없어요. 작가선언을 하면서 제가 갑자기 어떤 정치적인 시를 쓰거나 이런 것도 아니고, 그 전에 썼던 시들 중에서도 그렇게 본다면 충분히 그렇게 해석될 수 있는 시들도 분명 있고요. 사실 저는 작가선언 같은 것을 오히려 내심 기다리고 있었기 때문에, 선언을 하게 됐을 때 사람들에게 달려가서 많이 알리고 그랬는데, 다들 반응이 그렇게 열정적이지는 않았어요. 왜 그런지 사실 알 것 같으면서도 이해가 안 갔어요. 소위 '글쟁이'의 습성에 대해서 내가 잘 모르나, 내가 디자이너라서 그런가, 이런 고민들도 했는데, 서로 약간은 다른 것 같아요. 아까 진은영 씨가 이야기했던 것처럼, 문학에 대한 생각이 나와 다른 사람들이 꽤 있는 것 같고, 또 나로서는 그게 다시 이해가 안 되고, 그랬던 거죠. 작가선언을 하면서 내가 '참여작가'라는 소리를 농담처럼 들었는데, 저는 그 말에 화를 냈어요. 그런 부류와는 전혀 다른 문제라고 생각해요. 내가 정치적인 사람이 되고 안 되고 그런 것이 아니라, 저한테는 이 자체가 처음부터 바로 문학이었던 것 같아요. 작가선언 시작 때부터 기대한 어떤 것들이 제겐 있었고, 생각보다 많이는 못 갔지만 조금씩 함께 나아간다는 느낌이 있었어요. 그것이 제게는 어떤 식으로든 문학적인 공부가 되어주는 느낌도 있었죠. 예를 들면, 문학적인 것과 그렇지 않은 것을 확연하게 분리하는 기준에 대해, 왜 자꾸 그렇게 분리할까, 그런 의문들이 들었죠. 문학하는 사람들끼리는 그런 틀을 벗어나서 그 바깥을 봐야 하지 않나 하는 생각, 또는, 단지 문학하는 사람들만이 아니라 예를 들어 제 직장 동료가 문학을 어떻게 이야기하고 바라보는지, 그 사람이 시를 어떻게 보고 있는지, 그런 문제에 더 관심을 기울여야 하지 않나 하고 생각했죠."

문학의 순정성이란 문제도 있었지만, '작가선언'처럼 일견 매우 개방적으로 보이는 집단 안에서도 같은 것을 바라보는 작가들의 시선에는 많은 차이점들이 있는 것 같았다. 제도적인 구획들, 장르 사이의 구분들, 작가라는 정체성 등등 속에서 '작가선언'을 수행하는 과정을 통해 이 작가들은 끊임없이 어떤 편견이나 어려움과 '문학적으로' 맞닥뜨리고 있는 듯했다. 선언은 그 자체로 왜 그 선언과 '맞먹는', 어쩌면 그 선언을 '초과하는' 또 다른 언어들을 계속 파생시키고 증식시키는가? 예를 들자면, 이는 심보선, 진은영이라는 두 시인에게서 각각 나름의 방식으로, 하지만 또한 공통적으로 드러나고 있는 시 혹은 문학에 관한 메타적이고 자기회귀적인 성찰의 시선들과 어떤 밀접한 관계를 맺고 있을 것이다. 이들은 시인이라는 특정한 '정체성' 안에서만 내부적으로 기입되거나 문학이라는 특정한 '제도' 안에서만 자동적으로 작성되는 시작詩作이 아니라, 오히려 언제나 시가 시로서 만들어지는 이유 자체, 시가 시로 될 수 있는/없는 존재 조건들 자체에 천착하고 있기 때문이다. 이러한 이유와 조건들은, 단순히 문학 내재적인 측면에서 이해되는 것들이 아니라, 어쩌면 철학적이고 정치경제학적으로 이해되고 수행되는, 자기성찰의 복합적 이유와 조건들이라는 의미에서. 결국 이는 단순히 '시란 무엇인가'라는 정의定義의 물음이 아니라 '시를 쓰는 것이란 무엇인가'라는 정의正義의 물음에 답하는 일, 아니 단순히 대답만 하는 일이 아니라 숫제 이 물음 자체의 구조를 해명하는 일이기도 할 것이다. 이 물음의 구조는 무엇보다 가장 먼저 어떤 종류의 물질성, 육체성에 가닿는다. 박시하는 『지금 내리실 역은 용산참사역입니다』에 수록된 글 「패러독스 파라다이스」의 시작 메모에서 이렇게 쓰고 있었다. "죽은 사람들이 어찌하여 산 사람들의 입 속에 검은 밤처럼 모이는지, 용산에서 우리는 알 수 있습니다. 그것은 이 역설의 낙원에서 우리가 그려낼 수 있는, 가장 아름다운 별의 근육입니다." 나는 박시하의 이 "근육"이라는 시어 앞에서, 앞서 은성완이 말했던 글쓰기의 육체성 또는 물질성의 어떤 시적 변용을 목격한다. 박시하는 다른 시에서 또한 이렇게 썼던 적이 있다. "시작은 끝이 되었다 (……) 나로 분열되고 있는 너, 침묵으로/ 부어오른 근육들 꿈틀대는/ 단식투쟁하는 죽은 이들의 발가락 (……) 너의 끝에 나의 시작을 맞댄다, 우리는/ 한 시절 열렬히 몸 부비다 가는/ 낡고 둥그런 흔적이다"[8] 시를 쓰게 하는 육체의 물질성이 있다면, 그것은 아마도 저 "근육들"과 "발가락"으로부터, 혹은 저 "침묵"으로부터 오는 어떤 힘일 것이다. 마치 진은영의 저 "손가락"이 그랬던 것처럼, 이러한 근육과 발가락과 침묵은, "내 몸에서 가장 멀리 뻗어나와"[9] 있는 손가락과도 같이, 시작詩作을, 그리고 시작始作을 추동할 것이다. 은성완이 박시하의 말을 받아서 다시 말한다.

"저도 박시하 씨와 비슷한 경험이 있어요. 저도 등단한 지 얼마 되지 않았는데, 한 술자리에서 어떤 분이 저한테 그러더군요. '요즘 용산에서 주도적으로 열심히 일하신다면서요? 앞으로 작품 잘 쓰셔야겠어요.' 용산 같은 정치적인 일에 참여하고 있으니까 앞으로 작품을 유심히 더 지켜볼 거라는 말이죠. 그런데 그 말을 듣는 기분이 그렇게 썩 좋지는 않더라고요. 어떻게 생각해보면 당연한 말일 수도 있겠죠. 용산의 경험이 제대로 반영된다면 작품이 더 좋아지는 건 당연하겠고, 또 그렇게 작품도 잘 쓰는 작가가 행동했을 때 그것이 더 큰 호소력을 갖는 것일 수도 있겠고. 예를 들면 황석영 선생 같은 분이 이런 일에 앞장선다면 훨씬 더 큰 대중적 파급력이 있을 거라는 말이죠. 그런데 저는, 왜 소설 쓰는 사람들은 꼭 이런 식으로 항상 작가의 작품과 작가의 행동을 직접적이고 성급하게 연결시킬까,

그런 생각이 들어서 그날 거의 잠이 안 오더라고요(모두 웃는다). 제가 처음에 제안을 할 때도 이런 말을 분명히 썼어요, 시민의 한 사람으로서 행동하는 것이 더 중요하다고. 작가이기 이전에 시민이지 않느냐고. 저 같은 경우엔 진보신당에 매달 만 원씩 내는데, 그렇다고 거기서 따로 무슨 활동을 하고 그런 건 전혀 아니거든요. 시민의 한 사람으로서 참여하다가 작가들과 맞는 점이 많아서 함께한 측면도 있는 거죠. 작가이기 때문에 이것을 해야 한다는 게 아니라, 당연히 상식 있는 사회 구성원으로서 이건 분노해야 할 일이라고, 해야 할 일이라고 생각해서 한 것인데, 하다 보니까 나는 작가구나 하는 의식을 갖게 되는 경우도 많다고 생각해요. 특히 용산에서 피켓을 들고 서 있어 보니까 더 많은 생각이 들더군요. 이 사안에 대해서 내가 얼마나 공감한다고, 또 얼마나 이분들의 아픔에 다가선다고, 내가 이런 글을 쓸 수 있는 걸까, 하는 물음. 어쨌든 저는 이것이 바로 이명박 정권 이후의 사회적이고 시대적인 상황이 작가들에게 던진 질문이라고 생각해요. 뭔가 질문을 던지고 긴장을 주는 역할을 한 거죠. 예를 들어 예전에 소설을 공부하면서 느꼈던 긴장은 다른 작품을 맞닥뜨렸을 때 느끼는 긴장이었죠. 다른 작가들, 다른 선배들의 작품을 보면서 '아, 이 사람은 이렇게 쓰는구나, 이런 면에서 다르구나' 하는 긴장이랄까요. 그런 긴장도 나름대로 중요하지만, 이렇게 엉망인 세상에서 과연 어떻게 소설을 써야 하는가 하는, 새로운 긴장감도 획득하게 된 측면이 있는 것이죠."

6. 선언 앞에서 느꼈던 어떤 우정: 새로운 감응과 문학적 공동체에 대하여

여기에는 시민으로서의 작가라는 정체성, 혹은 시민임과 동시에 작가이기

8 박시하, 「암모나이트」, 『2009 젊은 시』, 문학나무, 2009, 80~81쪽.
9 진은영, 「긴 손가락의 詩」, 『일곱 개의 단어로 된 사전』, 문학과지성사, 2003, 85쪽.

도 한 어떤 복합적인 정체성이 놓여 있다. 어떤 의미에서 현대는, 작가가 바로 지식인이며 지식인이 바로 작가라는 일종의 '계급적' 등식이 무너진 시대이기도 할 것이므로. 작가이자 시민임의 이중적 정체성, 이러한 경계적인 정체성은 저 지식인으로서의 작가적 엘리트주의와 어떻게 다르고 어디서 다시 만나는가? 더 나아가 말하자면, 지식인의 '당연한' 책무로서 설정되었던, 한 사회의 이데올로기적 허위성을 폭로하는 작업은, 이제 더 이상 그 어떤 실천적인 의미도 갖고 있지 못한 것이 아닌가? 예를 들어, 이명박이 잘못하고 있다, 사회가 엉망진창으로 돌아가고 있다, 우리들은 속고 있는 것이다 등등의 어떤 '진실'에 대한 폭로가 더 이상 어떤 적극적인 실천의 의미를 가질 수 없는 것은, 아마도 우리들 모두가 '그렇게 알고 있으면서도 마치 짐짓 모르는 척' 행동하고 있기 때문은 아닐까? 실제로 진은영 또한 이러한 이데올로기의 폭로가 지닌 한계에 대해 지적하며 "계몽된 허위의식의 역설"을 언급함과 동시에 냉소주의가 갖게 될 문제점 역시 비판하고 있지 않은가?[10] 그렇다면 과연 표면적인 이데올로기 비판이 어떤 '실효성'을 잃은 상황에서 '작가선언'이 지닌 의미는 단순히 작가들의 '참여'만으로는 소급되지도 않고 또 소급될 수도 없을 것이다. 그 선언의 실존적인 힘이라는 것과 그 행동 자체의 힘은 어떤 의미에서 분리되어 있는 것은 아닐까? 이데올로기의 허위를 알든 모르든, 어쨌든 '여전히 그렇게 하고 있다'는 흔들리지 않는 현상으로부터 더욱 생생히 작동하고 있는 이데올로기에 대해 어떤 대응이 가능할 것인가? 진은영은 말한다.

"작가선언은 수많은 시국선언들 중의 하나일 뿐이고 어떤 실제적 차원의 정치적 파급력을 낳았다고 말하기는 힘든 게 사실이죠. 하지만 적어도 선언이 그 선언에 참여했던 작가들한테는 새로운 감응을 일으켰던 것이 분명해요. 대담에 오기 전에 이진희 시인과 잠시 이야기를 나누었는데, 진희 씨가 선언에 참여하면서 첫사랑에 빠진 느낌이 들었다고 표현해서 인상적이었어요. 또 이전과 다른 방식으로 문학적 관계를 맺는 것, 문학적 삶을 사는 것에 대한 고민을 다시 한 번 환기시켜줬다는 점에서, 작가들 스스로에게 이른바 '문학의 정치'를 고민하게 한 측면이 있다고 생각해요.

그런 점에서 작가선언은 단순히 정치적 실효성으로만 환원되지 않는 이야기를 남긴 셈이라고 할 수 있겠지요.”

이에 심보선이 말을 잇는다.

“저는 어떤 효과나 결과에 대한 강박, 이걸 하면 무슨 일이 일어날까라는 질문을 자동적으로 하게 되는 그런 강박이 오히려 문제라고 생각해요. A라는 원인이 있고 그에 따라 B라는 효과가 있을 거라는 이 인과적인 상상력, 우리가 이렇게 하면 세상이 저렇게 바뀔 것이라는, 혹은 바뀌어야 한다는 어떤 강박 말이죠. 하지만 그럼에도 포획되지 않는 것, 포획될 수 없는 것이 있다는 겁니다. 적어도 작가선언을 한 사람들은 작가는 곧 지식인이라는 등식과는 전혀 다른 생각을 갖고 있었어요. 전위의식도 없었고. 만약에 작가는 지식인이라는 등식 아래에서 우리가 선언을 했다면 전통적인 방식으로 교수들이 하는 것처럼 했겠죠. 그 방식에 대해서 고민을 많이 했어요. 어떻게 할 것인가, 우리가 선언을 하고 어떻게 행동할 것인가에 대한 이야기 속에서, 작가와 지식인, 작가와 시민, 이런 정체성들에 대한 이야기를 계속해서 했죠. 물론 결론은 안 났어요. 어쨌든 그런 이야기와 토론과 고민들의 결과가 이런 형태로 만들어진 거죠. 제가 볼 때 그건 하나의 사건이었던 것 같아요. 또 그 사건은 가치 있는 사건이었죠. 왜냐하면 우리는 계속 서로 대화를 했고, 그를 통해 일종의 담론 혹은 ‘우리’라는 의식 같은 게 생겨났다고 봐요. 만약에 작가선언이 실패했다고 말한다면, 그 실패는 정치적 효과 같은 면에서가 아니라 우리 안에서 작동하고 있는 무언가에서 찾아봐야겠죠. 우리의 관계, 우리가 서로에 대해서 생각하는, 우리를 북돋거나 혹은 실망시키는 우리 안의 관계에서 실패한 거지, 그 외의 실패는 될 수 없다고 생각해요. 정치적 효과나 사안에 대한 무관심 같은 건 큰 문제가 아니라는 생각이죠. 그때 일어났던 사건에 핵심이 있을 것 같아요. 그 핵심이란, 우리는 과연 계속해서 충실한가, 또는 우리가 그 끈을

10 진은영, 「감응과 구성의 정치학」, 『코뮨주의 선언』, 302쪽의 각주 22번 참조.

놓지 않으려고 하는가 하는 긴장이죠. 그 불편함을 우리가 계속 가져가려고 하는가 하는 문제. 만약 우리가 우리의 실패를 이야기할 수 있다면, 이러한 문제들을 갖고 이야기해야 한다고 생각해요. 은승완 씨가 들었다는 말, '거기에 참여했는데, 작품 더 잘 써야겠는데' 이런 식의 기준은 좀 아닌 것 같아요(모두 웃는다)."

그렇다면 작가는, 용산 이후, 또 다른 아우슈비츠 이후, 어떻게 그리고 무엇을 쓸 수 있을까? 개인적으로 '작가선언'의 형식 안에서 내게 가장 흥미롭게 다가왔던 부분은, 그 선언의 '중추'가 되는 본문이 아니라 오히려 한 줄 선언들의 '무작위적'이고 '주변적'인 나열이었다. 이는 어쩌면 심보선이 「우리가 누구이든 그것이 예술이든 아니든」에서 언급하고 있는 하나의 실험, 곧 'Text Resolution'이라는 이름의 프로젝트를 닮아 있는 무엇일지도 모른다. 이 조각의 문학, 조각의 언어들, 아마도 그 속에서 뭔가 새로운 우정이 하나 탄생한 듯도 하다. 작가들의 한 줄 선언은 아마도 그들 안에서 '문학의 정치'가 작동하는 하나의 최저점, 하나의 시험대였을지도 모른다. 아마도 어떤 새로운 문학적 관계, 새로운 문학적 공동체의 모습으로. 그렇다면 불편한 우정의 정체, 혹은 이러한 우정에 기댄 문학적 공동체의 정의는 무엇인가? 심보선이 쓰고 있는 대로, 그 불편한 우정이란 "우리들이 '우리들'이라는 말의 관용성을 버리고 난 후 등장한 최초의 낯설음에 끝내 충실하려고 하는" 우정, 따라서 "그 불편함을 감내하면서도 (……) 기어이 그 불편함 안에 머무르려고 하는" 역설적 우정일지 모른다.[11] 혹은, 진은영이 말하고 있는 것처럼, 그 문학적 공동체란 바로 "문학적 삶을 파열시킴으로써 저항하려는 문학에 대한 욕망"을 지닌 기이한 공동체일지 모른다.[12] 아마도 바로 이것이 저 불편한 우정과 그 문학적 공동체가 지닌 불가능한 의미이자 불확실한 충실함일 것이다. 한편에는, "아무 데서나 내려 어디론가 가야 한다고" 생각하지만 동시에 "이런 생각으로 자주 흔들리면서 또 (……) 집으로 실려"[13] 가고 마는, 저 '도저한' 절망 앞에서 진은영이 느끼는 어떤 불확실성이 있을 것이다. 다른 한편에는, "용산에 들어가기 전에 작가라는 정체성을 용산 바깥에 '주차'"시키며 "시민이라는 정체성을 마치 가장 손쉽게 거머쥘 수 있는 중립적인 타이틀처럼 취급"[14]하는, 저 '편리한' 주체화 앞에서 심보선이 느끼는 어떤 불가능성이 있을 것이다. 그리고 아마도 바로 이러한 두 느낌 사이에서, 곧 '버스에서 내리는 일'과 '주차를 시키는 일' 사이에서, 저 불확실성과 불가능성은 반복되고 연속되며 서로 교차할 것이다.

7. 불확실성과 불가능성 앞에서 느꼈던 어떤 교감: 광장의 문학에 대하여

박시하의 「광장의 불확실성」을 읽는다, 바로 시인의 면전에서. "혁명은 일어나지 않았지만,/ 세상에는 사라지는 게 없네 (……) 과연 혁명은 일어나지 않지만,/ 광장은 광장이 아닌 것이/ 아니네, 아직은/ 어두운 광장에 불 켜지네/ 죽은 사람이/ 산 사람의 노래를 부르고 있네"[15] 예를 들어 촛불시위의 현장은, 물리적인 의미에서나 심리적인 의미에서, 하나의 광장이라고 부를 만했다. 그런데 용산의 경우에도 이러한 '광장'의 풍경과 문법을 이야기할 수 있을까? 박시하는 말한다.

"누군가 제 앞에서 제 시를 읽는다는 사실이 굉장히 낯서네요. 그 시는 용산을 생각하면서 썼던 시는 사실 아니에요. 거기서 '광장'이란 제겐 오히려 시 자체, 문학 자체에 대한 이야기였던 것 같아요. 아무튼 말 그대

11 심보선, 「우리가 누구이든 그것이 예술이든 아니든」, 『자음과모음』 2009년 겨울호, 115쪽.

12 진은영, 「달의 자전과 공전에 대한 미학적 보고서」, 『자음과모음』 2009년 겨울호, 134쪽.

13 진은영, 「달의 자전과 공전에 대한 미학적 보고서」, 『자음과모음』 2009년 겨울호, 131쪽.

14 심보선, 「우리가 누구이든 그것이 예술이든 아니든」, 『자음과모음』 2009년 겨울호, 117쪽.

15 박시하, 「광장의 불확실성」, 『작가세계』 2009년 가을호, 236~237쪽.

로 '광장'이니까 아무래도 거기에는 그렇게 읽힐 수밖에 없는 요소가 많겠죠. 시인이 자신이 쓴 시에 대해서 내가 왜 그렇게 썼는지는 다 알지 못하기 때문에, 제가 왜 '광장' 혹은 '혁명'이라는 말을 자꾸 쓰고 싶은지에 대해서는 정확히 말씀드릴 수는 없어요. 분명 어떤 연관은 있겠죠. 작가선언을 통해 받은 자극이 영향을 준 면도 있을 테고, 그전에 제가 갖고 있던 문학과 시에 대한 생각들이 더해지기도 했을 테고요. 시에 대한 공부가 따로 있다고 생각하진 않아요. 용산에서 피켓을 들고 있던 경험 등을 떠올리면서 다만 저는 이런 걸 느꼈죠, 어떤 다른 것에 대해 시를 쓰려고 할 때조차도 뭔가 내가 달라졌고, 달라지고 있다는 것을요."

내가 박시하의 저 시에서 오히려 더욱 주목하고 싶었던 부분은 광장이라는 공간에 대해 시가 견지하고 있는 어떤 '이중부정'의 몸짓이었다. "광장은 광장이 아닌 것이/ 아니네, 아직은"이라고 말하는 중복된 부정의 언어. 그것은 '광장'과 '혁명'이라는 주체적이고 명사적인 개념과 결부된 어떤 부정성이라기보다는, '아닌 것은 아니다'라고 말하는 주변적이며 조사적인 연결의 형태와 결부된 어떤 예감일 것이다. 그 예감이란, 그것이 주변적이고 연결적인 만큼, 딱 그만큼, 불확실한 것일지도 모른다. 그런데 어쩌면 또한 이러한 불확실성 안에 오히려 '광장의 광장임', 아니, 더 적확하게 말해서, '광장이 아직 광장이 아닌 것은 아님'의 양태가 내재되어 있을지도 모른다. 심보선이 바로 이 '광장'에 대해서 말한다.

"저는 그 광장이 문학이라고 해도 상관없고, 아니, 상관없다기보다는 그냥 문학이라고 할 수도 있고, 또 용산이라고 할 수도 있을 것 같다는 생각이 들어요. 그런 불확실한 공간의 이미지들이 바로 용산의 이미지들이 될 수 있는 거죠. 이를테면 그곳에는 온갖 텍스트와 이미지들이 뒤죽박죽으로 섞여 있어요. 남일당만 봐도 그렇죠. 그곳에는 사실 우리가 일반적으로 생각하는 빈소의 이미지와는 상당히 다른 어떤 것들이 있어요. 대로를 마주보고 사람들이 지나가고 있고, 빈소에서는 책도 팔고, 바로 옆에는 신부들의 농성 천막이 있고, 또 그 옆에는 경찰들이 있고, 그런 공간인 거예요. 결국 그건 우리가 생각하는 빈소라는 개념으로 포획될 수 없는 공간인 거죠. 제가 그 공간에서 특히 인상적으로 봤던 건, 그 앞에서 사람들이 허브를 키우고 있는 거예요. 상추 같은 것도 키우고 있어요. 말하자면 거기서 원예를 하는 건데, 이 원예란 게 미관 같은 걸 위한 게 아니라 그냥 재배해서 먹으려고 하는 거예요. 이런 예도 있지만, 그 공간 자체가 뭐라고 확정 지을 수 없는 그런 공간인 거죠. 이건가 하면 아니고, 또 저건가 하면 그것도 아니고. 말 그대로 '아닌 게 아닌' 거죠. 제가 만약 용산에서 문학을 생각한다면, 이런 게 문학이 아닌가, 그런 생각이 들어요. 나는 시민으로서 참여한다, 이런 생각들이 있을 텐데, 사실 그러한 정체성들이 막상 쉽게 분리 되는 게 아니잖아요? 시민으로서 참여한다고 생각하는 순간에도, 사실 끊임없이 옆에서 나를 찌르는 송곳들이 거기 있는 거죠, 그 경험 속에."

진은영도 이 '광장'에 대해 덧붙인다. "문학이 하나의 광장으로 변하는 과정이 작가선언을 통해 촉진되었다고 봐요. 처음에 등단하고 나서 어려웠던 것 중 하나는 작가들의 모임에 가서 할 이야기가 없다는 거였어요. 문학 하는 사람들끼리 모였으니까 작품 이야기를 하면 될 것 같은데, 실제로는 다른 작가들 작품에 대해서 이야기하기가 좀 힘들어요. 얼마나 쓰기 힘든지 서로 너무나 잘 알기 때문에 말하기가 조심스러운 거예요. 그러다 보면 어색한 침묵이 흐르는 가운데 그 시간이 고통스러웠어요. 그런데 이제는 저에게 낯설게 다가왔던 문학의 순정성에 대해 동료 작가들의 의견을 진솔하게 들으면서 서로의 문학관에 더 깊이 개입해 들어갈 수도 있구요. 작가선언에 회의적 입장을 지닌 작가들의 경우에는 '그런 방식으로 작가들이 정치에 개입하는 게 과연 의미가 있을까?' 이런 이야기들도 할 수 있을 테고요. 용산릴레이 실천의 경우에는 피켓을 들고 시위하는 것이 예술가로서의 정체성에 무슨 의미가 있느냐 하는 문제도 제기되었거든요. 우리가 보다 예술가적인 방식으로 용산과 결합해야 하지 않나 하는 이야기들도 오가고요. 작가들이 골방에서 혼자 작업하는 경향이 커지는 상황에서 이러한 문학적 화제들을 함께 풀어가는 대화와 불화의 과정 자체가 새로운 공통 감각을 형성하는 광장의 역할을 할 수 있겠지요. 한동안 작가선언에 대해 부정적 이야기를 하는 분들이 있다는 소리를 들으면 약간 상처가 되었는데, 지금은 작가선언이 정말 많은 사람들을 광장으로 불러냈고 작가들이 문학적으로 담론화할 수 있는 내용들이 더 많이 생겼다는 생각을 하게 돼요."

은승완 역시 덧붙인다. "작가선언에 참여한 사람들도 있고 또 그걸 꺼리는 사람들도 있겠지만, 반면에 문제들에 대해서 뭔가 이야기하고 싶지만 아직 어떻게 이야기해야 할지 모르는, 어떤 담론으로 그것을 드러내야 할지 고민하는 상태가 분명히 있을 거라고 생각해요, 비평가들에게도 말이죠."

심보선은 「텅 빈 우정」에서 이렇게 쓰고 있다. "나는 말하지 않을 것입니다./ 대신 당신의 손으로 쓰게 할 것입니다. (……) 나는 고백하지 않을 것입니다./ 대신 당신의 입으로 말하게 할 것입니다. (……) 당신과 내가 원하기만 한다면/ 동시에 함께 웃을 수 있는 것처럼.// 당신과 내가 원하기만 한다면/ 모든 것들이 동시에 끝날 것입니다."[16] 심보선은 어쩌면 저 블랑쇼의 '밝힐 수 없는/고백할 수 없는inavouable' 우정과 공동체에 대해서 이야기하고 있는 것처럼 보인다. 말하지 않고, 고백하지 않고, 대신 당신의 손으로, 그리고 입으로 만들어지는 하나의 시, 그 안에서 발견되는 어떤 '관계 없는 관계성'이란 무엇인가? 심보선은 말한다.

"관계에 대해 이야기하지 않는 관계는 어떤 관계일까, 또는 관계를 하나의 손쉬운 주제어로 삼지 않으면서도 그걸 언어적으로 혹은 물질적으로 풀어낼 수 있는 방법은 뭘까, 이런 문제를 제가 특별히 어떤 화두로 삼은 건 아니에요. 그런데 쓰고 나면 그렇게 보이는 것 같아요. 나는 아무것도 하지 않는데, 상대방이 나한테 반응하는 것, 또는 나는 굉장히 무능하고 무위하는데, 그럼에도 계속 어떤 관계가 만들어지는 그런 경험들. 관계성이라는 것을 제가 무의식적으로 붙잡고 있다고 한다면, 그게 제 안에서 시적인 무언가로 표현될 때는 일반적인 언어의 교환이 아니라 손이라든지 입이라든지 하는 물질성을 입고 나올 수밖에 없겠죠. 관계가 주제는 아니지만 사물적인 것으로 표현되는 것, 어쩌면 그게 바로 시가 하는 일일 겁니다."

'작가선언'은 지금의 용산을, 현재의 대한민국을, 일종의 아우슈비츠의 재래로 규정한다. "이곳은 아우슈비츠다. 민주주의의 아우슈비츠, 인권의 아우슈비츠, 상상력의 아우슈비츠. 이것은 과장인가?" 그들 스스로도 묻고 있듯이, 이것은 정말 하나의 과장일까, 과장일 뿐일까? 그렇다면, 아도르노의 저 유명한 질문을 다시 반복하자면, 아우슈비츠 이후에 시를 쓰는 일은 가능한가? 우리가 윤리와 타자를 언급하는 지점에서 〔어쩌면 지극히 습관적으로〕 말하게 되는 물질성과, 대한민국의 아우슈비츠 용산을 이야기하는 지점에서 말하게 되는 물질성 사이에는, 어떤 차이가, 어떤 변화가 있지 않을까? 대화의 조각들이 이어진다.

심보선 "소설하고는 좀 다를 것 같은데, 이건 하나의 에피소드인데요, 얼마 전에 그런 일이 있었잖아요? 작가선언 중 어떤 분이 소설을 썼는데, 그게 용산에 대한 소설로 소개가 됐었던?"

박시하 "용산을 알레고리화해서 썼다, 그런 식으로 소개가 됐었나 봐요."

심보선 "그렇게 소개가 됐을 때 그 작가분이 굉장히 당황했었죠. 용산을 단순히 알레고리로만, 단지 문학적 소재로만 차용한 식으로 소개가 됐으니까."

은승완이 이어서 말한다.

"그래서 더 당혹해하셨죠. 본인은 용산에 대해 쓴 게 아닌데, 어떤 분들은 또 다른 식으로 읽었고. 그렇다고 우리 소설이 그동안 사회적인 문제들을 외면해왔던 건 아닌 것 같아요. 소재적인 측면만 봐도 외국인 노동자 등 소수자 문제 등을 계속 다뤄왔고요. 하지만 소재적인 차용의 수준을 넘어서서 소설가가 직접 그 문제와 맞닿는 건 또 다른 문제인 것 같아요. 그리고 그런 변화의 양상들은 순간순간 바로 나타나지는 않을 것 같아요. 아

16 심보선, 「텅 빈 우정」, 『문학수첩』 2009년 겨울호, 119~120쪽.

까 박시하 씨도 이야기했지만, 예를 들어 내가 다음 작품을 쓰는데 이러저런 식으로 용산을 끌어와서 알레고리나 상징으로 쓸 거다, 이런 건 아닐 듯해요. 오히려 이런 문제들이 계속 작가 안에서 하나의 문제의식으로 남아 있는 거겠죠. 새로운 긴장으로, 다른 작품을 쓸 때 다른 방식으로 반영되지 않을까 하는 생각이 들어요. 또 그래야 된다고 보고요. 그게 바람직한 방향이 아닐까 생각하는 거죠. 그러니까 우리는 작가이기 때문에 언제나 현실에 글로써 참여해야 한다, 뭐 그런 방식만은 아닌 것 같아요. 현실에 대한 문제의식을 글로써만 표현하는 게 아니라, 그런 활동 속에서 나의 문제의식이 다른 방식으로 나중에 내 글에 반영될 수 있다는 거죠. 특히 작가선언 이후에 많은 분들이 용산에 나오시고, 또 개인적으로도 문제의식을 갖게 되고, 그런 차원이 아닐까 싶어요."

8. 불편한 공동체 안에서 느끼는 어떤 예감: 지속 가능하지 않은 것의 지속성에 대하여

친구란 무엇인가, 불편한 우정이란 무엇인가, 또 그들이 이루는 공동체란 무엇인가, 그리고 이러한 공동체가 만들어내는 사건의 사건성이란 무엇인가? 진은영은 「나의 친구」에서 이렇게 쓰고 있다. "그것을 믿자, 강철 부스러기들이/ 우리를 황급히 쫓아오며 시간의 거대한 허공 속에서/ 흩어진다,/ 죽음과 삶의 자장磁場 사이에서.// 그것을 믿자, 숱한 의심의 순간에도/ 내가 나의 곁에 선 너의 존재를 유일하게 확신하듯/ 친구, 이것이 나의 선물/ 새로 발명된 데카르트 철학의 제1원리다."[17] 이 시는 데카르트 철학의 제1원리를, 그가 방법적 회의를 통해 도달했던 최종심급의 저 의심할 수 없는 진리를, 새삼 의심하며 다시금 새롭게 정의하고 있다. 'Cogito ergo sum'이라고 하는 저 제1원리의 중심은 이제 '나ego'라고 하는 자아의 자리에서 '너'라고 하는 친구의 자리로 옮겨간다. 그러나 이러한 친구란 가슴을 따뜻하게 하는 안온한 우정의 관계와는 거리가 멀다. 무엇보다 먼저 이러한 친구는 나의 존재를 "죽음과 삶의 자장 사이에서" 동요케 하는 하나의 긴장, 한 명의 적, 한 조각의 불일치이기도 하기에. 이 “너의 존재”는 분명 “나의 곁에” 서 있는 것이긴 하지만, 또한 아마도 저 “숱한 의심의 순간” 그 자체를 끊임없이 자극하고 환기시키는 존재이기도 하겠기에. 그렇다면 이 불편한 우정의 공동체는 지속 가능한 것일까? 이 사건의 사건성은, 지속이 가능하고 진행이 가능한 것일까? 진은영은 말한다.

“「나의 친구」에서 제가 표현하고 싶었던 건 ‘나는 생각한다, 고로 존재한다’는 데카르트적 경험을 파열시키는 ‘친구가 존재한다, 그리고 그때부터 나는 생각하기 시작한다’라는 경험이었어요. 개인적으로는 문학에서 어떤 식의 구분이나 보이지 않는 구획이 있다는 사실 때문에 불편해질 기회가 거의 없었는데, 여러 친구들이 다양한 제안을 했고, 그것을 고민하는 가운데 제가 그동안 알지 못했던 문학의 제도적인 여러 문제들, 그리고 그런 문제들에 대한 입장의 차이들이 가시화되는 경험을 하게 됐어요. 저는 문학상과 관련된 심보선 씨의 입장 표명을 진지하게 받아들였는데,[18] 제가 그걸 여러 사람에게 함께 이야기해보자고 했을 때 어떤 분들은 그 제안을 일종의 완결된 윤리적인 입장 정리로 여기거나 일종의 강제를 행사하는 발언으로 받아들이고 불편해했던 것 같아요. 저 또한 심보선 씨의 입장에 대해 완전히 동의했던 것은 아니지만, 같이 고민해볼 수 있는 부분이기 때문에 함께 대화해보는 것이 좋겠다고 생각했어요. 그런데 그 제안에서 ‘이 사람이 나한테 윤리적인 독재를 행사하고 있다’는 느낌을 받기 시작하면 그것으로 대화는 끝나는 거죠. 의도한 것이 아니더라도 이런 식의 강제의 느낌을 받을 수도 있겠지요. 그런 일방적인 느낌을 최대한 줄이면서 서로의 감각과 사유를 어떻게 촉발시킬 수 있을까, 그 점이 저의 가장 큰 고민이에요.

17 진은영, 「나의 친구」, 『우리는 매일매일』, 79쪽.

18 이에 관해서는 『문학과사회』 2009년 가을호에서 오고갔던 진은영, 심보선 두 시인의 ‘대화’를 참고할 필요가 있다. 진은영의 「조각의 문학」과 심보선의 「불편한 우정: 어떤 공동체의 발견」이 바로 그것이다.

저도 진보신당 당원인데요, 언젠가 노회찬 의원이 조선일보 노조에 가서 강연을 한 적이 있습니다. 그 일은 민주 세력에 대한 배신행위라고 엄청난 비난을 받았어요. 저는 그 비판에는 동의하기가 좀 힘들었고, 안티 조중동 운동에 대해서 회의적인 생각을 갖는 계기가 되었어요. 제가 개인적으로 보수 언론과의 인터뷰를 거절했던 것과는 무관하게, 뭘 하자는 게 아니라 뭘 하지 말자는 방식으로 대중운동을 조직화하는 것에는 일정한 한계와 모호성이 있는 것 아닌가 하는 의심이 들어요. 낙선운동과 같은 운동 방식에서 볼 수 있는 한계와 비슷한 거죠. 보선 씨가 미당문학상의 문제를 안티 조중동의 차원에서 제기했던 건 아니었음에도 불구하고, 자칫하면 이상한 대립 전선이 그어지고, 어떤 활동들이 지닌 다양한 함축과 정치적 긍정성들을 너무 쉬운 방식으로 도덕적으로 재단할 위험도 있었어요. 그렇지만, 그 위험에도 불구하고, 보선 씨의 입장은 숙고해볼 만하다는 생각이 들었고 또 그런 대화를 나눌 만큼의 신뢰가 형성되어 있다는 낙관적 기분도 들었고요. 그런데 이 문제는 우리가 시국선언을 하는 정치적 문제와는 엄연히 다른 문제이고 오히려 정치적인 문제가 아니기 때문에 공론화하기보다는 각자의 판단에 맡겨야 한다는 견해들도 있었죠. 작가선언을 예술가들이 정치적인 입장을 밝히는 계기로만 이해하면 되지 왜 문학의 제도적인 문제로까지 나아가느냐 하는 거북함 같은 게 있는 거지요. 또 한편으로는 모처럼의 따뜻한 연대에 불화와 균열을 만들어낼 수 있다는 조심스러운 우려들도 있었던 거구요."

심보선이 이에 대해 자세히 덧붙인다. "저에게는 문학상이라고 하는 것이 문학적인 동시에 정치적인 의미를 가지고 있었어요. 특히 작가와 지식인 사이에 짝패가 성립했던 시기에는 더더욱 그랬죠. 보들레르Charles Baudelaire가 그랬던가요, 정확히 기억은 안 나는데, 상을 받는 것은 인간 존엄성에 대한 모욕이다, 이런 이야기를 한 시인이 있어요. 프랑스에는 아카데미 프랑세즈가 있죠. 그런 아카데미에 대한 반발을 통해 어떤 문학의 장이 만들어지는 상황에서, 문학상은 바로 이러한 아카데미의 상징이었죠. 받으면서 폼 나게 거머쥐고 싶은 그런 상. 또한 바로 그렇기 때문에 그런

상을 거부한다면 그건 정치적 스캔들이 될 수 있었던 셈이었죠. 그런데 언제부터인가 그런 상과 결부된 정치성이 사라져버린 거예요. 상이 마치 당연한 것처럼, 정치와는 아무런 상관도 없는 것처럼 돼버린 건데, 저는 상이 여전히 정치적인 함의를 품고 있다고 봐요. 오히려 우리가 문학상을 당연시 여기는 태도 자체에 정치적인 문제가 들어가 있다고 생각했어요. 그래서 미당문학상이라는 미디어 이벤트 안에서 특정한 방식으로 생산되고 소비되는 '문학적인 것'의 문제를 드러내보자, 최소한 그것에 관해 토론을 해보자, 이런 생각들을 많이 하게 된 거죠. 저도 안티 조중동의 방식에 대해서는 거부감이 있어요. 하지만 적어도 우리 내부에서 지금까지 이야기해오지 않았던 것을 이야기하는 시도는 해볼 수 있지 않나, 그런 생각이었죠. 본격적으로 이야기되진 않았지만 미당문학상과 관련하여, 소위 당연시된 것들을 '우리의 마주 봄' 속으로 가지고 오자는 그 시도에는 자연스럽게 문단과 문학의 관계에 대한 고민도 딸려 들어올 수도 있다고 봐요. 사실 문단이라는 것도 너무나 당연시되는 세계잖아요. 그런데 사실 작가라면 누구나 그 세계를 겪고 있어요, 문단 안에서의 부담과 스트레스, 자기 커리어와 관련된 여러 문제들. 비평가가 내 작품을 어떻게 볼까, 내 이름은 거론되나, 이런 것까지 말이죠. 그 모든 것들이 정치적이지 않은 어떤 사적인 문제로 여겨지고 문단이란 그런 사적인 관계와 활동, 혹은 반대로 아주 추상화된 구조가 되어버린 거죠. 그렇게 정치적인 것을 문단 바깥에 놓고 보는 거예요. 우리가 문단 안에서의 정치를 이야기할 때도 실은 매우 사적인 것으로 이야기를 하곤 해요, "저 사람은 참 정치를 잘해" 할 때의 그 정치죠. 언제나 뒤에서만 이야기되는, 절대로 드러나지 않는 어떤 것. 문단 바깥에서의 정치는 우리가 다 아는 바로 그 정치, 정치인들의 정치, 혹은 사회과학의 정치가 되는 거고요. 그런데 문단 안에서의 정치가 바로 그렇게 사적인 것으로 여겨지기 때문에 우리는 그것에 대해 침묵하고 있는 것이 아닌가, 그런 의문이 드는 거죠. 그래서 문학상이든, 문단이든 그것들의 정치를 이야기할 때도 그것은 기껏해야 뒷담화나 가십거리가 되지 그것이 문단에서 소위 '문학적인 것'이 생산되고 소비되는 기제로서의 정치적인 것으로 인식되지 않는 겁니다. 이것은 단순히 사회학적인 분석을 하자는 이야기가 아닙니다. 계속 이야기하고 또 이야기하면서 '우리'라는 기존의 감각 위에 또 다른 '우리'의 감각을 빗금쳐보자는 겁니다."

문학 안에서, 이러한 정치는 어떻게 오는가? 이에 나는 심보선의 시 「엘리베이터 안에서의 도덕적이고 미적인 명상」을 다시 읽어보게 된다. "나를 꽤나 진지한 태도의 시인으로 오해하는" 하나의 시선과 "나를 한국에서 온 좌파 급진주의자로 오해하는" 또 하나의 시선 사이에서, 시인은 그 스스로 어떤 '분리'를 문제 삼고 있다. "또 다른 세계로 통하는 길을" 열어주는 엘리베이터의 문은, 그 문의 진동과 동요는, 어쩌면 그의 몸 안에서 "가끔씩 덜그럭거리는 무언가"[19]를 계속해서 상기시켜주는 것인지도 모른다. 그렇다면 1층의 정체성과 2층의 정체성이란, 그 층들 사이의 경계란 무엇인가?

은승완은 '분리'에 대해서 이렇게 말한다. "저도 작가들에게서 좀 더 많은 이야기들이 촉발되었으면 좋겠다는 개인적 기대감이 있었는데, 언론과 작가의 문제는 사실 어느 순간 이후로는 더 이상 이야기가 안 나오더군요. 논의가 되는 것 같으면서도 안 되는 듯한 느낌이 있었어요. 저도 심보선 씨의 의견에 동감하는 게, 작가들이 알게 모르게 어떤 분리의식 같은 걸 갖고 있다는 느낌이 들 때가 많기 때문이에요. 정치적 참여는 참여고, 나의 문학 활동은 문학 활동이라는 분리의식 말이죠. 그런데 그런 건 아니지 않나 싶어요. 문단의 문제는 사실 정치와도 연관돼 있는 것이고요. 한국에 문단이란 게 존재하고 있고, 그 안에서의 위계 같은 것도 존재하고 있고, 또 사람들은 거기서 스트레스를 받고 있고, 그런 와중에 또 누구나 중심으로 가려고 하는 욕망은 있고. 그런데 그런 중심을 벗어나서 나의 문학 활동을 하고 싶다고 말하지만, 그렇게 하기에는 용기도 부족하고 환경이 척박한 면도 있고. 이런 부분들에 대해 이야기해봐야 하지 않나 하는 생각, 단순히 이게 옳고 그르다는 말이 아니라 이런 문제들에 대해서 보다 많은 이야기들이 오고가는 과정 자체를 저는 사실 기대했죠. 그건 말 그대로 충분히 논의될 수 있는 문제인데, 사실 그런 문제들이 너무 민감하고 첨예하기도 하고 또 개개인이 너무 직접적으로 연결돼 있는 부분이기도 해서 실상 많은 이야기들이 없는 것 같아요. 지금은 우리가 이렇게 이야기하고 있지만, 사실 당장 내일 『조선일보』에서 전화가 와서 뭘 하자고 한다면 그걸 거부할 수 있는 작가는 별로 없거든요. 이건 어떤 시스템의 문제이기도 하죠. 아까 최정우 씨가 참여 작가는 있지만 참여 음악인은 없지 않나 이렇게 이야기하셨는데, 반대로 저는 생뚱맞은 말일지 몰라도 인디밴드나 독립영화는 있는데 오히려 독립작가는 없지 않나 하는 생각을 해보게 돼요. 현실적으로 문단을 떠나서 작품 활동을 할 수는 없지만 보다 독립적으로 작가 활동을 하는 작가들도 있어야 하는 게 아닌가 하는 막연한 생각이 들어요."

심보선이 다시 잇는다. "저 역시나 마찬가지 생각을 한 것 같아요. 내가 문단이라는 시스템에서 자유로울 수 있을까 하는 생각을 해보게 되죠. 인디가 없는, 대안이 없는 시스템 안에서 자유로울 수는 없을 것 같아요. 이를테면 사실 이 좌담 자체가 그러한 시스템 안에서 작동하고 있는 거니까, 그 시스템이 이런 '판'을 만들어준 거니까. 지금 이 좌담이 그런 상황을 어쩌면 교묘하게 보여주고 있는 거죠. 그런데 반면, 저는 문단에 대해서 사적으로 생각하는 저만의 관행에서는 좀 벗어난 것 같아요. 기존의 문화 권력에 대한 논의도 사실 다소 사적인 측면이 있었는데, 예를 들어 그 안에서의 정치를 어떤 사적 집단의 지배, 이런 식으로 파악하는 감정적인 측면들이 있었던 것 같은데, 그보다 제가 최근에 고민하고 있는 것은, 결국 이것도 삶과 문학 사이의 관계일 텐데요, 이런 시스템 안에서의 삶이 우리의 문학과 어떤 관계를 맺을까 하는 문제예요. 문단 안의 문학적인 것은 무엇일까, 문단 안에서의 정치적인 것은 무엇일까, 그 안에서 내 삶이라는 것이 문학적인 것과 어떻게 서로 관계를 맺을까 하는 문제들이죠. 그런 과정을

19 심보선, 「엘리베이터 안에서의 도덕적이고 미적인 명상」, 『슬픔이 없는 십오 초』, 34~38쪽.

거치면서 조금 다른 고민들을 하게 됐어요. 이를테면, 단순히 시스템이 나쁘다 아니다 하는 문제가 아니라, 그 안에서 작동하고 있는 문학적인 것은 무엇일까, 혹은 더 정확하게는, 그 안에서 또 다른 형태로 나타날 수 있는 미래의 문학적인 것이란 무엇일까, 하는 물음들이죠. 전 이 물음 자체도 문단에서 자유로운 방식의 물음들이라고 생각하진 않아요. 왜냐하면 우리는 이걸 하면서도 계속해서 문단은 우리를 어떻게 볼까 하고 생각하며 알게 모르게 문단의 반응에 귀를 기울이게 되기 때문이죠. 예를 들어 작가선언 때도 문단 선배를 모시자, 이런 이야기가 대표적이죠. 그런데 그 안에서 뭔가 특이한 모임이, 어떤 우정이 만들어진 거죠. 그 과정에서 자연스럽게 이런 고민들, 예전에는 깊이 생각해보지 않았던 부분들이 드러났던 것 같아요. 그래서 향후에 우리가 하나의 조직이나 집단으로 지속되느냐 아니냐 하는 문제보다는, 이 과정에서 만들어진 고민들이 어쩌면 우리의 성취라면 성취일 거라는 생각이 들어요. 실패, 그것도 성취라면 성취라고 생각하고요. 그런 과정에 의해 어떤 새로운 사유나 감각이 만들어지는 거죠. 그게 이후 어떤 계기로 촉발되거나 어떤 사건을 만들어낼 수도 있겠고, 새로운 기획들이 시작될 수도 있을 거예요. 최근에는 어떤 기획들이 가능할까, 이런 생각도 좀 하고 있어요. 대박을 터뜨릴 거야, 이런 것과는 전혀 무관한(모두 웃는다). 어쩌면 정말 새로운 기획들이 태어날지도 모르겠다는 생각도 들죠. 새로운 관계에 의한 새로운 기획들."

그리고 박시하가 말한다.

"처음에는 내부에서도 이런 문제가 관심거리였잖아요. 언제까지 갈까, 언제까지 갈 수 있을까, 우리가. 걱정도 많이 하고, 이러다 끝날 거야, 이렇게 성급하게 말하는 사람들도 많이 있었고. 저 자신도, 사람들이 언제까지 할까, 이러다 썰물처럼 빠져나가는 거 아닌가, 그렇게 생각했던 날도 있었어요. 카페에 아무도 안 들어오는 것 같으면 이제 끝난 거야? 그러면서. 그런데 언제부터인가 그런 게 별로 중요하지 않게 생각되더라고요. 언제까지 지속될까, 이런 게 중요하지 않게 되는 시점이 생기면서, 뭐랄까, 그걸 확실하게 뭐라고 불러야 할지는 모르겠는데, 누군가는 '신뢰'라고 표현하기도 하고요. 이제 우리가 무엇을 언제까지 할 수 '있을까'보다는, 우리가 지금 또 앞으로 무엇을 '할' 것인가, 이 문제에 사람들이 더 많은 관심을 갖고 있는 것 같아요."

관계 없는 관계성 안에서, 선언의 선언 불가능성 안에서, 지속 가능성이라는 말의 의미는 어쩌면 너무나 다양한 의미로 해석되고 있는지도 몰랐다. 이것이 언제까지 지속될 수 있을까 혹은 이러한 관계 자체가 어떻게 계속해서 성립될 수 있는가를 문제 삼는다면, 이는 아마도 우리가 집단성이라는 단어로 익숙하게 표상해왔던 어떤 지속적 관계의 개념으로는 포획할 수 없는 것인지도 모르겠다. 그러나 이 포획할 수 없는 집단성, 관계의 지속이 문제가 되지 않는 어떤 관계성은, 무엇보다 용산이 하나의 '사건'이었음을 상기시키고 있는 것. 우리에게 너무나 익숙한 사건의 용법은 신문과 방송의 '사건 사고' 꼭지일 것이며, 우리에게 너무나 낯선 사건의 용법은 그 상징성을 통해 우리의 현실을 일깨우는 하나의 충격이며 원점일 것이다. 그러므로 무엇보다 우리는 '사건'의 이 낯설고 불편한 용법을 먼저 기억해야 하며, 이로부터 다시금 이 사건의 '사건임'을, 이 사건의 절실한 '사건성'을 사유해야 한다. 그렇다면 용산이, 용산으로부터 출발한 어떤 경험이, 그리고 용산에서 이루어진 어떤 불편한 우정과 불확실한 공동체가, 아마도 이후, 시와 소설들을 생산해낼 것이다. 그것은 용산에 '대한' 시나 소설은 아닐지도 모른다. 아마 아닐 것이며 또한 아니어야 할 것이다. 그러나 아마도, 문학 안에서, 하나의 〔정치〕철학이 잉태되고 태동하며 도래하고 있지 않을까? 시와 소설은 분명 철학은 아니겠지만, 동시에 분명 그렇게 도래하는 철학과, 마치 '친구'처럼, 어깨를 나란히 하고 있을 것이다.

은승완은 소설 「역광」에서 이렇게 썼던 적이 있다. "우리들 눈은 보고 싶은 것만 가려서 본다고. 어쩌면 우리도 상대방의 보고 싶은 모습만 보아왔던 게 아닐까."[20] 이 가장 소박한 인식론적 명제에 대한 반성, 아니

20 은승완, 「역광」, 『미네르바』 2007년 겨울호, 126쪽.

소박한 그만큼 가장 폭력적이기도 할 이 자아철학의 제1원리에 대한 반성은, 어떠한 성공과 실패를 통해, 그리고 어떠한 성장과 퇴화를 통해, 비로소 '다른 것'으로 변환될 수 있을까? "단지 무언가의 절반만큼 네가 왔다는 것"을 깨달은 지금, "지금부터 저지른 악덕은/ 죽을 때까지 기억난다"[21]라고 말하는 어느 절실한 성장통成長痛에서부터, "다 자랐는데 왜 사나"라는 자조 속에서 "사는 둥, 마는 둥, 살아"[22]감을 고백하는 어느 느슨한 실패담失敗談에 이르기까지, 불확실한 광장에 서서, 불편한 우정으로, 고백할 수 없는 공동체를 일구며. 우리는 이러한 불편함과 불가능성의 정치철학을 어쩌면 새로운 제1철학으로 '선언'할 수도 있을 것이다. 그 새로운 제1철학이란, 자아의 확실성을 방법적 회의로 확정 짓거나 의식의 지향성을 현상학적으로 점검해가는 동일자적인 철학이 아니라, 아마도 오직 '친구'와 '타자'와 '난민'이라는 주체 아닌 주체에서부터 구성되는 시의 철학이며 소설의 철학일 것이다. '문학의 정치'란 말이 가능하다면, 그것은 말 그대로 문학의 표피적/외면적 정치성을 시험하고 검증하는 정치적 미학의 자리가 아니라, 시와 소설이 다시금 새롭게 짜나가는 감각적인 것의 지형도, 그 미학적 정치의 자리에서일 것이다.

좌담의 흔적들은, 모였다가, 다시 흩어진다. 그렇다면 산문散文은, 그 말 그대로, 흩어진, 흩어지는 글이 되고 있지 않는가? 그렇다면 운문韻文도 또한, 단순히 어떤 시구詩句들의 집합이 아닌, 어쩌면 구름 같이 흩어지는 글(雲文)은 아닐 것인가? 그러므로 어쩌면, 마치 그렇게 흩어지는 구름처럼, 흩어짐으로써 모여 있는 어떤 구름처럼, 운문과 산문은 어디에선가, 아마도 대기 중의 허공이 아니라 오히려 바닥을 치는, 아예 그 "바닥이 떠오르고"[23] 있는 어떤 땅 위에서, 그렇게 다시 만나야 하는 것 아닌가?[24] 나는 이 좌담의 흔적들 속에서 간간이 반복적으로 발견되는 저 모든 지문들(모두 웃는다), 그리고 그 속에서 역시나 간간이 피어났다 사라지는 저 모든 웃음들에, 어떤 내기를 건다. 그 내기의 내용은 이렇다. 저 웃음들은, 어떤 기쁨의 감응을 가져다줄 수 있을 것인가? 불편한 우정을 나누는 친구로서? 혹은, 불확실한 광장에 선, 어떤 문학적 공동체의 모습으로서? 여기에 내기를 걸어보는 것이다. 말하자면, 나는 이 전도된 제1철학에, 새롭게 전복된 문학의 제1원리에, 일견 승산이 없어 보이는 이 기이한 내기에, 무모하게도 무언가를 걸어보는 것이다, 그 불편함에, 그 불가능성에.

21 진은영, 「서른 살」, 『일곱 개의 단어로 된 사전』, 23쪽.
22 심보선, 「삼십대」, 『슬픔이 없는 십오 초』, 108~109쪽.
23 박시하, 「바닥이 난다」, 『2009 젊은 시』, 77쪽.
24 그리고 우리는 어쩌면 이러한 '만남'의 관점에서, 곧 운문과 산문의 만남, 불확실한 광장에 선 불편한 우정의 만남이라는 관점에서, 『자음과모음』 2009년 겨울호에 수록된 심보선과 진은영의 두 글, 곧 「우리가 누구이든 그것이 예술이든 아니든」과 「달의 자전과 공전에 대한 미학적 보고서」를 다시 읽어야 할 것이다.

변주 7.

문학적 철학의 두 가지 유형: 푸코의 문학론과 마슈레의 문학론[1]

푸코가 남긴 문학 관련 글들의 양은 다른 철학자에 비해—푸코가 '순수한' 철학자인가 하는 '곁가지의 중대한'(일종의 형용모순?) 질문은 차치하고라도—상당히 많은 편에 속하지만, 단행본으로 출간된 글은 오직 이 한 권, 레이몽 루셀Raymond Roussel에 관한 책뿐이다(초판은 1963년). 사실 이 책은 푸코의 다른 저작들보다 상대적으로 '부당하게' 낮은 평가와 적은 주목을 받아온 책이라고 할 수 있다. 푸코의 거의 모든 저작들이, 이른바 '지적 유행'이라는 몇 겹의 물결을 거쳐, 그리고 수정에 수정을, 재판에 재판을 거듭하며 국역되어 있는 현재 시점에서도 이 책만이 거의 유일하게 번역되지 못하고 있다는 사정이 그에 대한 방증이라면 방증이겠다. 그렇다면, 왜—푸코에게 있어 오히려 훨씬 더 중요한 의미를 갖는 작가들이라고 할 수 있을 바타유도 아르토도 아닌—하필이면 루셀인가? 그런데 이 단순해 보이는 질문은 예상 외로 많은 담론의 지형들을 드러낼 수 있는 물음이라는 것이 나의 개인적인 생각이다. 내 일천한 독서 경험으로 볼 때 이 질문에 대한 나름의 답변을 제시하며 푸코의 사상적 궤적 안에서 이 책이 차지하는 위상을 평가하고 있는 이는 그리 많지 않은데, 그 대표적인 논자로는 두 사람의 철학자, 곧 들뢰즈와 피에르 마슈레Pierre Macherey를 거론할 수 있겠다.

물론 아는 사람들은 알겠지만, 푸코의 문학 관련 단행본으로는 사실 한 권의 책이 더 있긴 하다. 모리스 블랑쇼에 대한 책인 『바깥의 사유*La pensée du dehors*』가 바로 그것이다. 푸코의 문학론을 논하는 데에 있어서 바타유에 대한 글과 함께 반드시 짚고 넘어가야 할 글로서, 그리고 블랑쇼의 문학론 자체에 대한 탁월한 입문서이자 해설서로서, 일독을 권한다. 하지만 이 글은 원래 블랑쇼에 관한 특집호로 간행되었던 『비평*Critique*』지의 229호(1966년 6월)에 처음

실린 것으로서(나중에 이 글은, 길다면 길고 짧다면 짧다고 할 푸코의 학문적 일생 동안 축적된 논문과 인터뷰들을 집대성한 책 『말과 글*Dits et écrits*』(전 4권)의 1권에 다시 수록되는데, 이 책에는 『레이몽 루셀』의 근간을 이루는 글 「레이몽 루셀의 작품에 있어서 말하기와 바라보기」와 『레이몽 루셀』 출간 이후 「르몽드」에 기고한 관련 글 또한 수록되어 있다), 이 글이 파타 모르가나 출판사에서 단행본으로 출간된 해가 푸코 사후인 1986년이었던 것으로 미루어볼 때, 푸코 자신이 이 글을 단행본으로 출간할 의지가 『레이몽 루셀』에 비해 더 확고했다고 보기는 어려울 것이다. 이 글에서 논의되는 블랑쇼의 많은 주제어들—예를 들어 '체험expérience', '문학적 공간espace littéraire', '바깥dehors', '밤nuit', '공백/공허vide', '위반transgression' 등—이 바타유적인 주제들과 공명하고 있음은 말할 필요도 없는 것이겠지만, 특히 5장에서 자세히 서술되고 있는 블랑쇼〔또는 프란츠 카프카Franz Kafka〕의 '법' 개념이 벤야민 또는 데리다의 법에 관한 논의와 만나게 될 '어떤' 접합의 지점을 찾아보는 작업도 매우 흥미로울 것이다.

푸코의 루셀論에 대한 마슈레의 글은 대표적으로 두 가지를 들 수 있을 텐데, 하나는 그의 문학론집 『문학은 무슨 생각을 하는가?』에 수록되어 있는 글 「루셀의 독자 푸코: 철학으로서의 문학」이고, 다른 하나는 위의 책 『레이몽 루셀』 문고판(1992)의 도입에 수록된 해설présentation이다. 이 두 글의 기본적인 논지는 대동소이하다고 할 수 있는데, 마슈레의 '해설'에서 이러한 논지를 가장 압축적으로 서술한 문장을 하나 옮겨보면 다음과 같다: "이 문장〔언어와 (문학적) 공간에 관한 푸코의 문장〕은 바타유와 블랑쇼가 표명하였던 요구, 곧 문학을 전통적으로 문학이 귀속되어 있던 예술의 영역 밖에 위치시키고 또한 문학을 사유의 대표적 형식들 중의 하나로 자리매김하면서 문학을 진지하게 다룰 것에 대한 요구를 명확하게 정식화하고 있다."[2] 곧 마슈레에게 있어서 푸코의

1 이 글은 2007년에 작성된 미발표 원고이다.

2 Michel Foucault, *Raymond Roussel*, Paris: Gallimard(coll. "Folio essais"), 1992, xiv~xv쪽.

루셀론이 갖는 궁극적인 의미는 '문학의 철학화' 또는 '하나의 사유 형식으로서의 문학'에 놓여 있는 것으로 볼 수 있다(마슈레는 이러한 푸코의 '철학화된' 문학론이 바타유의 '체험' 개념과 블랑쇼의 〔문학적〕 '공간' 개념을 배경으로 탄생할 수 있었던 영향사를 간략하게나마 잘 정리하고 있다). 이와 더불어 마슈레는 『광기의 역사』와 『말과 사물』 사이에서 이러한 푸코의 루셀론이 수행하고 있는 이론적 '가교' 역할에 대해서도 설득력 있는 논의를 제시하고 있다.

아마도 들뢰즈는 푸코의 루셀론이 갖고 있는 중요성을 그 누구보다도 일찍이 간파한 철학자들 중의 한 사람일 것이다. 들뢰즈가 푸코에 대해 '들뢰즈의 방식'으로 쓴 책은 아마도, 1970년에 푸코가 또한 들뢰즈에 대해 「철학의 극장」이라는 글을 썼다는 사실을 기억하는 사람에게는 특히나(이 글은 푸코의 『말과 글』 2권에 수록되어 있다), 두 사람 사이의 묘한 우정과 교류에 관한 일련의 기록들 중의 하나로 읽힐 수도 있을 것이다. 더욱이 들뢰즈가 푸코의 루셀론을 푸코의 대표적인 개념어들인 언표énoncé와 가시성visibilité의 관점에서 인용하고 분석하고 있는 부분[3]은, 마슈레와는 조금 다른 의미 맥락에서 수행된 푸코 루셀론에 관한 자리매김이라는 점에서, 일독을 요하는 중요한 글이다.

푸코의 루셀론이 국역되어 소개되지 못하고 있는 실정에는, 레이몽 루셀의 작품이 국내에 단 한 편도 제대로 번역되지 못한 사정도 한몫하고 있다. 오래 전부터 국내에서 그 소설보다는 오히려 '누보로망'에 대한 비평으로 먼저 많은 주목을 받았던 로브 그리예Robbe-Grillet의 유명한 비평집 『누보로망을 위하여*Pour un nouveau roman*』(이 책은 푸코의 『레이몽 루셀』이 출간된 때와 같은 해인 1963년에 간행되었다)에는 원래 레이몽 루셀에 관한 비평이 한 편 실려 있었지만, 1981년에 출간된 김치수의 국역본에서는, 루셀의 작품이 국내에 잘 알려져 있지 않아 그 비평적 근거와 자료가 희박하다는 이유로, 그 번역이 누락되었던 바 있었다. 이와 비슷한 '적극적인 배려'의 편역 사례에는 여러 가지가 있겠지만, 말이 나온 김에 그중 대표적으로 아쉬운 사례를 하나만 들어보자면, 르죈의 『자서전의 규약』 국역본[4]에서 미셸 레리스Michel Leiris에 관한 장의 번역이 누락되었던 예가 떠오른다. 현대의 자서전 문학 혹은 '자기에 대한 글쓰기' 영역에서 레리스가 점유하고 있는 중요한 위치를 생각해볼 때 이러한 누락은 실로 안타깝다고 말할 수 있을 텐데, 해당 작가 작품의 직접적인 번역도 중요하지만 때로는 그에 대한 주요 비평들이 먼저 번역됨으로써 해당 작가/작품의 이해와 번역을 향한 예비적인 길을 놓아줄 수도 있다는 점에서, 특히나 이러한 '과도한 배려'로서의 누락은 반갑기는커녕 참으로 아쉬운 대목이 아닐 수 없다.

내 생각에 푸코에 관한 마슈레의 논의에는 한 가지 짚고 넘어가야 할 중요한 점이 있다. 문학적 '존재론'의 문제는 푸코에게 있어서 바로 문학적 '윤리학'의 문제를 수반한다는 명제가 바로 그것.[5] 이는 무슨 뜻으로 이해해야 할까? 푸코는 『성의 역사』 1권과 2권 사이에서 일종의 '전회'라 이름할 노선 수정을 하고 있는데, 이는 일반적으로 '주체 문제로의 전회', '미학적〔이라 이름할 수 있는〕 자기-관리의 윤리학으로의 전회' 혹은 '자기의 테크놀로지 문제로의 전회' 등으로 불리는 논의를 구성하는 것이다. 이에 관해서는, 이미 수정된 국역본도 나와 있는 『성의 역사』 2, 3권 외에도, 푸코의 콜레주 드 프랑스 강의록의 하나인 『주체의 해석학*L'herméneutique du sujet*』의 일독을 권하는 바인데, 이 책을 통해 이러한 '전회'의 주제와 관련된 푸코의 보다 생생한 논의를 만날 수 있다.[6] 마슈레의 논의를 따라가다 보면, 이러한 노선 수정의 단초와 맹아를 푸코의 루셀론에서 '이미' 발견할 수 있다는 가설을 얻게 되는 느낌이다. 루셀에게 중요했던 것은 이른바 '정통적' 초현실주의의 자동기술법과는 대조적인, 무의미와 자유연상에 대한 '관리' 혹은 '통제술'이었던 것. 또한 푸코 혹은 마슈레가 루셀에게서 발견하는 중요한 특징은 재현représentation의 논리에 대한 반대, 해방libération의 논리에 대한 반발이다. 이는 곧 세계의 무의미에 대한 존재론 혹은 인식론이

3 Gilles Deleuze, *Foucault*, Paris: Minuit(coll. "Critique"), 1986, 59~65쪽.
4 필립 르죈, 윤진 옮김, 『자서전의 규약』, 문학과지성사, 1998.
5 Pierre Macherey, *À quoi pense la littérature?*, Paris: PUF, 1990, 190쪽 참조.
6 Michel Foucault, *L'herméneutique du sujet*. *Cours au Collège de France 1981~1982*, Paris: Gallimard/Seuil(coll. "Hautes Études"), 2001; 심세광 옮김, 『주체의 해석학』, 동문선, 2007.

그러한 무의미를 관리하고 통제하려는 '자기-존재'의 윤리학 혹은 행동학으로 이행하는 전환의 지점을 가리키고 있다. 따라서 이러한 논의는, 푸코의 루셀론이 비단 광기에 대한 저작과 에피스테메에 대한 저작 '사이'에만 위치하는 것이 아니라 이후 확장된 형태로 되돌아올 하나의 윤리학에 대한 '씨앗'으로도 독해될 수 있다는 점을 암시함으로써, 푸코의 사상적 여정에 관한 전체 지도를 그리는 데에 있어 하나의 '생산적인' 시사점을 던져주고 있다는 생각 한 자락 밝혀둔다.

앞서 언급하였던 '문학-사유' 혹은 '문학-철학'으로서의 정체성을 갖는 단독적 저서는 국내에 그리 많지 않다. 두 권만을 꼽아본다면, 김상환의 김수영論 『풍자와 해탈 혹은 사랑과 죽음』, 그리고 김진석의 비평집 『소외에서 소내로』 정도를 이 계통의 수준급 저서들로 거론해볼 수 있겠다. 김상환의 책에서는 김수영의 시와 다양한 철학들 사이의 흥미롭고도 감동적인 만남을 경험할 수 있는데, 개인적으로 이 책의 독서를 통해 한 철학자의 '문학적' 자기고백과도 같은 느낌을 받았던 것을 기억한다. 이러한 '자기고백' 또는 '자기가 자기와 소통하는 대화적 독백'—여기서 '독백'이라는 단어를 단순히 미하일 바흐친 Михаил Михалиович Бахтин적인 의미에서 이해하고 폄하해서는 안 되는데, '대화적'이라는 한정어를 붙인 까닭은 이러한 독백의 '공간'을 사장시키지 않기 위해서랄까—을 읽는다는 경험은 상당히 짜릿하면서도 중량감이 있다. 더군다나 이러한 전율과 무게가 김수영의 시를 사랑해온 이에게야 오죽할까. 일독을 권한다. 김진석의 비평집 중에서는 우선 김소진論과 박상륭論의 일독을 권한다. 특히나 박상륭에 대한 비평의 환경이 꽤나 척박하다고 할 수 있는 국내 비평계의 상황에서 김진석의 박상륭론은 상당히 참신한 느낌이 있다. 박상륭의 대작 『칠조어론』—이 책 앞에서 얼마나 많은 독자들이 좌절하고 또 전율했을 것인가—을 중심으로 전개되는 그 '소박한' 논의는, 논의의 과정 자체가 상당히 추상적이고 일반적이며 심지어 '개인적'이기까지 하다는 '단점'에도 불구하고, 박상륭의 문학에 관해 사유할 수 있는 여러 요소들을 '물음'의 형식으로 던져준다는 점에서 무시 못할 '장점'을 지니고 있다는 생각이다('포월', '소내', '탈-' 등의 창조적인 철학 개념들을 창안했던 이 '소중하고 빼어난' 한국 철학자 김진석의 다른 책들에 관해서는 다른 기회에 따로 자리를 마련해서 소개해볼까 하는데, 그가 아주 이른 시기부터 서양 현대 철학을 전유하고 자기화한 과정은, 그의 서술이 보여주는 '문체'와 더불어, 어린 시절의 나에게는 경이의 대상이었다는 고백 한 자락, 덧붙여둔다). 덧붙여, 문학과 철학의 관계에 대한 일반적 입문서 내지 다양한 접근 방법의 소개서로는 민음사에서 간행된 논문집 『문학과 철학의 만남』의 일독을 권한다. 수록된 글 모두 흥미로운 논문들이지만, 개인적으로는 그중에서 특히 김우창의 글 「문학과 철학 사이: 데카르트적 입장에 대하여」와 〔역시나〕 김진석의 글 「제 살 깎아먹는 프로이트」—이런 제목을 달고 있는 글을 안 읽고 뛰어넘을 재주가 있었을까—를 추천하고 싶다.

아마도 이 시점에서, 이러한 '철학적 문학' 혹은 '문학에 대한 철학적 해석'의 전통을 어디까지 소급해볼 수 있을까, 하는 물음을 던져볼 수도 있을 것이다. 물론 당연하게도 이 물음에 대한 대답은 그 범위를 어떻게 잡느냐에 따라 매우 다양한 논의를 포괄할 수 있는 광범위한 것이 될 것이며, 어쩌면 서구의 '문학사' 또는 '철학사' 전체와 동일한 외연을 갖는 엄청나게 거대한 문제가 될 수도 있을 것이다. 하지만 특히나 현대에 있어서 철학과 문학 사이의 〔권력〕관계를 점검해볼 때 결코 빠트릴 수 없는 책이 있다고 한다면, 그것은 바로 하이데거의 횔덜린論(초판은 1944년)[7]이라는 생각이다. 개인적으로는 이 책이 현대의 '철학-문학' 논의 또는 '철학적 문학론' 저술들의 어떤 '무의식'을 이루고 있는 것은 아닌가 하고 말하고 싶은 마음이다. 일독을 권한다. 이 책을 통해, 엄밀한 철학적 논증보다는 시적 사색으로 접근해가는 하이데거 후기 철학의 '문체' 문제—여기서 문체는, 단순한 문체의 문제로서만 끝나는 것이 아닌데—를 시〔문학〕와 철학의 관계 속에서 추적하고 규명해보는 작업도 매우 흥미로운 연구 영역이 될 수 있을 것이라는, 개인적인 생각 한 자락 밝혀둔다.

7 Martin Heidegger, *Erläuterungen zu Hölderlins Dichtung*, Frankfurt am Main: Vittorio Klostermann, 1966.

잡생각을 계속 이어가보자면, 철학에 대해 '문학적〔시적/소설적〕'이라는 평가가, 혹은 문학에 대해 '철학적〔사변적〕'이라는 평가가, 하나의 욕설로 사용되던 시기도 있었음을 떠올리게 된다. 예를 들자면, "시를 써라, 시를 써!" 혹은 "소설 쓰고 앉았네!"라는 문장이 "철학하고 자빠졌네!"라는 문장(독일어 동사 'philosophieren'의 가장 '창조적인' 번안 사례?)과 어깨를 나란히 하고 이웃하고 있는 풍경, 이제 우리에게 그런 풍경은 낯설거나 혹은 오래되거나, 둘 중의 하나가 되었다. 어떤 의미에서, 이러한 경계와 배제의 작용 안에서 발생한 와해의 물결, 혹은 'genre'의 구획과 'discipline'의 분류 체계에 불어닥친 해체의 바람, 그 탈-구축의 각종 기상 현상들은, 여기, 지금, 나의 글쓰기에 대한 하나의 물음을, 다시금, 재구축한다.

이런 의미에서 마슈레의 논문 「조르주 바타유와 유물론적 전복」을 꼼꼼하게 다시 읽어볼 필요가 있다. 이 논문은 바타유 사상에서 발견되는 이른바 '유물론적' 입장에 대한 희귀한 탁견을 담고 있음과 동시에 〔사르트르와 바타유의 비교 못지않게 중요한〕 브르통과 바타유의 비교 분석을 수행하고 있다는 점에서 각별한 주목을 요하는 논문이다. 바타유의 유물론은 논자들 사이에서 그리 자주 '애호'되는 주제는 아니다. 이에는 물론 여러 가지 이유들이 있겠지만, 무엇보다도 먼저 '바타유의 유물론'이라는 표현이 그 자체로 이미 어색한 느낌을 준다는 사실을 지적하지 않을 수 없겠다. '바타유의 신비주의' 혹은 '바타유의 니체주의'라는 표현은 왠지 익숙하지만, 마치 '바타유의 마르크스주의'라는 존재를 상기시키는 듯한 '유물론'이라는 단어와 '바타유'라는 이름의 결합은 어쩐지 그 자체로 '바타유적'인 생경한 언어의 조합을 드러내는 것 같다는 느낌 때문일 것이다. 하지만 바로 이 점이 '바타유의 유물론'을 말하는 마슈레의 탁견이 빛을 발하는 지점이다. 마슈레가 중점적으로 분석하고 있는 텍스트들은 '유물론'에 관한 바타유의 초기 논문들인데, 이 글들은 바타유 전집 1권에 수록되어 있다. 마슈레가 문제 삼고 있는 글들은 대부분 잡지 『도퀴망*Documents*』에 수록되었던 것들인데, 이와 관련해서는 드니 올리에Denis Hollier가 편집한 '사회학회' 시절 바타유의 저술들[8] 또한 일독을 권한다. 이 책에 수록된, 이른바 근대사회 안의 '신성神性/divinité'이라는 문제에 천착했던 이들 집단—여기에는 바타유 외에도 카유아, 레리스, 피에르 클로소프스키Pierre Klossowski, 장 발Jean Wahl 등이 포함되는데—의 글들은 부단히 재독할 만한 가치를 지니고 있는 텍스트들이다. 또한 이 시기의 지적 교류와 저술들이 바타유의 '일반경제'론에 끼친 영향사는 언제나 매력적인 연구 영역으로 남아 있다.

마슈레가 논하고 있는 바타유의 유물론이 지닌 가장 큰 핵심은, 해소될 운명이 미리 정해져 있는 '모순'이 아니라 극명한 '대립'의 끝없는 지속 그 자체에 있다. 바타유의 텍스트 안에서 수도 없이 반복되고 있는 저 '극성polarité'이라는 주제가 이에 상응한다. 생산과 소비, 사회와 희생, 이성과 비지非知, non-savoir, 금기와 위반 등의 대립적 개념들의 쌍은 그 자체가 '탈-변증법적 변증법'의 계기들을 구성하고 있는 것이다. 이러한 의미에서 원문의 "ambivalence"는 소극적인 의미에서의 '모호성'이라기보다는 적극적인 의미에서의 '양가성'이라는 말로 번역되어야 할 것 같다. 왜냐하면 이 단어는 바타유에게서 극성을 띤 두 개의 대립항들을 대표하는 말이기 때문이다. 이러한 '양가성'은 지양되어버릴 운명의 제3항을 전제하지 않으며, 모순contradiciton의 해소가 아닌 지속적인 대립opposition에 강조점을 두고 있는 개념이다. 이러한 의미에서 마슈레는 바타유의 유물론을 전복의 유물론, 이른바 "이원론적 유물론matérialisme dualiste"으로 규정하면서 "일원론적 유물론matérialisme moniste"과의 차이점을 부각시키고 있는 것이다.[9] 따라서 문제가 되는 것은, 단순히 '반反-변증법'으로만 요약될 수 없는 어떤 전복적인 운동이다. 바타유가 전집 1권의 「유물론」이라는 글에서 말하고 있는 주요한 논지는 '순진한' 유물론의 필연적 실패이며, 그 실패는 단지 관념론 안의 상층부와 하층부의 위치만을 뒤바꿀 뿐인 피상적 유물론의 바로 저 '순진성'에서 기인하는 것이다. 여기서 내가 던지고 싶은 물음은 다음과 같다: 바타유의 '유물론'이란 결국엔 마슈레에게 있어서 '유물론'의 철저화된 형태, 혹은

8 Éd. Denis Hollier, *Collège de sociologie*, Paris: Gallimard, 1979.

9 Pierre Macherey, *À quoi pense la littérature?*, 108쪽 참조.

'변증법'의 전복된 형태를 가리키는 것인가.

이러한 전복에서 문제가 되는 것은 결국 철저화 또는 첨예화라는 생각이다. 마슈레에게—사실 그보다 더 알튀세르와 발리바르에게—문제가 되는 것이 마르크스의 철저화이듯, 그리고 또한 라캉에게 문제가 되는 것이 프로이트의 철저화이듯 말이다. 그렇다면 바타유는, 혹은 바타유의 '유물론'은, 무엇의, 누구의 철저화인가, 하는 물음을 던져볼 수 있을 것이다. 대부분의 평자와 주석가들이 바타유에게 있어서 니체의 강력한 영향을 많이 거론하고 있지만, 오히려 내 생각에는, 특히나 더욱이 마슈레가 말하고 있는 '유물론'의 문제가 중심이 된다고 할 때에는, 바타유가 철저화하고자 하는 것은 니체가 아니라 바로 헤겔이라고 말하고 싶다(나는 물론 여기서, 니체의 '철저화'라고 하는 것이 과연 '가능한' 이론적 작업인가, 그런 것이 있다고 한다면 어떤 형태여야 하는가, 라고 하는, 곁가지의 질문 하나를 더 던져볼 수도 있을 것이며, 또한 이른바 바타유의 '유물론' 속에서 '프로이트-마르크스주의'라고 하는 통합적인 함의의 일단을 목격할 수도 있다는, 곁가지의 언급 하나를 덧붙일 수도 있을 것이다). 바타유의 『저주의 몫』은 이러한 헤겔〔-마르크스〕적 문제의 첨예화와 철저화라는 관점의 연장선상에서 이해되어야 하며, 바로 그러할 때 이 저작의 '일반경제적' 성격이 보다 정확하고 분명하게 평가될 수 있을 것이라는 생각이다. 또한 이러한 헤겔의 철저화 또는 첨예화의 문제는 라캉과 상당 부분 교집합을 갖고 있다는 점도 지적해둘 필요가 있다. 이러한 바타유와 라캉 사이의 교집합이라는 문제는 현재까지 극소수의 필자들만이 지적했을 뿐 아직 본격적으로 천착되지는 못한 연구 영역이다(물론 라캉과 헤겔의 접점에 관해서는 지젝의 매력적인 책들이 여러 권 있기는 하지만). 이 교집합 안에 포함되고 있는 주요 개념어들만 소개한다고 해도, 불가능성impossibilité, 실재〔계〕le réel, 금기interdit와 위반transgression 등등 실로 엄청난 수맥을 갖고 있는 이론의 지평이 이들 둘 사이에 잠재하고 있다는 생각 한 자락 밝혀둔다.

사상의 전유, 그 전유의 몸짓 자체가 문제되는 지점이 있다. 특히나 '철저화'나 '첨예화' 〔따위의 '부차적인'?〕 논의가 이론적인 문제로 부상할 때는, 마치 '부상당한' 내 신체의 일부를 바라보기라도 하는 듯한 느낌을 갖게 되는 것이다. 누가 누구의 첨예화이자 철저화라는 것은 내게 과연 무슨 의미가 있을 것인가, 하는 다소 헛되이 반항적이기만 할 뿐인 명제가 그런 느낌을 갖게 하기도 한다. 이에는 물론 복합적인 감정들이 섞여 있다. 이미 아주 오래된 '근대적' 이론의 주제들 중의 하나인 '마르크스-니체-프로이트의 통합적 이해'에 언제까지 매달려 있을 것인가, 하는 반론 또한 내 몸 어느 곳에선가 꿈틀거림을 감지할 수도 있다. 하지만 오늘날의 시점에서는, 이 통합의 과제가 '본래' 무엇을 의미했던가를 반추해볼 필요가 있다. 그러한 '통합'이란 단순히 거대한 사상적 인물들 사이의 통합도 아니고—예를 들어 물리학에서의 통일장 이론과 같은—거대 담론과 이론들 사이의 통합도 아니다. 그들이 근대성-자본주의-국가주의를 바라보았던 시선에는 공통된 무언가가 있었다. 그 공통 지점은 일반적인 정치경제학, 철학(혹은 문헌학), 정신분석의 경계와 통합을 넘어서 있는 어떤 무엇이다. 그 무엇은 무엇인가? 결국 이러한 통합의 과제는 근대의 '봉합'에 다다르는 것이 아니라, 역설적이지만, 그 '균열'과 '상처' 자체에 대한 확인 앞에 머무르게 된다. 이러한 통합統合은 결국 '통합痛合'의 모습을 띠게 되는 것이다. 내가 게걸스럽게 갈구하는 이론에 대한 관심은 결국 무엇인가, 하는 물음, 그리고 나는 무엇 때문에 끝도 없는 책과 이론들의 고리를 숨이 목 끝까지 차오르는 채로 따라가고 있는가, 하는 물음, 결국 이러한 물음들, 이러한 물음들의 부상浮上은, 나의 행위가 곧 부상負傷당한 신체의 생채기에 계속 침을 바르며 달래는 행위는 아닌가 하는, 그래서는, 결국에는, 역설적으로 그 생채기를 오히려 덧나게 하고 고름 흐르게 하는 그런 '자해'와 같은 짓은 아닌가 하는, '부활과 갱생과 발효'에 관한 또 다른 물음들을 부상하게 하고, 또 부상당하게 한다.

내가 가장 좋아하는 글 중의 하나인 최인훈의 소설 『화두』(민음사, 1994, 전 2권)의 서문(「독자에게」)에는, 일종의 '시대의식'이라 이름 부를 수 있는 감상에 관한 매력적인 은유가 등장하는데, 사실 나의 감상 또한 이와 크게 다르지 않다는 사실은 작은 기쁨임과 동시에 깊은 슬픔이다. 조금 길지만 이를 그대로 옮겨보면서 이 글을 갈무리하고자 한다: "인류를 커다란 공룡에 비유해본다면, 그 머리는 20세기의 마지막 부분에서 바야흐로 21세기를 넘보고 있는데, 꼬리 쪽은 아직도 19세기의 마지막 부분에서 진흙탕과 바위산 틈바구니에서 피투성이가 되어 짓이겨지면서 20세기의 분수령을 넘어서려고 안간힘을 쓰고 있다—이런 그림이 떠오르고, 어떤 사람들은 이 꼬리부분의 한 토막이다—이런 생각이 떠오른다. 불행하게도 이 꼬리는 머리가 어디쯤 가 있는지를 알 수 있는 힘—의식의 힘을 가지고 있다. 그런 이상한 공룡의 이상한 꼬리다. 진짜 공룡하고는 그 점에선 다른 그런 공룡이다. 그러나 의식으로만 자기 위치를 넘어설 수 있을 뿐이지 실지로는 자기 위치—그 꼬리 부분에서 떠날 수 없다. 이 점에서는 진짜 공룡과 다를 바 없다. 꼬리의 한 토막 부분을 민족이라는 집단으로 비유한다면 개인은 비늘이라고 할까. 비늘들은 이 거대한 몸의 운동에 따라 시간 속으로 부스러져 떨어진다. 그때까지를 개인의 생애라고 불러볼까. 옛날에는 이 비늘들에게는 환상이 주어져 있었다. 비록 부스러져 떨어지면서도 그들은 이러저러한 신비한 약속에 의해서 본체 속에 살아남는 것이며 본체를 떠나지만 결코 떠나는 것이 아니라는. 그러나 오늘의 비늘들에게서는 그런 환상이 거두어졌다. 그리고 상황은 마찬가지다. 그러나 살지 않으면 안 된다. 비늘들의 신음이 들린다. 결코 어떤 물리적 계기에도 나타나지 않는. 듣지 않으려는 귀에는 들리지 않는. 이런 그림이 보이고 이런 소리가 들린다. 20세기 말의 꼬리의 비늘들에게는 한 조각 비늘에 지나지 않으면서 불행하게도 이런 일을 알 수 있는 의식의 기능이 진화되어버린 것이다. 이 침묵의 우주공간 속을 기어가는 '인류'라는 이름의 이 공룡의, '역사'라는 이름의 이 운동방식이 나를 전율시킨다."(『화두』 1권, 5~6쪽) 말미에 한마디 사족을 붙이자면, 나는 이 비감 어린 "전율"을 '헤겔적 전율' 혹은 '헤겔적 비감'이라 부르고 싶은 충동을 느낀다. 하지만 이 모든 것들이 하나의 거대한 사족蛇足이자 용미龍尾가 아니었던가.

11악장 소설을 권유하는 시, 시를 전유하는 소설[1]

김언의 시와 박상의 소설에 대한 비평적 농담 한 자락

'소설을 쓰자'라고 말하는 시: 김언의 경우

김언의 시는, 다소 엉뚱하게도, '소설을 쓰자'고 말한다(「소설을 쓰자」). 시인이 시를 쓰면서, 시가 아니라 소설을 쓰자고 말하는 것이다. 마치 시가 소설에게 한 수 가르쳐주듯, 권고하듯 훈계하듯, 이 시는 소설이 따라야 할 가볍거나 무거운 계율들의 목록을 열거한다. 시는, 소설에게, 결정적인 말을 건네고, 건넬 말들을 결정짓는다. 그러나 이는 물론 가르침도 아니고 훈계도 아닐 것이다. 만약 소설을 쓰자고 말하는 시가 정말로 '쓰자'고 권하는 것이 있다면, 그것은 시 이외의 다른 것일 수 없을 테니까. 이 일견 가장 당연해 보이는 사실에서부터 시작해보자. "너무 긴 소설을 쓰지 말 것. 너무 짧은 소설도 쓰지 말 것. 적당하게 지루해질 때 끝나는 소설일 것."[2] 그렇다면 여기서는 왜 소설의 분량이 문제가 되는 것일까? 그것도 왜 "원고지의 분량이 아니라 심리적인 분량"(「소설을 쓰자」 160쪽)이 문제가 되는 것일까? 여기서 시가 말하는 소설의 분량은 결국 시 그 자체의 분량이 되고 있지 않은가? 소설이 지켜야 할 어떤 '지침'들의 나열, 혹은 소설이 어떠해야 하는가에 관한 어떤 '규범'들의 목록이, 마치 한 편의 깐깐한 '사용설명서'처럼[3] 채워지는 시란, 그러므로 결국 '분량'을 문제 삼을 수밖에 없는 것. 그 분량을 재는 틀이란 결국 말의 무게를 다는 저울이며 글의 흔적

1 이 글은 같은 제목으로 『자음과모음』 2009년 겨울호에 수록되었다.

2 김언, 「소설을 쓰자」, 『소설을 쓰자』, 민음사, 2009, 160쪽. 이하 이 시의 인용은 본문 안에서 제목과 쪽수만을 괄호 안에 표시한다.

을 붙잡고자 하는 그물이다(또 다른 시는 "빨개진다는 것 벌게진다는 것 이것의 차이를/ 저울에 달아 본다는 것 눈금을 타고 논다는 사실"[4]에 대해 말한다). 시는 얼마만큼의 분량으로 비로소 시가 되는가, 혹은, 시란 얼마만큼의 단어와 얼마만큼의 문장으로 이루어져 있을 때, 또한 얼마만큼의 중량을 지니고 얼마만큼의 흔적을 남겨놓을 때, 비로소 한 편의 시라고 불릴 수 있는가. 이 시가 묻고 있는 시에 관한 자기동일적 혹은 자기회귀적 질문의 정체는 바로 이것이 된다. 그러므로 여기서 시는 시 그 자신의 외부에 있음으로써 다시금 시의 내부로 귀환하고자 하는 것. 시는, 소설이라는 자신의 바깥으로 자신의 안을 들여다보고, 바로 그럼으로써 그 안의 의미를 다시금 물어보고자 한다. 시는 소설을 빌려 시를 이야기한다, 소설을 쓰자고 권유하면서 정작 그 자신은 하나의 시를 쓴다. 그리고 아마도 이것이 바로 이 시가 지닌 '소설적 알리바이'일 것이다. 이 시 안에서 소설이란, '소설'의 이름이란, 무엇보다 시의 외부에 있는 것, 그러나 동시에 바로 그러한 '외부성'으로서 오히려 시를 가장 확실히 증언하고 가장 명확히 증명하는 형식이 된다. 시는 자신 안에 소설을 하나의 외부로서 도입한다. 이 '시'가 시가 될 수 있는 것은, 또한 이 '시'가 시의 조건들을 문제 삼을 수 있는 것은, 바로 이러한 '소설'이라는 외부 때문이다.

따라서 또 하나의 문제는, 바로 '소설을 쓰자'라는 이 시의 청유형 제목 안에 도사리고 있다, 고 나는 생각한다. 시는 '소설을 쓴다'고 말하지 않는다, 그저 '시는 소설을 쓴다'라고 평서문으로 쓰지 않는다. 시는 시에 대해, 소설 쓰고 앉아 있네, 라고 말하지 않고, 그렇게 말할 생각도 없다. 마치 소설이 시를 향해 '아주 시를 써라, 시를 써'라고 비아냥거리지 않는 것처럼, 이 시는 그렇게 씌어진 '소설'이 아니며 또한 그렇게 씌어진 '소설'이 되고자 하지도 않는다. 시는 소설을 쓰자고 말하는 것이지 소설이 되고자 하는 것이 아니다. 결국 이 시는 누군가가 소설을 쓰고자 의도했던 어떤 '문학적' 과정의 결과물과는 거리가 멀어도 한참 멀다. 그러나 무엇보다 나는 여기서 하나의 농담을 펼쳐놓고자 한다. 소설을 쓰자고 말하는 시는, 결국 그것이 하나의 시인 이상, 시가 될 수밖에 없다는 아주 '악질적'인 농담을. 그러나 일종의 노파심에서 덧붙여둘 말은, 이러한 농담이 어떤 동어 반복의 원환을 표현하는 것도 아니고 어떤 폐쇄 회로의 한계를 드러내는 것도 아니라는 사실이다(그리고 아마도 나의 농담에서는 바로 이러한 사실이 가장 중요할 것이다). 그러나/그러므로 가장 일차적인 문제는 이것이 이미 하나의 시집 안에 속한 한 편의 시임을 '자연주의적'으로 당연시하는 시각일 텐데, 왜냐하면 이 시가 던지고 있는 가장 근본적인 질문은, 한 편의 시가 어떻게 하나의 시를 이루게 되는가, 어떻게 하나의 시로 남게 되는가, 곧 시는 어떻게 시가 되는가 하는 물음이기 때문이다. 반복하자면, 물론 이 시는 더도 말고 덜도 말고 하나의 시이다(그리고 이것이 바로 나의 농담이 '악질적'이 되는 가장 큰 이유이다). 그러나 이 시는 무엇보다 '소설을 쓰자'고 말하는 시이다. '소설을 쓰자'라는 권유의 문장은 이 시의 내용이 아니라 형식을 결정짓는다, 곧 형식을 결정짓고 더 나아가 오히려 '형식'이라는 말을 시로부터 소설에게로 건넨다. 어떻게? 아직 채 한 줄도 써지지 않은 하나의 '소설'을 향해, '시'를 쓰면 쓸수록 점점 더 지워져가는 하나의 글쓰기를 향해. 따라서 이 시에게 소설이란 그러한 글쓰기가 지닌 다른 이름에 다름 아닌 것. 만약 "초심으로 돌아가서 길을 잃을 것"(「소설을 쓰자」, 161쪽)이라는 소설적 지침이 실행 가능하다면, 그것은 바로 시의 이러한 역설적 형식, 반어적 과정 안에서이다. 시는 다시 이렇게 말한다. "돌아와서 시를 쓸 것. 전혀 시적이지 않은 소설을 쓸 것."(「소설을 쓰자」, 160쪽) 그러므로 또한 시는 소설에게서 다시 무언가를 되돌려 받는 것. 침묵으로 돌아가기 위해 글을 쓰고, 다시 그렇게 말들로 이루어진 침묵 속에서 길을 잃을 것. 하나의 시는, 하나의 소설을 쓰고자 함으로써, 소설을 쓰자

3 실제로 평론가 신형철은 시집의 말미에 수록된 작품 해설을 통해, 나와는 조금은 다른 맥락에서, 김언의 시를 읽는 작업 자체를 일종의 '사용설명서'가 필요한 과정에 비유하고 있다. 신형철, 「히스테리 라디오 채널: 김언 시집 사용설명서」, 『소설을 쓰자』, 165~192쪽 참조.

4 김언, 「문학의 열네 가지 즐거움」, 『소설을 쓰자』, 120쪽.

는 말을 건넴으로써, 비로소 하나의 시가 된다. 이 '쓰고자 하는' 기획과 미완의 과정, 단지 '쓰자'고 말하는 권유만이 가능한, 오직 이러한 권유의 시도만이 형식이 되는 그런 문학적 과정, 그런데 시란 무엇보다도 바로 이러한 과정 자체를 가리키는 다른 이름이 아니었던가? 시는 초심으로 돌아가서는, 그리고 결국 길을 잃고 나서는, 그때서야 비로소 시가 된다(그렇다면 시는 언제나 길을 잃는 방식으로써만 길을 찾고 있는 것이 아닌가). 그 이외에 시가 되는 방법이 또 있을까? 아니, 더 적확히 말하자면, 시 외에 다른 것이 되는 방법이 또 있을까? 물론, 소설을 쓰면 된다. 하지만 소설을 쓰자는 시는 결코 소설이 되지 않고 오직 시로서만 남는다. 이 시는 시의 이러한 역설을 말한다(그러나 이것이 과연 '역설'일까, 역설'일 수는' 있는 걸까). "누군가의 사건은 몹시도 힘이 세다. 이 문장은 불필요하다./ 이 문장은 생략해도 무방하다. 그 말이 사건을 제압한다./ 그 입김이 문장을 지워 간다. 이보다 명확한 이유를 본 적이 없다./ 그가 살아야 하는 이유. 그리고 대부분이 침묵하는 이유."[5] 시는, 아직 존재하지 않는 어떤 소설에 대해 말함으로써만, 그러한 소설을 쓰자고 말하는 시를 씀으로써만, 결국 소설로써 시를 지워가며 그렇게 자기 자신을 지워가는 시를 씀으로써만, 오직 그럼으로써만 하나의 시가 되고 하나의 시로 남는다. "미완성된 소설의 다음 소설을 구상할 것."(「소설을 쓰자」, 161쪽) 이 '다음 소설의 구상'은 아마도 언제나 시의 형태로밖에는 이루어질 수 없을 것이다, 마치 저 "미완성된 소설"이 일찍이 시로밖에는 〔미〕완성될 수 없었던 것처럼. 시는 소설을 쓰자고 권유함으로써, 지금 그 스스로 시를 쓰고 있음을 증언한다.

'가지고 있는 시 다 내놔'라고 말하는 소설: 박상의 경우

소설을 쓰자는 시의 권유에, 소설은 말 그대로, '화답'할 수 있을까? 그것도 단순히 연대기적으로가 아니라 지극히 구조적으로? 이러한 화답이 가능하다면 그 구조는 결코 일직선적인 시간 순서나 일반적인 문답의 구성을 따르지 않을 것이므로, 그리고 어쩌면 이러한 화답은 현기증 나는 하나의 '나선형' 농담이 될 것이므로. 이번에는 이 가상의 화답, 이 불가능한 문답에서부터 시작해보자. 박상의 소설은, 다소 과격하게도, '가지고 있는 시 다 내놔'라고 말한다(「가지고 있는 시詩 다 내놔」). 소설은 시가 약탈의 대상이 되며 소비의 재료가 되는 세계를 그린다, 아주 잠깐, 짧은 환상처럼. 그래서 얄궂게도 그 '소설적' 세계의 주인공은 '소설'이 아니라 '시'가 되고 있다. 그 세계 안에서는 시가 화폐임과 동시에 모든 것을 재는 척도가 되며, 따라서 그러한 시는 때로는 강도를 당하기도 하고 때로는 복권 당첨금으로 변하기도 하는 것이다. 그러나 이렇듯 시가 삶의 목적이자 수단이 되고 있는 일견 '이상적'인 세계, 혹은 이상적으로 '문학적'인 세계는, 기실 그 어떠한 이상성이나 낭만성도 담보하지 못한다(이 소설이 '이상적'으로 설정하는 것은 따로 있다). 시가 화폐가 되는 세상은 결코 '낭만적'인 세계가 아니라 무엇보다 먼저—소설의 화자에게, 그리고 소설의 독자들에게—그저 '기이한' 세계로 등장할 따름이다. "이런 말도 안 되는 곳이 있다니! 최소한 지난 십 년간 '시라는 건 무슨 개 풀 뜯는 소리냐'라고 생각하며 살아왔었는데 이 세상에 아직 시를 쓰는 사람이 있는 것도 모자라, 시의 마을이 있다는 건 비밀스런 음모 같았다."[6] 이 소설이 시를 문제 삼는 것은, 시가 지배하는 세상으로 설정된 이 소설적 세계가 저 오래된 유토피아의 꿈을 다시금 환기시켜주기 때문도 아니고 어떤 새로운 디스토피아의 전형을 새삼스레 제시해주기 때문도 아니다. 시는 소설 안에서 무엇보다 하나의 낯선 배경으로, 하나의 낯선 인물로서 등장한다. 말하자면 이 소설의 주인공은 바로 시인 것이며, 소설은 시로써 농담을 건넨다. 어쩌면 이 소설의 농담은 저 시의 농담만큼이나 '악질적'인 것일 수도, 혹은 시의 농담보다 더 '불쾌한' 것일 수도 있다. "오. 설마. 여기선 시가 화폐인 건가? 어떻게 그런 게

5 김언, 「이보다 명확한 이유를 본 적이 없다」, 『소설을 쓰자』, 93~94쪽.
6 박상, 「가지고 있는 시詩 다 내놔」, 『이원식 씨의 타격 폼』, 이룸, 2009, 203~204쪽. 이하 이 소설의 인용은 본문 안에서 제목과 쪽수만을 표시한다.

가능한 거야? 이런 건 꿈이나 고단위로 농축된 조롱이 아닐까?"(「가지고 있는 시 다 내놔」, 201쪽) 이 "고단위로 농축된 조롱"의 정체, 이 불쾌함의 정체는 무엇일까? 이 소설 자신이 이렇듯 농을 걸며 적시하고 있는바, 시가 화폐가 되어버린 세계라는 소설적 설정 그 자체에 이 조롱과 불쾌함의 핵심이 놓여 있다. 그러므로 이 소설은 '반反-소설'이라는 고색창연한 전위의 명성이 아니라 '반-시'라는 발랄한 진부의 허명을 목표로 한다, 그것도 소설이라는 '비천한 몸'으로(아마도 이런 의미에서라도 소설은 '홀몸'이 아닐 것이다). 소설적 상상은 어쩌면 그 불쾌함 자체를 실험하고자 한다, 시가 화폐가 되어버린 세상의 신비로운 불쾌함을.

그런 의미에서 무엇보다 이 소설은 하나의 시론詩論을 담고 있다, 고 나는 생각한다(그러나 하나의 소설이, 어떤 '시론'을 담을 수는 있는 걸까?). 이 시론이야말로 어쩌면 가장 '고단위로 농축되고 응축된 조롱과 풍자'의 형태일 텐데, 사실 이 소설이 조롱의 대상으로 삼는 것은 시 자체가 아니라 시를 바라보는 어떤 태도에 가깝다, 고 나는 또한 생각한다. 기형도의 유명한 시 「대학 시절」을 패러디하면서 이 소설가의 시론은, 아니 어쩌면 이 시인의 소설론은, 어떤 기억의 절정에 이르고 시적 패착에 도달한다. "나무 의자 밑에는 버려진 소주병들이 가득했다. 은행나무의 숲은 깊고 아름다웠지만 그곳에는 은행잎조차 술안주로 사용되었다. 그 아름다운 숲에 이르면 청년들은 결심한 듯 '원샷'을 하고 지나갔다, 돌층계 위에서 나는 플레이보이를 읽었다, 그때마다 오바이트 소리가 울렸다. 목련철이 오면 친구들은 군대와 병원으로 흩어졌고 시를 쓰던 후배는 자신이 동성연애자라고 털어놓았다. 존경하는 교수가 있었으나 그분은 원체 학점을 안 줬다. 몇 번의 겨울이 지나자 나는 알코올 중독자가 되었다. 그리고 유급이었다, 대학에 남기가 두려웠다."(「가지고 있는 시 다 내놔」, 204쪽) 이 패러디는 무엇보다 '시대적' 패러디가 되고 있는데, 그 패러디의 이러한 '시대성'을 논하는 입장에서라면 '플라톤'이 '플레이보이'가 되는 음성적音聲的/陰性的 치환이나 '무기'가 '술안주'로 바뀌는 변태적變態的 전환은 오히려 여기서 부차적인 문제일 것이다. 일견 시대상의 반영을 일차적 목표로 삼고 있는 듯 보이는 이 패러디 자체의 '정치적' 효과는 나의 농담에서 전혀 문제가 되지 않는다. 내가 주목하고자 하는 곳, 곧 내가 농담을 시작하고자 하는 문장은 이 시의, 이 패러디의 마지막 문장이다. 기형도의 "대학을 떠나기가 두려웠다"라는 문장은 소설 안에서, 시 안에서, "대학에 남기가 두려웠다"라는 문장으로 전환된다, 치환된다, 변태한다. 이 나약하고 희미한 문장의 변환이 어떻게 하나의 시론이 될 수 있을까? 여기에는 어떤 비약이 있다. 이 한 문장으로 '대학 시절'이라는 제목의 회고적 시제는 역전되고("남기가 두려웠다"라고 말하는 살벌할 정도로 현재적인 시점이 "떠나기가 두려웠다"라고 말하는 지나간 '시절'의 후일담 같은 '안온한' 분위기를 일소하고 있으므로), 오히려 한낱 '대학 시절'의 치기로 치부되고 회고될, 저 시대에 뒤처진 '알코올 중독'의 현재성만이 완고하게 발목을 붙잡고 있기 때문이다. 시라는 형식을 통해 일반적으로 상정되는 어떤 회고적 순정과 서정성으로서의 '과거' 상태는, 여기서, 하나의 소설 안에서, 시라는 형태로써, 그 역전된 시의 '현재성'으로써, 조롱당하듯 보란 듯이 '까이고' 있다. 말하자면 이 소설의 시론이란 바로 이런 것이며, 그런 의미에서 이 시론은 또한 조롱의 시론時論 혹은 왜곡의 시제론時制論이라는 형태를 띠게 된다. 소설은 소설을 떠나기가 두렵다기보다는 소설로서 남기가 더 두려운 것인지도 모른다. 그리하여 소설은 시의 어떤 힘을 비웃지만, 반면 바로 그 시의 어떤 힘을 통해 다른 곳으로 탈출하고자 한다.

이러한 시론에 대한 가장 일차적인 반론은 어쩌면 다음과 같이 가장 단순하며 감정적인 형태를 띠게 될 것이다. "임마. 시가 장난인 줄 알아?"(「가지고 있는 시 다 내놔」, 204쪽) 소설의 화자는 시적 순정의 한 옹호자로부터 이런 핀잔 아닌 핀잔을 듣는다. 아마도, 그럴 것이다. 시는 결코 장난이 아니며, 장난이 될 수도 없을 것이다('소설을 쓰자'는 시가 어디 장난인가?). 어쩌면 말 그대로, 시는, '장난이 아닐' 것이다(반면 그렇다면 소설은 하나의 장난인가, 농담인가?). 반복하자면, 시는 일종의 화폐가 되어버렸으니까. 그러나 시의 '문학성' 자체가—혹은 더 적확하게 말하자면, 그러나 그 적확함의 기준은 여전히 모호하게 유지한 채로 말하자면—, 시의 '문학적 성취도' 자체가 시라는 화폐의 높고 낮은 가치를 결정짓는 것이라면, 이미 시는 그 자체로 그저 화폐를 대체했을 뿐인 하나의 물신이 되는 것은 아닌가? 그렇다면 이 소설은 '시의 시 아님' 혹은 '문학의 문학 아님'을 비판하고 있는 것인가? 말하자면 그것이 '소설'이라면 응당 그렇게 해야 할 것이다. 하지만 이건 '그런' 소설이 아니다. 시의 시 아님을 비판하기 위해서라면 소설가는 따로 평론 한 벌을 지었어야 했을지도 모른다. 또한 소설가라는 근대적 '직업'이 시의 시 아님을 말할 수 있는 위치에 있지도 않을 것이다. 이 소설은, 시를 말하는 소설이긴 한데, 시의 세계로 들어가고자, 시의 "파라다이스 서점"(「가지고 있는 시 다 내놔」, 211쪽)으로 들어가고자 하는 소설이긴 한데, 그 소설 자체가 시가 되는 것은 물론 아니다. 시에 견주어 말하자면, 소설은 결코 하나의 화폐가 되지 못하며(혹은, '어떤' 소설은 화폐가 되지 못하며), 이 소설 역시 그 사실을 아주 잘 알고 있다. 그러나 시보다 소설이 더욱 화폐가 되지 못한다는 말은 어쩌면 그 자체로 지극히 '비현실적'이지 않은가? 현실적으로는 시보다 소설이 더욱 화폐에 근접하게 되는, 일종의 '문학적 정치경제학'이 서슬 퍼렇게 실존하고 있지 않은가? 이 소설이 어떤 뒤틀린 액자 형태의 구성을 취할 수밖에 없는 이유가 여기서 분명해진다. 소설은 시의 세계로 들어갔다가/나갔다가, 마치 소설처럼, 다시 소설 안/밖으로 빠져나온다. 말하자면, 어쩌면 이것이 바로 이 소설이 지닌 '시적 알리바이'일 것이다. 시가 되지 못하는 소설, 그러나 시가 되고 싶어 하는 소설, 혹은, 시가 지배하는 세상을 그릴 수는 있는 소설, 그러나 그 자체는 결코 세상을 지배하지 못하는 소설. 소설은 시가 '판치는' 세상이라는 허구를 빌려 소설 자체의 '불가능성'을 이야기한다, 질 낮은 농담처럼, 악의와 자조 섞인 패러디로써, 그러나 또한 유쾌하게 웃을 수 있는 어떤 불쾌함으로. 시의 세계라는 환상의 액자를 통과한 소설은 다시 하나의 불가능성과 마주친다.

이 불가능성은 이중적이다. 시라는 화폐를 갖지 못한 소설적 화자의 비애, 곧 단순히 지폐와 동전이라는 화폐의 대체물일 뿐인 시를 갖지 못한 자의 지극히 '자본주의적'인 불가능성이 그 하나, 그리고 말 그대로 시를 갖지 못한 자의 비애, 곧 소설을 쓰는 자의 어떤 '본원적' 불가능성이 또 다른 하나이다. 흥미로운 것은 소설의 화자가 시의 어떤 '가치'를 확인하게 되는 것은 어떤 가난한 슬픔 속, 곧 시를 갖지 못한 어떤 '마음의 가난함'을 깨닫게 되는 장면 안에서라는 사실이다. "문득 나는 이 세계에서 얼마나 가난한가, 라는 쓸쓸한 생각이 밀려들었다."(「가지고 있는 시 다 내놔」, 207쪽) 저 불가능성의 이중성이 적시되는 것은 바로 이 문장 안에서이다. 이러한 '가난함'의 척도야말로 이중적인 의미와 전략에서 이해되어야 하는 것이다. 화자가 시 앞에서 느끼게 되는 '가난함'이란, 일차적으로는 시라는 화폐 앞에서 맞닥뜨리게 되는 빈자의 곤란함과 곤혹스러움이겠지만, 더 나아가 시라는 언어의 어떤 정점 앞에서 마주하게 된 소설의 그리움과 아련함이기도 하다. 그것은 특히 소설의 화자가 오규원의 시 「버스 정거장에서」라는 '일확천금'을 만나는 장면에서 극대화된다. "나는 복권을 한 자 한 자 긁어나가면서 무언가가 가슴속에서 벗겨지며 떨어져나가는 미묘한 형태를 느꼈다. 그것들은 묘하게 눈물샘을 자극하는 매운 기운처럼 작열했다."(「가지고 있는 시 다 내놔」, 208쪽) 오규원의 「버스 정거장에서」라는 '거액'의 시를 당첨금—아니, 어쩌면 '당첨시'라고 해야 할 것인가—으로 거머쥔 화자는 그 화폐 앞에서 계산기를 두드리지 않고 '감동'해버리고 만다. 이 감동의 정체는, 단순한 복권 당첨의 벅찬 감동과는 다르게, 충분히 곱씹을 필요가 있다. 그것이 이 소설 속에서 '시'라는 '화폐'의 성격을 말해주고 있기 때문이다. 그러나 화자는 이 세계에서 다시 한 번 더 이방인일 뿐이다. 그 당첨금을 받게 된 거지는 "백 번 넘게 고맙습니다"(「가지고 있는 시 다 내놔」, 209쪽)라는 인사를 남발한다. 그 세계에 속한 거지에게는 화폐 이상도 이하도 아닌 것이, 그 세계의 이방인인 화자에게는 하나의 감동으로 작용하고 기능한다. 그러므로 소설의 화자에게 시는 오히려 화폐의 가치를 상실한다, 혹은 초월한다. 말하자면 이 소설은, 시가 화폐가 되는 세상 안으로 누군가가 들어갈 때, 그러나 동시에 시가 화폐가 되는 그 시스템 자체로부터 그가 이탈되어 있을 때, 오히려 시가 갖게 되는 역설적 파급력과 파괴력을 말한다. "고단위로 농축된 조롱"(「가지고 있는 시 다 내놔」, 201쪽)이라는 기이한 환상의 세계는, 그 얼굴을 바꿔, "마음이 무너지는 이상한 파괴력"(「가지고 있는 시 다 내놔」, 210쪽)이라고 하는, 저 환상만큼이나 기이한 하나의 힘으로 변환된다. 시는 소설을 이탈하게 하며, 그럼에도 불구하고 다시 소설을, 시를 통해, 소설로 돌아오게 한다. "나는 내비게이션에서 나오는 경로 이탈, 경로 이탈, 하는 경고음을 무시하고 막 달렸다."(「가지고 있는 시 다 내놔」, 211쪽) 소설은 한 번 이탈했었고, 이제는 다시금 이탈하여 제 자리로 돌아왔다. 그러나 그 자리는 자신이 원래 떠나왔던 자리와는 어딘지 조금 달라져 있다. 소설은 시를 통해 자신이 소설임을 확인한다. 소설이 시를 통과하여 도달하게 된 지점은, 소설이 시라는 화폐를 지불하고 구매하게 된 장소는, 다시금 소설 자신의, 조금은 다른 자리이다.

시가 소설에게, 소설이 시에게 묻고 있는 것: 농담의 정치를 향하여

그렇다면 나는 시와 소설의 자리에서, 그 각각의 조금씩 다른 자리에서, 실로 어떤 화답이 이루어졌는가 하고, 재차 나의 농담을 되물을 것이다. 또 다른 노파심에서 첨언하자면, 내가 김언의 시와 박상의 소설을 통해 문제 삼고 있는 것은, 새삼 작가가 자신의 작품을 '시' 혹은 '소설'이라고 명명하는 행위 속에 장르의 성격이 존재한다고 하는 '유명론적'이거나 '제도론적'인 관점이 결코 아니다. 또한 문학 장르들 사이에서 그것들을 굳건하고 명확히 구분해주고 있던 경계가 무너지고 와해되며 소통되고 교차하고 있다는 지극히 포스트모던적인 표피성이 여기서 문제인 것도 아니다. 문제는 이러한 장르들이, 곧, 시가, 소설이, 자신의 바깥을, 자신의 울타리를 인지하고 거기에 계속 물음을 던짐으로써만 자신의 장르를 '확인'하고 '사살'하며 또한 동시에 '확인사살' 할 수 있다는 것. 시는 시 자체의 시성詩性에 항상 어떤 의문을 품은 채 반응하며 소설은 때때로 소설 자체의 소설성小說性을 어떤 위험 속으로 몰아가서만 대면한다는 것. 그들 각각은 각기 상대방을 자신의 외부로서 자신의 안쪽으로 도입하고 삼투시키고 있다. 결국 문제는, 글쓰기의 장르나 문학성 혹은 그러한 장르들 사이의 교차와 횡단이 아니라, 그러한 장르와 문학성이 기반하고 있는 어떤 정치성에 가닿는다. 왜 '정치'이며 이것은 또한 '어떤' 정치인가?

김언의 시 「사건들」은 이렇게 말한다. "종결된 사건은 더 이상 책을 만들지 못한다. 자신의 몸이 공간이라고 생각하는 사람은 이제 책을 덮고 한 권의 소설이 될 것이다. 그것은 밤하늘의 천체처럼 빛나는 궤도를 가지지 않는다. 스스로 암흑이 되어 갈 뿐이다. 소문처럼 텅 빈 공간을 이 소설이 말해 주고 있다. 등장인물은 거기서 넓게 발견될 것이다."[7] 김언의 시에서 가장 주목해야 하는 시어들 중의 하나는 바로 이러한 "공간"일 텐데, 책이 된다는 것, 그리하여 하나의 고정된 형태로 묶인다는 것, 그것은 어쩌면 말 그대로 "밤하늘의 천체처럼 빛나는 궤도를" 갖는 성좌/배치constellation를 의미할 것이다. 그렇게 일정한 궤도를 갖고 폐쇄된 회로에 갇힌 사건은 말 그대로 "종결된 사건"인 것이며 "한 권의 소설이" 되지 못한다. 그러므로 이 시인에게 '소설'이란 '사건'의 다른 이름, 사건의 '사건성'에 다름 아니다. "텅 빈 공간"이란 어쩌면 텅 빈 우정, 밝힐 수 없는 공동체, 사건을 향해 열려 있는 장소를 가리키고 있는 것, 밤하늘을 배경으로 총총히 박혀 있는 고정되고 종결된 화려함이 아니라 그 스스로 하나의 "암흑"이고자 하는 것. 따라서 이 암흑이란 가장 활동적인 어둠, 또는 비非-중심의 중심, 고정되지 않고 유동하고 빨아들이고 다시 내뱉는 어떤 '블랙홀'의 은유적 이름일 것이다. 시는 그 스스로 하나의 '소설'을 쓰고자 한다, 아니 숫제 하나의 '소문'이 되고자 한다. '소설을 쓰자'는 시는 곧 '소문을 퍼트리는' 위험을 스스로 무릅쓰는, 사건의 사건성을 끝까지 밀어붙이는, 그런 시가 되고자 한다. 다시 한 번 말하자면, 이러한 암흑과 소문을 이야기하는 시에게 소설이란 사건의 다른 이름인 것. 소설을 쓰자는 시는, 실제로 '소설을 쓰고 앉아' 있으려는 것이 아니라, 이러한 소설의 '사건성'을 흠모하며 또한 시도한다.

7 김언, 「사건들」, 『소설을 쓰자』, 15쪽.

시가 소설을 대신해 소설을 쓰자고 말하면서 시 안으로 이러한 사건성을 끌어들이는 것, 김언의 시는 바로 이러한 '문학적' 행위 안에서 시가 비로소 시로 되는 '정치적' 형식을 보여준다. 박상이 「가지고 있는 시 다 내놔」에서 인용하고 있는 오규원의 시 「버스 정거장에서」는 이렇게 말하고 있다. "나는 내가 무거워/ 시가 무거워 배운/ 작시법을 버리고/ 버스 정거장에서 견딘다 (……) 안 된다면 안 되는 모두를/ 시라고 하면 안 되나 (……) 시를 모르는 사람들을/ 시라고 하면 안 되나"[8] 나의 농담은, 이 시구들을 다시 이렇게 바꾸고자 하는, 그런 농담이다(그러므로 사실 이것은, 바꾼다기보다는, 부연하고 첨언하는 진담일지도 모른다). 시가 아닌 것들을, 모두 시라고 하면 안 되나, 소설을 쓰자고 말하는 시를, 소문을 퍼트리고자 하는 시를, 하나의 사건이 되고자 하는 시를, 그저 시라고 하면 안 되나. 시의 정치는 이렇듯 하나의 사건과 소문의 모습을 띤다.

그렇다면 소설은 시의 무엇을 흠모하고 또 시도하는가. 그것은, 수줍게 말하자면, 아마도, 정의正義일 것이다. 하지만 이 '정의'라고 하는 고색창연한 단어에 섣부른 정의定義를 내리지는 말자. 물신주의의 화폐가 차지하고 있던 자리를 시의 물질성 자체로 대체하는 것, 이 지극히 불온하면서도 가장 비현실적인 상상력 안에서, 이번에는 소설이 소설로써, 소설 안에서, 시를 전유하면서, 아예 시를 읽자고, 숫제 시를 쓰자고〔作/用〕 권유하고 호소한다. 물론 당연하게도, 이러한 치환과 대체의 작업에는, 의도하지 않았던 '경제주의적' 위험이 따를 수밖에 없을 것이다. 「가지고 있는 시 다 내놔」의 세계가 잘 보여주듯, 시는, 시라는 문학은, 그 문학의 순정성은, 어쩌면 그러한 치환과 대체 안에서, 단지 기계적으로만 화폐를 대신할 뿐인, 어떤 물신에 가닿을 위험을 항시 지니고 있는 것이기에. 시는 그만큼 연약하고 부서지기 쉽다는 것을, 소설은 분명히 알고 있다. 하지만 시를 통해 우회해 돌아온 소설의 자리, 그곳에서 소설은, 저돌적이고 무모하게도, 다시금 어떤 정의의 꿈을 꾼다. 그것은 시에 의한 '경제적 정의'라고 말할 수도 있고, 소설이 돌아와야 할 '정치적 정의'라고 말할 수도 있을 것이다. 이것이 나의 또 다른 농담이다. 돌아온다? 그러나 다시 묻자면, 소설이 언제 외출했던 적이 있었던가? 하지만 정의는, 말하자면, 이 시대에는 일종의 '레어 아이템'이 되었다. 정의라는 이 "초레어 아이템"을 "득템"하고자 하는 흡혈귀들의 경우를 떠올려보자.[9] 정의가 무엇보다 "정의의 매혹"으로 기능하게 되는 이유가 바로 여기에 있을 것이다. 희소가치를 띠게 된 정의는 분명 매혹적인 것이다. 반면 정의의 매혹은 그 자체로 하나의 사건을 부르는 이름이기도 하다. 우리의 정의는, 이러한 경제적 욕망의 법칙(희소성)과 정치적 혁명의 법칙(사건성) 사이에서, 그 수동성과 자발성 사이에서, 방황하고 동요한다. 박상의 「득템」에서 '게임 폐인' 흡혈귀 게바라는 이렇게 말한다. "그래서 내 방식의 정의와 인간이 생각하는 정의는 다른 게 아닐까 하는 의구심이 잠깐 일었다. 내가 힘으로 밀어붙인 게 과연 잘한 건지 모르겠고, 힘없는 인간들이 뭘 하겠냐라는 생각이 오만일 수도 있다는 자각도 설핏 깃들었다."[10] 말하자면 정의는 이러한 의구심 속에 있다, 여전히, 그리고 끈질기게. 소설이 시라는 환상의 액자를 통과하게 된 건 아마도 이러한 의구심 때문일 터, 소설의 극단적 해결책은 일견 소박하게 '문학적'이지만 반면 엉뚱하게 '비문학적'이기도 하다. 소설은 결국 시를 읽자고, 어쩌면 아예 시를 쓰자고 외치는 것. 「가지고 있는 시 다 내놔」에서 온몸에 휘발유를 끼얹었던 남자의 절규를 들어보자. "제발 시 좀 읽어라! 이 대가리에 똥만 든 새끼들아!"(「가지고 있는 시 다 내놔」, 210쪽) 이 괴성과도 같은 직설적인 농담 한 자락에 나는 어떤 내기를 걸어보기로 한다. 따라서 이 내기는 시적이면서도 소설적인, 그래서 어쩌면 가장 문학적인, 한편으로는 가장 정치적인 내기일지도 모른다.

그렇다면 무엇보다 이 시와 이 소설은, 소설을 쓰자는 시와 시를 쓰자는 소설은, 그 자체로, 이미 하나의 비평적 활동을 수행하고 또한 선취

8 오규원, 「버스 정거장에서」, 『가끔은 주목받는 生이고 싶다』(재판), 문학과지성사, 1994, 41~42쪽.

9 박상, 「득템」, 『문학과사회』 2009년 가을호, 132~159쪽 참조.

10 박상, 「득템」, 『문학과사회』 2009년 가을호, 157쪽.

하고 있지 않은가? 여기서 우리는 이러한 비평적 활동의 어떤 '정치성'을 매우 세밀하게 이해하고 정의해야 한다. 시가 소설 창작의 '지침'들을 나열한다는 이유로, 혹은 소설이 시의 '화폐적' 가치를 복권시킨다는 이유로, 그들 각각이 곧바로 '정치적'이 되는 것은 아니기 때문이다. 시는 소설이라는 외부를 통해 오히려 시의 내부로 파고들어가고, 소설은 시라는 이상理想/異常을 통해 오히려 소설적 세계를 재구성한다. '문학의 정치'란 것이 있다고 한다면, 그것은 아마도 이러한 정반대의 과정, 곧 외부성을 매개로 하면서도 바로 그러한 이유로 인해 결국 자신의 내부성을 응시하고 비판하게 되는 과정 안에 있을 터. 소설을 쓰자고 말하는 시는, 그리고 가지고 있는 시 다 내놔라고 말하는 소설은, 무엇보다도 하나의 농담일 것이다. 그런데 여기서 이러한 농담의 기본적 원칙과 본령은, 외부라는 거울을 통한 자기 자신에 대한 조롱, 그리고 바로 그 조롱의 문법을 통한 자기 자신의 재구성에 있을 것이다. 그러므로 또한 비평은 이렇게 말할 것이다, 시여, 소설을 쓰자, 그리고 소설이여, 시를 논하자, 라고. 그러나 서로를 '이타적으로' 배려하는 듯한 몸짓을 취하는 '문학의 왕국'에서가 아니라, 시는 시가 되지 못하고 소설은 소설이 되지 못하는 어떤 불모와 불화의 땅 위에서, 그리고 항상 그러한 시대에 대한 어떤 '반시대적 고찰'의 입장에서, 그렇게 쓰고 그렇게 논하자, 라고. 따라서 이러한 시와 소설에 대한 '비평적 농담'이 다다르는 곳은 아마도 다음과 같은 부정형의 문장일지 모른다. 비평이여, 비평을 쓰지 말자. 역설적일 정도로 비밀스럽게 말하자면, 이러한 '비평을 쓰지 않는 비평' 안에 아마도 비평의 가장 은밀한 매력이 있을 것이기에(그리고 어쩌면 이것이 저 "정의의 매혹"에 화답하는 '비평의 매혹'일지 모른다). 만약 그렇다면, 시가 아니라 소설을 쓰자고 강권하는 시와, 갖고 있는 시는 죄다 내놓으라고 협박하는 소설은, 무엇보다도 하나의 질문을 시급하고 절실하게 제출해놓고 있지 않은가? 비평이란 무엇인가, 라는 질문을, 그리고 비평의 정치는 무엇이 되어야 하는가, 라는 질문을. 이 질문들은 어쩌면 또 하나의 농담이 될지도 모르겠는데, 그 농담이 대상으로 하는 것은 아마도 농담을 농담으로 듣지 않는 귀, 진담을 진담처럼 말하지 않는 입일 것이다. 따라서 나는 여기서 문학의 이름을 농담의 이름으로 치환한다. 이 가장 문학적이며 정치적인 물음들을 하나의 농담으로 변환한다. 이러한 치환과 변환 자체가 아마도 모든 농담들 중 가장 '악질적'인 농담이 되겠지만, 어쩌면 진리와 정의의 정치란 진담의 문학이 아니라 이러한 농담의 문학에 맞닿아 있을 것이라는, 마지막 농담을 남기기로 한다.

12악장 테크노 음악의 분열과 몽환[1]

정주와 횡단의 음악적 (탈)정체성: dancer/danger의 양가성에 바쳐

순간 순간, 적나라한 존재의 기적The miracle, moment by moment, of naked existence.
/ 올더스 헉슬리, 『인식의 문』

하나의 화두. 태초에 말씀이 있었다. 이 문장이 하나의 화두가 될 수 있는 근거는 이렇듯 거짓말처럼 말끔한 '번역' 안에서 그 강도強度가 쉽게 망각되고 희석되고 마는 파우스트의 번민과 고뇌에 있다(다시 한 번 확인해둘 점은, 이 문장이, 여전히 선택 가능한 여러 번역들 중의 단지 한 번역으로, 여전히 어디로 튈지 모르는 다양한 잠재성을 머금고 있는 일시적이고 유한한 임시 번역으로, 그렇게밖에는 머물 수 없다는 사실이다). 다시 발음하자면, 태초에 "말씀Wort"[2]이 있었다(그러므로 한국어라는 '한계'를 갖는 우리의 화두 안에서 은폐되고 망각되었던 또 하나의 분실물은 저 번역 안에

1 2011년에 첨가하는 주석 1: 이 글은 『세계의문학』 2000년 봄호에 「테크노 음악의 분열과 몽환—Dancer/Danger」라는 제목으로 수록되었다. 개인적으로 이 글에 관한 가장 생생하고 생산적인 비판은 이인성, 「문학 이야기를 위한 노래 이야기: 90년대의 몇 장면」(『식물성의 저항』, 열림원, 2000, 특히 72~83쪽)에서 읽을 수 있다고 생각한다. 이 글이 발표된 직후 이인성 선생의 홈페이지www.leeinseong.pe.kr 게시판에서 나와 이인성 선생 사이에 몇 편의 논쟁적인 글들이 오고 갔는데, 그 논쟁의 과정은 이 글의 과거와 현재(아마도 미래는 없을 것이다)를 위해 대단히 중요했던 것으로서, 나는 그 점에 대해 항상 이인성 선생께 깊은 감사의 마음을 갖고 있다. 따라서 이 글은 이인성 선생의 저 글과 반드시 함께 독해되어야 한다고 생각한다.

서 굳이 '말씀'이라는 존칭어를 사용해야만 했던 어떤 이유에 대한 반성인즉, 따라서 여기서 우리에게 아직 사유되지도 않았고 사유될 수도 없었던 것은, 그러한 존칭어를 자연스러운 듯 아무렇지도 않게 사용해왔던 우리의 무감각함일 텐데). 여전히 불만에 가득 찬 로고스중심주의자로서의 파우스트는, 이 '말씀'으로부터 다시, 말씀의 '내부'로, 말하자면 현상의 '본질' 속으로, 그렇게 파고들어 가고자 한다(여기서 다시 괄호를 열자면 그것은, '말씀'이 내포하는 궁극의 내면으로 파고들어 간다는 것, 그리하여 '말씀'이 최종적으로 전달하고 고지하고자 하는 본질을 발굴한다는 것, 따라서 결국 로고스중심주의자로서의 형이상학적 번역에 대한 충동은 체계의 건축술建築術임과 동시에 또한 근원의 굴착술掘鑿術인 것을 말하기 위함일 터, 고로 열었던 괄호를 다시 닫기 위함일 터). 우리 모두 알다시피, 파우스트의 번역은 다시 바뀐다. 태초에 "의미Sinn"가 있었다. 결국 '말씀'의 본질은 의미라는 것으로 이해되었다, 라고 생각되었다, 라고 믿어졌다. 그런데 얄궂은 것은 바로 이 지점에서부터 파우스트의 진짜 고민이 시작된다는 점이다(따라서 그는 단지 투덜거리는 형이상학자라기보다 차라리 섬세하고 예민한 회의주의자의 일족이라 해야 할 것인데). 의미는 스스로 능동적인가, 의미가 그 자체로 움직이고 굴러갈 수 있을까, 의미가 이 세계의 주재자가 되어, 그래서, 그 '말씀'의 의미란 것이 결국에는, 태초에, 그 무엇보다도 앞서, 그 '태초'라는 말의 의미에 맞게, 가장 먼저 존재했던 것으로서의, 존재론적 우위를, 획득할 수 있을 것인가. 이 물음은, 의미가 모든 것을 "일으키고 창조하는wirkt und schafft" 것이 될 수 있을까, 라는 질문, 의미란, 과연 그럴 만한 자격이 있을까, 라는 질문, 그러니까 그런 질문이라는 번뇌가 된다. 그러므로 이러한 번역의 괴로움은 우리로 하여금 '말씀'으로 번역되었던 최초의 언어—편의상 이 언어가 '가리키는' 것을 '그것'이라고 부르자—에 대한 존재론적 향수鄕愁와 신비감에 휩싸이게 한다(그러나 다시 한 번 확인해둘 점은, 여기서 문제가 되고 있는 저 신비감과 향수가 '그것'이 원래 히브리어의 옷을 입고 있다는 이유 때문에 발생하는 것은 아니라는 사실이다—하물며 신약의 언어는 히브리어가 아니라 희랍어일진대).

그러나 파우스트가 겪었던 옮김의 고충이란, 실은, 언어로 담아내려고 하면 할수록 오히려 그 언어의 울타리를 약 올리며 벗어나고야 마는 저 태초의 사태 앞에서의 막막함, 혹은, 아무리 채워도 채워지지 않는 본질의 빈자리—그렇다면 '본질'이라는 것은 차라리 바로 그 채워지지 않고 남아 있는 자리 아닌 자리에 대한 다른 이름은 아닐지—를 향한 동경, 혹은, 포착했다고 생각하는 바로 그 순간 그의 손가락 사이를 무심하게 빠져나가버리는 부스러기들에 대한 개운하지 못한 잔류감각殘留感覺, 그런 것들일 터(그러므로, 다시 한 번 확인해둘 점은, 저 태초의 사태에 대해서는 그 어떠한 언어도 완벽한 그물이 될 수 없었다는 것, 따라서 언어에 대한 번역어의 존재론적 지위 또한 원어原語의 그것에 비해 유달리 주눅 들거나 뒤처져야 할 하등의 이유가 없었다는 것). 이미 '말씀'으로, 그리고 다시 그것의 '의미'로 화化한 저 태초의 사태는, 따라서 신비감으로 충만한 우리의 향수를 절단낸 지 벌써 오래이다. 결국, '말씀'도, 그것의 본질로 상정된 '의미'도, 생성시키고 창조하는 그 무엇이 될 수는 없었다(이 점에 관해서 파우스트는 그 누구보다도 솔직하고 직설적이었다). 그런데 이러한 번역어들의 여정은, 다음 단계에서, 전혀 다른 차원으로, 새로운 번민의 구름을 동반하면서, 이동하고 변용된다. 태초에 "힘Kraft"이 있었다. 파우스트가 로고스중심주의자로서의 형이상학적 가면을 벗어던지는 곳, 아니 최소한, 자신을 둘

2 2011년에 첨가하는 주석 2: 이하의 내용은 파우스트가 요한복음 1장 1절을 번역하고 있는 『파우스트』 1부의 '서재Studierzimmer' 장면(1220~1237행)을 그 '저본底本'으로 삼는다. 따라서 이 긴 첫 문단은 파우스트에 대한 하나의 독해毒/讀解, 하나의 변주곡을 위한 악보로 파악되어야 한다. 이 점을 지극히 '친절하게' 밝혀두는 것은 이 글에 따라붙었던 몇 가지 오해들을 교정하기 위함이지만(그리고 또한—'개인적 능력' 때문이 아니라 '물질적 조건' 때문에—아직 『파우스트』를 읽지 못한 이들을 위해 하나의 길잡이를 마련하기 위함이지만), 한 명의 저자로서 나는 이러한 교정이 결코 그것이 의도하는바 어떤 '교정'에 다다를 것이라고는 전혀 생각하지 않는다. 모든 주석은 단지 필요악일 뿐이다. 그러나 그러한 필요악이 없다면 많은 것들이 성립되지 못할 것이다. 그러므로 필요악은 '악'이기 이전에 '필요'이다. 어쩌면 그 '필요' 자체가 그것의 '악한' 성격을 규정하는 것일지도 모르겠지만.

러싸고 있던 말씀과 의미의 방호벽에 대해 일말의 의문을 품기 시작하는 곳, 그곳은 그가 "Kraft"라는 번역어를 떠올리는 바로 이 지점이다(여기서 기민한 독자들은 나와 함께 또 다른 '방호벽("")'이 벗겨진 말씀의 탈신비화를 성취한다, 최소한, 구문론적으로나마). 이 지점은 또한, 철학과 법학과 의학과 신학이라고 하는, 의미로 충만한 말씀들의 학문을 모두 한 허리에 꿰찬 '어덜트adult'로서의 파우스트가, 자신이 한낱 "불쌍한 바보armer Tor"에 불과함을 악쓰고 고백하면서, 위험하고도 철없는 여행을 준비하는 '키드kid'로 변용되는 장소에 다름 아니다. 그러므로 여기서 파우스트의 번역어들이 취했던 저 변용의 과정은 결국 파우스트 그 자신의 변용 과정을 의미하는 것으로 드러나게 된다(그러나 그 변용의 결정적인 순간이라 할 것은 차라리 피곤한 것, 다시 말하자면 제 스스로 편안함에서 불편함으로 내려가는 것, 또한 이를 가리켜 니체는 "내려감Untergang"이라 이르는 것일 텐데. Mir hilft der Geist, 얼쑤! 저 독일적인 정신Geist의 한 푸닥거리를 통해, 파우스트의 번역어는 임시적이나마 최종적인 안착지에 도착한다—태초에 "행위Tat"가 있었다. 따라서 파우스트의 번역어들은 다음과 같이 분류된다. 말씀과 그것의 의미, 힘과 그것의 실행(행위). 그리고 나는 후자들이 전자들에 선행하는 것이라고 감히 말한다(그러나 어쩌면 이것은 또 다른 신비학일 것이다). 그러므로 파우스트의 번역어들이 보여주는 변용의 과정은, 또한, 우주의 생성 과정이 누락시킨 퇴적 지층의 순서를 거꾸로 훑는다. 아마도 생성의 어슴푸레한 새벽녘에 존재했던 것은, 말씀의 고요하고 정적인 가부좌가 아니라, 차라리, 행위의 부산스런 방할棒喝이었다 할 것이다(그러나 어쩌면 이것은 또 하나의 신비학, 또 다른 선禪의 몹쓸 유혹인지도 모른다). 그리하여 파우스트는 외출한다, 출가한다. 말씀과 의미의 가물어버린 부동不動의 땅으로부터, 힘과 행위의 폭우가 몰아치는 부동浮動/不凍의 바다로, 기지개를 켜며, 이제는, 날조된 질서가 아닌 태초의 혼돈으로, 어덜트의 정주定住가 아닌 키드의 횡단橫斷으로, 의미의 말씀이 아닌 무의미의 행위와 힘으로, 그 너머로, 그 너머 어딘가로, 지금 막, 부산스런 초월을 해보려고, 성큼성큼, 아장아장, 다시 기어가는 듯, 그렇게, 외출한다, 역逆진화한다. 그러나 회춘한 파우스트의 이러한 외출은 결코 외로운 외출은 아니다(이러한 맥락에서 파우스트가 그의 고통스러운 번역을 미처 다 마무리 짓기도 전에 삽살개의 가면을 벗어던지는 메피스토펠레스와 갑작스레 대면하게 되는 장면은 그래서 더욱 '연극적으로' 의미심장한 것이 될 터). 따라서 우리의 첫 번째 명제는 다음과 같다. 파우스트는 '역사적' 테크노 키드이다.

우리가 우리 시대의 메피스토펠레스라 할 테크노 음악의 예술사적 위치를 규정해보기 위해 철학사로부터 얻어낼 수 있는 힌트는, 기존의 규칙에 종속되지 않는 새로운 규칙을 창조하는 작업으로서의 예술이라는 개념[3]과, 모방이 원본에 대해 갖게 되는 전도된 존재론적 우월성[4]이다. 테크노는 기

3 예술은 규칙에 따라 제작되는 것인가(로고스로서의 테크네가 예술에 대해 시간적으로 선행하며 존재론적으로 우월하다는 플라톤적 독법讀法/毒法에 대한 안티테제). 칸트에게 있어서는, 예술 작품이, 로고스가 미리 마련하고 있는 이론과 규칙—예술의 선행 조건으로서의 예술의 분만로分娩路를 규정짓는 끔찍하리만치 질서 정연한 자궁, 즉 비례와 균형이라는 숨 막히는 조건—에 오히려 선행하여 존재하는 것으로 파악되고 있다. 따라서 예술은 로고스의 산물이기는커녕 그것의 측정 능력을 언제나 초월하는 것, 그리하여 오히려 예술 작품의 등장과 현시에 의해 새로운 질서와 규칙이 생겨나고 그에 따라 로고스는 그 자신의 증축과 보충이라는 혜택을 입는 수혜자의 위치에 서게 된다. 그러므로 일종의 '메타규칙'이라 할 이러한 예술 행위의 주체인 "천재Genie"는 기존의 규칙과 질서에 속박되지 않고 "예술에 규칙을 부여하는 재능"을 의미하게 된다. Immanuel Kant, *Kritik der Urteilskraft*, Hamburg: Felix Meiner, 1990(7. Aufl.), 160쪽(§46).

4 모방은 원본보다 열등한 것인가(미메시스로서의 테크네가 이데아에 대해 존재론적으로 열등하다는 플라톤적 독법讀法/毒法에 대한 안티테제). 아리스토텔레스에게 있어서, 예술 작품은, 그것이 미메시스의 산물이라는 바로 그 이유 때문에, 오히려 실재보다 존재론적으로 우월한 것으로 파악된다. 즉 실재는 불완전하고 개별적이지만 그에 대한 모방으로서의 시(예술)는 그러한 실재를 고스란히 재현하는 동시에 그 실재가 결핍하고 있던 완전하고 보편적인 것을 제시하는 상징적 추상 능력까지 소유하고 있다는 것. 이에 "시는 보편적인 것을 추구한다"라는 명제가 가능해진다. 아리스토텔레스, 천병희 옮김, 『시학』, 문예출판사, 1993(개역판), 61쪽.

존의 어법에 따르지 않는 새로운 장르의 음악을 위한 새로운 규칙을 수립한다(규칙 1). 그리고/그런데 동시에 그것은 언제나 다른 곡들에 대한 모방이자 복제였다(규칙 2). 그러나, 아뿔싸, 테크노 음악은 벌써 이러한 근대와 고대의 이론적 몸부림으로부터 다시 몇 걸음 훌쩍 더 날아가 업그레이드된 규칙을 생산해내고 있는 중인 것을(따라서 이론은 뒷북만 쳐댄다는 칸트 예술론의 '요지'가 테크노 음악에 있어서도 보기 좋게 적중하고 있는 것). 테크노 음악에 있어 새로운 규칙의 창조가 꼭 이제껏 존재하지 않았던 새로운 문법의 창조만을 뜻하는 것은 아니다—테크노는 기존의 규칙을 다른 규칙으로, 기왕의 문법을 다른 통사 구조로 바꿔버림으로써 새로운 어법을 창출한다(변형 규칙 1). 즉 테크노는 기존에 그 나름의 정체성identité을 지니고 있던 곡들을 종횡으로 가로지르고 섞어버림으로써 그 곡들 각각의 동일성identité을 파괴하고 새로운 구성의 규칙을 생성시키고 있는 것. 이 새로운 생성의 규칙은 '믹스mix'라고 하는 문법이다. 따라서 테크노 음악이 우리 시대의 예술에 새로운 규칙을 제시한다고 말할 때 문제가 되고 있는 것은, 서태지가 조용필을 대체하듯 테크노가 그 이전 시대의 음악을 대체한다는 어떤 완결된 곡들의 직선적인 유행사流行史가 아니라, 그 자신만의 확고한 동일성이라고 하는 닫혀 있는 곡의 개념과 문법이 믹스의 문법 안으로 용해되고 해체되고 다시 구성되는 탈脫역사의 순간이다. 그러므로 여기서 무엇이 무엇에 존재론적으로 선행하는가라는 순서에 대한 물음, 어떤 곡이 순수한 창작곡이고 어떤 곡이 더러운 표절곡인가라는 순결에 대한 물음은 무의미해진다. 테크노에 있어서 순수한 의미에서의 창작 또는 새로운 음악의 작곡이라는 작업이 더 이상 어떤 특별한 의미도 가질 수 없게 돼버리는 이유가 바로 여기에 있는 것. 마치 마르셀 뒤샹Marcel Duchamp에게서 굴러다니던 오브제가 하나의 온전한 예술 작품으로 변신하듯, 테크노는, 재단하고, 이어붙이고, 섞어버림으로써, '창조'한다. 따라서 테크노 음악에 있어서는 곧 "평가하는 것Schätzen이 창조하는 것이다."[5] 따져보고 찢어발겨서 선택하여 뒤섞어버리는 것, 이것이 테크노 음악 안에서는 창조를 의미하고 창작을 대체한다. 또한 테크노가 단순히 어떤 곡에 대한 모방과 복제라는 이유만으로 모종의 탁월함을 보장받는 것은 아닌데, 그것은 차라리 원본과 모방을 서로 저울질하는 우월함과 열등함의 비교 기준 그 자체를 무화시킴으로써 태초의 혼돈으로 귀환하고자 하는 것이다(변형 규칙 2). 그러므로 여기서 원본이 복제에 선행한다든지 복제가 원본보다 우월하다든지 하는 모든 비교의 언어는 무의미한 것으로 돌변한다. 오히려 테크노 음악에 의해 확증되는 것이 원본과 복제를 가르는 기준의 불확정성이자 우등과 열등 비교가 갖는 근거의 불확실성이라는 사실은 그러므로 하나의 통쾌한 '역설'이자 동시에 포스트모던적인 '알리바이'이기도 하다. 순응적 연가와 저항적 민중가요는 테크노 음악 안에서라면 아무런 마찰 없이 섞일 수 있다(그러나 이것은 '화해'가 아니라 하나의 '이탈', 하나의 '낯설게 하기'이다). 테크노 안에서 그 노래들 각각의 가사와 정체성은 어떤 특별한 존재론적 의미도 가질 수 없게 되기 때문이다(테크노는 가사라고 하는 언어와 의미의 음악이 아닌 것, 이런 의미에서 테크노는 정치가 탈색된 또 다른 순수주의의 모습을 띠고 있기도 한 것). 또한 우리가 테크노 음악을 들으면서 그 음악이 이러저러한 곡들을 믹스 하고 샘플링 한 것이라고 인지하여 그 근원(原曲)을 되새겨보는 일 또한 무의미하다. 즉 테크노에 있어서 순수하게 자기 자신으로 완결되고 닫혀 있는 음악이란 존재할 수 없으며, 그것들은 단지 무한히 반복되고 혼합되며 헤어졌다가 다시 만남으로써 일종의 무의미와 몽환의 '축제'랄 것을 이끌어내는 작업에 사용되는 단순한 재료에 지나지 않는 것이 된다. 그러므로 여기서, 반복되면서 열려 있는 무의미는, 완결되어 닫혀 있는 의미에 대해, 존재론적으로 우월한 것으로 변용되고 있다. 레비나스는 다음과 같이 말한다. "무의미는 이 세상에서 가장 고르게 분배되어 있는 것이다Le non-sens est la chose du monde la mieux partagée."[6] 그리고 이로부터 우리는 자연스럽게 데카르트의

5 Friedrich Nietzsche, *Also sprach Zarathustra. Kritische Studienausgabe in 15 Bänden(KSA)*, *Band 6*, Berlin: Walter de Gruyter, 1988, 75쪽.

저 『방법서설*Discours de la méthode*』을 부팅시켰던 유명한 첫 문장을 기억하게 된다. "양식良識은 이 세상에서 가장 고르게 분배되어 있는 것이다Le bon sens est la chose du monde la mieux partagée."[7] 그러므로 또한 이러한 패러디는 무의미의 축제로서의 가벼움과 분열증이 각각 의미의 진정성眞正性과 진정성鎭靜性에 대해 시도하는 전복의 장면을 묘사하고 있는 하나의 멋들어진 패러독스인 것. 양식은 곧 말씀이고 의미이며, 그것은 또한 어떤 하나의 완결된 음악을 가리킨다. 그러나 테크노는 그것들을 뒤섞어버림으로써, 태초의 사태에서 말씀과 의미가 분화되어 나가기 이전의 어떤 초기 상태로, 무의미가 아직 '무의미'라고 불리기 이전의 어떤 혼돈으로 돌아가는 것이다(테크노 음악의 무한한 미니멀리즘이 어떤 몽환적 엑스터시의 효과를 불러일으킨다고 한다면, 그것의 원인은 테크노의 이러한 근본적인 '종교성' 안에서 찾아져야 할 것, 그러므로 테크노 음악에 대한 상찬이 지닌 새로운 선과 새로운 신비학의 혐의 또한 이러한 '종교성'에서 그 근본적 원인을 찾아야 할 것). 그러므로 테크노를 표방하는 음악이 그 뮤직비디오의 배경으로 가상 공간cyberspace의 이미지를 빈번하게 취하고 있다는 현상의 어떤 정당성이라 할 것은, 둘 사이의 단순한 기계적인 이미지의 연관 관계 속에서 찾아져야 할 것이 아니라, 가상 현실이 테크노와 마찬가지로 어떤 초기화 상태로 귀환하려 한다는 점, 그들이 공히 현실태現實態가 자신 안에 농축시키고 있는 잠재태潛在態로 돌아가려는 가상화virtualisation를 의미한다는 점, 그래서 말씀과 의미 이전에 그것을 생성시키는 힘으로서의 행위 그 자체로 복귀하려는 것을 의미한다는 점으로부터 구해져야 한다(그러므로 테크노의 욕망은 또한 또 다른 '리셋'의 욕망, 또 다른 '절멸'의 욕망인지도 모른다). 사물이 갖는 "동일성의 변화"를 일으켜 그것의 "존재론적 무게중심의 이동"을 성취함으로써 결국 "불확실한〔문제가 생성되는〕 장소champ problématique"[8]로 회귀하는 행위로서의 가상화라고 하는 공통분모로부터, 비로소 테크노 음악과 가상 공간의 이미지가 서로 연결되고 공조할 수 있는 기반이 마련되는 것이다(테크노와 가상현실의 이미지를 결합시켜 전파를 송출하는 하나의 독립적인 방송국이자 테크노 음악 집단인 영국의 '퓨처 사운드 오브 런던Future Sound of London'은 이 지점에서 우리에게 좋은 실례를 제공하며, 최근에 들어 DJ와 VJ의 공조 또는 협업은 과거보다 훨씬 더 중요해지고 빈번해지고 있다). 따라서 무의미가 의미에 선행한다거나 무의미가 의미에 대해 존재론적으로 우월하다고 말하기보다는, 그래서 고정된 의미가 덧씌워지기 전의 유동하는 힘과 행위가 말씀과 의미에 대해 우월해진다고 말하기보다는, 오히려, 닫혀 있던 의미가 열린 무의미로 초기화하고 가상화하며 잠재화하는 역행의 과정이 바로 테크노가 위치하고 있는 음악적 의미의 맥락이라고 말하는 것이 더 합당할 것이다.[9] 그러므로 테크노 음악은, 우리 시대에 있어 실로 하나의 새로운 미학의 도래를, 역사상 전무후무했던 돌발적인 문화 현상의 출현을, 앞서 의미하고 예고하고 있지는 않은가? 이것이 바로 우리가 물어야 할 가장 비판적인 물음이다. 그리고 테크노가 모든 비교의 언설과 이론에의 의존을 거부하는 바로 이 지점에서, 우리는 하나의 색다른 비교를 감행한다. 록 키드rock kid와 테크노 키드techno kid라는 상반되는 인간형들 사이의 비교분석.

록 키드는 무엇보다도 정주하는, 소유하고 축적하는 인간이다. 그는 CD 탐식증과 우상 숭배라는 편집증paranoia 환자의 초상을 그린다. 이러한 파라노이아에 있어서는 어떤 수직적인 선으로서의 역사라 할 것이 존재하는데, 그 역사는 곧 록 음악의 대對사회적인 저항이 그리는 궤도이자 동시에 직선적인 발전과 축적을 전제하는 사관史觀의 한 표출이다. 그리하여 록 스타라고 하는 우상이, 살아 있는 저항 정신의 표상이, 해방신학을 설파하는

6 Emmanuel Levinas, *Hors sujet*, Montpellier: Fata Morgana, 1987, 215쪽.
7 René Descartes, *Discours de la méthode*, Paris: Librairie Générale Française, 1973, 91쪽.
8 Pierre Lévy, *Qu'est-ce que le virtuel?*, Paris: La Découverte, 1998, 16쪽.
9 이에, 일견 테크놀로지라고 하는 인공성의 극치에 편승하고 있는 것처럼 보이는 테크노 음악이, 오히려 그러한 말씀과 의미의 인위성을 적극적으로 부정하며 거부하고 있다는 사실은, 보다 심도 있는 논의를 요구하는, 혹은 보다 차가운 비판의 지점을 요청하는, 하나의 흥미로운 아이러니이다.

자로서의 음악적 메시아가, 록 키드에게로 강림한다(그러나, 주지하듯이, 록 음악에 있어서는 바로 그 '저항성'이라고 하는 것이 그 자신의 '판매 전략'인데). 따라서 록 키드에게 음악이라고 하는 것은 일종의 정치학적—'정치적'이 아님에 주의하자—노동을 의미하는 것으로 화化한다. 이러한 정치학적 진정성과 진지함이 그로 하여금 표절과 도용이라는 음악의 부정不正에 대해 분노를 키우게 하는 것이다(따라서 그에게는 칸트의 예술적 천재가 여전히 유효한 개념으로 작용하고 있는 것). 또한 록 키드에게 춤추는 것은 위험한 일을 의미한다dancer is danger. 왜냐하면 그에게 춤이란 한낱 댄스 음악의 경박한 순응성을 드러내는 가벼움의 향락만을 의미하는 것이기에. 따라서 춤은 록이 갖는 사회성이라는 진지한 정신에 비추어 떨쳐내야 할 천박한 육체의 이미지로 잔류하는 것. 곧 춤은 몸의 경박함과 가벼움을 드러내는 일이기에 위험한 것이고, 록 음악은 록 키드에게 있어 춤출 정도의 가벼움이 결코 비집고 들어올 틈이 없는 진지한 사상성을 담지하고 있는 음악으로 이해된다(그러므로 여기서 우리는 또한 정신과 물질, 마음과 몸이라고 하는 저 뿌리 깊은 형이상학적 이분법의 재탕을 발견한다). 결국 록은 몸의 금기로써 그 자신의 진정성과 정치성을 확보하고 있는 것.[10]

그러나 테크노 키드는 횡단하는 인간, 한곳에 머무르지 않는 인간이다. 따라서 이러한 테크노 키드의 분열증schizophrenia은 어떤 우상이나 스타의 존재 가능성을 소멸시킨다. 테크노 음악에 있어서는, 단지 이름 붙여질 수 없는 무정형의 열려 있는 반복과 무한한 복제로서의 순수한(따라서 동시에 불순한) 음악만이 존재할 뿐이다. 그러므로 테크노 음악은 '주체가 없는' 음악이다. 또한 테크노에는 역사가 없다. 다만, 초기화하고 잠재화하고 가상화하는 영원한 지속으로서의 무한한 원점, 역사라는 개념 자체가 소멸되는 순간성의 영점零點만이 있을 뿐이다(그래서 테크노 음악은 저 태초의 미분화未分化/微分化된 상태 그 자체로 돌아가는 '탈정치적 놀이'를 감행하는 것이며, 이러한 특성은 동시에 테크노 음악이 포스트모던적인 탈정치의 알리바이라는 치명적 결함을 갖고 있음을 의미기하기도 한다). 따라서 테크노 키드는 음악을 소유하지도 않으며 음악사를 축적하지도 않는다. 즐기고는, 던져버린다. 게다가 테크노 음악은 예술에 있어서 몸과 머리의 이분법을 폐기시킨 지 벌써 오래이다. 물론 테크노 음악은 춤출 수 있는 음악이다. 그러나 테크노의 열린 무의미는 우리의 머리를 혼란스럽게 비우고 말씀을 이 몸의 육화incarnation로 끌어내린다. 이것이 또한 테크노 음악의 '내려감Untergang'일 터. 그래서 또한 테크노 음악은 단순한 댄스 음악과는 다르다(이 차이는 나이트클럽과 테크노클럽의 차이이다[11]). '너 왜 춤 안 춰?'라는 질문, 아니 질문이라기보다는 숫제 일종의 시비라 할 수 있는 이러한 문장은 나이트클럽에서나 가능한 것이다. 즉 댄스 음악은 춤추는 것이라는 확고한 동일성이 이미 이 질문의 저변에 깔려 있는 것. 이러한 동일성은 춤에의 강요, 몸에 가해지는 강제라는 의미에서 또한 로고스중심주의의 심신이원론을 연장하는 하나의 이데올로기이자 일종의 파시즘인 것. 그러나 테크노에 있어서 몸에 대한 이러한 강제 규정은 해소되어버린다. 테크노 음악은 반드시 춤춰야 할 필요는 없는 음악인 것이다. 춤추는 몸의 격렬함과 몽환에 빠진 정신의 평온함, 반대로, 춤추지 않는 몸의 정적이고

10 2011년에 첨가하는 주석 3: 아마도 록 음악과 몸 담론 사이의 이러한 관계에 대해서는 추가적인 부기가 필요할 것이다, 그것도 단지 이런 짧은 하나의 주석만으로는 결코 해결될 수 없는 기나긴 부기附記/boogie가. 단지 범박하게만 말해도, 오랜 시간 동안 록 음악은 진지한 사상성과 정치성을 가진 음악으로 인식되어왔지만 그와 동시에 또한 몸의 의미와 가치를 최대한 이끌어내고 긍정했던 음악으로 향유되기도 했기에. 그 몸이란 록 음악이 경멸해마지 않았던 댄스 음악의 몸과는 '문화적'으로 혹은 '의미론적'으로 다른 몸이었지만, 그러나 그러한 자칭의 '변별점'에도 불구하고 특히나 이 글이 처음 작성되었던 2000년대의 상황과는 너무도 많이 달라진 2010년대의 음악적 환경을 생각해볼 때, 록 키드와 테크노 키드 사이의 이러한 이원론적인 분류법은 그때나 지금이나 절대적인 존재론이 아니라 하나의 상징적 시론 혹은 테크노 키드의 이상론으로서 파악되어야 한다는 점을 밝혀둔다.

11 2011년에 첨가하는 주석 4: 그러나 현재 남한 사회에서 이 둘 사이의 문화적 변별점이 그렇게 큰 것인가를 생각하면 나는 지극히 회의적인 입장이 된다. 여기에는 어떤 무감각한 괴물이 존재하는 것처럼 느껴지는 것이다, 저 모든 것들을 동일화하는, 동일화하고야 마는 괴물. 그 괴물이 무서운 것은 그 커다란 덩치보다는 오히려 그 무시무시한 무감각함 때문이다.

몽환적인 엑스터시와 춤추는 정신의 내재적 격렬함, 이 모든 것들이 테크노 음악 안에서는 그 자체로 고스란히 인정되고 향유되고 긍정되며 공존할 수 있는 것이다(테크노를 통해 법열에 들어 그 엑스터시를 코 박고 엎어져 즐기든, 테크노 때문에 무아의 제의를 향한 욕망으로 부르르 떠는 몸을 주체할 수 없어 미친 듯 흔들어대든, 네가 꼴리는 대로 해봐라!). 그것은 차라리 '몸을 위한 명상'의 음악이며, 그것은 몸과 정신, 운동과 휴지休止, 그 모두를 온전히 인정하는, 아니 차라리 그러한 대립 구도 자체를 폐기시키는 태초의 혼돈스러운 사태로의 회귀이다. 따라서 테크노 키드에게 중요한 것은, 그 곡이 어떤 곡인가라는 동일성(의미)에 대한 물음이 아니라, 반복과 복제가 자신에게 어떤 효과를 불러일으키는가라는 사태 자체(힘)에 대한 물음, 하나의 약제학藥劑學, pharmacology이다.

그러나 록 키드와 테크노 키드가 갖는 결정적인 차이점은 무엇보다도 바로 '키드'라는 단어 혹은 개념 자체 안에서 드러난다. 성장의 내러티브가 갖는 허구성—'키드'라는 단어에는 본래 어떤 '좌절'의 이미지가 있다. 왜냐하면 통상적으로 이해되는 '키드'는 '어덜트'로의 성장, 따라서 어느 정도의 타협과 어느 정도의 좌절, 그를 통한 어떤 '훌쩍 커버림'의 슬픔을 전제하고 있는 단어이기 때문이다('키드'가 원래 아버지 신神에게 코 꺼버린 어린 양kid을 의미했음을 기억하라). 그러므로 이제껏 '키드'는 항상 '어덜트'로의 성장이라는 내러티브를 구성하는 필수적인 요소, 불가피한 통과제의, 주인공 같은 엑스트라였다(할리우드 키드의 생애가 보여주는 슬픈 꺾임이 그렇고, 1970년대의 저항적 히피에서 1980년대의 세속적 여피로 탈바꿈하는 저 록 키드의 굴절된 변절이 또한 그러하다). 철학이고 신학이고 모든 것을 죄다 알아버린 어른이 아니라 순간을 위해 외출하는, 그래서 쉴 새 없이 방황하고 횡단하는 어린아이로서의 파우스트, 그러므로 그는 우리 시대의 테크노 키드로 부활하고 회춘한다. 차라투스트라의 '어린아이'는 뭐라고 말하는가? "나는 살〔肉〕이고 또 혼魂이야." 그렇다면 차라투스트라의 말대로 "왜 인간은 어린아이들처럼 말해서는 안 되는 것인가?"[12] 키드는 키드로 남는 것, 그러한 키드만이 차라투스트라의 키드이며 또한 테크노 키드일 수 있다. 그러므로 우리 시대의 테크노 키드가 새롭게 쓰는 성장의 내러티브란, 오히려 어덜트에서 키드로 허물 벗는 전도된 변태의 과정, 낙타에서 사자로, 다시 사자에서 키드로 변용되는 차라투스트라의 서사 구조, 그래서 결국 살과 혼이 분리되기 이전의 저 태초의 혼돈으로 회귀한다는 줄거리의 시나리오인 것(그러므로 여기서 우리가 어덜트와 키드의 위치를 역전시키며 다시 작성하고 있는 성장의 순서도는 저 파우스트의 번역어들이 취했던 변용의 과정과 무척이나 닮아 있다).

테크노 키드의 탈역사성과 제의성이라는 특성은 복제라는 개념이 예술이론 안에서 환기시켰던 문제를 다시금 우리에게 새롭게 일깨운다. 벤야민이 예술은 복제됨으로써 그 아우라를 상실한다고 생각했었다는 것은 이제 차라리 상식에 속하는 일이다. 그런데 이러한 아우라 이론을 우리의 맥락 안에 다시 위치시킬 때 논의는 그 흥미를 더한다(그럼, 가볼까). 음악은 음반으로 복제된다. 따라서 벤야민에 따르면 그 음반은 원래의 음악이 그 자체로 지니고 있었던 아우라를 상실한다(그러므로 우리네 음악 판에서 일어나는 '라이브'에 대한 강조와 립싱크에 대한 비난은 이러한 아우라 이론과 밀접한 연관 속에 놓여 있는 것). 그렇다면 테크노 음악은 어떠한가? 그것은 말하자면 복제의 복제, 복제에 대한 또 한 번의 복제이다. 그렇다면 테크노에 있어서는 아우라가 두 번 상실되는 것인가, 그래서 우리에게 테크노는 단지 현대 예술이 겪는 아우라의 상실이라고 하는 단말마적 비극의 극치를 보여주고 있는 안타까운 문화 현상일 뿐인가(이러한 전개는 다분히 플라톤의 이데아와 모방에 관한 저 독약 같은 이론을 연상시킨다)? 그런데 벤야민이 작품의 '진품성'이라는 것을 결정하는 요소로 제시하고 있는 개념은 '일회적 현존성'과 '역사성'이다. 그는 다음과 같이 쓰고 있다. "아무리 완벽한 복제라고 하더라고 거기에는 한 가지 요소가 빠져 있다. 그

12 Friedrich Nietzsche, *Also sprach Zarathustra. KSA, Band 6*, 39쪽.

요소는 시간과 공간에서 예술 작품이 갖는 유일무이한 현존성, 다시 말해 예술 작품이 위치하고 있는 장소에서 그 예술 작품이 지니는 일회적 현존성이다. 예술 작품은 그것이 지속되는 동안 역사에 종속되기 마련인데, 예술 작품의 이러한 역사성을 결정하는 것이 바로 위에 말한 예술 작품의 일회적 현존성이다."[13] 그러므로 이 일회적 현존성과 역사성이란 예술 경험의 제한적인 한계를 의미하면서 동시에 벤야민에게 있어 아우라를 형성시키는 필수적인 조건이 되고 있다. 그리고 복제라고 하는 대량 반복과 대량 모방의 기술은 그 아우라를 파산시킨다(음반이라는 복제물이 아우라를 상실하게 된다는 그의 주장은 여전히 지극히 날카롭고 정치한 것이다). 그리고 물론, 테크노는 무한히 그리고 다양하게 '반복'하고 '복제'하는 음악이다. 그러나 이 지점으로부터 우리는 벤야민의 아우라와 결별한다. 테크노의 그 무한한 반복은, 어떤 음악의 복제물로서의 음반과 같이는 반복될 수 없는 성질의 것이다(예를 들어, 우리는 언제라도 레드 제플린Led Zeppelin의 〈Stairway to Heaven〉을 몇 번이고 반복해서 들을 수 있지만, 어제 새벽에 홍대 앞 테크노클럽 M.I—나는 이곳의 엉클Unkle이라는 DJ에게 완전히 반해버렸는데—에서 믹스되었던 그 무한한 반복의 음악은 이후 다시 똑같이 반복해서 들을 수는 없는 것, 그것은 그날 새벽 그 순간으로 생성되었다가 그 순간으로 소멸한다). 이러한 '반복의 반복 불가능성'이 테크노 음악에서의 순간성과 현장성이라는 개념을 이끌어낸다(그래서 또한 테크노는 일종의 즉흥 연주improvisation를 의미한다 할 것인데). 역사성이라는 수식어가 더 이상 필요 없는, 역사라는 개념 자체가 소멸해버리는 이러한 순간성과 현장성은, 일회적 현존성과 역사성이라는 것이 규정하는 벤야민의 아우라와는 전혀 다른 의미의 아우라를 산출해낸다. 이 아우라는, 일회적이고 역사적인 현존성이 아닌, '순간적이고 현장적인 현존성'이라 불릴 수 있는 것이다. 그러므로 이것은 '아우라 없는 아우라', 곧 벤야민의 아우라가 해체된 이후에야 비로소 내리깔리게 되는 아우라이다. 반복의 반복될 수 없음, 복제의 복제될 수 없음이 만들어내는 아우라, 테크노 음악이 반복되고 생성되고 무한히 계속되는 장소 바로 그 안에서만, 테크노 음악이 흘러가고 유동하는 복제의 무한한 반복을 행하는 그 순간순간에서만, 비로소 포착 가능한 아우라, 이것은 순간성과 현장성이 빚어내는 아우라이다. 그러므로 또한 이것은 '라이브 아닌 라이브', 라이브의 아우라와 존재론적 우월성이 무화되는 바로 그 지점으로부터 다시 생성되는 라이브인 것—테크노 음악은 기본적으로 녹음되거나 음반으로 만들어질 수 없으며, 음반으로 만들어진 테크노 음악은 단지 하나의 현실태일 뿐, 테크노 '그 자체'가 아니다. 따라서 이러한 아우라는 역사성으로 규정된 미적 사물의 고정된 현존성을 넘어서고 초월한다. 결국 테크노 음악의 아우라는, 사물에 부착되고 구속된 것으로서의 역사적이고 고정적인 시공간이 아니라 더 이상 숙주로서의 사물을 필요로 하지 않는 순수하고 순간적인 시공간이 창출하는, 언어화될 수도 형상화될 수도 없는 말 그대로의 '분위기Aura' 같은 것으로서의 제의적 환경과 현장 그 자체만을 의미하게 되는 것이다(따라서 테크노의 아우라는 곧 "도취Rausch" 상태에서의 "디오니소스 축제〔디오니소스적 오르가슴〕dionysische Orgiasmus"[14]를 또한 가리키고 있는 것, 게다가 나는 내가 '오르가슴'으로 번역하고픈 'Orgiasmus'라는 단어에 몽환과 도취와 망아忘我라고 하는 지극히 긍정적인 의미를 부여하고 있는데, 이것이 바로 테크노 음악의 흠뻑 취한 종교성이자 제의적 엑스터시의 정체이다).

우리는 이러한 복제의 문제를 '표절'이라는 새로운 문제 층위에서도 또한 읽어낼 수 있다. 플라톤은, 말하자면, 표절반대론자인 것이다. 예술과 그것이 취하고 있는 모방이라는 방법론에 대한 그의 가치 폄하가 자신의 형이상학적 배경으로 삼고 있는 것이, 원형과 모사, 원본과 복제의 이분법적인 존재론의 위계질서에 대한 그 자신의 확고한 믿음이었다는 것은 이미 주지의 사실이다. 결국 예술은 그것이 이데아에 대한 일종의 '표절'이기 때문에 플라톤에게 있어서는 비난받아 마땅한 것으로 남는 것이다, 마치

13 발터 벤야민, 반성완 옮김, 「기술복제시대의 예술 작품」, 『발터 벤야민의 문예 이론』, 민음사, 1983, 200쪽.

14 Friedrich Nietzsche, *Nachlass(1888) 14〔18〕*. *KSA*, *Band 13*, 226쪽.

찌꺼기처럼. 이러한 관점에서 록 키드로 대변되는, 음악에서의 표절반대론자들과 결벽증 환자들은 결국 근본적으로 모두 플라톤주의자들일 뿐이었다. 그들 역시 이데아와 가상, 원형과 모방의 이분법과 그것들이 갖게 되는 존재론적 위상의 차이와 위계에 대한 확고한 믿음 위에 서 있기는 마찬가지이기 때문이다(단지 차이가 있다고 한다면 플라톤의 이데아가 보편적인 것임에 반해 여기서는 그 하나하나가 각기 원형으로 파악되는 다양한 곡들의 개별적인 이데아가 문제되고 있다는 점인데, 그러나 이러한 섬세한 뉘앙스의 차이가 사장되고 무시된다는 점에서 플라톤주의는 비로소 플라톤주의일 수 있는 것, 아마도 플라톤 자신은 플라톤주의자가 아니었을지도 모른다). 음악의 진정성과 순수성(=표절 불가능성)이라는 그들만의(=그래서, 결국 우리 모두의) 신화는 이렇게 하여 탄생하였던 것이다. '이데아를 표절하지 말라!'—이러한 외침은 그러므로 이데아의 카피라이트copyright에 대한 하나의 역사적인 선언이자 지상명령이었다(그러나, 그래서 또한 '역사적인' 선언이란, 파우스트가 '역사적' 테크노 키드라는 명제와는 또 다른 의미에서, '상대화될 수 있는' 선언을 의미한다). 따라서 시인은 국가에서 추방되어야 한다고 주장하는 플라톤의 검사들이 시인을 기소함에 있어서 취할 수 있는 법적 근거는 이데아의 저작권법 위반이라는 혐의에 있었던 것이다(단순히, 사실 여기서 이 '단순히'라는 말 자체가 이미 결코 단순할 수만은 없는 말이긴 하겠지만, 정말 단순히 형이상학적이고 존재론적인 위계만으로는 음악가(시인)에 대한 처벌의 근거를 마련할 수 없으므로, 혹은, 그리고 아마도 이것이 더욱 역사적 사실에 잘 부합하는 것이 아닐까 생각되지만, 형이상학적으로 또는 존재론적으로 규정된 열성 세포는 그 자체로서 형이상학과 존재론이 이미 자신 안에 머금고 있던 사법적이고 윤리적인 권능의 단죄 대상이 될 수밖에 없으므로). 그러므로 음악에 있어서의 이러한 플라톤주의가 반대하고 혐오하는 것, 범죄로 규정하면서까지 두려워하고 있는 것은, 다름 아닌 '복제'라는 괴물 또는 '카피'라고 하는 기형적인 번식 형태이다.[15] 즉 카피라이트란, 일차적으로는, 다른 그 어느 누구도 창조자(작곡자) 자신만이 그 자신에 대하여 복제copy를 행할 수 있는 권리right가 있다는, '〔완벽하게〕 닫혀 있는 〔듯한〕 동일성'을 의미하는 듯하지만, 한 걸음 더 나아가, 결국 그것의 실제적인 내용을 이루고 있는 숨은 원리는, 복제되지 않을, 복제할 수 없는, 복제를 금지하는, 형이상학적 원형의 지위가 갖는 특수한 권리로서의 지극히 한정적인 '독아론獨我論/毒我論'에 다름 아닌 것이다. 따라서 결국 복제의 권리copyright는 곧 복제 불가능의 권리, 복제를 원천적으로 금지할 것을 요구하는 권리가 되어버린다(벤야민의 아우라 개념 역시 이러한 카피라이트의 사법적 권능을 옹호하는 입장으로 독해讀解/毒解될 수 있다). 이 카피라이트가 또한 곧 말씀이고 의미이다(그러나 이에 대한 대안이 'copyleft'라는 것으로 그렇게 쉽게 결정되고 제안되어서는 안 되는데, 이분법이라는 구도 자체를 암묵적으로 인정하고 들어가는 반대는, 해체론적인 관점에서 볼 때, 다시금 저 형이상학적 이분법에 의해 악용당하고 희석될 수 있는 위험을 언제고 내포하고 있는 것이므로). 테크노는 이러한 표절의 개념, 즉 카피라이트의 개념 그 자체를 무화시킨다. 무엇이 표절이고 무엇이 원곡인가, 라는 질문, 무엇이 원형이고 무엇이 모방인가, 라는 질문, 그 번뇌 자체의 유효성이 상실되고 해소되어 버리는 것, 그러므로 테크노는 'right'와 'left'의 대립 구도, 그 이분법 자체를 폐기시킨다. 표절과 믹스, 도용과 샘플링의 차이는 과연 무엇인가, 라는 질문, 이라는 번뇌가 해소되고 해체되는 지점에서, 우리는 테크노가 '말씀'으로서의 카피라이트에 대한 근본적이고 과격한 도전과 거부의 '몸짓'을

15 그래서 'Kraft'는 또한 'craft'로 축소되기도 했던 것. 'craft'라고 불리는, 로고스의 설탕만이 살짝 입혀진 테크네의 사탕은 미식가인 플라톤의 혀를 만족시키기에는 터무니없이 부족한 것이었고, 따라서 이러한 그의 고상한 미감味感/美感으로부터 'craft'로 분류되는 여타 예술 장르들이 이데아에 대해서 갖게 될 존재론적 열성劣性이 도출된다. 그러므로 저 높은 하늘의 달디단 로고스의 몇몇 흩날리는 가루 입자들만이 잠시 스쳐 지나쳤을 뿐인 싸구려 이미테이션 'craft'라는 당의정糖衣錠은, 결국, 그 자신의 존재론적 열성을 스스로 증명하고 고백할 것을 강요받았던, 그리하여 로고스와 이데아의 존재론적 우성優性을 간접 지칭하는 부역에 동원되어야 했던, 존재론적으로 조작된 '당위정當爲錠'의 피해자이자 중독자라는 형태로 폭로된다.

의미하고 있음을 또한 읽어낼 수 있다.

따라서 프로디지Prodigy의 음악은 우리가 논하고 있는 테크노 음악의 범위를 벗어난다. 그것은 차라리 정주하는 록 키드의 음악, 여전히 카피라이트를 소유하고 있는 음악이기 때문이다(내가 그들에게 어떤 중요성을 부여하고 있다면, 그것은 그들이 댄스의 영역과 록의 영역이라고 하는, 이제껏 소통 자체가 원천적으로 불가능했던 두 진영 사이에 어떤 횡단의 가능성을 열어놓았다는 크로스오버의 측면에 있어서이지만, 아마도 우리는 결코 펫 숍 보이스Pet Shop Boys를 잊어서는 안 될 것이다). 이정현의 음악 또한 우리가 지금까지 살펴보았던 의미에서의 테크노 음악은 아니다. 〈와〉와 〈바꿔〉 등의 히트곡들은 여전히 '그렇게 이름 불릴 수 있는' 닫힌 곡의 개념 틀을 벗어나고 있지 못하기 때문이다. 단지 그녀는 우리 가요계에 테크노라고 하는 '스타일'만을 확산시키고 대중화시켰을 뿐이다(그러나 나는 노래하는 것을 일종의 연기이자 퍼포먼스로 파악하고 있는 그녀의 무대 매너 때문에 엔터테이너로서 그녀가 갖고 있는 재능은 높이 산다).[16] 나는 오히려 이박사 유의 고속도로 메들리에서 '우리만의' 테크노가 갖는 어떤 '원형'을 발견하는데, 그것이 찢어서 이어붙이고 무한반복하며 원형과 복제의 이분법을 진정 골계적으로 까부수는 통렬한 일갈이기 때문이다(그러므로 고속도로 메들리는 말 그대로 '테크노 음악'인 것, 우리는 여기서 이박사의 작업이 왜 이후 '테크노'로 이어지는지 그 전후 맥락을 파악할 수 있다). 따라서 그러한 고속도로 메들리의 '성과'를 자신의 테크노 작업에 전승하여 응용하고 있는 달파란과 볼빨간 등의 음악은 우리네 문화판으로 테크노가 어떻게 수용되어야 하고 제 스스로는 어떻게 창출되어야 할 것인가라는 우리의 질문에 하나의 대답을 제시하고 있는 음악이라 할 수 있을 것이다(또한 나는 M.I의 엉클[17]이라는 DJ의 믹스 실력 또한 높이 평가하고자 하는데, 그가 내 몸을 가끔씩 법열에 들게 한다는 개인적인 경험 때문이다, 라는 것은 곧, 이제 테크노 음악을 통해 우리 예술론의 인식주체가 머리에서 몸으로 전이된다, 라는 말이기도 하다).

테크노 음악은 무엇보다도 무화시킨다는 것, 그러므로 그것은 '탈정치'를 의미하고 있다(우리는 이미 카피라이트에 대한 논의를 통해 우右와 좌左의 대립 구도를 무화시키는 테크노의 작용을 목격했다). 그러므로 테크노는 모든 예술의 사회적 문법을 넘어 우리에게 두고두고 심사숙고되어야 할 단 하나의 명제를 던진다. 탈정치가 가장 정치적이다. 우리 시대의 해체론적 예술론은, 우리의 원죄原罪라고 할 안과 밖의 이분법을 탈脫냄으로써, 그리하여 좌우의 대립 구도 자체가 폐기될, 테크네의 쌍둥이끼리 벌이는 동족상잔이 무화되고 말, 저 탈정치의 열반을 가리키고 있는, 정치적으로 가장 극단적이고 과격한 신비주의적 실험에 다름 아니다. 그렇다면 테크노는, 이 시대의 새로운 신비주의인 것, 테크노는, 예술과 기술의 대립, 말씀과 행위의 구분이 무화되는, 저 태초와 시원으로의 회귀를 꿈꾸는, 또한, 현대적인 형태의 무아로서의, 몸에 대한 긍정에의 의지를, "마야의 베일"[18]을 살포시 들어, 슬쩍 엿보는, 이 시대의 종교이자 제의이다. 그러나 나는 지금, 너무 성급하거나 또는 너무 오버하고 있는 것은 아닐까? 철학적이고 존재론적인 지위를 부여받지 못했다고 해서 테크노 음악이 일순간에 사멸하는 것도 아니고, 유행으로만 끝나지 않을 것이란 축복의 예언—흔히 이러한 덕담은 자본주의 상품이라는 극도로 단순화되고 천박해진 형태의 옷을 입고 등장하는 것인데—이 테크노 음악의 대중적 순항을 보장해주는

16 테크노의 스타일과 이미지가 남한의 가요에 어떤 방식으로 개입될 수 있는가에 관심이 있는 사람이라면 삐삐밴드의 보컬리스트였던 이윤정이 솔로로 발표했던—그러나, 속된 말로, 망했던—'테크노' 앨범 〈진화進化〉를 한번 구해 들어보기를 권한다. 이러한 '발굴 작업'이 여전히(!) 록 키드나 로고스중심주의자의 스타일이긴 하지만, 또한 이 앨범에 대한 상황 규정 자체가 아직도 댄스 음악의 습관들을 못 벗어나고 있는 것이긴 하지만, 그래도 우리는 여전히 어떤 '효시嚆矢'라는 것으로부터 무언가를 얻어내기를 기대하고 또 그것에 어떤 특별한 의미를 부여하기를 즐기니까 말이다.

17 2011년에 첨가하는 주석 5: 이 글이 작성되고 나서 4년 뒤인 2004년에 DJ Unkle은 Moria와 함께 작업한 〈Electronic Information〉이라는 첫 번째 앨범을 발매한다.

18 Friedrich Nietzsche, *Die Geburt der Tragödie. KSA, Band 1*, 28쪽.

것도 아닐 텐데. 그것은 하나의 거대한 문화적 현상으로서, 사태 자체로서, 겨우 바로 얼마 전에야 우리 눈앞에 현현했던 것이 아닌가? 그러나 벌써부터 테크노에게서 우리 대중문화의 닳고 닳은 창부로 죽어가는 듯한 기미가 포착되는 것은 일종의 긴급한 경계 상황인 것, 에켄드리아라는 독룡毒龍,[19] 자본주의와 물질주의라는 전대미문의 가공할 권세가 대저 그러하다(그래서 우리는 이미 테크노 또한 재빠르고 얍삽하게 상품화되고 있는 상황을 목도하고 있지 않은가). 마니아가 갖고 있는 무한한 잠재성의 보고이자 젊음을 분출하는 하나의 독점 상표라고 이 시대가 한껏 추켜세웠던 소수 문화의 비참한 종말이 또한 대저 그러하다(따라서 '탈-정치'가 공격 목표로 삼는 지점은 또한 이 천박한 형태의 문화엘리트주의인 것, 동시에 저 탈정치는 바로 그 자신의 탈정치적 성격으로 인해 또한 자본주의의 제물이 되기 십상인 것). '빠-빠빠빠빠빠, 빠-빠빠빠빠빠빠빠'(666의 〈Amokk〉)라고 꽥꽥 비명을 지르는, 이 시대의 천민문화주의에 의해 극도로 단순화되고 처참하게 거세되어버린 테크노의 축소된 실상을 주시하라(아니, '주청'하라 할 것인가). 사람들은 마치 그것만이 테크노인 것처럼 이야기한다, 노래한다, 흔들어댄다, 마치 양손을 들고 이리저리 고개를 돌리는 춤만이 테크노 '댄스'의 전부라고 말하는 것처럼. 그리고 너도나도 그 '빼-' 싸지르는 곡에 단숨에 편승한다, 무임승차한다, 그러고는 곧 싫증낸다, 동결시킨다, 화석화한다. '여기 테크노라는 새로운 구세주가 강림하였으니 많이들 팔고 많이들 사시오!'—목숨을 건 도약salto mortale. 대저 자본주의 상품의 악취 나는 유통 과정이 또한 그러하다(자본은 그리도 빨리 폐부를 도려내며 삼켜오는 것일까). 그러므로, 성급하다, 테크노를 문화자본의 역병을 치유할 하나의 항체로 규정 짓기에는, 또는, 너무 경박하다, 테크노를 퇴폐적이고 맹목적인 젊음의 이유 없는 반항으로만 쉽게 치부해버리기에는(그러나 이러한 나의 심려는, 혀끝을 끌끌 쯧쯧 차대며 눈알을 아래위로 부라리는 저 '어덜트'들의, 세상에 대한 눈물 나는 충심과는, 거리가 멀어도 한참 멀다). 과연 우리는 테크노클럽에서 춤추고 있는 모든 키드들에게서 문화운동의 최전선에 서 있는 전사의 이미지를 읽어낼 수 있을까(이것은, 과거에

‘유행’했던, 그리고 현재까지도 그 ‘잔재’가 완전히 가시지 않은, 우리의 저 ‘민중’이라는 개념의 ‘운동편의주의적인’ 적용과 도매금의 역사적 초상과 많이 닮아 있다). 그러나 이러한 생각은, 아직은, 위험한 것이다, 마치 우리 시대의 모든 ‘테크노적인’ 현상들을 자본주의적 말세의 극단에서 태어난 소돔과 고모라적인 풍경의 한 전형으로 치부해버리는 것만큼이나, 꼭 그만큼, 위험천만한 것이다.

우선은, 테크노 키드, 그 아이를 놀게 내버려둬라. 젊음의 저항과 분출이라는 주먹구구식 문화 이데올로기에 테크노를 가두기에는, 아직 너무 이르다, 테크노 음악의 무한한 반복과 번식 능력 그리고 복제라는 엄청난 잠재력을 생각할 때, 아직은, 너무 이르다. 오히려 지금, 말씀과 의미의 이데올로기로 포착될 수 없는 생생한 날것이라는 바로 그 이유 때문에, 테크노 키드라는 춤꾼dancer은 우리에게 하나의 신선하고 매력적인 위험danger일 수 있다. 따라서 태초의 벌거벗은 존재로서, 말씀과 의미의 유니폼uni-form이 아직 입혀지기 전의 벌거벗은 몸과 힘과 행위로서 현현하는 순간성의 테크노는, 올더스 헉슬리Aldous Huxley의 용어를 빌리자면, 그래서, 하나의 “기적miracle”이다. 우리는 그가 메스칼린이라는 약물을 통해 도달할 수 있었던 몽환과 망아의 법열 상태를 테크노라는 음악을 통해 경험할 수 있게 된 것이다. 우리, 우선은, 이것들을, 마음껏, 향유하자, 놀아보자. “인간은 노력하는 한 방황한다Es irrt der Mensch, so lange er strebt.”—이 문장은 『파우스트』 전체를 통해 내가 가장 가슴 깊이 새기고 있는 하나의 ‘잠언’이다. 역으로, 어떤 인간이 방황하고 있다면, 그는 노력하고 있는 중이다. 물론 여기서 “방황”과 “노력”이라는 단어에 건강한 의미를 부여하고 있는 저 암묵적인 모럴이라 할 것이 어떤 건강하지 못한 꿍꿍이를 은폐하고 있는가가 근본적으로 검토되지는 않았지만, 나의 문맥에서라면 그 방황은 횡단이고 분열이며 그 노력은 유희이고 도취이자 몽환이다. 그러므로 그 방황하는 인

19 박상륭, 『산해기』, 문학동네, 1999, 7~70쪽 참조.

간의 이름은 '테크노 키드'가 되는 것, 이는 신인류를 부르는 또 하나의 다른 이름이기도 하다. 그리하여, 테크노 키드로 회춘한 파우스트는, 바로 지금, 테크노클럽이라는 공간으로, 저 태초의 현장으로, 외출하고, 귀환한다, 방황한다.[20]

20 2011년에 첨가하는 주석 6: 그리하여 2000년에 목격할 수 있었던 저 방황의 결과는 어떻게 되었나? 결과는 하나의 이상론이 안타깝게도(!) 좌절하고 배신당한 것으로 나타났다. 이 글 속에서도 끊임없이 경계했던 바였지만, 테크노 키드들은 이미 모두 자본주의에게 억지로 먹히거나 스스로 자본주의 속으로 걸어들어가 사라져버렸다. 그러므로 실로 '들뢰즈적'이라 할 영감들에 가득 차 작성되었던 이 글의 기본적인 이상론은 현재 시점에서 근본적으로 수정되거나 폐기되어야 하며, 나는 나의 '실패'를 이렇게 가감 없이 고백한다. 말하자면 나는 이 주석과 첨가의 공간을 통해서, 이 글 속에서 내가 끊임없는 '통주저음'으로 참고했던 저 니체의 말과 행동을 다시 차용해, 이 글에 대한 어떤 '자기비판의 시도Versuch einer Selbstkritik'를 하고 있는 것인지도 모른다. 그러므로 다시 말해서, 이 글은 내게 마치 니체에게 『비극의 탄생*Die Geburt der Tragödie*』이 의미하는 것과도 같은 저술이었다. 비극은 일단 탄생했고, 나는 그 비극을 이제는 일종의 '희비극'으로 이해한다. 이러한 나만의 골계와 해학의 의미가 곧이곧대로, 아니 어쩌면 가장 뒤틀린 형태와 방식으로, 그렇게 직설적이면서도 기형적으로 전달되기를 바라 마지않는다.

변주 8.

인문학 서평을 위한 몇 개의 강령들[1]

인문학 책을 고르고 읽게 되는 기준은 당연하게도—그리고 또한 '기준'이라는 말과 그에 따르는 일반적 기대와는 모순되게도—결코 특정한 규범적 기준에 따르지도 않고 따를 수도 없다. 여기에는 물론 어떤 특정한 수준의 개인적 기호와 성향이 작용하기는 한다. 그러나 그 기호와 성향이 형성되는 과정은, 단순히 사회적인 영향 관계는 차치하고라도, 사람마다 상이하며 같은 사람 안에서도 어떤 중심적인 축만을 지닌 채 때에 따라 변화하고 그 변화의 진폭도 천차만별이다. 하지만, 나에게 '다가오는' 책이 있다, 문득, 갑자기. 이렇게만 이야기한다면 책의 선택과 독서 과정 전체가 다소 '무책임'하고 '신비주의적'으로 여겨질 위험이 있지만, 다양한 매체들을 통해 접하는 신간에 대한 소개나 평가 혹은 베스트셀러나 스테디셀러, 출판 문화의 트렌드 등으로 표현되는 독서 시장의 추이 따위의 소위 객관적인 지표를 벗어나, 어느 날 문득 나에게 다가오는 책이 있는 것. 나에게 책, 특히나 인문학 서적을 고르는 기준은 이러한 감각을 따르는 원칙 외에는 없다. 이 감각은 무엇보다 물질에 작용하는 것이다. 그리고 책은 생각의 집합이기 이전에 하나의 물질이다. **책이라는 물질의 냄새를 맡고 책이라는 물질의 흔적을 따라가라, 동물적 감각을 활용하라!**

그러므로 하나의 책을 고르고 읽게 되는 기준은 정확히 어떤 **감각의 논리**를 따른다. 이 감각의 논리란, 그것이 무엇보다 하나의 '감각'이기에 지극히 우연적이고 우발적인 것이지만, 그것이 또한 하나의 '논리'인 한에서, 동시에 어떤 내재적 규칙을 포함하고 있는 것이기도 하다. 곧 그러한 기준이 어떤 '감각의 논리'인 한에서, 정신분석적으로 말해, 책을 고르고 읽게 되는 기준은 어떤 '도

1 이 글은 같은 제목으로 『기획회의』 2010년 2월 20일자(266호)에 수록되었다.

착'의 논리를 따르고 있다. 우리는 책을 능동적으로 고르고 또 주체적으로 읽는다고 스스로 가정하고 생각하고 있지만, 책은 나에게 '도착到着'하는 것이며, 또한 책과 나의 관계는 지극히 '도착적倒錯的'인 것이다. 이 도착증은 사회적인 것이기도 하지만 무엇보다 지극히 개인적인 것이다(그리고 이 개인적인 것이 저 사회적인 것에 영향을 미쳐야 한다). **이 도착증을 충분히 즐겨라, 그리고 오히려 증폭시켜라!**

이런 점에서 하나의 책과 만나게 되는 과정은 지극히 신성하면서도 또한 지극히 세속적인 측면을 갖는다. 문제는, 넓은 의미에서의 어떤 종교 체험처럼, 그러한 도착의 논리를 끝까지 밀어붙여 받아들이[게 하]고, 또 그러한 도착적 욕망에 충실히 책과의 만남에 스스로를 개방하는 것이다. 어떤 책의 객관적이고 역사적인 중요성, 그 책에 대한 대중적 선호도, 언론과 전문가들이 말하는 그 책에 대한 가치평가 등 소위 모든 중립적이고도 일반적인 지표들을 넘어서, 나는 한 명의 독자로서 내 자신이 품고 있는 이 종교적이고도 개인적이며 지극히 내적인 체험의 언어인 도착의 논리를 끝까지 '관철'시킬 필요가 있는 것이다. 나의 이러한 도착적 욕망에 '귀'를 기울이는 것(그러나 그 욕망에는 '입'이 없다), 끝없이 이어지는 여러 갈래의 독서로 나 있는 길은 바로 여기서부터 시작된다. **입이 없는 것에 귀를 기울여라, 그리고 그에 따라 책들을 스스로 발견하라!**

이러한 **도착의 논리**는 또한 어떤 **대화의 논리**를 필연적으로 수반한다. 개인적인 도착의 논리는 사회적인 대화의 논리와 만나고 또 만날 수밖에 없다. 그런데 이 대화는 결코 안락의자 안에 앉아서 나누는 평온한 담소가 아니다. 오히려 이 대화는 대단히 시끄러우며 지극히 소란스럽고 어떤 불화와 불일치의 지점들을 끊임없이 산출하고 확인하며 증폭시키는 방향을 따른다. 서평이란 단순히 한 책의 내용을 정리하는 일이나 자신의 호불호라는 개인적 기호를 표출하는 일이 아니라 그 책과 나눈 대화의 흔적들이다. 우리는 여러 가지 이유로 책을 선택한다. 저자가 마음에 들어서, 선전되는 책의 취지나 내용이 마음에 들어서, 책이 취하고 있는 사상적이거나 정치적인 입장에 동의(심지어 반대)를 표하기 위해서, 때로는 표지가 마음에 들어서(따라서 디자인은 결코 어떤 부차적인 요소가 아니다) 등등, 이유들은 다양하고 다채롭다. 그러나 서평은 그 '마음에 드는' 느낌에 '마음으로부터의' 의문을 표할 때 써지는 무엇이다. **그러므로 답을 구하려 하지 말고 오히려 질문이 무엇인지를 물어라, 그리고 그 질문을 확장시켜라!**

무엇에 대한 서평을 쓰는가? 중요한 의미를 띤 국내 저자의 저작, 주목할 만한 번역서, 그리고 그 사유의 내용과 번역의 품질 등등 서평의 대상은 이루 열거할 수 없이 다양할 수 있다. 그러나 이러한 모든 서평 속에서 결코 잊어버려서는 안 되는 점은, 인문학 서적을 읽는 최종적인 목적이 객관적인 정보의 습득이 아니라 하나의 질문을 얻고 그 질문을 중심으로 답을 찾는 과정이라는 사실이다. 물론 그 답은 책 안에는 없다. 그리고 인문학 서적은 그런 답을 제시하는 종류의 책이 아니다. 인문학 서평이란, 하나의 책이 지니고 있는 코드를 다시 풀어내는, 그리고 다시 독자 자신의 피드백 과정으로 그 책을 '완성'시키는 작업이다. 하나의 질문을 얻기 위해 인문학 독서는 존재하며, 그리고 다시 그 책 안으로, 그 책 밖으로, 독자 자신 안으로, 그리고 사회 바깥으로 그 하나의 질문을 확장하기 위해 서평은 존재한다. **그러므로 서평을 쓸 때 그 책에 대해 섣불리 동의를 표하지 말라, 의문시하고 질문하고 끝끝내 답을 얻어내라!**

우리는 책에 대한 여러 정보들로 둘러싸여 있다. 언론 매체와 전공자 혹은 전문가들의 가치 평가가 담긴(추천이든 비판이든) 많은 정보들이 우리의 독서를 종용하고 규정하며 한계 짓는다. 그러나 먼저 묻자, 그들은 그 책을 다 읽었는가? 다 읽지 않고 쓰는 서평은 서평이 아니다. 물론 어떤 책을 '안다'는 것은 반드시 그 책에 대한 전체적인 통독을 전제로 하는 것은 아니다(또한 일반적으로 서평은 그 책을 다 읽지 않고도 작성될 수 있는 무엇이다). 그러나 무엇보다 서평은 근본적으로 하나의 책에 대한 충실한 독서를 전제로 한다. 언론사 기자들이 한 주나 한 달 단위로 쏟아지는 그 모든 책들을 다 읽을 수 있을까? 그것은 불가능하다. 따라서 그들의 서평은 단순한 수박 겉핥기에 그칠 가능성이 많다. 그들 역시도 막연한 인상과 특정한 정보들의 영향 속에서 책들을 선별하고 있을 뿐이기 때문이다. 최악의 경우 그들은 자신들의 매체가 정치적이고 경제적인 이유에서 견지하고 있는 어떤 이데올로기를 은근히 강요하거나 그러한 이데올로기에 입각해 책들을 선정하거나 누락시킨다. 그러므로 기자들이 쓰는 이러한 서평은 별로 믿을 만한 것이 못 된다. 소위 전문가들의 서평은 어떤가? 전문가는 흔히 자신의 전공 분야에 매몰되어 하나의 책과 자기 자신을 동일시하기가 쉽다. 전문가란 그 책을 통독하고 정독했을 가능성이 그 누구보다도 많은 사람이지만, 바로 그런 이유로 해서 오히려 그 책에 대한 서평은 그리 객관적이지도 그리 문제적이지도 않을 수 있다. 전문가의 시각은 그 자신의 전공에 대한 치밀한 논리와 정치한 소개에 중점을 두기보다는 대중의 필요 혹은 대중의 문제의식과 조화될 필요가 있다. 따라서 언론 매체와 전문가들의 서평은 그 자체로 하나의 참조나 길잡이가 될 수는 있지만 절대화할 수는 없는, 오히려 창조적이고 자발적인 독서에 별로 좋지 않은 영향을 줄 수도 있는 지극히 제도적인 것들이다. 한 명의 독자가 개인으로서 그러한 체계에 반대하는 방법 또한 하나의 책이 제공할 수 있다. **그러므로 언론이나 전문가를 믿지 말라, 오히려 그들의 견해에 의문을 제기하기 위해, 일부러라도 그들에 반대하고 그들을 전복시키기 위해 서평을 써라!**

따라서 인문학 서적을 선택하고 읽어내며 다시 그것에 대해 말하는 서평의 과정은 그 자체로 하나의 전복을 꿈꾸는 것이며 또한 꿈꿀 수 있는 것이어야 한다. 인문학 서적에 대한 독서는 단순한 해독解讀이 아니라 일종의 '해독解毒'이 되어야 하며, 끝이 아니라 하나의 시작이 되어야 하는 것, 인문학의 독서와 서평은 하나의 질문을 내재화하고 또한 외면화할 수 있는 것이어야 한다. 이상이 내가 인문학 서적의 서평을 위해 스스로에게 다짐을 두고 또한 다른 글들을 대하는 몇 개의 강령들이다. 하지만 이 강령을 읽는 독자들이여, 당신들은 다시 물어야 한다, 이 강령들은 유효한가, 라고. 그러므로 다시 처음으로 돌아오자. **당신의 감각을 활용하라! 그리고 그 감각을 정치화하라!**

13악장 파국의 해석학: 후기後期 혹은 말년末年의 양식이란 무엇인가[1]

사이드, 슈트라우스, 주네, 라캉, 헤겔을 위한 하나의 후기後記

먼저, 흑백의 사진 한 장이 있다. 일반적으로 흥미로운 것은, '지식인intellectual'의 초상(만)이 지닌 도상학적iconographic 요소들이 그 자체로도 충분히 매력적이라는 사실이다. 하지만 내게 더욱더 흥미로운 것은, 에드워드 사이드의 이 사진 역시 그러한 도상학적 '함정'들로부터 그리 크게 벗어나 있지 못하다는 사실, 이 역시 그 사실 자체로 '매력적'이라는 점, 바로 그것이다(마치 오리엔탈리즘을 '의식적으로' 역이용하는 어느 '동양인'이, '정치적 올바름political correctness'의 관점에서 그러한 역이용에 대해 우리가 품을 수 있는 거부 반응과는 전혀 무관하게, 그 자체로서 하나의 '매력'인 것처럼). 그렇다면 당연하게도 이러한 '매력'—혹은 어쩌면 '마력'—이란 기실 '모순적 내포 관계'라고밖에는 부를 수 없는 어떤 관계의 형식으로부터 기인한다는 느낌을 갖게 되는데, 왜냐하면 이러한 매력에 대한 '모순적' 느낌이 지닌 내용contenu과 형식forme은—그것이 '모순'을 대상으로 하는 '모순'의 감정이라는 바로 그 점에서—서로 완전히 '일치'하고 있기 때문이다.

사이드의 『말년의 양식에 관하여*On Late Style*』[2]를 읽는다. 그중에서도 개인적으로 특히 흥미로웠던 부분은—물론 이 책 전체를 떠받치는 일종의 시도동기Leitmotiv라고 부를 수 있을 테오도르 아도르노에 대한 서론을 뺀다

1 이 글은 2008년에 작성된 미발표 원고이다.

2 에드워드 사이드, 장호연 옮김, 『말년의 양식에 관하여』, 마티, 2008. 이하 이 글의 인용은 본문에서 쪽수만을 표기한다.

에드워드 사이드, 한 '지식인'의 초상

면—리하르트 슈트라우스Richard Strauss와 글렌 굴드에 관한 장들(고로, 소위 음악에 관한 장들), 그리고 장 주네Jean Genet를 다룬 다소 회고록적인 장이었다. 어쩌면 나에게 이 인물들의 '말년' 또는 '후기'가 가장 흥미로웠다는 사실을 말하는 것은 사실 동어 반복(!) 수준의 사족蛇足일지도 모른다. 하지만 사이드의 이 '미완'의 연구서가 가장 흥미로웠던 이유는, '시간'과 관련된 비평적 방법론 중에서 어쩌면 가장 '말단'에 위치한 것, 그래서 가장 '부차적'일지도 모르는 것, 곧 개별적인 인물에 대한 연구에 있어 거의 '수사적'으로 따라붙고 '관습적'으로 다루어지는 '말년' 또는 '후기'라는 시기 구분에 대해—혹은 그러한 시기를 구획하는 '분류법'에 대해—일종의 '메타-비평'을 가하고 있다는 점 때문일 것이다. 바로 이러한 점이 이 작은 책이 지니고 있는 미덕이다. 이 책은 아도르노의 말년을 다루는 책도 아니고 루트비히 베토벤Ludwig v. Beethoven의 후기 양식을 연구하는 책은 더더욱 아니다. 사실 이 책의 '주제의식'은 사이드가 책의 초입에서부터 인용하고 있는 아도르노의 다음과 같은 한 구절 안에 이미 고스란히 녹아 들어가 있다:

> 객관은 파열된 풍경이고, 주관은 그 속에서 활활 타올라 홀로 생명을 부여받는 빛이다. 그는 이들의 조화로운 종합을 끌어내지 않는다. 분열의 원동력으로서 그는 이들을 시간 속에 풀어헤쳐 눈다. 아마도 영원히 이들을 그 상태로 보존해두기 위함이다. 예술의 역사에서 말년의 작품은 파국이다.(35쪽에서 재인용)[3]

3 독일어 원문은 다음과 같다: “Objectiv ist die brüchige Landschaft, subjektiv das Licht, darin einzig sie erglüht. Er bewirkt nicht deren harmonische Synthese. Er reißt sie, als Macht der Dissoziation, in der Zeit auseinander, um vielleicht fürs Ewige sie zu bewahren. In der Geschichte von Kunst sind Spätwerke die Katastrophen.” Theodor Adorno, “Spätstil Beethovens”, *Musikalische Schriften IV. Gesammelte Schriften, Band 17*, Frankfurt am Main: Suhrkamp, 2003, 17쪽.

영역英譯은 따로 확인해보지 못했지만, 독일어만으로 번역한다면 나는 아마 다음과 같이 할 것이다: '〔후기 베토벤은 객관적이면서 동시에 주관적이라고 할 수 있는데〕 깨지기 쉬운 풍경은 객관적이며, 그러한 풍경이 그 안에서 홀로 타오르는 빛은 주관적이다. 그〔후기 베토벤〕는 이들 사이의 조화로운 종합을 만들어내지 않는다. 그는 분열의 힘으로 작용하여 이것들을 시간 속에서 서로 떼어놓는데, 이는 아마도 그것들을 영원히 보존하기 위해서일 것이다. 예술의 역사에서 후기 작품들은 곧 파국이다.' 왜 나의 번역은 거의 언제나 이렇듯 번잡스럽고 어수선한가 하는 오래된 의문은 여기서 일단 구석으로 밀어 제쳐두자(가장 먼저, 잡설에 다시 잡설을 더하게 되는, '설상가상'의 위험, 그리고, 자문에 다시 자답을 하게 되는, '중언부언'의 위험이 있으므로). 말년의 양식 또는 후기의 스타일에 천착하는 사이드의 통주저음basso ostinato이라 할 것은, 바로 아도르노의 저 문장, 곧 "예술의 역사에서 후기 작품들은 곧 파국"을 의미한다는 말 속에 이미 담겨 있다. 말하자면, 이 책은 이 문장을 주제 악구로 삼아 이를 다양하게 바꿔나가는 일종의 변주곡variations의 형식을 띠고 있는 것. 이렇듯 사이드의 책 속에서 일종의 '음악적' 형식을 발견하는 일은 그 자체로 즐겁다, 그렇기는 하다. 하지만 이 책 속에는 일견 사소해 보이지만 전체를 통틀어 아주 중요하게 작용하는 '속임수' 하나가 숨어 있는데, 사이드는 미적인 완성과 조화로운 해결로서의 말년에 대비되는, "비타협, 난국, 풀리지 않은 모순"을 드러내는 말년을 거론하며 다음과 같이 쓰고 있다:

> 내가 양식의 요건으로서 특별하게 흥미를 갖는 것은 바로 이런 두 번째 유형의 말년성이다. 나는 조화롭지 못하고 평온하지 않은 긴장, 무엇보다 의도적으로 비생산적인 생산력을 수반하는 말년의 양식을 탐구하고 싶다.(29~30쪽)

내가 여기서 일종의 '속임수'라고 언급한 것은, 말하자면 사이드 특유의 이론적 '겸손함'을 말하는 것이다. 사이드는 마치 말년성의 종류에는 두 가지가 있으며 자신은 그중에서 특별히 어느 한 부분만을 언급할 계획인 것처럼 쓰고 있지만, 사실 그가 말하고 있는 첫 번째 종류의 말년성, 곧 완성과 조화 또는 해결과 평온의 시기로서의 말년은 그것이 지닌 '조화로운' 특성들 바로 그 자체 때문에 사이드가 강조하고 있는 '말년성lateness'의 요건을 결코 충족시키지 못한다. 즉 그가 문제 삼고 있는 '말년성'의 요건에 부합되는 말년이란 결국 '화해 불가능성'으로서의 마지막 시기〔들〕, 완성과는 거리가 먼 '파국'으로서의 후기後期/後記〔들〕 그 이상도 이하도 아닌 것. 말하자면, 말년성이 문제가 되는 한에서 그것은 결국 '파국'과 '불연속성', 곧 '불가능성'으로서의 말년성일 수밖에 없다는 것, 고로 사이드는 다른 여러 가능한 말년의 형식과 대비되는 '문제적 말년'들만을 특수하게 문제 삼고 있다기보다는, 오히려 말년성 그 자체를 하나의 '문제적' 주제로 보편화하고 있는 것이다. 이 책을 읽는 데에 있어서 '말년성'의 논의가 이러한 '보편화'의 작업을 필수적으로 수반하고 있다는 사실을 인지하는 일이 무엇보다도 중요하다는 게 내 개인적인 생각이다(덧붙이자면, 이러한 '보편화'의 기제가 갖는 중요성은 일종의 뒤틀린 귀류법을 상정해볼 때, 곧 사이드에게 '그렇다면 요절한 예술가에게도 말년성이란 존재하는 것인가'라는 물음을 던지는 가상의 문답법을 가정해볼 때, 더욱 확실한 것으로 다가올 것이다). 하나의 속임수, 하나의 함정은 사실 이렇듯 '소극적 겸손'이라기보다는 하나의 '은폐된 적극성'의 모습으로 다가오고 있는 것. 그러므로 문제는, '완성'의 말년과 '미완'의 말년 사이를 가르는 골, 혹은 '조화'의 후기와 '파국'의 후기 사이에 벌어져 있는 간극이 아니라, 그 자체로서 하나의 '불가능성'을 가리키고 있을 수밖에 없는—따라서 'unique'라는 형용사가 품은 뜻 그대로의 의미에서—'말년성'이라는 징후적인 현상의 '유일한' 특성들 바로 그것이다.

개인적으로 먼저 리하르트 슈트라우스에 대한 이야기를 하지 않을 수 없겠다. 그런데 먼저 말해두고 싶은 점은, 슈트라우스에 대한 사이드의 저 논의를 제대로 읽어내기 위해서는, 〈살로메Salome〉와 〈엘렉트라〉의 작곡자로서의 리하르트 슈트라우스, 곧 리하르트 바그너Richard Wagner가 평

후고 폰 호프만스탈과 함께한 리하르트 슈트라우스의 모습. 이들이 함께 만들어낸 두 개의 오페라 사이에서 발생한 어떤 '이행', 다시 말해 〈엘렉트라Elektra〉로부터 〈장미의 기사Der Rosenkavalier〉로 옮겨가는 어떤 '퇴행' 혹은 '복귀'가 슈트라우스의 말년성 혹은 후기성에 대한 하나의 징후가 된다.

생 동안 추구했던 저 반음계 어법과 악극이라는 예술적 형태의 완성과 발전에 깊이 천착했던 음악가 리하르트 슈트라우스가 무슨 이유에서 다분히 모차르트적인 18세기 오페라의 양식으로 '복귀'하고 '퇴행'하게 되었는가 하는 의문을 이미 먼저 품고 있어야만 한다는 것이다. 〈살로메〉와 〈엘렉트라〉를 들은 후 미처 채 가시지 않은 감동과 격정이 〈장미의 기사〉와 맞닥뜨렸을 때 겪게 되는 일종의 당혹감을 경험해본 사람이라면, 나의 이런 느낌을 이해할 수 있을 것이다. 따라서 이러한 문제의식을 느껴보지 못한 독자에게는 오히려 사이드의 이 글이 다소 '사치스러운' 음악비평, 어쩌면 무용지물이 될 수도 있다. 리하르트 슈트라우스의 음악에 대한 인상은 독자와 청자마다 각자 천차만별이겠지만, 무엇보다 가장 '일반적'인 인상이라 할 수 있는 것은—사이드 또한 다른 말로 적절하게 지적하고 있다시피—후기 낭만주의 음악의 마지막 보루, 혹은 후기 낭만주의 말기의 마지막 완성자 정도일 것이라는 점에 대해서는 누구나 어느 정도 동의할 수 있을 것이다. 무엇보다도 이러한 인상적 '편견'은 슈트라우스의 음악을 동시대의 여러 '혁명적' 전환의 시도들과 비교했을 때, 예를 들어 특히나 아르놀트 쇤베르크Arnold Schönberg의 12음 음악과 비교했을 때 더욱 강화되는 것이 사실이다. 아도르노조차도 자신의 '신음악'의 철학에 대한 논의 안에서 쇤베르크와 이고르 스트라빈스키Igor Stravinsky를 비교하고 있지, 슈트라우스의 음악을 문제 삼고 있지는 않다(오히려 아도르노는 슈트라우스의 음악을 비난하는 데에 적지 않은 지면을 할애하기까지 한다.[4] 그렇다면 이러한 슈트라우스의 '말년성'을 우리는 단지 하나의 단순한 '퇴행' 내지 '안착' 혹은, 가장 좋게 말해서, 거장 작곡가가 지닌 천재성의 유희—비유하자면, 슈트라우스는 때로는 바그너 스타일로, 또 때로는 모차르트 스타일로도 작곡할 수 있었던 작곡의 '달인'이지 않았나 하는 일종의 '체념'—으로서만 받아들

4 Theodor Adorno, *Musikalische Schriften III. Gesammelte Schriften, Band 16*, Frankfurt am Main: Suhrkamp, 2003 참조.

여야 할까. '비평가'로서의 사이드가 후기 슈트라우스 음악의 '메타-음악적' 성격 안에서 찾아낸 대답은, 말하자면 '선택할 수 없는 것을 선택'하는 어떤 결단의 순간이며, 이것이 바로 사이드가 생각하는 슈트라우스적 말년성(후기성)이 지닌 '파국'의 형식이었다. 이에 관해 사이드는 다음과 같이 쓰고 있다(개인적으로는 적극적으로 수긍하기 어려웠던 단언이지만, 이 비평적 혜안만은 높이 사고 싶어진다):

> 슈트라우스의 음악은 같은 시대를 살았던 유명한 작곡가들이 담고자 했던 형이상학적 진술을 가볍게 무시하며, 음악에 아무런 불평도 싣지 않아 귀에 유쾌하게 들리고 그 때문에 놀라움마저 안겨준다. 말년성과 부조화의 감각이 지배할 때 선택할 수 있는 여지는 많지 않으며, 슈트라우스의 말년의 음악은 그가 택할 수 있었던 유일하게 적합한 선택이었다.(79쪽)

리하르트 슈트라우스의 '말년성'에 천착하면서 '18세기 양식으로서의 복귀'를 발견하고 기술하는 사이드의 가장 근본적인 기조는 무엇인가. 그것은 곧 한 음악가의 개인사 또는 전체적인 음악사의 서술에 있어서 우리가 지극히 '관습적'이고 '제도적'으로 전제하게 되는 일직선적인 발전 단계에 대한 부정의 의미를 띠고 있다. 따라서 말년성이라는 문제는—특히나 이는 리하르트 슈트라우스에 대한 서술에서 더욱 분명하게 드러나고 있는 점인데—전기와 중기와 후기 등의 시기 구분이라는 문제라기보다는 오히려 어떤 이의 예술적 결단과 행동의 양식을 파악하고 서술할 수 있는 하나의 '범주'로서 기능하고 있는 것이다. 개인적인 기준에서 볼 때 사이드의 이 책이 갖는 '비평적' 중요성이라 할 것은, 바로 '말년' 또는 '후기'라는 시기 구분의 용어를 단순한 시간적 구획이나 분류로서가 아니라 이렇듯 일종의 기술적descriptive/개념적conceptual 범주로서 뜻매김한다는 점에 있다. 다시 바꿔서 말하자면, 사이드의 비평 언어 안에서 '말년성'이란 곧 칸트적인 의미에서의 'Kategorie'가 되고 있는 것이다. 이러한 관점에서 생각해볼 때 특히나

〈장미의 기사〉는 슈트라우스에게 가장 먼저 하나의 '분기점'으로 작용하고 있는 것, 그러나 바로 그다음 걸음에서 우리는 다시금 이러한 '분기점'으로서의 말년성이 시기적/시간적 구속을 넘어서는 어떤 추상성/비시간성의 형식으로 작용하게 됨을 목격할 수밖에 없다는 것, 이것이 바로 슈트라우스적 말년성이 주는 '은밀한 매력'이라고 할밖에.

주네에 관한 사이드의 논의에서 흥미로운 것은 크게 두 줄기로 요약될 수 있다(그런데 이 두 줄기가 실은 같은 뿌리를 갖는다는 사실이 곧 드러난다, 그것도 아주 'bittersweet'하기 그지없이). 첫째, 사이드와 주네의 이런저런 만남이 남긴 일화들과 그에 관한 회고적 서술이 주는 어떤 즐거움, 둘째, 정체성의 개념을 파괴하는 행위 안에서 역설적으로 자신의 '정체성'을 가장 극명히 드러내고 있는 주네의 초상이 우리에게 건네는 어떤 괴로움: 사이드는 데리다에 관한 섭섭함을 고백하며 다소 '애교스러운' 투정을 부리기도 하고 사르트르에 대해 강한 정치적 불만들을 토로하기도 하는 등 사상가들 사이의 만남이 발생시키는 이런저런 일화와 이면들의 재미를 전해주고 있는 반면, 때로는 알제리인들 사이에, 때로는 팔레스타인인들 사이에 서 있었던 주네의 초상을 제시하면서 사이드 자신을 주네와 '등치'시키기도 하고 또 그와 모종의 거리를 두기도 하는 등 '경계인'의 고통을 드러내고 있기도 한 것이다. 주네와 사이드 자신에게서 공통적으로 발견할 수 있는 어떤 '경계〔인〕적' 특징이란, 곧 그들의 지적 궤적이—물리적인 의미에서든 정신적인 의미에서든—일종의 '여정'을 이루고 있다는 점일 것이다. 그들의 여정은—다시 한 번 강조하자면, 물리적 의미에서든 정신적 의미에서든—자신의 도시 쾨니히스베르크Königsberg를 거의 떠나지 않았던 저 칸트의 '지적' 여정과는 전혀 다른 경로와 밀도를 보여준다(칸트의 이 '떠나지 않음'이 여기서 비난의 대상으로 언급되고 있는 것이 아님은 당연하다, 라는 점을 끝내 언급하고 넘어갈 수밖에 없는 이 고색창연한 나의 노파심이란!). 사이드는 주네의 희곡 『병풍들*Les paravents*』을 통해서 이러한 〔주네의〕 여정이 지닌 어떤 '목적의식'을 다음과 같이 일목요연하게 정리하고 있다:

© The International Progress Organization

주네의 초상: 정체성을 '포획'하고 '분쇄'하기 위한 어떤 '가변적' 정체성, 혹은 파국으로서의 연대連帶. 아래 사진은 주네가 윌리엄 버로스, 앨런 긴즈버그와 함께 팔짱을 끼고 걷는, 좀처럼 보기 드문 또 하나의 1968년 '명장면'을 담고 있다.

> 섬뜩하고 집요하고 때로는 코믹한 연극적 과정도 보이는 이 희곡의 위대성은 단지 권력과 역사를 가진 프랑스 제국의 정체성만이 아니라 정체성이라는 개념 자체를 세심하고 논리적으로 발가벗겼다는 데 있다.(125쪽)

추측을 해보자면, 사이드는 어쩌면 주네의 희곡 『병풍들』 안에서 '정치적 아르토'의 모습을 발견하고 있는 것인지도 모르겠는데, 아르토 자신의 '여정'도 그 자체로 매우 독특한 경로를 노정露呈하고 있었다는 점을 떠올려보면, 이들을 대할 때 느끼게 되는, 다소 정서적으로—그리고 개념적으로—'이국적인exotic' 형태를 띨 수밖에 없는 어떤 감정의 실체 또한, 약간은 이해할 수 있는 기분이 된다. 그런데 이 '이국적'인 질감의 정서, 그래서 '이질적'으로까지 느껴지는 이 특수한 '세계시민cosmopolitan'의 정체성은 과연 말 그대로 하나의 '정체성'이 될 수 있을까(이런 질문을 새삼 던지는 이유는, 이 '이국적'인 정체성이란 다소 거칠게 말해 일종의 '非-유럽성'이라고 말할 수 있을 텐데, 다만 이것이 나에게 '이국적'이 될 수 있는 것은 그 정서가 사실 한 번의 '여과 과정'을 더 거친 복합적인 과정의 산물이므로, 말하자면 이는 '비-유럽적 유럽인'의 정체성이 '동아시아'에 속한 한 개인(나)에게 어떻게 받아들여지게 되는가에 대한, 내 나름의 '정서적' 답변이기 때문이다). 조금 뒤이어서 사이드는 주네에게 있어 정체성이 갖는 의미에 관해 다음과 같이 다소 상세하게 서술하고 있다:

> 정체성은 우리가 사회적 · 역사적 · 정치적, 혹은 영적 존재로서 살아가면서 스스로에게 부과하는 어떤 것이다. 문화의 논리와 가족의 논리가 여기에 더해져서 정체성의 위력을 증대시킨다. 주네처럼 비행을 저지르고 격리되고, 또 권위를 위반하는 재능이 있고 이를 즐기는 사람은 그로 인해 자신에게 부과된 정체성의 희생자이므로, 그에게 정체성은 결연하게 반대해야 할 무엇이다. 무엇보다 주네가 선택한 알제리와 팔레스타인 같은 장소를 볼 때, 정체성은 더 강력한 문

> 화, 더 발전한 사회가 자신보다 못하다고 판결된 사람들을 짓밟고 그 위에 자신을 부과하는 과정이다. 제국주의는 정체성의 수출품이다.(128~129쪽)

『오리엔탈리즘*Orientalism*』의 저자 혹은 『문화와 제국주의*Culture and Imperialism*』의 저자로서의 면모가 가장 강하게 드러나고 있는 이 부분은, 사실 주네의 모습을 사이드 자신의 또 다른 초상으로 그려내고자 하는 일종의 '회고록적' 또는 '자서전적' 작업의 일환이라 할 것이다. 이 점은 특히 사이드가 이 글에서 '선택'한 주네의 작품이 바로 『사랑의 포로*Un captif amoureux*』라는 사실에서 가장 잘 드러나고 있는데, 사이드의 마지막 책들 중의 하나인 이 '말년의 양식'에 대한 연구서가 주네의 저 회고록적이고 자서전적인 'swan song'을 다루고 있다는 사실과 맞닥뜨릴 때 갖게 되는 묘한 '기시감déjà-vu' 내지 '동시성synchronisme'은, 이 글을 읽는 과정 안에 숨겨진 또 하나의 묘미라고 말하고 싶다. 한 명의 '이국인'으로서, 자신보다 하나의 '여과 과정'을 역방향으로 더 거친 또 다른 '이국인' 주네를 바라보는 사이드의 심정은, 아마도 『사랑의 포로』에 대한 독해를 통해, 그리고 그 안에서 바라본 주네의 '말년성(후기성)'이라는 주제를 통해, 그렇게 심화될 수 있었을 것이다, 라는, 다소 '감상적'인 추측 한 자락, 이렇게 남겨보는 것이다.

여담이지만, 여기서 주네의 희곡 『병풍들』의 주인공 이름이 '사이드Saïd'임을 다시금 떠올려보는 것은 또 하나의 작은 묘미가 될 것이다. 사이드가 이 등장인물 '사이드'를 통해 다시금 확인하고 천착하고 있는 '배반'의 주제, 이탈하고 위반하는 것으로서의 부정적/파괴적 '정체성'이라는 주제는, 따라서 이 책의 가장 의미심장한 부분 중 하나가 되고 있는 것이다. 이 '배반자' 또는 '위반자'로서의 정체성이란 어쩌면 '여행자'와 '관광객'의 정체성인지도 모른다. 하지만 그 '여행자'란 단순히 '방관자'일 수만은 없다. 마치 벤야민의 '산보객flâneur'이 그러한 것처럼, 또는 어쩌면 소설가 구보 선생의 일일이 그러한 것처럼. 사이드는 이에 관해 다음과 같이 쓰고 있다:

> 따라서 주네는 정체성을 넘나드는 여행자, 혁명적이고 끊임없이 선동적이기만 하다면 자신과 무관한 대의명분에 기꺼이 몸 바치려고 밖으로 떠나는 관광객이다.(129쪽)

이는 사실 에둘러 도달한 사이드 그 자신의 정체성에 대한 이야기에 다름 아니다, 그런 생각이 든다. 예루살렘에서 태어난 팔레스타인인으로서 이집트와 미국에서 공부하고 미국 대학에서 영문학과 비교문학을 가르치는 교수이자 피아니스트이기도 했던 사이드에게, 주네가 드러내는 '말년성(후기성)'의 형식은 바로 자기 자신에 대한 '외부성의 거울'로 작용하고 있는 것이다. 사실 여기서 나는 하나의 오래된 개인적 의문을 다시금 발음해보는 것일 뿐: 왜 소설가의 모든 이야기는 자신의 이야기가 '아니며', 왜 비평가의 모든 이야기는 자신의 이야기'일' 수밖에 없는가. 이 질문 앞에서는, 비평가의 대상이 언제나 '자기 자신'인 것은 아니지 않은가 하는 반론은 물론이고, 소설의 영역에서도 문학상이나 특집호에 의례적이고 관습적으로 따라붙는 소위 '자전적' 소설이란 것이 있지 않은가 하는 반문 또한 전혀 별다른 공격이 되지 못한다. 소설가와 비평가라는 '정체성' 개념에 대한 이런 종류의 '보편화'에는 '숙명적'인 어떤 것이 있다. 이러한 '숙명'에 있어서는, 저 두 정체성이 각기 자신만의 것으로 품고 있는 '진실성'의 형식만이 문제가 된다. 소설가의 정체성이 갖는 진실성이란 '자신의 이야기가 아닌 이야기를 자신의 이름으로 이야기하는 형식'이며, 반면 비평가의 정체성이 갖는 진실성이란 '자신의 이름이 아닌 것에 기대어 자기에 관해 이야기하는 형식'인 것, 말하자면 이것이 근대문학적 정체성에 대한 나의 지극히 개인적인 정리theorem이다. 따라서—사이드의 말대로—이러한 정체성의 수출품이 무엇보다 "제국주의"이긴 하지만, 그보다 앞서 저 정체성이란 먼저 '근대성이 생산해낸 상품'인 것이다.

주네의 이름 위에는 언제나—부정적인 의미에서든 긍정적인 의미에서든—저 사르트르의 이름이 지닌 그림자가 짙게 배어 있다는 인상을, 나는 오래 전부터 일종의 '경련'처럼 갖고 있었다(이후 바타유의 주네 비평을 접하고, 또 『조종*Glas*』[5]에서 데리다가 헤겔을 씨실 삼고 주네를 날실 삼아 짜나간 하나의 혹은 두 개의 '직물texture'을 경험하고 나서야, 비로소 그러한 사르트르의 그림자가 어느 정도 희석될 수 있었지만, 어쨌든 개인적으로 이 그림자가 여전히 내게 강력한 '잔상'으로 다가오는 현상은 지금도 어쩔 수가 없다). 그런 인상을 갖게 하는 여러 '정황적'이고 '역사적'인 요인들을 배제한다면, 아마도 그 가장 큰 원인으로는 바로 다음 책, 곧 불어 원본으로 700쪽에 달하고 영역본으로도 600쪽을 훌쩍 넘겨버리는 사르트르의 『聖 주네: 배우이자 순교자』[6]가 지닌 강렬한 존재감을 들 수 있을 것이다(다만 언제나 고개를 갸우뚱거리게 되는 것은 바로 사르트르의 이 책이 갈리마르 출판사의 주네 전집 1권의 자리를 떡하니 차지하고 있다는 사실인데, '배우이자 순교자'로서의 주네에 대한 사르트르의 '넘치는 애정'을 생각하더라도 이는 다소 과도한 처사, 혹은 더 나아가서 주네에 대한 일종의 '문화적 역차별'이라는 생각까지 머금게 되는 것이다). 이러한 지극히 개인적인 맥락에서, 사이드가 인용하고 있는 주네의 몇 마디 말들이 나를 한껏 미소 짓게 했음을 고백한다(같이 읽으며 함께 미소를 머금었으면 하는 마음 한 자락, 그 미소가 비록 '썩소'라 할지라도!):

> 우리는 사르트르에 대해 이야기를 나눴는데, 주네는 자신에 대한 방대한 책을 쓴 사람에 대한 이야기가 분명 약간은 거북했을 것이다. 그런데도 그는 전혀 상관없다는 듯이 대답했다. "그 친구가 나를 성인으로 만들고 싶다면 그래도 좋아요." 계속해서 그는 이스라엘 편을 강력하게 드는 사르트르의 입장에 대해 말했다. "그는 팔레스타인의 권리를 지지하는 발언을 했다가는 파리에 있는 친구들이 자신을 반유대주의자라고 비난할까 봐 두려워하는 겁쟁이입니다." 7년 후〔사이드와 주네의 이 만남이 있었던 것은 1972년이었음—인용자〕 파리에서 시몬 드 보부아르와 사르트르가 주최한 중동 지역에 관한 세미나에 참석했을 때, 나는 오랫동안 내가 존경해온 서양의 위대한 지성이 시오니즘에 얼마나 사로잡혀 있는지 깨닫고는 주네가 했던

말을 떠올렸다. 그래서인지 사르트르는 수십 년 동안 팔레스타인인들이 이스라엘의 지배를 받으면서 어떤 고통을 참아야 했는지 세미나에서 한마디도 하지 않았다.(120쪽)

내가 사이드의 책을 읽으면서 다시금 새롭게 떠올려보게 된 책은 2007년 뉴욕 주립대학 출판부에서 출간된 논문집 『후기 라캉: 입문*The Later Lacan: an Introduction*』이다.[7] '실재계le réel'에 대한 강조와 집중으로 거칠게 요약되는 이른바 '후기' 라캉을 사이드가 말한 '말년성'의 형식으로 이해해볼 수 있지 않을까 하는 다소 '소박한' 물음 때문이었다. 특히나 이 책은 '임상' 분야와 관련하여 '후기' 라캉적 요소들이 어떻게—신경증neurosis의 영역뿐만이 아니라—정신병psychosis의 영역을 이해하고 분석하는 데에 많은 시사점을 던져줄 수 있는가에 초점을 맞추고 있다는 의미에서 따로 일독을 요하는 긴요한 책이다. 하지만 여기서 내가 문제 삼고 싶은 것은, 말하자면 라캉의 '말년성'이 지닌 파국으로서의 의미 그 이상도 이하도 아니다. 이것은 말하자면 넓은 의미에서 사상사 서술의 한 문제가 되고 있는 것, 사이드에게 보편화된 말년성의 문제가 바로 그렇듯이.

간단히 말하자면 문제는 이런 것이다: 라캉의 '후기' 또는 '말년'이란 무엇을 의미하는가. 만약 라캉에게서 '말년성'이란 것이 존재한다면, 그것은 어떤 '파국'의 모습을 띠고 있는 것일까. 가장 먼저 라캉의 위상학topologie을 떠올려보자. 'S(symbolique)'에 찍혔던 강조점이 이제는 'R(réel)'로 옮겨지는 것인가, 그렇게 말할 수 있는가(곧 기표와 상징계로부터 향유와 실재계로 좌표축이 이동한 것인가). 혹은 물음을 조금 바꿔보자면, 프로이트

5 Jacques Derrida, *Glas*, Paris: Galilée, 1974.

6 Jean-Paul Sartre, *Saint Genet. Comédien et martyr*, *Œuvres complètes de Jean Genet, tome 1*, Paris: Gallimard, 1952.

7 Eds. Véronique Voruz·Bogdan Wolf, *The Later Lacan: an Introduction*, Albany: State University of New York Press, 2007.

의 '말년'은 어떠한가. 예를 들어 이번에는 그의 지형학Topik을 한 번 떠올려 보자. '후기' 프로이트가 행했던 어떤 '이행'이라고 부를 수 있는 것은, 곧 전의식vorbewußt과 의식bewußt과 무의식unbewußt 사이를 가르는 분류법으로부터 '그것Es'과 '자아Ich' 그리고 '초자아Überich'라는 새로운 범주들에 대한 집중으로 나아가는 노정이라고 말할 수 있는 것일까(곧, 이를 '언어적'으로 바꿔 말하자면, 그것은 형용사 형태의 기술어 범주로부터 명사/대명사 형태의 기술어 범주로의 이행이라고 말할 수 있는 것일까). 말하자면 여기서의 문제의식을 이루는 요체는 '지젝을 경유하지 않은 라캉', 바꿔 말해 '말년성'의 시각에서 바라본 라캉의 모습이다. 왜 이것은 말년성의 문제로 소급될 수 있는가, 그리고 또 왜 이것은 '지젝을 경유하지 않은 라캉'이라는 테제로 정식화될 수 있는가. 이를 위해 먼저, 마르크스에 대해 프리드리히 엥겔스Friedrich Engels가 그러한 것처럼, 다시 말해 곧 '마르크스주의'의 효시가 마르크스 자신이 아닌 바로 엥겔스일 수 있는 것처럼, 라캉에 대해 지젝 또한 '라캉주의'라는 하나의 사조에 있어서 엥겔스와 비슷한 입장에 서게 되는 것은 아닐까, 하는 물음 한 자락 던져보는 것이다. 물론 엥겔스와 지젝의 차이가 분명하고도 섬세하게 구분되어야 한다는 점은 아무리 강조해도 모자랄 텐데, 말하자면 나는 '교조 없는 교조주의'—어쩌면 '메시아 없는 메시아주의', 혹은 죽은 데리다가 산 지젝을 '호명'하듯 던지는 괴담 또는 농담 한 자락—같은 것을 염두에 두고 있는 것인지도 모르겠다. 이러한 물음을 슬쩍 던져보는 것은, 다시 한 번 말해서, '지젝을 경유하지 않은 라캉'에 대해 한번쯤 다시 생각해볼 수 있는 여지가 있지 않을까 하는 이유에서인데, 노파심에서 저 예의 '설상가상'과 '중언부언'의 첨언을 다시 삽입하자면, 물론 이는 이른바 '순수한' 형태의 라캉—또는 '라캉주의'—을 추출하고 분리하려는 데에 목적이 있는 것은 결코 아니다.

무엇보다 라캉주의에 대한 지젝의 영향력이 지닌 중요성은, 라캉의 언어, 정신분석의 언어를 가장 강력한 형태의 '정치적' 언어로 바꾸어놓았다는 점, 곧 라캉의 이론을 하나의 정치〔학〕 이론으로 거듭나게 했다는 점, 더 나아가 완결된 '구조'를 지닌 하나의 '비평 언어', 곧 하나의 '철학 언어'

를 '정립'했다는 점에 있다는 것에는 누구도 별 이견이 없을 것이다. 여기서 단어와 그것의 용법에 민감하고 예민한 이들은 내가 쓴 두세 단어들에서 약간의 껄끄러움을 느낄 법도 한데, 내 생각에 그것은 〔완결된〕 '구조'와 '정립'이라는 단어들 때문이 아닐까 한다. 물론 지젝이 라캉의 '이론'을 하나의 '체계'로서 받아들인 것은 아니며 어떤 도표와 범주들로 그것을 환원하고 있는 것도 아니다. 그런 의미에서라면 '구조'와 '정립'이라는 용어는 그 자체로 유효하지 않을지도 모른다. 하지만 나의 '언어'로 말하자면, 지젝은 끊임없이 라캉을—그리고 헤겔을—'환기'시킬 뿐이다. 나는 '정립'의 행위가 이러한 '환기'의 형식이라고, 그것일 수밖에 없다고 생각한다. 그리고 그러한 환기를 통해 드러나는 것이 내게는 바로 '구조'이다. 그것은 '체계적으로' 구성된 것은 아니지만, 우리는 읽고 쓰고 해석하는 행위를 통해 '결과적으로'—말하자면, '사후적으로nachträglich'—그러한 구조의 '정립'에 가닿게 되며, 그러한 한에서 우리는 그 과정과 산출의 형식을 '정립'과 '구조'라는 이름으로 부를 수 있다. 말하자면 현대의 이론 영역에서 지젝이 차지하고 있는 독특한 위치, 곧 철학자 아닌 철학자, 〔정치〕이론가 아닌 〔정치〕이론가, 〔영화〕비평가 아닌 〔영화〕비평가라는 모호한 '경계〔인〕적' 지위는 바로 이러한 지젝 식의 '구조'와 '정립'—곧 '환기'로부터 직간접적으로 도출되는 하나의 '인상'이라는 생각이다(이 점에 있어서 가라타니 고진에 대해서도 또한 비슷한 '존재 규정'의 근거를 제시해볼 수 있을 텐데, 물론 가라타니의 경우 그가 가장 강력하게 '환기'시켜주는 것은 바로 마르크스, 그리고 근대성modernity의 문제이겠지만). 지젝의 초상을 이러한 '정립'과 '구조'의 또 다른 형태, 곧 '환기'로서의 체계라는 새로운 형태에서 바라볼 때, 그가 지속적으로 천착해오고 있는 독일 관념론 체계에 대한 끈질긴 〔재〕해석의 시도를 보다 더 잘 이해할 수 있지 않을까 하는 것이 내 개인적인 생각이다(그래서 내게 가장 매력적으로 느껴지는 그의 책은 프리드리히 셸링Friedrich Schelling에 관한 『나눌 수 없는 잔여*The Indivisible Remainder: on Schelling and Related Matters*』이다).[8] 그렇다면 여기서 '지젝을 경유하지 않은 라캉'이 의미하는 바는 무엇이 될 수 있을까. 실제로 내가 앞서 거칠게나

다음으로, 또 다른 사진 한 장: 지젝은 발을 걷어내고 있는 것인가, 아니면 다시 내리고 있는 것인가. 바꿔 말해, 그는 입고 있는가 벗고 있는가, 혹은 그는 감추고 있는가 드러내고 있는가, 라는 물음. 말하자면, '지젝을 경유하지 않은 라캉'을 말하면서 지젝을 언급할 수밖에 없다는 점, 아니 그보다는 오히려—어쩌면 '유명론자nominalist'의 입장에서—저 어구 안에 이미 '지젝'이라는 이름이 그 자체로서 포함되어 있다는 점, 아니 그보다는 더욱더 적극적으로, '지젝'이라는 이름을 발설하지 않고서는 '지젝을 경유하지 않은 라캉'이라고 하는 부정어법 그 자체가 도대체 성립할 수 없다는 점, 그 점들이 나를 홀리고 매혹시킨다. 라캉의 '말년성(후기)'이 도달한 곳은, 어쩌면 이러한 지젝의 '청년성(파국)'이다.

마 요약했던 지젝의 특성은 사실 라캉 안에서도 이미 잠재해 있는 것일 뿐만 아니라 그의 글과 세미나 등을 통해서도 명백히 '현시'되어 있기까지 한 것. 지젝에 대한 '존재 규정'은 사실 라캉 그 자신에게도 적용할 수 있는 것이며, 무엇보다 라캉 자신이 그 누구보다도 '정치적'이었던 것. 말하자면, 라캉 그 자신이 그 누구보다도 '순수한' 라캉주의자가 아니었다는 것, 마치 마르크스가 자신을 '마르크스주의자'가 아니라고 말했던 것처럼. 혹자는 '지젝을 경유하지 않은 라캉'의 영역, 곧 지젝에 과도하게(?) 집중함으로써 우리가 상대적으로 둔감하게 반응하고 놓칠 수밖에 없었던 부분이 '임상'의 영역이 아닌가 하고 되물을지 모른다. 곧 이는 라캉 이론이 지닌 '비제도적' 힘들과 '가능성'들에 너무 주목한 나머지 〔정신〕의학계 안에서 라캉 이론이 어떻게 적용되고 발전되어왔는가 하는 문제에 대해 상대적으로 소홀해졌다는 일종의 '불평'일지도 모른다. 하지만 더 이상 '치료'와 '교정'이 문제가 되지 않는 라캉 이론의 근본적/극단적radical 입장을 생각해볼 때, 설사 '임상'에 대한 라캉 자신의 끊임없는 환기와 강조를 염두에 둔다고 하더라도, 그 '임상'이 이른바 의학 제도 내적인—혹은 의학의 내부적 '이데올로기'로서의—'치유'의 문제일 수만은 없다는 당연한 사실을 반드시 상기하도록 하자. 오히려 라캉 이후 그 이론의 수혜를 가장 많이 받은 이론가들의 작업은 이러한 편협한 정의의 '임상'으로부터 탈피하고자 하는 공통의 문제의식을 갖는다고도 말할 수 있으며, 이러한 상황은 결코 프로이트에게서도 다르지 않다.

라캉의 '말년성(후기성)'이라고 부를 수 있는 것이 존재한다면, 그것은 단순히 그의 위상학적 요소들 사이에서 일어난 강조점의 변화로만 환원될 수 없는 성격의 것이다. 라캉의 '말년성(후기성)', 그 파국의 실체는 바로 〔정신〕의학의 내부적 이데올로기로서의 '임상'이라는 영역에 대한 부정

8 Slavoj Žižek, *The Indivisible Remainder: on Schelling and Related Matters*, London/New York: Verso, 1996; 국역본 이재환 옮김, 『나눌 수 없는 잔여』, 도서출판 b, 2010.

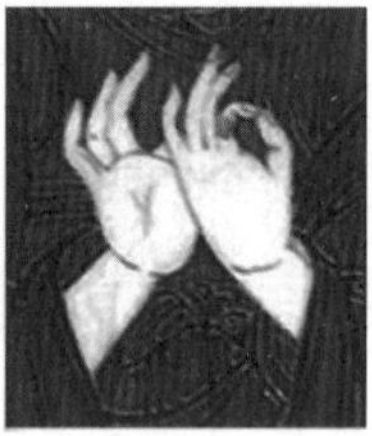

그리고 다시금, 흑백의 사진 한 장 더: 저 손짓은 단순한 '오케이' 사인일까, 그도 아니라면 저 손 자체가 돈에 대한 '환유'라도 된단 말인가. 사진의 기표는 내게 '프랑스'와 '붓다'를 동시에 의미하는 '佛'이라는 문자를 다시금 환기시키고 있었으니, 그리하여 라캉의 이 사진 한 장은, 내게 그 자체로—그리고 물론, 문자 그대로—일종의 '상형 문자hiéroglyphe'로 다가온다.

과 파괴에 있다는 것이 내 개인적인 생각이다. 이는 라캉 자신이 여러 차례 행한 임상에 대한 강조와는 다른 맥락에서 접근해야 하는 문제인 것이다. 다시 말해서 내게 라캉의 '말년성'이란, 곧 '치료/교정'의 '병리학적' 담론으로부터 '주체/윤리'의 '정치학적' 담론으로의 어떤 결정적이고 환원 불가능한 '이행'을 가리키는 것이다. 이러한 '이행'이 바로 정신의학에 대해서 언제나 '파국'의 정체성과 효과를 갖게 되는 '말년성'의 실체인 것. 이는 실로 사상사적인 문제가 아닐 수 없다. 따라서 '지젝을 경유하지 않은 라캉'이라는 정식이 내게 중요하게 되는 것은, 라캉을 읽는 데에 있어 '지젝'이라는 항을 소거해버리기 위함이 아니다(그래서도 안 되고 그럴 수도 없다는 건 오히려 누구나 인정할 수 있는 당연한 사실일 것이다). 이는 곧 지젝 이전에 '이미-언제나' 비평의 언어, 윤리의 언어, 정치의 언어, 철학의 언어가 되고 있는 라캉으로 '돌아가자'는 것, 곧 '지젝을 경유하지 않은 라캉'을 통해 '지젝을 경유해서 온 라캉'을 보다 더 잘 이해하기 위한 일종의 사상사적 '예비학Propädeutik'을 제시하고자 하는 것이기 때문이다(나의 이러한 '예비학적' 욕망이란 실은 어쩌면 지극히 '후설적'인 일종의 '근본주의Radikalismus'일지도 모를 일이다). 이러한 이른바 '라캉으로의 복귀retour à Lacan'는 임상이라고 하는 협의의 영역이 지닌 중요성을 다시금 강조하자는 것도 아니고 라캉 이후 후학들의 '인문학적' 세례를 배제한 '순수 라캉'을 새롭게 추출하자는 것도 아니다. 라캉의 '말년성'은 '실재계'라는 영역을 통해 가장 극명히 드러나는 것, 그러므로 그의 '말년'과 그의 '후기' 이론은 어쩌면 그 자체로 하나의 '평행 우주'를 이루고 있는 것인지도 모른다: 'le réel'이란 무엇인가, 'jouissance'란 무엇인가, 'sinthome'이란 무엇인가. 말하자면, 이러한 라캉의 '말년성'이라는 지평('후기 라캉')에 섰을 때에만, 그때야 비로소 지젝의 '청년성'('청년 지젝')이 보이게 된다. 내가 '지젝을 경유하지 않은 라캉'이라는 정식으로 '경유'하고자 하는 지점은 바로 이곳이다. 고로, 이제야—이 잡설이 거의 끝나가는 지금, 겨우 이제야—나는 이렇게 '환대'의 인사를 건넬 수 있게 되었고, 또 건네고 싶어지는 것이다: "실재계의 사막에 오신 것을 환영합니다Welcome to the Desert of the Real."

이 실재의 사막에서 조금 더 머물러보자(머물고 싶지 않아도 머물 수밖에 없을 것이다). 나는 이 말년 혹은 후기의 문제를 헤겔에까지 적용할 수 있다고 생각한다. 먼저 지적해둘 점은, 사이드의 이 '말년성'이라는 개념이 가리키고 있는 것이 단순히 '노년'의 양식이 아님을 새삼 상기해볼 때, 번역자가 따로 역주까지 첨가하면서(10쪽) 'lateness'의 번역어로 공들여 선택하고 산출한 "말년성"은 사실 '파국의 후기'라는 느낌보다는 오히려 단순히 시간적인 순서상의 '노년'의 느낌을 더욱 강하게 주고 있다는 사실이다. 따라서 나는 '말년성'이라는 용어보다는 '후기성'이라는 용어가 사이드의 취지에 더 부합한다고 생각한다. 헤겔의 경우에는 그의 '후기성'이라고 할 것이 『정신현상학*Phänomenologie des Geistes*』에서 '이미' 그리고 '언제나' 도달되고 있는 것이 아닌가 하는 느낌을 갖게 되는데, 그런 의미에서 헤겔의 저 '절대정신'에 이러한 후기성의 개념을 적용해보는 일은 그 자체로 매우 다양하고 풍성한 의미들을 산출할 수 있는 문제적이며 흥미로운 논의라고 생각한다. 특히나 헤겔의 절대정신이 헤겔의 체계 그 자체를 완성시켜주는 결정적인 요소임과 동시에 또한 그 체계의 간극과 도약 혹은 하나의 틈으로서 작용하고 있다는 하나의 해석적 사실을 떠올려본다면, 헤겔에게 있어 일종의 불연속성이자 불가능성으로서의 '후기성'의 개념은 바로 이러한 절대정신 속에서 가장 극명하고 징후적인 형태로 드러나게 되는 것. 비유하자면, 예를 들어 칸트에게서 발견되는 또 다른 간극이자 도약인 '초월'이 지닌 문제적 감각은 이미 『순수이성비판*Kritik der reinen Vernunft*』에서 등장하고 노출되고 있는 것이긴 하지만(그래서 아마도 가라타니 고진이라면 칸트의 '후기성'이라고 할 것을 이미 『순수이성비판』에서부터 찾을 것이라는 느낌은 있지만), 오히려 아도르노-사이드의 '후기성' 논의의 요체에 집중한다면 '칸트적 후기성'이라고 할 것은 '최종적으로는' 『판단력비판*Kritik der Urteilskraft*』에서 찾아야 할 것으로 여겨지는 반면(그래서 칸트의 경우에는 그의 시기적/시간적 '말년성'과 형식적/범주적 '후기성'이 묘하게 일치하고 있다는 느낌을 받게 되는 반면), 헤겔의 경우에는 절대정신 자체가 그의 체계적 '후기성' 그 자체를 대변하고 있는 개념으로 보이는 것이다. 이것은 하나의 힌트이자 아이디어겠지만, 동시에 이는 특히나 '후기 라캉'과 관련하여 우리가 다시금 헤겔을 참조하게 될 때, 더 정확히 말하자면 헤겔의 어떤 '후기성'을 감지하게 될 때 맞닥뜨리게 되는 사상사적인 문제일 것이다. 사막의 모래에 휩쓸려가기 전에, 혹은 이미 휩쓸린 채로 말이다.

해롤드 핀터Harold Pinter의 1996년 희곡 작품 「재는 재로Ashes to Ashes」에 등장하는 두 인물 데블린과 레베카의 대사 중에서 내가 가장 좋아하는 부분은 다음과 같다:

> 데블린 〔……〕 다시 시작하자.
>
> 레베카 우리가 다시 시작할 수 있다고는 생각하지 않아. 우리는 시작했어…… 오래 전에. 우리는 시작했지. 다시 시작할 수 없어. 우린 다시 끝낼 수는 있지.
>
> 데블린 그런데 우리는 한 번도 끝낸 적이 없잖아.
>
> 레베카 아니, 끝낸 적 있어. 끝내고 또 끝내고 또. 그리고 우리는 또 끝낼 수 있어. 그리고 또 그리고 또. 그리고 또.
>
> 데블린 '끝내다'라는 단어를 잘못 사용하고 있는 것 아니야? 끝은 끝낸다는 것을 뜻해. '또' 끝낼 수는 없어. 당신은 한 번 끝낼 수 있을 뿐이야.
>
> 레베카 그렇지 않아. 당신은 한 번 끝낼 수 있어. 그러고 나서 또 끝낼 수 있지.[9]

'한 번 끝낼 수 있고, 그리고 다시 계속해서 끝낼 수 있는 것', 그러나 '다시 시작할 수는 없는 것', 나는 데블린과 레베카의 이 대화가 저 '말년성(후기성)'에 대한 하나의 훌륭한 알레고리가 되어줄 수 있다고 생각한다. 다시 처음으로 돌아가 한번 돌이켜보자면, 사이드가 농담 삼아 혹은 다소 반

9 해롤드 핀터, 오경심 옮김, 『해롤드 핀터 전집』 9권, 평민사, 196쪽(번역은 일부 수정).

어적인 어조로 자신을 "아도르노의 유일하고도 진정한 추종자"라고 말했던 것에는 충분한 이유가 있었다는 생각이다. 말하자면 그 둘은 모두 음악에 '대해' 쓰고 있을 뿐만 아니라 '음악적으로' 쓰고 있는 몇 안 되는 저술가들일 터. 그런데 '음악적으로' 쓰고 '음악적으로' 사고한다는 것은 무슨 뜻인가. 이 지독히도 진부하게 들리는 '낭만주의적' 물음의 형식 사이로 살짝 엿보이는 어떤 오솔길이, 나에게는 가장 지난하고도 고되다(그리고 이 음험하고 위험한 오솔길이 이 책의 통주저음을 이루고 있음을, 아마도 가장 둔감한 독자라 할지라도 지금쯤은 눈치챘을 것이다). 하지만 그것이 또한 동시에 가장 '매혹적'이고도 가장 '색정적'인 것임에야. 결국 이 모든 것은, 아니 이 '전체-아님pas-tout'은, 마치 주네를 에둘러 도달한 사이드 자신의 저 '자서전적' 고백처럼, 에둘러 고백하게 된 나의 '제국주의적' 정체성—혹은 임화林和의 저 유명한 표현을 차용하자면, 나의 '이식된' 정체성—에 대한 자가 진단[10]에 다름 아닌 것이 되고 있는데, '지식인 비르투오소'를 향한 '도착적' 음악 작업, '비평〔가〕 아닌 비평〔가〕'을 향한 '혼성적' 글쓰기의 작업 등등, 이 뒤틀린 자서전적 욕망의 '해소법'—혹은 더 정확하게 말하자면, '향유법'—에 대한 천착이 아마도 나의 '말년성'—시간적인 의미에서가 아닌, 엄밀하게 형식적인 〔의〕미에서—을 이루고 있는 것은 아닐까, 하는 잡스러운 생각이, 다시금 하나의 고백이 낳은 또 다른 고백이 되어, 꼬리에 꼬리를 물고 있는 형국인 것. 이처럼 내게는, 말들이 말들의 꼬리를 집어삼키고 다시금 내뱉기를 반복하는, 몇 마리인지도 모르는 뱀들이 뒤엉켜 이루고 있는—혹은 부수고 있는—'하나의' 정체성이, '문제적 매력'으로서, 곧 '불가능의 말년성(후기성)'으로서 다가오는 것이다. 그러니까 다시 처음으로 돌아가자면, 그래서 한 번만 더 다시 돌이켜보자면, '매력적인 말년'의 사이드의 모습을 담고 있는, 저 한 장의 흑백 사진처럼, 그렇게. 그러므로 이 모든 이야기들은 어쩔 수 없이 기쁘게도 혹은 슬프게도 죽음에 대한 이야기들일 수밖에 없으며, 종교적이거나 신비주의적인 모든 요소들을 배격하고 간결하고 단호하게 말하자면, 따라서 다시 그 모든 이야기들은 또 다른 시작의 이야기들일 수밖에 없다. 이 말년과 후기로부터, 그것이 가리키고 있는 죽음으로부터, 나는 다시 시작한다.

10 본서의 6악장 "나르시시스트를 위한 자기진단법" 참조.

종곡 중독[1]에의 권유[2]

각주[3]들로만 이루어진 부고[4]와 유서[5]의 결어[6]들

---

1 여기서 '중독'이란 두 가지 뜻으로, 따라서 어쩌면 같지만 다른 두 가지 음으로, 그렇게 발음되고 발설되어야 하는 것인데, 그 하나는 '중독中毒'이며 다른 하나는 '중독重讀'이다. 그러므로 여기서 권유하고 있는 중독은 또한 두 가지 방향으로 독해讀解/毒解되어야 하는데, 중독重讀에 중독中毒되기, 동시에 중독中毒을 중독重讀하기가 바로 그 두 방향이다. 중독重讀에의 권유가 일종의 '권학가勸學歌'의 외양을 띠는 데 반해, 중독中毒에의 권유는 차라리 하나의 '연가戀歌'일 텐데, 브레히트의 시구를 내 마음대로 차용해서는 "아침저녁으로 읽기morgens und abends zu lesen"를 일삼고자 하나, 그조차도 마음대로 안 되는 것은, 앞서도 이미 밝혔던바(본서 7악장의 각주 13번 참조), 아마도 저 연가를 권학가로 잘못 이해하고 잘못 불렀던 나의 불찰 때문일 것. 사랑의 노래는 연인이 빗방울에 맞아 죽을 수 있는 가능성까지 노심초사하며 사유한다.

그렇다면 그 연인들의 이상은, 그들이 생각하는 이상적인 죽음은 무엇인가? 한날한시에 함께 죽는다는 것,—내려오는 몇몇 옛이야기들은, 때로는 피(肉)와 뜻(魂)을 나눈 벗 사이에서, 때로는 금슬琴瑟마저도 초월한 연인 사이에서, 자주는 아니더라도 그런 일이 왕왕 일어났었다고 전한다. 하지만 우리 시대에 그런 일은 천재天災와 인재人災에 의한 몰살이 아니고서는 도저히 불가능한 일이 되어버리고 말았다. 여기에는, 죽음의 방식 자체가 겪은 물리적 변화보다는, 죽음에 관한 일종의 패러다임의 단절이 있다. 그 단절은 기술의 진보와 그에 따른 죽음의 수량화/계량화뿐만 아니라 죽음을 서술하는 인간의 방식이 겪었던 어떤 변화를 보여준다(한 가지 사실을 부연하자면, 동시적同時的 죽음이 가능했던 것은 그 죽음이 '생물학적'인 사망 시간과 '경제학적'인 장례 의식 이전의 것이었기 때문인데, 재미있는 것은 이 모든 것이 사실은 언어의 층위에서 이루어지고 있다는 점이다).

따라서 여기서 하나의 질문이 가능하다: 우리는 과연 죽음에 대해서 '쓸' 수 있을까, 하는 것(바꿔 말하자면, 어떻게 죽음에 대해서 단지 조사弔詞만이 아닌 글쓰기가 가능할 것인가, 하는 물음. 생각이 여기까지 이르고 보면, 글쓰기란 사실 언제나 어떤 것에 따라붙고 흘레붙는 일종의 조사助詞 혹은 계사繫辭, copule가 아니었을까, 하는 의뭉스러운 의문이 다리부터 출산되고 있다고 하겠는데). 글쓰기라는 행위가 단지 푸석거리는 경험론 안으로만 환원되지 않는 지점에서 죽음에 대한 서술이라는 문제는 곧바로 글쓰기 자체의 한계와 위반이라는 문제와 직결되고 있다. 그러므로 글쓰기의 '존재론'이라 할 것이 가능하다면, 그것은 죽음이라는 문제 안에서일 것이며, 그런 의미에서 그 존재론은 언제나 어떤 넘치는 것, 곧 '과잉excès'의 것이 되고 있다. 그렇다면 그런 존재론이란, 다름 아닌 '존재의 미학'쯤이 될 것인가. 그렇게 자주 '낭만성'이라는 척도가 죽음에 대한 서술 방식이 갖는 강도強度를 평가하는 어떤 광범위한 잣대가 되고 있다는 사실은, 어쩌면 우리 시대 존재론의 틀 자체가 지극히 미학적이라는 사실에서 기인하는 것일지도 모른다. 무엇보다도—멀리는 낭만주의, 가깝게는 모더니즘 안에서—'글쓰기/문자écriture'라는 개념에 부과되고 있는 문화적 복합체 자체가 지극히 미학적인 패러다임을 끌어안고서야 비로소 탄생할 수 있었던 것이므로. 따라서 우리는 이러한 글쓰기의 '미학적 체제'를 탄생시켰던 사상적 기회비용, 글쓰기의 '경제', 그 '몸값'에 대해 물어야 한다.

예를 들면, 2010년 밴쿠버 동계올림픽이 한창인 상황에서 나는 46년 전의 하계올림픽을 다룬 소설을 읽고 있었다. 겨울의 한기寒氣 위로 뜨거운 계절의 땀방울이 겹쳐졌다(그러나 이 땀방울의 뜻은 단순히 '스포츠맨의 노고'라는 한 가지 의미만이 아니다). 오쿠다 히데오奧田英朗의 소설 『올림픽의 몸값オリンピックの身代金』은 1964년 도쿄 올림픽의 '피와 땀'을 배경으로 하고 있다. 그 시대는 무엇보다 '매체 권력'의 영역에서 텔레비전 방송의 위상이 커지기 시작하던 시대였으며, 비틀즈Beatles가 '세계적' 대중음악의 전면에 부상하던 시기이기도 했다(이것은 이 소설이 '특수한' 인물들을 통해 포착하고 있는 '보편적' 시대의 흐름이기도 하다). 또한 그 시대는 전후 일본이 한국전쟁이라는 '호기好機'의 가교를 거쳐 올림픽이라는 '세계적' 행사를 통해 바야흐로 '현대 국가'의 기틀을 다지는 시기이기도 했다(그런 점에서 올림픽은 그 자신이 전면에 내세우는 '평화 정신'이나 '스포츠 정신'의

이상과는 거리가 먼 지극히 징후적인, 또 다른 보이지 않는 '전쟁'이 되고 있다). 일본의 '모든 국민'은 이 전 지구적인 행사를 환호하며 소위 '세계인'들 앞에서 스스로 '부끄럽지' 않도록 자신들의 '국가' 그 자체를 신속하고 깔끔하며 완벽하게 정비해나간다(남한에서 'G20' 행사를 전후로 해 벌어졌던 저 모든 추악한 '정비'와 '자부'의 담론들을 기억하자). 2차 대전 시기의 일본이 가시적이고 직접적인 '총동원 체제'를 드러냈다면, 올림픽 개최를 앞둔 1964년의 일본에서 그 총동원 체제는 보이지 않게 내면화된 채로 오히려 의식 깊숙한 곳에서 더욱 강화된다. 어디서 많이 봐오던 익숙한 풍경, 그러나 또한 그렇게 익숙한 만큼 언제나 낯설 수밖에 없는 근대적 장관壯觀이다. 따라서 저 첫 번째 방향: 이 익숙한 낯섦을, 이 무감각한 중독을 다시 읽기, 곧 중독中毒을 중독重讀하라는 권유의 이유가 여기에 있다.

마르크스주의를 공부하는 도쿄대학교 대학원생인 주인공 '구니오'(공교롭게도 이 주인공의 이름은 말 그대로 '구니오國男'인데, 이 '구니오'라는 흔하디흔한 범부의 이름은, 그것이 그토록 흔하디흔한 이름인 만큼, 딱 그만큼, '국가의 남자'라는 정체성이 근대국가 안에서 얼마나 뿌리 깊은 이데올로기적 장치인가 하는 사실을 극명하게 드러낸다)는 바로 이 시기에 올림픽 그 자체를 '인질'로 삼고 국가/국민 전체와 무모하기 짝이 없는 전투를 벌인다(그러나 이 전투의 '기원'은 그가 '공부'하는 마르크스주의와는 별 관계가 없다). 이 전투에서 드러나는 대립의

할리우드와 금강산 사이의 어떤 치명적이고 불가피한 '상동성相同性'. 금강산 사진은 『오마이뉴스』 백유선 기자의 2005년 「금강산 기행기」에서 뽑았다.

전선戰線은 어쩌면 지극히 단순하며 우리는 이미 그 전선에 무감각할 정도로 익숙해져 있다. 부자와 빈자의 대립, 도시와 농촌의 대립, 근대와 전근대의 대립, 배운 자와 못 배운 자의 대립, 이론과 행동의 대립 등등이 그것이다. 그러나 여기서 가장 중요하며 또한 근본적인 대립은 '올림픽'과 '몸값'이 이뤄내는 대립일 것이다. 올림픽은 그 자체로 인간의 몸을 상찬하고 경배하는 성스러운 '체전體典'임을 자부함에도 불구하고 오히려 거기에서 몸의 육체성과 물질성은 삭제되어 있거나 희석되어 있다. 반면 주인공의 이 '투쟁이 될 수 없는 투쟁'은 우리에게 익숙한 저 모든 '진부한' 대립을 넘어서 바로 이 올림픽의 '몸값'을 '몸으로' 묻는 하나의 물음이 되고 있다. 이 전투가 무모한 이유는 먼저 그것이 국민이라는 거대한 괴물과 일개 개인이 벌이는 가망성 없는 사투이기 때문이다. 그러나 모두 알다시피, 하지만 또한 동시에 모두 알지 못하는 체하고 있듯이, 저 국민이라는 괴물은 '모든 이들'의 동의와 합의를 거친 동일적인 실체가 아니다(여기에는 '셈되지' 않은 것이 있다). 1964년 도쿄 올림픽의 이미지들은 1988년 서울 올림픽의 이미지들과 겹쳐지고, 그리고 다시 현재의 소위 '대한민국'이 지닌 몇 가지 문제적 이미지들과 묘하게 겹쳐진다. 조금 다른 방식으로, 나는 이 이미지들을 또 다른 이미지들로 '은유'해보고자 한다. 할리우드와 금강산이라는 저 '화려한' 두 이미지들로.

'양각'과 '음각'이라는 단순히 〔미술〕형식적인 차이를 제외한다면, '자연에

대한 태도'라는 입장에서 이 두 이미지들 사이에는 과연 어떤 차이가 있는가? 우리가 평소 이 두 이미지를 '비판'하는 이유는 정치적으로나 미학적으로나 서로 판이하게 다르지만, 우리가 그 비판의 준거점을 구분하는 방식은 정당하지 않을 수 있다. 예를 들어 2002년에 한국은 일본과 월드컵 행사를 '공동 개최'했다. 범박한 근대주의자의 목소리를 빌려 자문하자면, '우리는 그들을 따라잡았는가?' 여기서 문제가 되는 단어와 개념들은 이 질문을 이루고 있는 모든 구성 성분에 걸쳐 있다, '우리'와 '그들'과 '따라잡기'에 걸쳐서 모두. '우리'가 탄생하기 위해서 우리는 어떤 '우리 아닌' 이들을 솎아내야 했던가, '그들'을 앞지르기 위해 우리는 '우리' 중 어떤 부분을 도려내고 사장해야 했던가, '따라잡기' 위해서 우리가 '버리거나 남겨놓은' 부분은 무엇인가? '국민'과 '선진국'과 '경제주의'를 둘러싼 이 문제 앞에서(그리고 이 모든 단어와 개념들이 가장 문제적으로, 그리고 가장 징후적으로 드러나는 때는 1970년대도 1980년대도 아닌 바로 지금인데), 아마도 글쓰기는 이 모든 것의 '몸값'을 물어야(問/償) 할 것이다. 따라서 저 두 번째 방향: 다시 읽고 또다시 읽기에 중독되기, 곧 중독重讀에의 중독中毒을 권유하는 이유가 여기에 있다.

2 그렇다면 이러한 권유는 어떻게 가능해지는가? 설득의 불가능성: 권유가 불가능한 것을 권유하기, 설득이 불가능한 것을 설득하기. 그러므로 중독에의

권유란 어떤 '여행'의 권유, 더 적확하게는, 어떤 '몰락'에의 권유이다. 이 몰락은 이끌거나 권할 수 없는 것, 오직 스스로 택한 여정처럼 따라가거나 이끌리는 것, 그 몰락은 이렇게 시작한다: 가라앉은 공기, 무겁게, 누군가 속삭였다, 조용히, 너는 죽었다, 이미, 그렇게, 누군가 속을 삭혔다. 그렇게 기차는 출발한다. 하여 시작부터 끝이 예고되고 탄생부터 죽음을 강보로 싸안은 이 안쓰러운 여정 속에서, 역시나 헛발질에 지나지 않을 또 다른 작은 여정 하나가, 그렇게 잉태되었다. 출발은 그렇게 던져졌다, 참을 수 없이, 견딜 수 없는 세기로, 내동댕이쳐졌다. 이유라면, 이유가 있다면, 어쩌면 벗어나기 위해서랄까, 얼마나 멀리 갈 수 있을까, 그래서는, 다시 돌아오기 위해서랄까, 어느 정도나 돌아올 수 있을까. 나는 묻고〔問〕, 대답하고는, 다시 묻는다〔埋〕, 깊이. 그래서일까, 여행은 어쨌든 잘못 들어선 길에서부터 시작한다. 그러니까 언제나 동백은 "일종의 처참한 낙화落花"였던 것인데(강요배, 『동백꽃 지다』, 학고재, 1998, 151쪽). 길을 걷다가 건져올린 슬픈 표정 하나. 가슴이 쓰라렸지만 아무 말도 하지 않았다. 익숙한 아픔이다. 붉은 꽃잎이 후두둑하고 떨어져 걸어온 흙길 위를 제 몸으로 뒤덮는다. 홍건하다. 미망인未亡人은 이망인已亡人을 위해 향을 사르고, 조각칼에 패인 나무껍질들은 모두 흙 속으로 사라진다. 천상천하유오독존天上天下唯吾獨尊. 독獨은 어째서 다시금 독毒으로 화化/火하는 걸까. 유독 한 글자가 가슴에 와 박힌다, '유독唯獨', 어째서.

이 숨 막힐 듯한 먹이사슬은 독을 약으로 먹고 자라서는 종내 약을 독으로 품고 썩어갈 것이었다. 선운사가 동백꽃의 피로 물들자 나는 신발을 벗고 대웅보전 안으로 피신한다. 나는 천장을 응시한다. 지금 그리로 내려간다. 그러므로 또한, 몰락, 내려감, Untergang. 능선을 따라 펼쳐진 차밭(茶田)을 지나 친절하지 않은 길 하나를 오른다. 서낭당이거나 점집이랄 본방本房에 들어 삼배를 올리고 나니 스님이 차 한 잔을 권하며 붙잡는다. 이것은 국화차입니다.—일묵一默 스님, 전 출가出家하지 않아요, 전 벌써 새벽녘부터 길 위에 있었는걸요. 이것은 구기자차입니다.—스님, 전 두 마리 흘레붙은 개들 사이에 떨어진 작은 이물異物이거든요, 초저녁부터 끈적끈적 지저분한 분비물이거든요, 그렇게 이미 터져 나온지도 모르게 어느새 방출ejaculation되어버려서요, 그래서요 이리 입立하고 저리 입入하느라 안달인 게지요, 늘 곧추 세워서 오입誤入하는 노릇이지요. 이것은 염주 알입니다.—스님, 그 잎은 질기고 질긴 줄기가 동동 휘감아놓아서 도통 쓸 데가 없어요, 하지만 고맙게 받겠습니다, 제게 경각심과 수치심을 동시에 불러일으켜주는 좋은 물건이니까요, 부디 성불成佛하시고 살불殺佛하세요. 조주趙州와 임제臨濟의 이야기 같은, 하나의 전설 같은 역사. 조선 시대 고창현령으로 부임한 이서구는 마애불의 배꼽을 열었다. 예로부터 그곳에 비결秘訣 한 권이 숨겨져 내려온다는 전설 때문이었다. 막혀 있던 돌을 개봉하고 문서를 꺼내자 하늘에서 갑자기 벼락이 쳤다. 그런데 그 비결의 첫 문장은 이러했다. "모월 모시 고창 현령 이서구가 연다." 이서구는 소스라치게 놀라 다시 마애불의 배꼽을 봉해버린다. 하지만 그 비결은 저 구멍 속에만 얌전히 있지는 못할 운명이었다. 동학 농민 혁명이 있기 2년 전인 1892년에 그것은 다시 세상 밖으로 나오게 된다. "농민들은 준비를 시작했다. 튼튼한 대나무를 잘라서 발판을 만들었다. 그들은 미륵 위로 기어오르기 전에, 자신들을 막으려는 승려들을 꼼짝 못하게 묶고 나서 미륵의 몸을 열었다. 승려들은 동학 농민들이 미륵의 비결을 훔쳤다고 세상에 알렸다. 세 명의 동학 지도자 이름이 거론되었다. 고을 현감은 농민들을 체포하여 며칠 동안 신문했고, 마침내는 고문까지 했다. 현감은 미륵의 비결을 내놓으라고 요구했다. 그러나 이미 그 비결은 동학 봉기의 지도자 손화중 장군이 탈취해간 후였다."(요헨 힐트만Jochen Hiltmann, 이경재·위상복·김경연 옮김, 『미륵』, 학고재, 1997, 125~126쪽) 하여, 이야기는 돌이킬 수 없는 시간과 텅 비어 있는 공간으로부터 다시 시작한다. 난 언제나 이 부재不在에, 이 부재의 기원에 매료된다. 기화氣化하는 문자들, 그리고 비어 있는 신화. 미륵은 언제나 현재 안으로 불러들인 미래의 유령, 그래서 언제나 미륵은 또한 '미래기未來己'로만 발음되고 읽힐 수밖에 없을 텐데. 밀려나고 밀려오는 시제들이 비어 있음을 채우려 안간힘을 쓰는데 다시금 잿빛으로 산화될. 하지만 이것이 역접의 관계는 아니다. 미륵의 도래를 기다리는 마음, 나에게 그 마음은 전혀 푸근하다거나 훙그럽게

느껴지지 못하는데, 그 마음에는 언제나 시퍼런 날이 서 있기 때문이다. 미륵은 왠지
어디서나 한 손에는 꼭 죽창 하나를 들고 있을 것만 같아, 파르라니 깎은 머리를
세상으로부터 감춘다. 곧 칼날을 숨기는 것이다, 가슴이 찔렸다, 상처가 보인다,
상처가 후비고 지나간 구멍이 보인다, 보이지 않기에, 보이지 않는 구멍이기에, 그
밖이 보인다, 그렇게 구멍이 보인다, 저 비구니의 서슬 푸름은, 그가 빌고 있는 것이
기복祈福/起福도 아니고 안녕安寧도 아니기에, 저렇게 가능하다, 칼날을 세상으로부터
숨기고 있기에, 나는 그것이 진정 도발적이고 선정적인 장면임을 알게 된다,
비구니는 날이 선 머리를 감추고 절을 올리면서, 그렇게, 날이 선, 칼 노래를 부른다,
댕강 댕강. 언젠가 내가 말한 적이 있지 너의 눈동자 속에서 시체를 보았다고
그때 넌 소스라치게 놀라면서 눈물을 글썽거렸어 난 그게 단지 너무 미안하고
안쓰러워서 그냥 아무 말도 하지 못했었는데 살이 조금 붙어 있는 생선 가시 태워서
쓰지 못하게 된 씨앗 나는 단지 말로써 죽음을 이리저리 흩뿌리고 다니는 망나니가
된 기분이었어 왜 언제나 물은 그렇게도 자주 거울의 은유가 될 수 있었던 것인지
눈물이 나면 정말 아무것도 보이지 않는데 뿌옇게 되어서는 아무것도 보이지
않는데 나는 어떻게 수장水葬될 수 있을지를 한참 동안 생각했어 고통이 없기를
바랐지만 그런 소망은 순수한 상상 속에서조차도 마음대로 이루어질 수가 없었지
우린 너무 아프다 우린 너무 아프다 주문을 외우듯 정신없이 스스로를 다그치며

바다를 빠져나왔지만 그래도 여전히 이해할 수도 없고 눈물을 쏟을 수도 없었던 일은 아직도 내가 계속 물속에서 뭍의 아가미로 호흡하고 있었다는 사실 바로 그것이었지. 하여 갈기 휘날리는 백마白馬 같은 바람이 대숲(竹林)을 훑고 지나가면, 네가 나를 뚫고 지나가면, 그 밤길은 하얀 입김을 가쁜 숨과 함께 뿜어내는데, 손만 뻗으면 만질 수 있을 것만 같은, 실체감을 듬뿍 머금은 어둠 한 구름, 어쩔 수 없다, 어쩔 수 없다, 그 어쩔 수 없는 말들만을 되뇌고. 바람이 후두둑, 꽁꽁 언 물소리를 내며 지나간다, 또한 후두둑하고, 어딘가에 금이 갔다, 16세기의 꽃살문이 바람 소리를 머금는다, 먹어 읊는다, 아무 말도 하지 않았다, 단지 걸었다, 저 어두운 숲속에는 미친 말 한 마리가 숨어 있어서, 검은 나무들 사이를 가로질러 뿌옇도록 하얀 말 한 마리가 달려 나와서는, 하여 지친 내 머리를 발굽으로 짓이기고는, 그렇게 하고만 달려갈 것 같아서, 나는 손을 꼭 붙잡았다, 내가 잡은 손은 언제나 차가웠다, 아무리, 아무리 따뜻하게 덥혀주어도, 언제나 차갑다, 뼈가 드러난 벚꽃 길은 이 세상 것 같지가 않아, 천장을 향해 고개를 들었는데, 용 두 마리가 무서웠다, 물고기가 먹음직스러웠다, 저것은 제 살갗을 제 이빨에게 주었구나, 저것은 희생도 아니고 살해도 아니구나, 모든 불빛이 꺼져가고 있었다, 순간의 점등, 아무 말도 하지 않았다, 황토빛 붉은 탱화 한 점이 아무 말 하지 말라고 한다, 향도 없고 초도 없고 이름도 없다, 너는 누구냐고, 물어보지도 않았다, 순간 어둠이 더욱 짙어졌다,

조용히 바라보았다, 옆으로 흘겨 바라보았다, 응시하고 있었다, 어둠을, 어둠은 통로를 그렸다, 통로는 약간 휘어지고 있었다, 몸을 입고 있어, 몸을, 입고 있어, 나는 그에게 탱화보다 더 붉은 옷을 주었다, 언제나 몸을 감싸고 있기를, 비늘처럼 후두둑 떨어지지 말고, 살얼음처럼 후두둑 금가지 말고, 그렇게 언제나 있기를, 나는 소름 돋게 무서운 얼굴을 하고 노려보는 천왕들의 문을 지나 다시 차가운 손을 꼭 잡았다, 다시 숲은 어둠을 뿜어대었고, 미친 백마 대신, 아주 무서운 괴물 하나를 던져놓아, 정신을 휘저었다, 바람에는 독이 섞여 있는 것 같았지만, 그 독은 중독되기보다는 오히려 정화시키는 듯했다, 다시 읽는다, 중독을 다시 읽는다, 허기가 느껴지고, 불빛이 열리며, 다시 속세, 그 세속적인 세상이 조그만 빛으로 웅크린 채 기다리고 있었다, 사실 그것은 다시 어둠이었다, 빛의 몸을 입은 어둠, 그렇게 다시 그 어둠 속에서 하나의 꽃이 피어날 것이었다. 그래서 내가 권유하고자 하는 여행이란, 몰락이란, 바로 저 꽃에 대한 중독, 중독의 원예학園藝學이다.

3 각주脚註의 다리들, 그 미끈한 다리들, 이 자기지시적인 음표들의 몸통 없는 손과 발. 악보란 무엇인가?

죄르지 리게티György Ligeti의 폴리메터/폴리리듬 작곡은, 무질서를 '질서화'하는, 곧 질서의 무질서 혹은 무질서의 질서를 보여주는, 가장 뛰어난 형상화의 한 사례일

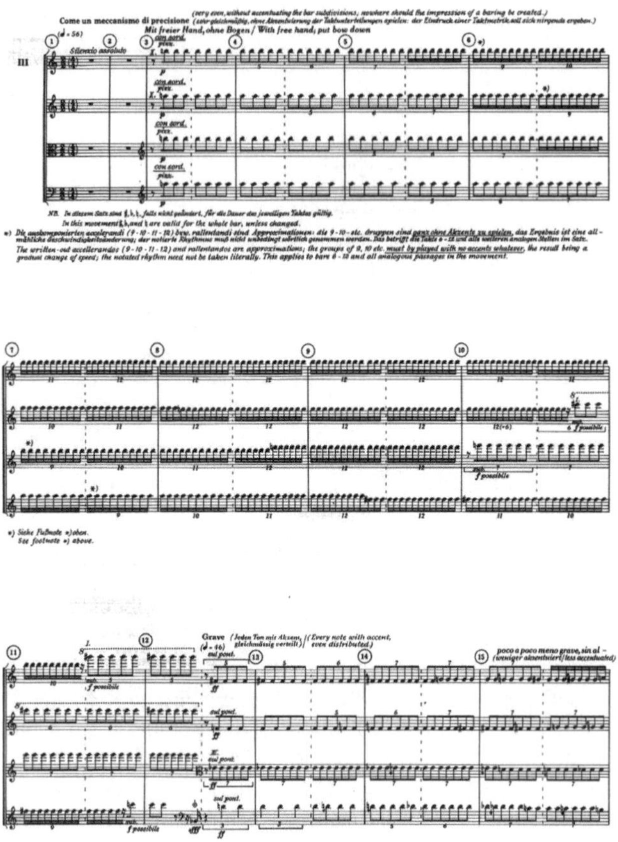

무질서의 질서화: 리게티, 〈현악사중주 2번〉의 3악장

것이다. 이와 관련해서는 가장 먼저 두 작품을 살펴볼 수 있다. 연이은 해에 작곡된, 등이 붙은 배다른 형제라 할 〈현악사중주 2번〉(1968)의 3악장과 〈13명의 연주자를 위한 실내협주곡〉(1969~1970)의 3악장이 바로 그것이다. 바이올린, 비올라, 첼로 사이에서 서로 교차하는 이러한 잇단음표들의 증가와 중첩은, 연주가들에게는 고도의 집중력과 정확한 연주력을 요하는 것이겠지만, 청자에게는 하나의 덩어리로서의 어떤 '감각'을 선사할 뿐이다. 이런 식의 '분리된' 경험의 구성은 대편성

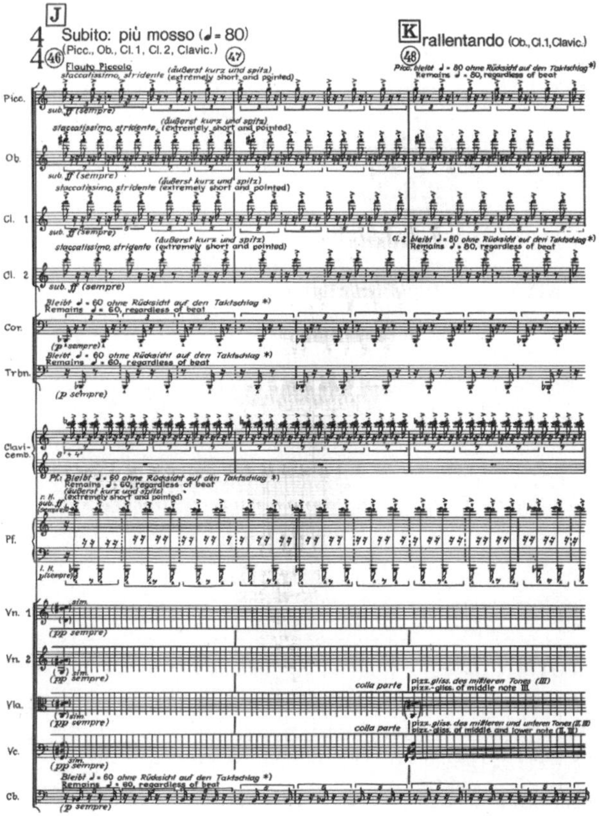

잇단음표들의 연속체, 수렴하는 불가능성: 리게티, 〈13명의 연주자를 위한 실내협주곡〉의 3악장

오케스트라를 위한 관현악곡인 1967년 작품 〈론타노Lontano〉에서도 마찬가지로 이루어지고 있는 것인데, 일단 권유하고 싶은 것은, 먼저 악보 없이 들어보라는 것, 그 다음에는 악보와 함께 '듣고 보라는' 것이다. 감각은, 무엇보다 일단, 연주와 감상의 분리, 청각과 시각의 분리, 그 두 개의 분리 사이에서 오는 무엇이지만, 또한 무엇보다도 그러한 분리의 '감산'이 만들어내는 '가산' 혹은 '합산'이기도 하기 때문이다.

리게티가 앞서 〈현악사중주 2번〉의 3악장에서 보여주었던 저 '무질서'의 방식은 〈실내협주곡〉의 3악장에서 현악기뿐만 아니라 금관과 목관, 피아노와 쳄발로에 이르기까지 확장된다. 처음에는 호른과 트롬본에 의해 시작되었던 '작은' 무질서가 피콜로, 오보에, 클라리넷이 내는 새된 고음들의 합세에 의해 '큰' 무질서로 바뀌는 이 부분은, 〈실내협주곡〉 중에서도 압권이자 백미에 해당한다는 개인적인 생각이다. 여기서 악기마다 상이하게 전개되는 박자들은, 〈현악사중주 2번〉처럼 증가되지는 않는 대신, 반복되면서 중첩되고, 그를 통해 뒤로 밀려나거나 앞으로 당겨진다. 〈현악사중주 2번〉의 3악장과 〈실내협주곡〉의 3악장의 예에서 볼 수 있었던 이러한 잇단음표의 증가—(2)-3-(4)-5-6-7…… 여기서 필히 감지해야 할 저 괄호들의 의미 작용이란, 2분음과 4분음은 '잇단음표'라고 말할 수 없다는 사실에서 오는 하나의 필요악일 텐데—는, 그리고 또한 이러한 잇단음표의 증가분들이 어긋나게 포개진 기이한 중첩들은, 어떤 수학적 수렴의 모습과 닮아 있다. 왜냐하면, 수없이, 매우 빠른 속도로 진동하는 '무수한'—계량적인 의미에서가 아니라 '질서'에 대비되는 '무질서'라는 의미에서 '무수한'—음들의 연속체는, 앞서 잠시 언급했던바, 매우 역설적이게도, 청각적으로 단 '하나의' 클러스터cluster로 '수렴'하기 때문이다. 이 '감각적' 현상은 어떻게 '해석'될 수 있을까, 이는 단순히 감각의 '한계'인가, 아니면 감각의 '가능성'이라고까지 명명해줄 수 있는 하나의 축복일까, 이러한

현상을 하나의 미美로 파악한다는 것은 근대 미학적 사고의 발로일까, 이 감각의 쾌락에 합당한 이름과 법률을 부과하려는 시도는, 그 자체로 근대 미학의 고유한 기도projet일까, 그러니까 다시 말해서 이는, 근대 미학이라는 저 지독한 세리稅吏가 매기려고 하는 피할 수 없는 어떤 추징금 같은 것일까. 문제는, 일단, 수렴 값을 찾는 것이다. 단, 근사치가 아닌 정확한 하나의 값을. 여기서 상기해야 할 점은, 오일러 상수이든 원주율 π이든, 어쨌든 이렇게 '정해진' 수, 곧 수학적인 의미에서 '닫힌 형식closed form'을 갖게 된 수는 '정확한' 수렴 값이라는 형식을 띠게 된다는 것이다. 그러나 이것은 '불가능'하다. 따라서 다수의 음들로 이루어지는 연속체는 어떤 〔하나의〕 클러스터로, 어떤 〔하나의〕 값으로, 어떤 〔하나의〕 음가音價로 수렴하는가, 이것이 하나의 물음이며 그것도 어떤 '불가능성'에 대한 물음이다. 하지만, 수렴 값이 결정되고 나면, 그 다음에는? 그 수렴 값 속에서, 바로 그 숫자, 그러니까 한갓 숫자 속에서, 나는 어떤 미를 찾아내고 감별해낼 수 있을까, 이것이 두 번째 물음이다(그리고 바로 이러한 의문 때문에 나는 '음악미학'이라는 분과 또는 체제를 믿지 않으며, 그러나 동시에 바로 의문 때문에 그 '음악미학'을 위한 헛된 몸짓들, 불가능한 움직임들을 계속한다). 이 두 번째 물음 앞에서는 길을 잘 들어야 한다. 어떤 의미에서—나쁜 의미에서, 라고 말하고 싶지만, 의미라는 것이 어떻게 하면 '나쁠' 수 있을까, 생각하게 되는데, 자꾸만, 생각하게 되는데—수數에 대한

신비주의로 가느냐 마느냐, 이 선택지가 바로 저 두 번째 문제가 직면하게 되는 첫 번째 갈림길이다. 보르헤스의 비유—그의 소설은 정말 비유일까, 하나의 비유일 뿐일까—처럼, 어쨌든 그 선택지는 끝없이 다른 길로 이어지는 길이거나 앞뒤가 꽉 막힌 막다른 길이겠지만. 그런데, 그 첫 번째 갈림길은, 과연, 정말로, 첫 번째였던가. 그러니까, 말하자면, 그것은 과연, 저 갈림길의 '기원'에 값하는 길이었던가, 어쩌면 이것이, 다시금 샛길을 내고 가지를 치는, 세 번째 물음이 될 것이다.

4 부고訃告란 죽음의 고지이며, 따라서 그것은 죽음의 현재화된 과거형이다. 그래서 부고란 또한 그것이 고지되는 현재에서는 전혀 느끼지 못하는, 아직 현재에는 도래하지 못한, 오래된 미래 같은 과거이기도 하다. 옛사람들이 죽은 이를 그리워하고 추억하며 남겼던 아름다운 형식을 따라, 나는 여기서 내가 사랑했고 또 사랑하는 이를 기리는 하나의 자전적 행장行狀을 짓는다. 그러므로 살았던 이의 죽음을 알리는 부고와는 반대로, 죽은 이의 삶을 적어 내려가는 행장이란, 과거가 된 죽음의 현재형이며, 미래에도 결코 도래하지 못할, 그러나 항상 지금 여기에 도래하고 있는 애도의 형식, 그 하나의 시제를 향한 여행을 꾸리는 어떤 행장行裝이기도 할 것이다. 하여, 眞城李氏夫人 行狀을 지어 바친다. 생각할수록 허무해지고 있었다, 무거운 눈빛들, 그리고 충혈되어 붉어진 눈빛들, 한방 가득히,

그 눈빛들이, 오로지 눈빛들만이 들어찼다, 춥고 어두운 곳은 싫다고, 영靈이 잠깐 몸을 빌렸었다지, 발음이 아니라 의미가 불가해한 어떤 방언을 내뱉기도 했었다지, 예전에는 이동 중에 결코 관을 땅에 내려놓지 않았으나, 눈이 내려 미끄러웠던 산길, 그러나 산 사람은 살아야 한다는, 현세적 욕망이, 어느샌가 죽음의 의식을 압도했었고, 머리가 허연, 그도 예전엔 패기에 넘쳤고 아주 젊었었는데, 아주 잘 생겼었는데, 그가 이제는 힘겹게 관을 들어올려 끌어올려, 차가운 공기 사이로, 따사로운 이상 기후가, 내리쬔다, 사람들이 쉬어가듯, 관도 잠깐 땅 위에서 쉬어간다, 일꾼들의 잔에 차갑고 독한 소주가 부어진다, 그리고 따뜻한 국물과 허연 밥이 나온다, 소박하지만 질펀하게 한 상 차려지는 생생한 죽음의 풍경, 첫째 아들이 있었다, 그는 의학을 전공하는 스물한 살의 청년이었다, 노래가 부르기 싫어서 그는 짐짓 도망치는 듯 수영을 했었다, 그런데 그가 수영했던 우물에는, 무슨 한이 그리도 무거워 가라앉아 떠오르지 않는, 그래서는 누군가와 함께 가라앉아, 저 수심水深만큼 깊은 수심愁心, 그 외로움을 달래보려는 처녀 귀신 하나가 있었다지, 그래서 그 소용돌이치는 소沼 안으로 그도 그녀도 함께 쓸려가버렸다, 아들을 살려놓으라고 했지만, 그 누구도, 심지어 신조차도, 그를 살려놓을 수가 없었고, 셋째 아들이 있었다, 무던히도 속을 썩였던, 이리저리 돈을 축냈던, 한때 그는 예술가 지망생이었다, 기타를 메고 연출된 듯 입을 벌리고 서 있는 한 장의 흑백사진, 난 그 사진을 볼 때마다 아늑한 현기증을 느낀다, 그는 어느 겨울 어느 거리에서 갑자기 고꾸라졌다, 심장마비였고, 사람들은 방탕하게 보낸 젊은 시절과 과격한 흡연이 사인이라고 말했다, 그렇게 해서 어머니는 두 아들을 자기보다 먼저 떠나보냈다, 이 어머니는 일제 강점기에 학교를 다녔고, 본래 이름은 동식이었으나 창씨개명 후 숙자가 되었다, 그녀는 퇴계退溪 이황李滉의 직계 후손이었고, 그 누구보다도 아름답고 감미로운 식혜를 만들 줄 아는 이였다, 그녀는 한국전쟁 때 대구까지 피난을 내려갔었다, 그녀의 남편은 보건소장이었기에 전장에 남았다, 남편은 책을 많이 읽었고, 새벽에도 그녀를 깨워 라면을 부탁하거나 등을 끄게 했다, 가끔 서울에 올라와 택시를 잡을라 치면 남편은 작은 책가방 하나를 겨드랑이에 끼고 있을 뿐이었고 언제나 나머지 짐들은 그녀의 몫이었다, 낮에는 동네 친구들과 점 10원짜리 고스톱을 쳤고, 즐거운 마음으로 귀가하여 가족들의 식사를 챙기고, 밤에는 일찍 잠자리에 들었다, 남편은 돈벌이에는 별로 관심이 없었고 생활이 어려운 환자들에게 오히려 돈을 쥐여 보내기 일쑤였다, 그녀는 집을 팔고 고향을 떠나왔다, 남편은 이십 년 먼저 저세상으로 떠났다, 그녀 스스로는 아주 조용했고 사람들이 많은 곳의 홍그러움을 아주 좋아했다, 장례식과 초상집이 정확히 그렇지 않은가, 그녀는 매일 일어나 정화수를 한 그릇 떠놓았고 가족들의 화평을 빌었다, 그녀는 곱다는 말을 많이 들었으며 여느 노인들이 그러하듯이 곱게 가야 할 텐데

하고 읊조리곤 했다, 그녀는 생일을 사흘 앞둔 어느 날 잠을 자듯, 갑자기, 그렇게 곱게, 숨을 거두었다, 그녀의 어머니 또한 그렇게 세상을 떴다고 했다, 이제는 움직이지 않는 몸뚱이만이 남아 있었다, 사람들이 이제는 움직이지 않는 시신을 닦았다, 그녀는 생전 오줌 한 방울 남에게 보이지 않았다, 사람은 제 성격대로 죽는다, 문상객 한 분이 말씀하셨다, 그래서 갈 때도 그렇게 깔끔하게 간 게야, 싸늘한 냉장고에서 염을 하기 위해 시신이 꺼내졌다, 움직이는 사람들에 의해, 움직이지 않는 손이 올려졌다, 손을 흔드는 것일까, 인간의 몸은 왜 저리도 나를 눈물짓게 하는 걸까, 잘 가라고 인사를 하는 것일까, 아니면 이리 오지 말고 저리 가라고 손사래를 치는 것일까, 일흔아홉 해의 삶이 한 순간에 모이고 한 순간으로 끝나고 다시 한 순간으로 어디선가 시작된다, 그 무게는 견딜 수 없다, 몇 달 전 난, 식혜 만드는 법을 제가 배워야겠어요, 하고 말했었다, 이제 그 식혜는 맛볼 수 없다, 배우지도 못했다, 일제 강점기와 한국전쟁 때의 이야기도 더 이상 들을 수 없을 것이다, 그녀가 젊은 시절 체득한 일본어도 다 전수받지 못했다, 남겨진 사진들에 담겨진 이야기는 이제 증발했다, 어디서도 들을 수 없을 것이다, 그 모든 시간이, 엄청난 세월의 두께와 그 사이에 이야기꽃처럼 핀 이끼가, 모두 사라진다, 날아간다, 저 멀리로, 그녀의 친구가 영안실에서 오열한다, 이제 어디서 볼까나, 이제 어디서 다시 볼까나, 정말 어디서 볼 수 있고 어디서 다시 들을 수 있을까, 일흔아홉 해의

삶이, 그 무게가, 그 밀도가, 한 순간으로, 일획으로, 일점으로, 증발하고, 기화했다, 그러므로 행장行狀이란 써도 써도 모자라는 글의 형식일 것이다, 그것은 요약할 수 없기에 요약도 아니며 애도할 수도 없기에 애도도 아니다, 이제 어디서 볼까, 이제 어디서 다시 만날까, 이 하나의 물음을 던지기 위해, 끝나지도 않는 글을 끝까지 써나가보는 것, 끝나버린 삶을 끝나지 않게 하는 것, 끝날 수도 없고 끝나지도 않았기에, 가장 가벼운 무거움은 가장 무거운 가벼움으로 승화했기에, 그러니까, 한번 더 반복하자면, 행장行狀이란, 다시 길 떠나기 위해 꾸리는 행장行裝이기에, 어디서 다시 볼까, 눈물을 흩뿌리며, 우리 어디서 다시 볼까, 무거운 육신을 훌훌 벗어던지며, 두터운 세월을 훨훨 날려 보내며, 우리 어디서 다시 만나 서로의 몸을 안아볼까.

5 유서遺書, 남겨진 글. 존대尊待를 위한 하대下待의 언어들, 소멸消滅을 위한 잔존殘存의 낱말들. 가혹한 시간적 전제는 다음과 같았어: 2○○○년 ○월 ○일, ○요일, 오전 ○시 ○분. 그리고는 또 하나의 무의미한 조건 하나가 제시되지: 나를 대신해서 저 날짜와 시간들을 기억해줘야 해, 그리고 한 가지만 더, 내가 계속해서 희미해지는 기억과 싸우고 있다는 사실, 그리고 저 "계속해서"란 말은 뒤에 나오는 "희미해지는"과 "싸우고"를 동시에 수식해주고 있다는 사실, 그래서 그 말은 흡사

올라감과 내려옴을 쉴 새 없이 반복하고 있는, 흙먼지 잔뜩 얹은 그네 같은 형상을 띠고 있다는 사실, 그래, 그 사실들도 모두 죄다 함께 기억해줬으면 해, 그렇다면 나는 잠시나마 미소 지을 수 있을 거야. 자, 이야기는 이렇게 시작되도록 정해져 있어: 나날의 모든 페이지들이 유서로만 이루어진, 그런 일기를 알고 있니? 나는 밤 앞에 서 있다, 잠이 오지 않는다, 그대로 새벽을 맞이한다, 내가 어디에 있다가 왔는지 불분명하다, 다만 어딘가로 튕겨졌다가, 다시 다른 어딘가로 튕겨져 왔다는 기억만이, 깨질 듯한 두통 속에서, 버젓이 살아 있을 뿐이었다, 예전부터 그랬다, 어딘가에 있어도 도무지 어디에 있는 것 같지가 않았고, 언제를 살아도 도통 그 언제를 가늠할 수가 없었던 게 사실이었다, 앞으로도 계속 그럴 것만 같은 예감이었고, 그 불길했던 예감은 이제까지 용케 잘도 들어맞았다, 어쨌든 나는 내가 원하지 않았던 공허空虛를 선물 받았던 것이고, 그 선물은 되돌릴 수 없는 어떤 저주 같은 힘을 갖고 있었다, 그것은 아주 더럽고 지저분한 주문呪文/注文이어서, 마치 오물에 오염된 흙처럼, 아무리 발버둥을 쳐도, 도무지 발에서 털어지지가 않는 것이었다, 끔찍하게도 차가운 시체가 살에 와서 닿는 느낌, 바로 그 느낌 속에서 나는 눈을 뜨곤 했고, 오래 전부터 이미 그 자리에 와 있었던 듯, 어둠이 바로 내 코앞에서, 가래 섞인 숨을, 거칠게 내쉬고 있었다, 숨소리 내며 걷는 어둠, 나는 그것의 숨을 끊으려 했으나, 나의 손과 발은 무엇에 단단히 묶여 있는 듯이, 도무지

내 마음대로 움직여주려 하지 않았고, 나는 심한 배신감을 느끼면서도, 그대로 무력하게, 나를 노려보는 어둠을, 지극히 끔찍한 고통 속에서, 마냥 지켜보고만 있을 뿐이었다, 단지 마음속으로, 나는 어디에서 와서 어디로 가는가, 겨우 그저 그렇고 그런, 철학적으로 허술하기 짝이 없는 질문을 던지기 위해, 바짝 타들어간 입술에 헛되이 마른 침을 묻히려, 그렇게 안간힘을 쓰고 있었던 기억만이, 그 기억만이, 지금도 여전히 내 기도氣道/祈禱를 틀어막고 앉아 있다, 제발 거기에서 나오렴, 나는 한껏 친한 척을 하며 부드러운 어조와 어미를 가장하였지만, 그 기억은 말로 하면 알아듣지 못하는 사람의 본성을 닮아, 도무지 제 똬리를 제 스스로 풀려 하지 않는 것이었다, 목이 막혀 소리칠 수 없다는 것은 얼마나 대단한 공포인가(그러므로 무성영화 시대의 공포 영화들은 또 얼마나 더 무서운가), 공포에 대한 이런 부질없는 분석이, 공포 그 자체만을 더욱 가중시킬 뿐이었고, 언제부터인가 그 공포는 자신만의 온전한 생명을 지닌 채, 제 스스로 징그럽게 증식하고 생식하고 번식하기 시작했다, 그 이후로 나는 잠을 잃어버렸던 것 같다, 벌건 대낮을 송두리째 흙 뿌리 같은 어둠으로 죄다 포장해버렸던 듯도 하다, 그래, 여기는 캄캄하다, 여기는, 말도 못하게, 캄캄하다, 그래서 나는 오늘도, 그렇게 캄캄한 어둠 속에서, 다시 한 번 눈을 감아, 닫힌 눈동자 안으로, 다시 한 번 어둠을 지어내고 있었나, 왜 이 모든 것은 멈추지 않는 걸까, 어째서, 이 모든 것은, 멈추는 법을 모르는 걸까, 살지도 죽지도 못하는 그 어느 사이에 서 있다는 건, 과연 정말로 어딘가에 발을 딛고 서 있기나 한 걸까, 왜 나는 어디에도 없고, 왜 나는 나를 어디에고 붙잡아달라는 구조 요청조차 할 수 없게 된 걸까, 왜 나는 이 모든 것들을 도저히 참을 수 없음에도, 엄청난 자제력을 갖고 있는 양, 그렇게 참을 수 있는 것일까, 머리가 이렇게 끊어질 것 같으면서도, 어떻게 매일 머리를 목에 얹고 살 수가 있었던 것일까, 나의 일기란, 매일 매일 하루도 거르지 않고 써내려가는 유서들의 묶음인데, 그렇다면 그걸 과연 일기라고 할 수 있을까, 그렇다면, 매일 죽는 죽음은, 죽음일까, 삶일까, 아니면 꿈일까, 눈을 감아야 한다, 다시 눈을 떴을 때는, 제발 이 모든 것들이 단지 쓰린 악몽으로 산화되었으면, 강하고 독한 휘발성으로 그냥 날아가버렸으면, 그랬으면 하는데, 그랬으면 했는데, 눈을 뜨면, 나는 여전히, 여기가 어딜까, 여기가 어딜까. 의미도 없는 선언을 하고 있었다 가장 비어 있는 형식 속에서 그런데 그 형식은 무척 아름답다 무턱대고 아름답다 나날이 늘어가는 몸의 무게를 의자 위에 도로 위에 천장 위에 아무렇게나 걸치고 늘어놓았다 늘어놓았지만 어떻게 해도 불편하였다 그 불편한 세상에서 가장 허무한 안부 인사들이 오고 갔고 그는 죽었다 죽었다가 살아났다 여느 때처럼 그렇게 여느 때처럼 가장 쓸데없고 지루하게 그렇게 말이다 말하자면 욕망은 자본의 융성을 도왔으나 정작 자본의 태평성대가 도래하고 나서는 어떤 이유에서인지 욕망은 풀이 죽어 함량 미달이나 발기부전이 되었다고나

할까 아예 고자에 석녀가 되어버렸다 아예 몸을 버렸다고나 할까 그래서는 깊이 파내려갔다 파내려갈 수밖에 없었다 다시 자신을 감금하려고 하는가 피식 울컥 웃음인지 울음인지 모를 축축한 액체가 입술 사이로 흘러나왔지만 그는 그 자신의 이 가장 부자연스럽게 흘러나오는 분비물들의 자연스러운 신진대사를 이해하지 못하고 있었다 있었긴 했으나 그는 어디에도 있지 않았다 않을 수 있었다 무거운 느낌이 불끈 솟아올랐다 솟아올라서는 뿜을 수 있는 대로 뿜어대고는 축 처진 잠에 빠져든다 빠져들어서는 여기가 말로만 듣던 하수구 안이구나 안일하기만 한 생각을 하다가 옆으로 뒤척이며 몸을 뒤집었다 뒤집히는 속을 부여잡고 중력을 느끼지 않으려 안간힘을 쓰고 있었다 쓰디썼지만 여느 때처럼 그는 대수롭지 않게 그 역겨움을 넘길 수 있었다 있었던 그것의 실체는 보이지 않았는데 애초부터 없었던 것으로 하면 속이 편해질 텐데 아예 확실한 것을 확실하게 확신할 수 없음이 언제나 그에겐 가장 큰 괴로움이었다 괴로웠던 오늘 그는 서너 번이나 커피를 바지에 쏟았다 담았다 쓸어담았다 쓸어담는다고 담았지만 엎지른 커피는 흉한 얼룩만을 남겼다 남기고 쌌다 쌌지만 그 대가는 귀찮도록 값비쌌던 간질병처럼 맑은 어느 날의 실패 그 실패를 속으로 돌돌 감아가고 말아가며 하루하루가 유서 같은 일기를 썼다.

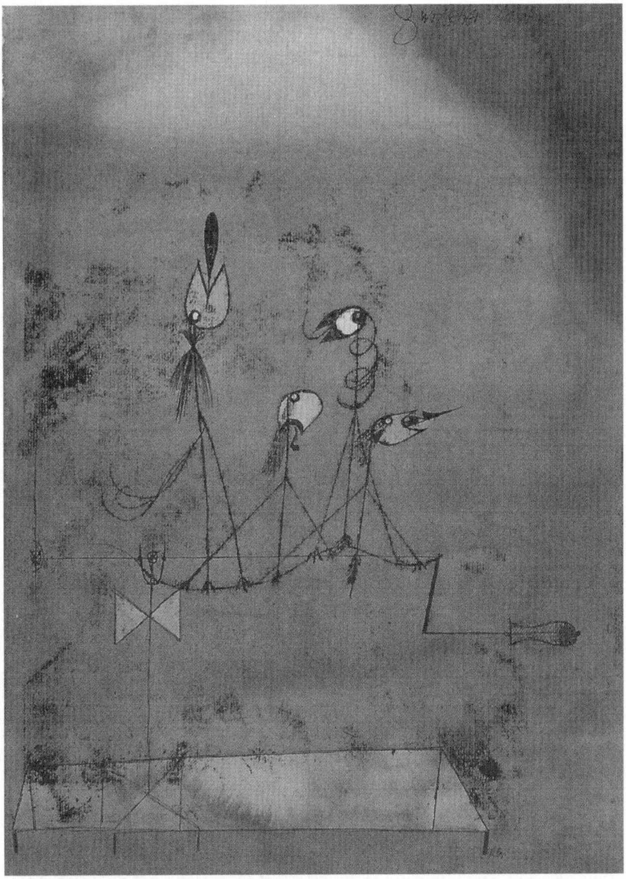

파울 클레, 〈지저귀는 기계Die Zwitscher-Maschine〉

---

6 결어結語, 맺는 말. 그러므로 나는, 여기 이 자기지시적인 각주의 공간 안에서, 길게는 이 긴 하나의 악보를 닫으려 하고, 또한 짧게는 이 짧은 몇 개의 각주와 부고와 유서들을 다시 열려 한다. 종곡의 코다coda는 또 다른 제시부로 이어지며 또 다른 악보를 읊는다, 지저귄다. 저 지저귀는 기계는 하나의 '리토르넬로ritornello'를 노래하고 연주한다(Gilles Deleuze·Félix Guattari, *Mille plateaux*, Paris: Minuit, 1980, 381~433쪽 참조).

바야흐로 소셜 네트워크Social Network의 시대, 혹은 트위터Twitter의 시대, 곧 지저귀는 시대이다(그러나 이것을 단순히 어떤 '시대'라고 말해버릴 때, 그것이 한 시대를 '대변'하는 어떤 '대표적' 현상이라고 말해버릴 때, 우리는 동시에 저 월드와이드웹과 스마트폰이라고 하는, 현재 너무나 '보편적'인 것으로 너무나 '당연시'되고 있는 저 '특수'하고 '특정'한 물질적 조건들을 망각하거나 은폐하고 있는 것). 이 지저귐의 형태와 대상은, 일어나서 먹고 싸고 일하고 놀고 자는 소소한 일상에서부터 개인적인 안부의 교환과 사회적인 발언의 표명을 넘어 정치, 경제, 문화 등의 거대담론에 이르기까지, 지금 이 시각에도 140자라는 지극히 제한적이고 협소한 공간 안에서 실로 다양하고 방대하게 펼쳐지고 있다. 마치 질문 안에 이미 대답이 포함되어 있었다는 어느 교훈적이고도 신비주의적인 한 편의 옛이야기처럼, 트위터가 묻는 저 '무슨 일이 일어나고 있나요What's happening?'라는 질문은 그 자체로 하나의 '대답'을, 더 적확하게 말하자면, 하나의 대답이 지녀야 하고 지닐 수밖에 없는 어떤 대답의 '형식'을, 이미 그 자신 안에 포함하고 있다고 말할 수 있다. 그 대답〔의 형식〕이란 곧 '무엇/무슨 일what'이다. 따라서 저 질문의 '공식적인' 한국어 번역 중의 하나인 '지금 뭐하고 계세요?'라는 질문은, 원래의 질문이 지니고 있던 저 유물론적 익명성과 비인격적 물질성을 동시에 희석시키는, 실로 지독한 '의인화'를 거친 하나의 '번안'일지 모른다. 번역이라는 언어들 사이의 이행이 지닌 하나의 함정.

그래서 나는 '기이하게도' 언제나 현재형으로서만 제시되는 저 질문 안에서, 그와 똑같은 질문의 과거 시제 형태, 곧 우리에게 익숙할지도 모르는 하나의 '유명한' 과거형의 물음을 떠올리게 된다(그러므로 저 '기이하게도'라는 부사어는 일차적으로는 '떠올리게 된다'라는 주절의 술어에 걸리는 것이겠지만, 동시에 '제시되는'이라는 종속절의 술어에도 역시나 걸리고 있는 것). 들뢰즈와 가타리는 『천 개의 고원』 중 세 편의 단편소설들을 다뤘던 어떤 장에서 한 컷의 의뭉스러운 만화 속 한 소녀의 입을 통해 "무슨 일이 일어났나요Qu'est-ce qui s'est passé?"라고 마찬가지로 의뭉스럽게 묻고 있다(Gilles Deleuze·Félix Guattari, *Mille plateaux*, 235쪽). 이 과거형의 질문과 저 현재형의 질문 사이에는 어떤 결정적인 차이가 있으며, 우리는 이 차이를 망각해서는 안 된다. 이 과거형의 물음을 통해 그리 오래되지 않은 과거를 돌이켜볼 때, 블로그가 '자신이-아닌-것-되기'라고 하는 하나의 (탈)정체성을 통해 일종의 직접적 탈영토화의 방식을 보여줬던 것이라면, 트위터는 '자신이(-맞는-것이)-되기'라는 어떤 이중의 운동, 곧 부정에 대한 또 한 번의 부정이라는 운동을 통해 탈영토화와 재영토화가 혼재된 어떤 '되기devenir'의 방식을 보여주고 있지 않은가(그렇다면 미니홈피나 페이스북은 또 어떨 것인가)? 그렇다면 거기에서 또한 새삼스럽게 '제 자신'이 되고 있는 자기 자신이란 과연 어떤 '자기정체성'의 모습일 것인가? 아마도, 저 현재형과 과거형의 질문들을

가로질러, 그리고 저 온라인과 오프라인 공간들 사이에서 벌어지는 주체의 이행들을 돌이켜보며, 나는 하나의 비약적인 추측을, 우려 섞인 예상을, 기대 섞인 전망을 해볼 수도 있을 것이다. 바로 이러한 추측과 예상과 전망이 저 트위터 속 140자 안에 담긴 문자들의 나열을 단순히 하나의 '해프닝happening'에 머무르게 하지 않고 하나의 '사건event'을 촉발시킬 단초로 만들어줄 어떤 '질문'일지도 모른다고 나는 생각한다(그러나 이 질문이 하나의 단초와 맹아를 위한 물음인 만큼, 딱 그만큼, 이 질문은 아직 미약하거나 섣부르기까지 하다). 그러므로 궁극적이고 시급한 문제는, 그만큼이나 비약적이고도 선언적으로, 이렇게 요약될 수 있다. 소통할 것인가 소통당할 것인가. 이것은 주체의 인정투쟁을 그 자신만의 의미로 배타적으로 전유했던 사르트르의 질문 같은 것으로 이해되어서는 안 된다. 문제는, 저 소통이라는 어떤 당위의 강제에 맞서, 입에 발린 소통이라는 저 허울에 맞서, 어떻게 '소통'이라는 이데올로기를 하나의 '이데올로기'로서 드러낼 수 있는가 하는 물음이다(그러나 다시 한 번 반복하자면, 이데올로기를 드러내는 것만으로는 이데올로기가 사라지지 않으며 오히려 이데올로기는 그러한 폭로를 제 양분으로 삼는다). 이러한 맥락에서, 그리고 바로 이러한 맥락에서만, 우리는 우리 시대의 '이념적 투쟁'의 최전선에 서 있는 것인지도 모른다.

누군가는 '자폐적인' 이념의 시대는 가고 '소통적인' 실용의 시대가 왔다고 지저귄다. 그러나 이념의 시대는 가고 실용의 시대가 왔다는 이 말만큼 공허한 말, 이 지저귐만큼 공허한 지저귐은 없다. 이제 이념 논쟁을 끝내라는 말은 이제 인간이기를 포기하라는 말과도 같기 때문이며, 인간을 움직이는 것은 근본적으로 이념이라는 (과거의) 사실은 현재에도 변함없는 사실이기 때문이다(그러나 이러한 사실은 결코 '인간주의적'으로 해석되어서는 안 된다). 그런데 어떤 이들은 이념을 포기하라는 이 또 다른 이념을 강요하면서 신자유주의의 공식적인 상속자로, 어떤 '시대의식'의 총아이자 대표자로, 스스로를 그렇게 자리매김한다. 그러나 이렇듯 '이념의 시대는 갔다'고 하는 어떤 또 다른 '시대의식'을 주장한다는 것은 그 자체로 이미 지극히 이념적인 것이 아닌가? 문제는 저들이 '이데올로기란 무엇인가'라는 최종적 물음에 대해 극도의 무지와 무감각을 노출하고 있다는 점이다. 그 물음에 대한 '대답'에 무지하고 무감각한 것이 아니라 그 '물음 자체'에 무지하고 무감각하다는 사실이 바로 이 무지와 무감각만의 무시무시한 실체인 것. 저 '실용의 시대'라는 괴물은 그 자신이 하나의 편협한 '이념'으로부터 탄생했다는 사실을 스스로 보지 못한다. 그것은 그들에게 '보이지 않는' 무엇이지만, 동시에 그들은 그 '보이지 않는 것'에 의해 구성되고 있으며 또한 그들은 바로 이 '출생의 비밀'을 보지 못하거나 감추는 한에서 비로소 '그들'일 수 있다. 바로 이 때문에 우리는 이 시대가 그 어떤 시대보다도 더욱더 강렬하게 이론적 투쟁의 지점들을 소환하고 있다고 말해야 한다. 따라서 우리는 '문제는 경제야, 이 바보야It's the economy, stupid!'라고 외쳤던 빌 클린턴Bill Clinton의 선거 홍보 문구에 대한 지젝의 저 패러디를 따라서, '이념'이 아닌 '실용'을 주장하는 자들에게 다음과 같은 지극히 '실용적'인 조언을 새삼 되돌려줘야 한다. '문제는 이데올로기라고, 이 바보야It's ideology, stupid!'

그러므로 우리의 시대에는—다시 저 '시대'라는 표현을, 이 '표현주의적' 표현을, 지극히 '반시대적'으로, 그리고 또한 '시대착오적'으로 사용하자면—두 개의 '이론적' 극단이 존재한다. 이념과 이론의 시효만료를 선언하는 또 다른 이념과 이론의 자리, 그리고 반면 그럼에도 불구하고(여기서는 이렇듯 '그럼에도 불구하고'라고 말하는, 이미 한 수 접고 들어가는 듯한 이 전제와 인정의 제스처가 특히 중요한데) 그 파국의 이후를 사유해야[만] 한다는 당위적인 지상명령의 자리. 우리는 이 둘 모두를 의심해야 하는데, 첫 번째 것이 포스트모더니즘이 그 절정에서 산출했던 역사의 종말과 탈정치의 보수적 개념을 그 배경으로 삼고 있다면, 두 번째 것은 다시금 저 구태의연한 '호모 사피엔스' 개념에 호소하는 구좌파적인 인간주의humanism로 되돌아가려고 하는 것이기 때문이다. 따라서 이 두 개의 주장, 두 개의 이념, 곧 냉정한 단언과 절박한 호소로 이루어진 이 하나의 짝패 혹은 적대적 공범자들은 어떤 의미에서 공히 '반동적反動的'인 것, "반동의 피로 붉게 도색"할 일이 있다면(김호철 작사/작곡 〈들불의 노래〉) 그 피는 바로 이 둘 모두의

것일 터. 그렇다면 이 피는 어떤 '희생 제의'를 위한 것인가?

이러한 질문과 의문의 맥락에서, 저 두 반동적 운동이, 저 두 근대적 추동이, '증여don'를 소멸시키고 그 자리에 '교환échange'을 가져다놓은 사실은 두고두고 이야깃거리가 될 만하다. 그렇다면 반反자본주의의 핵심 모토를, 일단 쉽게는, 많은 이들이 그렇게 하고 있는 것처럼, 이러한 증여의 '부활'로 설정해볼 수도 있을 것이다. 실제로 마르셀 모스 이후 조르주 바타유나 로제 카유아 같은 사상가들이 포틀래치potlatch 등을 위시한 증여와 소비(탕진)의 전통, 그리고 그 역사적 단절과 축제/제의의 진정한 성격에 주목하는 것은 이러한 어떤 '가능성'의 맥락에서이다. 축제는 '교환'되지 않는다. 그것은 희생 제의에서도 마찬가지이다. 신神과의 교환은 없다. 인간에서 신의 방향으로, 또는 신에서 인간의 방향으로, 그렇게 단선적이고 편도적인 증여만이 존재한다. 이러한 두 방향의 증여들 사이에는 서로 '오가는' 것이 분명 있지만 이러한 왕래는 교환 가치를 매개로 하지 않는다. 다시 말해서 그러한 '교환'은 자본주의적 등가의 원리를 따르지 않으며 따라서 기계적인 합리주의와 인과성으로부터 이탈해 있다. 따라서 증여의 부활을 꿈꾼다는 것은 근대적 정신에 의해 중성화됨으로써 '자연스러운' 것으로 당연시되었던 교환의 합리적 체계에 대해 근본적인 의문을 제기하는 것이다. 곧 증여는 교환의 '역사성'을 환기시키는 것. 하지만 이것은 또 다른 변증법의 유령은 아닐까. 즉, 교환과 대비하여 증여를 설정하는 일은 다시금 그 둘 사이에서 일종의 '인정투쟁'을 전제하고 있는 것은 아닐까(여기서는 마치 저 교환과 증여가 투쟁적인 두 계급을 전제하며 대변하고 있는 듯이 보이지는 않는가)? 그렇다면 퇴로는 아마도 미꾸라지처럼 판을 흐리기, 단지 그리고 오직 '판만을 흐리기'라는 모습을 취해야 하는 것일지도 모른다(그리고 이것은 또한 이론의 실천적 아포리아임과 동시에 실천의 이론적 아포리아이다). 여기서는 이러한 모든 이론적이고 실천적인 시도와 기도들이 전복을 위한 전복, 평면을 뒤집는 또 다른 평면이 아니라는 것이 중요하다. 위반이 단지 위반 그 자체를 위한 것이 아니듯, 위반이 어떤 직선적인 넘어감이 아니라 그것이 위반했던 금기의 존재를 확인하고 한계의 위치를 증명하는 나선형의 되돌아옴이듯. 그런데 그 나선형은 평면과 동시에 입체로, 곧 그 2차원과 3차원의 형식을 함께 보아야 한다. 퇴로가 단순한 퇴로가 아닌 어떤 회로라면? 이는 반자본주의의 모토가 그렇게 쉽게 증여의 단순한 부활로만 소급될 수 없는, 그렇게 단순히 하나의 신화에 대한 소환으로만 소급되어서는 안 될, 중요한 이유이기도 하다.

하여, 나는 다시 중독中毒되기를 권한다, 중독重讀하거나 중언重言하지 않기 위해서. 그리고 또한 나는 다시금 중독重讀하기를 권한다, 중독中毒되거나 절멸絶滅되지 않기 위해서. 그러므로 이 책은 다시 처음으로 돌아가, 그 '처음'이 마치 '끝'이 아닌 듯, 그렇게 다시 독해讀解/毒解되어야 한다. 그러나 그러한 반복은

또 다른 차이와 변별점들을, 또 다른 독과 약들을 창출할 것이다. 그러므로 이 결어들은, '結語'라는 그 말의 의미와는 다르게, 글을 맺지 못한다(그러므로 각주로만 이루어진 이 모든 말들은 파르마콘pharmakon의 언어이기도 하다). 그러나 이것은 나의 의도意圖이며, 또한 이러한 나의 그림〔圖〕을 보기 좋게 위반하는, 하나의 외도外道이기도 하다. 존재하지 않는 책들의 서문과 후기를 쓰기 위하여, 약과 독의 백과전서를 쓰기 위하여, 부재하듯 존재하기 위하여, 다시 말해, 사유의 악보를 그리기 위하여.